Santa Cruz
Torres Vedras
Ericeira
Mafra
Vila Franca de Xira
Rio Tejo
SINTRA
S. de Sintra
Queluz
LISSABON
ESTORIL
Belém
Cascais
Tejo
Rio
Alcochete
Montijo
Almada
Barreiro
Seixal
Costa da Caparica
Palmela
SETÚBAL
Vila Nogueira de Azeitão
Atlantischer Ozean
Tróia
S. da Arrábida
Portinho da Arrábida
Sesimbra
Rio Sado
Cabo Espichel
Baia de Setúbal

Unterwegs mit

Johannes Beck

Jahrgang 1972, geboren in Meersburg und aufgewachsen in Illmensee unweit des Bodensees. Von 1991 bis 1993 Zivildienst in Lissabon. Danach Studium der Regionalwissenschaften Lateinamerika an der Universität Köln. Von 1995 bis 1996 Auslandsstudium der Volkswirtschaftslehre am Instituto Superior de Economia e Gestão (ISEG) in Lissabon. Seit 1999 Redakteur bei der Deutschen Welle, von 2006 bis 2021 leitete er die Redaktion „Portugiesisch für Afrika" des deutschen Auslandssenders. Nebenbei ist er als freier Journalist in Köln tätig. Regelmäßig besucht er seine „zweite Heimat" Lissabon.

Etwa sechs Jahre hat es gedauert, bis diese 9. Auflage des Reiseführers „Lissabon & Costa de Lisboa" (früher „Lissabon und Umgebung") erschienen ist. Seit über 25 Jahren schreibe ich Reiseführer für den Michael Müller Verlag und kann mich nicht erinnern, jemals so eine langwierige Neuauflage erlebt zu haben. Im März 2020 war das Manuskript für die Neufassung fast komplett fertig, als während der letzten Recherchereise der Lockdown in Europa begann. Mit Müh und Not gelangte ich von Cascais nach Köln zurück, aber dann lag mangels Nachfrage das Projekt erst einmal auf Eis. In der Zwischenzeit bin ich weiter regelmäßig alleine und mit meiner Familie nach Lissabon und an die Costa de Lisboa gereist und konnte zahlreiche neue Tipps für Restaurants, Strände und Wanderungen recherchieren. Die Costa de Lisboa bleibt die ideale Gegend, um Strand-, Kultur- und Wanderurlaub miteinander zu verbinden. Und außerhalb der Hauptsaison im Juli und August herrscht hier weiterhin eine herrliche Ruhe, wie man sie im boomenden Lissabon leider nur noch sehr schwer findet.

Umso mehr freut es mich, Ihnen nun endlich diese komplett überarbeitete Auflage von „Lissabon & Costa de Lisboa" präsentieren zu können!

Was haben Sie entdeckt?

Haben Sie ein besonderes Restaurant, ein neues Museum oder ein nettes Hotel entdeckt? Wenn Sie Ergänzungen, Verbesserungen oder Tipps zum Buch haben, lassen Sie es uns bitte wissen!

Schreiben Sie an: Johannes Beck, Stichwort „Lissabon & Costa de Lisboa"
c/o Michael Müller Verlag GmbH | Gerberei 19 | D – 91054 Erlangen
johannes.beck@michael-mueller-verlag.de
facebook.com/lissaboncosta
instagram.com/costa_de_lisboa

Lissabon & Costa de Lisboa

Cascais, Estoril, Sintra, Ericeira, Sesimbra, Setúbal

Johannes Beck

9. komplett überarbeitete und aktualisierte Auflage 2024

Inhalt

12 Touren durch Lissabon

Portugals hügelige Hauptstadt am Rio Tejo lockt mit zahlreichen Sehenswürdigkeiten, Museen und Ausgehmöglichkeiten – und ihrer Vielfalt: enge Gassen im ältesten Stadtteil Alfama, elegante Architektur in der „Unterstadt" Baixa, die Prachtstraßen der Avenidas Novas, pulsierendes Nachtleben im Bairro Alto ... Was darf es sein?

Street-Art in den Gassen rund um die Igreja de Santo Estêvão

Unterwegs an der Costa de Lisboa ■ 156

Linha de Cascais ■ 158

Die Region der Kreise Oeiras und Cascais ist nach der sie durchquerenden Bahnlinie als „Linha de Cascais" bekannt. Attraktiv ist sie wegen ihres angenehmen Klimas und den Bademöglichkeiten in nächster Nähe zu Lissabon. Landschaftlich prägt sie eine flache Felsküste, die immer wieder von verträumt gelegenen Sandstränden unterbrochen ist.

Linha de Sintra ■ 206

Auch hier ist die Bahnlinie namengebend für die Region der Kreise Amadora und Sintra. Sintra ist vor allem für seine Paläste berühmt, darunter ehemalige Königsschlösser, die Besucher aus der ganzen Welt anlocken. Spektakulär ist auch die Natur: An Sintras felsiger Küste, beim Cabo de la Roca, liegt Europas westlichster Punkt.

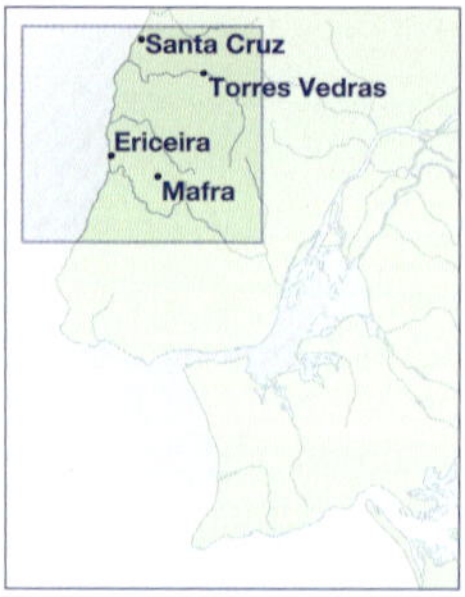

Die Küste im Nordwesten ▪ 246

In und um die beiden Wellenreiterstädtchen Ericeira und Santa Cruz nordwestlich von Lissabon findet man einige der schönsten Strände Portugals, malerische Windmühlen und eine sanfte Hügellandschaft. Außerdem steht hier mit dem gigantischen Klosterpalast von Mafra eine der größten kunsthistorischen Sehenswürdigkeiten des Landes.

Halbinsel von Setúbal ▪ 282

Die südlich von Lissabon gelegene Halbinsel zeigt ein kontrastreiches Bild: da Industrieanlagen, Hafendocks und Wohnsilos – dort Sandstrände, Felsklippen und Weinberge. Wer sich auf Entdeckungstour begibt, findet hier die vielfältigste und spannendste Region der Costa de Lisboa. Zudem bieten zahlreiche Wanderwege herrliche Ausblicke.

Ausblick auf den Leuchtturm am Cabo da Roca

Nachlesen & Nachschlagen ■ 366

Preise Übernachten
(DZ inkl. Frühstück in der Hauptsaison)

€	bis 100 Euro
€€	100–200 Euro
€€€	200–300 Euro
€€€€	über 300 Euro

Preise Essen
(ein Hauptgericht)

€	bis 10 Euro
€€	10–15 Euro
€€€	15–20 Euro
€€€€	über 20 Euro

nachhaltig, ökologisch, regional

meinTipp Die besondere Empfehlung unseres Autors

Wandern in Lissabon und an der Costa de Lisboa ■ 456

13 Wanderungen | Übersicht auf Seite 459
GPS-kartierte Touren sind mit dem Symbol GPS gekennzeichnet. Download der GPS-Tracks inkl. Waypoints unter mmv.me/49564

Sprachführer & Verzeichnisse

Was haben Sie entdeckt?

Haben Sie ein besonderes Restaurant, ein neues Museum oder ein nettes Hotel entdeckt? Wenn Sie Ergänzungen, Verbesserungen oder Tipps zum Buch haben, lassen Sie es uns bitte wissen!

Schreiben Sie an: Johannes Beck, Stichwort „Lissabon & Costa de Lisboa"
c/o Michael Müller Verlag GmbH | Gerberei 19, D – 91054 Erlangen
johannes.beck@michael-mueller-verlag.de

Die Lissabonner lieben Fisch und vor allem die „Sardinhas“

Orientiert

in Lissabon und an der Costa de Lisboa

Die Region im Profil

Lissabon und die Costa de Lisboa ...

Nicht zufällig ist dies Portugals bedeutendste Tourismusregion. Rund um die pulsierende Metropole Lissabon erstreckt sich eine attraktive und äußerst kontrastreiche Küstenregion. Hier kann man sich in belebten Strandorten vergnügen oder dem Trubel der Stadt auf ruhigen Wandertouren entlang der zerklüfteten Felsküste entkommen.

Die Paläste von Sintra sind Weltkulturerbe und die bedeutendste Sehenswürdigkeit in der Umgebung Lissabons.

... verführen subtiler

Lissabon steht nicht für Theater und Oper mit Weltruhm wie Paris, Mailand oder New York. Wer in Portugals Hauptstadt reist, den erwarten auch keine Museen von Weltrang wie Louvre, Uffizien oder Prado. Lissabon und seine Küstenregion fesseln anders, faszinieren subtiler, verführen süßer.

Um die Stadt zu erfassen, zu verstehen, muss man sich in ihr Inneres begeben, in die Cafés. Die Kaffeehäuser sind nicht nur Hauptattraktionen, sondern für viele Lissabonner ein verlängertes Wohnzimmer. Zusammen mit einer *bica,* dem portugiesischen Espresso, werden die berühmten Blätterteigtörtchen *pastéis de nata* verzehrt. „Lissabon ist die Stadt der Süßigkeiten, genauso wie Paris die Stadt der Intellektuellen ist. Paris fabriziert Ideen, Lissabon Törtchen." Vor über 100 Jahren zog der portugiesische Autor Eça de Queiroz dieses etwas überspitzte, aber dennoch passende Fazit, nachdem er selbst in beiden Städten an Seine und Tejo gelebt hatte.

Ähnlich wie die Seine für Paris, ist der Tejo für Lissabon prägend. An seiner Mündung – ein idealer natürlicher Hafen – breitet sich Portugals Hauptstadt aus. Zahlreiche Hügel gliedern Lissabon zudem in sehr unterschiedliche Stadtteile. So prägen kurvenreiche Gässchen den ältesten Stadtteil Alfama, die benachbarte Unterstadt Baixa dagegen schachbrettförmig angelegte, schnurgerade Straßen.

... verbinden perfekt Kultur- und Strandurlaub

Morgens in eines der spannenden Lissabonner Museen, nachmittags an den Strand und abends wieder zurück in der Metropole, um sich in das pulsierende Nachtleben im Szeneviertel Bairro Alto zu stürzen: dank der kurzen Distanzen zwischen Lissabon und seiner Küstenregion kein Problem! Kaum eine Hauptstadt Europas ist so eng mit dem Meer verbunden und bietet so fantastische Gelegenheiten, Kultur- und Badeurlaub zu verbinden.

Die nächsten Strandorte wie Oeiras, Carcavelos oder Estoril sind nur 15 bis 30 Minuten Zugfahrt mit der Linha de Cascais, die der Gegend ihren Namen gab, entfernt. Hier an Lissabons Sonnenküste spielt die Oberschicht Portugals Golf in den lokalen Clubs, speist in eleganten Restaurants oder feiert die neueste Kunstausstellung, beispielsweise in Cascais im beeindruckenden Museum der portugiesischen Malerin Paula Rego.

Bis im 20. Jh. der Strandtourismus populär wurde, zog es die Lissabonner Noblesse in die etwas weiter nördlich gelegene Region der Linha de Sintra. Dort findet man noch heute prächtige Privatpaläste wie die Quinta da Regaleira mit ihren geheimnisvollen, von Tunnels durchzogenen Gärten und gleich drei Königsschlösser – darunter den Palácio Nacional da Pena, Portugals Neuschwanstein hoch oben im Gebirge oberhalb Sintras. Der größte Königspalast Portugals steht aber in der Stadt Mafra: ein beeindruckendes Denkmal der Gigantomanie.

... punkten mit der Lage am Atlantik

Die meisten Besucher lockt jedoch der Atlantik an die Küstenregion im Nordwesten Lissabons. Hier hat sich der hübsche Fischerort Ericeira zu einem der beliebtesten Orte für Wellenreiter in Europa entwickelt. Die unterschiedlichen Strände zwischen Ericeira und Santa Cruz bieten das ganze Jahr über exzellente Bedingungen, um Wellen zu surfen.

Die vielfältigste Region der Costa de Lisboa findet man südlich von Lissabon: Die Halbinsel Setúbal trumpft mit den längsten Sandstränden, den höchsten Felsklippen und den größten Naturschutzgebieten auf. Der Naturpark des Tejodeltas ist ein Paradies für Zugvögel, die hier eine der wichtigsten Rastflächen Europas finden, und auch für Vogelbeobachter! Der Meeresnationalpark rund um Sesimbra bietet dagegen herrliche Spots zum Schnorcheln und Tauchen sowie für das „Dolphin Watching". Egal ob die einzigartigen Flussdelfine im Sado bei Setúbal oder große Delfinschwärme vor Sesimbra, die Chancen für eine Sichtung der Meeressäuger sind hier groß.

Auf der Halbinsel Setúbal kann man aber auch kunsthistorisch bedeutende Klöster und Kirchen in der Hafenstadt Setúbal besichtigen. Oder man verkostet einen der lokalen Weine in einer der zahlreichen Kellereien in Azeitão oder Palmela. Den Besuchstag beschließt man am besten auf einer der Burgen der Region mit herrlicher Aussicht. Egal ob Palmela, Sesimbra oder Setúbal: Sie lohnen sich alle!

Sightseeing-Klassiker

Erlebnis Kultur

Lissabon präsentiert sich als Gesamtkunstwerk: Vor allem die verwinkelten Altstadtviertel Alfama, Mouraria und Graça begeistern die Besucher. Daneben gibt es aber auch eine Reihe sehenswerter Museen, Paläste und Klöster – nicht nur in Lissabon selbst, sondern auch an der Costa de Lisboa.

Auf der berühmten UNESCO-Liste ist Lissabon zweimal vertreten: mit dem Kloster Mosteiro dos Jerónimos und dem Wehrturm Torre de Belém, den bedeutendsten Bauwerken der Manuelinik, einer portugiesischen Variante der Spätgotik.

Auf Hügeln und Bergen

Castelo de São Jorge: Der Rundblick von der Burg gehört einfach zu einem Lissabon-Besuch dazu. Die Lage auf einem der höchsten Hügel der Stadt hat neben dem grandiosen Blick noch einen anderen Vorteil: Man kann anschließend entspannt bergab durch die Altstadtgassen der Alfama schlendern. → S. 45

Palácio Nacional da Pena: Auf dem Nachbargipfel steht mit dem neuen Königspalast Sintras ein wahres Märchenschloss, das im 19. Jh. in geradezu atemberaubendem historistischem Stilmix erbaut wurde. Ebenso atemberaubend ist die Aussicht. → S. 227

Castelo de Palmela: Das Kastell liegt oberhalb der sympathischen Kleinstadt Palmela südlich von Lissabon und bietet einen herrlichen Weitblick auf das Sado-Delta. Besonders schön bei Sonnenuntergang in einem der Restaurants auf dem Burgberg. → S. 339

Kirchen und Klöster

Sé Catedral: Mit ihrem wuchtigen romanischen Stil fällt die Kathedrale sofort ins Auge. Allerdings ist sie oft überlaufen, da hier fast alle Touristen einen Stopp einlegen. Ruhiger ist es im Kreuzgang, wo es zudem noch interessante Ausgrabungen zu entdecken gibt. → S. 42

Mosteiro dos Jerónimos: Lissabon sehen, ohne das Hieronymiten-Kloster besucht zu haben, geht nicht. Der Kreuzgang ist Portugals architektonisches Meisterwerk, stundenlang kann man die regelmäßigen und gleichzeitig verspielten Bögen betrachten. → S. 127

Igreja de Jesus: Diese herrliche Kirche in Setúbal südlich von Lissabon gilt als prägend für den Stil der Manuelinik und damit als Vorbild für das Mosteiro dos Jerónimos. Sie ist samt ihrem benachbarten Kloster Convento de Jesus absolut sehenswert! → S. 345

Türme und Paläste

Palácio Nacional da Ajuda: Während sich wenige Hundert Meter entfernt lange Warteschlangen vor dem Jerónimos-Kloster erstrecken, ist hier oft wenig los. Dabei gibt es einen klassizistischen Königspalast aus dem 18. Jh. zu besichtigen. Im modernen Nebenflügel sind zudem die portugiesischen Kronjuwelen ausgestellt. → S. 120

Torre de Belém: Der zum Kloster Mosteiro dos Jerónimos gehörende Wehrturm ist das Fotomotiv Lissabons schlechthin. Von außen absolut sehenswert, im Inneren dagegen karg und den gesalzenen Eintrittspreis nicht wert. → S. 132

Quinta da Regaleira: Dieser ehemalige Privatpalast und sein Garten sind buchstäblich mysteriös – im Boden verläuft ein Labyrinth geheimnisvoller Tunnel. Klaustrophobiker sollte man aber besser nicht sein. → S. 215

Palácio Nacional de Mafra: An allen Ecken und Kanten spürt man den Geltungsdrang des Baumeisters König João V. Das Gebäude aus dem 18. Jh., Königsplast, Basilika und Kloster zugleich, ist so riesig geraten, dass es sogar die Staatsfinanzen bankrott gehen ließ. → S. 249

Museen von Weltrang

Museu Calouste Gulbenkian: Die Kunstsammlung eines armenischen Öl-Magnaten gilt als Top-Sehenswürdigkeit Lissabons. Sehr lohnenswert sind auch die Museumscafés und der umgebende, schöne Park. → S. 71

Museu Nacional de Arte Antiga: Auch im Nationalmuseum der alten Künste würde allein das wunderbare Museumscafé den Besuch lohnen. Nicht minder wunderbar ist die Ausstellung selbst: weltbekannte Gemälde aus dem 14. bis 19. Jh., dazu eine „zweite Reihe", die einen Blick wert ist. → S. 105

Museu do Oriente: Jeder, der sich auch nur am Rande für asiatische Religionen oder Kunst interessiert, sollte dieses exzellente Asien-Museum besuchen. → S. 116

Museu de Arte Contemporânea MAC: Eine Wucht ist die Sammlung moderner Kunst im Kulturzentrum von Belém (CCB). Zusammengetragen hat sie der portugiesische Geschäftsmann Joe Berardo. Als er seine Steuerschulden nicht mehr begleichen konnte, konfiszierte der Staat kurzerhand sein Museum, das aber weiter besucht werden kann. → S. 131

Museu Nacional dos Coches: Der Neubau ist keine Schönheit, aber innen gibt es eine der weltbesten Kutschensammlungen zu sehen. Nicht zufällig das meistbesuchte Museum Portugals. → S. 124

Casa das Histórias Paula Rego: Das Museum in Cascais ist ganz der in Lissabon geborenen Malerin Paula Rego gewidmet. Ihre Porträts starker Frauen sind ungemein ausdrucksvoll und bewegen sehr. → S. 188

An der Küste und im Gebirge

Erlebnis Natur

„Hier wo das Land endet und das Meer beginnt", beschrieb der portugiesische Nationaldichter Luís de Camões die spektakuläre Landschaft am Cabo da Roca, Europas westlichstem Punkt. Doch die Costa de Lisboa bietet viele weitere Naturspektakel: So kann man hier wunderbar Vögel und Delfine beobachten.

Wer Küstenwanderwege liebt, findet im Naturpark Sintra-Cascais herrliche Routen rund um das Cabo da Roca: Hoch über der zerklüften Felsküste genießt man wunderschönen Meerblick.

Die Kaps im Westen Europas

Boca do Inferno: Die eingefallene Meeresgrotte in Cascais hat sich zu einer Hauptsehenswürdigkeit der Region entwickelt. Vor allem bei stürmischer See kann man stundenlang zuschauen, wie die Gischt am „Höllenschlund" unaufhörlich in die Höhe schießt. → S. 190

Duna da Cresmina: In Guincho kann man eine große Wanderdüne erkunden. Man wird über Holzstege geführt, um das sensible Ökosystem zu schützen. Vor allem bei Sonnenuntergang ein wunderschönes Farbenspiel. → S. 200

Cabo da Roca: Hier endet Europa am westlichsten Punkt des Kontinents. Wer Touristenmassen scheut, kann eine der Küstenwanderungen unternehmen. Dann hat man die traumhafte Felsküste für sich alleine. Vom Cabo da Roca aus bieten sich mehrere sehr empfehlenswerte Strecken an. → S. 231

Cabo Espichel: Im Gegensatz zum überlaufenen Cabo da Roca wirkt das Südwestkap oft wie verlassen. Wenn der scharfe Küstenwind durch das leer stehende Wallfahrtszentrum pfeift, kommt Western-Atmosphäre auf. Auch in dieser Kaplandschaft kann man herrliche Wanderungen unternehmen und dabei sogar Dinosaurierspuren entdecken. → S. 316

Delfintouren

Terra Incógnita: Delfintouren direkt ab dem Lissabonner Hafen. Neben dem faszinierenden Blick auf die Meeressäuger genießt man bei diesen Ausfahrten auch wunderbare Perspektiven auf das Lissabonner Flussufer. → S. 115

Vertente Natural: Ab Sesimbra geht es mit wendigen Schlauchbooten auf Tour: Die Chancen auf Sichtungen liegen hier bei fast 100 %: Entweder trifft man Delfinschwärme auf dem offenen Meer oder die Sado-Delfine bei Setúbal. → S. 327

Vertigem Azul: Mit diesen Touren ab Setúbal haben die Delfinbeobachtungen an der Costa de Lisboa begonnen.

Bis heute sehr empfehlenswerte Fahrten, die sich auf die Sado-Delfine konzentrieren, eine der wenigen in Flussmündungen lebenden Populationen Europas. → S. 347

Vogelbeobachtungen

Salinas do Samouco: Die Salinen werden heute in erster Linie zum Vogelschutz betrieben. Wer Flamingos beobachten möchte, ist hier richtig. Verschiedene Wanderwege führen entlang der weitläufigen Salinenbecken. → S. 290

EVOA (Espaço de Visitação e Observação de Aves): Der beste Ort im Tejodelta, um Vögel zu beobachten: Die weite Anfahrt durch das menschenleere Flussland lohnt sich definitiv. Mehrere Lagunen sind gezielt zum Observationsgebiet ausgebaut worden. Fachkundige Führer begleiten die Besucher. Ganz besondere Erlebnisse bieten die seltenen nächtlichen Eulentouren ab dem EVOA. → S. 291

Espaço Interpretativo da Lagoa Pequena: Kleines, wenig überlaufenes Beobachtungszentrum an einem verlandeten Arm der Lagune von Albufeira. Ideale Bedingungen, um Reiher, Störche und Enten zu sehen. → S. 310

Naturnahe Burgen und Klöster

Castelo dos Mouros: Die mittelalterliche Maurenburg liegt inmitten der Wälder der Serra de Sintra und eröffnet einen herrlichen Blick bis zum Atlantik. Auch wenn der Weg steil und anstrengend ist, sollte man am besten zu Fuß aufsteigen. So fühlt man sich ein bisschen wie auf einer Bergtour. → S. 225

Convento dos Capuchos: Die Mönche lebten hier einsam im Westen der Serra da Sintra in winzigen, mit Kork ausgepolsterten Zellen. Ein Ort mit einer ganz besonderen Magie. Der Besuch lässt sich gut mit einer Wanderung durch das Gebirge im Naturpark Sintra-Cascais verbinden. → S. 229

Convento da Arrábida: Das Gegenstück zum Korkkloster im Süden Lissabons. Auch hier beeindruckende Schlichtheit und eine umwerfende Aussicht durch die Lage an einem Berghang mitten im Naturpark Serra da Arrábida. → S. 359

Sport in der Natur

Schnorcheln und Tauchen: Vor allem die Südküste der Halbinsel Setúbal bietet exzellente Bedingungen. Vor dem Cabo Espichel lockt außerdem ein großes Schiffswrack. Für Tauchtouren gibt es zahlreiche Anbieter in Sesimbra. → S. 322

Coasteering: In Sesimbra bietet Vertente Natural das sogenannte Coasteering an: Dabei bewegt man sich per Kletterseil, schwimmend und zu Fuß entlang der Steilküste. Außerdem kann man hier Kletter- und Höhlentouren sowie geführte Wanderungen und Kanutouren buchen. → S. 327

Sand und Wellen

Baden und Strände

Die weit mehr als 100 Strände der Costa de Lisboa gehören zu den schönsten der portugiesischen Küste: Von versteckten Badebuchten bis zu kilometerlangen Sandstränden ist alles dabei. Mit Wucht brechen sich die Atlantikwellen an der Küste. Es gibt aber auch ruhigere Küstenabschnitte.

Die Costa da Caparica südlich von Lissabon ist der bedeutendste Badeort der Costa de Lisboa. Von urbanen Stränden bis zur einsamen Badebucht in den Dünen gibt es fast alles.

Belebt mit Strand-Cafés

Praia de Carcavelos: Der größte Strand der Linha de Cascais ist mit dem Zug gut von Lissabon aus zu erreichen. Auch wenn sich im Sommer hier viele Badende tummeln, immer ein guter Tipp. In den zahlreichen Cafés und Restaurants kann man den Blick auf die wuchtige Feste São Julião da Barra und die in den Tejo einfahrenden Containerschiffe genießen. → S. 171

Strandpromenade Estoril und Cascais: Knapp drei Kilometer kann man zwischen Estoril und Cascais an Meer, Cafés und zahlreichen Stränden entlangspazieren. Egal zu welcher Uhrzeit, in welche Richtung und bei welchem Wetter: Das macht immer Spaß! Gut für Familien: An diesem Küstenabschnitt sind im Sommer die Wellen meist relativ niedrig. → S. 178

Praia Grande: Die Wellenreiter und mehrere exzellente Restaurants sorgen dafür, dass am „großen Strand" mit seinen außergewöhnlich langen Wellen das ganze Jahr über Betrieb herrscht. An der riesigen Felswand am Ende des Strands kann man Dinosaurier-Spuren entdecken. → S. 234

Sand, Sand und – Sand

Praia Grande do Guincho: Der Name „großer Guincho-Strand" deutet es schon an: Hier liegt Sand im Überfluss, ein Großteil davon in den einzigen Wanderdünen der Region. Dazu weht meist eine starke Brise, sodass man auf dem Badehandtuch auch mal „sandgestrahlt" werden kann. Die Wind- und Kite-Surfer freut es: Guincho ist einer der besten „Spots" in Europa. → S. 199

Foz do Lizandro: Der mittelgroße Sandstrand bietet praktisch von allem etwas: schöne Landschaft, viel Sand und ein paar Strand-Restaurants. Wenn die Atlantik-Wellen zum Baden zu hoch werden, kann man sich an den Süßwasserbereich rund um den hier mündenden Rio Lizandro zurückziehen: perfekt für Familien mit Kindern! → S. 256

Praia Azul: Der „blaue Strand" bei Santa Cruz hebt sich deutlich vom normalen Landschaftsbild mit flachen Dünen statt hohen Klippen an der Nordwestküste ab. Selbst im Hochsommer ist diese schwer zu erreichende Gegend rund um die Flussmündung des Rio Sizandro selten überlaufen. → S. 270

Praia da Adiça: Südlich des Örtchens Fonte da Telha erstrecken sich die längsten und einsamsten Sandstrände der Region Lissabon. Man muss aber bereit sein, dafür einige Kilometer zu marschieren, da eine NATO-Militärbasis Autos den Weg versperrt. Oberhalb der Strände ziehen sich bizarr geformte Klippen entlang. → S. 306

Praia do Creiro: Traumhafte Lage unterhalb der Berge der Serra da Arrábida. Kinder freuen sich über niedrige Wellen und Tretboote, Schnorchler über klares Wasser. Wer Lust hat, schwimmt zur vorgelagerten Vogelinsel Pedra da Anixa. Archäologen können direkt über dem Strand die Ruinen einer alten römischen Fischfabrik bestaunen. → S. 362

Einsam unter Klippen

Praia da Adraga: Mein Lieblingsstrand an der Küste von Sintra. Es entsteht romantische Stimmung mit den bizarr geformten Felsen und Höhlen. Wenn es kalt oder dunkel wird, besucht man am besten das empfehlenswerte Strandrestaurant und lässt den Tag mit einem gegrillten Fisch ausklingen. → S. 232

Praia de São Julião: Vor allem wenn die hübsch gemaserten Felskliffs in der Abendsonne erglühen, nicht nur für mich der schönste Strand in Ericeira. Da er etwas schlecht zu erreichen ist, meist auch ohne allzu großen Rummel.

Wer es ganz einsam mag, geht vom Hauptstrand weiter nach Süden. → S. 256

Praia do Meco: Von den bizarr geformten Felsen starten Paraglider zum Flug, Fischer ziehen ihre Netze ans Land und am Nachbarstrand sonnen sich die Nacktbadenden an Portugals ältestem offiziellen FKK-Strand. Wahrlich ein außergewöhnlicher Ort. Und gut essen kann man hier auch! → S. 312

Praia do Ribeiro do Cavalo: Der am schwersten zu erreichende Strand von Sesimbra, der anstrengende Fußmarsch lohnt sich aber. Alternativ fahren im Sommer auch Badeboote. Hier findet man unter hohen Klippen Natur pur mit idyllischen Felsen und exzellenten Schnorchelspots. → S. 324

Praia de Galapos/Praia de Galapinhos: Die beiden benachbarten, schmalen Sandstrände schmiegen sich direkt an die Klippen der Serra da Arrábida. Das Wasser ist wie auch an den anderen Stränden zwischen Sesimbra und Setúbal im Sommer meist klar und ruhig, da die Wellen vom Cabo Espichel abgeschirmt werden. → S. 360

Tipps für den Familienurlaub

Lissabon und die Costa de Lisboa mit Kindern

Wem es in Lissabon zur Hochsaison zu voll ist, der kann mit Kindern wunderbar an die Costa de Lisboa im Umland der Hauptstadt ausweichen. Für Strandvergnügen ist gesorgt und auch sonst mangelt es nicht an Attraktionen. Generell sind die Portugiesen sehr kinderfreundlich, was für entspannte Urlaubstage sorgt.

Delfine zu sehen, ist für viele Kinder (und auch Erwachsene) der Höhepunkt eines Urlaubs in Lissabon und an der Costa de Lisboa! Sowohl in Lissabon als auch in Sesimbra und Setúbal werden Bootstouren angeboten.

Buggy statt Kinderwagen

Den Kinderwagen lässt man besser zu Hause, sonst steht man vor langen Treppenaufgängen und muss noch feststellen, dass in den historischen Straßenbahnen kein Platz gibt. Wer dennoch seine Kinder fahren möchte, sollte einen leichten, faltbaren Buggy mitnehmen. Die modernen Trams der Linie 15 Richtung Belém sowie Vorortzüge und Fähren lassen sich damit problemlos nutzen. In der Metro ist zwar prinzipiell Platz, allerdings hat ein Drittel der Stationen keinen Aufzug, und so muss man lange Treppen überwinden. Wer mit Buggy, Kraxe oder großen Rucksäcken U-Bahn, Vorortbahnhöfe oder Fährstationen betritt, verwendet besser die speziellen, breiten Zugangskanäle, um nicht von den Automatik-Türen gequetscht zu werden.

Zoos und Tiere

Jardim Zoológico: Der Zoo gehört zu den schönsten Grünanlagen der Stadt. Super finden viele Kinder die Fahrt mit der Gondelbahn, auf der man das Zoo-Gelände überblicken kann. → S. 139

Oceanário: Ein bisschen wie beim gelungenen Tauchgang: Man kann ähnlich gut entspannen, bekommt aber mehr Meeresgeschöpfe zu Gesicht als im echten Taucherleben – sicher eines der besten Ozeanarien weltweit. → S. 152

Quinta do Pisão: Ein Naturpark, mit dem die Stadt Cascais naturnahe Landwirtschaft anschaulich machen will. Kinder können hier u. a. Esel-Touren unternehmen. Auch für Eltern ein schöner Ausflug. → S. 204

Spielplätze

Im Zentrum Lissabons sind Spielplätze rar. Im Stadtpark Parque Eduardo VII liegt ein empfehlenswerter Platz gegenüber dem Eingang zur Estufa Fria. Im Bairro Alto sollte man die Grünanlagen auf dem Príncipe Real ansteuern, in Campo de Ourique den Jardim da Parada. Im Stadtteil Lapa gibt es mit dem Jardim da Estrela und dem Spielplatz in der Rua da Imprensa à Estrela gleich zwei gute Alternativen.

Am Meer

Mit Kindern, die nicht oder noch nicht gut schwimmen können, steuert man besser die Küstenabschnitte an, die in West-Ost-Richtung verlaufen und so vor Wellen geschützt sind: die Linha de Cascais um Carcavelos, Estoril und Cascais sowie vor allem die Südseite der Halbinsel Setúbal zwischen Sesimbra und Setúbal.

Fonte da Telha: Beliebt bei Kindern sind die Strände bei Fonte da Telha, weil dort oft Wassertümpel zum Spielen einladen. Auch die Anreise mit der offenen Strandeisenbahn von Costa da Caparica hierher ist spannend. → S. 305

Lagoa de Albufeira: In der Mitte der Halbinsel Setúbal erstreckt sich diese Lagune. Man kann entweder am offenen Ozean oder in der abgeschirmten Lagune baden. Hier ist das Wasser am Ufer sehr flach, sodass Kinder gut planschen können. → S. 309

Sportlich unterwegs

Surfkurse: Für Familien mit Kindern, die schon gut schwimmen können, sind Wellenreit-Kurse ein großer Spaß. In Ericeira werden auch Kurse in deutscher Sprache angeboten. → S. 262

Bike Iberia: Für eine Radtour empfiehlt sich der Tejoradweg nach Belém. Dort kann man mit der Fähre nach Trafaria übersetzen und weiter an die Strände der Costa da Caparica radeln. Kinderräder und auch Anhänger bietet die Firma Bike Iberia im Verleih an. → S. 427

Museen

Viele Museen und Sehenswürdigkeiten gewähren Kindern freien oder deutlich ermäßigten Eintritt. Ab 12 Jahren lohnt es sich bereits, den internationalen Studentenausweis ISIC mitzunehmen (isic.org). Wer mit mehreren älteren Kindern unterwegs ist, sollte nach ermäßigten Familienkarten *(bilhete família)* fragen, die meist für zwei Erwachsene und zwei Kinder angeboten werden.

Museu da Carris: Für junge Fans von Straßenbahnen ein Muss! Besonders der zweite Teil des Museums hat es in sich: Man kann historische Busse und Bahnen von innen besichtigen. → S. 113

Central Tejo: Schon das ehemalige Kohlekraftwerk, in dem das Elektrizitätsmuseum untergekommen ist, macht Eindruck. Hier darf viel angefasst und ausprobiert werden. → S. 126

Pavilhão do Conhecimento: Dieses Technikmuseum ist perfekt für Kinder, die gerne experimentieren. Sehr anschaulich werden ihnen wissenschaftliche Themen nähergebracht. → S. 151

Die Alfama besuchen heißt Treppen steigen: hier neben der Igreja de Santo Estêvão

Unterwegs

in Lissabon

Im Zentrum Lissabons

Tour 1

Zwischen dem Rossio und der Praça do Comércio liegt das Geschäfts- und Bankenviertel Lissabons, die Baixa. Mit ihren nach dem Erdbeben von 1755 auf dem Reißbrett entworfenen Straßenzügen ist sie ein einzigartiges Beispiel der Architektur des 18. Jh. Oberhalb der Baixa stoßen wir auf den Chiado, das klassische Einkaufsviertel der Stadt.

Praça do Comércio, einer der schönsten Plätze Europas, S. 24

Núcleo Arqueológico da Rua dos Correeiros, Funde aus der Römerzeit, S. 29

Elevador de Santa Justa, neogotischer Aufzug mit Aussicht, S. 32

Unterstadt trifft klassisches Einkaufsviertel

Baixa und Chiado

Bis zum Erdbeben von 1755 war die Baixa wie die Alfama ein Labyrinth aus kleinen Gässchen. Da die Unterstadt auf sumpfigem, dem Tejo abgerungenem Gelände erbaut worden war, zeigten hier die Erdstöße besonders verheerende Wirkung. Viele nach dem Beben noch stehen gebliebene Gebäude zerstörten der anschließende Großbrand und die Tsunami-Welle.

Anstatt die Unterstadt im gleichen Grundriss wiederaufzubauen, entschloss sich der damalige Premierminister Marquês de Pombal dazu, die Baixa im Geist der Aufklärung völlig neu zu gestalten (→ Kasten „Marquês de Pombal", S. 377). Die von ihm beauftragten Architekten entwarfen ein Schachbrett mit je neun Längs- und neun Querstraßen. Jede Straße war für die Ansiedlung eines bestimmten Gewerbes vorgesehen, wovon Namen wie *Rua dos Sapateiros* (Schuhmacherstraße) oder *Rua dos Correeiros* (Sattlerstraße) zeugen. Die einzelnen Häuser wurden weitgehend erdbebensicher in Ständerbauweise errichtet. Noch heute wird das Viertel zu Ehren seines Wiedererbauers *Baixa Pombalina* genannt.

In den Straßen des z. T. verkehrsberuhigten Viertels findet man Juweliere und Modeboutiquen, Cafés und Restaurants, aber auch noch alte Kurzwarenläden. In der Rua Augusta, der zentralen Achse der Baixa, reihen sich exklusive Modegeschäfte, Andenken- und Delikatessenläden aneinander. Flanierende Menschen, Straßenhändler, aber auch Bettler bestimmen hier das Straßenbild. Im geschäftigen Durcheinander werden oft die kunstvollen schwarzen Muster auf dem weißen Straßenpflaster übersehen, in denen sich die Geschäfte verewigt haben.

Tagsüber herrscht reges Treiben, wenn die Geschäfte und Banken abends geschlossen sind, wirkt das Viertel dagegen deutlich leerer. Die zunehmende Umwandlung von Wohn- in Büroraum hat dazu geführt, dass kaum jemand mehr in der Baixa lebt. In den letzten Jahren ist aber durch neue Hostels, Hotels und Restaurants wieder mehr Leben in die Baixa gekommen.

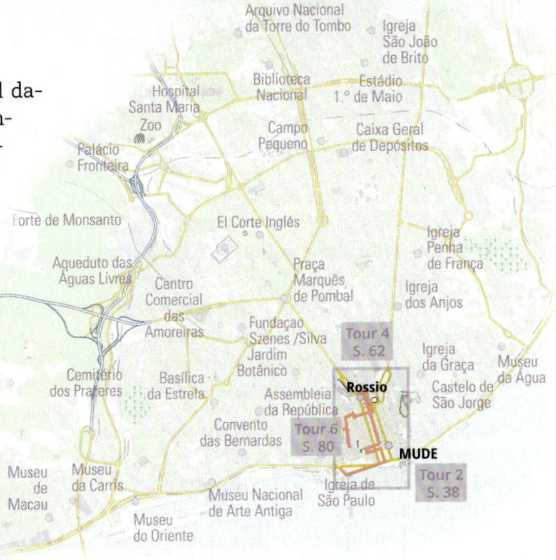

Der **Chiado** war einst das Intellektuellen- und das vornehmste Einkaufsviertel Lissabons. Leider fielen hier 1988 die beiden berühmtesten Kaufhäuser Lissabons, *Grandella* und *Grandes Armazéns do Chiado*, einem Brand zum Opfer. Die Schäden sind unter Leitung des Stararchitekten Álvaro Siza Vieira behoben worden und neue Geschäfte in die restaurierten Gebäude gezogen. Trotz seines neuen Gewandes vermittelt der Chiado nach wie vor einen Eindruck seiner einstigen Ehrwürdigkeit. Gut zu spüren ist sie am Largo do Chiado. Der quirlige Hauptplatz des Viertels wird von zwei Kirchen gesäumt: auf der Seite zum Tejo von der neoklassizistischen *Igreja da Encarnação* und direkt gegenüber von der *Igreja do Loreto* aus dem 16. Jh. Dazwischen wurde der Namensgeber des Stadtteils, der Mönch und Volksdichter António Ribeiro Chiado (16. Jh.), in Form einer Statue verewigt.

Nicht weit davon entfernt sollte man an der Ecke Rua da Trindade/Largo Rafael Bordalo Pinheiro einen Blick auf die Hausfassade werfen. Sie hat der Künstler Rafael Bordalo Pinheiro (1846–1905) mit bemalten Fliesen, die in Portugal *Azulejos* genannt werden, verziert. Allegorische Figuren wie die Erde und das Wasser schmücken den 1., Industrie und Handel den 2. Stock. Ganz oben erblickt man einen achtzackigen Stern mit Auge und Pyramide – Symbole der Freimaurer.

Sehenswertes

Uferpromenade zum Flanieren

Ribeira das Naus

Über eine breite Promenade kann man am Ufer des Rio Tejo vom Bahnhof Cais do Sodré bis zur Praça do Comércio schlendern. In ihrer Mitte befand sich bis Anfang des 20. Jh. die Werft der königlichen portugiesischen Marine, der Arsenal Real da Marinha. Die lange verschütteten Trockendocks hat die Stadt 2014 wieder freigelegt, als sie den Uferbereich fußgängerfreundlich umgestaltet hat. Am östlichen Ende der Avenida da Ribeira das Naus kann man sich auf die Treppen des Cais das Colunas, des „Säulenkais", setzen, den an- und ablegenden Fähren zuschauen und die Flussluft schnuppern. Vor allem bei Sonnenuntergang ein romantisches Szenario, bei Ebbe riecht es hier allerdings auch stark nach Brackwasser.

Ⓜ Cais do Sodré und Ⓜ Terreiro do Paço.

Einer der schönsten Plätze Europas

Praça do Comércio

Wie zum Zeichen der engen Verbundenheit Lissabons mit dem Tejo ist der quadratische Platz auf seiner Südseite zum Fluss hin geöffnet. Die anderen drei Seiten sind von Gebäuden mit prächtigen Arkadengängen gesäumt, in denen sich zahlreiche Restaurants und Cafés sowie einige Ministerien befinden.

Für viele ist er der eleganteste Platz Lissabons und einer der schönsten Europas. An seiner Westseite stand bis zum verheerenden Erdbeben von 1755 der Königspalast. Entsprechend wurde er damals noch *Terreiro do Paço* (Palastplatz) genannt, eine Bezeichnung, die sich bis heute im Volksmund gehalten hat.

In der Platzmitte erhebt sich ein 1774 errichtetes Reiterstandbild von König Dom José I., der seinen Blick auf den Tejo richtet. Unterhalb von Reiter und Pferd ist auf einem Medaillon der Erbauer der Baixa, Sebastião José de Carvalho (alias Marquês de Pombal), verewigt. Die Statue wird gerne als Treffpunkt genutzt und lohnt einen genauen Blick: Man entdeckt neben dem Pferd auch einen Elefanten und Schlangen.

Ⓜ Terreiro do Paço.

Triumphbogen

Arco da Rua Augusta

Auf der Nordseite der Praça do Comércio bietet der erst 1873 fertiggestellte Triumphbogen Zugang zum Zentrum der Baixa. Auf ihm haben wichtige Persönlichkeiten der portugiesischen Geschichte ihren Platz gefunden: rechts der Marquês de Pombal und Vasco de Gama, links der Lusitanerheld Viriato und Nuno Álvares Pereira, der Heerführer bei der Schlacht von Aljubarrota im Jahr 1385 gegen die Spanier.

Essen & Trinken (S. 34/35)

1 Casa do Alentejo
4 Beira Gare
7 Panda Cantina
11 Boa-Bao
17 Alma
18 Organi Chiado
21 To.B
22 Palácio Chiado
23 Tasca Kome
26 Ao 26 Vegan Food Project

Cafés (S. 35/36)

2 A Ginjinha
6 Confeitaria Nacional
15 A Brasileira
25 Martinho da Arcada

Nachtleben (S. 407)

5 Rooftop Bar Art Inn
19 Wine Not?
24 Trobadores

Einkaufen (S. 36/37)

3 Chapelarias Azevedo Rua
8 Luvaria Ulisses
9 Flamingos Vintage Kilo
10 A Outra Face da Lua
12 Go Natural
13 Armazéns do Chiado
14 Vista Alegre
16 Livraria Bertrand
20 A Vida Portuguesa
27 Loja das Conservas

Tour 1:
Baixa und Chiado
75 m
Coliseu
Ascensor da Glória
Praça dos Restauradores
Restauradores
Martim Moniz
Capela Nossa Senhora da Saúde
Rua da Palma
Praça Martim Moniz
Palácio da Independência
Rua das Portas de Santo Antão
R. Jardim Regedor
Cç. de Sant'Ana
Cç. Garcia
Largo S. Domingos
Teatro Nac. Dona Maria II
Praça Dom. João da Câmara
Igreja de São Domingos
R.B. Queirós
R. João das Regras
R.P. Borratém
Estação do Rossio
Praça Dom Pedro IV (Rossio)
Rossio
Praça da Figueira
R.D. Duarte
R.C. Monsanto
R. D. Almada
Rua 1. de Dezembro
L. Duque do Cadaval
L. Trindade Coelho
WC
Cç. do Duque
Rua do Duque
Rua da Condessa
Rua da Oliveira
Cç. do Carmo
Rua da Betesga
Rua de S. Justa
Costa do Castelo
Cç. Marques Tancos
Largo Chao do Loureiro
Rua da Misericórdia
Rua Nova da Trindade
Museu da GNR
Elevador de Santa Justa
Azulejo-Haus
R. Trindade
Convento do Carmo/ Museu Arqueológico
Carmo
Rua do Carmo
Rua Aurea
Rua Augusta
Rua da Prata
Rua dos Douradores
Rua dos Fanqueiros
Rua da Madalena
Rua dos Sapateiros
Rua dos Correeiros
Rua da Assunção
Rua da Vitória
Rua de São Mamede
Tv. Almada
Cç. C. Velho
Espaço Chiado
Lg. R. B. Pinheiro
Tr. do Carmo
Cç. Sacramento
Igreja do Loreto
Igreja dos Mártires
Rua Garrett
Baixa/Chiado
L. do Chiado
L. Camões
Igreja da Encarnação
Baixa
Rua de São Nicolau
Cç. Nova de São Francisco
Rua Nova do Almada
Rua do Crucifixo
Núcleo Arqueológico da Rua dos Correeiros (BCP)
Igreja da Madalena
R. Anchieta
L. do Picadeiro
Rua Serpa Pinto
Rua Capelo
Rua Ivens
R. do Alecrim
Teatro São Luiz
Chiado
Rua da Conceição
Museu do Design da Moda – MUDE
R. dos Bacalhoeiros
Largo de São Julião
Rua São Julião
Rua do Comércio
Igreja da Conceição Velha
R. da Alfândega
Teatro Nacional de São Carlos
Largo da Academia Nacional
R. Duques de Bragança
R.A.M. Cardoso
Museu do Chiado
Cç. de São Francisco
Museu do Dinheiro - Muralha D. Dinis
Câmara Municipal
Arco da Rua Augusta
Pide
R. Vitor Cordon
Praça do Município
Rua do Arsenal
Praça do Comércio (Terreiro do Paço)
Lisboa Story Centre
Tv. Ferragial
Igreja do Corpo Santo
R. Bernardino Costa
Arsenal da Marinha
Largo do Corpo Santo
Centro Interpretativo da História do Bacalhau
Avenida Infante Dom Henrique
Terreiro do Paço
Cais das Colunas
Avenida da Ribeira das Naus
Fährstation Terreiro do Paço
Tour 4: Avenida da Liberdade siehe S. 64/65
Tour 3: Mouraria und Graça siehe S. 54/55
Tour 6: Die Oberstadt/Bairro Alto siehe S. 82/83
Tour 2: Alfama siehe S. 40/41
1
2
3
4
5
6
7
8
9
10
11
12
13
14
15
16
17
18
19
20
21
22
23
24
25
26
27

Mit dem Aufzug gelangt man von einem Nachbarhaus auf der Ostseite der Rua Augusta in den 2. Stock. Über enge Stufen (beim Auf- und Abgang das Ampelsystem beachten) erreicht man die Aussichtsplattform auf dem Triumphbogen. Hier bietet sich ein sehr sehenswerter Rundblick auf das gitterförmig angelegte Straßennetz der Baixa, die Praça do Comércio sowie die beiden gegenüberliegenden Hügel der Alfama und der Oberstadt Bairro Alto.

Im Gegensatz zu den anderen Aussichtspunkten Lissabons schwebt der Beobachter hier weniger „über den Dingen", er ist vielmehr „mittendrin".

Rua Augusta, 2–10, ✆ 210998599, visitlisboa.com. Ⓜ Terreiro do Paço. Tägl. 10–19 Uhr. Letzter Einlass 30 Min. vor Schluss. Eintritt 3,50 €, bis 5 J. frei.

Stadtgeschichte audiovisuell

Lisboa Story Centre

Die Ausstellung präsentiert die Stadtgeschichte anhand von lebensgroßen Figuren und Videos – geführt wird man per Audioguide (auch auf Deutsch).

Cais das Colunas

Leider ist der Großteil der Ausstellung sehr oberflächlich, ganz im Gegensatz zum tiefen Griff in den Geldbeutel, der für die Eintrittskarten nötig ist. Skandalös unkritisch wird das Zeitalter der Entdeckungsfahrten präsentiert: Die Sklaverei wird gar nicht erwähnt, die Kolonialisierung der Gebiete in Afrika, Asien und Amerika ausschließlich positiv geschildert.

Lohnend ist dagegen der umfangreiche Bereich zum Erdbeben von 1755. Ein Kinofilm auf drei Leinwänden macht Erschütterungen, Feuersbrunst und Tsunami sehr anschaulich. Karten verdeutlichen, welchen städtebaulichen Einschnitt der Wiederaufbau durch den Marquis von Pombal bedeutete.

Praça do Comércio, 78 und 81, ✆ 211941099, lisboastorycentre.pt. Ⓜ Terreiro do Paço. Tägl. 10–19 Uhr. Letzter Einlass um 18 Uhr. Am 25.12. geschl. Eintritt 7 €, Studenten und ab 65 J. 5 €, bis 15 J. 3 €, bis 5 J. frei.

Der Fisch der Portugiesen

Centro Interpretativo da História do Bacalhau

Ein eigenes Museum für getrockneten Kabeljau? Ja, und zwar sogar ein sehr interessantes im südöstlichen Eckturm an der Praço do Comércio. Früher war in den hohen Hallen die Lissabonner Börse untergebracht, später ein Nachtclub. Heute wird man hier in die Welt des Fischfangs vor der Küste Neufundlands entführt, wo einst portugiesische Fischer in kleinen Ruderbooten den *bacalhau* aus dem Wasser zogen. Wie gefährlich das im kalten Winternebel und zwischen hohen Atlantikwellen war, kann man im Museum in einer Kältekammer gut nachspüren. Dazu gibt es spannende Details zu den Problemen der portugiesischen Fangflotte während des Zweiten Weltkriegs zu lesen.

Die Vielfalt der Kabeljau-Gerichte in Portugal – sie dürfen bei einem traditionellen Festmahl an Ostern und

Das Lissabonner Rathaus – Geburtsort der portugiesischen Republik

Eine schwere Wirtschaftskrise unter der Herrschaft von König Carlos I. (1889–1908) verstärkte ab 1890 die republikanische Bewegung in Portugal. 1891 brach in Porto eine erste Revolte aus, die aber schnell niedergeschlagen wurde. Aber auch die nächsten Regierungen brachten keine Lösung der Probleme zustande. Zudem war die Monarchie in den Augen der Portugiesen diskreditiert, weil sie sich 1890 einem englischen Ultimatum zur Aufgabe des Anspruchs auf große Gebiete im südlichen Afrika (dem heutigen Malawi, Sambia und Simbabwe) gebeugt hatte. Der Ruf nach einem starken Mann erklang nun immer öfter. Neuer Hoffnungsträger der Monarchisten wurde der von Bismarck beeinflusste Ministerpräsident João Fernando Pinto Franco. Zur Stützung der Monarchie errichtete er 1907 eine Diktatur und ließ das Parlament auflösen. Doch der von der Republikanischen Partei getragene Widerstand gegen das Königshaus wuchs. Am 1. Februar 1908 erschossen zwei Attentäter König Carlos I. und dessen Sohn, den Thronfolger Dom Luís Filipe, auf der Praça do Comércio. Die Hintergründe konnten nie ganz geklärt werden, da die Leibwache des Königs beide Attentäter tötete. Nur leicht verletzt überlebte der zweitgeborene Sohn Manuel den Anschlag. Als Manuel II. bestieg er den Thron und lockerte das harte Regime, doch die Monarchie war nicht mehr zu retten. Am 3. Oktober 1910 nahm die Revolution ihren Anfang. Auslöser war die Ermordung des angesehenen Republikanerführers Dr. Miguel Bombarda durch einen offensichtlich Geisteskranken. Am 4. Oktober bombardierten Kriegsschiffe vor Lissabon den Palácio das Necessidades in Alcântara, in dem König Manuel II. lebte. Verschreckt zog sich der König in den Palast nach Mafra zurück, er dachte nicht daran, großen Widerstand zu leisten. Am Morgen des 5. Oktober rief man vom Balkon des Lissabonner Rathauses die Republik aus; der erste Präsident war Teófilo Braga. König Manuel II. floh über Gibraltar ins Exil nach England.

Weihnachten nicht fehlen – wird im ersten Stock multimedial präsentiert. Ebenso wird der Frage nachgegangen, wie nachhaltig es ist, dass Portugal ein Fünftel des weltweiten Kabeljau-Fangs verspeist. Wer das für sich positiv beantwortet, kann im angeschlossenen Museumsrestaurant einen Selbstversuch wagen.

Praça do Comércio, Torreão nascente, ✆ 211 941099, historiabacalhau.pt. Ⓜ Terreiro do Paço. Tägl. 10–19 Uhr. Letzter Einlass um 18 Uhr. Am 25.12. geschl. Eintritt 4 €, Studenten und ab 65 J. 3 €, bis 15 J. 2 €, bis 5 J. frei.

Lissabons Rathaus

Câmara Municipal

Das Rathaus Lissabons wurde zwischen 1866 und 1875 unter Leitung des Architekten Domingos Parente da Silva erbaut und gilt als gutes Beispiel für die neoklassizistische Architektur öffentlicher Gebäude im 19. Jh. Beim Eintreten in das Rathaus, das auch *Paços do Concelho* (wörtlich „Kreispalast") genannt wird, überwältigt der Anblick des prachtvollen, mit Kronleuchtern geschmückten Treppenhauses aus feinstem Marmor. Auf dem Rathausplatz tummeln sich die Tauben um den *Pelourinho*, einen stilisierten Pranger in Form einer elegant verschlungenen Doppelsäule, der die Stadtrechte symbolisiert.

Praça do Município, ✆ 213227338 und 213 236200, lisboa.pt. Ⓜ Baixa-Chiado. Kostenlose Führungen am ersten Sonntag im Monat (Treffpunkt um 10.50 Uhr vor dem Haupteingang).

Die Geschichte des Geldes

Museu do Dinheiro – Banco de Portugal

Das Museum am Sitz der portugiesischen Zentralbank, untergebracht in der ehemaligen Kirche Igreja de São Julião aus dem 18. Jh., illustriert die Geschichte des Geldes. Zahlungsmittel wie Münzen und Scheine sind ausgestellt, außerdem darf man ausprobieren, wie schwer es ist, einen echten Goldbarren hochzuheben. Spektakulär ist der Eingang durch eine massive Tresortür: In der dafür teilweise abgerissenen Kirche hatte die Zentralbank ab 1933 ihr Goldlager. Im Keller findet man außerdem den einzigen, öffentlich sichtbaren Abschnitt der *Muralha de Dom Dinis*. Diese Stadtmauer schützte ab 1294 die heutige Baixa, bevor sie im 14. Jh. durch die fernandinische Stadtbefestigung abgelöst wurde.

Largo de São Julião, ✆ 213213240, museudodinheiro.pt. Ⓜ Baixa-Chiado. Mi–So 10–18 Uhr (letzter Einlass 30 Min. vor Schluss), So/Mo/Fei zu. Eintritt frei. Sicherheitskontrolle; das Gebäude wird weiter als Sitz der Zentralbank verwendet.

Museum im edlen Gewand

Museu do Design e da Moda – MUDE

Allein das Gebäude ist einen Abstecher wert. Früher hatte hier die Bank *Banco Nacional Ultramarino* (BNU) ihren Sitz. Sie war für die Geldversorgung in den ehemaligen portugiesischen Kolonien in Afrika und Asien zuständig. Der 1964 eingeweihte Bau ist ein gutes Beispiel für die Repräsentationsbauten

25. April 1974 – Belagerung der Kaserne am Largo do Carmo

Am Nachmittag des 25. April 1974, dem Tag der Nelkenrevolution, stand der kleine Platz im Mittelpunkt des revolutionären Geschehens. Hier hatte sich Diktator Marcello Caetano in der Kaserne der Nationalgarde GNR verschanzt. Das hatte ihm Geheimdienstchef Silva Pais geraten, da dieser die GNR für loyal hielt. Die Wahl einer Kaserne mitten in der Stadt, ohne über Fluchtwege nachzudenken, war allerdings ein gewaltiger Fehler. Schnell hatten die aufständischen Militärs das Gebäude umzingelt. Außerdem fand sich eine riesige Menschenmenge auf dem kleinen Platz zusammen. Die Schaulustigen stiegen auf die Bäume, Telefonzellen und sogar auf die Kampffahrzeuge, um den Abgang des verhassten Caetano besser mitverfolgen zu können. Dieser befahl noch der Nationalmiliz, auf die Demonstranten zu schießen. Doch zu seiner Entrüstung weigerten sich die Kommandanten, die Befehle auszuführen. Erst nach mehrstündigen Verhandlungen war Caetano bereit, in einem Panzer abzuziehen. Zuvor hatte er darauf bestanden, die Macht an General António de Spínola zu „übergeben", damit diese nicht in die Hände der Volksmassen auf der Straße falle. Eine Übergabe an den rangniedrigeren Hauptmann Salgueiro Maia, der für das Kommando der revolutionären Truppen am Largo do Carmo verantwortlich war, hatte er abgelehnt, weil dies – so seine Begründung – für einen Regierungschef unwürdig sei. Heute erinnert eine im Boden eingelassene Gedenkplatte in der Nähe des Brunnens an den tapferen Hauptmann. Wer mehr erfahren möchte, kann in der Kaserne im **Museu da GNR** eine sehenswerte Ausstellung zur Machtübergabe am 25. April und zur Geschichte des Konvents und der Guarda Nacional Republicana, in der auch der portugiesische Zoll aufgegangen ist, besichtigen (Largo do Carmo, ✆ 217655640, arquivomuseugnr.pt; Mo–Sa 10–18 Uhr, Einlass bis 30 Min. vor Schluss; Eintritt 2 €, Kinder 1 €).

in der Spätzeit des faschistischen Neuen Staats *(Estado Novo)*. Besonders beeindruckt ein riesiger, elegant geschwungener Tresen aus massivem Stein, der sich durch das ganze Erdgeschoss zieht.

Heute sind im Gebäude Kleidungsstücke von Modeschöpfern wie Christian Dior, Yves Saint-Laurent und Pierre Cardin drapiert. Dazu gibt es Designklassiker aus der Sammlung des portugiesischen Unternehmers Francisco Capelo zu sehen, vor allem Möbel aus den 1960ern, als neue Glasfasermaterialien Designern wie Eero Aarnio (Finnland), Ray und Charles Eames (USA) sowie Verner Panton (Dänemark) bis dahin kaum zu realisierende Formen ermöglichten. Dazu sind Ikonen des Industriedesigns wie die berühmte Stereoanlage SK 4 („Schneewittchensarg"), die Dieter Rams und Hans Gugelot für die deutsche Firma Braun gestaltet haben, ausgestellt.

Rua Augusta, 24, ✆ 218171892, mude.pt. Ⓜ Terreiro do Paço. Tägl. (außer Mo sowie Weihnachten, Silvester und Neujahr) 10–18 Uhr (letzter Einlass 17.45 Uhr). Eintritt frei. Zum Recherchezeitpunkt im Sommer 2023 war das MUDE wegen Renovierung geschlossen. Die Wiedereröffnung ist für Sommer 2024 geplant.

Straßenkunst in der Baixa, Praça do Comércio, Rua Augusta (von o. nach u.)

Funde aus der Römerzeit

Núcleo Arqueológico da Rua dos Correeiros

Als Anfang der 1990er-Jahre die Privatbank *Banco Comercial Português – Millennium BCP* ein Parkhaus unter ihrem Hauptgebäude bauen wollte, stießen die Arbeiter dort auf eine ganze Reihe archäologisch interessanter Funde. Sie machen die wechselhafte Geschichte der Lissabonner Baixa sehr anschaulich. So können hier auch die einzigen bekannten Reste der phönizischen Besiedlung Lissabons aus dem 8. bis 5. Jh. v. Chr. betrachtet werden. Außerdem haben die Archäologen ein Skelett aus dem Mittelalter freigelegt. Hauptattraktion sind aber die Funde aus der Römerzeit: schöne Mosaike, Keramiken sowie 30 Tanks einer ehemaligen Fabrik zur Produktion von Fischsoße. Diese Soße wurde Garum genannt, war eines der wichtigsten Gewürze der römischen Küche und schmeckte vermutlich ähnlich wie die heutigen Fischsoßen aus Thailand. In Amphoren exportierten die Lissabonner damals

„Wohnzimmer" der Lissabonner: der Rossio

große Mengen ins ganze Römische Reich und sicherten so ihr wirtschaftliches Auskommen.

Rua dos Correeiros, 9, ✆ 211131070, fundacaomillenniumbcp.pt. Ⓜ Baixa-Chiado. Mo–Sa 10–12 und 14–17 Uhr, So/Fei zu. Eintritt frei. Besuch nur im Rahmen von Führungen (auf Portugiesisch und Englisch), die jeweils zur vollen Stunde starten und ca. 50 Min. dauern. Voranmeldung sehr empfohlen, da es pro Führung nur wenige Plätze gibt!

Lissabons Hauptplatz

Rossio

Den nördlichen Abschluss der Baixa bildet der belebte Rossio – der zentrale Hauptplatz Lissabons ist mit seinen klassischen Cafés *der* Treffpunkt der Stadt schlechthin. Das galt schon zu Römerzeiten, als sich hier die Lissabonner an Wagenrennen auf dem damaligen Circus ergötzten. Anfang des 20. Jh. wurde die Platzfläche in ihrem charakteristischen schwarz-weißen Wellenmuster gepflastert. Das Muster fand weltweit Nachahmer, so z. B. in Rio de Janeiro an der Uferpromenade im Stadtteil Copacabana.

Einsam betrachtet König Dom Pedro IV. von seiner 23 m hohen Marmorsäule in der Mitte des gepflasterten Platzes das Treiben. Viele Passanten scheinen die Statue nicht wahrzunehmen, und so nennt den Platz kaum jemand bei seinem offiziellen Namen *Praça Dom Pedro IV*. Für die Lissabonner ist er einfach der *Rossio*.

Es lohnt sich, bei der Hausnummer 21 genauer hinzusehen: Die kleine Tabacaria Mónaco aus dem Jahr 1894 ist mit Azulejos des portugiesischen Künstlers Rafael Bordalo Pinheiro an der Außenfassade reich geschmückt. Er hat die Fliesen mit rauchenden Fröschen bemalt. Und unter der Decke schweben die berühmten Porzellan-Schwalben von Bordalo Pinheiro.

Im Osten liegt der stets etwas verloren wirkende Nachbarplatz Praça da Figueira mit Reiterstandbild und gutem Blick hinauf zur Burg. Stundenlang kann man hier in der Confeitaria Nacional in der Kaffeehaustradition vergangener Jahrhunderte schwelgen (→ „Cafés").

Am Durchgang zum zweiten, nordwestlich gelegenen Nachbarplatz Praça dos Restauradores erblickt man den Bahnhof *Estação Central Rossio* aus dem Jahr 1887. Er ist in einem reich verzierten Gebäude mit hufeisenförmigen Eingängen und Fenstern im pseudomanuelinischen Stil untergebracht. Früher diente er als Hauptbahnhof der Stadt, heute fahren nur noch Vorortzüge nach Sintra.

Ⓜ Rossio.

Nationaltheater am Rossio

Teatro Nacional Dona Maria II

Die neoklassizistische Fassade des Nationaltheaters an der Nordseite des Rossio dominiert den Platz. Ursprünglich stand hier ein Palast, der vom Prinzregenten Pedro, einem Bruder Heinrichs des Seefahrers, im 15. Jh. errichtet wurde und später der Inquisition als Sitz diente. Nachdem er durch einen Brand zerstört worden war, erbaute man ab 1843 an seiner Stelle das Nationaltheater nach Plänen des italienischen Architekten Fortunato Lodi.

Wer das prachtvolle Foyer in Ruhe genießen möchte, kann dort im Café Garrett Platz nehmen (auch tagsüber geöffnet). Der Eingangsbereich ist übrigens die einzige Zone des Theaters, die sich noch im Originalzustand befindet, da ein Feuer 1964 große Teile des Gebäudes zerstört hat. Doch auch rekonstruiert beeindruckt das Theater mit seinen Marmorböden und -säulen. Ein riesiger Swarowski-Kronleuchter verleiht dem 436 Plätze fassenden Hauptsaal eine feierliche Stimmung.

Praça D. Pedro IV (Rossio), ✆ 800213250 und 213250800, tndm.pt. Ⓜ Rossio. Einstündige Führungen (auch auf Englisch, teilweise auf Deutsch) durch das Theater (mit Blick hinter die Kulissen, in die Garderoben sowie die Requisite) jeden Mo um 11 Uhr. An Feiertagen und generell im Aug. keine Führungen! 8 €/Pers., bis 30 J. und ab 65 J. 25 % Ermäßigung, Familien mit Kindern bis 12 J. 50 % Ermäßigung.

Klosterkirche

Igreja do Convento de São Domingos

Schenkt man der Beschreibung der Chronisten Glauben, muss die Kirche einst zu den prächtigsten Gotteshäusern der Stadt gehört haben. Der Konvent, Mitte des 13. Jh. vom Dominikanerorden gegründet, wurde über die Jahrhunderte allmählich ausgebaut und erst im 18. Jh. vom deutschen Architekten Ludwig endgültig fertiggestellt. Das Erdbeben 1755 und ein Brand 1959 zerstörten allerdings große Teile des Kircheninneren, sodass es heute leider nicht mehr in voller Pracht zu bewundern ist.

Largo de São Domingos. Ⓜ Rossio. Tägl. 7.30–19 Uhr. Eintritt frei.

Muita merda!

„Muita merda!“ – *„Viel Scheiße!“*, wünschen sich die Schauspieler vor einer Aufführung. Nicht etwa *„Boa sorte!“* oder *„Viel Glück!“*, wie es sonst in Portugal vor großen Auftritten üblich ist, denn das – so fürchten die Akteure – bringt Unglück. Merkwürdige Sitten, soll denn etwa auf der Bühne möglichst viel schiefgehen, sollen die Schauspieler Sätze und Einsätze vergessen, sie auf der Bühne ausrutschen …? Für die Erklärung der anrüchigen Glücksformel muss man zu den Anfängen des Theaters zurückgehen, als die Besucher noch nicht per U-Bahn, Bus oder Automobil, sondern noch per Kutsche anreisten. Und viele Besucher bedeuteten damals entsprechend viele Pferdeäpfel als Hinterlassenschaft der vor dem Theater wartenden Zugtiere. Und so symbolisieren noch heute Exkremente das Glück der Schauspieler.

Baixa und Chiado → Karte S. 24/25

Neogotischer Aufzug mit Aussicht

Elevador de Santa Justa

Der Aufzug aus dem Jahr 1902, dessen elegant mit Holz und Glasscheiben verkleidete Kabinen – zwei an der Zahl – 32 m senkrecht nach oben gezogen werden, ist ein Markenzeichen Lissabons. Er verbindet die Baixa mit dem Nachbarviertel Chiado und ist von dem französisch-portugiesischen Ingenieur Raoul Mesnier du Ponsard entworfen worden (er konzipierte auch die diversen Standseilbahnen in Lissabon). Beim Santa-Justa-Aufzug ließ er sich von gotischen und neogotischen Stilelementen inspirieren – deutlich sichtbar an den eisernen Spitzbögen. Von der oberen Plattform bietet sich eine faszinierend schöne Sicht auf die Burg und die Unterstadt.

Neben dem Aufzug grüßen an der Wand des Eckhauses Rua de Santa Justa/Rua do Carmo fünf Meter hohe **Pelikane** aus recyceltem Müll. Der bekannte Lissabonner Street-Art-Künstler Bordalo II, ein Enkel des berühmten Zeichners Rafael Bordalo Pinheiro, hat das Werk während der Corona-Pandemie geschaffen. Die Montepio-Genossenschaftsbank – ihr Logo ziert ein Pelikan – hatte ihm den Auftrag gegeben.

Rua do Ouro und Largo do Carmo, carris.pt. Ⓜ Baixa-Chiado. Tägl. 7.30–23 Uhr. Einzelkarte 6 € (gilt für eine Berg- und eine Talfahrt). Es gelten auch alle normalen Zeitkarten und Zapping des ÖPNV (in dem Fall ohne Aussichtsterrasse). Leider oft viel Warterei, da sich lange Schlangen vor den Kabinen bilden. Tipp: Bei der Fahrt nach unten geht es meist flotter.

Kirchenruine mit Museum

Igreja do Convento do Carmo

Ein paar Schritte von der Bergstation des Santa-Justa-Aufzugs entfernt ragen am Largo do Carmo die weithin sichtbaren strahlend weißen Ruinen der Igreja do Convento do Carmo in den Himmel. Die Klosterkirche wurde im 14. Jh. im gotischen Stil errichtet, vom Erdbeben 1755 größtenteils zerstört und nie wieder ganz aufgebaut. Heute strahlt das dachlose Kirchenschiff mit seinen grazilen weißen Säulen eine eigentümliche Eleganz aus. In der Kirchenruine werden schon lange keine

Igreja do Convento do Carmo: Blick auf Lissabon von der Terrasse hinter der Kirche

Baixa und Chiado → Karte S. 24/25

Das Oster-Massaker

Vor der Igreja de São Domingos erinnert in der Platzmitte ein Gedenkstein an das Judenpogrom des Jahres 1506. Damals lebten Tausende Menschen jüdischer Herkunft in Lissabon, die sich nach der Ausweisung aller Juden und Moslems aus Spanien hierher geflüchtet hatten. Allerdings hatte sie König Manuel I. dazu gezwungen, den christlichen Glauben anzunehmen. Manche dieser Neuchristen praktizierten aber das Judentum im Verborgenen weiter. Am 17. April 1506 waren mehrere Neuchristen dabei „erwischt" worden, wie sie ungesäuertes Brot und koscheres Fleisch zubereitet hatten. Sie wurden festgenommen und zwei Tage später wieder freigelassen. Als ein weiterer Neuchrist es tatsächlich wagte, das wundersame Leuchten eines Reliquienschreins in einer Seitenkapelle der Igreja de São Domingos auf eine natürliche Ursache und nicht auf die Hand Gottes zurückzuführen, kochte Volkes Zorn über. Er wurde direkt vor der Kirche von einer Frau erschlagen. Die Dominikanermönche hatten anschließend an Ostern nichts Besseres zu tun, als von ihrer Stammkirche Igreja de São Domingos mit einem Kreuz in der Hand auf die Straße zu ziehen und „Häresie" zu schreien. Schnell bildete sich ein Mob aus Mönchen, Pöbel und Seefahrern. Sie zogen drei Tage lang durch die Stadt und attackierten alle Neuchristen, derer sie habhaft werden konnten, und auch zahlreiche mit ihnen befreundete Altchristen. Und dies alles während der Osterzeit, die historisch immer wieder von Christen für Attacken gegen Juden genutzt wurde: mit dem absurden Argument, die Juden hätten Jesus (selbst ein Jude) getötet.

Am Ende des Gemetzels waren am 21. April zwischen zwei- und viertausend Menschen tot. Straflos kamen viele der Mörder aber in diesem Fall – im Gegensatz zu anderen Judenpogromen – nicht davon. König Manuel I. ließ die Anführer hinrichten. Der New Yorker Schriftsteller Richard C. Zimler hat die Ereignisse in seinem Roman „Der Kabbalist von Lissabon" verarbeitet.

Messen mehr gelesen, seit 1864 ist hier das **Museu Arqueológico do Carmo** untergebracht. Es zeigt etwas willkürlich zusammengestellte archäologische Fundstücke, darunter römische, maurische und mittelalterliche Grabmäler und Gedenksteine sowie peruanische Mumien.

Largo do Carmo, ✆ 213478629, museuarqueologicodocarmo.pt. Ⓜ Baixa-Chiado. Tägl. (außer So und Fei) 10–18 Uhr (Mai bis Okt. bis 19 Uhr). Eintritt 5 €, Studenten und über 65 J. 4 €, bis 14 J. frei.

Skulpturen und Gemälde

Museu Nacional de Arte Contemporânea do Chiado – MNAC

Das Museum für zeitgenössische Kunst wurde 1911 gegründet und ist in einem ehemaligen Franziskanerkonvent untergebracht (zwischenzeitlich wurde in den Räumen auch eine Keksfabrik betrieben). Den Kern des Museu do Chiado, wie es die meisten Lissabonner einfach nennen, bilden Skulpturen und Gemälde aus der Zeit von 1850 bis 1950. Stilistisch spannt sich ein Bogen von der Romantik über den Naturalismus bis hin zum Symbolismus. Die Werke werden in hohen, kellergewölbeartigen Hallen präsentiert. Darunter v. a. Bilder portugiesischer Künstler wie Columbano Bordalo Pinheiro, Almada Negreiros und José Malhoa, aber auch französische Plastiken von Auguste Rodin.

Rua Serpa Pinto, 6, ✆ 213432148, museuartecontemporanea.pt. Ⓜ Baixa-Chiado. Di–So 10–13 und 14–18 Uhr, letzter Einlass 30 Min. vor Schluss. Eintritt 4,50 €, Studenten, mit *Cartão Jovem*, Familien ab 2 Kindern sowie ab 65 J. 50 % Ermäßigung, bis 12 J. frei. Kombiticket mit der Casa Museu Anastácio Gonçalves 5 €.

Praktische Infos

→ Karte S. 24/25

Restaurants

Die kulinarische Touristenmeile Lissabons im Stadtteil Baixa ist die Rua das Portas de Santo Antão, die vom Rossio parallel zur Avenida da Liberdade verläuft. Dementsprechend teuer sind dort die Restaurants. Wir können hier nur sehr wenige Restaurants empfehlen.

MeinTipp **Alma** **17**, Di–Sa 12.30–15.30 und 19–24 Uhr (Reservierung mehrere Tage im Voraus empfohlen). Mit zwei Michelin-Sternen ausgezeichnete Spitzengastronomie des portugiesischen Chefkochs Henrique Sá Pessoa, der hier den Gaumen die komplette Geschmacksvielfalt des Meeres serviert. Sehr empfehlenswert ist der Nachtisch *mar e citrinos*, eine überraschende Kombination von Algen, Sepia-Tinte und Zitrusfrüchten. Elegantes, aber nicht zu formelles Ambiente in zwei gelungen ins Licht gesetzten Speiseräumen mit rustikalen Steinböden. Rua Anchieta, 15, Ⓜ Baixa-Chiado, ✆ 213470650, almalisboa.pt. €€€€

Palácio Chiado **22**, tägl. 12.30–16 und 19–24 Uhr (Do–Sa bis 2 Uhr), Bar durchgängig ohne nachmittägliche Pause. Restaurant in einem Palast aus dem 18. Jh. mit herrlichen Wandgemälden und Stuckdecken. In den verschiedenen Räumen und Sälen des Palastes wird moderne portugiesische Küche serviert. Lohnt sich vor allem wegen des monumentalen Ambientes. Rua do Alecrim, 70, Ⓜ Baixa-Chiado, ✆ 210101184, palaciochiado.pt. €€€€

MeinTipp **Boa-Bao** **11**, tägl. 12–15.30 und 18.30–22.30 Uhr (Do–Sa bis 23.30 Uhr). Keine Reservierungen, oft längere Wartezeiten (Warteliste am Eingang). Kulinarische Höhepunkte Asiens von indischen Samosas über Thai-Currys bis zur vietnamesischen Phở bò-Rindersuppe, alles in 1a-Qualität. Tipp als Vorspeise: Dim Sum, die in Dampfkörben gegart werden. Das leckere Ananas-Carpaccio ist so schön dekoriert, dass man sich überwinden muss, die Nachtisch-Kreation zu zerstören. Lebhaftes Ambiente im kellerartigen Speiseraum und auf den Terrassen vor der Tür und im Hinterhof. Largo Rafael Bordalo Pinheiro, 30, Ⓜ Baixa-Chiado, ✆ 919023030, boabao.pt. €€€

Tasca Kome **23**, Di–Sa 12–14.30 und 19–22 Uhr. Japanisch geführtes Restaurant in der Baixa. Vor allem frisch zubereitetes Sashimi und Sushi, aber es werden auch einige japanische Fisch- und Fleischgerichte vom Herd serviert. Preiswertes Mittagsmenü. Die qualitativ hochwertige und originalgetreue Küche wird auch von den zahlreichen japanischen Kunden geschätzt. Rua da Madalena, 57, Ⓜ Terreiro do Paço, ✆ 211340117, kome-lisboa.com. €€€

Tasca Kome: eine Enklave der japanischen Küche in der Baixa

Casa do Alentejo 1, tägl. (außer Fei) 12–15 und 19–23 Uhr (12–22.30 Uhr ist der „Taberna" genannte Bistro-Bereich geöffnet, in dem man kleinere Gerichte essen kann). Das Haus der „portugiesischen Ostfriesen" ist im prächtigen Alverca-Palast aus dem 17. Jh. untergebracht, der auch schon als Spielkasino diente. Nachdem man die Treppe hinter dem unscheinbaren Eingang hochgegangen ist, kommt man in eine prächtige pseudomaurische Halle. 1919 vertrieben sich hier die Zocker im Magestic Club, dem ersten Casino Lissabons, ihre Zeit. Im Erdgeschoss eine Snackbar mit Terrassenbetrieb, die Burger & Tapas serviert. Im zweiten Stock findet man das eigentliche Restaurant mit typischen Gerichten aus der Region Alentejo, eine Bar und weitläufige Räume vor. Einzigartiges Ambiente, aber der Service lässt – wie wir fanden – teils sehr zu wünschen übrig. Rua das Portas de Santo Antão, 58, Ⓜ Restauradores, ✆ 213405140, casadoalentejo.pt. €€€

Ao 26 Vegan Food Project 26, tägl. 12.30–18 und 19–23 Uhr. Vegane Küche nahe dem Museu do Chiado (MNAC): schmackhafte, kreativ angerichtete Tagesgerichte, außerdem Hamburger und *bifanas* mit veganen Bratlingen aus Tofu oder Seitan sowie Suppen. Auch für Nicht-Vegetarier definitiv ein Tipp! Alternativ-bunt eingerichtet, vor der Tür rattert die Tram 28 vorbei. Viele Tees zur Auswahl. WLAN frei. Rua Vítor Cordon, 26, Ⓜ Baixa-Chiado, ✆ 967989184, Instagram. €€

Organi Chiado 18, tägl. 12–15.30 und 19–22 Uhr. Veganes Restaurant am Aufgang zum Bairro Alto. Heller Speiseraum plus Terrasse auf der Gasse vor der Tür. Von Touristen gerne besucht. Täglich wechselnde und mit frischen Produkten zubereitete Speisen. Dazu zuckerlose Nachspeisen. Calçada Nova de São Francisco, 2, Ⓜ Baixa-Chiado, ✆ 216065121, organi.pt. €€

To.B 21, tägl. 12–23 Uhr (Di nur 12–16.30 und Fr/Sa 12–22.30 Uhr). Moderne Hamburger-Braterei: Das Hackfleisch stammt von Weiderindern von den Azoren. Ausgefallene, manchmal etwas gewollt wirkende Kreationen wie *Cool* mit Guacamole und karamellisierten Zwiebeln oder *Honey Goat* mit Honig und Ziegenkäse. Hohe Decken, roh behauene Granitbögen und ruhige Musik sorgen für eine angenehme Atmosphäre. Terrassenbetrieb unter Sonnenschirmen. Rua do Capelo, 24, Ⓜ Baixa/Chiado, ✆ 213471046, Instagram. €€

Panda Cantina 7, tägl. 12–15.30 und 18.30–22 Uhr. Der chinesische Besitzer serviert hier

Casa do Alentejo

würzige Nudelsuppen nach Art seiner Heimat Sichuan. Bei der Beilage hat man die Wahl zwischen Rind, Schwein und Tofu (auch vegan). Außerdem darf man den Schärfegrad auf einer Skala von leicht (0) bis extrem scharf (6) bestimmen. Trubeliges Ambiente im Stil eines asiatischen Schnellimbisses: Man nimmt entweder am Tresen oder an langen Tischen Platz. Oft lange Wartezeiten (in die Liste an der Tür eintragen lassen), keine Reservierung möglich. Rua da Prata, 252, Ⓜ Rossio, Facebook. €

Beira Gare 4, Mo–Sa 6–22 Uhr. Die schlicht eingerichtete Snackbar gegenüber dem Rossio-Bahnhof ist seit Jahrzehnten für ihre Auswahl an portugiesischen Snacks beliebt. Ihre Schweineschnitzel *(bifana)* gelten als die besten Lissabons: Aus einer großen Pfanne werden sie frisch im Brötchen samt würziger Soße und Senf serviert. Achtung: Wer die kleinen Speisen am Tisch zu sich nimmt, zahlt einen Aufschlag im Vergleich zum Tresen! Dagegen kosten die Hauptgerichte überall den gleichen Preis. Rua 1° de Dezembro, 116, Ⓜ Restauradores, ✆ 213420405. €

Cafés/Eisdielen

Martinho da Arcada 25, Mo–Sa 7–17 Uhr. Restaurant-Café unter den Arkaden der Praça do Comércio. Das einzige Café am Platz, das nicht nur von Touristen, sondern auch von einer nennenswerten Zahl Lissabonner besucht wird. Im 1782 gegründeten und somit ältesten Café Lissabons ließ sich auch einst der portugiesische Dichter Fernando Pessoa täglich seine Bica (Espresso) und einen Schnaps servieren – Pessoa starb im Alter von 47 Jahren im Jahr 1935 an Leberzirrhose. Links hinten im Restaurant steht sogar immer noch sein Lieblingstisch, Fotos erinnern an ihn und seine Angebetete Ofélia Queiroz. Das Café ist preiswert, vor allem am Tresen; das Restaurant dagegen unserer Meinung nach überteuert. Praça do Comércio, 3, Ⓜ Terreiro do Paço, ✆ 218879259, martinhodaarcada.pt.

meinTipp **Confeitaria Nacional** **6**, tägl. 8.30–20 Uhr. Schon 1829 gegründet und damit eine der ältesten Konditoreien Portugals, heute noch in Familienbesitz. Hier wurde zum ersten Mal der *bolo-rei* hergestellt, ein ringförmiger Kuchen mit Fruchtstücken, der auf einem Originalrezept aus Paris beruht, aber inzwischen als typisch portugiesisches Weihnachtsgebäck gilt. Beeindruckende Innenausstattung des Cafés: großflächige Spiegel, geschwungenes Holz, ausladende Vitrinen. Unter der Stammkundschaft sind v. a. ältere Damen, die sich hier zu einem kleinen Schwätzchen treffen. Weniger Betrieb herrscht in den ruhigen Sälen oben: Dort gibt es auch Hauptgerichte (Selbstbedienung). Praça da Figueira, 18-B/C, Ⓜ Rossio, ✆ 213424470, confeitarianacional.com.

Café A Brasileira

A Brasileira **15**, tägl. 8–24 Uhr. Fast alle Touristen nehmen in dem weltbekannten Café einmal einen Kaffee auf der Terrasse zu sich. Die Lissabonner setzen sich dagegen eher nicht neben die bronzene Statue des Dichters Fernando Pessoa, der hier weilte, wenn sein Stammcafé Martinho da Arcada geschlossen war. Sie lassen sich drinnen an einem Tisch nieder oder stehen am Tresen, wo es am billigsten ist. Auch die schöne klassizistische Inneneinrichtung mit den großen Spiegeln lässt sich so besser bewundern. Gegründet hat das Café 1906 ein aus Brasilien heimgekehrter Portugiese. Übrigens ist hier auch der Lissabonner Begriff *Bica* („Brunnenrohr") für den Espresso entstanden, nachdem die Brasileira zu Beginn des 20. Jh. Kaffee aus einem Behälter über ein Rohr in die Tassen gefüllt hatte. Preise auf der Terrasse deutlich teurer als innen am Tisch. Am Tresen ist der Kaffee am günstigsten. Rua Garrett, 120, Ⓜ Baixa-Chiado, ✆ 213469541, abrasileira.pt.

meinTipp **A Ginjinha** **2**, tägl. 9–22 Uhr. Fast direkt am Rossio liegt diese urige Kaschemme. Ein winziger Raum, gerade genug Platz zum Stehen und für die Bedienung hinter dem Tresen. Hier gibt es köstlichen Kirschlikör, *ginjinha,* der entweder mit oder ohne Sauerkirsche *(com elas* oder *sem elas)* serviert wird (Glas 1,40 €). In der Stadt stößt man bei aufmerksamem Hinschauen immer wieder auf weitere kleine Kirschlikör-Bars, die teilweise Konkurrenzprodukte ausschenken: so z. B. die *Ginjinha Sem Rival* in direkter Nähe in der Rua das Portas de Santo Antão, 7. Doch die *A Ginjinha* am Largo de São Domingos bleibt das Original, das diesem für Lissabon typischen Kirschlikör seinen Namen gegeben hat. 1840 gründete der aus dem nordspanischen Galicien stammende Francisco Espinheira die Kaschemme; das Rezept für den Likör stammte angeblich von einem Mönch. Largo de São Domingos, 8, Ⓜ Rossio, ✆ 218145374.

Einkaufen

Bücher **Livraria Bertrand** **16**, tägl. 9–22 Uhr. Die älteste Buchhandlung Portugals und laut Guinnessbuch der Rekorde auch der Welt. Verkauf an diesem Ort seit 1773! Große Auswahl an Büchern. Im hinteren Bereich kleines Café. Bestellung auch über das Internet aus dem Ausland. Rua Garrett, 73–75, Ⓜ Baixa-Chiado, ✆ 210305590, bertrand.pt.

Einkaufszentrum **Armazéns do Chiado** **13**, tägl. 10–22 Uhr (Restaurants bis 23 Uhr). Untergebracht im Gebäude eines der beim Brand von 1988 zerstörten traditionellen Kaufhäuser Lissabons, der *Grandes Armazéns do*

Chiado. Hauptattraktion ist die Buchhandlung FNAC. Insgesamt erwarten die Passanten zahlreiche Modegeschäfte sowie im Obergeschoss verschiedene Restaurants und Cafés mit Blick auf die Burg Castelo de São Jorge (im gesamten OG freies WLAN). Rua do Carmo, 2, Ⓜ Baixa-Chiado, ✆ 213210600, armazensdochiado.com.

Keramik **Vista Alegre** **14**, Mo–Fr 10–20 Uhr. Formschöne Keramik aus Portugal lässt sich hier in sehr guter Qualität erstehen. Die Fabrik des portugiesischen „Meissner" steht seit 1824 in Mittelportugal bei Aveiro. Largo do Chiado, 20–23, Ⓜ Baixa-Chiado, ✆ 213461401, vistaalegre.com.

Mode **A Outra Face da Lua** **10**, Mo–Sa 10–19 Uhr (Sa erst ab 11 Uhr). Secondhand-Mode in einem alten Gewölbe der Baixa. Preiswerte Kleidung, meist im Vintage-Stil, auch umweltfreundliche Mode. Rua da Assunção, 22, Ⓜ Rossio, ✆ 218863430, aoutrafacedalua.com.

Chapelarias Azevedo Rua **3**, Mo–Sa 9.30–19 Uhr (Sa erst ab 10 Uhr). Dieses Hutgeschäft existiert seit 1886, befindet sich seit fünf Generationen in Familienbesitz und ist eine Lissabonner Institution. Früher nur Kopfbedeckungen für Männer im Angebot, erst seit 1988 auch Damenhüte, mit denen inzwischen aber ein Großteil des Umsatzes gemacht wird. Neben dem Nationaltheater Dona Maria II bewahrt das Geschäft mit seinen hölzernen Vitrinen den Glanz alter Zeiten. Praça Dom Pedro IV, 69 bis 73, Ⓜ Rossio, ✆ 213427511, azevedorua.pt.

Flamingos Vintage Kilo **9**, Mo–Sa 10–20, So 10–19 Uhr. Lissabonner Ableger einer US-amerikanischen Kette für gebrauchte Kleidung. Im Gegensatz zu den meisten anderen Geschäften dieser Art wird hier die Secondhand-Mode per Kilopreis verkauft. Auch Schmuck im Angebot. Rua dos Douradores, 168, Ⓜ Rossio, ✆ 966404950, flamingoslisboa.com.

Luvaria Ulisses **8**, Mo–Sa 10–19 Uhr. Klitzekleiner Laden für Damen-Handschuhe, den man beim Vorbeigehen schnell übersieht. Gerade mal groß genug für zwei Kundinnen und die Verkäufer. 1925 gegründet. Klassizistischer Eingang und Schaufenster aus Holz. Rua do Carmo, 87-A, Ⓜ Rossio, ✆ 213420295, luvariaulisses.com.

Souvenirs **A Vida Portuguesa** **20**, tägl. 10–19.30 Uhr. Hinter der Buchhandlung Bertrand zu finden. Ein Besuch dieses Geschäftes nimmt einen auf eine Zeitreise in die Vergangenheit mit: edle, handgemachte Seifen von Claus Porto, Schokolade der in den 30er-Jahren bei Touristen beliebten Marke Regina, exquisite Fischkonserven aus Portugal ... Außerdem gibt

Die älteste Buchhandlung der Welt

es Repliken der berühmten Porzellan-Schwalben des portugiesischen Künstlers Rafael Bordalo Pinheiro. Alles sehr liebevoll in den Vitrinen des ehemaligen Lagers der Parfümfabrik David & David präsentiert. Rua Anchieta, 11, Ⓜ Baixa-Chiado, ✆ 213465073, avidaportuguesa.com.

Lebensmittel **Loja das Conservas** **27**, tägl. 10–20 Uhr. Die größte Auswahl an Fischkonserven in Lissabon bietet das Geschäft des nationalen Fischkonserven-Verbands Associação Nacional dos Industriais de Conservas de Peixe – ANICP. Etwa 500 verschiedene Produkte, die nach Firmen präsentiert werden, lassen so gut wie keinen Wunsch offen. Über Schautafeln erfährt man interessante Details zu den einzelnen Firmen wie Santa Catarina, Conserveira do Sul (Manná) oder A Poveira (Minerva). Preislich über dem normalen Supermarkt-Niveau. Rua do Arsenal, 130, Ⓜ Cais do Sodré, ✆ 911181210, Facebook.

Go Natural **12**, Mo–Fr 9–20 Uhr, Sa 9–19 Uhr, So 10.30–18.30 Uhr. Bio-Supermarkt mit breitem Sortiment von Müsli über Brot bis zu frischem Obst und Gemüse (mehrere weitere Filialen in Lissabon). Angeschlossen ist eine Self-Service-Cafeteria mit Bioprodukten. Rua Garrett, 58 und Travessa do Carmo, 1, Ⓜ Baixa-Chiado, ✆ 932400003, gonatural.pt.

Baixa und Chiado → Karte S. 24/25

Durch enge Gassen

Tour 2

Südlich des Castelo de São Jorge erstreckt sich mit der Alfama das schönste Altstadtviertel Lissabons. In den kleinen Sträßchen liegen sich die schmiedeeisernen Balkone so dicht gegenüber, dass Küsschen mit dem Nachbarn ausgetauscht werden können.

Sé Catedral, Bischofskirche mit wuchtigen Türmen, S. 42

Museu do Aljube – Resistência e Liberdade, Widerstand gegen die Diktatur, S. 43

Castelo de São Jorge, Burg mit Blick, S. 45

Museu do Fado, die Volksmusik Lissabons, S. 48

Der älteste Stadtteil Lissabons

Alfama

Am Burgberg gründeten die Phönizier die Stadt und hier siedelten sich später Römer und Araber an. Noch heute erinnert die Alfama mit ihren vielen Gassen an ein arabisches Altstadtviertel. Auch der Name *Alfama* ist arabischen Ursprungs und bedeutet „heiße Quellen".

Zu den Stadtfesten im Juni schmücken die stolzen Bewohner der Alfama ihre Straßen mit bunten Girlanden. Nahezu jeder Hof und jeder Platz wird zum Straßenrestaurant, überall riecht es nach gegrillten Sardinen. Als Beleuchtung dienen zwischen die Balkongitter gespannte Lampions.

Während früher ein Großteil der Häuser baufällig und dringend renovierungsbedürftig war, haben inzwischen Luxussanierungen überhandgenommen. Etwa 50 % der Wohnungen werden an Touristen vermietet. Viele der ursprünglich in der Alfama beheimateten Menschen sind inzwischen in andere Viertel gezogen. Traditionelle Geschäfte oder die typischen Fischverkäuferinnen sucht man nun oft vergeblich, dafür haben zahlreiche Souvenirläden eröffnet. Der Stadtteil droht durch die Gentrifizierung seinen einzigartigen Charme zu verlieren.

Sehenswertes

Kirche mit Prachtfassade

Igreja da Conceição Velha

Die Kirche, ursprünglich als *Igreja da Misericórdia* im Mittelalter erbaut, wurde durch das Erdbeben 1755 fast völlig zerstört. Glücklicherweise blieb das herrliche manuelinische Steinportal aus dem 16. Jh. erhalten. Beim Wiederaufbau hat man es sorgsam restauriert.

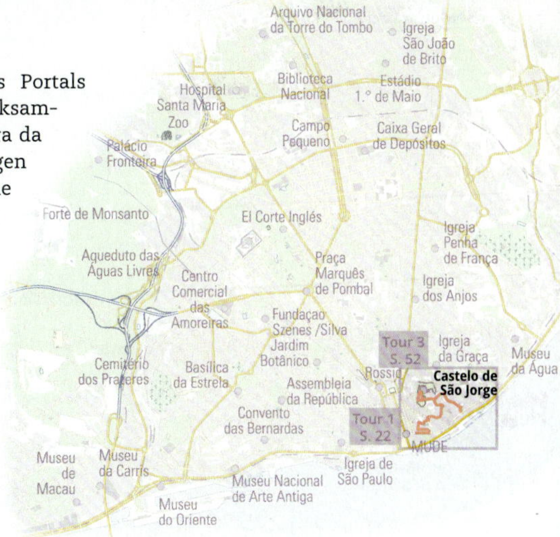

Der detailreiche Giebel des Portals verdient besondere Aufmerksamkeit: Es ist der Nossa Senhora da Misericórdia, der barmherzigen Muttergottes, gewidmet. Sie schützt mit ihrem breiten Mantel, der von Engeln gehalten wird, mehrere Personen aus Klerus, Adel und dem einfachen Volk. Das Innere der Kirche passt leider durch den pombalinischen Neuaufbau nach dem Erdbeben nicht mehr zur prächtigen Fassade.

Rua da Alfândega, paroquia saonicolau.pt. Ⓜ Terreiro do Paço.

Archäologie und Literatur

Casa dos Bicos

Das „Haus der Spitzen" fällt sofort durch die außergewöhnliche Fassade mit den spitzen Steinen auf. Erbaut wurde es im Jahr 1523 durch Brás de Albuquerque, den unehelichen Sohn des damaligen Vizekönigs von Indien, Afonso de Albuquerque. Er ließ die Fassade des im italienischen Stil errichteten Adelspalastes mit spitz zulaufenden Steinen verzieren, die geschliffenen Diamanten ähneln. Wie bei so vielen Gebäuden in Lissabon wurden auch hier große Teile beim Erdbeben 1755 zerstört. Erst 1983 vollendete man mit dem Aufsetzen der beiden oberen Stockwerke die Rekonstruktion der Fassade.

Im Erdgeschoss sind im **Museu de Lisboa – Casa dos Bicos** archäologische Funde zu sehen: Tanks zur Konservierung von Fisch aus der römischen Zeit, Reste der römischen sowie der beiden mittelalterlichen Stadtmauern *Cerca Velha* und *Cerca Fernandina*. Die Casa dos Bicos ist auch der Ausgangspunkt für einen etwa 1,5 km langen Rundweg entlang der seltenen Reste der Stadtmauer *Cerca Velha*, wie dem auffälligen Stadtturm am Largo de São Rafael mitten in der Alfama (Karte der Tour in der Casa dos Bicos erhältlich).

Tipp für einen bequemen Aufstieg

Wer von der Casa dos Bicos schnell und bequem zur Kathedrale gelangen möchte, kann links neben der Casa dos Bicos durch den Torbogen Arco do Mar zur Rua Afonso de Albuquerque gehen. Dort führt hinter der Hausnummer 38 ein kostenloser Lift nach oben (tägl. 8–21 Uhr).

Die oberen Stockwerke dienen der Stiftung **Fundação José Saramago** als Sitz. Hier werden zu Ehren des portugiesischen Literaturnobelpreisträgers seine bedeutendsten Werke vorgestellt (und auch verkauft), Videos zeigen wichtige Lebensmomente und man kann einen Nachbau seines kargen Büros besichtigen (die meisten Erklärungen leider nur auf Portugiesisch).

Rua dos Bacalhoeiros, 10, ✆ 210993811 und ✆ 218802040, museudelisboa.pt und josesaramago.org. Ⓜ Terreiro do Paço. Tägl. (außer So und Fei) 10–18 Uhr. Letzter Einlass 30 Min. vor Schluss. Museum: Eintritt frei. Saramago-Stiftung: Eintritt 3 €, Familien 8 €, Studenten 2 €, bis 12 J. und ab 65 J. frei. Mit Vorlage des Tickets für die Casa Fernando Pessoa 1 €.

Praça Martim Moniz
Martim Moniz
Esc. da Saúde
Rolltreppe
Rua Marquês de Ponte de Lima
Tour 3: Mouraria und Graça
siehe S. 54/55
Mouraria
Cç. de Sto. André
Cç. da Graça
Tv. das Mónicas
Rua de São Lourenço
Largo da Rosa
Costa do Castelo
Rua S. Marinha
Tv. Açougue
Rua das Farinhas
Núcleo Arqueológico
Castelo de São Jorge
Torre da Igreja do Castelo
Largo de Sta. Cruz do Castelo
Igreja do Menino de Deus
Rua de São Tomé
Rua do Salvador
Rua das Esc
Rua dos Cegos
R. Espírito Santo
Rua Cozinhas
Cruz do Castelo
Bairro do Castelo
Pátio D. Fradique
Miradouro das Portas do Sol
Igreja de São Cristóvão
R. S. Cristóvão
Costa do Castelo
Núcleo Museológico
Rua Santa Cruz
Cç. Marquês Tancos
R. Regedor
Aufzug
Esplanada do Castelo
R. do Chão da F.
Tv. Funil
Museu das Artes Decorativas
Largo Contador Mor
Largo de Sta. Luzia
Largo Chão do Loureiro
Aufzug
Rua da Madalena
Rua do Milagre de Santo António
R. B. Gusmão
Miradouro de Santa Luzia
Elevadores de Santa Luzia
Largo Loios
R. de Santiago
Igreja de São Miguel
Rua de São Mamede
R. do Limoeiro
alter Gummibaum
Rua dos Fanqueiros
Tv. Almada
C. do Correio Velho
Rua da Saudade
Teatro Romano
Tv. Pedras Negras
Museu do Teatro Romano
Rua Adiça
Largo São Rafael
Tour 1: Die Baixa
siehe S. 24/25
Igreja de Santo António de Lisboa
Museu do Aljube
Pátio do Aljube
Rua Augusto Rosa
Turm Stadtmauer Cerca Velha
R. S. António da Sé
Tv. Merceeiras
Rua da Conceição
Igreja da Madalena
Largo da Sé
Sé (Kathedrale)
Rua do Barão
Tv. Chafariz d'El Rei
R. Padaria
Beco Arco Escuro
R. Cruzes da Sé
R. São João da Praça
Tv. São João da Praça
Rua de São Julião
Aufzug
Eurostars Museum
R. A. Albuquerque
Arco de Jesus
Rua dos Bacalhoeiros
Casa dos Bicos
Rua Cais de Santarém
Campo das Cebolas
Igreja da Conceição Velha
Rua da Alfândega
Avenida Infante Dom
Largo José Saramago
Praça do Comércio
Terreiro do Paço
2
8
9
10
11
12
13
14
15
16
17
18
19
20

Essen & Trinken
(S. 48/49)

1 Faz Figura
3 Taberna Sal Grosso
7 Casanova
11 Prado
17 Maria Catita
20 SÁLA de João Sá

Cafés (S. 49/50)

2 Quase Café
8 Bar Terraço Santa Luzia
9 Antù Alfama
16 Portela Cafés
19 Basílio Lisboa

Nachtleben

4 Lux Frágil (S. 407)
5 Bela - Vinhos e Petiscos (S. 400)
6 Mesa de Frades (S. 401)
10 Associação do Fado Casto (S. 400)
12 Memmo Alfama Hotel - Wine Bar & Terrace (S. 407)
13 Clube de Fado (S. 400)

Einkaufen (S. 50)

14 Taylor's Port Tasting Room
15 Conserveira de Lisboa
18 Loja dos Descobrimentos

Tour 2: Alfama

Archäologie und Hotel

Áurea Museum by Eurostars

Um dieses 5-Sterne-Hotel zu errichten, wurden mehrere Alfama-Wohnhäuser entkernt. Dabei kamen die Reste eines römischen Wohnhauses aus dem 2. Jh. zum Vorschein, darunter ein gut erhaltenes Mosaik mit einem Motiv der Göttin Venus. Im rechten Teil der Lobby kann man die kunstvolle Arbeit bewundern. Wer die Treppe neben der Rezeption nach oben geht, findet im ersten Stock einen Raum („Museum") mit einer phönizischen Steintafel aus dem 7. Jh. v. Chr., Resten des römischen Wasserversorgungssystems und weiteren Fundstücken.

Rua Cais de Santarém, 40, ☏211166100, eurostars hotels.com. Ⓜ Terreiro do Paço. Tagsüber immer offen (Zugang über die Lobby). Eintritt frei.

Casa dos Bicos: „Haus der Spitzen"

Bischofskirche mit wuchtigen Türmen

Sé Catedral

Weithin sichtbar erheben sich die beiden wuchtigen Türme der Bischofskirche über der Alfama. Den alten Chronisten zufolge wurde der Grundstein 1147 auf den Überresten einer Moschee gelegt – ein Symbol für den Sieg des Christentums über den Islam. Eindeutige historische Belege gibt es dafür jedoch nicht. Klar ist aber, dass die im romanischen Stil erbaute Kathedrale – sie erinnert teilweise eher an eine mittelalterliche Festung – die älteste Kirche Lissabons ist. Von außen beeindrucken ihr romanisches Portal mit der darüberliegenden hübschen Rosette und den mächtigen zinnenbesetzten Türmen.

Mehrere Erdbeben im 14. Jh. zerstörten einige Teile der Kathedrale, die auch *Igreja de Santa Maria Maior* genannt wird. Bei der Behebung der Schäden wurden dem ursprünglich rein romanischen Gotteshaus neue gotische Stilelemente hinzugefügt. Innen, im Mittelschiff mit Tonnengewölbe und in den zwei Seitenschiffen mit Kreuzgewölben, blieb der romanische Stil erhalten. Chor und Kreuzgang sind dagegen schöne Beispiele für den gotischen Zisterzienserstil. Verheerende Schäden richteten auch die Erdstöße 1755 an, die den Südturm und den heute nicht mehr existierenden Glockenturm im Ostteil der Kathedrale zum Einsturz brachten.

Rechts neben dem Haupteingang geht es zur Schatzkammer, in der sakrale Gegenstände ausgestellt sind.

Im Chorumgang steht in einer Seitenkapelle eine bekannte Krippe des Bildhauers Joaquim Machado de Castro aus dem Jahr 1766. Nebenan führt ein Tor zum sehenswerten Kreuzgang. Hier haben sich Archäologen tief in die Schichten aus verschiedenen Epochen vom 7. Jh. v. Chr. bis zum 14. Jh. n. Chr. vorgearbeitet. Zu sehen sind römische

Ladenlokale, eine Gasse aus der Römerzeit und die Reste eines Gebäudes aus der Maurenzeit, das die Hauptmoschee Lissabons gewesen sein könnte.

Largo da Sé, ✆ 218866752, sedelisboa.pt. Straßenbahn 12 oder 28 bzw. Bus 737 bis Haltestelle Sé; Ⓜ Terreiro do Paço. Mo–Sa 10–18 Uhr (April bis Sept. 9.30–19 Uhr). Einlass bis 30 Min. vor Schluss. So/Fei nur für Gottesdienste geöffnet. Eintritt 5 €, bis 12 J. 3 €, bis 6 J. frei. Hinweis: Zum Recherchezeitpunkt im Sommer 2023 war der Kreuzgang aufgrund einer Renovierung nicht zugänglich.

Rund um den heiligen Antonius

Igreja de Santo António de Lisboa

Die kleine Rokoko-Kirche wurde 1767 erbaut und dem hl. Antonius geweiht, seines Zeichens inoffizieller Patron der portugiesischen Hauptstadt. Der Franziskanermönch, 1195 in Lissabon geboren, wirkte besonders in Italien (Padua), wo er im Alter von 36 Jahren starb. Sein Geburtshaus soll dort gestanden haben, wo sich die Krypta befindet. Im linken Kirchentrakt sind in dem kleinen **Museu de Lisboa – Santo António** Statuen, Gemälde und Messkelche ausgestellt, die den Heiligen darstellen.

Largo Santo António da Sé, 22, ✆ 218860447, museudelisboa.pt. Straßenbahn 12 oder 28 bzw. Bus 737 bis Haltestelle Sé; Ⓜ Terreiro do Paço. **Kirche:** tägl. 10–19 Uhr. Eintritt frei. **Museum:** Di–So 10–18 Uhr, an Feiertagen geschl., letzter Einlass 30 Min. vor Schluss. Eintritt 3 €, bis 25 J. 50 % Ermäßigung, ab 65 J. 2,60 €, bis 12 J. frei. Kombiticket mit Teatro Romano und Palácio Pimenta 6 € (2 Monate gültig).

Widerstand gegen die Diktatur

Museu do Aljube – Resistência e Liberdade

Das Aljube-Gebäude diente seit römischer Zeit fast durchgehend als Haftanstalt. Zwischen 1926 und 1965 saßen hier in engen, fensterlosen Zellen („Schubladen" genannt) die politischen Häftlinge des faschistischen Portugal ein, bevor sie in den Chiado gebracht wurden, wo sie von der durch

Alfama → Karte S. 40/41

Museu do Aljube – Resistência e Liberdade

Gestapo und CIA ausgebildeten politischen Polizei PIDE verhört und teilweise auch gefoltert wurden. Heute ist hier eine sehenswerte Ausstellung untergebracht, die dem Widerstand gegen die Diktatur gewidmet ist. Auch über Zensur, Konzentrationslager und den Freiheitskampf in den afrikanischen Kolonien Portugals erfährt man viel (teilweise auch auf Englisch). Ganz oben im 4. Stock findet sich eine Cafeteria mit Tejoblick.

Rua Augusto Rosa, 42, ✆ 218172400, museudoaljube.pt. Ⓜ Terreiro do Paço oder Straßenbahn 12 oder 28 bzw. Bus 737 bis Haltestelle Limoeiro. Di–So 10–18 Uhr, an Feiertagen geschl., letzter Einlass 30 Min. vor Schluss. Eintritt 3 €, 50 % Ermäßigung bis 25 J. und 15 % ab 65 J., freier Eintritt bis 12 J.

Museum Teatro Romano

Römische Relikte

Teatro Romano

Entstanden ist das etwa 5000 Zuschauer fassende Theater unter Kaiser Augustus. 57 n. Chr. hat man das Gebäude erweitert, also zur Zeit Kaiser Neros, dem die Römer das Theater auch geweiht haben. Nach dem Ende der römischen Besatzung verfiel die Anlage, bis die Lissabonner die Steine abtrugen und sie zum Bau ihrer Häuser verwendeten. Schließlich verdeckten Wohnhäuser und Straßenpflaster die letzten Reste, und das Theater geriet völlig in Vergessenheit. Erst 1798 wurde es im Zuge der Aufbauarbeiten nach dem gewaltigen Erdbeben von 1755 wiederentdeckt. Systematische Ausgrabungen unternahm man aber erst ab 1966. Bühne und Orchestergraben sind heute noch gut zu erkennen. Im Gebäude gegenüber den Ruinen wird mithilfe von Bildschirmdarstellungen gezeigt, wie der Rundbau einmal ausgesehen haben könnte.

Rua de São Mamede, 3-A, ✆ 218172450, museudelisboa.pt. Ⓜ Terreiro do Paço oder Straßenbahn 12 oder 28 bzw. Bus 737 bis Haltestelle Limoeiro. Di–So 10–18 Uhr, an Feiertagen geschl., letzter Einlass 30 Min. vor Schluss. Eintritt 3 €, bis 25 J. und ab 65 J. 50 % Ermäßigung, bis 12 J. frei. Kombiticket mit Museu de Lisboa – Santo António und Palácio Pimenta 6 € (2 Monate gültig).

Traumhafte Aussicht

Miradouro de Santa Luzia

Am „Aussichtspunkt der hl. Luzia“ ist eine Pause unbedingt ratsam: Der Blick über das Dächermeer der Alfama und den Tejo ist traumhaft schön. Man versteht, warum der portugiesische Begriff für Aussichtpunkt wörtlich „Blick aus Gold“ *(mira de ouro)* bedeutet. Unter Weinreben treffen sich hier tagsüber die alten Männer und Frauen aus dem Viertel für ein Pläuschchen und abends die jungen Liebespaare. Die Azulejo-

Alfama → Karte S. 40/41

Wand an der Südseite der *Igreja de Santa Luzia* zeigt eine Ansicht der Praça do Comércio vor dem Erdbeben von 1755. Von der unteren Ebene des Aussichtspunkts fahren die *Elevadores de Santa Luzia,* zwei moderne Aufzugkabinen, nach unten in die Rua Norberto de Araújo Nr. 21 und „spucken" die Fahrgäste mitten im Gassengewirr der Alfama aus (kostenlos).

Largo de Santa Luzia, Straßenbahn 12 oder 28 bis Haltestelle Miradouro de Santa Luzia bzw. Bus 737 bis Largo do Contador Mor.

Im noblen Palácio Azurara

Museu das Artes Decorativas

Ausstellungsstücke des Museums im sehenswerten Azurara-Palast aus dem 17. Jh. sind v. a. kunstvoll dekorierte Möbel, portugiesische Knüpfteppiche sowie chinesisches Porzellan, alles größtenteils aus der Zeit des 17. bis 19. Jh. Die Sammlung der Stiftung des Bankiers Ricardo Espírito Santo Silva umfasst auch Gemälde international bedeutender Künstler wie die des Portugiesen Domingos Sequeira aus dem 18. Jh. Dazu gibt es ein gemütliches Museumscafé. Der Eintrittspreis ist allerdings für das Gezeigte und die vergleichsweise kleine Ausstellung recht happig.

Direkt neben dem noblen Palast befand sich früher am Largo das Portas do Sol das „Sonnentor", eines der Tore, die Einlass in die maurische Altstadt gewährten. Hier gibt es mit dem *Miradouro das Portas do Sol* einen Aussichtspunkt mit einer sehr lohnenswerten Perspektive auf die Stadtteile Alfama und Graça.

Largo das Portas do Sol, 2, ✆218814600, fress.pt. Straßenbahn 12 oder 28 bis Haltestelle Largo Portas do Sol bzw. Bus 737 bis Largo do Contador Mor. Mi–Mo 10–17 Uhr, Fei zu. Eintritt 10 €, Studenten bis 25 J. und ab 65 J. 50 % Ermäßigung, bis 14 J. frei.

Burg mit Blick

Castelo de São Jorge

Die Burg dominiert weithin sichtbar die Altstadt. Die Festung hoch über den

Archäologiezone der Lissabonner Burg

Selten gesehene nächtliche Gäste auf der Burg

Kaum ein Besucher entdeckt sie, obwohl Hunderte von ihnen im Sommer Nacht für Nacht quer durch die Burganlagen fliegen. Die Rede ist von Fledermäusen: Mindestens fünf Fledermausarten besuchen regelmäßig die Burg, viele von ihnen leben sogar dauerhaft in den Vertiefungen der Burgmauern. Im Schein der Beleuchtungsanlagen jagen sie Insekten. Äußerst spannend ist die Tour „Morcegos no Castelo" (Fledermäuse auf der Burg). Biologen führen dabei fachkundig in das Leben der Fledermäuse ein. Mithilfe eines speziellen Gerätes kann man die Rufe der fast lautlos jagenden Tiere hörbar machen. Wenn man dann erst einmal weiß, wo sie sich aufhalten, kann man sie meistens im Dunkel der Nacht erspähen. Von Juni bis September findet die Tour jeden Samstag um 20.30 Uhr statt (auf Portugiesisch und Englisch). Sie kostet 10 € pro Person (Familienkarte 20 €, unter 18 J. 5 €), Voranmeldung an der Burgkasse oder per E-Mail info@castelodesaojorge.pt erforderlich.

Dächern Lissabons bietet einen einzigartigen Rundblick über die gesamte Stadt und den Tejo bis zu dessen anderer Uferseite. Von der Burgmauer klingt der Stadtlärm nur noch wie ein weit entferntes Brummen.

Die Römer erbauten hier 137 v. Chr. eine befestigte Siedlung. Im 5. Jh. eroberten die Westgoten die Stadt und errichteten die z. T. heute noch erhaltenen Mauern. Später kamen die Mauren (8. bis 12. Jh.), die die Befestigungsanlage weiter ausbauten. Die Außenmauern zweier Gebäude aus der Maurenzeit sind im hinteren Teil der Burg im sog. **Núcleo Arqueológico** wieder aufgebaut worden. Außerdem kann man hier anhand von Ausgrabungen die verschiedenen Ebenen der Bebauung auf der Burg gut nachvollziehen. Besucher der Burg können diesen Teil nur in kurzen (15 Min.) Führungen besichtigen (im Eintritt inkl.).

1147 wurde nach der Eroberung Lissabons durch Dom Afonso Henriques innerhalb der Mauern ein Königspalast erbaut. Bis Ende des 15. Jh. residierten hier die portugiesischen Könige, danach zogen sie als Wohnsitz den später beim Erdbeben von 1755 völlig zerstörten Palast am Terreiro do Paço vor (heute Praça do Comércio). Ab 1919 errichtete hier die Nationalgarde, *Guarda Nacional Republicana*, zahlreiche Kasernenbauten. Die Burg verschwand mehr und mehr – zeitweise war sie von der Stadt aus nicht mehr zu sehen. Ministerpräsident António de Oliveira Salazar ließ die Kasernen von 1938 bis 1940 abreißen und den heute wieder sichtbaren Mauerring mit seinen zehn Wehrtürmen freilegen und restaurieren.

Gut zu sehen ist dies anhand von Fotografien in der Ausstellung zur Geschichte der Burg, dem **Núcleo Museológico,** der im alten Königspalast untergebracht ist. Ausgestellt sind v. a. zahlreiche Fundstücke aus der Maurenzeit wie Münzen, Tongefäße, Azulejos und Grabsteine.

Oben auf den Zinnen der Burg findet man die **Torre de Ulisses** in 110 m Höhe über dem Meeresspiegel. Dort werden in einer Dunkelkammer über ein Periskop Bilder Lissabons auf eine große Steinschüssel projiziert. Die Blicke auf Lissabon und Almada auf der anderen Tejoseite eröffnen ganz neue Perspektiven. Die Details sind überraschend genau zu erkennen. Am besten ist die Bildqualität übrigens morgens bei sonnigem und klarem Wetter.

✆ 218800620, castelodesaojorge.pt. Bus 737 ab Praça da Figueira bis Castelo oder Straßenbahnen 12 und 28 bis Haltestelle Miradouro de Santa Luzia. Tägl. 9–19 Uhr (März bis Okt. bis 21 Uhr), Einlass bis 30 Min. vor Schluss. An Feiertagen geschl. Dunkelkammer 10–14 Uhr (April bis Sept. bis 17 Uhr). Eintritt für das ganze Burggelände 15 €, ab 65 J. 12,50 €, bis 25 J. 7,50 €, bis 12 J. frei.

Tipp für einen bequemen Aufstieg zu Fuß ab der Metro Baixa/Chiado: Die Baixa quert man über die Rua da Vitória, bis an deren Ende das mit „Elevador Castelo“ überschriebene Haus in der Rua dos Fanqueiros Nr. 170–178 erreicht ist (→ Karte „Baixa/Chiado“ S. 25). In diesem Haus befindet sich ein Personenaufzug (tägl. 8–21 Uhr). Im 3. Stock erreicht man einen Übergang zum Haus mit der Nr. 149 in der Rua da Madalena. Nun geht es ebenerdig zum Pingo-Doce-Supermarkt am Largo Chão do Loureiro. Wer den Supermarkt betritt (hier gibt es auch schöne Street-Art zu bewundern), findet gleich rechts einen öffentlichen Aufzug, mit dem man in den 7. Stock zu einer Aussichtsplattform mit gutem Blick auf die Baixa fahren kann. Von dort ist es nicht mehr weit zur Burg.

Noch mehr Ausblick

Torre da Igreja do Castelo

Dieses Kirchlein im Burgstadtteil wird als „höchster Turm der Lissabonner Altstadt“ angepriesen. Wer die 50 Stufen der engen Treppe bis zum Glockenturm überwunden hat, kann tatsächlich eine hübsche Aussicht genießen. Im Großen und Ganzen handelt es sich aber um die gleiche Perspektive wie von der Burg.

Largo de Santa Cruz do Castelo, ✆ 215806032, torredaigrejadocastelo.pt. Bus 737 ab Praça da Figueira bis Castelo oder Straßenbahnen 12 und 28 bis Haltestelle Miradouro de Santa Luzia. Tägl. 9–19 Uhr. Eintritt 5 €, bis 12 J. 50 % Ermäßigung, bis 3 J. frei.

Weiter zum Museu do Fado: Auf dem Rückweg vom Burggelände führt am Ende der Rua do Chão da Feira ein Tor in den Hof Pátio Dom Fradique. Der deutsche Regisseur Wim Wenders hat hier 1994 zahlreiche Szenen seines sehenswerten Films „Lisbon Story“ gedreht, der v. a. durch den Gastauftritt des legendären portugiesischen Regisseurs Manoel de Oliveira und die herrliche Filmmusik von *Madredeus* unvergesslich geblieben ist (das Album mit dem Soundtrack trägt den Titel „Ainda“). Im Hinterhof kann man das längste noch erhaltene Stück der mittelalterlichen Stadtmauer *Cerca Velha* sehen. Anschließend geht es die enge Rua dos Cegos entlang und nach rechts zu den Treppen des Beco do Funil. Nach weni-

Nur Platz für Fußgänger: enge Alfama-Gassen

Alfama → Karte S. 40/41

gen Metern folgt man der abschüssigen Rua do Salvador. Wenn man das letzte Ziel dieser Tour, das Fado-Museum, nicht verfehlen will, sollte man dieser Straße und ihrer Verlängerung, der Rua da Regueira, folgen. An deren Ende geht es rechts in die Rua dos Remédios. Man passiert die Fischerkapelle Ermida de Nossa Senhora dos Remédios mit ihrem manuelinischen Eingangsportal aus dem 16. Jh. und erreicht kurz darauf den Largo do Chafariz de Dentro mit dem Fado-Museum.

Die Volksmusik Lissabons

Museu do Fado

Das Fado-Museum Lissabons ist in einem ehemaligen Wasserwerk untergebracht und vermittelt einen Einblick in die Geschichte des Fado, der „Volksmusik" Lissabons. Besonders spannend sind die Infos zur Zensur ab 1927 während des Salazar-Regimes, als alle Liedtexte vorab genehmigt werden mussten. Zu sehen gibt es vor allem Porträts und Schallplatten berühmter Sängerinnen und Sänger sowie eine Gitarrensammlung. Wer Lust hat, kann sich diverse Fado-CDs anhören oder Fado-Filme ansehen. Außerdem ist die *Casa da Mariquinhas* nachgebildet, ein Bordell, das in einem bekannten Fado-Titel von Alfredo Marceneiro besungen wird. Hin und wieder finden abends Konzerte im Museumscafé *Travessa do Fado* statt, dessen Besuch auch tagsüber wegen des schönen Blicks über die Alfama von seinem Innenhof aus lohnt (Zugang zum Café ohne Eintritt möglich).

Largo do Chafariz de Dentro, 1, ✆ 218823470, museudofado.pt. Ⓜ Santa Apolónia. Tägl. (außer Mo und Fei) 10–18 Uhr, Einlass bis 30 Min. vor Schluss. Eintritt 5 €, ab 65 J. 4,30 €, bis 25 J. 50 % Ermäßigung, bis 12 J. frei. Große Auswahl an CDs und DVDs im Museumsshop.

Praktische Infos

→ Karte S. 40/41

Restaurants

meinTipp **SÁLA de João Sá** **20**, Di–Sa 12.30–15 und 19–23 Uhr (Sa durchgehend geöffnet). Saisonale portugiesische Küche der Spitzenklasse, die besonders durch ihren kreativen Einsatz von vielfältigem Gemüse überrascht und überzeugt. Viele vegane und vegetarische Optionen sowie zahlreiche Bio-Produkte. Die angenehm ruhige Atmosphäre im Inneren kontrastiert mit dem geschäftigen Treiben vor der Tür. Der Name ist Programm, denn Chefkoch João Sá möchte, dass sich seine Gäste wie bei ihm im Wohnzimmer (auf Portugieisch „sala") fühlen. Bei der Dekoration und den Speisen wird viel Wert auf Details gelegt. Es stehen verschiedene, mehrgängige Menüs zur Auswahl. Frühzeitige Tischreservierung sehr empfohlen. Rua dos Bacalhoeiros, 103, Ⓜ Terreiro do Paço, ✆ 218873045, restaurantesala.pt. €€€€

Prado **11**, Fr–So 12–15 und Mi–So 19–22.30 Uhr. Reservierung dringend angeraten, da meist ausgebucht. Der Name „Weide" des schräg gegenüber der Igreja da Madalena liegenden Restaurants ist wörtlich zu nehmen: Der portugiesische Chefkoch António Galapito bringt hier wechselnde saisonale und regionale Produkte frisch auf den Teller. Inspiriert hat ihn das Weltklasse-Restaurant Noma aus Kopenhagen: Spitzenküche für den gestressten Großstädter auf der Suche nach dem idyllischen Landleben sozusagen. Die Fülle ländlicher Gastronomie ist dabei leider verloren gegangen: Um satt zu werden, muss man mindestens 2–3 Gerichte bestellen, da die kleinen Portionen ohne Beilagen serviert werden. Vor allem von Touristen besucht. Travessa das Pedras Negras, 2, Ⓜ Baixa/Chiado, ✆ 210534649, pradorestaurante.com. €€€€

Faz Figura **1**, Di 19–22.30 und Mi–Sa 12.30–22.30 Uhr, So 12.30–15 Uhr. Aussichtslokal direkt oberhalb des Bahnhofs Santa Apolónia. Die Fensterfronten der zwei Speisesäle ermöglichen einen Panoramablick auf den Tejo und die dort ankernden Kreuzfahrtschiffe. Von den Tischen auf dem überdachten Balkon sieht man am meisten. Der Besuch lohnt sich aber nicht nur wegen der Aussicht, sondern auch wegen der mit Sorgfalt zubereiteten portugiesischen Gerichte. Große Auswahl portugiesischer Weine und Liköre (wer möchte, kann auch nur etwas an der Bar trinken). Neben Touristen auch einheimisches Publikum. Edles Ambiente: gut für einen romantischen Abend zu zweit. Vor

Alfama → Karte S. 40/41

Terrasse des Cafés Antù Alfama: Blick auf die Igreja de São Miguel

allem abends unbedingt reservieren. Rua do Paraíso, 15-B, Ⓜ Santa Apolónia, ✆ 218868981, fazfigura.com. **€€€€**

Maria Catita 17, tägl. 12–16 und 19–24 Uhr. Traditionelles, aber modern eingerichtetes Lokal mit typischen Gerichten aus Lissabon, von den Azoren sowie der Algarve (z. B. *cataplanas*, im Kupfertopf gekochter Fisch oder Meeresfrüchte). Für Vegetarier und Kinder spezielle Optionen, außerdem günstiges Mittagsmenü. Man teilt sich die Küche mit dem auf Fisch und Meeresfrüchte spezialisierten Baixamar nebenan. Rua dos Bacalhoeiros, 30, Ⓜ Terreiro do Paço, ✆ 211331313, Facebook. **€€€**

MeinTipp **Casanova 7**, tägl. 12.30–1.30 Uhr (durchgehend warme Küche). Direkt am Tejoufer neben Bahnhof und Metro Santa Apolónia. An der mit Glasfenstern abgetrennten Küche vorbei geht es in den hohen Speisesaal. Hier sind auf einem Podest Marmortische aneinandergereiht. Vor allem von der Terrasse weiter Blick über das Tejo-Binnenmeer bis zur Burg von Palmela sowie auf die vor dem Restaurant am Kai liegenden Kreuzfahrtschiffe. Aber auch im Winter heimeliges Ambiente. Leckere, schnell servierte Pizzen aus dem Holzofen. Dazu weitere italienische Vor- und Hauptspeisen. Wer es schärfer mag, lässt sich das Chili-Öl bringen *(azeite com piri-piri)*. Da keine Reservierungen möglich, am besten früh kommen, da sehr beliebt. Av. Infante Dom Henrique, Cais da Pedra, Loja 7, Ⓜ Santa Apolónia, ✆ 218877532, pizzeriacasanova.pt. **€€**

Taberna Sal Grosso 3, tägl. 12.30–15.30 und 19–23 Uhr. Einfache Lissabonner *tasca* (Kneipe), herzhafte portugiesische Küche wie bei *mamã* zu Hause. Einziger Nachteil: nur 27 Plätze in dem engen, farbenfroh dekorierten Raum, daher v. a. abends unbedingt reservieren. Sonst muss man sich in die Schlange vor der Türe einreihen. Calçada do Forte, 22, Ⓜ Santa Apolónia, ✆ 910137713, Facebook. **€**

Cafés

Antù Alfama 9, tägl. 9–23 Uhr. Im Schatten von Weinreben kann man am Ende einer Sackgasse wunderbar das Treiben rund um die Igreja de São Miguel beobachten. Viele Optionen für ein Frühstück: vom einfachen Marmeladen-Toast bis zu Eierspeisen. Vor allem von Touristen besucht, aber auch bei Einheimischen beliebt. Mittags und abends einfache Hauptgerichte (mit zahlreichen vegetarischen Optionen), abends werden auch Cocktails gemixt. Weitere Filiale am Cais do Sodré, die aber nur abends geöffnet ist (Rua do Corpo Santo, 22). Beco de São Miguel, 7, Ⓜ Terreiro do Paço, instagram.com/antueurope.

Bar Terraço Santa Luzia 8, tägl. 11–20 Uhr. Winziges Café direkt oberhalb des Santa-Luzia-

Aussichtspunkts (Treppe). Man sitzt dicht gedrängt auf einem exponierten Mauervorsprung und kann den einzigartigen Blick genießen. Der Andrang ist groß, der Service langsam und die Preise sind einigermaßen zivil. Klassisches Schönwetter-Café, da bei Regen nur ein kleiner Pavillon als Zuflucht bleibt. Igreja Santa Luzia de São Bráz, Largo de Santa Luzia, Facebook.

Basílio Lisboa 19, tägl. 8.30–19 Uhr. Gemütliches Inneres, einige Klapptische aber auch auf der blau gestrichenen Fußgängerzone vor der Tür (im Sommer unter Schirmen). Breite Auswahl an Toasts, Salaten, Bowls und Pfannkuchen, vieles auch vegetarisch und vegan. Hier findet man auch internationale Kaffeezubereitungen wie Flat White. Weitere Filialen: *Nicolau Lisboa* um die Ecke in der Baixa (Rua de São Nicolau, 17) und im Stadtteil Campo de Ourique das *Amélia Lisboa*. Rua dos Bacalhoeiros, 111, Ⓜ Terreiro do Paço, ✆ 218863075, instagram.com/basiliolisboacafe.

Quase Café 2, tägl. 8.30–16 Uhr. Individuell eingerichtetes Café. Für Alfama-Verhältnisse ein relativ alternatives Publikum, was vielleicht auch daran liegen mag, dass die Bar etwas versteckt in einer nicht so sehr von Touristen frequentierten Querstraße liegt. Viele Crêpes, Pfannkuchen und Toasts im Angebot. Neben Kaffee (auch mit Hafermilch) und Fruchtsäften auch Craft-Bier. Rua do Salvador, 32, ✆ 929326 800, instagram.com/quasecafe.

Gasse mit Aufstieg zur Igreja de Santo Estêvão

Portela Cafés 16, tägl. 8–20 Uhr. Etwas steril eingerichtete Filiale einer Lissabonner Konditorei-Kette. Sehr leckere Süßwaren mit Pralinen und Schokoteilchen. Der Kaffee schmeckt ebenfalls. Freies WLAN. Auch Mittagsangebote mit Sandwiches. Rua dos Bacalhoeiros, 32, Ⓜ Terreiro do Paço, ✆ 218870203, portelacafes.pt.

Einkaufen

Lebensmittel **Conserveira de Lisboa 15**, Mo–Sa 9–19 Uhr. Allein der Anblick der Holzregale des seit 1930 bestehenden Traditionsgeschäftes der Marken *Tricana, Prata do Mar* und *Minor* ist ein Genuss. Große Auswahl an klassischen und außergewöhnlichen Fischkonserven wie Sardinen in Olivenöl, mit grünem Pfeffer, mit Paprika, in Limettensaft, mit Nelken oder mit Curry. Die Dosen werden kunstvoll in Papier eingewickelt und eignen sich als Mitbringsel. Rua dos Bacalhoeiros, 34, Ⓜ Terreiro do Paço, ✆ 218864009, conserveiradelisboa.pt.

Souvenirs **Loja dos Descobrimentos 18**, tägl. 9–19 Uhr (wenn die Türe geschlossen sein sollte, hilft auch gerne die Rezeption des zugehörigen Riverside-Hotels aus). Dieses direkt neben der Casa dos Bicos gelegene Geschäft hat sich im Gegensatz zu den großen Azulejo-Herstellern auf individuelle Aufträge und Workshops für Kunstinteressierte spezialisiert. Im hinteren Teil des Ladens kann man den Mitarbeitern beim Bemalen der Fliesen zuschauen. Wer selbst malen will, sollte sich zu einem individuellen Workshop anmelden (Kosten 30 € pro Fliese, die Fliesen werden anschließend gebrannt und können nach 48 Stunden abgeholt werden). Wer doch lieber direkt einkauft, findet Hausnummern und andere auf touristische Bedürfnisse zugeschnittene Azulejos. Rua dos Bacalhoeiros, 12-B, Ⓜ Terreiro do Paço, ✆ 218865563, loja-descobrimentos.com.

Wein **Taylor's Port Tasting Room 14**, tägl. 11–13 und 14–19.30 Uhr. Neben dem Brunnen Chafariz d'El Rei präsentiert die Traditionsfirma Taylor's ihre exzellenten Portweine. Verkauf im UG, rustikaler Verkostungsraum im OG. Mein Tipp: der trockene weiße Portwein *Chip Dry White*. Wer zum Wein etwas essen möchte, bekommt auch Schinken, Käse und *pastéis de nata*. Rua Cais de Santarém, 8, Ⓜ Terreiro do Paço, ✆ 218863105, taylor.pt.

José Saramago – kontroverser Literaturnobelpreisträger

Die Casa dos Bicos in der Alfama ist ganz José Saramago, einem der berühmtesten Schriftsteller Portugals gewidmet. Im Gebäude wurde die nach ihm benannte Stiftung Fundação José Saramago untergebracht, er selbst hat davor unter einem Olivenbaum seine letzte Ruhestätte gefunden. Die Stiftung hat den hundertjährigen Baum dafür extra aus Saramagos Heimatort Azinhaga do Ribatejo nach Lissabon umgesetzt.

Eigentlich hatte der am 16. November 1922 im mittelportugiesischen Dorf Azinhaga geborene Schriftsteller mit der faltenreichen Stirn und der charakteristischen großen Brille Maschinenschlosser gelernt. Doch 1966 begann er mit seinem ersten Gedichtband Os Poemas Possíveis (dt. „Die möglichen Gedichte") die Laufbahn als Schriftsteller.

Mitte der 1970er-Jahre verdiente er sein Geld als stellvertretender Chefredakteur der Tageszeitung Diário de Notícias. Nach der Nelkenrevolution von 1974 hatte er diese Stelle bekommen. Bei der verstaatlichten Zeitung war seine Mitgliedschaft in der Kommunistischen Partei, in die er bereits 1969 eingetreten war, nicht mehr nachteilig.

Bereits über 50-jährig, veröffentlichte Saramago dann 1977 seinen ersten Roman „Manual de Pintura e Caligrafia" (dt. „Handbuch der Malerei und Kalligraphie"). Der Durchbruch auf nationaler Ebene gelang ihm 1980 mit „Levantado do Chão" (dt. „Hoffnung im Alentejo"), einer ergreifenden Familiensaga über die sozialen Probleme der südportugiesischen Landregion Alentejo. Internationalen Erfolg erreichte er mit seinem Roman „Memorial do Convento", der in etwa 30 Sprachen übersetzt wurde (dt. „Das Memorial"). Spätestens in diesem Buch, in dem es um den Bau des Konvents von Mafra geht, werden sein ironischer Stil und seine Vorliebe für historische Themen deutlich. So befasst er sich im Roman „História do Cerco de Lisboa" (dt. „Geschichte der Belagerung von Lissabon") mit der Eroberung Lissabons durch die Christen im Jahr 1147.

Saramagos siebter Roman „O Evangelho segundo Jesus Cristo" (dt. „Das Evangelium nach Jesus Christus") löste in Portugal nach seinem Erscheinen 1991 erhebliche Kontroversen aus. Manche hätten für Saramago gerne die Inquisition wieder eingeführt, hatte der Autor doch Jesus in seinem Roman eine Liebesbeziehung mit der Prostituierten Maria von Magdala eingehen lassen. Bereits mehrfach preisgekrönt, erreichte Saramago 1998 den Höhepunkt seiner Karriere, als er als erster portugiesischsprachiger Autor den Literaturnobelpreis erhielt. Später lebte Saramago mit seiner zweiten Frau Pilar del Río, einer spanischen Journalistin, auf der Insel Lanzarote, wo er am 18. Juni 2010 verstarb. Und wer den Literaturnobelpreisträger auf einer Reise von Süd- nach Nordportugal begleiten möchte, kann dies mit seinem Buch „Viagem a Portugal" (dt. „Die portugiesische Reise") tun.

Nördlich des Burgbergs

Tour 3

Im Schatten der Burg erstrecken sich die dunklen Gassen des ehemaligen Maurenviertels Mouraria. Lichter und grüner präsentiert sich der von der imposanten São-Vicente-Kirche überragte Arbeiterstadtteil Graça östlich der Burgmauern. Seine Hauptattraktion ist der größte Flohmarkt Lissabons, die Feira da Ladra, der „Markt der Diebin".

Miradouro da Nossa Senhora do Monte, Wallfahrt mit Aussicht, S. 53

Igreja e Mosteiro de São Vicente de Fora, Kirche und Kloster des Stadtpatrons, S. 56

Vielfältige Altstadt-Viertel

Mouraria und Graça

Im Maurenviertel **Mouraria** nördlich und westlich des Burghangs musste sich nach der christlichen Rückeroberung Lissabons die muslimische Bevölkerung niederlassen. Die Mouraria ist bis heute ein Viertel der Ausgeschlossenen geblieben. Ende des 19. Jh. gab es hier eine Menge übler Spelunken, in denen Herumtreiber Fado-Gesänge zum Besten gaben.

Hauptplatz der Mouraria ist die nordöstlich des Rossio gelegene *Praça Martim Moniz*. Früher standen auf dem Platz die Häuschen der Unterstadt der Mouraria, die aber unter Duarte Pacheco, Bauminister des Diktators Salazar, abgerissen wurden – die engen Gassen behinderten den Autoverkehr. Von dieser Zerstörungswut, eine der größten Bausünden Lissabons, hat sich der Martim Moniz immer noch nicht ganz erholt. Inzwischen haben sich zahlreiche Immigranten aus China, Indien, Pakistan und den ehemaligen portugiesischen Kolonien des Platzes angenommen. Wer Lust hat, kann sich besonders im *Centro Comercial da Mouraria*, dem Einkaufszentrum direkt über der Metrostation Martim Moniz, ein Bild von der Vielfalt der Einwanderer machen.

Auch der restliche Stadtteil bot bis vor wenigen Jahren ein trauriges Bild: In den Nebenstraßen des vom Straßenstrich geprägten Largo do Intendente setzten sich Heroinabhängige in verfallenen Altbauten die Nadel. Inzwischen haben Renovierungsprojekte und Stadtteilinitiativen die sozialen Brennpunkte entschärft und neues Leben ins Viertel gebracht. Dennoch sollte man im ersten Teil der Tour bis zum Miradouro da Nossa Senhora do Monte gewisse Vorsicht walten lassen und auf Wertgegenstände aufpassen.

Ähnlich wie in der Alfama gehören die meisten Bewohner der Unterschicht an. Allerdings leben hier deutlich mehr Einwanderer aus den ehemaligen afrikanischen Kolonien, China und Indien als im Nachbarstadtteil. 11.000 der 15.000 Bewohner der Mouraria sind Ausländer, nirgendwo anders in Lissabon dürfte der Anteil an Einwanderern höher sein.

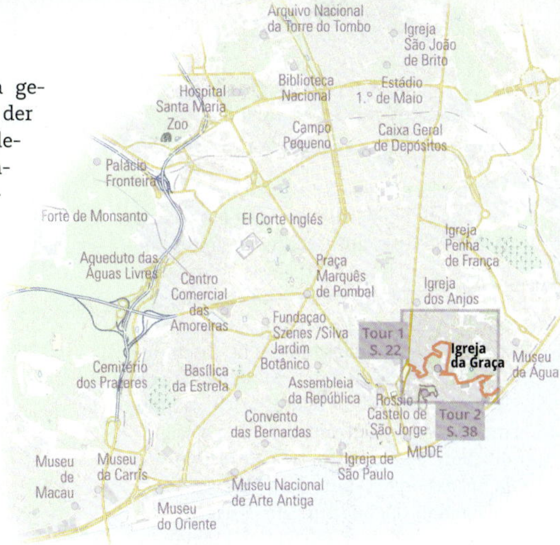

In der **Graça** hat der traditionsreiche Arbeiterverein *A Voz do Operário* („Stimme des Arbeiters") seine Heimat. Er residiert in einer vom Architekten Manuel Joaquim Norte Júnior 1931 erbauten Jugendstilvilla in der nach dem Verein benannten Straße Rua Voz do Operário. Auch heute noch wird der Stadtteil v. a. von Arbeitern und Angehörigen der Mittelschicht bewohnt.

Sehenswertes

Wallfahrt mit Aussicht

Miradouro da Nossa Senhora do Monte

Der Aussichtspunkt „Unserer Lieben Frau vom Berg" bietet einen umwerfenden Blick über die Graça, das Castelo de São Jorge, die Mouraria und die Baixa bis zum Norden der Stadt. Spätestens an diesem schönsten Aussichtspunkt Lissabons versteht man, warum das portugiesische Wort für Aussichtspunkt wörtlich „Blick aus Gold" *(„mira de ouro")* bedeutet. Dieser Miradouro ist zugleich ein beliebter Wallfahrtsort mit Marienstatue und kleiner Kapelle. In der Kapelle befindet sich ein steinerner Thron, der früher im Besitz eines der ersten Lissabonner Bischöfe namens São Gens war. Der Legende zufolge sollen schwangere Frauen, die sich auf den Thron setzen, eine leichte Geburt haben …

Nebenan erstreckt sich das Arbeiterviertel Estrella d'Ouro zwischen der Rua da Senhora do Monte und der Rua Virgínia. Hier ließ der Konditorei-Fabrikant Agapito Serra Fernandes von 1907 bis 1909 für seine Arbeiter 120 niedrige Häuser durch den Architekten Manuel Joaquim Norte Júnior errichten (zwei weitere Arbeitersiedlungen, *Vila Berta* und *Vila Sousa*, liegen in der Nähe).

Der Beginn des Spaziergangs ab der Praça Martim Moniz (Ⓜ Martim Moniz) ist etwas kompliziert: Hinter dem Einkaufszentrum Centro Comercial da Mouraria in die Rua do Capelão und dann geradeaus über den Largo da Severa und die Rua da Guia nach oben bis zur Rua do Marquês de Ponte do Lima. Hier links abbiegen und dann rechts den Schienen der Tramlinie 12 bergauf folgen. Kurz darauf geht es links in die Rua dos Lagares, wo man den unteren Eingang des Jardim da Cerca da Graça erreicht. Vom oberen Park-Ausgang folgt man dann der Calçada do Monte zum Miradouro da Nossa Senhora do Monte. Wer den Aufstieg scheut, nimmt die Tram 28 oder Bus 734 von der Praça Martim Moniz bis zur Graça.

Klosterkirche mit Panoramablick

Igreja e Convento da Graça

An der Stelle, wo König Afonso Henriques 1147 bei der Belagerung Lissabons sein Feldlager aufgeschlagen hatte, erbaute man im 13. Jh. diesen Augustiner-Konvent. Er ist damit eines der ältesten Klöster Lissabons, aber nach zahlreichen Umbauten nicht mehr im Originalstil erhalten. Mönche leben hier seit der Säkularisierung 1834 nicht mehr. Lange Zeit nutzten die portugiesischen Streitkräfte den Großteil des sehr exponiert auf dem Graça-Hügel gelegenen Gebäudes als Kaserne, in Zukunft soll hier ein Hotel einziehen. Man kann aber die in Rosa gehaltene Rokoko-Klosterkirche Igreja da Graça mit ihren vergoldeten Nebenaltären besichtigen, die nach all den Jahren teilweise ziemlich eingedunkelt sind.

Über einen separaten Eingang (links neben dem Kirchenportal) geht es in den beeindruckenden manieristischen Kreuzgang aus dem 16. Jh. sowie zum Kapitelsaal mit schönen Azulejos aus dem 17. Jh.

Tram 28 und Bus 734 bis Haltestelle Graça. ✆ 218873943. **Kirche:** tägl. 9–18 Uhr. Eintritt frei. **Kloster (Kreuzgang und Terrasse):** tägl. 9–19 Uhr. Einlass bis 1 Std. vor Schluss. Eintritt 5 € (inkl. einem Getränk), bis 12 J. 3 €, bis 6 J. frei.

> **Tipp für einen bequemen Aufstieg:** Von der Rua dos Lagares soll ab 2024 ein kostenloser Aufzug den oberen Teil der Mouraria mit dem Graça-Kloster und -Aussichtspunkt verbinden. Die Aufzugskabinen verkehren dabei auf einer schrägen Plattform, die zwischen dem Jardim da Graça und dem Caracol da Graça eingebaut wurde.

Ungewöhnliche Perspektive auf die Burg

Miradouro da Graça

Einen prächtigen Ausblick auf Burg und Stadt genießt man vom diesem neben der Graça-Kirche gelegenen Aussichtspunkt. In dem beliebten Terrassencafé

Tour 3:
Mouraria und Graça
Essen & Trinken
(S. 59/60)
2 Cervejaria Ramiro
4 O Pitéu
7 The Food Temple
9 Santa Clara dos Cogumelos
12 Bistrô Gato Pardo
15 O Corvo
Cafés (S. 60)
6 Esplanada da Graça
8 Clara Clara
10 As Marias com Chocolate
Einkaufen (S. 60)
13 Porta 16
Nachtleben (S. 407/408)
1 Casa Independente
3 8ª Colina
5 Topo
11 Café da Garagem - Teatro Taborda
14 O Corrido (S. 401)
75 m
Tour 12: Ziele im Osten Lissabons siehe S. 149
Tour 2: Alfama siehe S. 40/41
Graça
Vila Berta
Igreja da Graça
Miradouro da Graça
Aufzug
Caracol da Graça
Vila Sousa
Feira da Ladra
Igreja e Mosteiro São Vicente de Fora
Panteão Nacional
Bhf. Santa Apolónia
Museu Militar
Largo do Museu
Igreja do Menino de Deus
Bairro do Castelo
Pátio D. Fradique
Museu das Artes Decorativas
Bairro de Alfama
Igreja de Santo Estêvão
Largo S. Marinha
Rua dos Sapadores
Av. General Roçadas
Rua da Penha de França
Rua Angelina Vidal
Rua Damasceno Monteiro
Rua Virgínia
Rua Josefa Maria
Rua da Graça
Rua da Senhora do Monte
Rua São Gens
Rua das Beatas
Rua da Senhora da Glória
Cç. do Monte
Tv. do Monte
Rua D. Monteiro
Rua Leite de Vasconcelos
Tv. da Pereira
Rua da Verónica
Rua da Voz do Operário
Largo da Graça
Tv. de S. Vicente
Calçada da Graça
Cç. de Sto. André
Tv. das Mónicas
Campo de Sta. Clara
R. São Vicente
Rua S. Marinha
Cç. São Vicente
Rua das Escolas Gerais
Rua Paraíso
Cç. Cascão
Cç. Forte
Caminhos de Ferro
Rua dos Remédios
Rua do Museu de Artilharia
R. dos
Av. Infante D. Henrique
Tv. Açougue
Rua de São Tomé
Rua dos Cegos
Rua do Salvador
R. Guilherme Braga
Rua dos Corvos
Rua do Vigário
R. S. Estêvão
Tv. Funil

„Berço do Fado" – Wiege des Fado

Am Beginn der Rua do Capelão erinnert eine in Stein gehauene portugiesische Gitarre daran, dass in der Mouraria im 19. Jh. der Fado entstanden ist. Etwa 50 m weiter stößt man an der Ecke Beco do Forno/Largo da Severa auf das ehemalige Wohnhaus von Maria Severa Onofriana, einer Sexarbeiterin, die als erster Fado-Star in die Geschichte einging. Sie fand mit 26 Jahren am 30.11.1846 einen frühen Tod. Inzwischen befindet sich in ihrem Wohnhaus das Fado-Lokal *Maria da Mouraria.*

kann man bis spät nachts die flackernden Lichter der Stadt bewundern. Eine kleine Statue zwischen den Tischen des Cafés erinnert daran, dass der Aussichtspunkt eigentlich offiziell nach der Dichterin *Sophia de Mello Breyner Andresen* (1919-2004) benannt ist.

Im Zickzack führt der steile Fußweg Caracol da Graça (wörtlich „Graça-Schnecke") nach unten zum *Jardim da Cerca da Graça*.

Dieser Park wurde auf dem lange Zeit hermetisch abgeriegelten Gartengelände des Graça-Klosters angelegt.

Tram 28 und Bus 734 bis Haltestelle Graça.

Blick auf die Igreja da Graça samt Kloster und Aussichtspunkt mit Terrassencafé

Kirche und Kloster des Stadtpatrons

Igreja e Mosteiro de São Vicente de Fora

Philipp II. von Spanien ließ die Kirche mit dem angeschlossenen Kloster 1582 errichten. Zu dieser Zeit herrschten die spanischen Könige in Personalunion auch über Portugal (1580 bis 1640). Die Bauarbeiten an der Kirche dauerten bis 1629. Als Architekt wird häufig der Italiener Terzi genannt, doch ist dessen Urheberschaft umstritten; wahrscheinlich ist der Bau dem Spanier Juan de Herrera zuzuschreiben. Geweiht wurde die Kirche dem hl. Vinzenz, dem offiziellen Stadtpatron von Lissabon. Das Stadtwappen zieren übrigens das Schiff, mit dem sein Leichnam von der Algarve nach Lissabon transportiert worden ist, und zwei Raben, die das Schiff der Legende nach begleitet haben sollen.

Durch sein lichtes Tonnengewölbe wirkt der manieristische Bau sehr leicht und luftig. Rechts vorne befindet sich in einer Seitenkapelle das Grab des deutschen Kreuzritters Henrique o Alemão. Er kämpfte 1147 bei der Eroberung Lissabons von den Mauren auf Seiten der Christen. Um das Grab ranken sich einige Legenden – so sollen Palmen aus ihm gewachsen sein.

Im Kloster nebenan residiert heute der Patriarch (Kardinal) von Lissabon. Ein kleines Museum stellt anhand sakraler Kunst die Geschichte des Bistums dar – die unrühmliche Rolle der römisch-katholischen Kirche bei der Sklaverei

Sakristei im Kloster São Vicente de Fora: wertvolle Intarsien

oder während der Salazar-Diktatur wird aber nicht hinterfragt. Lohnenswert sind jedoch die folgenden Säle des Klosters, die man mit einer schier unendlichen Menge an prächtigen blauweißen Azulejos aus dem frühen 18. Jh. geschmückt hat. Sie zeigen Jagd- und Landschaftsszenen bzw. Motive aus den Fabeln von La Fontaine. Nicht verpassen sollte man auch die kunstvollen Steinintarsien der Sakristei, deren Eingang man zwischen beiden Kreuzgängen leicht übersieht.

Im hinteren Kreuzgang befindet sich das Pantheon der portugiesischen Dynastie Bragança mit den Särgen der letzten portugiesischen Könige. Im Nachbarsaal hat man dagegen Lissabons Patriarchen begraben. Dieser Raum ist fast vollkommen ungeschmückt und macht einen unwirtlichen Eindruck, sodass man froh ist, gleich wieder im hellen Licht der weißen Kreuzgänge stehen zu dürfen. Am erhabensten fühlt man sich aber auf dem begehbaren Dach: Hier eröffnen sich herrliche Blicke auf den Tejo, die Burg und das Pantheon.

Straßenbahn 28 und Bus 734 bis Haltestelle Voz Operário. ✆ 218810559, mosteirodesaovicentedefora.com. Kloster: tägl. 10–18 Uhr (letzter Einlass 17 Uhr). Eintritt 5 €, Studenten und ab 65 J. 3 €, bis 12 J. frei. Kirche: tägl. 10–18 Uhr. Eintritt frei.

Nationale Begräbnisstätte

Panteão Nacional

Das Bauwerk ist eigentlich eine barocke Kirche und wurde 1916 zum Nationalpantheon, zur nationalen Begräbnisstätte, erklärt. Erst Mitte des 20. Jh. setzte man der *Igreja de Santa Engrácia* die Kuppel auf – der letzte Akt einer knapp 300-jährigen Bauzeit, die 1683 begonnen hatte. Kein Wunder, dass die lange Bauzeit der Kirche sprichwörtlich geworden ist: „obras de Santa Engrácia“ (gemeint ist: „Das dauert so lange wie die Bauarbeiten an der Kirche Santa Engrácia“).

In den Nebenräumen des kreuzförmigen Baus stehen die Sarkophage mehrerer Staatspräsidenten Portugals, des Schriftstellers Almeida Garrett, der Dichterin Sophia de Mello Breyner Andresen und der Fado-Sängerin Amália Rodrigues. Letzter „Neuzugang“ ist der in der ehemaligen portugiesischen Kolonie Mosambik geborene Fußballer Eusébio Ferreira da Silva, der 2015 ins

Mouraria und Graça → Karte S. 54/55

Mit der Straßenbahn 12 rund um den Burgberg

Martim Moniz – São Tomé – Praça da Figueira – Martim Moniz (nur in dieser Richtung)

An der Praça Martim Moniz (Ⓜ Martim Moniz) beginnt die Linie 12 ihren Rundkurs. Lissabons kürzeste Tramlinie wird mit historischen Trams betrieben und ist dabei meist nicht ganz so extrem überfüllt wie ihre „große Schwester", die Tram 28. Direkt nach dem Start biegt die Straßenbahn 12 in die engen Gassen der Mouraria ein, um sich dann die Rua dos Cavaleiros hinaufzuquälen. Millimetergenau passiert sie eng an die Bordsteine geparkte Autos. Manchmal muss dennoch kurz angehalten werden, wenn ein Bierwagen Geschäfte an der Strecke beliefert. Ab und zu fährt der Straßenbahnfahrer langsamer, um Bekannte direkt vor ihrer Haustüre abspringen zu lassen. Nicht sonderlich beliebt bei den Tramfahrern sind die jugendlichen „Surfer", die ohne Ticket auf den Stufen am Ausstieg mitfahren. Meist werden sie aber widerwillig geduldet. Oben angekommen, geht es durch die Rua de São Tomé zum Miradouro de Santa Luzia (zur Burg hier aussteigen). Anschließend fährt die Tram quietschend die Rua do Limoeiro hinunter und passiert die sehenswerte Kathedrale. Durch die geschäftige Rua da Prata durchquert die Tram – nun deutlich schneller als in den engen Gassen der Alfama – die Baixa. An der Praça Martim Moniz endet der Rundkurs, ein neuer kann beginnen.

Pantheon umgebettet wurde. Manche Sarkophage haben nur symbolische Bedeutung und stehen leer. Mit einem Lift kann man unter die Kuppel fahren; oben genießt man von der Aussichtsplattform einen schönen Blick über die Alfama und den Tejo.

Campo de Santa Clara, ✆ 218854820, panteaonacional.gov.pt. Ⓜ Santa Apolónia oder Bus 734 bis Halt Campo Sta. Clara. Di–So 10–17 Uhr, April bis Sept. bis 18 Uhr, an Feiertagen geschl. Einlass bis 20 Min. vor Schluss. Eintritt 4 €, ab 65 J., Studenten, mit *Cartão Jovem* sowie Familien ab 2 Kindern 50 % Ermäßigung, bis 12 J. frei. Kombiticket mit Museu Nacional do Azulejo 7 €.

Panteão Nacional: Es lohnt, aufs Dach zu fahren, um den Ausblick zu genießen

Waffen und Gemälde

Museu Militar de Lisboa

In dem prächtigen Museumsgebäude aus dem 18. Jh. befand sich früher ein Waffendepot, später eine Pulverfabrik. Die insgesamt 32 Säle hat man mit Gemälden und Skulpturen bedeutender portugiesischer Künstler des 18., 19. und 20. Jh. ausgeschmückt, die auch so sehenswert wären. Ausgestellt sind verschiedene Militärutensilien: Ritterrüstungen, Uniformen, Pistolen, Gewehre und Kanonen.

Largo do Museu de Artilharia, ✆ 218842453, exercito.pt. Ⓜ Santa Apolónia. Di–So 10–17 Uhr, letzter Einlass 1 Std. vor Schluss, an Feiertagen geschl. Eintritt 3 €, bis 12 J. frei, unter 18 J. und über 65 J. 1 €, Familien 5 €.

Praktische Infos

→ Karte S. 54/55

Restaurants

Santa Clara dos Cogumelos 9, Di–So 19.30–23 Uhr, Sa auch 13–15.30 Uhr. Ganz auf Pilze spezialisiertes Lokal: vom Pilz-Risotto über Pilz-Ravioli, Lachs und Steaks mit Pilz-Soße bis zum Dessert mit Pilzen. Als Vorspeise ist das leckere Pilzpaté mit Brot ein Tipp. Reservierung empfohlen, da nur wenige Tische im Obergeschoss der Markthalle auf dem Gelände des Flohmarkts Feira da Ladra. Heimelige Atmosphäre mit Ausblick Richtung Pantheon und in die Markthalle. Trotz touristischer Lage viele einheimische Gäste. Mercado de Santa Clara, Campo de Santa Clara, 7-1° (erster Stock), ✆ 218870661, santaclaradoscogumelos.com. €€€

Bistrô Gato Pardo 12, Fr–Di 16.30–23.30 Uhr. Portugiesische Küche mit kleinen Gerichten zum Kombinieren sowie Nudelspeisen (lecker schmeckt die Pasta mit Sardinen) und einigen Tagesgerichten mit Fisch oder Fleisch. Außerdem Salate sowie vegetarische Optionen im Angebot. Das wild zusammengestellte Mobiliar erinnert an den nahen Flohmarkt Feira da Ladra. Wer nicht drinnen Platz nehmen möchte, findet auch ein paar Tische auf dem Bürgersteig. Besonders abends angenehm ruhiges Ambiente. Reservierung sehr zu empfehlen. Rua de São Vicente, 10, ✆ 218873647, Facebook. €€

meinTipp Cervejaria Ramiro 2, Di–So 12–24 Uhr. Keine Reservierung möglich: am Eingang Wartemarke ziehen (Nummern werden ausgerufen), teilweise sehr lange Wartezeiten. Typische und aufgrund ihrer konstant hohen Qualität allseits beliebte Cervejaria. Ausschließlich Meeresfrüchte im Angebot. Die meisten werden nach Gewicht verkauft. Wenn die Kellner durch die Gänge eilen, kann es auch etwas hektisch und laut werden. Empfehlenswert die *amêijoas à Bulhão Pato* (Venusmuscheln in Zitronensoße). Av. Almirante Reis, 1-H, Ⓜ Intendente, ✆ 218851024, cervejariaramiro.pt. €€

O Corvo 15, tägl. 9.30–24 Uhr. Das Café-Restaurant ist nach dem Lissabonner Wappentier, dem Raben benannt. Einfache, täglich wechselnde Hauptgerichte Lissabonner Küche sowie kleine Speisen wie Burger, Focaccia und Salate. Das Lokal lohnt sich besonders aufgrund der wunderbaren Lage an einem kleinen, verkehrsberuhigten Platz inmitten der Mouraria-Gassen, auf dem man an zahlreichen Tischen die Abendstimmung genießen kann. Man kann später am Abend auch einfach nur etwas trinken (im Winter sogar Glühwein). Am besten nimmt man gegenüber dem Hotel Lisboa Tejo die steile Gasse Beco dos Surradores nach oben, dann kann man das Lokal nicht verfehlen. Largo dos Trigueiros, 15A/B, Ⓜ Rossio, ✆ 218860545, Facebook. €€

meinTipp O Pitéu 4, Mo–Sa 12–15.30 und Mo–Fr 19–22.15 Uhr. Das Traditionsrestaurant fällt durch seine fensterlose Fassade nicht sonderlich auf. Vielleicht speisen hier deswegen vor allem Gäste aus der Nachbarschaft. Frittierter Fisch, Schnitzel und Steaks dominieren die Karte. Durch die enge Bestuhlung müssen immer wieder die Tische verschoben werden, um einen Durchlass zu schaffen. Auf dem weitläufigen Platz vor dem Restaurant sind weitere Tische unter Schatten spendenden Schirmen aufgestellt. Reichhaltige Gerichte. Largo da Graça, 95–96, ✆ 218871067, restauranteopiteu.pt. €€

Mouraria-Gassen bei Nacht

The Food Temple 7, Di–So 18.30–22.30 Uhr. Seit über einem Jahrzehnt ist dieses Restaurant eine der bekanntesten veganen Adressen Lissabons. Kleiner Speiseraum, die meisten Plätze befinden sich vor der Tür: Dort haben die Besitzer kleine Sitzecken auf Treppenstufen inmitten der malerischen Mouraria-Gassen eingerichtet. Kleine Auswahl an Tapas sowie Tagesgerichten, dazu sehr schmackhafte Nachtische – alles vegan. Beco do Jasmin, 18, Ⓜ Rossio, ✆ 218874397, Instagram. €€

Cafés

As Marias com Chocolate 10, Di 6–18.15 Uhr, Mi–Fr 10–18 Uhr, Sa 6–19 Uhr. Schmales Stehcafé im Gebäude des Mercado de Santa Clara, draußen einige Tische auf einer winzigen Terrasse. Viele Schokospezialitäten, vom Kuchen über Kekse bis zum Kakao. Campo de Santa Clara, Loja 1, Ⓜ Santa Apolónia, ✆ 965550457, Facebook.

MeinTipp **Clara Clara 8**, Mo–Fr 10–19 Uhr, Sa/So 9–13 Uhr (bei sehr schlechtem Wetter geschl.). Terrassencafé im Park hinter der Markthalle Mercado de Santa Clara. An kalten Tagen wärmen Decken. Etwa ein Dutzend Tische im Freien, bedient wird aus einem Metallkiosk in der Mitte. Von hier aus lässt sich in Ruhe das benachbarte Pantheon betrachten, in der Ferne ist das Tejodelta zu sehen. Kleine Kinder können nebenan auf dem Spielplatz toben. WLAN kostenlos. Breite Auswahl an Sandwiches, Toasts und Croissants. Campo de Santa Clara, Ⓜ Santa Apolónia, ✆ 218850172, Facebook.

Esplanada da Graça 6, tägl. 10.30–1.30 Uhr. Direkt neben der gleichnamigen Kirche liegt dieses preiswerte Terrassencafé (nur Tische im Freien). Herrlicher Blick auf die Burg, die Brücke des 25. April und das Bairro Alto. Aufgrund der langen Öffnungszeiten auch als Bar sehr beliebt. Largo da Graça, ✆ 218865341, Instagram.

Einkaufen

Souvenirs **Porta 16 13**, Mo–Fr 11–18.30 Uhr, Sa 10–18 Uhr. Auch wenn der Name anderes nahelegt, so verbirgt sich dieses Geschäft für hochwertiges, farbenfrohes Kunsthandwerk hinter der Haus-Nr. 28 der Rua de São Vicente unweit des gleichnamigen Klosters im Viertel Graça. Vieles aus Stoff wie Einkaufstaschen sowie Mobiles und Plüschtiere für Kinder. Auch Ohrringe, Tonfiguren und buntbemalte Azulejos. Rua de São Vicente, 28, Facebook.

Feira da Ladra – „Markt der Diebin

Jeden Di und Sa findet Lissabons weltberühmter und buntester Flohmarkt statt. Der merkwürdige Name kommt nicht von ungefähr, da man dort tatsächlich unter Umständen seine gestohlenen Sachen wiederfinden kann. So konnte der Co-Autor dieses Buches seine bei einem Kofferraumaufbruch entwendete Foto-Kamera „zurückkaufen“. Die Anfänge des Marktes reichen in das 13. Jh. zurück, als der Flohmarkt erstmals am Tor zum Castelo de São Jorge abgehalten wurde. Davon zeugt dort noch heute der Straßenname Chão da Feira („Marktboden“). Später fand die Feira da Ladra auf dem Rossio, der Praça da Alegria, dem Campo Santana und in São Bento statt. Inzwischen hat sich aber der Platz zwischen der São-Vicente-Kirche und dem Panteão Nacional im Stadtteil Graça (Straßenbahn 28 oder Ⓜ Santa Apolónia) etabliert. Man bekommt fast alles von rostigen Nägeln über gebrauchtes Spielzeug, ausrangierte Langspielplatten und hübsches Porzellangeschirr bis zur getragenen Mode des Vorjahres. Die allermeisten Waren sind dabei übrigens absolut legal, auch wenn Lissabons „Langfinger“ keinen Hehl daraus machen, gerne hier zu verkaufen. Es empfiehlt sich, vormittags zu kommen, da man dann noch deutlich mehr Schnäppchen ergattern kann. Bei Regen fehlen die Kleinanbieter, dann kann man sich die Markthalle des Campo de Santa Clara in der Mitte des Geländes anschauen, in der Antiquariate, Souvenirläden und eine Kochschule untergekommen sind.

Konzertsaal der Casa Independente

Auf der „Freiheitsallee"

Tour 4

Ein Spaziergang entlang der Prachtallee Avenida da Liberdade ist touristisches Pflichtprogramm. Sie führt direkt auf den Stadtpark Parque Eduardo VII zu. Oberhalb erstreckt sich der Santana-Hügel – der wohl am häufigsten übersehene Stadtteil Lissabons, aber vielleicht gerade deswegen einen Besuch wert.

Parque Eduardo VII, Lissabons Central Park, S. 66

Pavilhão dos Desportos Carlos Lopes, prächtige Azulejo-Fassade, S. 66

Metrostation Parque, Meisterwerk der Lissabonner U-Bahn, S. 67

Lissabons Champs-Élysées

Avenida da Liberdade und Santana

Die 1885 errichtete grüne Prachtstraße Avenida da Liberdade ist beeindruckende 90 m breit und 1300 m lang. Ihr Vorgänger, der Stadtgarten *Passeio Público*, wurde bei den Bauarbeiten zerstört. Der Name „Freiheitsallee" wurde zum Gedenken an die Unabhängigkeit von Spanien gewählt.

Die imposante Avenida da Liberdade steht in starkem Kontrast zum volkstümlichen Santana-Hügel, der sich oberhalb der Allee erstreckt. Auf seiner Spitze liegt der Campo Santana, eigentlich offiziell Campo dos Mártires da Pátria genannt. Im Mittelalter diente das damals noch vor den Stadtmauern gelegene Feld zur Veranstaltung von Märkten und Stierkämpfen. 1817 hängte man dort die Rebellen, die sich gegen die Besetzung des Landes durch die Briten aufgelehnt hatten. Daran soll nun der offizielle Name des Platzes, „Märtyrer des Vaterlandes", erinnern. Heute residieren hier die deutsche Botschaft und das Goethe-Institut.

Am Südrand des Platzes schmücken vor der medizinischen Fakultät der *Universidade Nova de Lisboa* Hunderte Steintafeln, Kerzen und Blumensträuße die Statue des portugiesischen Arztes José Tomás de Sousa Martins, der aufgrund seines Einsatzes für die Armen bekannt wurde. Obwohl der 1897 an Tuberkulose verstorbene Arzt selbst nicht gläubig war, erhoffen sich viele Menschen von ihm wundersame Hilfe bei Krankheiten. Wenn es klappt, legen sie dann eine Votivtafel an der Statue ab.

Nicht weit davon entfernt führt die steile Calçada de Santana, eine der volkstümlichsten Straßen Lissabons, den Hügel Richtung Rossio hinunter. Zahlreiche preiswerte Restaurants bieten sich hier zum Essen an.

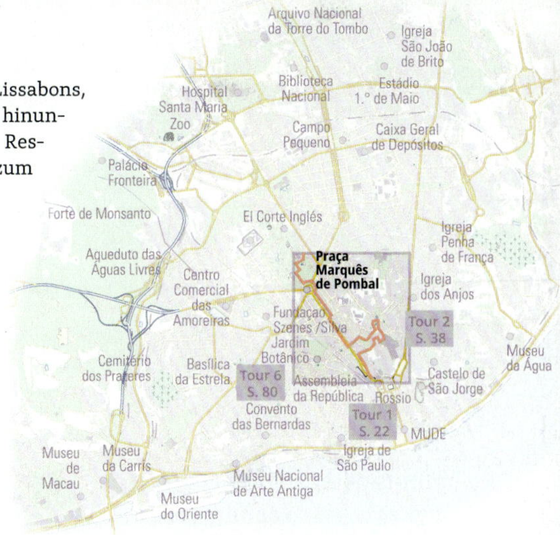

Sehenswertes

Lissabons Prachtstraße

Avenida da Liberdade

Die „Freiheitsallee", Lissabons Champs-Élysées, beginnt am Nordende der Unterstadt Baixa an der Praça dos Restauradores (→ Restauradores). Den „Platz der Erneuerer" ziert ein 30 m hoher Obelisk, auf dem die Daten der wichtigsten Schlachten zur Befreiung Portugals von der spanischen Herrschaft 1640 verzeichnet sind. In der Ecke vor dem Hotel Avenida Palace hat die Stadt Lissabon zwei Bronzestatuen zu Ehren der Arbeiter aufgestellt, die das kunstvolle schwarz-weiße Straßenpflaster verlegten.

Auf Höhe der Metrostation Avenida sieht man auf dem linken Streifen ein Denkmal, das den portugiesischen Soldaten des Ersten Weltkriegs gewidmet ist. Auf der anderen Seite der Avenida steht ein auffälliges Gebäude mit der Hausnummer 170. Es wurde zwischen 1934 und 1936 von dem Architekten Cassiano Branco im Stil des Art déco und des Modernismus gebaut. Früher war darin das **Hotel Vitória** untergebracht, heute befindet sich hier das Hauptquartier des PCP, der Kommunistischen Partei Portugals.

Ganz in dessen Nähe liegt mit der Nummer 182 das Kino **Cine Teatro Tivoli** von Raul Lino aus dem Jahr 1924. Es beherbergte früher Lissabons prächtigsten Kinosaal mit etwa 1000 Plätzen, der heute aber v. a. für Konzerte, Theater und Festivals genutzt wird.

Die Prachtstraße Lissabons glänzt mit Banken, Luxushotels und Boutiquen, doch zugleich gilt sie auch als der Ort mit der höchsten Luftverschmutzung in Lissabon. Vor allem an windstillen Sommertagen stauen sich Abgase in dem vom Bairro Alto sowie vom Santana-Hügel gesäumten Tal. Doch gleichzeitig ist keine Straße der portugiesischen Hauptstadt so grün. Mehrere Café-Kioske laden mit ihren Terrassen zu einer Pause ein.

Das Ende der Avenida da Liberdade liegt am Stadtpark an der Praça Marquês de Pombal, die dem Wiedererbauer der Lissabonner Unterstadt gewidmet ist. Hoch über dem Platz thront eine Statue Pombals. Er scheint aus lichter Höhe die Autokolonnen zu betrachten, die den Platz umrunden. Am Kreisverkehr bündeln sich zahlreiche Straßen, einige unterqueren den Platz in Tunnels. Hier beginnt auch der Zubringer zu den Autobahnen nach Westen Richtung Cascais und nach Süden über die Tejobrücke des 25. April.

Ⓜ Restauradores, Ⓜ Avenida und Ⓜ Marquês de Pombal.

Tour 5: Avenidas Novas siehe S. 72/73
Parque
Pavilhão Carlos Lopes
Av. Sidónio Pais
Parque Eduardo VII
Avenida Fontes Pereira de Melo
R. Cam.
Av. Duque de Loulé
Castelo Branco
R. de S. Marta
Rua Redondo
Rua Ribeiro
Rua Luciano Cordeiro
Praça Marquês de Pombal
Diário de Notícias
Marquês de Pombal
Rua Rodrigues Sampaio
Rua de S. Marta
Hospital Santa Marta
Tour 7: Campo de Ourique und Amoreiras siehe S. 94/95
Rua Braamcamp
Rua D. Palmela
Rua M. Silveira
Rua A. Herculano
Avenida da Liberdade
Tv. Santa Marta
Tv. Despacho
Rua P. Coutinho
Tv. Parreiras
Tv. Loureiro
Alam. Santo António dos Capuchos
Casa-Museu Fundação Medeiros e Almeida
Rua Rosa Araújo
R. R. Fonseca
Rua Barata Salgueiro
Rua Castilho
Rua de Santa Marta
Rua do Passadiço
Tv. Larga
Rua Caridade
R. M. Jesus Coelho
Cinema São Jorge
Rua Machado
Avenida
Cinema Tivoli
Rua Esp. Cardal
Rua Carrião
Rua da Fé
Rua de S. José
R. de S. A.
Hotel Vitória
Rua do Salitre
R. N. São Mamede
Rua do Telhal
Jardim do Torel
R. Pretas
Parque Mayer
Tv. do Salitre
Jardim Botânico
Pr. da Alegria
Rua da Alegria
Lg. da Anunciada
Rua Mãe d'Água
Rua da Conceição Glória
Tv. Glória
Rua da Glória
R. S. António da Glória
Cç. Eng. M. Pais
R. Escola Politéc.
R. de São Marçal
Bairro Alto
Praça do Príncipe Real
Rua das Taipas
Ascensor da Glória
Restauradores
Praça dos
Rua D. Pedro V
Estação Central Rossio
Tour 4: Avenida da Liberdade und Santana
150 m
Tour 6: Die Oberstadt/ Bairro Alto siehe S. 82/33
1
2
4
5
6
7

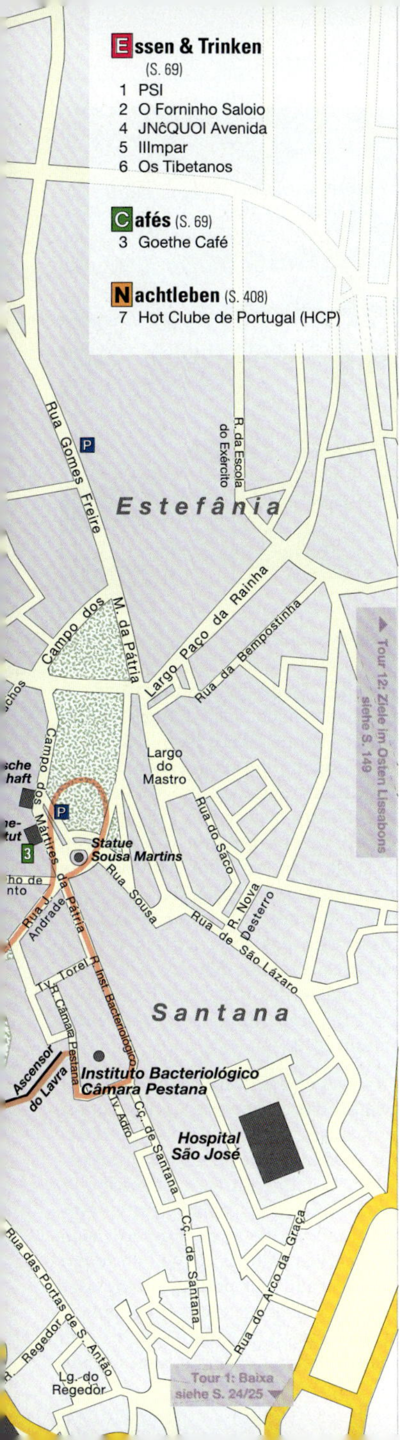

Avenida da Liberdade und Santana → Karte S. 64/65

Ältester Aufzug der Stadt

Ascensor do Lavra

Die Standseilbahn verbindet den nahe der Praça dos Restauradores gelegenen Largo da Anunciada mit der Rua da Câmara Pestana auf dem Santana-Hügel. Dieser älteste Aufzug Lissabons wird auch Elevador do Lavra genannt und wurde am 19. April 1884 eingeweiht; er funktionierte anfangs noch mit Dampfantrieb, seit 1914 aber elektrisch.

Largo da Anunciada, carris.pt. Ⓜ Restauradores. Alle 15 Min. Mo–Fr 7–20.30 Uhr, Sa/So/Fei 9–19.55 Uhr. Benutzung mit den normalen Vorverkaufs- und Zeitkarten von Bus und Metro möglich. Einzelkarte 4,10 € (gilt für eine Berg- und eine Talfahrt).

Park mit ungewöhnlichen Perspektiven

Jardim do Torel

Von dem Garten aus genießt man eine einzigartige, ungewöhnliche Aussicht auf das gegenüberliegende Bairro Alto, den Jardim Botânico und das Tal der Avenida da Liberdade. Seit 1928 gehört das Gelände zur Stadt, die hier den kleinen, öffentlich zugänglichen Park mit seinen Terrassenebenen anlegte. In der direkten Nachbarschaft finden sich außergewöhnlich viele Villen und Paläste. Im August richtet hier die Stadt zur Freude der Kinder aus dem Viertel ein kleines Freibad mit Sandstrand ein. Wer vom Jardim do Torel zur Avenida da Liberdade möchte, nimmt am besten den etwas versteckt gelegenen unteren Ausgang des Parks an der Rua do Telhal.

Rua Câmara Pestana, Facebook. Ⓜ Restauradores und dann mit Ascensor do Lavra. Tägl. 7–20 Uhr (April bis Sept. bis 22 Uhr).

Antiquitätensammlung

Casa-Museu Fundação Medeiros e Almeida

Eine wahre Sammelsucht muss den Bankier António Medeiros e Almeida

Jardim do Torel: „Geheimtipp“ unter Lissabons Aussichtspunkten

(1895–1986) umgetrieben haben. Anders ist es kaum zu erklären, wie er zu dieser gigantischen Antiquitätenkollektion gekommen ist. Von zerbrechlichen chinesischen Vasen der Ming-Dynastie über flandrische Wandteppiche des 16. Jh. bis hin zu kunstvollen französischen Sekretären aus dem 19. Jh. – kaum eine Antiquität, die Medeiros e Almeida nicht auf einer Auktion gekauft hätte. Die Kostbarkeiten hat man in seiner ehemaligen Privatvilla ausgestellt, ein Teil des prächtig geschmückten Gebäudes ist dabei noch so belassen, wie es der Bankier bewohnt hat.

Rua Rosa Araújo, 41, ✆ 213547892, casamuseumedeirosealmeida.pt. Ⓜ Marquês de Pombal. Mo–Sa 10–17 Uhr, an Feiertagen geschl. Einlass bis 30 Min. vor Schluss. Eintritt 6 €, Studenten und ab 65 J. 4 €, unter 18 J. frei, erster Sa im Monat 10–13 Uhr generell freier Eintritt.

Lissabons Central Park

Parque Eduardo VII

An der Praça Marquês Pombal, dem Ende der Avenida da Liberdade, beginnt der Stadtpark. Früher hieß er dementsprechend auch *Parque da Liberdade*, wurde aber 1903 anlässlich eines Besuchs des englischen Königs Edward VII. umbenannt. Mit seinen 25 ha Fläche gehört der Parque Eduardo VII zu den größten Grünanlagen der Stadt. Hier hat man, insbesondere im oberen Bereich, einen schönen Blick auf die Avenida da Liberdade und das andere Ufer des Tejo. Zwischen zwei weithin sichtbaren Säulen steht hier ein Denkmal des Künstlers Jorge Cutileiro zur Erinnerung an die Nelkenrevolution 1974.

Den Ostteil des Park dominiert der **Pavilhão dos Desportos Carlos Lopes,** ein neoklassizistischer Palast, der erstmals 1922 in Rio de Janeiro für die Ausstellung zur 100-jährigen Unabhängigkeit Brasiliens aufgebaut wurde. Anschließend wurde er demontiert, nach Lissabon verschifft und 1932 dort wieder aufgebaut. Der portugiesische Maler Jorge Colaço verzierte ihn danach mit prächtigen Azulejo-Bildern, die wichtige Ereignisse der portugiesischen

Geschichte illustrieren: So erinnert das in tiefblau gehaltene Werk *Cruzeiro do Sul* („Kreuz des Südens") an die Seefahrt von Pedro Álvares Cabral im Jahr 1500 nach Brasilien. Benannt ist der Palast nach dem Marathonläufer Carlos Lopes, der 1984 das erste olympische Gold für Portugal gewonnen hat. Bis 2003 diente das Gebäude als Sporthalle, inzwischen vermietet es die Stadt für Konferenzen.

Im Westteil des Parks befindet sich in einem ehemaligen Basaltsteinbruch seit 1933 eine der grünen Oasen der Stadt, die **Estufa Fria,** ein riesiges Gewächshaus mit tropischen Pflanzen, Seen und allerlei Getier. „Kalt" *(fria)* heißt es deswegen, weil die Sonne durch ein Dach aus Holzlatten abgehalten wird. Unmittelbar an die Estufa Fria angeschlossen ist das „heiße Gewächshaus", die *Estufa Quente*, aus Glas. Dort gedeihen Kakteen und weitere tropische Pflanzen.

☏ 218170996, lisboa.pt. Ⓜ Parque oder Marquês de Pombal. Der Park selbst ist immer geöffnet, die Estufa Fria Di–So 10–19 Uhr (während der Winterzeit 9–17 Uhr). Einlass bis 30 Min. vor Schluss. Neujahr, 1. Mai und 25. Dez. geschl. Eintritt 3,25 €, bis 18 J., Studenten und Rentner 1,63 €, bis 5 J. frei. So und an Feiertagen bis 14 Uhr generell freier Eintritt.

Meisterwerk der Lissabonner U-Bahn

Metrostation Parque

Beim Bau einiger U-Bahn-Stationen hat man so viel Wert auf deren Gestaltung gelegt, dass wahre Kunstwerke entstanden sind. Das Meisterwerk der Lissabonner U-Bahn-Stationen ist die Station Parque, die 1994 neu gestaltet wurde. Hier kann man stundenlang die vielfältigsten Motive betrachten. Die dunkelblauen Wände zieren Zeichnungen zur Geschichte der Sklaverei, außerdem sind Schiffe, Pflanzen, geometrische Figuren und Landkarten abgebildet. Doch am meisten beeindruckt die Decke: Buchstabe für Buchstabe ist auf je einem Azulejo die Erklärung der Menschenrechte verewigt. Die belgische Künstlerin Françoise Schein hat hier ein Meisterwerk geschaffen.

Ⓜ Parque.

Avenida da Liberdade und Santana → Karte S. 64/65

Zahlreiche Monumente säumen die Avenida da Liberdade

Neoklassizistischer Sportpalast:
Pavilhão dos Desportos Carlos Lopes

Praktische Infos

→ Karte S. 64/65

Restaurants

JNcQUOI Avenida 4, tägl. 12–24 Uhr. Reservierung empfohlen. Das eleganteste Restaurant der Stadt: Man speist inmitten von Spiegeln, Stuck und Gemälden – als Gesamtkunstwerk minutiös durchgestaltet von Lázaro Rosa-Violán aus Barcelona. Am Tresen kann man den Köchen über die Schultern schauen, wie sie modern interpretierte portugiesische Gerichte zubereiten. Das i-Tüpfelchen ist aber nicht das vergoldete Geschirr, sondern das Dinosaurierskelett in der Mitte des Speisesaals. Trotz des offiziellen Mottos „Elitism for all" wird das alles für den ein oder anderen sicher „far too much" sein. An der Av. da Liberdade Nr. 144 gibt es noch einen Ableger mit Sushi, Dim Sum und Currys, das JNcQUOI Asia. Av. Liberdade, 182–184, Ⓜ Avenida, ✆ 219369900, jncquoi.com. **€€€€**

meinTipp **IIImpar 5**, Mo–Fr 12.30–15 und Mo–Do 19.30–23 Uhr, Fr/Sa 19–23 Uhr. Reservierung empfohlen. Das modern gestaltete Restaurant hat sich auf hochwertige Steaks spezialisiert, die auf einem einsehbaren Holzkohlegrill zubereitet werden. Fisch steht ebenfalls zur Auswahl, Vegetarier sind daher eher fehl am Platz. Beilagen kann man sich aussuchen, lecker z. B. der Reis mit Knoblauch und Koriander *(arroz maladrinho alho e coentros)*. Rua Nova de São Mamede, 23, Ⓜ Rato oder Avenida, ✆ 927608582, iiimpar.com. **€€€**

PSI 1, Mo–Sa 12.30–15.30 und 19.30–22.30 Uhr. Vegetarisches Restaurant in schöner Lage unweit der deutschen Botschaft. Esoterisch angehauchte Oase gesunder Ernährung inmitten einer kleinen Parkanlage. Im Innern freundliche Dekoration in warmen Farbtönen, oft asiatische Meditationsmusik. Im Sommer auch Betrieb im Glaspavillon und auf der Terrasse. Hauptgerichte, exotische Salate und viele Säfte. Alameda Santo António dos Capuchos – Jardim dos Sabores, ✆ 213590573, restaurante-psi.com. **€€**

Os Tibetanos 6, Mo–Fr 12.15–14.45 Uhr, Sa/So 12.30–15.30 Uhr und tägl. 19.15–23 Uhr. Vegetarisches Restaurant in einem tibetisch-buddhistischen Meditationszentrum. Kleine Räumlichkeiten mit Blick auf den botanischen Garten und die Burg, ruhiges Ambiente. Man kann auch im begrünten Hof essen. Große Auswahl an Tees. Viele tibetanische Teigtaschen im Angebot, die sogenannten *momos*, teilweise auch vegan. Günstiges Mittagsmenü. Rua do Salitre, 117, Ⓜ Avenida, ✆ 213142038, Facebook. **€€**

O Forninho Saloio 2, Mo–Sa 12–15 und 19–22.30 Uhr. In einer Seitengasse nahe der Rua de Santa Marta. Zwei kleine, mit Azulejos geschmückte Speisesäle, die mittags mit zahlreichen Büroangestellten besetzt sind. Auf Fisch und Fleisch vom Holzkohlegrill spezialisiert, die schmackhaft zubereitet werden. Einfach eingerichtet. Hauptspeisen mit gutem Preis-Leistungs-Verhältnis. Travessa das Parreiras, 39, Ⓜ Marquês de Pombal, ✆ 213532195, Facebook. **€**

Cafés

Goethe Café 3, Mo–Fr 8.30–20 Uhr (Fr nur bis 18 Uhr), Sa 9–16 Uhr. Im Aug. geschl. Die Cafeteria im 1. Stock des Goethe-Instituts erinnert etwas an eine Uni-Mensa, auch die Preise betreffend: mittags sehr günstige Tagesgerichte, auch vegetarisch (kein Abendessen). Außerdem Currywurst, Sandwiches und Salate. Im Sommer ist hinter dem Gebäude der angenehme Biergarten geöffnet: Abgeschieden vom Trubel der Großstadt kann man im Schatten des ältesten Drachenbaums Portugals bei einem Weizenbier, einem Kaffee oder einem Fruchtsaft die außergewöhnliche Ruhe und die Aussicht auf die Stadt genießen. Im Juli finden hier alljährlich während des Festivals *Jazz im Goethe Garten – JiGG* Livekonzerte europäischer Musiker statt. Goethe-Institut, Campo dos Mártires da Pátria, 37, ✆ 218824528, Facebook.

> Wer Lust hat, kann Lissabon mit der interaktiven App **„Goethe Stadtrallye"** (Android und iOS) entdecken. Auf dem Smartphone oder Tablet führt das Goethe-Institut in einer digitalen Schnitzeljagd mit Hilfe von Fragen und Aufgaben durch die Stadt.

Im modernen Stadtzentrum

Tour 5

In den Avenidas Novas pulsiert das moderne Leben der portugiesischen Hauptstadt. Bürogebäude prägen das Bild, aber auch Paläste aus dem 19. Jh. und die pseudomaurische Stierkampfarena am Campo Pequeno. Mehrere Museen lohnen den Besuch, darunter das weltbekannte Museum des armenischen Kunstsammlers und Ölmagnaten Calouste Gulbenkian.

Museu Calouste Gulbenkian, Kunstmuseum von internationalem Rang, S. 71

Campo Pequeno, Stierkampfarena, S. 74

Die neuen Alleen Lissabons

Avenidas Novas

Unter der Woche sind die Avenidas Novas sehr belebt, besonders während der Rushhour schieben sich lange Autoschlangen durch die Hauptverkehrsachsen Avenida Fontes Pereira de Melo, Avenida da República und Avenida Almirante Reis. Am Wochenende dagegen, wenn die Büros geschlossen sind, fällt eine gewisse Schläfrigkeit über die sonst so quirligen Viertel. Bei gutem Wetter spielt sich das Leben dann in den Grünanlagen der Avenidas Novas ab. Dort sitzen die Rentner und spielen eine Partie *sueca*, ein portugiesisches Kartenspiel, während sich die Kinder beim Fußballspielen vergnügen. So manch einer verbringt seine Freizeit auch bei einem für Mitteleuropäer eher befremdlichen Spektakel: dem Stierkampf in der opulenten Arena am Campo Pequeno.

Die „Neuen Alleen" wurden Ende des 19. und Anfang des 20. Jh. angelegt, um Lissabon in das vom Tejo abgewandte Gebiet hinein zu erweitern. Spätestens mit dem Bau der U-Bahn ab 1959 mauserte sich die Gegend zum modernen Zentrum der portugiesischen Hauptstadt: Große, mehrstöckige Bürogebäude, Hotels und Einkaufszentren verdrängten die alten Villen aus der Wendezeit vom 19. zum 20. Jh. Obwohl die meisten Häuser aus dieser Epoche inzwischen der Abrissbirne zum Opfer gefallen sind, entdeckt man immer wieder schöne Altbauten und kleine Jugendstilpaläste.

Vielen Gebäuden ist es von außen nicht anzusehen, dass die Avenidas Novas zu den teuersten Wohnvierteln der Stadt gehören. Selbst das ehemalige Arbeiterviertel Arco do Cego ist inzwischen eher etwas für Wohlhabendere. Wer weniger hat, wohnt v. a. um die Avenida Almirante Reis im Ostteil der Avenidas Novas.

Sehenswertes

Kunstmuseum von internationalem Rang

Museu Calouste Gulbenkian

Erbaut wurde das Museum, eines der bedeutendsten Lissabons, mit den Dollars des reichen Armeniers Calouste Sarkis Gulbenkian, der den Lebensabend in Lissabon verbrachte und seine Ölmilliarden einer Stiftung vermachte. Es gibt zwei Museumsgebäude: Zum einen die *Coleção do Fundador*, die 1969 speziell für seine 6000 Werke umfassende Kunstsammlung errichtet wurde. Zum anderen die *Coleção Moderna*, die moderne Kunst zeigt und nicht vom persönlichen Geschmack des Armeniers geprägt ist, da sie erst nach dessen Tod entstanden ist. Zwischen beiden Gebäuden liegt der schön begrünte Park Jardim Gulbenkian, der ebenso wie die beiden Museumscafés zum Verweilen einlädt (→ „Cafés", S. 78).

Der Rundgang durch die *Coleção do Fundador* gliedert sich in zwei große Blöcke: Der eine widmet sich der orientalischen, fernöstlichen und griechisch-römischen Kunst, der andere der europäischen Kunst ab dem 11. Jh. Ausgestellt sind neben Möbeln, Teppichen und Skulpturen v. a. Gemälde, darunter Werke von Rubens, Renoir, Rembrandt, La Tour, van Dyck und vielen anderen europäischen Meistern. Raumfüllend ist eine Serie Wandteppiche aus Mantua, Italien. Sie sind um 1540 entstanden und zeigen Kinderspiele.

Zahlreiche Werke stammen aus dem Nahen, Mittleren und Fernen Osten: Teppiche sowie Azulejos aus Persien, Syrien und der Türkei aus dem 16./17. Jh. (sie sind mit geometrischen Mustern und Koransuren verziert), Glaslampen aus ägyptischen und syrischen Moscheen. Aus China sind Porzellangefäße des 17./18. Jh. ausgestellt. Ein eigener Raum ist der anmutigen Diana-Statue von Jean-Antoine Houdon gewidmet (Paris 1780). In einem weiteren Saal werden Schmuck, Kämme und Vasen präsentiert, die der französische Jugendstilkünstler René Lalique im 20. Jh. in Paris entworfen hat.

Im zweiten Museumsbau *Coleção Moderna* sind dagegen v. a. Werke portugiesischer Maler des 20. Jh. ausgestellt. Darunter der von Paul Cézanne beeinflusste Eduardo Viana (1881–1967), der Pionier des Surrealismus Portugals António Dacosta (1914–1990) oder José de Almada Negreiros (1893–1970), einer der bekanntesten und vielseitigsten portugiesischen Künstler des 20. Jh. Dazu gibt es hier regelmäßig sehr sehenswerte Sonderausstellungen.

gulbenkian.pt/museu. Coleção do Fundador: Av. de Berna, 45A, ✆ 217823000, Ⓜ Praça de Espanha. Coleção Moderna: Rua Dr. Nicolau Bettencourt. Ⓜ São Sebastião. Beide Museumsteile: Mi–Mo 10–18 Uhr, Fei zu. Einlass bis 30 Min. vor Schluss. Eintritt 10 € (mit Sonderausstellungen 14 €). Ermäßigungen: ab 65 J. und unter 30 J. 50 %, unter 12 J. kostenlos, außerdem jeden So ab 14 Uhr generell freier

Tour 11: Ziele im Norden Lissabons
siehe S. 140
Essen & Trinken (S. 76–78)
1 Salsa & Coentros
2 Os Courenses
3 Dom Feijão
4 Lucca
5 Vicente by Carnalentejana
6 Casa Nepalesa
11 Mezze
12 O Talho
14 Siam Square
Cafés (S. 78)
7 Museu Calouste Gulbenkian
8 Choupana Caffe
9 Museu Calouste Gulbenkian
10 Pastelaria Versailles
15 Veganeats Caffé
16 Café Esplanada do Miradouro do Monte Agudo
Einkaufen (S. 78)
13 El Corte Inglés
Flughafen
Campo Grande
Segunda Circular/ Av. Norton de Matos
Museu Bordalo Pinheiro
Museu de Lisboa - Palácio Pimenta
Campo Grande
Avenida do Brasil
Avenida de Roma
Avenida Rio de Janeiro
R. Ricardo Jorge
R. C. M. Leitao
R. L. Augusto Palmeirim
Rua J. D'Esaguy
Rua de Pavia
R. José Duro
Avenida da Igreja
R. M. Amália Váz Carvalho
R. Alb. Oliveira
Alvalade
Cidade Universitária
Alvalade
Hospital Santa Maria
Av. dos Estados Unidos da América
Avenida das Forças Armadas
Entrecampos
Entre-campos
Avenida Cinco de Outubro
Avenida da República
Roma
Largo Machado Assis
R. F. Lima
R. Conde Sabugosa
R. A. de Figueredo
R. Bulhão Pato
R. Teixeira de Pascoais
Rua Frei Amador Arrais
Tv. Henrique Cardoso
R. V. Seabra
Av. Frei Miguel Contreiras
Av. São João de Deus
Bahnhof Areeiro
Rua João Villaret
Campo Pequeno
R. D. Sousa
R. Sacadura Cabral
Av. Sacadura
Rua C. Ramires
Óscar M. Torres
Rua O. Mar
Av. Madrid
Av. P. M. Nóbrega
Avenida Almirante Gago Coutinho
Av. Marechal Spínola
Rua Diogo de Macedo
Avenida Alvaro Pais
Marconi
Bahnhof Entrecampos
R. António
Rua da Beneficên
Campo Pequeno

Tour 5:
Avenidas Novas
150 m
Tour 12:
Ziele im Osten Lissabons
siehe S. 149
Tour 4 Avenida da Liberdade
siehe S. 64/65
Saldanha
Estefânia
Anjos
Santana
Olaias
Penha de França
Praça de Espanha
Campo Pequeno
São Sebastião
Saldanha
Picoas
Parque
Marquês de Pombal
Arroios
Alameda
Anjos
Olaias
Fundação Calouste Gulbenkian
Coleção do Fundador
Coleção Moderna
Igreja Nossa S.ra de Fátima
Palácio Galveias
Caixa Geral de Depósitos
Casa da Moeda
Instituto Superior Técnico
Fonte Luminosa
C. Comercial Monumental
Centro Comercial Atrium Saldanha
Casa-Museu A. Gonçalves
El Corte Inglés
Igreja São Sebastião da Pedreira
Centro Comercial Picoas Plaza
Pavilhão Carlos Lopes
Estufa Fria
Parque Eduardo VII
Jardim Amália Rodrigues
Hospital Dona Estefânia
Igreja Penha de França
Miradouro do Monte Agudo
Igreja dos Anjos
Cemitério do Alto de São João
Rotunda das Olaias
Praça Marquês de Pombal
Pr. Saldanha
Pr. do Chile
Pr. Paiva Couceiro
Pr. J. Fontana
Praça de Londres
Avenida da República
Avenida Almirante Reis
Avenida de Berna
Avenida António Augusto de Aguiar
Avenida Fontes Pereira de Melo
Avenida dos Defensores de Chaves
Av. Manuel Maia
Av. Afonso Costa
Av. de Roma
Av. Duque de Ávila
Av. João Crisóstomo
Av. Miguel Bombarda
Av. Cinco de Outubro
Av. Visconde Valmor
Av. António José de Almeida
Av. Rovisco Pais
Av. Guerra Junqueiro
Av. Praia Vitória
Av. Casal Ribeiro
Av. E. Garcia
Av. Barbosa Bocage
Av. Poeta Mistral
Av. de Paris
Av. Marconi
Av. Conde Valbom
Av. Luís Bivar
Av. Mouzinho de Albuquerque
Avenida General Roçadas
Avenida Sidónio Pais
Avenida Duque de Loulé
Alameda Afonso Henriques
Alam. Cardeal Cerejeira
Rua Dona Filipa de Vilhena
Rua Barão de Sabrosa
Rua Angela Pinto
R. Carlos Mardel
Rua Morais Soares
Cç. Poço Mouros
R. Cavaleiro de Oliveira
R. Francisco Sanches
Rua Rebelo da Silva
Rua Pascoal de Melo
Rua Passos Manuel
Rua de Arroios
Rua Dona Estefânia
Rua Jacinta Marto
R. Febo Moniz
R. de Angola
R. Ilha do Príncipe
R. Cabo Verde
Rua da Palmira
Rua Penha de França
Rua Gomes Freire
Conde Redondo
Rua de S. Marta
R. S. Martins
R.M. Ferrão
R. Andr. Corvo
R. Eng. Vieira da Silva
R.A. Barroso
R.A. Taborda
R. Tomás Ribeiro
R. Viriato
Rua Pedro Nunes
R. Filipe Folque
Rua Pinheiro Chagas
R. Dr. Bettencourt
R. Marquês Sá Bandeira
Rua Marquês de Tomar
Rua Ramalho Ortigão
Rua R. Garcia
Rua J. Dantas
Rua Marquês de Fronteira
Rua Joaquim Aguiar
Rua Rodrigo da Fonseca
Rua Castilho
Braamcamp
Av. Liberdade
R. T. Espanca
R. Dom. Dumont
L. Noron.
Praça Espanha

Mister 5 Percent – Calouste Sarkis Gulbenkian

Geboren wurde der Ölmilliardär als Sohn armenischer Eltern am 14. April 1869 in Konstantinopel. Aufgewachsen ist er in Marseille und London, wo er 1902 die englische Staatsbürgerschaft erwarb. Die langen Aufenthalte in verschiedenen Ländern sind auch der Grund für seine ungewöhnlichen Sprachkenntnisse: Calouste Sarkis Gulbenkian sprach neben Armenisch, Türkisch, Arabisch, Englisch und Französisch auch Deutsch und Italienisch. Als Vermittler für den amerikanischen Ölkonzern Standard Petroleum erwarb er kurz vor dem Ersten Weltkrieg die alleinigen Bohrrechte in den damaligen türkischen Gebieten und gründete die Turkish Petroleum. An ihr war er wie auch an der Nachfolgefirma Iraq Petroleum mit 5 % beteiligt. Das brachte ihm den Spitznamen „Mister 5 Percent" ein. Neben Öl handelte Gulbenkian mit Kupfer, Kautschuk und Motoren. Zeitweise galt er mit einem auf zwischen 600 Millionen und 2,4 Milliarden Euro geschätzten Vermögen sogar als der reichste Mann der Welt. Bis zum Zweiten Weltkrieg lebte der Armenier in einem Palast in Paris und begann dort, seine riesige Kunst- und Münzensammlung anzuhäufen. Dann zog er nach Lissabon ins Hotel Aviz, das später dem Betonbau des Sheraton-Hotels weichen musste. Im Alter von 86 Jahren starb Gulbenkian am 20. Juli 1955 in Lissabon. Sein Vermögen hinterließ er zum größten Teil der Gulbenkian-Stiftung.

Ölmagnat und Kunstmäzen Gulbenkian

Eintritt. Bei der Recherche im Sommer 2023 war die Coleção Moderna wegen Umbau geschlossen.

Stierkampfarena

Campo Pequeno

Die Stierkampfarena mit ihrer verspielt pseudomaurischen Architektur wurde vom Architekten António José Dias da Silva entworfen und 1892 eröffnet. Der kreisrunde Innenraum hat einen Durchmesser von 40 m. Um ihn reihen sich die Tribünen mit Platz für 7000 Zuschauer. Seit der Renovierung 2006 ist die Arena komplett überdacht, sodass hier inzwischen auch Konzerte stattfinden und im Erd- und Untergeschoss Restaurants, Geschäfte sowie ein Kino eingezogen sind. Im Obergeschoss kann man sich im *Museu do Campo Pequeno* über die Geschichte des portugiesischen Stierkampfs informieren. Ausgestellt sind Degen und Uniformen sowie Plakate, Zeichnungen und Fotografien. Außerdem werden im Museum auch Führungen durch die Arena angeboten.

✆ 217998450 und ✆ 217998456, campopequeno.com. Ⓜ Campo Pequeno. Museum: tägl. 10–13 und 14–19 Uhr (Nov. bis März nur bis 18 Uhr, an Tagen mit Stierkämpfen steht das

Baustile unter Salazar

Als erste römisch-katholische Kirche während des *Estado Novo* („Neuer Staat") unter Diktator Salazar wurde ab 1934 die **Igreja Nossa Senhora de Fátima** erbaut (Ⓜ Campo Pequeno). Unter der Leitung des Architekten Porfírio Pardal Monteiro gestaltet, schockierte sie damals mit ihren modernistischen, vom Stil des Art déco inspirierten Linien und den Glasfenstern des Künstlers Almada Negreiros das konservative Kirchenmilieu.

Praça do Areeiro: Die Türme erinnern an die Architektur des 17. und 18. Jh.

Nach dieser architektonisch eher mutigen und avantgardistischen Frühphase schwenkte Salazar aber bald auf einen konservativeren Stil um, der in Portugal wegen seiner schnörkellosen und regelmäßigen Bauweise *Português Suave* („sanfter portugiesischer Stil") genannt wird. Gute Beispiele dafür sind die von dem Architekten João Faria da Costa geplanten und 1938 errichteten Gebäude an der **Praça de Londres** sowie die von Luís Cristino da Silva entworfenen ältesten Hochhäuser Lissabons an der **Praça do Areeiro** (Ⓜ Areeiro, der Platz heißt offiziell Praça Francisco Sá Carneiro). Aus derselben Epoche stammt auch die Prachtallee **Alameda Dom Afonso Henriques** mit ihrem beleuchteten Springbrunnen **Fonte Luminosa** (Ⓜ Alameda).

Museum bis 20 Uhr offen, die Führungen enden aber um 16 Uhr). Eintritt für Museum und Führung 5 €, Studenten und Rentner 4 €. Nur Arena-Führung 3 €, Studenten und Rentner 2 €. Unter 12 J. generell frei.

Porzellan und Malerei

Casa-Museu Dr. Anastásio Gonçalves

Der erste Schwerpunkt des Museums ist eine der international bedeutendsten Sammlungen von blau-weißem chinesischem Porzellan des 16./17. Jh. Der zweite Schwerpunkt sind naturalistische Gemälde und Aquarelle bekannter portugiesischer Künstler des 19. und 20. Jh., darunter Silva Porto, Columbano Bordalo Pinheiro, Domingos António de Sequeira und José Malhoa. Untergebracht ist das Museum im ehemaligen Haus des Malers José Malhoa, das 1904 im Jugendstil erbaut wurde. Der Architekt Manuel Joaquim Norte Júnior erhielt dafür 1905 den bedeutendsten portugiesischen Architekturpreis, den *Prémio Valmor*. Später wohnte hier der Arzt und Kunstsammler Dr. Anastásio Gonçalves, aus dessen Sammlung die etwa 2000 Ausstellungsstücke stammen.

Av. 5 de Outubro, 6–8, ✆ 213540823, blogdacmag.blogspot.pt. Ⓜ Saldanha. Di–So 10–13 und 14–18 Uhr, Fei geschl. Letzter Einlass bis 30 Min. vor Schluss. Eintritt 3 €, Studenten, mit Cartão Jovem, Familien ab 2 Kindern sowie ab 65 J. 50 % Ermäßigung, bis 12 J. frei. Kombiticket mit dem MNAC–Museu do Chiado 5 €.

Praktische Infos

→ Karte S. 72/73

Restaurants

meinTipp O Talho **12**, tägl. 12–16 und 19–23.30 Uhr. Der Himmel auf Erden für karnivore Feinschmecker liegt in Lissabon in einem schlichten Bürohaus direkt neben der U-Bahn-Station São Sebastião. Der Name des Restaurants („Fleischerei") ist Programm: Im vorderen, kühlen Raum wird rohes Fleisch aus Portugal und Uruguay verkauft, im hinteren, angenehm beleuchteten Saal werden exzellent zubereitete Fleischspeisen serviert. Es macht Spaß, dem emsigen Arbeiten der Küchenmannschaft des portugiesischen Chefs Kiko Martins zuzusehen. Die sehr kreative Küche ist eine der beliebtesten Lissabons, daher unbedingt reservieren. Rua Carlos Testa, 1-B, Ⓜ São Sebastião, ✆ 213154105, otalho.pt. €€€€

Mezze **11**, Di–Sa 12.30–15 und 19–22.30 Uhr. Kleines Restaurant mit großer Fensterfront im Markt von Arroios. Besser früh oder spät kommen, da es zu den Hauptessenszeiten meist sehr voll ist (Reservierung ist nicht möglich). Das Restaurant hat die syrische Küche in Lissabon salonfähig gemacht. Hier arbeiten vor allem Flüchtlinge aus Syrien; das Management kommt dagegen von der portugiesischen Hilfsorganisation Pão a Pão. Man wählt aus verschiedenen Kombis kleiner Gerichte (Mezze) aus. Viele vegetarische Optionen. Mercado de Arroios, Rua Ângela Pinto, 40D (Loja 22/23), Ⓜ Alameda, ✆ 939806699, mezze.pt. €€€

Dom Feijão **3**, Mo–Sa 12–15.30 und 19–22.30 Uhr. Auf den ersten Blick sieht das Neubauviertel nahe der Avenida de Roma nicht sehr attraktiv aus, dafür gibt es hier aber unverfälschte, reichhaltige typisch portugiesische Küche. Lange Speisekarte mit zahlreichen gegrillten Gerichten mit Fleisch und Fisch sowie Kabeljau-Spezialitäten *(bacalhau)*. Für Vegetarier wenige Optionen. Mittwochs gibt es das Eintopfgericht *cozido à Portuguesa* mit viel Fleisch und Schlachtwürsten: Es ist so reichhaltig, dass es in den heißen Sommermonaten nicht angeboten wird. Große Terrasse mit Schattendach sowie Speiseraum und Wintergarten im Inneren. Die mehrheitlich portugiesischen Gäste schätzen die gehobene Atmosphäre. Largo Machado de Assis, 7D, Ⓜ Roma, ✆ 218464038, domfeijao.com. €€€

Metrostation Parque – von den portugiesischen Überseefahrten inspirierte Dekoration

Vicente by Carnalentejana **5**, Mo–Sa 12–23 Uhr. Direkt links vom Haupteingang der Stierkampfarena Campo Pequeno. Unten Barbereich und Fleischverkauf, oben mehrere Säle mit rohen Steinen und Betonwänden, gekonnt minimalistisch eingerichtet. Hier serviert eine Kooperative von Züchtern der seltenen Rinderrasse Alentejana schmackhafte Steaks und Hamburger. Die Rinder werden im Alentejo in Südportugal in extensiver Wirtschaft gehalten, wachsen deutlich langsamer als in Massentierhaltung heran und entwickeln so ein zartes, geschmackvolles Fleisch. Neben Rind auch iberisches Landschwein *(porco preto)* und Lamm im Angebot. Es gibt auch eine Filiale in der Rua das Flores, 6 (Ⓜ Cais do Sodré), die allerdings enger und weniger luftig als das Haupthaus ist, aber auch viele Tische auf der Terrasse hat. Praça de Touros Campo Pequeno, Loja 601, Ⓜ Campo Pequeno, ✆ 218237126, carnalentejana.pt. €€

meinTipp Salsa & Coentros **1**, tägl. (außer So) 12.30–15 und 19.30–23 Uhr. Etwas abseits touristischer Pfade im Stadtteil Alvalade gelegen. Exzellente südportugiesische Küche aus dem Alentejo. Fast immer komplett ausgebucht, dann bleiben nur noch die Tische unter der Markise auf dem Bürgersteig. Spezialität ist Wild wie z. B. Rebhuhn *(perdiz)*. Große Auswahl auch an Gerichten mit Fleisch vom sog. schwarzen Schwein (Iberisches Schwein): empfehlenswert ist z. B. die gegrillte Lende mit einer Soße aus Öl, Essig und Petersilie sowie frischem Koriander *(lombo porco preto grelhado)*. Rua Coronel Marques Leitão, 12, Ⓜ Alvalade (oder Bus 744 ab Saldanha bis Halt Bombeiros Alvalade), ✆ 218410990, salsaecoentros.pt. €€

Siam Square **14**, Mo–Fr 12–15 Uhr und Mo–Sa 19–22.30 Uhr. Thailändisches Restaurant etwas versteckt in einer Querstraße südlich des Gulbenkian-Museums. Reichhaltige Auswahl, angefangen beim Couvert aus Gemüserollen, Salat und verschiedenen Soßen – für den normalen Hunger dürfte das als Vorspeise ausreichen. Große Auswahl an Hauptgerichten, die dem thailändischen Original nahekommen. Auch viele vegetarische Optionen. Gehobenes Ambiente. Av. Luís Bivar, 7-A, Ⓜ São Sebastião, ✆ 213160529, restaurantesiamsquare.com. €€

Os Courenses **2**, Mo–Sa 12–15.30 Uhr und Mo–Fr 19–21.30 Uhr, So geschl. Die Küche erfreut sich bei den Bewohnern des Stadtteils Alvalade großer Beliebtheit: mittags häufig komplett besetzt, dann muss mit Wartezeiten

Campo Pequeno: Heute dient die Stierkampfarena vor allem als Restaurantmeile

gerechnet werden. Oben ein langgestreckter Speiseraum, hinter dem sich überraschend ein weiterer, dicht bestuhlter Saal öffnet. Gerichte aus verschiedenen portugiesischen Regionen wie Steak oder Fisch vom Holzkohlegrill. Rua José Duro, 27-D, Ⓜ Alvalade, ✆ 218473619, Facebook. €€

meinTipp Casa Nepalesa **6**, Mo 18.30–22.30 Uhr sowie Mo–Sa 12–15 und 19–22.30 Uhr. Der Lissabonner Chefkoch Tanka Saptoka hat hier seiner nepalesischen Heimat ein kulinarisches Denkmal gesetzt. Große Auswahl traditioneller Gerichte Nepals wie Currys, gelungen kombiniert mit regionalen Zutaten aus Portugal wie Lamm aus dem Alentejo oder Zicklein aus Trás-os-Montes. Zahlreiche vegetarische Optionen. Als Beilage zu empfehlen ist das frisch im Ofen gebackene Brot *(roti)*, besonders in der Variante mit Chilis (scharf bedeuet hier wirklich scharf!). Gehobenes Ambiente, viele portugiesische Familien im Publikum. Generell Av. Elias Garcia, 172A, Ⓜ São Sebastião oder Ⓜ Campo Pequeno, ✆ 217979797 und 914455664, casanepalesa.pt. €€

Lucca 4, tägl. 12–15.30 und 19–1 Uhr. Seit Langem für ihre gute Küche bekannte italienische Pizzeria in der Nähe des Bahnhofs Roma-Areeiro. Großer Speiseraum. Hinten kann man durch ein breites Fenster in die Küche schauen. Gerne von Familien aus der Nachbarschaft besucht, daher geht es ab und zu auch mal lebhafter zu. Leckere Pizzen und Calzonen aus dem Holzofen, auch Nudeln und Fleisch. Travessa Henrique Cardoso, 19-B, Ⓜ Roma, ✆ 217972687, lucca.pt. €

Cafés

Choupana Caffe 8, tägl. 7.30–20 Uhr (Sa/So erst ab 8 Uhr). Modernes Café, das man vom Stil her eher in Mitteleuropa vermuten würde. Sehr beliebt zum Frühstücken, Brunchen und für eine schnelle Mahlzeit zwischendurch, da das Angebot über das übliche Sortiment hinausreicht: Scones, Bagels, Sandwiches, Toasts, Wraps, breite Joghurt-Auswahl sowie Brote aus der eigenen Bäckerei. Berühmt aber aufgrund der leckeren Croissants (z. B. mit Apfel, Nutella oder Schokolade). Junges Hipster-Publikum. Av. da República, 25-A, Ⓜ Saldanha, ✆ 912243170, choupanacaffe.pt.

meinTipp **Café Esplanada do Miradouro do Monte Agudo 16**, Di–So 13–18.30 Uhr (im Sommer oft länger). Vermutlich das Café mit dem längsten Namen in Lissabon. Dennoch eines der am wenigsten beachteten der Stadt, da es an einem recht versteckten und wenig bekannten Aussichtspunkt liegt. Überraschend schöner Blick auf die Avenidas Novas, Santana, Estrela, die Brücke des 25. April und die Graça – besonders hübsch bei Sonnenuntergang. Zu erreichen von der Ⓜ Anjos über die Rua de Angola und die Rua Ilha do Príncipe (hier die Treppen rechts hoch). Neben diversen Getränken gibt es Toasts. Nur Terrassencafé, keine Tische im Inneren. WLAN frei. Miradouro do Monte Agudo, Ⓜ Anjos, ✆ 218120654, Facebook.

Museu Calouste Gulbenkian 7 und 9, Mi–Mo 10–17.45 Uhr, an Feiertagen geschl. Im Gulbenkian-Museum findet man gleich zwei sehr empfehlenswerte Museumscafés: Das hübschere der beiden liegt im Untergeschoss des Gebäudes der Coleção do Fundador (hier kann man sogar auf einer kleinen Terrasse inmitten des Gulbenkian-Parks speisen). Die Cafetaria im Erdgeschoss der Coleção Moderna bietet mittags an einer Selbstbedienungstheke preiswerte Hauptgerichte sowie eine große Auswahl an leckeren Salaten und Nachspeisen, aber oft auch lange Warteschlangen. Coleção do Fundador: Av. de Berna, 45A, ✆ 217823000, Ⓜ Praça de Espanha. Coleção Moderna: Rua Dr. Nicolau Bettencourt, Ⓜ São Sebastião, gulbenkian.pt/museu. Bei der Recherche im Jahr 2023 war die Coleção Moderna samt Cafeteria wegen Umbau geschlossen.

Pastelaria Versailles 10, tägl. 7.15–21 Uhr. Großer Saal mit Empore, Säulen, Stuckdecke, Spiegeln und Marmor. 1922 eröffnet und eines der schönsten Cafés Lissabons. Sehr angenehme Atmosphäre, die an Wiener Kaffeehäuser erinnert. Hervorragende Auswahl an vorzüglichem Gebäck (z. B. die *pastéis de nata,* die mit Gabel serviert werden). Vor allem ältere Herrschaften verkehren hier, die sich nicht von den etwas über dem Normalniveau liegenden Preisen abschrecken lassen. Einige Tische auf dem breiten Bürgersteig. Nebenan (Nr. 21) liegt die zugehörige Eisdiele. Av. da República, 15-A, Ⓜ Saldanha, ✆ 213546340, Facebook.

Veganeats Caffé 15, Mo–Sa 10–17 Uhr. Kleines veganes Café im Stadtteil Arroios. Mittags Suppen, Quiches und einige Tagesgerichte, ansonsten leckere Kuchen und Soja-Joghurt mit Granola. Schlicht eingerichtet, unter den Gästen vor allem Portugiesen aus der Nachbarschaft. Rua Cavaleiro de Oliveira, 42, Ⓜ Anjos, ✆ 211552626, Facebook.

Einkaufen

Einkaufszentren **El Corte Inglés 13**, tägl. 10–22 Uhr, Fr/Sa bis 23.30 Uhr und So nur bis 20 Uhr. Direkter Eingang von der Metrostation São Sebastião (neben dem Sportartikel-Geschäft Decathlon). Das einzige große Kaufhaus in Lissabon und zugleich die erste portugiesische Filiale dieser spanischen Kette. Im Untergeschoss ein Supermarkt mit einer guten Lebensmittelauswahl. Breites Angebot an Damen- und Herrenmode, Haushaltswaren und Kosmetik. Im 7. Stock kann man sich in der Schlemmermeile Gourmet Experience mit Köstlichkeiten von namhaften Köchen verpflegen: Innen geht es recht laut und hektisch zu; wer möchte, kann sein Tablett aber auch auf die etwas ruhigere Aussichtsterrasse mitnehmen. Av. António Augusto de Aguiar, 31, ✆ 213711700, Ⓜ São Sebastião, elcorteingles.pt.

Portugiesischer Stierkampf

Die goldene Zeit des Stierkampfs in Portugal waren die Jahre zwischen 1920 und 1950, seitdem hat er auch hier drastisch an Beliebtheit und Akzeptanz verloren. Tierschützer fordern ähnlich wie in Barcelona auch für Lissabon ein Verbot – und das obwohl der Stier in Portugal seit etwa Mitte des 19. Jh. anders als in Spanien und Lateinamerika nicht mehr beim Kampf getötet wird. 1928 wurde diese Tradition sogar gesetzlich festgeschrieben, und bis auf wenige Ausnahmen wird das Tötungsverbot auch eingehalten. Das Verbot bezieht sich allerdings ausdrücklich auf die Tötung des Tieres in der Arena. Sterben muss es dennoch – und zwar nach dem Kampf im Schlachthof, wo es verletzt mitunter noch eine ganze Weile ausharren muss, bis die Tötung vollzogen wird. Auch der Kampf in der Arena ist keineswegs unbrutal. Im Vergleich zu ihren spanischen Artgenossen bleiben den portugiesischen Stieren dort lediglich die Lanzenstiche der *picadores* und das unwürdige Herumstochern von spanischen Anfängertoreros erspart, die es nicht schaffen, dem Stier den tödlichen Degenstoß zu versetzen.

Der eigentliche Kampf beginnt mit einem Angriff des *cavaleiro* (Reiter), der versucht, *farpas* (Pfeile mit bunten Bändeln) in den Nacken des Tieres zu stoßen. Die Hörner des Stiers sind dabei mit Lederkappen versehen, damit das Pferd des Reiters geschont wird. Anschließend betritt ein *matador* die Arena, um den Stier mit einem roten Tuch, der *muleta*, weiter zu reizen und zu ermüden. Zum Abschluss haben die *forcados* (Stiertreiber) ihren Auftritt. Sie sind die heimlichen Stars des portugiesischen Stierkampfs und haben die Aufgabe, den Stier ganz ohne Waffen zu Boden zu zwingen: Einer springt ihm todesmutig zwischen die Hörner, die anderen helfen von den Flanken, um das Tier zu überwältigen. Ist das geschafft, kommt das für Nichteingeweihte unerwartete Ende: Unter Glockengeläute werden weitere Rinder in die Arena gelassen, denen der überwältigte Stier i. d. R. brav bis zum Ausgang folgt. Von dort geht's dann auf direktem Weg zur wirklich finalen Station Schlachthof.

Die Stierkampf-Saison beginnt jedes Jahr am Ostersonntag und endet im Oktober.

Uniformen, Gemälde und Fotos im Stierkampfmuseum

Durch Lissabons Szeneviertel

Tour 6

In diesem Altstadtgebiet mit seinen zahlreichen Bars spielt sich ein Großteil des Lissabonner Nachtlebens ab, auch viele kleine Modeläden und Galerien sind zu finden. Mehrere schöne Aussichtspunkte und der botanische Garten lockern die rechtwinklig verlaufenden Gassen ein wenig auf.

Igreja de São Roque, prachtvoll ausgestattete Jesuitenkirche, S. 81

Convento dos Cardaes, Kloster mit reicher Barockkunst, S. 84

Miradouro de Santa Catarina, Riesenaussicht, S. 85

Die Oberstadt

Bairro Alto

Das Bairro Alto (= Oberstadt) entstand bereits im 16. Jh. Durch die Reichtümer aus den Kolonien erlebten der städtische Handel und das Handwerk einen enormen Aufschwung, neue Geschäftsviertel wurden benötigt. Ein idealer Kandidat war das noch weitgehend brachliegende Bairro Alto. Nachdem die Jesuiten hier 1553 ihren Lissabonner Hauptsitz eingerichtet hatten, zogen zunehmend auch Adelige in die Oberstadt und errichteten dort zwischen den Wohnhäusern der Unterschichten ihre noblen Paläste. Besonders gut ist das noch heute in der Rua do Século zu sehen. An der Ecke Rua da Academia das Ciências steht dort das ehemalige Wohnhaus des Premierministers Marquês de Pombal, unter dessen Ägide Lissabon nach dem verheerenden Erdbeben von 1755 wieder aufgebaut wurde. Auch die deutsche kaiserliche Gesandtschaft hatte hier bis zum Ersten Weltkrieg ihren Sitz. Auf der anderen Straßenseite liegt der schlichte *Chafariz do Século*, einer der einst vom Aquädukt gespeisten Brunnen, an dem sich die Lissabonner in früheren Zeiten mit Trinkwasser versorgten.

Einige Straßennamen erinnern an Zeitungen, die früher hier herausgegeben wurden („O Século“, „Diário de Notícias“). Seit Anfang des 21. Jh. die letzten Redaktionen in moderne Büros in der Neustadt umgezogen sind, ist die Ära des Zeitungsviertels leider vorbei. Nur die Sportzeitung „A Bola“ harrt hier noch in der Travessa da Queimada aus. Doch auch heute hat das Bairro Alto noch ein ganz besonderes Flair. Nachmittags herrscht ein buntes Durcheinander an Studenten, Touristen und Hausfrauen, die auf dem Balkon ein Schwätzchen halten. Für die Lissabonner bedeutet das Bairro Alto jedoch v. a. Nachtleben (→ S. 406)!

Sehenswertes

Standseilbahn ins Bairro Alto

Ascensor da Glória

Die 1885 in Betrieb genommene Bahn ist verkehrstechnisch die wichtigste der drei Lissabonner Standseilbahnen. Heute benutzen sie besonders gerne die nächtlichen Ausflügler, um ins Bairro Alto zu kommen. Gebaut wurde die 265 m lange Bahn mit ihren beachtlichen 18 % Steigung von der deutschen Maschinenfabrik Eßlingen. Früher gab es etwa zehn dieser Standseilbahnen in Lissabon, mit der Konkurrenz von Straßenbahn und Bus verschwanden einige jedoch nach und nach wieder aus dem Stadtbild.

Praça dos Restauradores und Rua São Pedro de Alcântara, carris.pt. Ⓜ Restauradores. Alle 12–15 Min. Tägl. 7.15–23.55 Uhr (Sa erst ab 8.45 Uhr, So/Fei ab 9.15 Uhr). Einzelkarte 4,10 € (gilt für eine Berg- und eine Talfahrt). Es gelten auch Zeit- und Zappingkarten des ÖPNV.

Aussichtspunkt mit Terrassen-Café

Miradouro de São Pedro de Alcântara

Von der großen Plattform bietet sich ein schöner Blick auf die Avenida da Liberdade, die Baixa und den Burgberg. In einem Terrassen-Café kann man das Panorama in Ruhe bei einem Espresso, Bier oder Wein genießen.

Direkt gegenüber liegt das ehemalige Franziskanerkloster **Convento de São Pedro de Alcântara,** das dem Miradouro zu seinem Namen verhalf. In der Klosterkirche aus dem Jahr 1670 sind schöne Azulejos mit Szenen des Mönchsordens zu sehen.

Ⓜ Baixa-Chiado oder Bergstation des Ascensor da Glória oder Tram 24 bis Haltestelle Ascensor da Glória. Klostereingang: Rua Luísa Todi, 1.

Prachtvoll ausgestattete Jesuitenkirche

Igreja de São Roque

Bietet sich dem Besucher zuerst eine eher schlichte Fassade im manieristischen Stil, so wird er beim Betreten der Kirche von der überladen-prunkvollen Inneneinrichtung schier erdrückt. Überdacht ist die einschiffige Jesuitenkirche, deren Grundstein 1565 gelegt wurde, mit einer perspektivisch bemalten Holzdecke. Acht Seitenkapellen protzen mit barockem Überfluss: geschnitzte Heiligenfiguren, umgeben von rosafarbenen und goldenen Engeln, dazu Marmoraltäre. Besonders zu beachten ist die *Capela de São João Baptista,* die Kapelle Johannes des Täufers, aus blauem Marmor ganz vorne links. Sie wurde komplett in Rom gefertigt, in Einzelteile zerlegt und nach Lissabon verschifft. Kurios-morbide kommt dagegen der *Altar das Santas Virgens* rechts des Chores daher: Im „Altar der heiligen Jungfrauen" stellt die Kirche eine der größten Reliquiensammlungen Portugals aus.

Tour 6: Bairro Alto
200 m
Tour 4: Avenida da Liberdade siehe S. 64/65
Tour 8: Die westlichen Altstadtviertel siehe S. 106/107
Tour 1: Baixa siehe S. 25
Museu de Ciência/ Museu Nacional de História Natural
Jardim Botânico
Rua da Escola Politécnica
Palácio Ribeiro da Cunha
Praça do Príncipe Real
Cç. Patriarcal
Rua D. Pedro V
Convento São Pedro de Alcântara
Ascensor da Glória
Miradouro São Pedro de Alcântara
Av. da Liberdade
Rua da Glória
Praça dos Restauradores
Restauradores
Calçada da Glória
Bahnhof Rossio
Igreja de São Roque
Largo Trindade Coelho
Rua de S. Pedro de Alcântara
Convento dos Cardaes
Tribunal Constitucional
Hospital Saint Louis
Casa do Marquês de Pombal
Chafariz do Século
Museu Maçónico Português
Rua da Academia das Ciências
Museu Geológico
Igreja de Jesus
Largo de Jesus
Rua do Século
Rua São Boaventura
Rua da Rosa
Rua da Atalaia
Rua Diário das Notícias
Rua da Misericórdia
Largo da Trindade
Centro Comercial Espaço Chiado
Igreja de Santa Catarina
Calçada do Combro
Calhariz
Praça de Luís Camões
Largo do Chiado
Baixa/Chiado
Rua da Horta Seca
Eça de Queiroz
Museu da Farmácia
Rua Fernandes Tomás
Miradouro de Santa Catarina
Ascensor da Bica
Rua da Bica Duarte Belo
Cç. Bica Grande
Largo do Conde Barão
Rua da Boavista
Museu das Comunicações
Rua do Instituto Industrial
Rua de Dom Luís Primeiro
Igreja de São Paulo
Rua de São Paulo
Rua Nova do Carvalho
Mercado da Ribeira
R. Ribeira Nova
Praça Dom Luís Primeiro
R. dos Remolares
Igreja do Corpo Santo
Largo Corpo Santo
R. B. Costa
Rua do Alecrim
Rua das Flores
Praça do Duque da Terceira
Avenida Vinte e Quatro de Julho
Cais do Sodré
Bahnhof Cais do Sodré
Estação Fluvial Cais do Sodré (Fährbahnhof)
Cais do Sodré
Cacilhas
Cais da Ribeira
1 2 3 4 5 6 7 8 9 10 11 12 13 14 15 16 17 18 19 20 21 22 23 24 25 26 27 28 29 30 31 32 33 34 35 36 37 38 39 40 41 42 43 44 45 46 47

Essen & Trinken
(S. 87–89)
1 Sumaya
2 Zero Zero
4 Atalho Real
6 Faz Frio
8 A Cevicheria
10 Tapisco
15 Esperança Bairro
17 Tantura
21 DesNorte
22 Casa Cabaças
27 Sea Me - Peixaria Moderna
29 La Brasserie de L'Entrecôte
38 Sol e Pesca
44 Time Out Market Lisboa

Cafés (S. 89/90)
3 Bettina & Niccolò Corallo
24 A Padaria Portuguesa
25 Manteigaria União
30 Noobai

Nachtleben (S. 408–412)
9 Pavilhão Chinês
11 Miradouro de São Pedro de Alcântara
14 Canto da Atalaia
16 A Capela
18 Zé dos Bois - ZDB
19 Tasca do Chico
20 Park
28 BAHR
31 By the Wine
32 Social B Lisboa
33 Musa da Bica
34 Lounge
35 Javá
36 Café da Ordem dos Arquitectos - COA
37 O Bom, o Mau e o Vilão
39 Bacchanal
40 Menina e Moça
41 Pensão Amor
42 Rive Rouge
43 Musicbox
46 Cacau da Ribeira
47 B.Leza

Einkaufen (S. 90/91)
5 Embaixada Portuguese Shopping Gallery
7 Solar
12 Galeria de Tapeçarias de Portalegre
13 Galeria Ratton Cerâmicas
23 Filipe Faísca
26 Caza das Vellas do Loreto
45 Mercado da Ribeira

Neben der Kirche ist das **Museu de São Roque** zu besichtigen (auch auf Englisch beschriftet). In diesem Museum für sakrale Kunst kann man Monstranzen, Priestergewänder und Messbücher bewundern, dazu religiöse Gemälde sowie Heiligenstatuen. Besonders interessant sind die vergoldeten Messkelche, kunstvollen Kerzenhalter und liturgischen Gewänder, die als Ausstattung für die Kapelle Johannes des Täufers im 18. Jh. eigens in Rom bestellt wurden: eine Demonstration von Macht und Reichtum der Jesuiten!

Auf dem Vorplatz fällt das Denkmal des Losverkäufers ins Auge. Nebenan hat die Wohlfahrtsorganisation *Santa Casa da Misericórdia* ihren Sitz, die das einträgliche Glücksspiel betreibt. Die Losverkäufer *(cauteleiros)* gehörten früher mit den meist jugendlichen Zeitungsverkäufern *(ardinas)* und den Fischverkäuferinnen *(varinas)* zum typischen Stadtbild Lissabons.

Largo Trindade Coelho, ✆ 213235065, museudesaoroque.com. Ⓜ Baixa-Chiado. Di–So 10–18 Uhr, an Feiertagen geschl. Einlass bis 30 Min. vor Schluss. **Museum:** Eintritt 2,50 €, Familienticket (mit 3 oder mehr Kindern) 1 € pro Person, mit Cartão Jovem 1 €, bis 14 J., Studenten und ab 65 J. sowie So bis 14 Uhr freier Eintritt. **Kirche:** Eintritt frei.

Elegantester Platz der Oberstadt

Praça do Príncipe Real

Auf dem Platz, dem größten der Oberstadt, kann man in einem Café eine Ruhepause einlegen und die sehenswerten Paläste betrachten. Besonders auffällig ist der pseudo-maurische Palacete Ribeiro da Cunha aus dem 19. Jh., in dem das Luxus-Einkaufszentrum *Embaixada* untergebracht ist (→ „Einkaufen", S. 91).

Street-Art verschönert den oberen Teil der Rua do Século in direkter Nachbarschaft. Das Haus an der Ecke zur ländlich anmutenden Gasse Alto do Longo hat der französisch-portugiesische

Grausames Ende eines Brandstifters

Wer heute über die Praça do Príncipe Real schlendert, ahnt nicht, welche grausamen Szenen sich hier vor mehr als 200 Jahren abgespielt haben. Nach dem Erdbeben von 1755 hatte man in der Mitte des damals noch „Alto da Cotovia" genannten Platzes die neue Lissabonner Basilika errichtet. Doch 1769 brannte das Gebäude komplett ab, nachdem im Materiallager ein Feuer ausgebrochen war. Der Sitz des Bistums wurde daraufhin ins Kloster von São Bento, das heutige Parlamentsgebäude, verlegt. Doch 1771 brach auch hier im Materiallager ein Feuer aus. Und nur wenige Monate später verwüsteten Flammen eine Kapelle im nächsten Sitz des Lissabonner Patriarchen, dem Mosteiro São Vicente de Fora. Und wieder hatte der Brand im Materiallager begonnen. Nun konnte die Kirche den Mesner Alexandre Franco Vicente als Urheber aller drei Brände identifizieren. Er hatte kostbare Goldfäden aus Messgewändern entwendet und versucht, seine Diebestaten mit den Brandstiftungen zu vertuschen. Franco Vicente wurde 1773 verurteilt, den Schaden zu ersetzen, und anschließend brutal hingerichtet. Ein Pferd schleifte ihn auf die Praça do Príncipe Real, dort peitschte man ihn aus, band ihn an einem Pfahl fest und verbrannte ihn bei lebendigem Leibe. Bis heute wurde hier nie wieder eine Kirche gebaut. Nur der Name des Wasserspeichers unter der Platzmitte, *Reservatório da Patriarcal*, erinnert noch an den alten Bischofssitz.

Künstler Hopare mit einem sehenswerten Frauenporträt bemalt.

Ⓜ Rato oder Tram 24 bis Halt Príncipe Real.

Garten mit verwunschenem Charme

Jardim Botânico

Der botanische Garten gehört zum Naturwissenschaftlichen Museum der *Universidade de Lisboa*. In dem 1873 angelegten Park wachsen auf abschüssigem Gelände überwiegend tropische und subtropische Pflanzen. Der deutsche Gärtner Edmund Goeze hat den Park im 19. Jh. zusammen mit seinem französischen Kollegen Jules Daveau mit Arten bepflanzt, die sie v. a. aus den portugiesischen Kolonien in Afrika und Asien importierten. Besonders hervorzuheben sind der große Drachenbaum (auf der linken Seite des Weges nach dem Eingang) sowie eine Allee mit 35 verschiedenen Palmenarten. Viele unaufgeräumte Ecken, die aber einen verwunschenen Charme versprühen.

Rua da Escola Politécnica, 58 (nahe Príncipe Real), ☎ 213921808, museus.ulisboa.pt. Ⓜ Rato oder Tram 24 bis Halt Rua Escola Politécnica. Tägl. 9–20 Uhr, Okt. bis März nur bis 17 Uhr. Letzter Einlass 30 Min. vor Schluss. Eintritt 5 €, ab 65 J. 4 €, Studenten 50 % Ermäßigung, Familien (2 Erw., 2 Kinder) 12,50 €, unter 10 J. frei. So generell bis 13 Uhr frei. Kombiticket mit dem Naturwissenschaftlichen Museum (auf dem Gelände) 8 €.

Kloster mit reicher Barockkunst

Convento dos Cardaes

In diesem Kloster aus dem Jahr 1681 wohnten einst Unbeschuhte Karmeliterinnen in völliger Isolation. Die Ordensschwestern lebten bis zu ihrem Tod in strenger Klausur. Nicht einmal zu Gottesdiensten zeigten sich die Nonnen: In der Kapelle nahmen sie hinter einem schweren, mit Spitzen bewehrten Eisengitter für die anderen Gläubigen unsichtbar an den Messen teil.

Während der Konvent von außen durch seine schlichten weiß gekalkten Wände kaum auffällt, beeindruckt er im Inneren durch reiche barocke Kunst. So ist die Kapelle mit blau-weißen Azulejos des Amsterdamer Künstlers Jan van

Oort ausgefliest, die Szenen aus dem Leben der hl. Teresa von Ávila, der Reformerin des Karmeliterordens, zeigen.

Kurios ist die Drehschublade im Eingangsraum: Durch sie konnten die Ordensfrauen Waren empfangen, ohne von den Lieferanten gesehen zu werden.

Auch heute leben noch Ordensschwestern im Konvent, allerdings inzwischen Nonnen der weltoffeneren Dominikanerinnen, die sich um etwa 40 blinde Mädchen und Frauen kümmern.

Rua do Século, 123, ✆ 213427525, conventodoscardaes.com. Ⓜ Baixa-Chiado. Führungen durch das Kloster auf Portugiesisch, Englisch und teilweise Deutsch, Dauer ca. 1:30 Std. Mi–Mo 10–13 und 14–17 Uhr, an Feiertagen geschl. Einlass nur bis 16.30 Uhr. Eintritt 5 €, für Studenten und ab 65 J. 4 €, bis 12 J. 3 €, Familien 15 €, unter 6 J. frei.

Umfassende Fossiliensammlung

Museu Geológico

Das Geologiemuseum zeigt die ersten in Portugal systematisch gesammelten geologischen Funde. Im Dachboden des ehrwürdigen Gebäudes der Akademie der Wissenschaften, der *Academia das Ciências*, hat man unglaubliche Mengen an Mineralien sowie Pflanzen- und Reptilienfossilien ausgestellt. Höhepunkte sind diverse Dinosaurierknochen, die mittelsteinzeitlichen Funde aus Muge im Tejotal sowie römische Werkzeuge aus den Minen von Ajustrel im Alentejo. Mit seinen alten Holzvitrinen und den vergilbten, handgeschriebenen Zettelchen, mit denen man die Fundstücke beschriftet hat, ist das Museum eine Reise in die Museumsgeschichte des 19. Jh.

Rua da Academia das Ciências 19-2°, ✆ 213 463915, lneg.pt. Ⓜ Baixa-Chiado. Mo–Fr 10–18 Uhr, Sa/So und Fei geschl. Eintritt 5 €, Studenten und ab 65 J. 50 % Ermäßigung, unter 10 J. frei.

Riesenaussicht

Miradouro de Santa Catarina

Bäume umrahmen den schönen Aussichtspunkt mit Blick auf die gegenüberliegende Tejoseite, die Brücke des 25. April und die Hafenanlagen von Santos und Alcântara. Geprägt wird der Miradouro von einer großen Statue des vom Dichter Luís de Camões erfundenen

Bairro Alto → Karte S. 82/83

Aussichtspunkt auf zwei Ebenen – Miradouro de São Pedro de Alcântara

Riesen namens Adamastor. Nebenan kann man sich am *Quiosque do Adamastor* einen Kaffee, Limonade oder Bier besorgen, an kleine Metalltische setzen und die Aussicht genießen. Bekannt und beliebt ist der Miradouro auch bei der lokalen Kifferszene, die hier gerne ihre Joints raucht, sodass meist Cannabisduft in der Luft hängt.

Rua de Santa Catarina, lisboa.pt. Ⓜ Baixa-Chiado.

Die Welt der Apotheken

Museu da Farmácia

Hauptattraktion dieses Museums sind die Apotheken, die nach liebevoller Restaurierung hier wiederaufgebaut wurden. Sehenswert sind die Feldapotheke von 1908 des portugiesischen Militärs oder die chinesische Apotheke Tai Neng Tong aus Macao mit Medizin aus Nashornschädeln und Krokodilen. Besonders kurios ist ein englisches Kondom aus Schafshaut aus dem 18. Jh. am Ende der Ausstellung. Im ersten Stock des Museums findet man das empfehlenswerte, mit alten Arzneischränken und Behandlungsstühlen dekorierte Museumsrestaurant *Pharmacia*, das auch über seine Terrasse mit Tejoblick gegenüber dem Miradouro de Santa Catarina erreichbar ist.

Rua Marechal Saldanha, 1, ✆ 213400688, museudafarmacia.pt. Ⓜ Baixa-Chiado. Mo–Fr 10–18 Uhr, Sa 10–13 und 14–18 Uhr, So und an Feiertagen geschl. Einlass bis 30 Min. vor Schluss. Eintritt 6 €, Studenten und ab 65 J. 4 €, Familien (2 Erw., 2 Kinder) 16 €, bis 5 J. frei.

Azulejo-Firmenschild am Largo do Conde Barão

Standseilbahn mit der schönsten Route

Ascensor da Bica

Die kleinste Lissabonner Standseilbahn mit nur 9 Sitz- und 14 Stehplätzen befährt die schönste Strecke der Stadt. Entworfen hat sie, wie die anderen Standseilbahnen Lissabons auch, der Erbauer des Elevadors de Santa Justa, Raoul Mesnier du Ponsard. Alle sind seit 2002 als Nationaldenkmal geschützt. Bei der Eröffnung 1892 wurde sie noch mit Wassergewichten angetrieben, später mit Dampfkraft, um dann zusammen mit den anderen Standseilbahnen Lissabons 1914/15 elektrifiziert zu werden. Das Tal im Stadtteil Bica, in dem sie den Berg erklimmt, öffnete sich übrigens beim Erdbeben von 1597.

Rua de São Paulo und Largo do Calhariz, carris.pt. Ⓜ Cais do Sodré (Talstation) und Ⓜ Baixa-Chiado (Bergstation). Alle 15 Min., tägl. 7–21 Uhr, So/Fei ab 9 Uhr. Einzelkarte 4,10 € (gilt für eine Berg- und eine Talfahrt). Es gelten auch alle normalen Zeitkarten und Zapping des ÖPNV.

Geschichte von Post und Telefon

Museu das Comunicações

Das Kommunikationsmuseum, das sich der Geschichte von Post und Telefon widmet, ist sehr anschaulich gestaltet: Im EG hat man eine historische Postkutschenstation nachgebaut, im OG eine komplette moderne Postfiliale eingerichtet – beides begehbar und in Originalgröße! Dazu gibt es Briefmarken, Morsesender, Post-Sortieranlagen, Mobiltelefone und viel Raum für wechselnde Ausstellungen. Das Gebäude befindet sich in einem ehemaligen, dem Tejo durch Aufschüttungen abgerungenen Industriegebiet.

Rua do Instituto Industrial, 16, ✆ 213935000, fpc.pt. Ⓜ Cais do Sodré. Mo–Fr 10–18 Uhr, Sa 14–18 Uhr, So/Fei geschl. Eintritt 5 €, unter 18 J. und ab 65 J. 50 % Ermäßigung, unter 6 J. frei. Generell frei an jedem letzten Do im Monat mit Sonderöffnung 18–22 Uhr.

Praktische Infos

→ Karte S. 82/83

Restaurants

La Brasserie de L'Entrecôte 29, tägl. 12–23.30 Uhr (Fr/Sa bis 24 Uhr). Inspiriert durch das für sein Entrecôte berühmte Genfer Restaurant *Café de Paris* serviert man hier nur Steaks mit französischer Kräutersoße, Salat und Pommes frites. Für Vegetarier gibt es Seitan-Steaks, ein Fleischersatz der japanischen Küche aus Weizen- oder Glutenmehl. Hohe Granitbögen, ausladende Spiegel und dunkles Holz schaffen eine angenehme, stilvolle Atmosphäre. Weitere Filiale im Parque das Nações nahe des Ozeanariums in der Alameda dos Oceanos 1.02.1.2A. Rua do Alecrim, 117, Ⓜ Baixa-Chiado, ✆ 213473616, brasserieentrecote.pt. €€€€

Tapisco 10, Mo–Fr 12–16 und 18.30–24 Uhr, Sa/So durchgehend. Spanische Tapas und portugiesische Petiscos geben dem Restaurant Namen und Konzept. Für die Auswahl zeichnet Sternekoch Henrique Sá Pessoa verantwortlich (sein Stammhaus ist das Alma im Chiado). Mittelgroßer Speiseraum, die Küche ist nur durch einen langen Tresen abgetrennt und somit gut einsehbar. Mein Tipp: die typisch Lissabonner Venusmuscheln mit Koriander, Knoblauch und Zitronensoße *(amêijoas à Bulhão Pato)*. Rua D. Pedro V, 81, Ⓜ Baixa-Chiado, ✆ 213420681, tapisco.pt. €€€€

Sea Me – Peixaria Moderna 27, Mo–Fr 12.30–15.30 und 19–24 Uhr (Fr bis 1 Uhr), Sa 12.30–1 und So 12–24 Uhr. Lissabons hippstes Fischrestaurant: Weiße, von Neonröhren beleuchtete Wände erinnern an einen Fischmarkt. Der Fisch liegt tatsächlich noch auf Eis und kann vom Kunden ausgesucht werden. Küche rund ums Meer, von Vorspeisen wie Austern über eine breite Sushi-Auswahl bis zu gegrillten Fischen. Teilweise sehr voll und laut, der Service kommt dann nicht mehr hinterher (Tischreservierung sehr empfohlen). Die meisten Fische werden pro kg abgerechnet. Rua do Loreto, 21, Ⓜ Baixa-Chiado, ✆ 213461564, peixariamoderna.com. €€€

meinTipp **A Cevicheria 8**, tägl. 12–23.30 Uhr. Der portugiesische Chefkoch Kiko Martins bewahrt hier die Essenz der peruanischen Spezialität *ceviche,* bei der roher Fisch mit Limettensaft und roten Zwiebeln mariniert wird, und erweitert sie um Zutaten wie Mango oder Kartoffelpüree. Die kleinen Portionen sind nichts für eine Völlerei, aber als leichte Mahlzeit an heißen Sommerabenden perfekt. Komplett gekachelter, an ein Fischgeschäft erinnernder Raum, der sehr gelungen mit einem riesigen Plastikkraken dekoriert ist. Keine Reservierung möglich: Wer einen der wenigen Plätze ergattern will, sollte am besten früh oder sehr spät kommen. Sonst in die Liste eintragen lassen und viel Geduld mitbringen; das Restaurant empfiehlt für die Wartezeit den peruanischen Traubenschnaps-Cocktail *pisco sour*. Rua Dom Pedro V, 129, Ⓜ Rato, ✆ 218038815, acevicheria.pt. €€€

Sumaya 1, Mo/Di 12–16 und 19–24 Uhr, Mi–So 12–24 Uhr (Fr/Sa bis 0.30 Uhr). Libanesische Küche vom Fattoush-Brotsalat über Halloumi-Grillkäse bis zum Baklava-Süßgebäck. Viele Angebote für Vegetarier. Gleiche Eigentümer wie das Atalho Real. Mehrere Speiseräume; wer ganz nach hinten durchgeht, findet außerdem eine kleine, begrünte Terrasse. Es gibt gemischte Mezze-Teller, man kann sich aber auch nur kleinere Gerichte bestellen. Vor allem am Wochenende Reservierung empfohlen. Rua da Escola Politécnica, 40, Ⓜ Rato, ✆ 213470351, sumaya.pt. €€€

meinTipp DesNorte **21**, Di–Sa 12–15 und 19–23 Uhr. Modern eingerichtetes Restaurant auf drei Ebenen, ruhiges und gehobenes Ambiente, das sich wohltuend vom sonstigen Durcheinander im Bairro Alto abhebt. Sehr schmackhafte Steaks aus dem Fleisch traditioneller Rinderrassen Portugals wie *mertolenga*. Auch Fischgerichte sowie vegetarische und vegane Optionen. Schokoladen-Fans sollten den Nachtisch *infinito de chocolate* probieren. Rua do Norte, 13, Ⓜ Baixa-Chiado, ✆ 213421051, Facebook. €€€

meinTipp Atalho Real **4**, tägl. 12–24 Uhr, Do–Sa bis 1 Uhr (Di, Do und Sa Pause zwischen 17 und 18 Uhr). Im Untergeschoss des Einkaufszentrums Embaixada (auch separater Eingang von außen). Gemütlich-rustikale Atmosphäre in den beiden Speiseräumen, dazu begrünte Terrasse hinter dem Palast, angenehm ruhig und nachts schön in Licht getaucht. Zubereitet wird hochwertiges Fleisch, das wie in der Metzgerei in einer Auslage präsentiert und weltweit bezogen wird: vom iberischen Landschwein bis zum Lamm aus Neuseeland. Man kann sowohl bei der Fleischmenge als auch den Beilagen variieren. Mein Tipp: Maminha Black Angus (sehr zartes Rindfleisch mit etwas Fett) und als Beilage Gratin Dauphinoise und den gemischten Salat. Reservierung sehr empfohlen, da wenige Tische und großer Andrang. Weitere Filiale am Cais do Sodré namens *Atalho do Cais* (Rua de São Paulo, 32). Calçada da Patriarcal, 40, Ⓜ Rato, ✆ 213460311, grupoatalho.pt. €€€

Das erste Fischkonserven-Restaurant Lissabons: Sol e Pesca

Time Out Market Lisboa **44**, tägl. 10–24 Uhr. Im Westflügel des Mercado da Ribeira, des ehemaligen Großmarktes von Lissabon, betreibt die Zeitschrift *Time Out* eine Schlemmermeile mit über 30 Restaurants, Getränkeständen und Feinkostläden. Man holt sich das Essen selbst ab und setzt sich dann an einen der 900 Plätze an langen Holzbänken in der Markthalle oder auf der Terrasse. Lautes, umtriebiges Ambiente, eher etwas für ein schnelles Essen oder größere Gruppen und weniger für ein romantisches Tête-à-tête. Preislich eher gehoben und nicht auf günstigem Marktniveau. Mercado da Ribeira, Av. 24 de Julho, 49, Ⓜ Cais do Sodré, ✆ 210607403, timeoutmarket.com. €€€

meinTipp Faz Frio **6**, Mo–Do 12–24 und Fr/Sa 12–1 Uhr. Eines der traditionsreichsten Lissabonner Restaurants (seit 1874), das aber inzwischen einen sehr gelungenen modernen Twist bekommen hat. Beliebt vor allem bei einem jüngeren Publikum aus dem In- und Ausland. Als absoluten Gag gibt es Separees, in denen man ungestört speisen kann. Ansonsten ein paar Tische auf dem Bürgersteig. Meine Empfehlung sind die *peixinhos da horta:* Dabei handelt es sich nicht um Fische, wie der Name vermuten lässt, sondern um frittiertes Gemüse im Teigmantel. Keine Reservierungen möglich, daher früh kommen. Rua Dom Pedro V, 96, Ⓜ Rato, ✆ 215814296, Facebook. €€€

Zero Zero **2**, tägl. 12–24 Uhr. Hippe, sehr stylish eingerichtete Pizzeria, die sich an der Küche der italienischen Region Veneto orientiert. Aufgrund ihrer breiten Auswahl an Pizzen vor allem Liebhabern dieses Gerichtes zu empfehlen. Ansonsten gibt es einige wenige Salate und Pasta-Gerichte. Recht belebtes Inneres, ruhigeres Ambiente auf der begrünten Terrasse im hinteren Bereich. Rua da Escola Politécnica, 32, Ⓜ Rato, ✆ 213420091, pizzeriazerozero.pt. €€€

meinTipp Tantura **17**, Di–So 18–24 Uhr, Sa/So Brunch 12–15.30 Uhr. Israelisches Restaurant mit Pita, Falaffel, Tabuleh (Bulgur-Salat) und vielen anderen Köstlichkeiten. Wer ein Kontrastprogramm zu schweren portugiesischen Gerichten sucht, ist mit dieser leichten, frischen Küche bestens beraten. Man kann sich mehrere kleine Gerichte zusammenstellen. Viel Auswahl für Vegetarier und Veganer. Roher Estrich, unverputzte Zementsteine und ein quirliges Ambiente schaffen authentisches Naher-Osten-Gefühl. Vor allem Touristen, aber auch Portugiesen unter den Gästen. Rua do Trombeta, 1-D, Ⓜ Baixa-Chiado, ✆ 218096035, tantura.pt. €€

Esperança Bairro **15**, Do–Di 18–23.30 Uhr. Italienisches Restaurant mitten im Bairro Alto, unauffällig, beim Vorbeigehen leicht zu übersehen. Die Gäste nehmen entweder an den wenigen Tischen in der Gasse oder im eng bestuhlten Speiseraum Platz. Ein Kronleuchter sorgt für angenehmes Ambiente. Breite Auswahl an Pizzen mit knusprigem Boden, außerdem mehrere Nudelgerichte und Risottos. Rua do Norte, 95, Ⓜ Baixa-Chiado, ✆ 213432027, Facebook. €€

Casa Cabaças **22**, Di–Fr 12–15 Uhr und Di–So 19–24 Uhr, Mo geschl. Nahe der Praça Luís de Camões; am besten an der Hausnummer orientieren, da das populäre Restaurant so gut wie nicht ausgeschildert ist. An der Decke hängen Flaschenkürbisse (port. *cabaças*), daher der Name. Wer genau hinsieht, findet das Schattengewächs auch im Stuck. Portugiesische Küche: Lecker schmeckt *naco na pedra,* ein saftiges Stück Rindernacken, das man sich selbst auf einem heißen Stein brutzelt. Früh kommen, da nicht nur bei Touristen, sondern auch bei Portugiesen sehr beliebt. Rua das Gáveas, 8–10, Ⓜ Baixa-Chiado, ✆ 213463443, Facebook. €€

Sol e Pesca **38**, tägl. 12–2 Uhr (Fr/Sa bis 3 Uhr). Es werden ausschließlich Fischkonserven serviert, und zwar auf einem Teller mit Kräutern und Zitronen angerichtet (dazu kann man Brot bestellen). Besonders empfehlenswert sind die nachhaltig gefangenen Thunfische der Firma Santa Catarina von der Azoreninsel São Jorge, z. B. mit Süßkartoffeln *(batata doce),* Oregano *(orégão)* oder Thymian *(tomilho).* Es gibt auch komplette Hauptgerichte aus Konservenfischen. Untergebracht in einem ehemaligen Geschäft für Fischereibedarf: Zwischen Angeln, Netzen und Haken haben die neuen Besitzer einfach kleine Tische aufgestellt. Da an der rosa gestrichenen Fußgängerzone Rua Nova do Carvalho und damit im Zentrum des Ausgehviertels am Cais do Sodré, wird es nachts allerdings oft so eng wie in einer Sardinenbüchse. Rua Nova do Carvalho, 44, Ⓜ Cais do Sodré, ✆ 213467203, Facebook. €

Cafés

meinTipp **Bettina & Niccolò Corallo** **3**, Mo–Sa 10–20 Uhr. Geschäft und Café der italienischen Chocolatiers-Familie Corallo. Genauer gesagt von Bettina Corallo und ihrem Sohn Niccolò. Vater Claudio baut im zentralafrikanischen Inselstaat São Tomé und Príncipe weltbekannten

Rua da Barroca: tagsüber ruhige Straße, nachts laute Partymeile

Luxus-Kakao an. Da die Familie sich aber inzwischen getrennt hat, wird in Lissabon nun v. a. aus lateinamerikanischem Kakao Luxus-Schokolade hergestellt und für 90 € pro kg verkauft, u. a. mit Orange, Ingwer oder Salz – gut als exklusives Mitbringsel geeignet. Man kann sie aber auch direkt an einem der wenigen Tische verkosten. Ebenso gibt es exzellenten italienischen Café, heiße Schokolade, Brownies und leckeres Schoko-Eis für 3,50 € pro Kugel. Sündhaft gut und sündhaft teuer ... Rua da Escola Politécnica, 4, Ⓜ Rato, ✆ 213862158, Facebook.

meinTipp **Manteigaria União** **25**, tägl. 8–24 Uhr gehen Tausende *pasteis de nata* über den Tresen dieser Bäckerei mit Stehcafé. Sie ist in einer früheren Butterei untergekommen, von der sie die ehrwürdige Fassade und den Namen übernommen hat. Die Cremetörtchen kommen hier frisch aus dem Ofen und können vom Geschmack mit dem Original aus Belém absolut mithalten, auch wenn sie etwas süßer sind und weniger Blätterteig haben. Neben diesem Stammhaus gibt es inzwischen weitere Filialen, u. a. in der Baixa (Rua Augusta, 195) und in Belém (Rua de Belém, 31). Rua do Loreto, 4, Ⓜ Baixa-Chiado, ✆ 213471492, Facebook.

Noobai **30**, tägl. 10–24 Uhr. Café und Rooftop-Bar direkt am Aussichtspunkt Santa Catarina, mit dem es den herrlichen Blick teilt. Eine Eisentreppe führt auf die Panorama-Terrasse. Wer will, kann auch innen sitzen, wo ein paar Holztische aufgestellt sind. Ruhiges Ambiente mit Jazzmusik. In einer Spielecke können sich Kinder beschäftigen. Kostenloses WLAN. Zum Essen gibt es Sandwiches, Tapas und Suppen. Mittags auch Tagesgerichte und Brunch. Miradouro de Santa Catarina, Rua Santa Catarina, Ⓜ Baixa-Chiado, ✆ 213465014, noobaicafe.com.

Die nackte Wahrheit

Wer über die Rua do Alecrim den Hügel des Bairro Alto Richtung Cais do Sodré hinunterschlendert, dem fällt am Largo Barão de Quintela eine Statue ins Auge. In den Armen eines Mannes mit auffälligem Schnauzer räkelt sich eine Frau mit nackten Brüsten. Ein tiefer Blick verbindet beide. Es scheint, als wären sie ganz auf sich konzentriert. Die Bronze-Statue des portugiesischen Bildhauers Teixeira Lopes ist dem Schriftsteller Eça de Queiroz (1845–1900) gewidmet. Er gilt als bekanntester Vertreter der sog. *Geração de 70* oder *Geração de Coimbra*. Die jungen Mitglieder dieser Gruppe wandten sich im 19. Jh. gegen die Romantiker, denen sie harmlose Poesie und tränenreiche Rhetorik vorwarfen. Sie forderten eine Literatur, die die Wirklichkeit ohne Aussparung ihrer hässlichen Aspekte wie der sozialen Probleme darstellen sollte. Das kommt auch in der Statue zum Ausdruck, denn die barbusige Muse symbolisiert die „nackte Wahrheit". Kein anderer Autor des 19. Jh. hat die portugiesische Sprache und Literatur so stark beeinflusst wie Queiroz. Neben seiner Tätigkeit als Schriftsteller und Anwalt war Eça de Queiroz als Diplomat im portugiesischen Dienst tätig, so in Havanna und als Konsul in Paris.

Rua do Alecrim: Eça-de-Queiroz-Statue

Sein Meisterwerk ist „Os Maias" („Die Maias, Episoden aus dem romantischen Leben"), ein humorvoller Roman über die Dekadenz der Familie Maia und der Lissabonner Oberschicht. Wer die Residenz der Maias kennenlernen will, kann dort heute in der Bed & Breakfast-Unterkunft *Palácio Ramalhete* (→ S. 441) übernachten.

A Padaria Portuguesa **24**, tägl. 7–22 Uhr. Zahlreiche traditionell hergestellte Brote, auch Vollkorn, teilweise mit Käse und Schinken belegt. Dazu süße Teilchen. Gut für ein preiswertes Frühstück. Selbstbedienung: Man zieht eine Nummer und reiht sich am Tresen ein. Mit dem Tablett kann man sich dann oben an einen der Tische setzen. Mehr als 50 weitere Filialen dieser Bäckerei-Kette findet man in anderen Stadtvierteln Lissabons. Praça Luís de Camões, 44, Ⓜ Baixa-Chiado, ✆ 964930824, apadariaportuguesa.pt.

Einkaufen

Azulejos Solar **7**, Mo–Sa 10–13 Uhr und Mo–Fr 14–18 Uhr (Juli/Aug. Sa geschl.). Nach eigenen Angaben der weltgrößte Händler für historische Fliesen: Der Keller dieses 1957 gegründeten Geschäftes ist voll davon. Die jahrhundertealten Azulejos erfreuen sich großer Nachfrage und erzielen daher teilweise auch stolze Preise. Auf Flohmärkten sollte man sie übrigens nicht kaufen, um das illegale Abschlagen der Fliesen von Hausfassaden nicht zu fördern. Rua Dom Pedro V, 70, Ⓜ Baixa-Chiado, ✆ 213465522, solar.com.pt.

Galeria Ratton Cerâmicas **13**, Mo–Fr 10–13.30 und 15–19.30 Uhr. Die 1987 gegründete Galerie stellt nur Kunstwerke auf Keramikfliesen aus. Auch Verkauf: Mit ca. 75 €/Fliese muss man rechnen. Der Besuch lohnt sich aber auch ohne Kauf, da regelmäßig herrliche Ausstellungen moderner Azulejo-Kunst gezeigt werden. Rua da Academia das Ciências, 2-C, Ⓜ Rato, ✆ 213460948, galeriaratton.blogspot.com.

Einkaufszentren Embaixada – Portuguese Shopping Gallery **5**, Mo–Sa 12–20 Uhr, So 11–19 Uhr. Vornehmes Einkaufszentrum im Inneren des pseudomaurisch gestalteten Palacete Ribeiro da Cunha, gegründet und betrieben von der Firma EastBanc des österreichisch-amerikanischen Unternehmers Anthony Lanier. Auf 3 Etagen werden in den aufwendig restaurierten ehemaligen Wohnräumen Mode, Juwelen und Designobjekte verkauft. Viele Produkte aus Portugal. Im Innenhof mit seinen fein verzierten Rundbögen findet man ein Restaurant-Café. Kostenloses WLAN. Praça do Príncipe Real, 26, Ⓜ Rato, ✆ 965309154, embaixadalx.pt.

Kerzen Caza das Vellas do Loreto **26**, Mo–Fr 10–19 Uhr, Sa 10–13 Uhr. Seit 1789 werden hier Kerzen verkauft, wie man der Inschrift über den kunstvollen Holzvitrinen entnehmen kann. Neben klassischen Modellen von religiös bis weltlich auch Ausgefallenes wie bunte Apfel-Kerzen. Eines der schönsten und traditionellsten Geschäfte Lissabons. Rua do Loreto, 53 und 55, Ⓜ Baixa-Chiado, ✆ 213425 387, cazavellasloreto.com.pt.

Knüpfteppiche Galeria de Tapeçarias de Portalegre **12**, nur Di und Do 14–19.30 Uhr. Kunstvoll geknüpfte und qualitativ sehr hochwertige Teppiche aus der Stadt Portalegre in der südportugiesischen Region Alentejo. Moderne Motive zeigen die Vielfalt dieser traditionellen Knüpfkunst. Der Preis pro Teppich kann schnell 5000 € übersteigen. Rua da Academia das Ciências, 2, Ⓜ Rato, ✆ 213421481, mtportalegre.pt.

Märkte Mercado da Ribeira **45**, Lebensmittelmarkt Mo–Sa 6–14 Uhr, Blumenmarkt Mo–Sa 6–20 Uhr, So 10–20 Uhr. Das charakteristische weiße Kuppeldach des ältesten Marktes der Stadt ist von Weitem nicht zu übersehen. Die wunderschöne Halle aus dem Jahr 1882 diente früher als Großmarkt für Obst und Gemüse. Seit dem Wegzug des Zentralmarktes nach São Julião do Tojal im Norden Lissabons werden Obst, Gemüse, Fleisch und Fisch hier nur noch in kleinen Mengen verkauft. Einzig der Blumenmarkt hat den Wechsel weitgehend unbeschadet überstanden. Die frei gewordenen Flächen im Westflügel nutzte das Magazin *Time Out*, um dort eine Schlemmermeile unterzubringen. Im Ostflügel dagegen findet Sa 10–19 Uhr der Kunsthandwerks- und Antiquitäten-Markt *Sábados da Ribeira* statt. Av. 24 de Julho, 49, Ⓜ Cais do Sodré, ✆ 213462966, lisboa.pt.

Mode Filipe Faísca **23**, Mo–Fr 10–13 und 14–18 Uhr. Filipe Faísca gehört zu den bekanntesten portugiesischen Modedesignern. Elegante Damen- und Herrenmode, schlichte, klare Linien in eher klassischen Farben. Sein kleines Atelier im ersten Stock kann man im Vorbeigehen leicht übersehen. Calçada do Combro, 95–1° andar, Ⓜ Baixa-Chiado, ✆ 213420014, filipefaisca.com.

Bairro Alto → Karte S. 82/83

Die runden Kioske prägen die Plätze des Bairro Alto (hier Praça Luís de Camões)

Zwei ungleiche Nachbarn

Tour 7

Der Stadtteil Campo de Ourique wird wegen seiner rechtwinkligen Anlage auch „Baixa des Lissabonner Westens" genannt. Nachts ist die weiße Kuppel der Basílica da Estrela weithin sichtbar, Hauptsehenswürdigkeit ist aber der Cemitério dos Prazeres, der „Friedhof der Vergnügungen". Den Nachbarstadtteil Amoreiras beherrschen ein futuristisches Einkaufszentrum - und ein prachtvolles Aquädukt.

Cemitério de Prazeres, romantischer Friedhof, S. 93

Mãe d'Água, Wasserspeicher mit Aussicht, S. 98

Aqueduto das Águas Livres, monumentales Bauwerk des 18. Jh., S. 100

Von der „Baixa des Westens" zum Aquädukt

Campo de Ourique und Amoreiras

Campo de Ourique, ein typischer Mittelschichtsstadtteil, bietet mit seinen grünen, baumgesäumten Straßen ein sehr angenehmes Erscheinungsbild. Dies schätzte schon der berühmte Dichter Fernando Pessoa, der hier die letzten Jahre seines Lebens verbrachte. Hauptstraße des Viertels ist die Rua Saraiva de Carvalho. Hier lohnt sich neben dem Westfriedhof ein Besuch der **Igreja do Santo Condestável,** einer neugotischen Kirche aus dem Jahr 1951, die der portugiesische Architekt Vasco Regaleira während der Salazar-Diktatur geplant hat. Sehenswert sind die modernistischen Glasgemälde von Almada Negreiros in den Querschiffen.

Amoreiras ist das älteste Arbeiterviertel ganz Portugals. Premierminister Marquês de Pombal hat hier die ersten Industriebetriebe das Landes im 18. Jh. errichten lassen. Die königlichen Manufakturen stellten Kämme, Messer und Uhren in Massenfabrikation her. Das 1748 fertiggestellte Aquädukt Lissabons sicherte die dafür notwendige Wasserversorgung. Der Name Amoreiras wird mittlerweile aber fast ausschließlich als Synonym für das hiesige Einkaufszentrum verwendet. Das 1985 eröffnete *Centro Comercial das Amoreiras* war der erste große Konsumtempel Lissabons. Das Werk des Architekten Tomás Taveira wirkt wie eine Mischung aus Spaceshuttle und Zuckerbäckerarchitektur. Über den Geschäften sind in verschiedenen Türmen Büros und Luxuswohnungen untergebracht.

Sehenswertes

Romantischer Friedhof

Cemitério dos Prazeres

Der romantische „Friedhof der Freuden" wurde 1833 anlässlich einer Cholera-Epidemie angelegt und ist eine kleine Stadt für sich. Unter den Alleen reiht sich ein Familienmausoleum an das andere, alle reich verziert und aus edlem Stein. Man merkt, dass sich die Stadt Lissabon bei der Konzeption den Pariser Parkfriedhof Cimetière du Père-Lachaise zum Vorbild genommen hatte. An der letzten Ruhestätte der Verstorbenen wird wahrhaftig nicht gespart, nicht umsonst gilt er als bevorzugte Ruhestätte der Lissabonner Eliten. So ist auf der linken Seite der Hauptallee in einer der üppigsten Grabkapellen der Multimillionär António Augusto Carvalho Monteiro beerdigt, der Erbauer der Quinta da Regaleira in Sintra. Der sonderbare Name des Friedhofs stammt von einer Marien-Kapelle, die sich hier vor dem Bau befand und der *Nossa Senhora dos Prazeres* („Unserer Lieben Frau der Freude") geweiht war. In der Kapelle kann der historische Autopsieraum besichtigt werden, auf dessen Marmortisch die Lissabonner Toten bis 1899 obduziert wurden. Vom hinteren Bereich des Friedhofs hat man einen guten Blick auf die Tejobrücke und Alcântara.

Praça São João Bosco, ✆ 213961511, lisboa.pt. Straßenbahn 25 (nur Mo–Fr) und 28 bis Haltestelle Campo de Ourique (Prazeres) oder Ⓜ Estrela (ab 2025). Tägl. 9–17 Uhr (Mai bis Sept. bis 18 Uhr), Einlass bis 30 Min. vor Schluss. Eintritt frei.

Sternenbasilika

Basílica da Estrela

Die blendend weiße Basilika gilt als eines der schönsten spätbarocken Bauwerke der Stadt. Die Architekten Mateus Vicente de Oliveira und Reinaldo Manuel dos Santos haben die Basilika zwischen 1779 und 1790 auf Veranlassung von Königin Dona Maria I. errichtet. Der Grund: Sie hatte ein Gelübde abgelegt, in dem sie sich zum Bau verpflichtete, falls sie einen Sohn gebären würde. Die Königin wurde auch in der Basilika beigesetzt, im Gegensatz zu den anderen Mitgliedern der Dynastie Bragança, die im Kloster São Vicente de Fora ihre Ruhestätte gefunden haben.

Zunächst fallen die monumentalen Statuen der prächtigen Fassade ins Auge. Sie stammen aus der berühmten Schule von Mafra um den Bildhauer Machado de Castro. Die vier Säulen in der Mitte krönen allegorische Statuen, die Glauben, Anbetung, Dankbarkeit und Großzügigkeit symbolisieren. In vier seitlichen Nischen stehen Figuren des Propheten Elija, der Heiligen Maria

Tour 11: Ziele im Norden Lissabons siehe S. 140
Tour 4: Avenida da Liberdade siehe S. 64/65
São Sebastião
Bahnhof Campolide
Bairro da Serafina
Aqueduto das Águas Livres
Campolide
Avenida Calouste Gulbenkian
Rua de Campolide
Av. Miguel Torga
Estabelecimento Prisional de Lisboa
Rua Marquês de Fronteira
Alameda Cardeal Cerejeira
Parque Eduardo VII
Estufa Fria
Rua Castilho
Rua Rodrigo da Fonseca
Rua Artilharia Um
R. Artilharia Um
Rua Vítor Bastos
Rua Gen. Taborda
Rua 6
Rua dos Mestres
Rua Conde das Antas
Rua Carlos de Mascarenhas
Rua Dom
Rua Prof. Sousa Câmara
Calçada da Quintinha
Rua do Arco do Carvalhão
Av. C. F. de Sousa
Rua Eng. Duarte Pacheco
Mota Pinto
BUS
P
1
Essen & Trinken (S. 100/101)
1 A Valenciana
2 Estórias na Casa da Comida
4 Natraj
9 Mercado de Campo de Ourique
10 Trempe
11 Ela Canela
Cafés (S. 102)
3 Pastelaria 1800
5 Annina
6 Casa de Chá de Santa Isabel - Vicentinas
7 Amélia Lisboa
8 Doces Teresa Pyrrait

Tour 7:
Campo de Ourique und Amoreiras
250 m
Av. Engenheiro Duarte Pacheco
Rua José Gomes Ferreira
Centro Comercial das Amoreiras
Rua Carlos Alberto da
Fundação Arpad Szenes/ Vieira da Silva
R. Fábr.
Rua João Penha
R. de São Filipe de Neri
Jardim das Amoreiras
Tv. Amoreiras
Rua das Amoreiras
Cç. Bento R. Cabral
Mãe d'Água
Rua A. Herculano
Amoreiras
Rua de Campo
de Ourique
Rua Dom João V
Igreja da Conceição
Largo do Rato
Rato
Rua do Sol ao Rato
Rua da Arrábida
R. Escola Politécnica
Rua Silva Carvalho
Rua Maria Pia
Rua do Arco do Carvalhão
Rua Quatro de Infantaria
Rua Tomás da Anunciação
Rua Francisco Metrass
Rua Tenente Ferreira Durão
Rua Azedo Gneco
Rua Correia Teles
Rua Carlos da Maia
Rua Sampaio Bruno
Campo de Ourique
Rua de Infantaria Dezasseis
Jardim da Parada
Rua Ferreira Borges
Rua Almeida e Sousa
Rua Coelho da Rocha
Rua Dom Dinis
Av. Pedro Álvares Cabral
Rua de São Bento
Rua do Cabo
Casa Fernando Pessoa
Britischer Friedhof
Rua Saraiva de Carvalho
Mercado Campo de Ourique
R. Padre Francisco
Igreja do Santo Condestável
R. de S. Jorge
Jardim da Estrela
Rua de São Bernardo
R. da Estrela
R. Domingos Sequeira
Rua do Patrocínio
Tv. do Jardim
Schweizer Botschaft
Deutsch-katholische Kirche
R. de S. António à Estrela
Rua Infante Santo
Basílica da Estrela
Praça da Estrela
Calçada da Estrela
Estrela
Cemitério dos Prazeres
Pr. S. J. Bosco
1
2
3
4
5
6
7
8
9
10
11

Blick auf die Basílica da Estrela vom Hotel da Estrela aus

Magdalena von Pazzi, des Heiligen Johannes vom Kreuz und der Heiligen Theresa von Ávila. Die beiden Letzteren gründeten den Orden der Unbeschuhten Karmelitinnen, zu dem ursprünglich auch das Kloster im nördlichen Flügel der Basilika da Estrela gehörte.

Im Inneren der Kirche erhebt sich über der Kreuzung beider Kirchenschiffe eine von außen weithin sichtbare Kuppel. Bei gutem Wetter darf man sie besichtigen, ebenso einen der beiden Glockentürme – zum richtigen Zeitpunkt erlebt man auch das Läuten der Glocken. Um auf das Dach zu kommen, muss man eine enge Wendeltreppe überwinden. Dafür locken interessante Einblicke ins Innere der Kirche und Ausblicke auf Lissabon.

In einem Nebenraum der Basilika kann man eine der größten Krippen Portugals *(presépio)* betrachten (Zugang hinter dem Grab von Dona Maria I. im rechten Seitenschiff). Fünf Jahre lang hat der Bildhauer Joaquim Machado de Castro an ihr gearbeitet. Es lohnt sich, die etwa 480 Tonfiguren zu studieren: Sehr ungewöhnlich für eine Weihnachtskrippe ist, dass detailliert dargestellt wird, wie die Neugeborenen auf Befehl von König Herodes getötet werden.

Largo da Estrela, ✆ 213960915, Facebook. Ⓜ Estrela (ab 2025), auch Tram 25 (nur Mo–Fr) und 28. **Basilika:** tägl. 9–13 und 15–19.45 Uhr. Eintritt frei. **Dachterrasse:** tägl. 10–18 Uhr (im Sommer bis 18.40 Uhr). Eintritt 4 €, bis 10 J. frei. Treffpunkt im Gang zur Rezeption direkt rechts neben dem Haupteingang der Basilika. Für kleine Kinder nicht zu empfehlen, da das Dach nicht gut gesichert ist und elektrische Drähte gegen Tauben freiliegend verlegt sind. **Krippenausstellung:** Mo–Sa 10–11.30 Uhr und Di–So15–17 Uhr. Eintritt 2 €, bis 10 J. frei.

Kleiner Stadtpark

Jardim da Estrela

Gegenüber der Basílica da Estrela erwartet den Besucher ein schöner kleiner Park aus dem Jahr 1842 mit Palmenallee, Schwanenteichen und Terrassencafé. Die Lissabonner nutzen ihn v. a. an Sommerwochenenden für ein gemütliches Picknick im Grünen. Sein offizieller Name lautet *Jardim Guerra Junqueiro*, im Volksmund wird er aber Jardim da Estrela genannt. Dazu gibt es eine Kuriosität zu bewundern: die kleinste Bibliothek Lissabons, die in einem winzigen Kiosk untergebracht ist.

Largo da Estrela, lisboa.pt. Ⓜ Estrela (ab 2025), auch Tram 25 (nur Mo–Fr) und 28. Tägl. 7–24 Uhr.

Verwunschene Stille

Britischer Friedhof

Inmitten von Palmen, Linden und Zypressen beerdigt die britische Gemeinde Lissabons ihre Toten, beispielsweise den Romanautor Henry Fielding, der 1754 in Lissabon gestorben ist. Im hinteren Teil steht die St. George's Church aus dem Jahr 1889, die Kirche der anglikanischen Christen Lissabons. Der mittelgroße British Cemetery, der auch *Cemitério Inglês* genannt wird, ist weiter in Betrieb. Mit seinen verwilderten Beeten macht er aber einen verfallenen und verwunschenen Eindruck. Wer Friedhofsromantik sucht, findet sie hier ohne die Besuchermassen des Cemitério dos Prazeres.

Rua de São Jorge, 6, britishcemeterylisbon.com. Ⓜ Estrela (ab 2025), auch Tram 25 (nur Mo–Fr) und 28 bis Halt Estrela. Mo–Fr 10.30–13 Uhr, So 11–13 Uhr (Mitte Juli bis Mitte Sept. Di und Do geschl.). Erbeten wird eine Spende von mind. 1 €/Pers. zum Erhalt des Friedhofs. Am Eingang klingeln.

Letzter Wohnsitz des Dichters

Casa Fernando Pessoa

Der berühmteste moderne Dichter des Landes, Fernando Pessoa (1888–1935), verbrachte hier ab 1920 seinen Lebensabend. Das ehemalige Zimmer des Schriftstellers, der insgesamt an 16 verschiedenen Adressen in Lissabon gewohnt hat, ist im ersten Stock zu finden. Originalgetreu erhalten ist allerdings nicht mehr viel, denn das Haus wurde nach seinem Tod völlig umgestaltet – es dauerte schlichtweg zu lange, bis Pessoas Genialität erkannt wurde. Ein Grund dafür war, dass er einen Großteil seines Werkes nicht veröffentlichte, sondern in einer großen Truhe versenkte. Neben diesem Möbelstück sind die persönliche Bibliothek von Pessoa sowie Kunstwerke wie die berühmten Pessoa-Porträts der portugiesischen

Campo de Ourique und Amoreiras → Karte S. 94/95

Fernando Pessoa – obskur, verschroben, genial

Fernando Pessoa (1888–1935) schrieb nicht nur unter seinem eigenen Namen, sondern auch unter 17 verschiedenen Pseudonymen wie Ricardo Reis, Álvaro de Campos, Alberto Caeiro und Bernardo Soares. Vielen davon gab er einen völlig eigenen Stil, eine originäre Handschrift und sogar eine eigene Biografie. Der Dichter trieb es so weit auf die Spitze, dass er mit einigen seiner Heteronyme sogar Briefwechsel führte. Interessanterweise verfasste Pessoa auch zahlreiche Gedichte auf Englisch, außerdem den auch auf Deutsch erhältlichen Reiseführer *Mein Lissabon – Was der Reisende sehen sollte*.

Seine Eltern emigrierten nach Südafrika, als Pessoa fünf Jahre alt war; er besuchte dann dort die Schule. Nach seiner Rückkehr 1905 nach Portugal führte er ein sehr zurückgezogenes Leben und verdiente den Lebensunterhalt als Fremdsprachensekretär für Handelsfirmen. Zum introvertierten Wesen des Dichters passt auch, dass er zu Lebzeiten kaum eines seiner zahlreichen Werke veröffentlichte. Der Großteil seines literarischen Schaffens verschwand in einer Truhe. *Das Buch der Unruhe*, vielleicht sein bekanntestes Werk, erschien erst 1986, gut fünf Jahrzehnte nach seinem Tod. Pessoa wurde im Kreuzgang des Mosteiro dos Jerónimos in Belém beigesetzt.

Das berühmte Portrait von Almada Negreiros ist einer der Höhepunkte der Casa Fernando Pessoa

Künstler Almada Negreiros und Júlio Pomar ausgestellt. Besonders zu empfehlen ist der Bereich im obersten Stock zu den Heteronymen – Autorenpersönlichkeiten, unter denen Pessoa seine Werke veröffentlichte. Man kann Audios der Werke dieser von Pessoa geschaffenen Pseudonyme auf Portugiesisch und Englisch anhören, die sich überraschend stark in ihrem Stil unterscheiden. Im Hinterhof findet man das schön gelegene Museums-Restaurant „Flagrante Delitro".

Rua Coelho da Rocha, 16–18, ✆ 213913270, casafernandopessoa.pt. Ⓜ Estrela (ab 2025), auch Tram 25 (nur Mo–Fr) und 28 bis Haltestelle Rua Saraiva Carvalho. Di–So 10–18 Uhr (Einlass bis 60 Min. vor Schluss). Eintritt 5 €, bis 25 J. 50 % Ermäßigung, ab 65 J. 4,30 €, unter 12 J. frei.

Wasserspeicher mit Aussicht

Mãe d'Água

Der Wasserspeicher „Mutter des Wassers" diente früher als Kopfpunkt der Lissabonner Trinkwasserversorgung. Von diesem großen, kastenförmigen Gebäude – hier endet das Lissabonner Aquädukt – wurde das kostbare Nass auf die Privathäuser der reichen Bürger und die öffentlichen Brunnen *(chafarizes)* in der ganzen Stadt verteilt. Entworfen hat die Mãe d'Água der ungarische Architekt Carlos Mardel im Jahr 1746. Das beeindruckende 7 m tiefe Reservoir hat eine Kapazität von 550.000 l und steht auch heute noch voll Wasser. Im hinteren Teil des Saals führt eine enge Treppe steil nach oben auf eine Plattform mit Aussicht auf den Tejo, die Burg und das Stadtviertel Amoreiras.

Praça das Amoreiras, 10, ✆ 218100215 (Museu da Água), epal.pt. Ⓜ Rato oder Tram 24 bis Jardim Amoreiras. Di–So 10–13.30 Uhr, Fei geschl. Eintritt 4 €, ab 65 J., mit Cartão Jovem und Studenten 50 % Ermäßigung, bis 17 J. frei.

Im Lissabonner Untergrund: Die Mãe d'Água befindet sich an einer zentralen Stelle der Trinkwasserversorgung Lissabons des 19. Jh. Das Wasser wurde von hier über unterirdische Kanäle an öffentliche Brunnen verteilt. Heute kann das sich einst auf insgesamt 58 km erstreckende Tunnelsystem noch auf Teilstücken besichtigt werden. Der Besuch ist trockenen Fußes und erhobenen Hauptes möglich, da die Leitungen nicht mehr verwendet werden und die Deckenhöhe nur auf wenigen Abschnitten 2 m unterschreitet. Führungen auf Portugiesisch und Englisch starten meistens Sa um 13 Uhr (6 €/Pers., bis 12 J. frei). Treffpunkt ist an der Kasse der Mãe d'Água. Die Tour endet hinter einer unscheinbaren Tür am Aussichtspunkt São Pedro de Alcântara. Sehr frühzeitige Anmeldung unter ✆ 218100215 oder mda.epal@adp.pt empfehlenswert, da fast immer bereits über Monate ausgebucht!

Kleines Kunstmuseum

Fundação Arpad Szenes/ Vieira da Silva

Im Haus der Stiftung sind auf zwei Stockwerken Werke des ungarisch-portugiesischen Künstlerehepaars Arpad Szenes (1897–1985) und Maria Helena Vieira da Silva (1908–1992) zu besichtigen. Beide lebten Mitte des 20. Jh. in Paris und Rio de Janeiro. Ihr Werk ist von Surrealismus und Kubismus sowie von Künstlern wie Matisse und Cézanne beeinflusst. Zusätzlich zur Dauerausstellung zeigt das kleine Museum regelmäßig Sonderausstellungen, die aus dem umfangreichen Fundus an weiteren Werken von Vieira da Silva und Szenes zusammengestellt werden sowie aus Arbeiten anderer moderner Künstler.

Praça das Amoreiras, 56, ✆ 213880044, fasvs.pt. Ⓜ Rato oder Tram 24 bis Jardim Amoreiras. Di–So 10–18 Uhr, Fei geschl. Eintritt 7,50 €, Studenten, mit Cartão Jovem und ab 65 J. 4 €, bis 18 J. frei.

Einkaufszentrum mit Mega-Blick

Amoreiras 360° Panoramic View

Auf einem der Türme des Einkaufszentrums *Centro Comercial das Amoreiras* hat man einen der besten Aussichtspunkte Lissabons eingerichtet. Fantastischer Rundblick von der schattenlosen Terrasse: Man kann das Tejo-Binnenmeer in seiner ganzen Größe überblicken. Gute Sicht v. a. auch in Richtung der Brücke des 25. April, Lapa und des Monsanto-Parks. Nebenan schweben die Flugzeuge ein, man kann sie bis zur Landung auf der Piste des Flughafens „verfolgen". Das Einkaufszentrum selbst gehört mit 300 Geschäften zu den größten Lissabons, darunter außer-

Campo de Ourique und Amoreiras → Karte S. 94/95

Blick bis zum Flughafen: Amoreiras 360° Panoramic View

Meisterwerk der Ingenieurskunst des 18. Jh.: das Aqueduto das Águas Livres

gewöhnlich viele Mode- und Schmuckgeschäfte. Dazu gibt es 50 Restaurants und sieben Kinosäle.

Av. Engenheiro Duarte Pacheco, Ⓜ Rato oder Tram 24 bis Rua Amoreiras, ✆ 213810200, amoreiras.com. Einkaufszentrum: tägl. 10–23 Uhr. Aussichtsplattform: Mo–Fr 10–12.30 und 14.30–18 Uhr, Sa/So 10–18 Uhr (April bis Sept. tägl. bis 22 Uhr). Letzter Einlass jeweils 30 Min. vor Schluss. An Weihnachten und Neujahr geschl. Tickets gibt es am Infoschalter im EG des Einkaufszentrums, dann den Markierungen folgen: 5 €, bis 16 J. und ab 65 J. 3 €, bis 5 J. frei, Familien (2 Erw., 3 Kinder) 14 €. amoreiras360view.com.

Monumentales Bauwerk des 18. Jh.

Aqueduto das Águas Livres

Das beeindruckende Aquädukt erstreckt sich auf 19 km Länge vom Vorort Queluz bis Lissabon; mit allen Nebenverzweigungen misst es insgesamt sogar mehr als 58 km. Am auffälligsten ist es bei Campolide, wo auf 941 m Länge 35 imposante Bögen das Tal von Alcântara überspannen. Der größte Bogen überbrückt 28 m und erreicht eine Höhe von 65 m. Damit ist er der größte aus Stein gemauerte Spitzbogen der Welt. Das monumental-elegante Bauwerk wurde zwischen 1731 und 1748 errichtet, um des chronischen Wassermangels der Stadt Herr zu werden. Wie durch ein Wunder überstand das Aquädukt das Erdbeben von 1755 unbeschadet. Heute verlaufen im Inneren zwar noch Wasserleitungen, die aber seit 1974 nicht mehr für die Trinkwasserversorgung verwendet werden.

Calçada da Quintinha, 6, ✆ 218100215, epal.pt. Tram 24 bis Endstation Campolide. Di–So 10–17.30 Uhr, an Feiertagen geschl. Eintritt 4 €, ab 65 J., mit Cartão Jovem und Studenten 50 % Ermäßigung, bis 17 J. frei.

Praktische Infos

→ Karte S. 94/95

Restaurants

Estórias na Casa da Comida **2**, Di–Sa 19.30–24 Uhr (Reservierung empfohlen). Seit 1977 eine der ersten Adressen der Lissabonner Gastronomie, insgesamt 13-mal gab es dafür auch einen Michelin-Stern. Die Küche hat sich auf kreative Neuinterpretationen portugiesischer Gerichte spezialisiert. Heller, liebevoll dekorierter Speisesaal mit Fensterfront und schattiger Innenhof. Sehr lose bestuhlt, ideal für ein romantisches Dinner zu zweit oder ein vertrauliches Geschäftsessen. Travessa das Amoreiras, 1, Ⓜ Rato, ✆ 213860889, casadacomida.pt. €€€€

Trempe 10, Mo–Sa 12–15 und 19–22 Uhr. Uriges, ländlich eingerichtetes Restaurant gegenüber der Casa Fernando Pessoa, das sich auf die Küche aus der Region Alentejo spezialisiert hat. Es wird vor allem von portugiesischen Familien aus der Nachbarschaft besucht. Unter den vielen leckeren Desserts ist mein Tipp Milchreis *(arroz doce)*. Die halben Portionen der Hauptgerichte sind übrigens für den normalen Hunger einer Person völlig ausreichend. Rua Coelho da Rocha, 11/13, Ⓜ Estrela (ab 2025), ✆ 213909118, Facebook. €€

MeinTipp **Mercado de Campo de Ourique 9**, tägl. 10–23 Uhr, Fr/Sa Barbetrieb bis 1 Uhr. In der Mitte der städtischen Markthalle aus dem Jahr 1934 kann man an mehreren Ständen Essen und Getränke wie Wein, Bier und Kaffee zu sich nehmen. Lebhafte Atmosphäre, v. a. abends sehr beliebt. Breite Auswahl: von Sushi über Tapas bis Torten. Tipp: *Atalho do Mercado* mit hochwertigen Steaks, die im Brötchen oder auf dem Teller serviert werden. Dieser Marktstand war das erste der diversen „Atalho"-Restaurants. Rua Coelho da Rocha, 100, Ⓜ Estrela (ab 2025), ✆ 211323701, Facebook. €€

Ela Canela 11, Di–Sa 12–16 Uhr (Sa schon ab 11 Uhr). Das moderne Restaurant-Café serviert Mittagessen wie Hummus-Wraps oder vegetarische Burger. Ideal für alle, die sich gesund ernähren möchten sowie Wert auf bio, regional und saisonal legen. Vegetarische und vegane Hauptgerichte, auch als Mittagsmenü oder Sa als Brunch-Menü im Angebot. Für den kleineren Hunger gibt es Toasts und Pancakes. Rua Azedo Gneco, 74B, ✆ 913004139, elacanela.pt. €€

A Valenciana 1, tägl. 11.30-23 Uhr. Eine Lissabonner Institution: seit 1914 mitten im Zentrum des Stadtteils Campolide zu finden (nur ein paar Meter vom Endhalt der Tram 24 entfernt). Vor allem einheimische Familien und Gruppen besuchen die weitläufigen Speisesäle, daher kann es auch etwas lauter werden. Die Fernseher an den Wänden tragen ebenso dazu bei. Spezialität sind Fisch und Fleisch vom Grill, daher kein Tipp für Vegetarier. Berühmt ist die Valenciana für ihre Hähnchen: Der halbe *frango assado* wird hier mit Pommes, Reis und der typisch portugiesischen Chili-Sauce *(piri-piri)* serviert. Rua Marquês da Fronteira, 157-163A, ✆ 213884926, restauranteavalenciana.pt. €€

Natraj 4, tägl. 12–15 und 19–23.30 Uhr. Reichhaltige Küche aus Punjab in Nordindien, große Auswahl inkl. zahlreicher vegetarischer Gerichte. Zu den Hauptgerichten bestellt man in der Regel noch eine Portion Reis dazu. Oft sehr voll, daher hin und wieder längere Wartezeiten, um einen Tisch in einem der beiden eng bestuhlten Speiseräume zu ergattern. Rua do Sol ao Rato, 50/52, Ⓜ Rato, ✆ 213880630, restaurantenatraj.com. €

Jardim da Estrela: angenehmer Schatten an heißen Sommerwochenenden

Campo de Ourique und Amoreiras → Karte S. 94/95

Cafés/Eisdiele

meinTipp **Amélia Lisboa 7**, tägl. 8.30–21 Uhr (Fr/Sa bis 22 Uhr). Liebevoll dekoriertes Café im Herzen des Stadtteils Campo de Ourique, im hinteren Bereich ein großer, begrünter Wintergarten (an Wintertagen sehr gemütlich, da beheizt). Salate, Bowls und jede Menge Frühstücksoptionen, vieles davon vegetarisch und gesundheitsbewusst. Auch Fruchtsäfte und Smoothies. Rua Ferreira Borges, 101, Ⓜ Estrela (ab 2025), ✆ 213850863, Instagram.

Annina 5, Di–Sa 13–20 Uhr (Sa ab 14 Uhr), So 14–19.30 Uhr. Kleine Eisdiele mit handwerklich hergestelltem „Gelato" italienischer Tradition. Intensive, natürliche Aromen. Viele Gäste loben das Pistazieneis. Kleine Waffel zum Mitnehmen mit 2 Sorten für 3 €. Rua do Sol ao Rato, 1–A, Ⓜ Rato, ✆ 213970628, Facebook.

Doces Teresa Pyrrait 8, Di–Fr 11–13.30 und 14–19 Uhr, Sa 11–14 und 14.30–19 Uhr. Kleine Konditorei im Stadtteil Campo de Ourique. Es gibt exzellente, hausgemachte Torten, in erster Linie zum Mitnehmen, aber auch in Mini-Varianten zum lokalen Verzehr (nur sehr wenige Sitzplätze), so z. B. der leckere *mini noz* (Nußkuchen mit Eigelbcrème). Auch Kaffee. Rua Almeida e Sousa, 14C, Ⓜ Estrela (ab 2025), ✆ 910105536, docesteresapyrrait.pt.

Casa de Chá de Santa Isabel – Vicentinas 6, Di–Fr 11.30–19 Uhr, Sa/So 15.30–19 Uhr (Sommerpause von Anfang Aug. bis Mitte Sept.). Teehaus der katholischen Vinzentinerinnen, für seine gemütliche *teatime* berühmt. Religiöses Ambiente mit Heiligenbildern, es sind aber explizit alle Menschen eingeladen und niemand muss befürchten, missioniert zu werden. Ab 15.30 Uhr gibt es Tee, Kuchen und *scones,* ein typisch britisches Gebäck und Spezialität des Hauses. Di–Fr kann man hier auch preiswert zu Mittag essen. Rua de São Bento, 700, Ⓜ Rato, ✆ 917422749, Facebook.

Pastelaria 1800 3, Mo–Sa 6–21 Uhr (Sa nur bis 20 Uhr). Auffälliges Café mit schöner Azulejo-Fassade an der Ecke Rua da Escola Politécnica und Largo do Rato. Dieser Lissabonner Café-Klassiker existiert „erst" seit dem Jahr 1857 und nicht seit 1800, wie der Name vermuten lässt. Bekannt für schmackhaftes Gebäck und günstige Mittagsgerichte. Wird zur Mittagszeit oft voll, wenn die Angestellten aus den nahen Büros hierherkommen. Largo do Rato, 7, Ⓜ Rato, ✆ 213882631.

Maria Helena Vieira da Silva

Die portugiesische Künstlerin kam am 13. Juni 1908 in Lissabon zu Welt. Ihr Vater, ein Zeitungsdirektor, förderte früh ihr künstlerisches Talent durch Museumsbesuche und Kunstunterricht. Ab 1928 studierte Maria Helena Vieira da Silva in Paris an der *Académie de la Grande Chaumière* Bildhauerei und Malerei. An der Akademie lernte sie den ungarischen Juden Arpad Szenes kennen, den sie 1930 heiratete. Auf einer Reise nach Marseille soll sie beim Anblick der Schwebefähre Le Pont Transbordeur ein visuelles Schlüsselerlebnis gehabt haben. Fortan entwickelte Vieira da Silva ihren eigenen künstlerischen Stil, der in der Vereinfachung von Formen bestand und von ihr selbst mit dem Begriff „mathematische Klarheit" belegt wurde.

Was damit genau gemeint ist, wird sofort klar, wenn man sich die von ihr gestaltete Lissabonner Metrostation *Cidade Universitária* anschaut.

Aus Furcht vor den Nationalsozialisten gingen Vieira da Silva und Arpad Szenes 1939 nach Rio de Janeiro ins Exil. Nach dem Krieg kehrte das Ehepaar 1945 wieder nach Paris zurück. Dort schuf Vieira da Silva 1949 mit *Gare Saint-Lazare* ihr bekanntestes Gemälde. 1956 wurde sie französische Staatsbürgerin und gründete mit anderen Künstlern (u. a. mit Hans Hartung) die Gruppe *École de Paris* (Schule von Paris), die ihre Arbeiten trotz aller Abstraktionen als „lyrisch" bezeichnete. Im Alter von 83 Jahren starb Maria Helena Vieira da Silva am 6. März 1992 in ihrem Haus in Yévre-le-Chatel bei Paris.

Hauptbecken der Mãe d'Água

Enge Gassen, noble Paläste

Tour 8

Die Altstadtviertel westlich des Bairro Alto werden zu Unrecht oft übersehen. Vor allem der kleine Stadtteil Madragoa mit seinen entzückenden Gassen ist einen Besuch wert. Der Nachbarstadtteil Lapa ist mit seinen Botschaften und Palästen das aristokratischste und vornehmste Viertel Lissabons.

Museu Nacional de Arte Antiga, Alte Kunst aus aller Welt, S. 105

Assembleia da República, stattliches Parlamentsgebäude, S. 106

Die westlichen Altstadtviertel

Lapa, Madragoa und São Bento

Ein Besuch der **Lapa** kann zuweilen etwas frustrierend sein: viele Paläste mit hübschen Gartenanlagen, doch kommt man fast nirgendwo hinein. Der Grund: In vielen Gebäuden sind ausländische Botschaften untergebracht, die wenig Wert auf fremde Besucher legen. Vor allem in der Rua do Sacramento à Lapa und in der Rua Pau de Bandeira reiht sich eine Botschaft an die andere. Einen Vorteil hat das Ganze dennoch: Es gibt eine Reihe erstklassiger Restaurants, denn der hungrige Botschaftermagen lässt sich nicht mit Durchschnittsküche verköstigen (das gilt auch für die Abgeordneten des nahen Parlaments).

Die **Madragoa** ist einer der ältesten Stadtteile Lissabons. Früher lebten hier hauptsächlich Fischer und Fischverkäuferinnen (die berühmten *varinas*). Dem Charme der engen Gassen und kleinen Häuschen des gut erhaltenen Stadtteils kann sich kaum ein Besucher entziehen. Teilweise wird das Viertel auch *Santos* genannt, was sich dann v. a. auf den unteren Teil in der Nähe des Tejo bezieht.

Östlich des markanten Gebäudes des portugiesischen Parlaments verlaufen die Gassen und Straßen von **São Bento.** Das Quartier erstreckt sich den Hang hinauf und geht fließend in die Oberstadt Bairro Alto über.

Nachdem die drei Viertel lange Zeit ein eher beschauliches Dasein geführt haben, sind sie in den vergangenen Jahren von der lokalen Szene „entdeckt“ worden, besonders 2018/19, als hier die US-amerikanische Sängerin Madonna im Palácio Ramalhete gegenüber dem Museu Nacional de Arte Antiga wohnte. Die Touristenströme erreichen aber weiterhin längst nicht das Niveau des benachbarten Bairro Alto.

Sehenswertes

Alte Kunst aus aller Welt

Museu Nacional de Arte Antiga

Das „Nationalmuseum der alten Künste" wurde bereits 1884 eröffnet und zählt damit zu den ältesten Museen des Landes. Untergebracht ist es im Alvor-Palast, der nach seinen grünen Fenstern auch *Janelas Verdes* genannt wird. In der hiesigen Sammlung hat der portugiesische Staat v. a. die Kunstschätze der im Rahmen der Säkularisierung von 1834 aufgelösten Klöster zusammengetragen und damit die bedeutendste Kunstsammlung Portugals mit Exponaten aus aller Welt geschaffen: sakrale Gold- und Silberarbeiten, portugiesische und asiatische Keramik, Knüpfteppiche aus Persien und Portugal, afrikanische Kunst sowie antike Möbel. Als interessanteste Abteilung gilt jedoch die umfangreiche Bildergalerie mit Gemälden aus dem 14. bis 19. Jh. Vertreten sind zahlreiche namhafte europäische Künstler, u. a. Lucas Cranach der Ältere, Albrecht Dürer und Hans Holbein der Ältere. Unter den Einzelstücken ragen das *Triptychon mit der Versuchung des hl. Antonius* von Hieronymus Bosch und das *Poliptychon von São Vicente* des portugiesischen Malers Nuno Gonçalves heraus. Ebenfalls sehr sehenswert sind japanische Wandschirme, welche die Ankunft der ersten Portugiesen in Japan zeigen, sowie Arbeiten des portugiesischen Künstlers Domingos Sequeira aus dem 19. Jh.

Im Museumsinneren kann man auch die barocke *Capela das Albertas* mit ihren Schnitzarbeiten und Azulejos bewundern. Sie ist Überbleibsel eines im Zuge des Museumsbaus abgerissenen Albertinerklosters.

Rua das Janelas Verdes, ✆ 213912800, museudearteantiga.pt. Straßenbahn 15 bis Halt Cais da Rocha (dann die Treppen hoch) oder Ⓜ Santos (ab 2025). Di–So 10–18 Uhr, an Feiertagen geschl. Eintritt 6 €, Studenten, mit Cartão Jovem, ab 65 J. sowie Familien ab 2 Kindern 50 % Ermäßigung, bis 12 J. frei.

Puppen hinter klösterlichen Mauern

Convento das Bernardas/Museu da Marioneta

Die Geschichte des Gebäudes ist bemerkenswert. Von seinem Bau 1655 bis zur staatlich befohlenen Auflösung aller religiösen Orden 1834 lebten hier Zisterziensernonnen. Danach wurde das Kloster wie viele andere religiöse Gebäude als Schule genutzt, bis sich Anfang des 20. Jh. über hundert arme Familien in den engen und dunklen Klosterzellen niederließen. Ende der 1990er-Jahre wurde der Konvent schließlich auf Betreiben der Stadtverwaltung saniert. Seitdem leben nur noch 35 Familien im Kloster, allerdings unter erheblich besseren sanitären Bedingungen als zuvor. Im Konvent ist außerdem das Marionettenmuseum **Museu da Marioneta** untergebracht, das über 1000 Figuren aus unterschiedlichen Zeiten und Kulturkreisen präsentiert. Einen großen Raum nehmen dabei die portugiesischen Marionetten ein. Im Kreuzgang findet man das gehobene Restaurant-Café A Travessa.

Rua da Esperança, 146, ✆ 213942810, museudamarioneta.pt. Ab Praça do Comércio Tram 25 (nur Mo–Fr) bis Haltestelle Santos-o-Velho oder Tram 15 bis Haltestelle Santos, ab 2025 auch Ⓜ Santos. Zugang in den Klosterkreuzgang über das Museu da Marioneta. Tägl. (außer Mo und Fei) 10–18 Uhr, letzter Einlass 30 Min. vor Schluss. Eintritt 5 €, ab 65 J. 4,30 €, bis 25 J. 50 % Ermäßigung, bis 12 J. frei.

Stattlicher Parlamentspalast

Assembleia da República

Besonders beeindruckend ist die Säulenfront am Haupteingang des Parlaments, zusätzlich unterstrichen durch den breiten Treppenaufgang. Das stattliche palastartige Gebäude, auch *Cortes* oder *São Bento* genannt, wurde 1896 auf den Ruinen des alten Konvents *São Bento da Saúde* erbaut. Dabei hat der Architekt Miguel Ventura Terra neoklassizistische Elemente verwendet. Seit 1902 tagt das portugiesische Parlament hier im Plenarsaal, der mit Steinstatuen des bekannten portugiesischen Künstlers Artur Gaspar Anjos Teixeira ausgestaltet ist. Im hinteren Gebäudeteil liegt der Amtssitz des portugiesischen Premierministers.

Palácio de São Bento, Ⓜ Rato (ab 2025 Ⓜ Santos). Der Plenarsaal ist während Parlamentsdebatten öffentlich zugänglich (das Parlament tagt von Mitte Juli bis Mitte Sept. aber meist nicht): Besuchereingang an der Nordostseite des Parlaments – Personalausweis oder Pass mitbringen! Wer mehr als den Plenarsaal sehen möchte, kann auch an kostenlosen Führungen auf Portugiesisch teilnehmen, die unregelmäßig (meist Mo oder Fr) stattfinden: Anmeldung unter ✆ 213919625 oder ✆ 213919209 oder DMC.correio@ar.parlamento.pt, parlamento.pt.

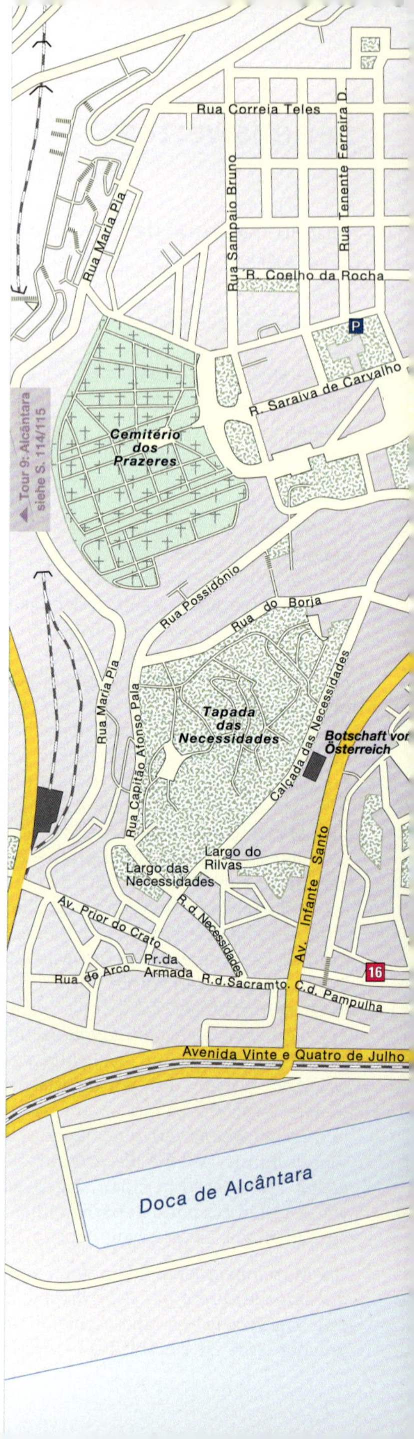

Essen & Trinken (S. 109/110)

1 Comida de Santo
2 In Bocca al Lupo
6 Clube de Jornalistas
7 Osteria
9 Petiscaria Ideal
10 Taberna da Esperança
12 Batata Doce
13 O Arêgos
14 A Merendeira
16 Come Prima

Nachtleben (S. 412)

5 Incógnito
11 Matiz Pombalina
18 Catch Me

Cafés (S. 110/111)

3 Pão de Canela
4 Nannarella - Gelati alla Romana
8 Fauna & Flora Santos
15 La Boulangerie
17 Museu Nacional de Arte Antiga

Tour 8: Die westlichen Altstadtviertel Lapa, Madragoa und São Bento

Zeitgenössische Kunst

Atelier-Museu Júlio Pomar

In einer hohen, hellen Halle werden Arbeiten von *Júlio Pomar* (1926–2018), einem der bedeutendsten zeitgenössischen Maler Lissabons, ausgestellt. Seine Malereien und Zeichnungen waren zu Beginn seiner Karriere noch eher figürlich und realitätsgetreu, später entwickelte er einen abstrakten und minimalistischen Stil. Wer sich von seinem Schaffen ein Bild machen will, kann sich neben den wechselnden Ausstellungen im Atelier-Museum auch die von ihm gestaltete U-Bahn-Station Alto dos Moinhos ansehen.

Rua do Vale, 7, Ⓜ Santos (ab 2025) oder Tram 28 bis Haltestelle Cç. do Combro. Di–So 10–13 und 14–18 Uhr, an Feiertagen geschl. Eintritt 2 €, ab 65 J. 1,70 €, bis 25 J. 50 % Ermäßigung, bis 12 J. frei. ✆ 215880793, ateliermuseujulio pomar.pt.

Nur für eingefleischte Amália-Fans

Casa-Museu Amália Rodrigues

Hinter der Hausnummer 193 verbirgt sich in der Rua de São Bento der Eingang zum ehemaligen Wohnhaus der berühmtesten Fado-Sängerin Portugals. Das darin eingerichtete Museum ist aber nur eingefleischten Fans der 1999 verstorbenen Amália zu empfehlen. Zu besichtigen sind die Eingangshalle und fünf Zimmer, deren Einrichtung nach dem Tod der Künstlerin nicht verändert wurde und die seitdem von unten bis oben mit Klamotten, Schuhen und Schmuck vollgestopft sind.

Rua de São Bento, 193, Ⓜ Rato. Di–So 10–18 Uhr. Einlass bis 17.20 Uhr. Eintritt 7 €, ab 65 J. 6 €, Studenten bis 25 J. 4,50 €, bis 12 J. frei. ✆ 213971896, amaliarodrigues.pt.

Parlament Palácio de São Bento

Jardim da Estrela: Musikerpavillon („Coreto")

Praktische Infos

→ Karte S. 106/107

Restaurants

Clube de Jornalistas 6, Do–Di 12.30–14.30 und 19–22.30 Uhr. Reservierung abends empfohlen. Man muss am Eingang klingeln, um in das Restaurant des Journalistenclubs zu gelangen. Mediterrane, kreative Küche und umfangreiche Karte portugiesischer Weine. Gehobenes, aber informelles Ambiente: ideal für einen romantischen Abend zu zweit. Mehrere Tische in den mit dunklem Holz eingerichteten Räumen des palastähnlichen Altbaus aus dem 18. Jh., die meisten jedoch im ruhigen Garten hinter dem Haus. Touristisches Publikum. Rua das Trinas, 129, Ⓜ Estrela (ab 2025), ✆ 213977138, restauranteclubedejornalistas.com. **€€€€**

meinTipp **Come Prima 16**, Mo–Sa 18–23 Uhr. Unweit des Museu Nacional de Arte Antiga betreibt der nepalesischstämmige, in Stuttgart ausgebildete Koch Tanka Sapkota eines der besten italienischen Restaurants Lissabons. Breite Auswahl von Holzofen-Pizza über Nudeln bis Risotto. Der weitgehend fensterlose Speiseraum ist relativ klein, daher empfiehlt sich eine Reservierung. Außerdem gibt es eine Filiale in der Rua da Artilharia Um, 16 Ⓜ Rato) namens „Forno d'Oro". Rua do Olival, 256, ✆ 213902457, comeprima.pt. **€€€**

Comida de Santo 1, tägl. (außer Di) 12.30–15.30 und 19.30–24 Uhr. Kleines brasilianisches Restaurant in der Straße gegenüber dem Eingang zum Jardim Botânico. Seit 1981 ein Lissabonner Klassiker. Am Eingang klingeln. Unbedingt reservieren, da sehr beliebt. Zum Start wird eine Caipirinha angeboten – in Brasilien nicht gerade ein typischer Aperitif. Ansonsten kommt die schmackhafte Küche dem Original aus dem nordostbrasilianischen Bundesstaat Bahia aber sehr nahe, auch was die großen Portionen betrifft. Neben Fisch und Fleisch ebenfalls vegetarische Optionen. Calçada do Engenheiro Miguel Pais, 39, Ⓜ Rato, ✆ 213963339, comidadesanto.pt. **€€**

Osteria 7, Di–Fr 12.30–15 Uhr, Sa 12.30–16.30 Uhr und Mo–Sa 19.30–24 Uhr, So durchgehend 12.30–23.30 Uhr. Reservierung dringend empfohlen. Eher Bistro (auf Italienisch „osteria") als Restaurant. Kleiner Speiseraum, in eine Ecke hat man die Küche gezwängt. Massiver Steinboden, historische Werbeplakate und Spiegel an den Wänden tragen zum gemütlichen Ambiente bei. Vor allem Pasta, Lasagne und Risotto, keine Pizzen. Es empfiehlt sich, mehrere der tägl. wechselnden Gerichte zu bestellen und untereinander zu teilen. Rua das Madres, 52, Ⓜ Santos (ab 2025), ✆ 213960584, Facebook. €€

Taberna da Esperança **10**, Mo–Sa 19–1 Uhr. Im Stil eines französischen Bistros eingerichtet. Holztische mit Steinplatten, ruhige Musik, sanfte Beleuchtung. Viele Portugiesen unter den Gästen. Vor allem *petiscos,* portugiesische Tapas. Aber auch Hauptgerichte mit Fisch und Fleisch. Rua da Esperança, 112, Ⓜ Santos (ab 2025), ✆ 925059289, Facebook. €€

Petiscaria Ideal **9**, Mo–Sa 19–1 Uhr. Direkt neben der Taberna da Esperança, mit der es die Eigentümer und den Bistro-Stil teilt. Auch hier kleine portugiesische Gerichte *(petiscos),* die man an den einfachen Holztischen innen oder an Tischen auf dem Bürgersteig vor der Tür zu sich nimmt. Am besten mehrere bestellen (und teilen). Rua da Esperança, 100/102, Ⓜ Santos (ab 2025), ✆ 925059289, Facebook. €€

Nannarella: beste Eisdiele der Stadt

In Bocca al Lupo **2**, Mi–Mo 12–15.30 und 19–23 Uhr. Reservierung empfohlen. Moderne Bio-Pizzeria, schlicht, aber elegant eingerichtet. Die schmackhaften Pizzen aus dem Holzofen sind dem römischen Vorbild nachempfunden, es werden nur Bio-Zutaten aus Portugal und Italien verwendet. Große Auswahl, auch vegan. Man kann den Köchen in der einsehbaren Küche über die Schulter schauen. Mein Tipp zum Nachtisch: parfait au chocolat. Rua Manuel Bernardes, 5–A, Ⓜ Rato, ✆ 213900582, inboccaallupo.pt. €€

Batata Doce **12**, Di–So 12–2 Uhr (Küche schließt abends deutlich früher und ist nachmittags zu). Familienrestaurant in der Lapa, benannt nach der angolanischen Eigentümerin. Portugiesische und angolanische Gerichte, empfehlenswert die *moamba de frango* (Hähnchen mit Maisbrei). Heimeliges Ambiente mit wenigen Tischen (Reservierung empfohlen). Rua São João da Mata, 56A, Ⓜ Santos (ab 2025), ✆ 964717152, Facebook. €€

O Arêgos **13**, Mo–Sa 12–14.30 und 19–23 Uhr. Eine typische *tasca,* ein volkstümliches portugiesisches Restaurant, wie man es nur noch selten findet. Einfacher Speiseraum mit Fernseher. Einige wenige Fischgerichte und v. a. viel gegrilltes Fleisch vom Hähnchen bis zum *naco na pedra,* ein Steak, das zum Selberbraten auf einem heißen Stein serviert wird. Viele portugiesische Gäste, sie schätzen die großen und günstigen Portionen. Rua da Esperança, 182–186, Ⓜ Santos (ab 2025), ✆ 213965 034, Facebook. €€

A Merendeira **14**, tägl. 11–7 Uhr. Mit einfachen Holzbänken und -tischen rustikal eingerichtetes Restaurant gegenüber dem Bahnhof Santos, in dem *merendeira com chouriço* (Brötchen mit eingebackener Paprikawurst) frisch aus dem glühenden Holzofen verkauft wird. Wer will, kann auch die leckere typisch portugiesische Kohlsuppe *caldo verde* probieren. Als Nachtisch wird schmackhafter *arroz doce* (süßer Milchreis) serviert. Ein Klassiker für die Nachtschwärmer Lissabons, die hier die frühen Morgenstunden ausklingen lassen. Av. 24 de Julho, 54-G, Ⓜ Santos (ab 2025), ✆ 213972726, amerendeira.com. €

Cafés/Eisdiele

La Boulangerie **15**, tägl. 7.30–22 Uhr. Der Name ist Programm: einladend duftende französische Backwaren aus der hauseigenen Produktion, sehr zu empfehlen das *pain au choco-*

lat. Neben Kaffee auch breites Speiseangebot von Brunch über Toasts und Suppen bis Pizza. Etwas beengter Innenraum, dafür viele Tische mit Sonnenschirmen auf der Terrasse mit Blick auf den Platz und das Museu Nacional de Arte Antiga. Eine weitere Filiale im Stadtteil Campo de Ourique neben der Igreja do Santo Condestável (Rua Francisco Metrass, 10–B). Rua do Olival, 42, Ⓜ Santos (ab 2025), ✆ 213951208, laboulangerie.pt.

meinTipp **Fauna & Flora Santos** **8**, tägl. 9–19 Uhr. In diesem gemütlich-modern im „Industrial Style“ eingerichteten Café erwartet die Gäste eine herrliche Auswahl an kreativ zubereiteten Toasts, Pfannkuchen, Granolas, Bowls und Portobello-Burgern. Dazu gibt es guten Kaffee und leckere Smoothies. Ein paar Tische auch vor der Tür. Sehr geschätzt von jungen und jung gebliebenen Lissabonnern, daher oft voll besetzt. Weitere Filiale, das „Fauna & Flora Anjos“, in den Avenidas Novas in der Rua Febo Moniz, 27–A (Ⓜ Anjos). Rua da Esperança, 33, Ⓜ Santos (ab 2025), ✆ 961645040, Instagram.

meinTipp **Museu Nacional de Arte Antiga** **17**, tägl. (außer Mo und Fei) 10–17.30 Uhr. Die Cafeteria des Nationalmuseums für alte Kunst liegt in einem ruhigen Garten mit Bäumen, Wiese und Blick auf Hafen, Fluss und Tejobrücke. Da fällt das Entspannen nach einer anstrengenden Stadttour leicht. Aufpassen muss man nur auf die frechen Tauben, die in unbeobachteten Momenten blitzschnell das Essen vom Teller picken. Self-Service-Theke im Inneren, dort auch weitere Tische. Kostenloses WLAN. Zugang ins Café ohne Eintritt zu bezahlen über den Hintereingang des Museums in der Rua das Janelas Verdes, Ⓜ Santos (ab 2025), ✆ 213912860, museudearteantiga.pt.

Pão de Canela **3**, tägl. 8–23 Uhr. An der hübschen, verkehrsberuhigten Praça das Flores unweit des Parlaments. Zwei getrennte Räume und zwei Terrassen, auf denen man gemütlich dem Treiben auf dem Platz mit seinem kleinen Park zusehen kann. Mit viel Holz und einigen Azulejos dekoriert. Großes Angebot an Toasts, Hamburgern, Wraps, Blätterteiggebäck und Ähnlichem. Die Preise sind draußen etwas höher als drinnen. Auch Restaurantbetrieb mit Mittag- und Abendessen. Sa/So und an Feiertagen kann man 10–16 Uhr brunchen. Praça das Flores, 25 und 27, Ⓜ Rato, ✆ 213972220, paodecanela.pt.

Nannarella – Gelati alla Romana **4**, tägl. 12–22 Uhr. Das beste Speiseeis Lissabons gibt es in dieser kleinen Eisdiele der Italienerin Costanza Ventura neben dem Parlament São Bento. An warmen Tagen ist sie angesichts der Menschenschlange auf dem Bürgersteig kaum zu verfehlen. Hochwertige, 100 % natürliche Zutaten und handwerkliche Produktion in kleinen Mengen. Ab 2,50 € kann man sich eine bestimmte Menge Eis im Hörnchen oder Becher servieren lassen: Dabei darf man mehrere der täglich wechselnden Geschmacksrichtungen auswählen. Keine Sitzplätze, nur zum Mitnehmen. Rua Nova da Piedade, 64, Ⓜ Rato, ✆ 926878553, nannarella.pt.

Calçada do Combro: mühsamer Aufstieg von São Bento ins Bairro Alto

Lapa, Madragoa und São Bento → Karte S. 106/107

Eine mächtige Brücke im Blick

Tour 9

Lissabons Hafenanlagen ziehen sich über mehrere Kilometer an der Uferlinie entlang, ein wesentlicher Teil liegt in Alcântara. Über das quirlige Verkehrszentrum schwingen sich die Ausläufer der Brücke des 25. April, die Lissabon mit der Tejo-Südseite verbindet. Bars und Restaurants bringen nachts Leben in den Stadtteil. Tagsüber lohnt das Orient-Museum mit einer der besten Sammlungen asiatischer Kunst in Europa einen Besuch.

Ponte 25 de Abril, Meisterwerk der Brückenbaukunst, S. 114

Museu do Oriente, die Seefahrernation und der Ferne Osten, S. 116

Im Hafenviertel

Alcântara

Auch wenn die Zeiten Alcântaras als industrielles Zentrum Lissabons definitiv vorbei sind, ist die Arbeiteratmosphäre des Viertels dennoch weiter unverkennbar. Alte Fabrikhallen zeugen von Zeiten, in denen Alcântara Schauplatz heftiger Streiks war. Leider sind viele dieser Industriebauten inzwischen der Abrissbirne zum Opfer gefallen und mussten teuren Appartements weichen. In einigen Fällen blieb immerhin die Fassade erhalten. Noch gut erschnuppern kann man die alte Industrieatmosphäre im Kultur- und Designzentrum LX Factory, das in eine leerstehende Textilfabrik eingezogen ist.

Aber auch an klassischen Sehenswürdigkeiten mangelt es in Alcântara nicht. Man kann das Straßenbahn- oder gleich zwei Museen für Kunst aus Asien besuchen.

Der Name des Stadtteils stammt aus dem Arabischen („Al-Qantara") und bedeutet „die Brücke". Namensgebend war die Querung der Ribeira de Alcântara, die hier in den Tejo fließt. Heute ist von dem Bach kaum mehr etwas zu sehen, da er kanalisiert und über ihm die Av. de Ceuta angelegt wurde.

Sehenswertes

Alternatives Kulturzentrum

LX Factory

Auf dem ehemaligen Gelände der Textilfirma Companhia de Fiação e Tecidos Lisbonense haben sich über 100 Restaurants, Cafés, Buchhandlungen, Designer und Casting-Agenturen niedergelassen. Das Ambiente in den ehemaligen Fabrikbauten am Rande der Pfeiler der Brücke des 25. April ist bunt-modern und besonders an Sonntagen belebt, wenn hier der Flohmarkt *LX Market* stattfindet.

Rua Primeiro de Maio, 19 und Rua Rodrigues Faria, 103, lxfactory.com. Tram 15 bis Calvário. Eintritt frei.

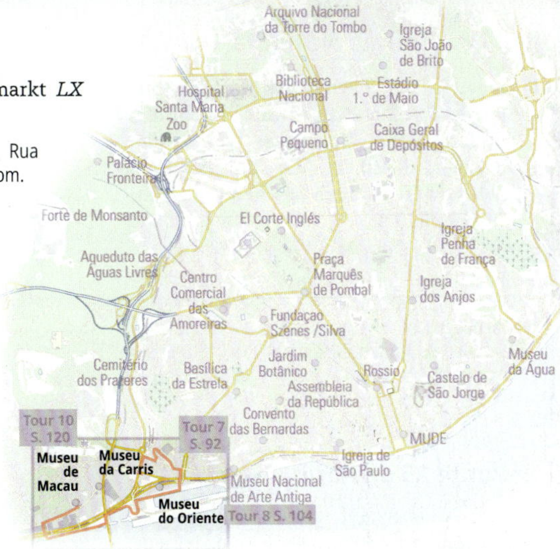

Straßenbahnmuseum

Museu da Carris

In ihren Werkstätten präsentieren die Lissabonner Verkehrsbetriebe Carris eine eindrucksvolle Sammlung von Straßenbahnen und Bussen von 1901 bis zur Gegenwart. Das Betreten und Probesitzen einiger historischer Gefährte ist erlaubt. Außerdem zeigt das Museum Uniformen, Fahrkarten und Fotografien aus der Geschichte der Carris, die als Unternehmen 1870 kurioserweise in Rio de Janeiro gegründet wurde. Zwischen den drei Museumsgebäuden werden die Gäste mit einer sehenswerten historischen Tram transportiert: Bei dieser Fahrt wird es selten so voll wie im normalen Lissabonner Stadtverkehr.

Rua Primeiro de Maio, 101/103, ✆ 213613087, museu.carris.pt. Straßenbahn 15 bis Haltestelle Santo Amaro. Mo–Sa 10–13 und 14–18 Uhr, So/Fei geschl. Einlass bis 30 Min. vor Schluss. Eintritt 4,50 €, bis 18 J. und ab 65 J. 2,50 €, unter 6 J. frei.

> Auf dem Carris-Gelände befindet sich auch das Village Underground Lisbon (VULX), ein Gemeinschaftsbüro für Start-up-Unternehmen mit öffentlich zugänglichem Café, das in einer wilden Mischung aus ausrangierten Bussen und Containern untergekommen ist (vulisboa.com).

Renaissance-Kapelle

Ermida de Santo Amaro

Bei der manieristischen Kapelle handelt es sich um einen Renaissance-Rundbau, eine in Portugal recht seltene Bauform. Er stammt aus dem Jahr 1549 und wurde vom Erdbeben 1755 verschont. Auch die herrlichen Azulejos der Ermida datieren aus dem 16. Jh. Sie zeigen Szenen aus dem Leben des hl. Amarus, der einer christlichen Legende zufolge per Schiff über den Atlantik das irdische Paradies erreicht haben soll. Als Architekt der Kapelle gilt Diogo de Torralva, der auch am Bau des Mosteiro dos Jerónimos in Lissabon beteiligt war. Von der Plattform der Kapelle eröffnet sich ein prächtiger Blick auf die Tejobrücke und den Hafen von Alcântara.

Escadinhas de Santo Amaro, ✆ 213617190, paroquiadealcantara.pt. Straßenbahn 15 bis Haltestelle Santo Amaro. Di–Fr 11–17.30 Uhr (auch Sa/So, aber nur jedes 1. und 3. Wochenende im Monat).

Geschichte und Kultur einstiger Kolonie

Museu de Macau

Reproduktionen alter Karten, Schiffsmodelle sowie Gemälde illustrieren die Geschichte Macaus, des ehemaligen portugiesischen Verwaltungsgebiets gegenüber von Hongkong. Im vom portugiesischen Bildungsministerium betriebenen Museum gibt es außerdem die größte Sammlung chinesischer Kunst in Portugal zu sehen: Porzellan, Silberarbeiten und Fächer aus dem 18. bis 20. Jh. Zeitlich weiter zurück reicht die umfangreiche Kollektion von 1200 Münzen, die im 11. Jh. v. Chr. beginnt. Sehenswert ist auch die Abteilung mit Opiumpfeifen.

Rua da Junqueira, 30, ✆ 213617570, cccm.pt. Tram 15 ab Praça do Comércio bis Haltestelle Rua da Junqueira. Di–Fr 10–18 Uhr, an Feiertagen geschl. Eintritt 3 €, mit *Cartão Jovem,* Schüler & Studenten und ab 65 J. 50 % Ermäßigung.

Tejobrücke

Ponte 25 de Abril

Die Anfahrt auf der 2,3 km langen Hängebrücke über den Tejo, einem Meisterwerk der Brückenbaukunst, ähnelt einem Landeanflug – 70 m über Normalnull schwebt man in die Hauptstadt ein. 1966 wurde die anfangs *Ponte Salazar* genannte Brücke nach nur vierjähriger Bauzeit eingeweiht. Bis zu 3000 Arbeiter schufteten täglich, um die Brücke zu errichten. Sie verbauten alleine 72.600 t Stahl. Nach der Nelkenrevolution erhielt die Brücke ihren heutigen Namen. Obwohl beim Bau eine Eisenbahnlinie unter der Autofahrbahn vorgesehen war, um Lissabon auch per Zug mit der Tejo-Südseite zu verbinden, dauerte es über 30 Jahre, bis die Bahnlinie 1999 fertiggestellt war.

Am siebten Pfeiler zeigt das dortige Besucherzentrum **Experiência Pilar 7** eine Ausstellung zur Geschichte der Brücke und ermöglicht es, sie von Nahem zu erleben. Im Inneren der riesigen Betonpfeiler kann man sehen, wie die Tragseile aufgesplisst und an gigantische Betonblöcke als Gegengewicht angeflanscht sind. Überall ist der spezielle Klang des Bauwerks zu hören, der durch die Gitterroste der Fahrbahnen erzeugt wird. Ein ehemaliger Wartungsaufzug führt zu einer Aussichtsplattform direkt neben der Fahrbahn in 72 m Höhe. Durch eine Glasplatte kann man „in der Luft schweben" und bis

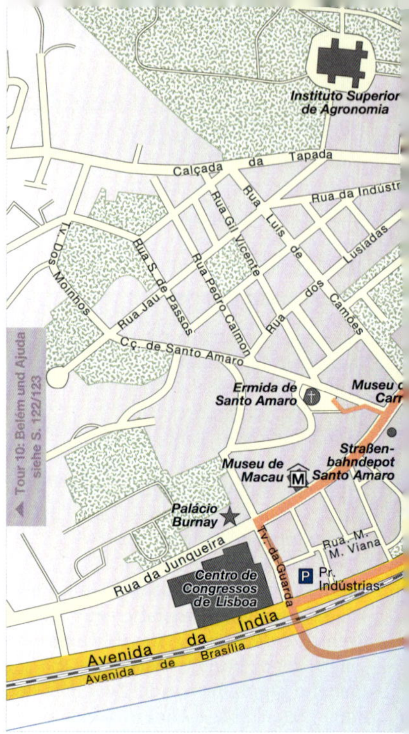

auf den Boden schauen: ein Spaß für alle Schwindelfreie.

Av. da Índia, Pilar 7 da Ponte 25 de Abril, ✆ 211 117880, visitlisboa.com/pilar-7-bridge-experience. Tram 15 bis Haltestelle Rua da Junqueira. Tägl. 10–18 Uhr. Nur 25.12. geschl. Letzter Einlass 60 Min. vor Schluss. Eintritt 5,50 €, Schüler, Studenten, bis 15 J. und ab 65 J. 3,70 €, unter 6 J. frei.

Lissabonner Hafen

Porto de Lisboa

Am Yachthafen Doca de Santo Amaro haben sich mehrere Bars und Restaurants in alten Hafenanlagen angesiedelt, die tags und nachts zahlreiche Besucher anlocken. Auf der anderen Seite des Hafenbeckens befindet sich der Hafenbahnhof Gare Marítima de Alcântara mit seiner interessanten Architektur aus den 1940er-Jahren. Von hier starteten im Zweiten Weltkrieg die Auswandererschiffe in die USA oder nach La-

teinamerika mit vielen Menschen aus ganz Europa, die vor den Nazis flüchteten. Später transportierten die Schiffe portugiesische Soldaten in die Kolonialkriege nach Afrika. Heute legen hier moderne Container- und Frachtschiffe an. Das Innere des Bahnhofs ist mit sehenswerten Fresken des portugiesischen Künstlers José de Almada Negreiros aus dem Jahr 1945 verziert.

Straßenbahn 15 bis Haltestelle Alcântara – Av. 24 de Julho. Kostenlose Führungen Mo–Fr um 10.30 und 14.30 Uhr (sie finden aber nur mit mindestens 10 Pers. statt). Anmeldung mindestens 2 Werktage vorher unter mloureiro@portodelisboa.pt oder ✆ 213611025, portodelisboa.pt.

Delfine beobachten

Terra Incógnita

Als während der Corona-Pandemie weniger Schiffe vor Lissabon unterwegs waren, schwammen überraschenderweise immer wieder Delfine in den Tejo. Seitdem werden auch Beobachtungstouren angeboten: Im Sommer geht es mit Schlauchbooten ab der Doca de Santo Amaro zu den Meeressäugern. Mit an Bord sind Biologen, die während der dreistündigen Touren Hinweise zum Verhalten der verschiedenen Delfinarten geben. Im Hochsommer sind sie oft im Flussgebiet selbst zu sehen, in den anderen Monaten muss man teils weit auf den Atlantik hinausfahren, um sie zu finden. Neben dem faszinierenden Blick auf die Meeressäuger lassen sich auch wunderbare Perspektiven auf das Lissabonner Flussufer genießen.

Doca de Santo Amaro (DOCAS), Armazém 17, ✆ 213021588 und 936992560, terraincognita.pt. Straßenbahn 15 bis Haltestelle Alcântara – Av. 24 de Julho. Von Mai bis Ende Okt. in der Regel tägl. um 9.30 Uhr (in den Monaten davor und danach manchmal auch an Wochenenden). Vorherige Reservierung sehr empfohlen. 65 € pro Person, 20 % Rabatt bis 12 J., ca. 10 %

Ermäßigung ab 65 J., Mindestalter 6 J. Schwimmwesten sind vorhanden und müssen während der Fahrt getragen werden. Jacke oder Fleece mitnehmen, da es auf dem offenen Meer recht frisch werden kann.

Hippotrip

Mit einem Amphibienfahrzeug geht es durch die Straßen der Stadt und von Belém bis in den Vorort Algés über den Tejo. Die kombinierte Straßen-/Flussrundfahrt dauert etwa 90 Minuten. Nicht nur bei Kindern kommt die Tour mit ihren sehr engagierten Animateuren (englisch, portugiesisch) gut an. Aus Sicherheitsgründen dürfen die ganz Kleinen aber erst ab 2 Jahren an Bord.

32 € pro Pers., bis 16 J. und ab 65 J. 18 €. Tägl. mehrere Rundfahrten. Reservierung empfohlen, da am Sa/So und in der Ferienzeit oft ausgebucht. Start am am Südostende der Doca de Santo Amaro vor der Associação Naval de Lisboa (ANL). ✆ 211922030, hippotrip.com.

Die Seefahrernation und der Ferne Osten

Museu do Oriente

Das Orient-Museum gehört zu den besten Sammlungen ostasiatischer Kunst in Europa. Die Ausstellung im 1. Stock des Gebäudes führt den Besucher nach Indien, Macau und Japan, die drei Regionen Asiens, mit denen die Portugiesen als Seefahrernation am meisten Kontakt hatten. Aus Macau bzw. China sind kunstvolle Seidengewänder, handbemaltes Porzellan und liebevoll verzierte Spielkisten zu sehen. Besonders auffällig ist das detailgetreue Modell einer 13-stöckigen Pagode aus Holz und Elfenbein, gefertigt im Jahr 1809. Aus Japan präsentiert das Museum beeindruckende Ritterrüstungen, kunstvolle Schwerter und winzige Medikamentenkisten. Kirchenmodelle, Kruzi-

Weinberg in Lissabon

Wie ein grüner Korridor zieht sich das Gelände der landwirtschaftlichen Fakultät der Universität Lissabon den Monsanto-Hügel nach oben. Wer das Tor an der Calçada da Tapada (erreichbar mit Bus 760 ab Cais do Sodré bis Halt Pavilhão Desportivo Ajuda) hinter sich gelassen hat, betritt eine ruhige Welt, die so gar nichts mit dem gewohnten, quirligen Stadtleben zu tun haben will. Neben den Universitätsgebäuden gibt es auf dem 100 ha großen Areal des *Instituto Superior de Agronomia* (isa.ulisboa.pt) Alleen, Äcker und sogar den einzigen Weinberg im Stadtgebiet Lissabons. Im oberen Bereich hat König Pedro V. 1861 die Sternwarte *Observatório da Ajuda* anlegen lassen, die inzwischen von Kiefern und hohen Kakteen umgeben ist. Außerdem überrascht die filigrane Eisenkonstruktion des Veranstaltungssaals *Pavilhão de Exposições*.

1966 vom Stahlkonzern US Steel gebaut: die Brücke des 25. April

Alcântara → Karte S. 114/115

fixe und Monstranzen veranschaulichen die Expansion des Christentums in Indien durch die Portugiesen. Auch eine der Erstausgaben des legendären Werkes „Os Lusíadas", in dem der Dichter Luís de Camões die Reisen der Portugiesen nach Asien verewigt hat, ist zu sehen. Der Teil zu Osttimor kommt dagegen deutlich kürzer – hier werden archaisch wirkende Holzmasken, Statuen und Tücher gezeigt.

Der 2. Stock des Museums widmet sich komplett den asiatischen Gottheiten. Prachtvoll beladene Altäre aus Indien, Tibet, China, Vietnam und Japan lassen die Religionen Asiens lebhaft vor Augen treten. In schneller Folge kann man sich ein Bild von Hinduismus, Buddhismus, Taoismus und Schintoismus verschaffen. Idealerweise würde man sich aber vor dem Museumsbesuch noch ein paar grundlegende Kenntnisse asiatischer Religionen aneignen, denn dann kann man die Masken, Götterstatuen und Gebetsrollen noch besser einordnen. Nicht verpassen sollte man v. a. die liebevoll hergestellten Figuren eines hinduistischen Schattentheaters von der indonesischen Insel Java. Alles ist portugiesisch und englisch beschildert, was die Orientierung erleichtert.

Der längliche Museumsbau namens *Edifício Pedro Álvares Cabral* fällt auch von außen ins Auge, entworfen hat ihn Architekt João Simões Antunes im Jahr 1939 im Estado-Novo-Stil. Sehenswert sind v. a. die Reliefe des Bildhauers Barata Feyo auf der Nordseite. Jahrzehntelang wurde hier eingesalzener Kabeljau *(bacalhau)* kühl gelagert. Beim Umbau der ehemaligen Lagerhalle in das 2008 eröffnete Museum hatten die Bauarbeiter einige Mühe, den intensiven Fischgeruch aus dem Gebäude zu bekommen.

Avenida de Brasília – Doca de Alcântara, ✆ 213585200, museudooriente.pt. Direkt neben dem Bahnhof Alcântara-Mar. Mit der Tram

15 ab Praça do Comércio bis Haltestelle Av. Infante Santo (dann die Brücke über die Bahnlinie nehmen). Di–So 10–18 Uhr, Fr bis 20 Uhr. Einlass bis 30 Min. vor Schluss. Eintritt 6 €, bis 12 J. 2 €, Studenten 2,50 €, ab 65 J. 3,50 €, Familien mit bis zu 3 Kindern 14 €, bis 5 J. frei sowie generell Fr 18–20 Uhr freier Eintritt. Vom mittags geöffneten Museumsrestaurant im obersten Stock genießt man einen herrlichen Blick auf den Hafen. Das Museumscafé dagegen findet man etwas verloren im Keller. Für Café und Restaurant ist der Eintritt frei.

Praktische Infos

→ Karte S. 114/115

Restaurants

Malaca Too 5, Mo–Sa 12.30–15 und 19.30–23 Uhr, So 12.30–19 Uhr. Auf dem Gelände der LX Factory an der Ostseite der Hauptstraße neben der Buchhandlung. Sehr kurioses Interieur: Man speist zwischen den ausrangierten Druckmaschinen, die hier früher in Betrieb waren. Ruhige Atmosphäre. Kleine Auswahl asiatischer Gerichte von Thailand über Vietnam, China und Korea bis Japan: Thai-Currys treffen auf Hongkong-Ente und japanische Gyoza. Rua Rodrigues Faria, 103, ✆ 213477082, Facebook. €€

Kulturzentrum LX Factory

Mein Tipp **O Mercado 2**, Di–Sa 7–24 und So 7–17 Uhr. Unter einem Brückenpfeiler der Ponte 25 de Abril in der Markthalle von Alcântara gelegen, nebenan eine Lidl-Filiale. Terrasse unter Zeltdach, dazu Speisesäle auf drei Etagen mit Platz für insgesamt 200 Personen. Vom 1. Stock kann man in den Markt blicken. Große Auswahl an schmackhaft zubereiteter portugiesischer Kost. Rua Leão de Oliveira, Mercado Rosa Agulhas, ✆ 213649113, restauranteomercado.pt. €€

Capricciosa 7, tägl. 12–24 Uhr. Helles, weiß-rot eingerichtetes Lagerhaus an der Doca de Santo Amaro. In den auf 2 Etagen befindlichen Speiseräumen der Pizzeria sowie v. a. auf der Terrasse kann man den Blick über den Yachthafen und die Brücke des 25. April schweifen lassen. Kinder können nebenan an einer kleinen Rutsche spielen. Wie bei allen Filialen dieser Kette ist die Lage superb, die Atmosphäre lebhaft und das Essen in Ordnung. Neben Pizzen auch viele Nudelgerichte und Salate. Weitere Filiale im Parque das Nações im Osten Lissabons (Passeio das Tágides, Lt 2.26.01). Doca de Santo Amaro – Armazém 8, ✆ 213955977, capricciosa.com.pt. €€

Einkaufen

Flohmarkt **LX Market 4**, So 10–19 Uhr. Auf dem Gelände der LX Factory sind höherwertige und trendigere Produkte im Angebot als auf Lissabons „klassischem" Flohmarkt, der Feira da Ladra, allerdings ist der LX Market auch deutlich kleiner. Hier gibt es vor allem Kleidung aus zweiter Hand, teilweise auch Neuware, Kindersachen und Bücher. Tram 15 bis Calvário. Rua Primeiro de Maio, 19 und Rua Rodrigues Faria, 103, lxmarket.com.pt.

Wein **Agrovinhos 3**, Mo–Fr 9.30–19.30 Uhr, Sa 9–13 Uhr. Weingeschäft in der Nähe des Largo do Calvário. Tausende Rot- und Weißweine aus ganz Portugal. Außerdem auch Portweine, Fruchtliköre und Schnäpse. Rua Fradesso da Silveira, 45/47, ✆ 213636944, lojadovinho.com.

Die Kais und Docks von Alcântara sind das Zentrum des Lissabonner Hafens

Grüne Stadtteile im Westen

Tour 10

Belém ist ein freundlicher Stadtteil an der Tejomündung, etwa 7 km westlich des Zentrums. Man findet dort viel Grün, gepflegte Parks, mehrere interessante Museen und das bemerkenswerteste Bauwerk Lissabons: das Jerónimos-Kloster im verspielten manuelinischen Stil. Auch das über Belém thronende Königsschloss Palácio Nacional da Ajuda beeindruckt.

Jardim Botânico da Ajuda, Pflanzenvielfalt und spektakulärer Brunnen, S. 122

Mosteiro dos Jerónimos, Portugals schönstes Kloster, S. 127

Museu de Arte Contemporânea MAC, moderne und zeitgenössische Kunst, S. 131

Torre de Belém, Wachturm im Tejo, S. 132

Superlative

Belém und Ajuda

Der eigentliche Kern von **Belém** ist relativ klein; entsprechend wohnen hier nur wenige Menschen. Dazu gehörten allerdings seit Anfang des 18. Jh. die gekrönten Häupter des Landes, die im Palácio de Belém residierten (sofern sie sich nicht gerade in einem ihrer übrigen Paläste in Ajuda, Queluz, Sintra oder Mafra aufhielten). Diese Tradition wird heute durch den portugiesischen Staatspräsidenten fortgeführt

Nordwestlich von Belém liegt der Stadtteil **Restelo,** das vornehmste Wohnviertel Lissabons. In den Einfamilienhäusern mit Garten und Tejoblick leben zahlreiche Diplomaten. Vom Ankerplatz in Restelo starteten die portugiesischen Seefahrer ihre Reisen ins Ungewisse: so Vasco da Gama, der im Juli 1497 aufbrach, um den Seeweg nach Indien zu entdecken, oder Pedro Álvares Cabral, der als erster Europäer nach Brasilien segelte. Allerdings wird die Anekdote erzählt, er sei nur deshalb dort angekommen, weil er bei der Umsegelung Afrikas einen zu großen Bogen Richtung Westen schlug …

Der nördlich von Belém gelegene Stadtteil **Ajuda** wirkt mit seinen einfachen, einstöckigen Häusern wie eine Kleinstadt oder sogar wie ein Dorf. Hier haben sich v. a. Angehörige der unteren Mittelschicht Lissabons niedergelassen.

Sehenswertes

Unvollendeter Königspalast

Palácio Nacional da Ajuda

Der große, weiße Bau war Sitz der letzten portugiesischen Könige und beherbergt eine Fülle an Möbelstücken und Kunstwerken aus dem 19. Jh.

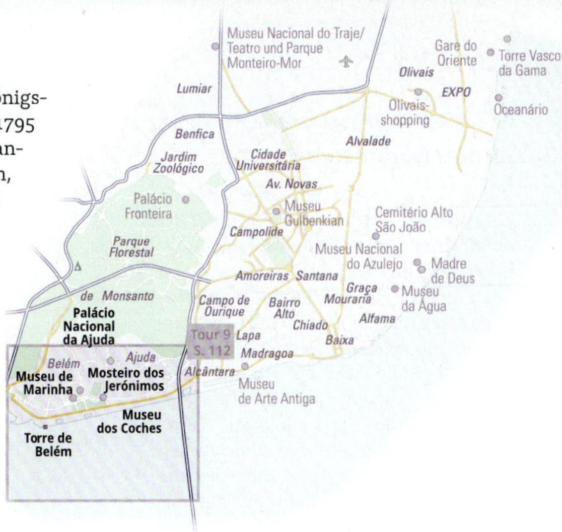

Der Grundstein des Königspalasts wurde im Jahr 1795 gelegt. An dieser Stelle standen zuvor Holzbaracken, die sog. *Barracas Reais*, in die sich die königliche Familie aus Angst vor Erdbeben zurückgezogen hatte. Die barocken Originalpläne für den Palast stammten vom portugiesischen Architekten Manuel Caetano de Sousa; kurz nach Baubeginn modifizierten der Italiener Francisco Fabri und der Portugiese José da Costa e Silva den Entwurf jedoch nach den Maßstäben der neuen klassizistischen Ästhetik. Aber schon 1807, als König João VI. vor den Invasionstruppen Napoleons nach Brasilien floh, ruhten die Bauarbeiten. Erst nach mehr als einem Jahrzehnt nahm man sie wieder auf; der Westflügel blieb allerdings unvollendet. 1861 zog die königliche Familie unter König Dom Luís I. in den klassizistischen Palast. Die Arbeiten am Palast wurden nach längeren Unterbrechungen immer wieder aufgenommen, der Westflügel aber erst 2022 nach 227 Jahren fertiggestellt.

Im unteren Geschoss des Palácio kann man die Gemächer des Königs und der Königin bewundern; das Zimmer der Königin ist ganz in Blau gehalten und mit einem riesigen Himmelbett ausgestattet. Im oberen Stockwerk befindet sich die mit dunklem Holz dekorierte Kunstgalerie von König Dom Luís. Anschließend folgen nach 130 m Korridor der prächtige Kronsaal und zwei Ballsäle mit großen Gemälden, glitzernden Kronleuchtern und hohen Decken.

Seit 2022 sind im modernen Westteil im **Museu do Tesouro Real** die Kronjuwelen Portugals zu sehen. Nach dem Ende der Monarchie 1910 waren sie der Öffentlichkeit nicht zugänglich, nun kann man die Schätze hier in voller Pracht bewundern. In den dunklen, fensterlosen Räumen kommen das glitzernde Silber und Gold und all die funkelnden Edelsteine bestens zur Geltung. Neben Kronen, Ohrringen und Halsketten werden auch Gewänder, Orden und Schwerter präsentiert. Sakrale Gegenstände, prachtvolles Tafelsilber sowie Porträts der Könige und Königinnen Portugals runden die Ausstellung ab. Am Ende des Rundgangs kann man in einer Cafeteria mit Meerblick den Glanz der Schmuckstücke „verdauen".

Largo da Ajuda. Ab Ⓜ Cais do Sodré mit Bus 760 bis Haltestelle Lg. Ajuda (Palácio) oder mit Tram 18 (nicht So/Fei) bis Halt Cç. Ajuda (Palácio). **Palast:** ✆ 213637095, Facebook. Do–Di 10–18 Uhr, an Feiertagen geschl., letzter Einlass 30 Min. vor Schluss. Eintritt 5 €, ab 65 J., mit Cartão Jovem, Studenten sowie Familien ab 2 Kindern 50 % Ermäßigung, bis 12 J. frei. Kombiticket mit Museu Nacional dos Coches (beide Teile) 12 €. **Museum:** ✆ 211163425, tesouroreal.pt. Tägl. 10–18 Uhr (Mai bis Sept. bis 19 Uhr), letzter Einlass 60 Min. vor Schluss. Am 25.12. geschl. Eintritt 10 €, bis 24 J. und ab 65 J. 7 €, Familien (2 Erw., 2 Kinder) 32 €, bis 6 J. frei. Sicherheitskontrollen wie am Flughafen. Rucksäcke und Taschen müssen in den Schließfächern gegenüber dem Eingang verstaut werden.

Pflanzenvielfalt und spektakulärer Brunnen

Jardim Botânico da Ajuda

König Dom José I. ließ den ältesten botanischen Garten Portugals bereits 1768 durch den italienischen Botaniker Domingos Vandelli anlegen. Seit 1910 gehört er zur landwirtschaftlichen Fakultät der Universität von Lissabon. Die schönste Zeit für einen Besuch ist Ende Mai bis Anfang Juni, wenn im oberen Teil die herrliche Jacaranda-Allee in violetter Blüte steht. Den unteren Teil dominieren dagegen exakt gestutzte Buchshecken in Dreiecksform. Im Schatten der seltenen tropischen Bäume streiten sich alte Männer beim Kartenspiel und toben eine Menge Kinder herum. Spektakulärer Höhepunkt des durch seine Pflanzenvielfalt geprägten Gartens ist der Brunnen *Fonte das 40 Bicas*, dessen 40 Wasseröffnungen als abenteuerliche Tiere gestaltet sind: Schlangen, Enten, Frösche, Fische und Seepferdchen speien um die Wette.

Calçada da Ajuda, ✆ 213622503, isa.ulisboa.pt/jba. Ab Ⓜ Cais do Sodré mit Bus 760 bis Haltestelle Lg. Ajuda (Palácio) oder mit Tram 18 (nicht So/Fei) bis Halt Cç. Ajuda (Palácio). Tägl. 10–17 Uhr (Sa/So/Fei bis 18 Uhr), Mai bis Sept. Mo–Fr 10–18 Uhr (Sa/So/Fei bis 20 Uhr). Eintritt 2 €, Studenten und ab 65 J. 50 % Ermäßigung, Familien mit bis zu 3 Kindern 5 €, unter 6 J. frei.

Barocke Dressurreitkunst

Picadeiro Henrique Calado

Pferdenarren können in der staatlichen portugiesischen Reitschule *(Escola Portuguesa de Arte Equestre)* das Training besuchen. Die Schule bewahrt die einzigartige Reitweise des portugiesischen Königshauses aus dem 19. Jh. mit ihren

Windmühlen mitten in Lissabon?

Etwa 750 m nordwestlich des Ajuda-Palastes drehen zwei Windmühlen ihre Segel. An den Verstrebungen befestigte Tonkrüge sorgen für ein pfeifendes Geräusch. 1762 errichtet, um Mehl für die Bewohner Lissabons zu mahlen, hat man sie 1965 renoviert. Wer den Weg hierher in die kleine Grünanlage Parque Recreativo dos Moinhos de Santana gefunden hat, wird außerdem mit einem der besten Blicke im Westen Lissabons belohnt: Von der Brücke des 25. April bis weit über den Atlantik reicht das Panorama. Geöffnet ist der Park an der Estrada de Caselas tägl. 9–18 Uhr (April bis Sept. bis 20 Uhr). Man erreicht ihn ab Ⓜ Cais do Sodré mit Bus 760 oder mit Tram 18 (nicht So/Fei) bis zur Haltestelle Cemitério da Ajuda.

außergewöhnlichen Luftsprüngen. Zuerst darf man in den Stallungen Pátio da Nora (auf der gegenüberliegenden Straßenseite der Reithalle) bei den Vorbereitungen zusehen. Beim anschließenden Training in der Reithalle kann man beobachten, wie feinfühlig und genau die Reiter ihre braunen Lusitanos dressieren. Diese muskulösen Barockpferde sind mit den spanischen Andalusiern verwandt; seit Jahrhunderten werden sie in Portugal vor allem für den Stierkampf gezüchtet. Neben dem Training werden in der Reithalle mehrmals pro Monat 45-minütige Vorführungen und einmal im Monat eine eineinhalbstündige Gala geboten, bei denen sich die Reiter in traditionelle Seidenkostüme kleiden (Termine und Vorverkauf auf der Website).

Calçada da Ajuda, 23, ✆ 219237300, arteequestre.pt. Straßenbahn 15 bis Haltestelle Belém. Training *(Manhãs da Arte Equestre):* Mo–Do 10–13 Uhr. Eintritt 8 €, bis 18 J. und ab 65 J. 6 €, Familien (2 Erw. und 2 Kinder) 25 €, bis 5 J. frei. 10 % Ermäßigung beim Online-Kauf. Gala: meist am letzten Fr im Monat um 21.30 Uhr. Eintritt 25 €, bis 18 J. und ab 65 J. 22 €, Familien 83 €, bis 5 J. frei.

Präsidentensitz und Museum

Palácio de Belém

Der rosarote Palast dient den portugiesischen Staatspräsidenten seit 1912 als Amtssitz und offizielle Wohnung. König Dom João V. hatte das Gebäude im Jahr 1726 erworben und es zur königlichen Residenz umbauen lassen. Die Säle sind mit goldenen Wandtüchern, Kronleuchtern und Gemälden verziert. Ein schöner Springbrunnen liegt inmitten der herrlichen Gärten, umgeben von gelben und roten Rosen sowie kunstvoll beschnittenen Buchshecken. Unterhalb des Palastbalkons mit herrlichem Tejoblick hat man in einer kleinen Einbuchtung Reliefe römischer Kaiser eingelassen; so kann sich selbst der republikanische Präsident ein bisschen als Monarch fühlen. In einem Nebengebäude ist das **Museu da Presidência** untergebracht. Hier werden Geschenke anderer Staatsoberhäupter, Orden und persönliche Gegenstände der Präsidenten ausgestellt, darunter das berühmte Monokel António de Spínolas, des ersten Präsidenten nach der Nelkenrevolution.

Praça Afonso de Albuquerque, ✆ 213614660, museu.presidencia.pt. Straßenbahn 15 bis Haltestelle Belém. **Palast:** Besichtigung nur Sa 10.30, 11.30, 14.30, 15.30 und 16.30 Uhr (bei Terminen des Präsidenten keine Besichtigung möglich!). Eintritt (Palast und Museum) 5 €, Studenten und ab 65 J. 3,50 €, bis 14 J. frei, Familien (5 Pers.) 14 €. **Museum:** Di–Fr 10–18 Uhr, Sa/So 10–13 und 14–18 Uhr. An Feiertagen geschl., Einlass bis 30 Min. vor Schluss. Eintritt 2,50 €, Studenten und ab 65 J. 1,50 €, Familien (bis zu 5 Pers.) 6 €, bis 14 J. und generell So bis 13 Uhr freier Eintritt. Sicherheitschecks wie am Flughafen.

Wachablösung der Präsidentengarde GNR am Palácio de Belém

Wachwechsel und Reitergarde

An jedem dritten Sonntag im Monat findet um 11 Uhr der feierliche Wachwechsel *Render da Guarda* der Guarda Nacional Republicana vor dem Palast statt. Militärkapellen begleiten die Paraden der ankommenden und abziehenden Gardisten musikalisch. Nach dem Wachwechsel gibt es eine Zugabe der Reitergarde *Charanga a Cavalo da GNR* im Park Jardim Vasco da Gama direkt nebenan: Die Lusitanos werden dafür prächtig herausgeputzt, der Kapellmeister reitet traditionell auf einem der seltenen Schecken. Nach eigenen Angaben ist das die einzige Militärreitkapelle der Welt, die ihre Instrumente wie Trommeln, Trompeten und Glockenspiele in allen Gangarten vom Schritt über Trab bis zum Galopp spielt. Facebook.

Kutschen, Kutschen, Kutschen

Museu Nacional dos Coches

Am Rand der Altstadt von Belém fällt der wuchtige Neubau mit seinen ausladenden Stahlbetonträgern ziemlich aus dem Rahmen. Im Inneren versteht man aber die Motive des brasilianischen Architekten Paulo Mendes da Rocha: In den riesigen, flugzeughangarähnlichen Hallen kommen die Kutschen perfekt zur Geltung.

Das älteste Gefährt stammt aus dem Jahr 1619 und gehörte dem spanischen König Philipp IV., der Portugal als Filipe III. in Personalunion regierte. Interessant sind die in Portugal *Berlindas* genannten Modelle, die ursprünglich in Berlin entwickelt und nach der deutschen Hauptstadt benannt wurden: Hier ist die Passagierkabine für mehr Komfort an Lederriemen aufgehängt. Besonders entzücken die kleinen Kutschen, in denen die Prinzen und Prinzessinnen von Ponys durch die Gärten der Königspaläste gezogen wurden. Genauer ansehen sollte man sich die Kutsche, in der 1908 König Carlos I. und Kronprinz Manuel erschossen wurden (→„Baixa“, S. 27): Die Einschusslöcher sind noch gut zu erkennen.

Gesalzene Strafe – Beco do Chão Salgado

Am Ende der Rua de Belém, kurz vor dem Mosteiro dos Jerónimos, liegt auf der rechten Straßenseite eine kleine Sackgasse mit einem steinernen Denkmal. Die Säule erinnert an den am 12. Januar 1759 auf Befehl des Marquês de Pombal zerstörten Palast der Familie Mascarenhas. Dom José de Mascarenhas, Oberhaupt der Adelsfamilie und Herzog von Aveiro, hatte am 3. September 1758 ein Attentat auf König Dom José I. initiiert, das aber scheiterte. Pombal ließ den Fürsten und vier weitere Mitglieder der Familie am 12. Januar 1759 in Belém hinrichten – an die fünf Toten erinnern die fünf Ringe der Gedenksäule. Außerdem befahl Pombal, den Boden zu versalzen, damit die Gärten auf immer unfruchtbar blieben. So erklärt sich auch der Name der Sackgasse, den man mit „Gasse des versalzenen Bodens" übersetzen kann.

Als Nebengebäude des Museums dient die ehemalige Reithalle *(Picadeiro Real)* des Königsschlosses von Belém schräg gegenüber auf der anderen Straßenseite. Gezeigt werden hier acht weitere goldglänzende Gefährte, die von der Prunksucht und Verschwendung früherer Zeiten zeugen. Im Obergeschoss sind Ölporträts der Dynastie Bragança sowie das Brautkleid von Königin Amélia, die hier 1904 dieses weltweit einzigartige Museum ins Leben gerufen hatte, ausgestellt. Mit über 300.000 Besuchern pro Jahr ist es heute Portugals meistbesuchtes Museum.

Avenida da Índia, 136 und Praça Afonso de Albuquerque, ✆ 210732319, museudoscoches.gov.pt. Straßenbahn 15 bis Haltestelle Belém. Neubau: Di–So 10–18 Uhr. Picadeiro Real: Mi–Mo 10–18 Uhr. Beide an Feiertagen geschl. und letzter Einlass jeweils 30 Min. vor Schluss. Eintritt nur Neubau 8 €, nur Picadeiro Real 4 €, Kombiticket 10 €. Ab 65 J., Studenten, mit *Cartão Jovem* sowie Familien ab 2 Kindern 50 % Ermäßigung, bis 12 J. frei.

Erdbeben selbst erleben

Quake – Centro do Terramoto de Lisboa

Es gibt keine andere Lissabonner Sehenswürdigkeitkeit, die einen so erschüttert – im wahrsten Sinne des Wortes! Der geführte Rundgang durch das aus massivem Beton erbaute multimediale Erlebniszentrum ist sorgsam choreografiert: Zuerst wird den Besuchern anhand von Modellen und Schautafeln plastisch erläutert, wie sich Kontinentalplatten bewegen und so Erdbeben und Tsunamis erzeugen. Die Beben von San Francisco (1906) und Japan (2011) geben dem Geschehen eine globale Perspektive, doch im Fokus bleibt immer das Lissabonner Beben von 1755 mit seiner ungewöhnlichen Stärke von 8,5 auf der Momenten-Magnituden-Skala (→ Stadtgeschichte S. 374).

Im Anschluss wird man in eine nachgebaute Kirche versetzt und während eines virtuellen Allerheiligen-Gottesdienstes am Morgen des 1. November 1755 ganz real und sehr kräftig durchgeschüttelt. Doch nach diesem beeindruckenden Höhepunkt ist noch lange nicht Schluss: Die folgenden Räume sind der Lissabonner Altstadt nachempfunden und lassen die Zerstörungen durch den folgenden Großbrand und Tsunami nachempfinden.

Der letzte Bereich widmet sich dem Wiederaufbau und der systematischen Erfassung des Erdbebens unter Marquês de Pombal. Hier schildern historische Figuren ihre persönliche Sicht der Ereignisse, darunter eine portugiesische Äbtissin, eine afrikanische Sklavin und ein deutscher Kaufmann.

Rua Cais da Alfândega Velha, 39, lisbonquake.com. Straßenbahn 15 bis Haltestelle Belém. Zugang am einfachsten über den Hinterhof des

Museu Nacional dos Coches. Tägl. 10–18 Uhr. Dauer der Führung ca. 1:45 Std. Man muss sich 15 Min. vor Beginn einfinden. Die komplette Ausstellung sollte erst ab 6 Jahren besichtigt werden! Schwangeren oder Menschen mit eingeschränkter Mobilität wird empfohlen, im Simulationsraum einen speziellen, bebenfreien Bereich aufzusuchen. Eintritt: je nach Auslastung 21–31 €, bis 12 J. ca. 25 % Ermäßigung, ab 65 J. 20 %. Man sollte online reservieren, da oft ausverkauft und man so noch 10 % Rabatt bekommt. WLAN frei. Wem die Zeit fehlt, die vielen auf Englisch und Portugiesisch beschrifteten Ausstellungsstücke zu studieren, kann sich einige Texte auch mit Hilfe eines RFID-Armbandes, das vor der Führung verteilt wird, zuschicken lassen.

Futuristisches Kunst-Museum

MAAT

In dem elegant in Form einer Welle geschwungenen futuristischen Gebäude am Tejoufer zeigt die Stiftung des ehemaligen Strommonopolisten *EDP* Ausstellungen moderner Kunst und Architektur. Der volle Namen des Museums lautet daher auch: *Museu de Arte, Arquitetura e Tecnologia – Fundação EDP.* Das vom britischen Büro *Amanda Levete Architects* entworfene Bauwerk ist mit weißen Keramikplatten überzogen, die das Sonnenlicht je nach Tageszeit unterschiedlich reflektieren. Auch aufgrund des frei begehbaren Daches mit Tejoblick einer der beliebtesten Orte Lissabons auf den Social-Media-Plattformen. Trotz der faszinierenden Architektur sollte man die eigentlichen Museumsräume im Keller nicht vergessen. Das Museum wird vor allem mit beeindruckend großen Kunst- und interessanten Video-Installationen aus der Schnittmenge der Themen Kunst, Architektur und Technologie bespielt (keine feste Sammlung).

Av. de Brasília, Central Tejo, ✆ 210028130, maat.pt. Straßenbahn 15 bis Haltestelle Altinho (MAAT). Mi–Mo 10–19 Uhr, an Feiertagen geschl. Eintritt 11 €, Studenten, unter 18 J. und ab 65 J. 8 €, Familien 23 €, bis 12 J. frei. Die Tickets sind auch in der Central Tejo gültig! Am ersten So im Monat bis 13 Uhr generell frei. Der Museumsshop lohnt mit seinen Designartikeln einen Besuch, schöne Mitbringsel sind z. B. T-Shirts mit MAAT-Logo.

Energieerzeugung früher und heute

Central Tejo

Das Elektrizitätsmuseum befindet sich in einem sehenswerten alten E-Werk direkt am Tejo und damit in einem der

Architekturmuseum MAAT vom Fluss aus gesehen: elegant geschwungen

wenigen zu besichtigenden Industriedenkmäler Lissabons. Betrieben wird es, gemeinsam mit dem benachbarten MAAT (s. o.), von der *Fundação EDP*. Das Kohlekraftwerk selbst wurde 1914 erbaut und versorgte Lissabon bis 1951 mit Strom; danach wurde es durch das Wasserkraftwerk *Castelo do Bode* abgelöst. Tejoschiffe lieferten damals die Kohle an, die dann von Förderbändern ins Kraftwerk transportiert wurde. Relikte aus dieser Zeit sind heute noch zu sehen, z. B. Öfen, Lüftungsrohre, Turbinen, Generatoren und Kommandotische (Beschriftungen auch auf Englisch). Besonders beeindruckend ist die Maschinen-Haupthalle: Hier werden wechselnde Ausstellungen moderner Kunst und Architektur gezeigt.

Av. de Brasília, Central Tejo, ✆ 210028130, maat.pt. Straßenbahn 15 bis Haltestelle Altinho (MAAT). Mi–Mo 10–19 Uhr, an Feiertagen geschl. Eintritt 11 €, Studenten, unter 18 J. und ab 65 J. 8 €, Familien 23 €, bis 12 J. frei. Die Tickets sind auch im MAAT gültig! Am 1. So im Monat bis 13 Uhr generell frei.

Exotische Pracht

Jardim Botânico Tropical

Inmitten von Palmenalleen und Teichen wachsen auf dieser 7 ha großen Anlage tropische und subtropische Pflanzen aus allen Erdteilen, darunter Drachenbäume, Araukarien (Schuppentannen) und Feigenbäume. Früher war sie Teil der königlichen Gärten des Palácio de Belém. Nach dem Ende der Monarchie machten die Republikaner den Garten öffentlich zugänglich. Wer Ruhe von den Touristenmassen in Belém sucht, ist hier richtig.

Largo dos Jerónimos, ✆ 213921808, museus.ulisboa.pt. Straßenbahn 15 bis Haltestelle Mosteiro dos Jerónimos. Tägl. 10–17 Uhr, April bis Sept. bis 20 Uhr. Letzter Einlass 30 Min. vor Schluss. An Feiertagen geschl. Eintritt 5 €, ab 65 J. 4 €, Familien (2 Erw., 2 Kinder) 12,50 €, Studenten 50 % Ermäßigung, unter 10 J. frei. So generell bis 13 Uhr frei.

Central Tejo: ehemaliges Kohlekraftwerk

Portugals schönstes Kloster

Mosteiro dos Jerónimos

Das Hieronymiten-Kloster – Lissabons schönstes Kloster – gilt als vollkommenstes Werk der Manuelinik, der portugiesischen Variante der Spätgotik. Von der weiten Parkanlage vor dem 300 m langen Gebäude kommt die reich verzierte Kalksteinfassade voll zur Geltung. Mehr als eine Million Menschen besuchen Portugals bedeutendste Sehenswürdigkeit pro Jahr.

Laut einer weit verbreiteten Legende ließ König Manuel I. das Kloster 1499 zu Ehren der Entdeckung des Seewegs nach Indien bauen. Die historischen Fakten sehen allerdings anders aus: Bereits 1496 hatte Papst Alexander VI. dem portugiesischen König den Bau des Klosters in Belém genehmigt – ein Jahr bevor Vasco da Gama zu seiner berühmten Reise aufbrach ...

Die Arbeiten an dem auch *Santa Maria de Belém* genannten Konvent begannen 1501. Bis zur Fertigstellung vergingen

Belém und Ajuda → Karte S. 122/123

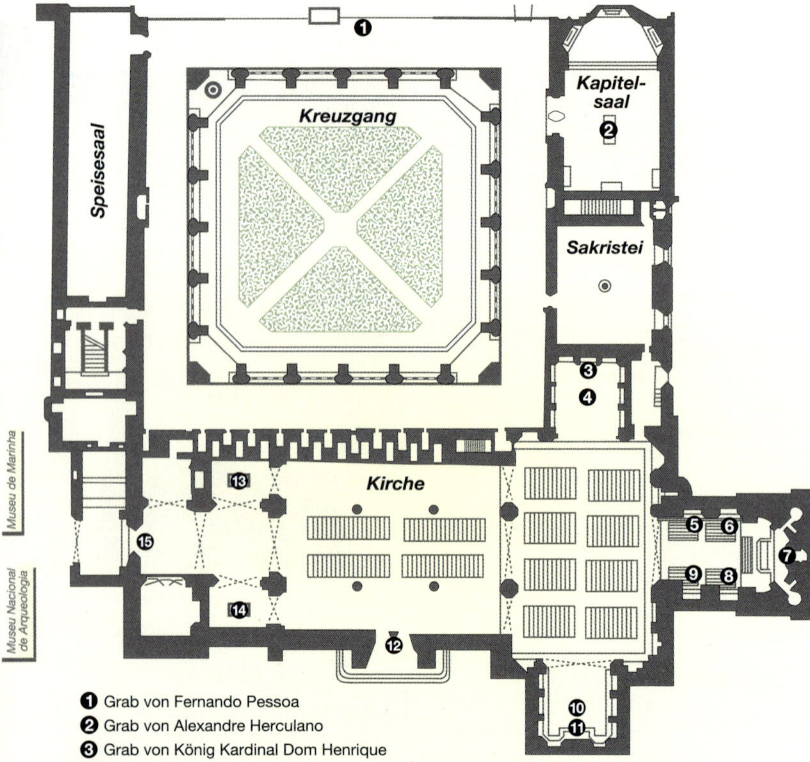

❶ Grab von Fernando Pessoa
❷ Grab von Alexandre Herculano
❸ Grab von König Kardinal Dom Henrique
❹ Gräber der Kinder von Dom Manuel I.
❺ Grab von Königin Dona Maria de Castela
❻ Grab von König Dom Manuel I.
❼ Grab von König Dom Alfonso VI. und Herzogin Dona Catarina de Bragança
❽ Grab von König Dom João III.
❾ Grab von Königin Dona Catarina de Castela
❿ Gräber der Kinder von Dom João III.
⓫ Symbolisches Grab von Dom Sebastião
⓬ Südportal
⓭ Grab von Vasco da Gama
⓮ Symbolisches Grab von Luís de Camões
⓯ Westportal

10 m

Mosteiro dos Jerónimos

etwa hundert Jahre, beteiligt waren insgesamt vier Architekten: Diogo de Boitaca, João de Castilho, Diogo de Torralva und Jerónimo de Ruão. Der lange Westflügel ist gar erst in der zweiten Hälfte des 19. Jh. gebaut worden, um dort das Marine- und das Archäologiemuseum unterzubringen.

Geweiht wurde das Kloster dem Ordensgründer Hieronymus, dessen kirchengeschichtliche Bedeutung v. a. darin liegt, im Auftrag von Papst Damasius I. eine verbindliche lateinische Bibelübersetzung geschaffen zu haben, die sog. *Vulgata*. In Portugal hatten die Mönche des Hieronymiter-Ordens u. a. die Aufgabe, für die Seele des Königs zu beten und den am Strand von Restelo abfahrenden Seeleuten geistlichen Beistand zu leisten.

Das Kloster wurde infolge der Säkularisierung 1834 aufgelöst. Bis 1940 diente es als Waisenhaus. Heute gilt es als *das* Bauwerk der portugiesischen Nation schlechthin. Sein Symbolwert ist beträchtlich, denn hier ruhen nicht nur die Könige der Dynastie Aviz, unter der Portugal seinen Höhepunkt an internationaler Bedeutung erreichte, sondern mit Luís de Camões, Alexandre Herculano und Fernando Pessoa auch drei der wichtigsten portugiesischen Schriftsteller sowie der bedeutende Seefahrer Vasco da Gama. Seit 1983 zählt das Kloster zum UNESCO-Weltkulturerbe.

Über dem großartig geschmückten **Südportal** an der 300 m langen Fassade ist Maria mit dem Jesuskind dargestellt, über dem **Westportal** die Geburt Jesu – beides Anspielungen auf den Namen des Klosters (Belém = Bethlehem). Außerdem sind am Westportal zwei Figurengruppen des französischen Bildhauers Nicolas Chantereine zu sehen: Die linke zeigt König Manuel I. (kniend) mit dem hl. Hieronymus; rechts Königin Dona Maria, begleitet von Johannes dem Täufer.

Das **Kirchenschiff** wird von zitronengelbem Licht durchflutet, welches durch eine Rosette an der Westseite hereinfällt. Sechs reich verzierte, 25 m hohe Säulen erinnern an einen Palmengarten. Unter der Empore stehen zwei mächtige Sarkophage. Gleich links neben dem Eingang erkennt man das Grabmal Vasco da Gamas mit den Symbolen von Macht und Eroberung: Weltkugel, Karavelle und Kreuzritterzeichen. Auf der anderen Seite befindet sich das Grabmal der schönen Künste mit Buch, Federkiel und Leier. Letzteres wurde symbolisch zu Ehren des Dichters Luís de Camões geschaffen, der dort nicht wirklich beigesetzt werden konnte, da er 1580 als Opfer einer Pestepidemie seine letzte Ruhe in einem Massengrab fand.

Der **Chor** entstand erst einige Jahrzehnte nach dem Kirchenschiff unter der Leitung der Architekten Diogo de Torralva und Jerónimo de Ruão als Mausoleum für das Königshaus Aviz. Er hebt sich mit seinem farbigen Marmor und seinem italienischen klassisch-nüchternen Renaissancestil völlig von der übrigen Kirchengestaltung ab.

Die Top-Sehenswürdigkeit Lissabons: Kreuzgang des Mosteiro dos Jerónimos

Belém und Ajuda → Karte S. 122/123

Märchenhaft verspielt ist der **Kreuzgang.** Dessen Untergeschoss wurde 1517 vom französischen Architekten Boytac (in Portugal *Diogo de Boitaca* genannt) im rein manuelinischen Stil entworfen. Einige Jahrzehnte später entstand das Obergeschoss unter dem Baumeister João de Castilho – es ist bereits deutlich sichtbar von Renaissance-Einflüssen geprägt.

Im oberen Teil des Kreuzgangs befindet sich auch der Eingang zur Empore. Neben einem beeindruckenden Blick in die Kirche sind hier Gemälde der zwölf Apostel und ein altes Holzkruzifix zu sehen. Außerdem kann man sich im Obergeschoss in einer Ausstellung über die Geschichte des Klosters informieren. Auf dem Gang im Untergeschoss erinnert ein Monument an den Dichter Fernando Pessoa. Er wurde 1985 vom Friedhof Cemitério dos Prazeres hierher umgebettet.

Praça do Império, ✆ 213620034, mosteirojeronimos.pt. Straßenbahn 15 bis Haltestelle Mosteiro dos Jerónimos. Di–So 10–18 Uhr, an Feiertagen geschl. Letzter Einlass 30 Min., Ticketverkauf bis 60 Min. vor Schluss. Freier Eintritt in die Kirche. Eintritt Kreuzgang 10 €, mit Cartão Jovem, Studenten, ab 65 J. sowie Familien ab 2 Kindern 50 % Ermäßigung, bis 12 J. frei.

Tipp: Häufig gibt es sehr lange Warteschlangen vor dem Eingang in den Kreuzgang (nicht dagegen zur Besichtigung der Kirche). Es empfiehlt sich, Tickets für das Mosteiro dos Jerónimos online unter mosteirojeronimos.pt zu kaufen.

Schätze portugiesischer Archäologie

Museu Nacional de Arqueologia

Das Museum im Nebenflügel des Jerónimos-Klosters präsentiert archäologische Kostbarkeiten aus allen Regionen Portugals wie frühgeschichtliche Steinwerkzeuge, Äxte aus der Bronzezeit, römische Amphoren, maurische Grabsteine oder Säulen aus dem hohen Mittelalter – alles gut arrangiert. Eine eigene Abteilung ist der Geschichte Ägyptens gewidmet. Darüber hinaus gibt es regelmäßig sehenswerte Sonderausstellungen. Gegründet wurde das Museum 1893 von dem portugiesischen Archäologen José Leite de Vasconcelos. Nach dem Ende der Monarchie brachte man auch die königlichen Sammlungen hierher.

Praça do Império, ✆ 213620000, museunacionalarqueologia.gov.pt. Straßenbahn 15 bis Haltestelle Mosteiro dos Jerónimos. Di–So 10–18 Uhr, an Feiertagen geschl. Letzter Einlass 30 Min. vor Schluss. Eintritt 5 €, Studenten, mit Cartão Jovem, Familien ab 2 Kindern und ab 65 J. 50 % Ermäßigung, bis 12 J. frei. Hinweis: Voraussichtlich bis 2025 für Renovierungsarbeiten geschlossen.

Das maritime Erbe Portugals

Museu de Marinha

In den Räumen des Marinemuseums im Westflügel des Jerónimos-Klosters wird die Geschichte der portugiesischen Seefahrt dokumentiert. Zu sehen gibt es Schiffsmodelle, Karten und Marineuniformen. Am interessantesten sind die Karavellen der alten portugiesischen Entdecker. In einer Nebenhalle *(Pavilhão das Galeotas)* können traditionelle Fischer- und Fährboote, Yachten, Galeeren, Kanus und alte Walfangboote von den Azoren im Original bewundert werden. Der Kuppelbau nebenan beherbergt das ebenfalls zum Museum gehörende Planetarium, das *Planetário Calouste Gulbenkian* (Eintritt extra, Vorführtermine siehe Webseite).

Praça do Império, ✆ 210977388, ccm.marinha.pt/pt/museu. Straßenbahn 15 bis Haltestelle Centro Cultural de Belém. Tägl. (außer Fei) 10–17 Uhr (Mai bis Sept. bis 18 Uhr). Letzter Einlass 30 Min. vor Schluss. Eintritt 7 €, bis 12 J. und über 65 J. 50 % Ermäßigung, bis 3 J. frei, Familien (2 Erw., 2 Kinder) 18 €. Am 1. So im Monat und am 18.4., 18.5., 20.5., 22.7. und 16.11. generell frei.

Kultur in modernem Monumentalbau

Centro Cultural de Belém – CCB

Das Kulturzentrum von Belém ist der bedeutendste zeitgenössische Neubau, der vom portugiesischen Staat in Auftrag gegeben wurde. Der gigantische Komplex, ganz in leicht rosafarbenem Marmor aus dem Alentejo gehalten, verschlang gleich mehr als das Sechsfache der ursprünglich vorgesehenen Baukosten von 32,5 Mio. Euro. Dabei war der sehenswerte, von den Architekten Vittorio Gregotti aus Italien und Manuel Salgado aus Portugal entworfene Bau nicht einmal pünktlich fertig geworden. In den Auditorien finden gut besuchte Konferenzen, Konzerte und Tanzaufführungen statt. Außerdem ist hier das Museu de Arte Contemporânea MAC für moderne Kunst untergebracht (s. u.).

Auf der anderen Seite der Praça do Império, des Vorplatzes des Kulturzentrums, liegt der Park **Jardim Vasco da Gama** samt Spielplatz, den portugiesische Familien gerne für eine Pause vom Belém-Besuchsmarathon nutzen. Hier können aufmerksame Besucher eine kunstvoll verzierte Holzpagode entdecken, die Thailand 2012 den Portugiesen zum 500-jährigen Jubiläum der bilateralen Beziehungen schenkte.

Praça do Império, ✆ 213612400, ccb.pt. Straßenbahn 15 bis Haltestelle Centro Cultural de Belém.

Moderne und zeitgenössische Kunst

Museu de Arte Contemporânea MAC

Das Museum im Centro Cultural de Belém (CCB) beherbergt Portugals beste Sammlung moderner und zeitgenössischer Kunst. Gezeigt werden Werke aus der Sammlung des 1944 auf Madeira geborenen Finanzinvestors Joe Berardo. Als er seine Steuerschulden

CCB – Centro Cultural de Belém

nicht mehr beglich, konfiszierte der Staat kurzerhand sein Museum und benannte es um.

Die ausgestellten Arbeiten bieten einen guten Überblick über moderne Kunstrichtungen von Surrealismus über Pop-Art bis zu zeitgenössischen Videoinstallationen, darunter Werke von Künstlern des 20. Jh. wie Hans (Jean) Arp, Salvador Dalí, Marcel Duchamp, Max Ernst, René Magritte, Joan Miró und Pablo Picasso.

Weite Hallen lassen die großformatigen Werke von Pop-Art-Künstlern wie Roy Lichtenstein, Robert Rauschenberg und Andy Warhol gut zur Geltung kommen. Portugiesische Künstler sind im Museum allerdings nur spärlich vertreten. Viel Raum für meist sehenswerte Sonderausstellungen.

Praça do Império, ✆ 213612627, ccb.pt. Tram 15 bis Haltestelle Centro Cultural de Belém. Di–So 10–19 Uhr, Fei geschl. Letzter Einlass 30 Min. vor Schluss. Eintritt 5 €, 50 % Ermäßigung bis 18 J. und ab 65 J. sowie für Studenten, bis 6 J. frei. Am ersten So im Monat generell freier Eintritt.

Belém und Ajuda → Karte S. 122/123

Windrose und Karte der ehemaligen portugiesischen Kolonien vor dem Padrão dos Descobrimentos

Denkmal mit Aussichtsplattform

Padrão dos Descobrimentos

Das wie der Bug einer Karavelle geformte „Denkmal der Entdeckungen" stammt aus der Salazar-Zeit. Die erste Version war 1940 im Rahmen einer Ausstellung zur Präsentation Portugals und seiner Kolonien noch aus schlecht haltbarem Material erbaut worden. 1960, im Jahr des 500. Todestages Heinrich des Seefahrers, dessen Seefahrerschule von Sagres die Keimzelle der überseeischen Expeditionsfahrten war, ersetzte die Regierung es durch eine stabile Stahlbetonkonstruktion. Vorne auf der Reling sind die Heroen der portugiesischen Entdeckungsfahrten aufgereiht, an ihrer Spitze Prinz Heinrich.

Betrachtet man das Denkmal von einem vorbeifahrenden Schiff aus, so sieht es wie der Bug einer echten Karavelle aus. Von Landseite erscheint es dagegen wie ein riesiges Schwert, das Wahrzeichen der Dynastie Aviz, unter der die Kolonien erobert und unterworfen wurden. Über das Innere des Denkmals gelangt man hinauf zu einer Aussichtsplattform (Aufzug vorhanden) – von hier oben hat man einen sehr guten Ausblick auf Belém und den Tejo (ob der allerdings den gesalzenen Eintrittspreis rechtfertigt, ist fragwürdig).

Auf dem Platz vor dem Denkmal sind auf einer Windrose mit riesiger Marmorweltkarte alle ehemaligen überseeischen Kolonien des Landes eingearbeitet. Portugal erhielt die Weltkarte als Geschenk der Republik Südafrika.

Av. Brasília, ✆ 213031950, padraodosdescobrimentos.pt. Straßenbahn 15 bis Haltestelle Centro Cultural de Belém. Auf der anderen Seite der Bahnlinie nach Cascais (Fußgängerunterführung). Tägl. 10–18 Uhr (März bis Sept. bis 19 Uhr), Fei geschl. Letzter Einlass 30 Min. vor Schluss. Eintritt 10 €, ab 65 J. 8,50 €, bis 25 J. 50 % Nachlass, bis 12 J. frei.

Wachturm im Tejo

Torre de Belém

Der kunstvoll im manuelinischen Stil gehaltene Verteidigungsturm wurde zwischen 1514 und 1520 unter Leitung des Architekten Francisco de Arruda erbaut. Ab 1580 diente er den spanischen Eroberern als Kerker für unbequeme Patrioten. Während der napoleonischen Invasion zwischen 1807 und 1809 wurde er dann zerstört; knapp 40 Jahre später, im Jahr 1846, ließ man ihn rekonstruieren. Ursprünglich stand der Turm mitten im Fluss, das Jerónimos-Kloster direkt am Ufer. Durch Aufschüttungen und das Erdbeben von 1755 wurde das Ufer weiter hinausgeschoben, sodass der Turm nun von Land aus zugänglich ist. Über eine Zugbrücke geht es ins relativ kleine Innere, das jährlich von etwa 700.000 Menschen aus aller Welt besucht wird, v. a. im Hochsommer steht der Wehrturm – Lissabons beliebtestes Fotomotiv – immer wieder kurz vor der Überfüllung. Die Aussichtsplattform ganz oben bietet einen guten Blick auf die umliegenden Stadtteile und den Tejo.

✆ 213620034, torrebelem.gov.pt. Straßenbahn 15 bis Haltestelle Largo da Princesa. Di–So 9.30–18 Uhr, an Feiertagen geschl. Letzter Einlass 30 Min., Ticketverkauf 45 Min. vor Schluss. Eintritt 6 €, ab 65 J., Studenten, mit Cartão Jovem sowie Familien ab 2 Kindern 50 % Ermäßigung, bis 12 J. frei. Ticketvorverkauf online aufgrund der Warteschlangen sehr empfohlen.

Militärmuseum

Museu do Combatente

Das Militärmuseum des portugiesischen Veteranenverbandes ist im Forte do Bom Sucesso untergekommen. Die sehenswerte Festung wurde 1780 vom französischen General Guilherme de Vallerée entworfen, um die Verteidigungslinie am Tejo zu stärken. Unter freiem Himmel sind Panzerwagen, Kanonen und Flak-Scheinwerfer zu sehen. Zahlreiche Innenräume beherbergen Ausstellungen zu Luftwaffe (Flugzeugmodell-Sammlung), Heer, Marine, Polizei PSP und den Kolonialkriegen. Der Erste Weltkrieg nimmt viel Platz ein – damals kämpfte Portugal in Europa und in Mosambik gegen das Deut-

Wehrturm Torre de Belém ▲
Denkmal für die Überseekämpfer ▼

sche Reich. Ein begehbarer Nachbau eines Schützengrabens lässt die Schrecken des Krieges sehr anschaulich werden.

Vor dem Fort und dem Museum steht das auffällige Denkmal für die Überseekämpfer, das **Monumento aos Combatentes do Ultramar:** Zwei in spitzem Winkel aufeinandertreffende Säulen „überdachen" dreiecksförmig ein Feuer, das in der Mitte einer Wasserfläche aufgestellt ist. Die schiere Menge der in Steintafeln eingravierten Namen der Gefallenen beeindruckt. Welchen Sinn es hatte, dass so viele Portugiesen bis 1975 für das Festhalten an den Kolonien in Afrika sterben mussten, wird aber am Überseekämpfer-Denkmal nicht hinterfragt. Genauso wenig wird der Kriegsopfer unter der Kolonialbevölkerung gedacht.

Forte do Bom Sucesso, ✆ 919903210, ligacombatentes.org. Straßenbahn 15 bis Haltestelle Largo da Princesa. Museum tägl. 10–17 Uhr (April bis Sept. bis 18 Uhr). Eintritt 4 €, Schüler und Studenten sowie ab 65 J. 3 €, bis 5 J. frei. Ticketverkauf in der Cafeteria mit Tejoblick links neben dem Eingang zum Fort. Der Zugang zum Überseekämpfer-Denkmal ist frei.

Museo Nacional de Etnologia: Masken aus Mali

Manuelinische Kapelle

Ermida de Belém

Die kleine, viereckige Einsiedelei ist im manuelinischen Stil gehalten, wirkt aber v. a. durch ihre weiße Fassade im Vergleich zu vielen anderen manuelinischen Bauwerken sehr nüchtern. Die Kapelle im Stadtteil Restelo wurde 1514 nach einem Plan des berühmten Architekten Diogo de Boitaca erbaut. Eigentlich heißt sie *Capela de São Jerónimo*, da sie früher zum Jerónimos-Kloster gehörte. Für den Aufstieg auf den Restelo-Hügel bis zur Einsiedelei wird man mit einem fantastischen Blick auf Belém und den Tejo bis weit hinaus aufs Meer belohnt.

Rua Pero da Covilhã. Straßenbahn 15 bis Haltestelle Largo da Princesa. Die Einsiedelei ist innen leider nicht zu besichtigen.

Völkerkundemuseum

Museu Nacional de Etnologia

Von dem hässlichen Betonbau des Völkerkundemuseums aus dem Jahr 1976 sollte man sich nicht abschrecken lassen. Es präsentiert v. a. Exponate aus Portugal und den ehemaligen Kolonien, z. B. Puppen aus Süd-Angola. Sehr sehenswert sind vor allem die Theatermasken und Marionetten aus Mali. Die interessantesten Bereiche sind aber die beiden Kellerdepots, die leider nur im Rahmen von Führungen besucht werden können. Die *Galerias da Vida Rural* präsentieren eine beeindruckende Sammlung von Arbeitsgeräten der Landwirte Portugals. Unter den 4000 Objekten sind Ochsenkarren, außergewöhnlich viele Holzpflüge und mobile Schilfhütten, die Schafhirten als Unterstand dienten. Die *Galerias da Amazónia* umfasst 2000 nicht minder interessante Objekte wie Masken, Fruchtbarkeitsamulette und Totenkopf-Trophäen der Waurà, eines zu

Manuelinik – üppiger Architekturstil der Entdeckerzeit

Die Manuelinik ist die portugiesische Variante der Spätgotik. Benannt wurde diese Stilform nach König Manuel I. (1495–1521). Er regierte zur großen Zeit Portugals im 15. und 16. Jh., als die Weltmeere befahren und überseeische Entdeckungen und Eroberungen gemacht wurden. Die Seefahrer und Abenteurer kamen damals mit einer Fülle von Eindrücken zurück, die insbesondere den Baumeistern der Epoche viel Stoff für neue künstlerische Ideen lieferten. Der strenge gotische Stil wurde zusehends von fantastischen und exotischen Elementen überlagert, wobei neben indischer und orientalischer Ornamentik v. a. Fabelmotive und maritime Vorlagen wie Algen, Muscheln, Schnecken, Korallen und Anker eine bedeutende Rolle spielten. Die Baumeister profitierten bei ihren Arbeiten vom Reichtum, der aus den Kolonien nach Portugal floss, denn erst dadurch wurde es möglich, die Bauten so üppig zu dekorieren, wie es in dieser Zeit geschah.

den Xingu gehörenden indigenen Volkes aus dem Amazonasgebiet.

Avenida Ilha da Madeira, ✆ 213041160, mnetnologia.wordpress.com. Bus 728 ab Cais do Sodré bis Halt Estádio do Restelo. Di 14–18 Uhr, Mi–So 10–18 Uhr, Mo und Fei geschl. Letzter Einlass jeweils 17.30 Uhr. Eintritt 3 €, ab 65 J., Studenten, mit *Cartão Jovem* sowie Familien ab 2 Kindern 50 % Ermäßigung, bis 12 J. frei. Kellerdepot-Führungen Di–Fr auf Englisch, Französisch oder Portugiesisch (jeweils 10–18 Uhr) nach vorheriger Anmeldung unter servicoeducativo@mnetnologia.dgpc.pt für pauschal 60 € pro Gruppe von einem bis max. 30 Teilnehmern.

Praktische Infos

→ Karte S. 122/123

Restaurants

Descobre 7, Mo–Sa 12–24 Uhr. Reservierung empfohlen. Mischung aus Feinkostladen mit Verkauf von Wein, Olivenöl und Marmeladen sowie gehobenem Restaurant. Fusionsküche, die portugiesische Gerichte mit Einflüssen anderer Küchen gelungen erweitert. Zahlreiche Vorspeisen, auch an Vegetarier ist gedacht. Einfallsreich angerichtete Hauptgerichte, die Beilagen müssen extra bestellt werden. Rua Bartolomeu Dias, 65, ✆ 218056461, descobre.com.pt. **€€€€**

meinTipp **Espaço Açores 1**, tägl. (außer Mo) 12–15 und Di–Sa 19–22 Uhr. Im linken Seitenflügel des Marktes von Ajuda. Bus 760 hält direkt vor der Tür (Haltestelle Boa Hora). Gehobenes Ambiente, lichter Raum mit Holzdecke und Granitboden. Herrlicher Blick durch die Fensterfront auf die Brücke des 25. April und den Cristo Rei. Sehr gute regionale Küche von den Azoren: Von der Butter über die Weine bis hin zu den Besitzern des Restaurants kommt fast alles von den Inseln. Vor allem Fleisch, aber auch Fisch im Angebot. Leckeres Couvert. Mein Lieblingsgericht ist die *espetada açoriana* (Rindfleischspieß mit Chili, dazu Ananas und frittierter Maniok). Fr mittags und So mittags gibt es den berühmten *cozido das Furnas* (Eintopf mit Schlachtwürsten). Do kein à la carte, sondern Menü vom Büfett mit 6 wechselnden azorischen Spezialitäten. Largo da Boa Hora, ✆ 213640881, espacoacores.com. **€€€**

Este Oeste 6, tägl. 12.30–23 Uhr. Schräg gegenüber dem Eingang zum Museu de Arte Contemporânea MAC gibt es Pizzen, Pasta und Sushi in einem großzügigen Speisesaal. Die meisten Gäste, darunter viele Portugiesen, kommen wegen der leckeren und preiswerten Pizzen (das Sushi ist deutlich teurer), einige auch wegen der großen Terrasse mit Tejoblick und der Bar. Centro Cultural de Belém, Praça do Império, ✆ 914914505, gruposushicafe.pt. **€€**

Matateu 2, Di–Sa 19–22.30 Uhr sowie Sa/So 12.30–16 Uhr. Restaurant im Westteil des Restelo-Stadions oberhalb des Klosters. Von der Terrasse kann man auf den Tejo blicken oder zuschauen, wie nebenan die Jugendmannschaften des Clubs „Os Belenenses“ trainieren. Die Deko im Inneren ist ganz dem Namenspatron

Sebastião Lucas da Fonseca, genannt „Matateu", gewidmet. Der in Maputo geborene Spieler war in den 1950er-Jahren zweimal Torschützenkönig der portugiesischen Liga und gilt bis heute als einer der besten Spieler aller Zeiten der Belenenses. In der Halbzeitpause soll er regelmäßig ein Bier zu sich genommen haben. Neben Bier werden im Restaurant auch viele kleine Gerichte *(petiscos)* mit Fleisch und Fisch sowie Hamburger serviert. Estádio do Restelo, Rua do Arsenal, ✆ 935235277, Facebook. €

Cafés

À Margem **8**, Di–Sa 10–23 Uhr, Mo bis 19 Uhr, So bis 21 Uhr. Café am Tejoufer westlich des Padrão dos Descobrimentos. Ein Dutzend Tische im Freien und im Inneren der architektonisch interessanten Konstruktion aus Stahlträgern und Glasstreifen. Schöner Blick auf den Fluss mit den kreuzenden Transtejo-Fähren nach Trafaria und Porto Brandão sowie auf die Ponte 25 de Abril. Zahlreiche weitere Getränke, einige Hauptgerichte und kleine Speisen wie Toasts im Angebot. Besonders umfangreich ist die Auswahl an portugiesischen Bioweinen: Das À Margem organisiert sogar jährlich eine kleine Weinmesse mit Verkostungen. Doca do Bom Sucesso, ✆ 918620032, Facebook.

Darwin's Café **9**, tägl. 12.30–1 Uhr. Nächster Tramhalt ist die Linie 15 an der ca. 500 m entfernten Haltestelle Largo da Princesa. Bereits von Weitem fallen die futuristischen Gebäude der Champalimaud-Stiftung mit ihrem elliptischen Grundriss ins Auge. Gegründet hat die Stiftung samt Klinik 2004 der Bankier António de Sommer Champalimaud: Der reichste Portugiese vermachte ihr mit seinem Tod 500 Mio. Euro. Forschungs- und Behandlungsschwerpunkte der Klinik sind die Nerven-, Krebs- und Augenheilkunde. Öffentlich zugänglich ist das Café-Restaurant im Nebengebäude mit schöner Tejo-Aussichtsterrasse (Schirme), auf der Getränke und kleine Speisen serviert werden. Innen gehobenes Restaurant mit Hauptgerichten mittags und abends. Der geräumige Speisesaal greift mit seiner kreisförmigen Bar die Formensprache des vom indischen Architekten Charles Correa entworfenen Gebäudekomplexes auf. Champalimaud Centre for the Unknown, Av. Brasília, Ala B, ✆ 210480222, darwincafe.com.

meinTipp **Pastéis de Belém** **5**, tägl. 8–21 Uhr (Fei nur bis 19 Uhr). Legendäre Konditorei neben dem Mosteiro dos Jerónimos. Innen ein Labyrinth mit mehreren Sälen, die insgesamt 500 Plätze bieten. Hier gibt's die besten *pastéis de Belém* (auch *pastéis de nata* genannt), köstliches Blätterteiggebäck mit Puddingcreme, das nach alten Rezepten der Mönche des Jerónimos-Klosters hergestellt wird. Nach der Säkularisierung und Auflösung der Klöster in Portugal hatten für viele Klosterbewohner wirtschaftlich harte Zeiten begonnen. Und so fing wohl jemand aus dem Mosteiro dos Jerónimos 1837 an, hier die Blätterteigtörtchen zu verkaufen. So lautet zumindest die offizielle Geschichte der Pastéis de Belém. Sie sind auch zum Mitnehmen im Karton zu einem halben Dutzend und mit je einer Tüte Zimt und Puderzucker erhältlich. Der Duft der herrlichen Puddingtörtchen durchzieht die ganze Konditorei. Bei den Lissabonnern ist sie besonders beliebt für ein kleines Schwätzchen nach dem Wochenendspaziergang in den Grünanlagen von Belém. Aufgepasst beim Anstehen: Es gibt zwei getrennte Schlangen für Take-away und Service am Tisch. Kostenpunkt Pastéis de Belém: 1,15 €/Stück. Rua de Belém, 84–92, ✆ 213637423, pasteisdebelem.pt.

Einkaufen

Azulejos **Fábrica Sant'Anna** **3**, Mo–Fr 9.30–12.30 und 13.30–18 Uhr. Hier werden Wandfliesen kunstvoll von Hand bemalt (Fabrikbesichtigung möglich). Die etwa 30 Angestellten wenden dabei im Wesentlichen noch die gleichen Techniken an wie zur Zeit der Firmengründung im Jahr 1741. Auch die Maße der Fliesen von 14 x 14 x 0,8 cm entsprechen den damals üblichen. Vor allem Touristen kaufen bei der renommierten Firma ein. Verkauf auch am Largo Barão da Quintela, 4 (Ⓜ Baixa-Chiado). Calçada da Boa-Hora, 94-B (Ladengeschäft) und 96 (Fabrik), Tram 15 bis Haltestelle Hospital Egas Moniz, ✆ 213638292, santanna.com.pt.

Wein **Adega Belém** **4**, Mi/Do 11–16 Uhr, Fr 11–18 Uhr, Sa 11–13 Uhr. In einer Seitengasse unweit des MAAT-Kunstmuseums betreiben Catarina Moreira und David Picard seit 2020 die einzige Weinkellerei auf Lissabonner Stadtgebiet. Die Trauben kommen vor allem von den Hängen rund um das Agronomie-Institut ISA im Stadtteil Alcântara. Dort (und in Geisenheim im Rheingau) haben die beiden Önologie studiert und sich mit der eigenen Kellerei einen Lebenstraum erfüllt. Führungen normal auf Englisch, aber auch Deutsch ist möglich (Tour mit Weinverkostungen und Mittagessen 35 €, vorherige Anmeldung erforderlich, normal erst ab 18 J.). Man kann aber auch tagsüber vorbeikommen, um in der Produktionshalle Weine zu verkosten oder eine Flasche als Souvenir zu kaufen. Travessa Paulo Jorge, 8–9, Tram 15 bis Haltestelle Altinho (MAAT), ✆ 213630707, adegabelem.com.

Wachablösung am Palácio de Belém:
berittene Musikkapelle der Nationalgarde GNR

Wohnsilos und ländliche Idylle

Tour 11

Mit ihren großen Wohnblöcken wirken die Stadtteile im Norden Lissabons auf den ersten Blick eher abschreckend. Dennoch lohnt sich ein Besuch, da es reizvolle Überbleibsel aus der ländlichen Vergangenheit zu sehen gibt, beispielsweise den schönen Parque Botânico do Monteiro-Mor im Stadtteil Lumiar oder prächtige Paläste wie den Palácio Fronteira in Benfica.

Jardim Zoológico de Lisboa, Zoo mit Aussicht, S. 139

Palácio Fronteira, prachtvolle Azulejos, romantischer Garten, S. 139

Benfica, Carnide und Lumiar

Ziele im Norden Lissabons

Mit seinen ca. 70.000 Einwohnern gilt **Benfica** im Nordwesten Lissabons heute als eines der wichtigsten Viertel der Stadt. Sein Name ist weit über Lissabon und Portugal hinaus bekannt, denn in Benfica liegt die Heimat des international renommiertesten portugiesischen Fußballclubs. Auch die ewige Lichtgestalt des portugiesischen Fußballs, Eusébio (da Silva Ferreira), spielte hier. Dessen Glanzzeit fiel in die 1960er-Jahre, als sich das Stadtbild Benficas – vorher kaum mehr als eine Ansammlung von Bauernhöfen und Stadtpalästen – grundlegend zu ändern begann. Überall regte sich emsige Bautätigkeit, und bis weit in die 1980er-Jahre hinein entstanden vielgeschossige Wohnblöcke und Bürogebäude aus Beton und Glas und verdrängten die Bauernhöfe fast vollständig. Heute leben in Benfica v. a. Angestellte und Beamte sowie andere Angehörige des Mittelstands.

Im Gegensatz zu Benfica ist der alte Ortskern von **Carnide** fast komplett erhalten geblieben. Mit seinen ein- bis zweistöckigen Häusern macht dieses Viertel östlich von Benfica auch heute noch einen ländlichen Eindruck. Der historische Dorfkern von Carnide liegt zwischen dem Largo da Luz und der Estrada da Correia (Ⓜ Carnide). Hier haben sich viele Restaurants niedergelassen, die für ihre gute, rustikale Küche bekannt sind.

Zwischen Carnide und dem noch weiter östlich gelegenen Flughafen erstreckt sich **Lumiar:** Hier wechseln sich ebenfalls monotone Wohnsilos mit historischen Palästen ab, in einem von ihnen befindet sich heute das sehenswerte Stadtmuseum *Museu de Lisboa*. Nebenan liegt das Stadion von *Sporting*, dem nach *Benfica* zweitwichtigsten Lissabonner Fußballclub.

Sehenswertes

Zoo mit Aussicht

Jardim Zoológico de Lisboa

Der Zoo wurde 1884 als erster Tiergarten der Iberischen Halbinsel gegründet; seit 1905 befindet er sich auf dem Gelände in Benfica. Insgesamt sind etwa 300 verschiedene Arten zu sehen, darunter Bären, Büffel, Elefanten, Giraffen, Löwen, Nashörner und Tiger. Im Vergleich zu anderen Zoos gibt es außergewöhnlich viele Antilopen- und Papageienarten sowie eine sehr großzügig angelegte Affenanlage, den „Primatentempel" *(Templo dos Primatas)*. Kurios ist der Tierfriedhof hinter dem Bärengehege, in dem die Lissabonner ihre Haustiere bestatten können.

In den vergangenen Jahren wurde der Zoo komplett modernisiert und auf den Artenschutz ausgerichtet. Das Delfinarium ist geblieben, obwohl die Meeressäuger nach Ansicht einiger Tierschützer nicht artgerecht in Gefangenschaft gehalten werden können. Einzigartig sind die Iberischen Luchse, die mit Glück im oberen Bereich auf dem Hügel beobachtet werden können. Die scheuen, vom Aussterben bedrohten Tiere werden dort für die freie Wildbahn nachgezüchtet.

Um einen ersten Überblick zu bekommen, empfiehlt sich die 20-minütige Fahrt in der „Eimer"-Gondelbahn, mit der man das Gelände in einem Dreieckskurs überfliegen kann und dabei eine schöne Aussicht nicht nur auf die Tiergehege hat – neben dem schön begrünten und angenehm schattigen Zoogelände ist viel von der Umgebung wie der Monsanto-Park, der Aquädukt und die umliegenden Hochhausschluchten zu sehen.

Praça Marechal Humberto Delgado, Sete Rios, ✆ 217232900, zoo.pt. Ⓜ Jardim Zoológico. Tägl. 10–20 Uhr, Einlass bis 18.45 Uhr. Vom 21. Sept. bis 20. März nur bis 18 Uhr (Einlass bis 17.15 Uhr). Eintritt 27,50 €, ab 65 J. 19,50 €, bis 12 J. 17 €, bis 2 J. frei. Online sind die Tickets 5 % ermäßigt. Im Eintritt inkl. halbstündige Delfin- und Seelöwen-Show tägl. um 11 (im Winter nur Mi–Mo), 14.30 und 16.30 (nicht im Winter) Uhr.

Prachtvolle Azulejos, romantischer Garten

Palácio Fronteira

Diesen herrschaftlichen Palast direkt am Fuße des Monsanto-Parks ließ Dom João de Mascarenhas, der erste Marquês de Fronteira, im 17. Jh. erbauen. Die Familie bewohnt den Palast noch heute.

Anlass für seinen Bau war die Wiedererlangung der portugiesischen Unabhängigkeit. So sind in der *Sala das Batalhas* die Wände mit prachtvollen Azulejos bedeckt, die die acht wichtigsten Schlachten gegen die Spanier nach 1640

darstellen. Ganz besondere Azulejos verzieren die Terrasse: Die Bilder zieren Affen, die auf sehr witzige und pointierte Weise das Leben des herrschenden Adels aufs Korn nehmen. Kunstvoll mit Muscheln und zerbrochenem Porzellan ausgekleidet ist dagegen die Kapelle am Ende der Terrasse.

Zahlreiche Besucher kommen in erster Linie, um im wunderschönen Garten mit Buchshecken zu wandeln. Das einzigartige Licht der dunkelblauen Mauern erzeugt ein romantisches Flair. Auf einer mit Azulejos dekorierten Galerie sind Büsten fast aller Könige Portugals ausgestellt, die sich in einem Teich spiegeln.

Ziele im Norden Lissabons → Karte S. 140

Graffiti im „Lost Place“ Panorâmico de Monsanto

Largo São Domingos de Benfica, 1, ✆ 217782 023, fronteira-alorna.pt. Ⓜ Jardim Zoológico, dann ca. 15 Min. Fußweg: über die Rua das Furnas und die Rua de São Domingos de Benfica bis zur Fußgängerüberführung an der Bahnlinie nach Sintra, der Palast liegt auf der anderen Seite. Mo–Fr 10–17 Uhr (letzter Einlass 30 Min. vorher), Fei zu. Gartenbesuch immer möglich. Wer dagegen Palast und Garten besuchen möchte, muss eine Führung mitmachen. Sie finden auf Englisch, Französisch, Spanisch und Portugiesisch statt. Zu welcher Uhrzeit in welcher Sprache geführt wird, steht auf der Homepage. Palast und Garten 14 €, nur Garten 6 €, keine Ermäßigungen. Fotografieren nur im Garten erlaubt.

Lost Place mit Aussicht

Panorâmico de Monsanto

Der mit Graffiti übersäte Rundbau gilt als Lissabons bekanntester „Lost Place“, spätestens seit hier die US-amerikanische Sängerin Madonna ein Video für das Madame-X-Album gedreht hat. 1968 noch während der Salazar-Diktatur eröffnet, wurde das Gebäude nur wenige Jahre als Restaurant genutzt und später dem Verfall preisgegeben. Von den diversen Etagen hat man aber auch heute noch einen herrlichen Rundblick auf Stadt und Tejobrücke. Vor allem im Wendeltreppenhaus ist die ursprüngliche Eleganz des von Architekt Chaves da Costa entworfenen Gebäudes noch gut zu spüren.

Estrada da Bela Vista, Monsanto, ✆ 213621863, cm-lisboa.pt. Bus 711 (Ri. Alto Damaia) ab Rossio bis Halt Av. Tenente Martins, dort in die abzweigende Estrada da Bela Vista. 50 m nach Passieren des Eingangs zum militärischen Sperrgebiet links und nach 40 m gleich wieder links. Anschließend 400 m dem Radweg folgen. Tägl. 9–18 Uhr (21. März bis 20. Sept. bis 20 Uhr). Zutritt nur bis 30 Min. vor Schluss. Eintritt frei.

Rundwanderung 1:
Durch den Monsanto-Park in Lissabon → S. 460

Einfache Wanderung mit schönen Ausblicken und viel Grün inmitten der Stadt

Größtes Stadion Portugals

Estádio da Luz

Die Spielstätte gehört dem Fußballclub Benfica und wurde für die Europameisterschaft 2004 gebaut: Damals verlor hier Portugal das Finale 0:1 gegen Griechenland. Erst zwölf Jahre später konnten die Portugiesen bei der EM in Frankreich ihren ersten großen Fußball-Titel erringen ...

65.000 Zuschauer finden in dem neuen Stadion – dem größten Portugals – Platz, im alten aus dem Jahr 1954, das dem Neubau weichen musste, waren es sogar gut 120.000. Aber auch das neue Estádio da Luz („Stadion des Lichtes") gehört weiterhin zu den schönsten Spielstätten Portugals. Es werden Stadionführungen auf Portugiesisch und Englisch angeboten, während derer man die Kabine der Gästemannschaft, Spielertunnel, Trainerbank, Tribünen sehen kann und mit Glück auch das Flugtraining der Adler, der Wappentiere des Clubs, die vor jedem Heimspiel eine Runde durchs Stadion schweben.

In einem Gebäude neben dem Stadion kann man das Vereinsmuseum **Museu Benfica – Cosme Damião** besichtigen.

Statue zu Ehren Eusébios,
des erfolgreichsten Spielers von Benfica

Auf drei Etagen wird die Geschichte von Verein und Stadion mit Ausstellungsstücken und in Filmen präsentiert (alles auch auf Englisch). Insgesamt sind 700 Pokale der verschiedenen Sportarten vom Radsport über Rollhockey bis zu Rugby zu sehen, darunter Kuriositäten wie der riesige Martini-Cup und natürlich auch die beiden Fußball-Europapokale. Die Besucher können auf eine Torwand schießen oder sich per Computer ihre Lieblingsmannschaft zusammenstellen. Einen eigenen Bereich hat sich Eusébio, Benficas berühmtester Spieler aus der ehemaligen portugiesischen Kolonie Mosambik, verdient. Er erzielte in seinen 614 Spielen 638 Tore für Benfica, galt in den 1960er-Jahren als der beste Spieler Europas und lebte auch nach seiner aktiven Karriere in dem Stadtteil. Auf dem Vorplatz des Stadions ist dem 2014 verstorbenen Fußballer eine Statue gewidmet.

Av. Eusébio da Silva Ferreira und Av. General Norton de Matos, ✆ 217219590, slbenfica.pt. Ⓜ Colégio Militar/Luz und Ⓜ Alto dos Moinhos. Stadionführungen starten am Eingangstor Porta 18 tägl. 9.30–19 Uhr (an Spieltagen keine Führungen, bei europäischen Spielen auch am Tag davor und am Morgen danach keine Führungen). Museum tägl. 10–19 Uhr (außer am 25.12. und 1.1.; an Spieltagen teilweise früher geschlossen). Karten im Museum oder in den Benfica Official Stores. Kombiticket Führung und Museum 17,50 €, ab 65 J. 11,50 €, bis 13 J. 7 €, Ermäßigungen für Familien, bis 2 J. frei. Nur Stadionführung oder nur Museum etwa 30 % günstiger.

Portugiesische Trachten und Kostüme

Museu Nacional do Traje

Auf dem Programm stehen portugiesische Trachten, Kostüme und andere Kleidungsstücke aus der Zeit ab dem 18. Jh., insgesamt 38.000 thematisch und chronologisch sortierte Exponate, von denen aber nur ein Bruchteil in den Ausstellungen zu sehen ist (Beschriftungen i. d. R. nur auf Portugiesisch). Besonders elegant sind die höfischen

Kleider aus dem 18. Jh., die in den prächtigen Rokokosälen des Palácio do Marquês de Angreja aus dem gleichen Jahrhundert voll zur Geltung kommen. Ergänzt wird die Sammlung des Trachtenmuseums durch die Präsentation von Webstühlen und Werkzeugen wie Textildruckstempeln.

Largo Júlio de Castilho, ☏ 217567620, Facebook. Ⓜ Lumiar. Von der Metrostation zu Fuß links in die Estrada da Torre, dann rechts in die Rua do Lumiar und unter der Nord-Süd-Autobahn hindurch, dann links über die Schnellstraße Av. Padre Cruz in die Rua do Alqueidão. Di–So 10–13 und 14–18 Uhr, letzter Einlass 17.30 Uhr. An Feiertagen geschl. Eintritt 4 €. Kombiticket mit Parque Botânico do Monteiro-Mor und dem benachbarten Theater- und Tanzmuseum Museu do Teatro e da Dança 6 €. Jeweils ab 65 J., Studenten, mit *Cartão Jovem* sowie Familien ab 2 Kindern 50 % Ermäßigung, bis 12 J. frei.

Schöner Park mit Skulpturengarten

Parque Botânico do Monteiro-Mor

Der dritte Marquês de Angreja ließ diesen 11 ha großen, sich an den Palácio do Marquês de Angreja anschließenden schönen Park in der zweiten Hälfte des 18. Jh. anlegen. Neben Ulmen und Eschen wurden viele exotische Bäume gepflanzt, darunter Palmen und die erste Araukarie (Schuppentanne) Portugals. Dazu gibt's einen Skulpturengarten.

Largo Júlio de Castilho, Facebook. Ⓜ Lumiar. Di–So 10–13 und 14–18 Uhr, letzter Einlass 17 Uhr. Eintritt in den Park (ohne Museen) 3 €, ab 65 J., Studenten, mit *Cartão Jovem* sowie Familien ab 2 Kindern 50 % Ermäßigung, bis 12 J. frei.

Geschichte der Stadt Lissabon

Museu de Lisboa – Palácio Pimenta

Untergebracht ist das Stadtmuseum im gut erhaltenen Palácio Pimenta aus dem 18. Jh., der alleine schon einen Besuch wert wäre. Das Museum spannt den Bogen von prähistorischer Zeit bis zur Ausrufung der Republik im Jahr

Stadtmuseum im Palácio Pimenta am Campo Grande

1910. Dokumentiert wird die Geschichte Lissabons u. a. mit Bildern, Zeichnungen, Holzschnitten, Keramiken und historischen Gebrauchsgegenständen. Nicht verpassen sollte man das große Stadtmodell, welches jedes einzelne Haus Lissabons vor dem großen Erdbeben von 1755 zeigt.

Campo Grande, 245, ☏ 217513200, museudelisboa.pt. Ⓜ Campo Grande. Di–So 10–18 Uhr. Letzter Einlass 30 Min. vor Schluss. An Feiertagen geschl. Eintritt 3 €, bis 25 J. und ab 65 J. 50 % Ermäßigung, bis 12 J. frei. Kombiticket mit Museu de Lisboa – Santo António und Teatro Romano 6 € (2 Monate gültig).

Gelbgrüne Fußballarena

Estádio José Alvalade

Das Stadion gehört zum zweiten Lissabonner Fußballclub, dem *Sporting Clube de Portugal*, kurz *Sporting* genannt. Zur Europameisterschaft 2004 hat der Verein dieses Stadion komplett neu erbaut, das alte nebenan wurde abgerissen. Die 50.000 Zuschauer fassende Arena ist in knalligem Gelb und der Vereinsfarbe Grün gehalten. Nicht jeder hält diese Farbwahl des Stararchitekten Tomás

Ziele im Norden Lissabons → Karte S. 140

Taveira für gelungen (er zeichnete auch schon für das Amoreiras-Einkaufszentrum verantwortlich). Unter dem Stadion erstreckt sich ein Einkaufszentrum, das noch greller gestaltet ist. Kostenpunkt des Neubaus waren 79 Mio. Euro, davon kamen 18,3 Mio. vom Staat.

Neben 19 nationalen Meisterschaften ist der größte Erfolg der Europapokal der Pokalsieger 1964. Der 1906 gegründete Club ist auch für seine gut geführte Nachwuchsabteilung bekannt, aus der mit Cristiano Ronaldo und Luís Figo zwei der bedeutendsten Fußballer Portugals hervorgegangen sind. Auf der Führung durch das Stadion bekommt man neben den Tribünen auch den Nachbau einer Umkleidekabine gezeigt und darf sogar einen Blick in die Präsidentenloge werfen.

Das informativ und modern gestaltete **Museu Sporting** erinnert über die Fußballerfolge hinaus an die weiteren zahlreichen von Sporting erzielten Titel in anderen Sportarten wie z. B. Rollhockey, Schwimmen und Leichtathletik, darunter der Olympiasieg im Marathon von Carlos Lopes 1982.

Rua Professor Fernando da Fonseca, Alvalade XXI, ✆ 217516164, sporting.pt. Ⓜ Campo Grande. Eingang über „Hall-Vip/Porta 1" auf der Rückseite des Stadions. Eineinhalbstündige Stadionführungen auf Portugiesisch und Englisch Di–So um 11.30, 14.30, 15.30 und 16.30 Uhr. Museum Di–So 10.30–18 Uhr. An Spieltagen eingeschränkte Öffnungszeiten des Museums und keine Stadionführungen (bei europäischen Spielen auch am Vortag keine Führungen). Kombiticket Stadionführung/Museum 14 €, bis 13 J. und ab 65 J. 50 % Ermäßigung, Familien 30 €, bis 6 J. frei.

Praktische Infos

→ Karte S. 140

Restaurants

Volver de Carne y Alma **1**, Di–Fr 12.30–14.30, Di–Do 19.30–22.30 Uhr und Fr/Sa 19.30–23 Uhr. Reservierung empfohlen. Modern gestaltetes Luxus-Steakhaus in einem Wohnviertel im Stadtteil Lumiar. „Argentinien verschmilzt mit Portugal" ist das Motto. Relativ preiswertes Mittagsmenü, abends à la carte deutlich teurer. Vor allem portugiesische Gäste. Rua Luís de Freitas Branco, 5D, Ⓜ Lumiar, ✆ 217598980, volver.pt. **€€€€**

meinTipp **Paço de Carnide** **2**, Mo–Sa 12–15 und 19–22 Uhr. Volkstümliches Restaurant in einer Seitengasse direkt gegenüber dem Musikerpavillon. Heller Speiseraum mit portugiesischem Straßenpflaster. Die schönsten Tische stehen hinten auf der windgeschützten und überdachten Terrasse mit Blick auf den Vorort Pontinha. Hier lassen sich auch die Köche beim Grillen von Fleisch und Fisch zusehen, Spezialität des Hauses sind dabei Sardinen. Man kann sich auch Steaks zum Selberbraten auf einem heißen Stein bestellen *(naco na pedra)*. Reichhaltige Portionen. Rua do Norte, 11, Ⓜ Carnide, ✆ 217161144, Facebook. **€€**

Einkaufen

Buchhandlung Gunnar Weiss **4**, Mo–Fr 8–17 Uhr (Fr nur bis 16 Uhr), jeden ersten Sa im Monat 10–13 Uhr. Von der Ⓜ Telheiras (Ausgang Rua Prof. Francisco Gentil) in die Rua Prof. Vítor Fontes und bei Nr. 15 die Treppen runter, um auf die Rückseite des Gebäudes zu kommen. Die Buchhandlung schlechthin für deutschsprachige Literatur in Portugal. Vor allem Lehrbücher, aber auch wer noch einen Reiseführer oder einen Urlaubskrimi sucht, wird hier fündig. Rua Professor Vitor Fontes, 15A, Ⓜ Telheiras, ✆ 216 090112 und 930438667, gunnar-weiss.pt.

Einkaufszentrum Centro Comercial Colombo **3**, tägl. 8–24 Uhr. Direkt neben der Metrostation Colégio Militar/Luz erhebt sich dieser Konsumtempel. Parallelen mit dem Amoreiras-Zentrum (→ S. 99) drängen sich auf, nur ist alles mit etwa 340 Geschäften, 60 Restaurants und 9 Kinosälen noch gigantischer – immerhin handelt es sich um eines der größten Einkaufszentren der gesamten Iberischen Halbinsel: die 3 Stockwerke bringen es auf insgesamt ca. 400.000 m² Fläche. Ganz unten befindet sich der Hipermercado Continente. Er ist so groß geraten, dass ihn die Angestellten auf Rollschuhen durchqueren. Av. Lusíada, Ⓜ Colégio Militar/Luz, ✆ 217113600, colombo.pt.

Sport Lisboa e Benfica (SLB) – Portugals erfolgreichster Fußballclub

Der überall schlicht und einfach unter *Benfica* bekannte Club hat fast die Hälfte aller nationalen Meisterschaften gewonnen, konnte 1961 und 1962 zweimal den Europapokal der Landesmeister (heute Champions League) mit nach Hause nehmen und brachte es darüber hinaus auf fünf weitere Endspielteilnahmen in diesem Wettbewerb. Nach Umfragen drücken 47 % der Portugiesen die Daumen für diesen Club, laut der UEFA sind in keinem anderen Land Europas die Vorlieben so stark konzentriert. Dabei gilt Benfica als Mannschaft der Arbeiter und Unterschichten, der Konkurrenzclub Sporting dagegen traditionell als Club der Aristokratie und der Oberschichten.

Mitte der 1990er-Jahre durchlief der Verein, der den stolzen Adler als Wappentier trägt, eine tiefe Krise. Ohnmächtig mussten die *Benfiquistas* mit ansehen, wie der *FC Porto* aus Nordportugal zahlreiche Meisterschaften mit großem Abstand gewann. Neben dem Sportlichen lief es auch finanziell nicht rund: Benfica bewegte sich mit ca. 200 Mio. Euro Schulden Richtung Abgrund. Tiefpunkt war die Ära unter Vereinspräsident João Vale e Azevedo (1997–2000), der bei Spielertransfers den Club um über 4 Mio. Euro betrogen hat und dafür zu über zehn Jahren Gefängnis verurteilt wurde. Sein Nachfolger Luís Filipe Vieira fiel durch den Skandal „Apito Dourado" *(Goldener Pfiff)* auf, bei dem sich Benfica illegal bestimmte Schiedsrichter für Ligaspiele ausgesucht hatte. Dazu kamen finanzielle Unregelmäßigkeiten: Vor der EM 2004 hatte die Stadt Lissabon dem Club im Rahmen des Stadionneubauprojekts (→ Estádio da Luz, S. 142) 10 Mio. Euro überwiesen, die für die Errichtung von Wohnungen neben der neuen Arena vorgesehen waren. Gebaut wurden die Wohnungen nie, eine Prüfung des Rechnungshofs legte die Versäumnisse der Clubführung offen.

Nach diesen Skandaljahren trat eine neue, seriöse Vereinsführung an, was sich 2009/10 auch sportlich mit dem Gewinn der Meisterschaft auszahlte. 2013/14 schaffte Benfica sogar das erste Triple Portugals mit Meisterschaft, Portugal-Pokal und Liga-Pokal. In den Jahren darauf folgten weitere Titel. 2022/23 war Roger Schmid der erste deutsche Trainer, der in Portugal die Meisterschaft gewann. Bei ihren Siegesfeiern verwandeln die Fans die Praça do Marquês de Pombal traditionell in ein Meer aus roten Trikots, Schals und Fahnen.

International warten die *Benfiquistas* aber schon seit 1962 (Europapokal der Landesmeister) auf einen Titel. Achtmal stand Benfica seitdem in einem Endspiel und verlor. So 2013 im Finale der Europa League, das der FC Chelsea erst in der Nachspielzeit für sich entschied. 2014 folgte eine noch bitterere Finalniederlage, als der Sevilla Fútbol Club im Elfmeterschießen gegen Benfica gewann. Mancher führt den Misserfolg auf einen Fluch des ungarischen Trainers Béla Guttmann zurück. Als ihm Benfica nach dem Gewinn des zweiten Europapokals nicht die von Guttmann geforderte Gehaltserhöhung genehmigen wollte, trennte er sich vom Club und prophezeite, dass Benfica 100 Jahre lang in Europa nicht gewinnen würde.

Bauen für die Weltausstellung

Tour 12

Im Osten, am Ufer des Tejo, liegt Lissabons neuester Stadtteil, das ehemalige Gelände der Weltausstellung von 1998. Faszinierender Höhepunkt ist das größte Ozeanarium Europas. Weitere Sehenswürdigkeiten sind das Nationalmuseum für Fliesenkunst und der Friedhof Alto de São João.

Museu Nacional do Azulejo, 500 Jahre Fliesenkunst, S. 148

Oceanário, Meeresbewohner aus aller Welt, S. 152

Lissabons modernster Teil

Ziele im Osten Lissabons

Der Osten des heutigen Stadtgebiets wurde lange Zeit weitgehend landwirtschaftlich genutzt. Später ließen sich hier Orden und Adelsfamilien nieder. Einige der damals erbauten Konvente und Paläste sind noch heute zu sehen, z. B. der *Convento Madre de Deus,* in dem inzwischen das **Museu Nacional do Azulejo,** das Museum für Fliesenkunst, untergebracht ist.

Auch das größte Stadtviertel des Lissabonner Ostens, **Olivais,** war früher ein Dorf. Als die portugiesische Regierung zwischen 1955 und 1960 begann, hier zahlreiche Sozialwohnungen zu bauen, war es mit der ländlichen Idylle aber schnell vorbei. Die EXPO 98 brachte einen neuen Entwicklungsschub. Rund um das Ausstellungsgelände, das heute **Parque das Nações** genannt wird, entstand entlang der zentralen Achse Alameda dos Oceanos auf etwa 50 ha ein komplett neuer Stadtteil am Tejoufer, allerdings eher für Lissabonner mit gehobenem Einkommen.

Das Gelände ist dank seiner Grünanlagen mit insgesamt 20.000 Bäumen sowie Attraktionen wie dem Meeresaquarium **Oceanário,** dem Technikmuseum **Pavilhão do Conhecimento** und der Spielbank *Casino Lisboa* ein beliebtes Ausflugsziel der Lissabonner und der Bewohner der nördlichen Vororte. Viele kommen auch hierher, um im Einkaufszentrum *Vasco da Gama* zu shoppen oder um Konzerte in der Mehrzweckhalle *Pavilhão Atlântico/Altice Arena* zu besuchen.

Besonders für Architekten und Interessierte lohnt es sich hierherzukommen, da nirgendwo sonst in Lissabon so viele

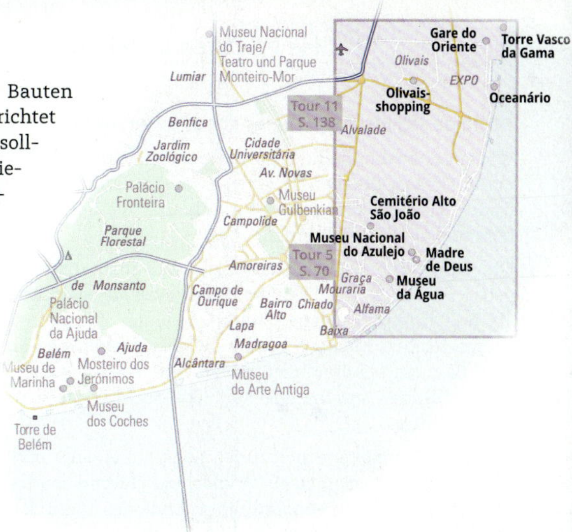

anspruchsvolle moderne Bauten auf so engem Raum errichtet wurden. Nicht verpassen sollte man den vom portugiesischen Architekten Álvaro Siza Vieira entworfenen *Pavilhão de Portugal* mit seinem filigranen, weit gespannten Vordach aus Beton. Dass sich ausgerechnet für den Pavillon des Gastgeberlandes seit der Weltausstellung 1998 keine nachhaltige Verwendung fand, ist schon fast tragisch, da sonst nur wenige andere EXPO-Gebäude leer stehen. Ein Großteil der Ausstellungshallen dient heute der Messe Lissabon, der *Feira International de Lisboa (FIL)*.

Inzwischen haben sich auch zahlreiche Firmen wie Vodafone und IBM im Parque das Nações niedergelassen, der sich so zu Lissabons modernstem Büro-Standort entwickelt hat. Attraktiv macht ihn besonders die exzellente Verkehrsanbindung mit der **Gare do Oriente,** Lissabons neuem Hauptbahnhof.

Im nördlichen Teil des Parque das Nações steht mit der *Torre Vasco da Gama* das höchste Gebäude Lissabons. Der schlanke Betonturm am Tejoufer bringt es auf 142 m Höhe. Seit 2012 „schmiegt" sich das Myriad Sana Hotel direkt an ihn. Noch weiter nördlich verbindet die **Ponte Vasco da Gama** Lissabon mit der Tejo-Südseite.

Sehenswertes

Geschichte der Wasserversorgung

Museu da Água

Das Museum zur Geschichte der Wasserversorgung ist im ehemaligen Convento dos Barbadinhos aus dem Jahr 1739 untergebracht. In dem Klostergebäude pumpten ab 1880 Dampfmaschinen Wasser aus dem 100 km entfernten Rio Alviela nach Lissabon. Das Lissabonner Wasser kommt z. T. auch heute noch von dort, die Pumparbeit erledigen inzwischen allerdings Elektromotoren im benachbarten Neubau. Das alte Gebäude ist eine der wenigen Industrieanlagen aus dem 19. Jh., die heute noch zu sehen sind.

Estação Elevatória a Vapor dos Barbadinhos, Rua do Alviela, 12, ✆ 218100215, epal.pt. Von der Metrostation Santa Apolónia der Rua Caminhos de Ferro/Rua da Bica do Sapato auf der nördlichen Seite der Bahnlinie folgen und nach dem kurzen Anstieg links in die Calçada dos Barbadinhos einbiegen, dann erste Straße rechts. Mo–So 10–12.30 und 13.30–17.30 Uhr, an Feiertagen geschl. Eintritt 4 €, ab 65 J., mit *Cartão Jovem* und Studenten 50 % Ermäßigung, bis 17 J. frei.

Azulejos – typisch portugiesische Fliesenkunst

Wichtiger Bestandteil der portugiesischen Kunst und Kultur sind die Azulejos, bemalte Fliesen, die man im ganzen Land an und in den verschiedensten Bauwerken findet. Klöster, Paläste und Bürgerhäuser werden damit ebenso gefliest wie Bahnhöfe und U-Bahn-Stationen.

Ursprünglich haben die Mauren dieses Kunsthandwerk auf die Iberische Halbinsel gebracht. Der Name „Azulejo" leitet sich aus dem arabischen Wort „al zulaique" ab, was in etwa „polierter Stein" bedeutet. Im 14./15. Jh. wurden die ersten mit geometrischen Mustern bemalten Fliesen aus Spanien nach Portugal importiert. Nachdem die Mauren aus Spanien vertrieben worden waren, setzte sich im 16. Jh. die aus Italien stammende Majolika-Technik als vereinfachtes Herstellungsverfahren durch.

Im 17. Jh. entwickelte sich zunehmend ein eigener portugiesischer Stil. Das streng geometrische Design nach arabischem Vorbild wurde nun von naturalistischen und exotischen Motiven verdrängt. Ende des 17. Jh. kamen dann die fein gezeichneten flämischen Fliesen in Blau-Weiß immer mehr in Mode, in Deutschland kennt man sie als „Delfter Kacheln".

Nach dem Erdbeben von 1755 gründete der damalige Premierminister Marquês de Pombal in Lissabon eine königliche Azulejo-Fabrik, die *Real Fábrica* am Largo do Rato. Durch den Wiederaufbau nach dem Erdbeben war der Bedarf an Azulejos gewaltig angestiegen. Ein weiterer Meilenstein auf dem Weg zur industriellen Massenproduktion war die maschinelle Herstellung im Siebdruckverfahren, die um 1860 eingeführt wurde. Neben den großen Azulejo-Fabriken gibt es heute immer noch kleine Manufakturen, die die Fliesen handwerklich herstellen und von Hand bemalen.

500 Jahre Fliesenkunst

Museu Nacional do Azulejo

Dokumentiert wird die ca. 500-jährige Geschichte der typisch portugiesischen Fliesen und ihrer Fertigung. Zu bewundern sind viele kunstvolle Exemplare aus Portugal und anderen Ländern vom 15. Jh. bis zur Gegenwart. Besonders beeindruckt ein über 20 m langes Stadtbild aus blau-weißen Azulejos, das Lissabon vor dem Erdbeben 1755 darstellt. Neben der Dauerausstellung werden wechselnde Sonderausstellungen mit modernen Keramiken präsentiert. Auf dem Rundgang durch das Museum kann man zudem die ehemalige Klosterkirche *Igreja da Madre de Deus* besuchen. Diese vielleicht „portugiesischste Kirche" Lissabons stammt aus dem Jahr 1509. Außen sind ein schlichtes, aber dennoch schönes Portal und Fenster im manuelinischen Stil zu bewundern. Innen ist die Kirche mit interessanten Azulejos ausgefliest, die historische Motive der Stadt zeigen. Vor allem an heißen Tagen lädt das Café-Restaurant im Innenhof zu einer Verschnaufpause ein. Im Museumsshop nebenan gibt es schöne Azulejo-Mitbringsel zu kaufen.

Rua da Madre de Deus, 4, ☏ 218100340, Facebook. Ab Av. Duque de Ávila (Ⓜ Saldanha) mit Bus 742 (Richtung Bairro Madre de Deus) bis Haltestelle Igreja Madre Deus. Di–So 10–13 und 14–18 Uhr, letzter Einlass je 30 Min. vor Schluss. An Feiertagen geschl. Eintritt 5 €, ab 65 J., Studenten, mit *Cartão Jovem* sowie Familien ab 2 Kindern 50 % Ermäßigung, bis 12 J. frei. Kombiticket mit Panteão Nacional 7 €.

Größter Friedhof der Stadt

Cemitério do Alto de São João

Der prächtigste und größte Friedhof der Stadt wurde 1841 nach einer anhaltenden Choleraepidemie angelegt. Zuvor waren die Toten in den Kirchen bestattet worden, was zu einer schnelleren Ausbreitung von Seuchen führte. Gleich links neben dem Eingang steht die beeindruckende neomanuelinische Grabkapelle der katholischen Wohlfahrtsorganisation *Santa Casa da Misericórdia,*

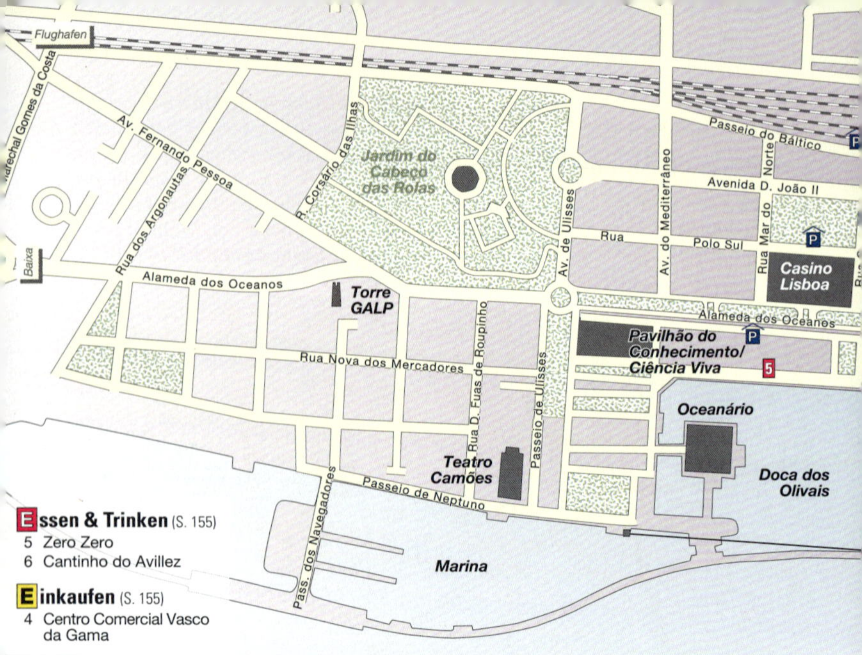

rechts gegenüber befindet sich die Gruft des Grafen von Valbom. Geradeaus geht es zum einzigen Krematorium Lissabons. Im rechten Teil des Friedhofs, der sich den Hügel hinunter erstreckt, findet man die einfacheren Gräber und Beinhäuser.

Parada do Alto de São João, ✆ 218161020, lisboa.pt. Ab Av. Duque de Ávila (Ⓜ Saldanha) mit Bus 742 (Richtung Bairro Madre de Deus) bis Halt Cemitério Alto S. João. Tägl. 9–17 Uhr (Mai bis Sept. bis 18 Uhr). Letzter Einlass 30 Min. vor Schluss. Eintritt frei.

Palácio do Grilo:
speisen wie die Aristokraten

Entdecken und Essen

Palácio do Grilo

Der klassizistische Palast aus dem Jahr 1760 mit hohen Sälen, detailreichen Wandmalereien und einem ausladenden Garten war bis 2018 Residenz der Herzöge von Lafões und wird daher auch *Palácio dos Duques de Lafões* genannt. 2020 erwarb der französische Architekt und Theatermanager Julien Labrousse den Palast und öffnete ihn 2022 für die Öffentlichkeit.

„Palácio do Grilo ist ein Restaurant inmitten eines lebendigen Theaters, in dem jedes Mitglied des Teams ein Schauspieler oder Darsteller ist, der be-

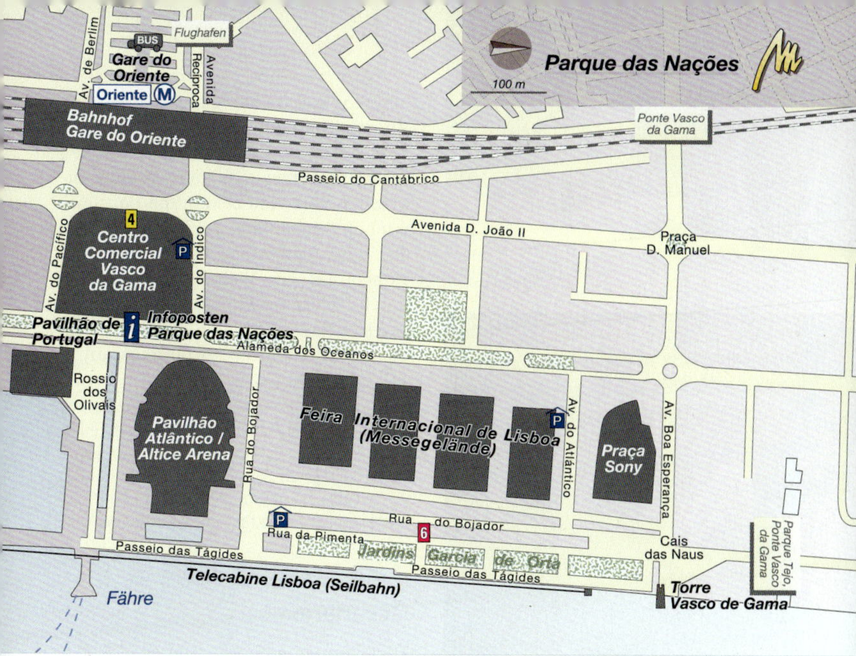

reit ist, Sie zu überraschen", beschreibt Labrousse das ungewöhnliche Konzept. „Der Palast ist für ein Publikum jeden Alters geeignet und heißt alle willkommen, die ihn besuchen möchten." Die Theaterperformances finden in erster Linie während des Abendessens statt. Die hochwertige, international inspirierte Küche ist allerdings schon durchgehend ab Mittag geöffnet, ebenso der restliche Palast mit zahlreichen weiteren, nicht mehr genutzten Gemächern sowie der Garten.

Calçada do Duque de Lafões, 1, ✆ 910440942, palaciogrilo.com. Erreichbar u. a. ab Ⓜ Alameda mit Bus 718 (Richtung ISEL) bis Haltestelle Al. Beato. Hauptgerichte ab 18 € (abends plus 4 € Künstlerzuschlag). Reservierung vor allem zum Abendessen dringend empfohlen.

Bahnhof mit spektakulärem Glasdach

Gare do Oriente

Der Ostbahnhof wurde nach Plänen des valencianischen Architekten Santiago Calatrava pünktlich zur Weltausstellung 1998 fertiggestellt und hat dem Bahnhof Santa Apolónia inzwischen fast den Rang abgelaufen. Bei der Auswahl der Überdachung ließ sich Calatrava von Bäumen inspirieren und spannte ein „waldartiges" Glasdach über die Bahnsteige und große „Flügel" über den benachbarten Busbahnhof. Das herrliche Gebäude scheint fast zu schweben.

Wer schon andere Werke Calatravas wie die Bahnhöfe Lüttich-Guillemins und Lyon-Saint-Exupéry TGV oder die Kronprinzenbrücke in Berlin Mitte gesehen hat, erkennt sofort seinen neofuturistischen Stil wieder.

Av. D. João II und Av. Berlim, Ⓜ Oriente, cp.pt.

Wissenschaft zum Mitmachen

Pavilhão do Conhecimento/ Ciência Viva

Im „Pavillon des Wissens" werden wechselnde Ausstellungen zu wissenschaftlichen Themen gezeigt, die allgemeinverständlich aufbereitet sind. Kinder

Ozeanarium: Tordalke, Otter, Mondfisch und Stachelmakrelen (von oben nach unten)

können viel selbst experimentieren – Wissenschaft zum Mitmachen. Bei heißem Wetter kann man sich an den Wasserfontänen auf dem Vorplatz erfrischen. Der vom bekannten portugiesischen Architekten João Luís Carrilho da Graça entworfene Pavillon war ein Höhepunkt der Weltausstellung 1998 und ist mit seinem großen Innenhof, um den sich lange Aufgänge nach oben winden, architektonisch sehr interessant.

Alameda dos Oceanos, Lote 2.10.01, ✆ 218917 100, pavconhecimento.pt. Ⓜ Oriente. Mo–Fr 10–18 Uhr, Sa/So/Fei 10–19 Uhr. Letzter Einlass 30 Min. vor Schluss. Weihnachten und Silvester/Neujahr geschl. Eintritt 14 €, ab 65 J. 10 €, bis 17 J. 9 €, bis 11 J. 8 €, bis 2 J. frei. Es gibt auch ein Museumscafé mit Terrasse (kostenloses WLAN).

Meeresbewohner aus aller Welt

Oceanário

Hier können sich die Besucher Fische aus fünf verschiedenen Klimazonen der Erde hinter Glasscheiben ansehen – manchmal hat man jedoch den Eindruck, dass es eher die Fische sind, die die Besucher aus fünf Kontinenten betrachten. Insgesamt sind 15.000 Tiere etwa 200 verschiedener Arten von Fischen über Vögel und Säugetiere bis hin zu Reptilien zu sehen.

Der auffällige quadratische Bau des englischen Architekten Peter Chermayeff ragt aus einer Wasserfläche an der Doca dos Olivais heraus. Die Besucher erreichen das Ozeanarium über einen langen Steg, der sie auf die obere Ebene des Gebäudes bringt.

Im Hauptbecken, an vielen Stellen durch große Glaswände einsehbar, ist die typische Flora und Fauna des offenen Meeres nachempfunden. Hier tummeln sich neben großen Makrelenschwärmen auch Stachelrochen und Barrakudas. Am stärksten fallen die Mobularochen (eine den Mantas sehr ähnliche Teufelsrochenart) sowie die kreisrunden Mondfische auf. Die vorbeiziehenden Haie sorgen beim Publikum

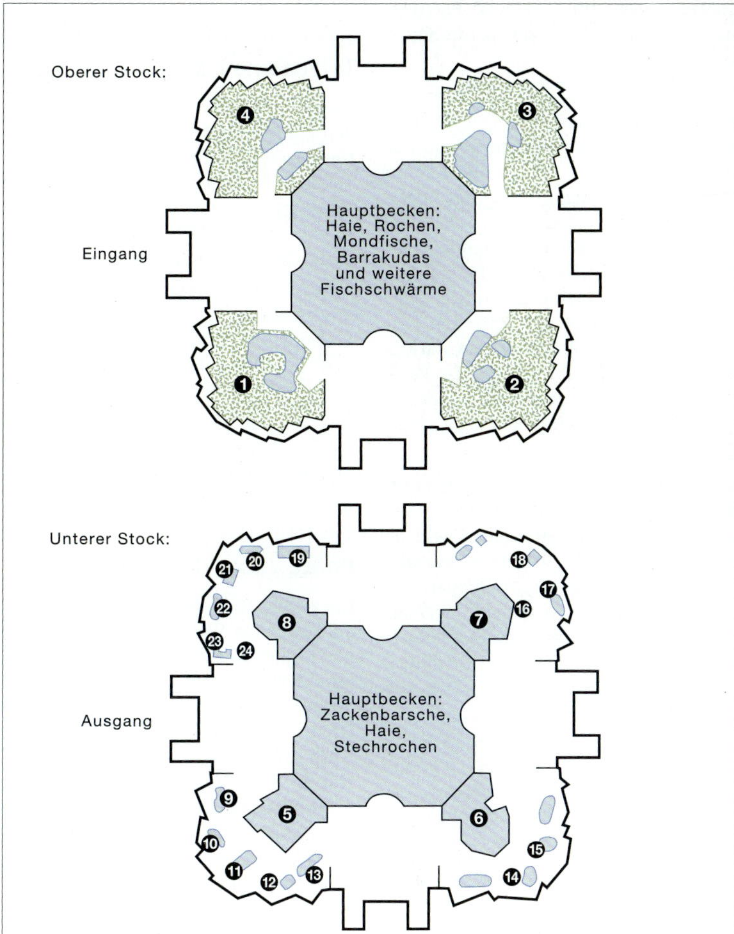

Oberer Stock:

1. Nordatlantik: Papageientaucher, Trottellumme, Tordalken, Katzenhaie
2. Südlicher Ozean: Pinguine, Inkaseeschwalben
3. Pazifik (gemäßigtes Klima): Otter
4. Indischer Ozean: Korallenriffe

Unterer Stock:

5. Nordatlantik: Kabeljau, Katzenhaie
6. Südlicher Ozean: Pinguine
7. Pazifik (gemäßigtes Klima): Otter
8. Indischer Ozean (tropisches Klima): Korallenriffe
9. Felsenriffe
10. Plattfische
11. Schwarmfische
12. Seegraswiesen
13. Fische der Azoren
14. Fische aus Südaustralien
15. Fetzenfische
16. Kelpwald
17. Seewölfe
18. Kraken (Octopus)
19. Korallenriffe
20. Fluoreszierende Korallen
21. Clownfische
22. Muränen
23. Mangrovenwälder
24. Seenadeln

Oceanário

Ziele im Osten Lissabons → Karten S. 149 und S. 150/151

immer wieder für leichtes Frösteln, auch wenn es sich dabei v. a. um harmlose Riffhaie handelt.

An die vier Ecken des Hauptbeckens schließen sich Nachbildungen felsiger Küstenregionen der Weltmeere an. Der Nordatlantik wird durch die Azoren vertreten. Zu sehen gibt es hier neben Lachsen auch Kabeljaue, die die Grundlage für das Lieblingsgericht der Portugiesen, den *bacalhau*, bilden. Der Indische Ozean wird durch ein Seychellen-Korallenriff mit typischen Tropenfischen repräsentiert. Die Antarktis bietet Pinguine und Seevögel. Im Pazifik-Nebentank schwimmen dagegen Otter, sie sind die heimlichen „Stars" des Ozeanariums.

Wer werktags am Vormittag kommt, hat gute Chancen, die Mitarbeiter des Ozeanariums dabei zu erleben, wie sie die Fische oder Vögel füttern, mit den Haien tauchen oder die Anemonen von Schmutz befreien. In einem Nebengebäude werden wechselnde Sonderausstellungen gezeigt (separater Eingang). Fotos mit Blitz sind verboten, um die Tiere zu schonen.

Esplanada D. Carlos I, Doca dos Olivais, ✆ 218 917000, oceanario.pt. Ⓜ Oriente. Tägl. 10–20 Uhr. Letzter Einlass 1 Std. vor Schluss. Eintritt inkl. Zugang zu Sonderausstellungen 25 €, bis 12 J. 15 €, ab 65 J. 17 €, bis 2 J. frei. Tipp: Die Tickets online kaufen, weil man so lange Warteschlangen vermeiden kann (nur das Familienticket gibt es nicht online). Kombiticket mit der Seilbahn Telecabine Lisboa 31 €, bis 12 J. 19,50 € und ab 65 J. 24 €. Auch im Sommer ist es empfehlenswert, eine dünne Jacke mitzunehmen, da es in manchen Zonen des Ozeanariums kühl werden kann.

Haien Gute Nacht wünschen

Familien mit Kindern ab 4 Jahren können bei den Haien im Ozeanarium übernachten. „Dormindo com os tubarões/Sleeping with the Sharks" wird auf Portugiesisch und Englisch angeboten und kostet 60 € pro Person. Man muss Schlafsäcke und Handtücher mitbringen. Anmeldung mind. eine Woche vorher unter reservas@oceanario.pt.

Seilbahn über das Expo-Gelände

Telecabine Lisboa

Wer den Tejo und das EXPO-Gelände – den Parque das Nações – von oben betrachten will, kann diese 1,23 km lange Seilbahn benutzen, die in der Nähe des Ozeanariums zur Torre Vasco da Gama startet. Die österreichische *Doppelmayr*-Gruppe betreibt die Gondelbahn.

Passeio das Tágides, ✆ 218956143, telecabinelisboa.pt. Ⓜ Oriente. Tägl. 11–19 Uhr (Juni bis Mitte Sept. 10.30–20 Uhr, Mitte Okt. bis Mitte März 11–18 Uhr). 7,50 € einfach, hin und zurück 9,50 €, bis 12 J. und ab 65 J. 5,50 € bzw. 6,50 €, bis 2 J. frei. Kombiticket Ozeanarium plus Hin- und Rückfahrt mit der Seilbahn: 31 €, bis 12 J. 19,50 € und ab 65 J. 24 €. Bei Sturm geschlossen.

Längste Brücke in der EU

Ponte Vasco da Gama

Die zweite Tejobrücke Lissabons wurde anlässlich der Weltausstellung 1998 für 900 Millionen Euro von 3300 Arbeitern errichtet. Mit ihren 17,1 km ist sie die längste Brücke in der Europäischen Union. Im Gegensatz zur Ponte 25 de April liegt die Fahrbahn hier weit tiefer. Nur an zwei Stellen schwingt sich die ausschließlich dem Auto- und Lkw-Verkehr dienende Brücke nach oben, um den Weg für den Schiffsverkehr frei zu machen. Ansonsten schwebt die Ponte Vasco da Gama nur knapp über der Wasseroberfläche. Am Horizont verschmilzt das fast endlos wirkende Binnenmeer des Tejo mit der Skyline des fernen Lissabon. Wer die Brücke fotografieren möchte, findet die besten Positionen auf den Holzstegen des Uferparks Parque Tejo im Nordteil des Parque das Nações.

lusoponte.pt. Wer die Brücke ohne Auto queren will, nimmt am besten einen Bus Richtung Süden ab Ⓜ Oriente, z. B. nach Montijo, Alcochete oder Setúbal (carrismetropolitana.pt). Achtung: Die normalen Lissabonner Fahrkarten gelten hier nicht (auch das Zapping funktioniert nicht mit allen Karten).

Praktische Infos

→ Karten S. 149 und S. 150/151

Restaurants

A Casa do Bacalhau 3, tägl. 12–15 und 19.30–23 Uhr. Etwas schwer zu finden im alten Stadtteil Beato, der hinter Industrieanlagen versteckt liegt. Am besten ab Ⓜ Alameda Bus 718 (Richtung ISEL) bis Haltestelle Al. Beato nehmen. Untergebracht im eleganten Gewölbe des ehem. Reitstalls des Conde de Lafões. Etwa 15 verschiedene Bacalhau-Varianten. Wer den Kabeljau nicht zu schätzen vermag, findet auch Fleischgerichte und Vegetarisches im Angebot. Vor allem portugiesisches Publikum. Rua do Grilo, 54, ✆ 218620000, acasadobacalhau.com. €€€

Cantinho do Avillez 6, tägl. 12.30–15 und 19–23 Uhr (Sa/So bis 24 Uhr). Restaurant des portugiesischen Starkochs José Avillez im Parque das Nações mit Tejoblick und ausladender, überdachter Terrasse. Gehobene, aber zwanglose Atmosphäre. Portugiesische Küche mit asiatischen und vor allem brasilianischen Einflüssen, so z. B. beim Schweinefleisch mit schwarzen Bohnen und Maniokmehl *(porco alentejano)*. Mo–Fr günstiges Mittagsmenü. Weitere Filiale im Chiado (Rua Duques de Bragança, 7). Rua do Bojador, 55, Ⓜ Oriente, ✆ 218700365, cantinhodoavillez.pt. €€€

Zero Zero 5, tägl. 12–24 Uhr. Hier kann man aus einem breiten Angebot an unterschiedlichen Pizzen wählen. Dazu bietet das in minimalistischem Design gestaltete Restaurant Nudelgerichte und Salate an. Besonders angenehm ist die große, begrünte Terrasse mit viel Schatten und Tejoblick. Alameda dos Oceanos, Lote 2.11.01H, Ⓜ Oriente, ✆ 218957016, pizzeriazerozero.pt. €€€

Einkaufen

Centro Comercial Vasco da Gama 4, im ehem. Haupteingang der EXPO 98 eingerichtet. Tägl. 10–24 Uhr. Ca. 160 Geschäfte, 35 Restaurants und mehrere Kinosäle. Das Einkaufszentrum wird vom Motto „Meer“ geprägt. Sehenswert ist das gläserne Dach, über das als natürliche Klimaanlage Wasser fließt. Als Hauptgeschäft dient ein Continente-Hipermercado im Erdgeschoss. Ganz oben gelangt man auf eine Terrasse mit Restaurants und einem Panoramablick über den Tejo und den Parque das Nações. Alameda dos Oceanos, Ⓜ Oriente (direkter Zugang von der Metrostation), centrovascodagama.pt.

Tejo-Brücke im Osten: Ponte Vasco da Gama

Steilküste rund um den Píncaro und die Ponta de São Pedro östlich von Sesimbra

Unterwegs

an der Costa de Lisboa

Westlich von Lissabon: die Küste

Die Region der westlich von Lissabon gelegenen Kreise Oeiras und Cascais ist nach der sie durchquerenden Bahnlinie als „Linha de Cascais" bekannt. Attraktiv ist sie wegen ihres angenehmen Klimas und der Lage am Meer in nächster Nähe zu Lissabon. Landschaftlich prägt sie eine flache Felsküste, die immer wieder von verträumt gelegenen Sandstränden unterbrochen ist.

Palácio do Marquês de Pombal, opulenter Palast mit Gartenanlage, S. 168

Cidadela, Festung und frühere königliche Sommerresidenz, S. 186

Guincho, Windsurf-Strand inmitten von Wanderdünen, S. 199

Linha de Cascais

Hier wohnt die Oberschicht der Region Lissabon. Zahlreiche Paläste und Villen gibt es zu entdecken. Mehrere Golfclubs und Luxus-Restaurants ergänzen die exklusive Szenerie. Auch viele Ausländer haben sich hier und nicht direkt in Lissabon niedergelassen. Besonders Engländer und Deutsche leben an der Linha de Cascais, v. a. in Estoril, wo es sogar eine deutsche Grundschule gibt.

Der Atlantik sorgt dafür, dass es im Winter nicht zu kalt und im Sommer nicht zu warm wird; auch die Temperaturschwankungen zwischen Tag und Nacht halten sich in Grenzen. Die Serra de Sintra im Norden hält zudem viele Wolken und Regengüsse fern – so herrscht die meiste Zeit des Jahres Badewetter in der auch „Costa do Estoril" genannten Region. Nur am exponiert gelegenen Strand von Guincho brechen sich auch im Sommer größere Wellen, alle anderen Strände sind durch die Felsküste um das Cabo Raso gut vor den meist aus Nordwestrichtung einlaufenden Wellenbergen geschützt. Auch für Kinder finden sich hier viele Bademöglichkeiten, da die Strände meist recht flach abfallen. Aufgrund der Nähe zur Hauptstadt liegen Handtücher und Sonnenanbeter aber gerade an Wochenenden dicht an dicht, sodass dann wenig Raum zum Herumtollen bleibt. Am meisten Platz ist noch an den vergleichsweise langen Stränden von Carcavelos und Guincho.

Gezeiten beachten: Viele Strände an der Linha de Cascais sind relativ schmal und werden bei Flut weitgehend vom Meer überspült. Vor allem wenn es durch Voll- oder Neumond und/oder starken Wind zu besonders hohem Gezeitenhub kommt, bleibt an manchen Stränden gar kein Platz für das Badetuch. Daher lohnt es sich, einen Blick auf die Gezeitentabellen des portugiesischen Amts für Hydrografie zu werfen: hidrografico.pt (unter *Previsão de Marés;* „preia-mar" bedeutet Flut und „baixa-mar" Ebbe).

Praktische Infos

Bahn

Praktisch alle Orte sind ab Lissabon über die Bahnlinie *Linha de Cascais* bequem und schnell zu erreichen. Die schönste Zugstrecke in der Lissabonner Umgebung beginnt am Bahnhof Cais do Sodré (Ⓜ Cais do Sodré) und führt fast immer direkt am Tejo bzw. am Atlantik entlang. Aber Vorsicht: Nicht alle Züge halten an allen Stationen, achten Sie auf die Anzeigetafeln auf den Bahnhöfen. Fahrplaninfo bei der *CP (Caminhos de Ferro Portugueses)*, unter cp.pt. Für Android und iPhone gibt es auch eine *CP*-App.

Alle Tickets müssen auf eine *Viva-viagem*-Karte geladen werden (hier heißt sie auch *Navegante ocasional)*, die es für 50 Cent am Automaten oder am Schalter gibt. Am einfachsten ist es, Zapping-Guthaben zu benutzen, dann kostet jede Fahrt immer 2 €. Wer Zapping nutzt, kann die oft langen Warteschlangen vor den Fahrscheinautomaten im Bahnhof Cais do Sodré vermeiden.

Wer häufig fährt, kann entweder leicht ermäßigte 10er-Karten *(Bilhete 10 viagens)* oder Zeitkarten *(Bilhete Turístico/Travelcard)* kaufen. Letztere gelten für alle *CP*-Vorortzüge im Großraum Lissabon und kosten für 24 Std. 6,50 € bzw. für 72 Std. 14 € und müssen jeweils auf eine *Viva-viagem*-Karte geladen werden.

Außerdem gibt es eine 24 Std.-Karte *(Bilhete diário Carris/Metro/CP)* für 10,80 €, die für Metro, Busse und Trams im Stadtgebiet Lissabon und alle Vortortzüge der *CP* gilt. Auch sie muss auf eine *Viva-viagem*-Karte geladen werden.

Kinder von 5–12 J. sowie Senioren ab 65 J. können ein um 50 % reduziertes Einzelticket lösen *(meio bilhete)*.

Achtung: Alle Tickets müssen vor der Fahrt an den Zugangsschranken zum Bahnhof oder, falls es keine Schranken gibt, am Chip-Lesegerät auf dem Bahngleis aktiviert werden!

Spartipp: Mit dem *Bilhete Bairro dos Museus + Linha de Cascais* darf man 24 Stunden die Züge zwischen Lissabon und Cascais benutzen und hat freien Eintritt in alle Museen in Cascais und Estoril. Das Ticket kostet 10 €, muss auf eine *Viva-Viagem*-Karte geladen werden und ist an allen CP-Verkaufsschaltern entlang der Linha de Cascais erhältlich. Achtung: Man muss in den Museen den Ladebeleg der Karte vorzeigen!

Busse

Außergewöhnlich dicht und gut ausgebaut ist das städtische Busnetz *Mobi Cascais* des Kreises Cascais (dazu gehören auch die Orte Carcavelos, Parede, Estoril, Guincho und Malveira da Serra). Die lokalen Bewohner dürfen es kostenlos nutzen, alle anderen zahlen nur 2 € für das Tagesticket. Die Tickets gibt es bei den Fahrern und sie gelten in allen städtischen Bussen (man erkennt sie am M vor der Liniennummer). Außerdem bekommt man kostenloses WLAN an Bord. mobicascais.pt.

Die *Carris Metropolitana* betreibt zudem mehrere überregionale Linien zwischen dem Kreis Cascais und Sintra und die Buslinien im Kreis Oeiras. *Mobi-Cascais*-Tickets sind in diesen

Bussen nicht gültig! Die Fahrkarten erwirbt man hier „an Bord" beim Fahrer oder man nutzt das Zapping *Navegante pré-pago* und spart dabei etwa ein Drittel des Preises. Dazu lädt man Guthaben auf eine *Navegante-ocasional*-Chipkarte (auch unter dem Namen *Viva Viagem* bekannt), die es für 50 Cent z. B. an den Fahrkarten-Automaten der Bahn, der Lissabonner Metro oder an den Schaltern der Carris Metropolitana gibt. carrismetropolitana.pt.

Abendstimmung an der Praia do Guincho

Auto

Alle Orte sind über die 4-spurige Uferstraße Avenida Marginal (N6) an Lissabon angebunden. Die relativ enge Straße verläuft parallel zur Bahnlinie und bietet schöne Ausblicke. Parallel dazu erstreckt sich zwischen den Hügeln im Landesinneren die Autobahn *A5 Autoestrada da Costa do Estoril*. Die Maut auf dieser seit 1944 existierenden und damit ältesten Autobahn des Landes ist wie in Portugal üblich moderat: Sie kostet für die gesamte Strecke Lissabon–Guincho 2,30 € (gebührenfrei bis Caxias, hier auch Ausfahrt zur Av. Marginal). Über die ebenfalls gebührenpflichtige *A16 Circular Exterior da Área Metropolitana de Lisboa* kommt man von Cascais schnell nach Sintra. Online-Mautrechner *(calculador de portagens)* findet man unter viaverde.pt und estradas.pt.

Pfusch am Bau

An dem sehenswerten, 1925–1928 nach Plänen des modernistischen Architekten *Porfírio Pardal Monteiro* erbauten Kopfbahnhof **Cais do Sodré** ereignete sich im Jahr 1963 einer der größten Unfälle in der portugiesischen Eisenbahngeschichte. Um den Bahnhof zu erweitern, wollte man das schöne Dach aus Eisenträgern und Glas durch eine schlichte Betonkonstruktion ersetzen, wie sie zu der Zeit sehr in Mode waren. Man schlampte jedoch bereits bei den statischen Berechnungen. Die Bauarbeiten wurden zudem von der Bahnfirma selbst und nicht von einem spezialisierten Unternehmen überwacht.

Damals wurde die Linha de Cascais noch vom Privatunternehmen *Sociedade Estoril* aus der Gruppe des Besitzers des Casino Estoril, Fausto de Figueiredo, betrieben. Als man die Fahrdrähte der Oberleitung von den alten Pfosten ab- und über das Betondach neu verspannte, kam es zur Katastrophe: Gegen Mittag des 28. Mai kollabierte die Betonkonstruktion und begrub die wartenden Fahrgäste unter sich. 49 Menschen starben, 69 wurden teils schwer verletzt. Heute findet man am Bahnhof keine Betondächer mehr, und an das Unglück erinnert kein Denkmal.

Algés

Als erster Vorort im Westen Lissabons liegt Algés in direkter Nachbarschaft zu den Stadtteilen Belém und Restelo. Hauptattraktion ist das Meeresaquarium Aquário Vasco da Gama.

Am Tejoufer empfängt die nach Lissabon einfahrenden Schiffe der Kontrollturm des Lissabonner Hafens, der *Centro de Controlo de Trâfego Marítimo*, unverwechselbar durch die „schiefe" Konstruktionsweise, die man nach den Plänen des Architekten Gonçalo Byrne umgesetzt hat. Spaziergänger flanieren gerne auf der Uferpromenade, die sich bis in den Nachbarort Caxias erstreckt.

Der Name „Algés" kommt, wie so oft in der Region Lissabon, aus dem Arabischen und bedeutet „Gips". Ende des 19. Jh. existierte hier ein beliebter Luxusbadestrand der Lissabonner Aristokratie, die sich von ihren Ärzten Bäder im Meer verordnen ließ. Heute braucht man eher nach dem Bad an der von zwei Wellenbrechern eingefassten Praia de Algés einen Arzt, da das Wasser hier ziemlich verschmutzt ist.

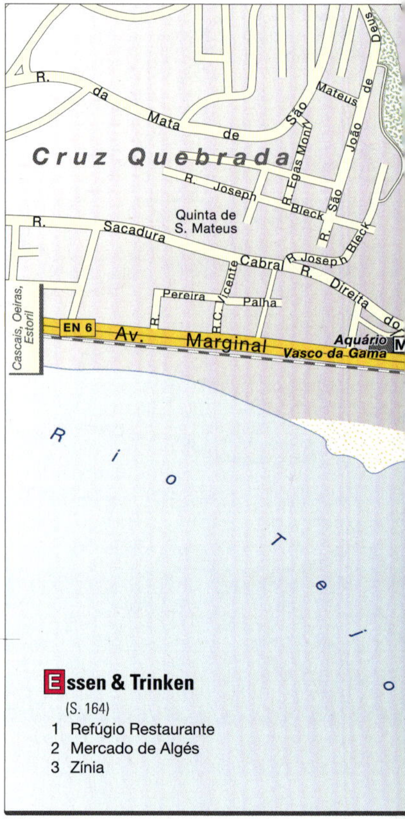

Sehenswertes

Aquário Vasco da Gama

In dem schönen Museumsbau sind in rund 90 Süß- und Salzwasseraquarien über 200 Fischarten und andere Meerestiere zu sehen. Darunter ragen die Zitteraale heraus, deren elektrische Spannung auf einem Oszilloskop angezeigt wird. Weitere Tiere hat man in Glasbehältern konserviert, die größtenteils aus der Privatsammlung Königs Carlos I. stammen. Dazu kommen Haie, die vor der portugiesischen Küste gefangen wurden, ausgestopfte Seevögel und Robben. Hauptattraktion ist der 8,20 m lange Krake. Besonders Kinder haben Spaß an diesem Museum, das 1898 auf Anregung Königs Carlos I. gegründet wurde.

Rua Direita do Dafundo, 300 m zu Fuß ab der Endstation Algés (Jardim) der Tram 15. Tägl. 10–18 Uhr, Einlass bis 17.30 Uhr. Eintritt 5 €, unter 12 J. und über 65 J. 50 % Ermäßigung, bis 3 J. frei, Familien (2 Erw., 2 Kinder) 13 €. ✆ 214 205000, ccm.marinha.pt/pt/aquariovgama/.

Palácio Anjos – Centro de Arte Contemporânea

In den Räumen des Palácio Anjos, den sich der reiche Händler Policarpo Anjos 1866 als Wohnhaus erbauen ließ, werden auf zwei Stockwerken regelmäßig

Linha de Cascais → Karte S. 160/161

wechselnde Ausstellungen moderner portugiesischer Kunst gezeigt. Um den Palast herum liegt ein kleiner Park, in dem man sich in einem Terrassen-Café ausruhen kann.

Palácio Anjos, Alameda Hermano Patrone, mit Tram 15 bis zur Endhaltestelle Algés (Jardim). Di–So 11–18 Uhr. Letzter Einlass 30 Min. vor Schluss. Eintritt 2 €, unter 18 J. und ab 65 J. frei. So generell frei. ✆ 214111400, oeiras.pt.

Praktische Infos

→ Karte S. 162/163

Einwohner Algés: ca. 22.000

Bahn

Ab Lissabon/Cais do Sodré (via Alcântara): Sowohl die Züge mit Ziel Oeiras als auch die mit Ziel Cascais halten in Algés. In der Rushhour alle 5 Min., sonst alle 12–30 Min., Fahrzeit 11 Min.

Wer zu den Zwischenstationen **Cruz Quebrada, Caxias und Paço de Arcos** fahren möchte: Mo–Fr 7–10 und 17–20.30 Uhr halten nur die Züge mit Fahrtziel Oeiras an diesen 3 Bahnhöfen. Zu den anderen Zeiten halten auch die Züge Richtung Cascais an allen Bahnhöfen.

Nach Cascais (via Oeiras, Carcavelos, Parede und Estoril): Züge alle 12–30 Min., Fahrzeit 25–30 Min.

Neubaugebiet mit Tejo-Blick im Norden von Algés

Straßenbahn/Bus

Ab Lissabon: Mit Tram 15 ab Praça da Figueira über Praça do Comércio, Alcântara und Belém nach Algés. Bis zur Endstation Algés *(Jardim)* gilt der Stadttarif Lissabon der Carris *(urbano)*. Außerdem halten die Carris-Buslinien 723, 729, 750 und 751 am Bahnhof von Algés.

Parken

In der Regel sind die Parkplätze gebührenpflichtig, aber an Werktagen tagsüber durch die Pendler oft komplett belegt, abends und am Wochenende ist es dagegen entspannter. Die meisten Plätze gibt es nördlich und südlich des Bahnhofs, i. d. R. findet man aber an der Endhaltestelle der Tram 15 gegenüber dem Palácio Anjos sowie am Aquário Vasco da Gama (günstiger) leichter etwas.

Fußballstadion

Estádio Nacional do Jamor, das Nationalstadion liegt im Nordwesten des Ortsteils Cruz Quebrada. Traditionell finden hier die Endspiele des portugiesischen Pokalwettbewerbs *Taça de Portugal* statt. Da das 37.500 Plätze umfassende Stadion nicht mehr modernen Sicherheitsauflagen genügt, wird es heute nur noch selten für Länderspiele der Nationalmannschaft genutzt. In architektonischer Hinsicht ist das Vorbild deutscher Arenen aus nationalsozialistischer Zeit für das 1944 mithilfe deutscher Ingenieure erbaute runde Stadion deutlich zu erkennen. Bahnhof Cruz Quebrada, dann ca. 1,5 km zu Fuß.

Essen & Trinken

Refúgio Restaurante 1, Mo–Fr 12.30–15 Uhr, Sa/So 13–15.30 Uhr und tägl. 19.30–22 Uhr. Inmitten von Neubauwohnblöcken oberhalb von Algés: Am besten nimmt man die Treppen ab der Rua João Chagas. Ausladende Terrasse mit Schirmen auf einem verkehrsberuhigten Platz – zwischen den Häusern Blick auf den Tejo – und Innenraum. Typische Gerichte aus der Region Lissabon, modern und mit gelungenem Gewürzeinsatz zubereitet (auch vegetarische Optionen). Fast nur von Portugiesen besucht. Rua Doutor Augusto José da Cunha, 3G, ✆ 960241854, Instagram. €€€

Mercado de Algés 2, So–Do 11–24 Uhr, Fr/Sa 11–2 Uhr. Während im Nordflügel der Markthalle von Algés weiterhin Obst und Gemüse verkauft werden, sind in den Südflügel zahlreiche Self-Service-Restaurants eingezogen. An den Tischen in der Mitte der Halle und auf der überdachten Terrasse kann man all das verzehren, was man zuvor an den diversen Ständen an Essen und Getränken erworben hat (von Burger über Pizza bis zu Sushi). Rua Luís de Camões, ✆ 215968019, Facebook. €€

Zínia 3, Mo–Sa 12–15 Uhr. Im Keller dieses Lebensmittelladens unweit des Bahnhofs wird Mittagessen angeboten. Kantinenatmosphäre mit Self-Service, reichhaltigen Portionen und täglich wechselnden Gerichten. Fisch und Fleisch, auch an Vegetarier ist gedacht, dazu gibt es leckere Nachtische. Außerhalb der Mittagszeit Take-Away. Rua Damião de Góis, 48-A, ✆ 214112345, Facebook. €

Paço de Arcos und Caxias

Der Ort ist nach dem auffälligen, gelb gestrichenen Palast an der Avenida Marginal benannt. Neben einem kleinen historischen Stadtkern gibt es hier und im Nachbarort Caxias hübsche Gärten zu besichtigen.

Leicht zu erkennen ist der für den Ort namensgebende Paço de Arcos aus dem 15. Jh., der zunächst als Jagdschloss für König Manuel I. sowie später als Residenz des Grafen von Arrochella diente. Zwischen zwei Ecktürmen spannen sich drei Bögen (= *arcos*). Seit 2013 ist hier ein Luxushotel untergebracht. Der Palast selbst bleibt den Gästen des Hotels und des Hotelrestaurants vorbehalten, der Palmengarten **Jardim Palácio dos Arcos** ist aber frei zugänglich. Die kleine Grünanlage punktet mit mehreren Skulpturen moderner Künstler aus Portugal und hübschem Meerblick.

Largo Conde das Alcáçovas, 3. Zugang durch den Innenhof des Hotels Vila Galé Collection Palácio dos Arcos und dann durch den Torbogen. Tägl. 10–17 Uhr (im Sommer bis 18 Uhr). Eintritt frei. ✆ 210493200.

Jardins da Quinta Real de Caxias: Die herrlichen Gärten ließ Prinz Dom Francisco, der Sohn von König Dom Pedro II., im 18. Jh. anlegen, fertiggestellt hat man sie jedoch erst im 19. Jh. Das Königspaar Dona Maria II. und ihr deutscher Gatte Ferdinand von Sachsen-Coburg-Koháry sowie später Königin Dona Amélia nutzten das Landgut als Sommerresidenz.

Der Park mit seinen akribisch gestutzten Buchshecken wurde nach dem Vorbild der Gärten von Versailles entworfen. Am Ende der Grünanlagen erstreckt sich eine lange Galerie, die in ihrem Inneren von kühlen Gängen durchzogen wird. In der Mitte fällt ein künstlich angelegter Wasserfall auf Felsen, deren Form an Korallen erinnert. Auf der

Die Sintflut von 1967

Eigentlich hatte es nur nach starken Regenfällen ausgesehen, als sich die Portugiesen am Abend des 25. November 1967 schlafen legten. Keiner hatte sie vor den sintflutartigen Regenfällen des starken Tiefdruckgebiets gewarnt, das vom Atlantik her auf die Lissabonner Küste traf. Die Wetterstation Monte Estoril verzeichnete von 19 Uhr bis Mitternacht 129 mm Niederschlag, etwa ein Fünftel der normalen Regenmenge eines ganzen Jahres! Die Flüsse schwollen an und verwandelten sich zu reißenden Fluten. Besonders viel Schaden richteten der Rio Jamor zwischen Algés und Cruz Quebrada und die Ribeira de Barcarena bei Caxias an. Sie begruben die neben den Flussläufen erbauten Armutssiedlungen aus Blech und Holzbrettern unter Schlamm und rissen die ahnungslosen Bewohner mit sich. Noch Tage später zog man Leichen aus Tejo und Meer, beim 462. Toten ordnete die Salazar-Diktatur an, die weiteren Leichen nicht mehr zu zählen. Bis heute ist deshalb unklar, wie viele Menschen tatsächlich ums Leben kamen, man schätzt ihre Zahl auf 500 bis 700. Feuerwehr und Militär waren mit der Situation völlig überfordert, und so engagierten sich tausende Studenten spontan für die Opfer. Auch darüber durfte die Presse nach ein paar Tagen nicht mehr berichten, da viele Studenten in dieser Zeit regelmäßig gegen das Salazar-Regime protestierten. Aufgrund der rigiden Zensur sind die Fluten von 1967 den meisten Portugiesen heute kein Begriff mehr, obwohl es sich um eine der schlimmsten Naturkatastrophen Portugals der letzten beiden Jahrhunderte handelt.

Linha de Cascais → Karte S. 160/161

Ortskern und Hafen von Paço de Arcos

oberen Ebene der Galerien breitet sich vor den Augen der Besucher ein schönes Panorama auf Tejo und Atlantik aus.

Estrada da Gibalta, direkt gegenüber dem Bahnhof Caxias. Zum Park geht es zuerst durch ein Tor mit Schranke und dann quer über einen Innenhof mit den etwas heruntergekommenen Gebäuden einer Militärakademie. Tägl. 9–20 Uhr (Ende März bis Ende Okt. bis 21 Uhr). Eintritt frei. oeiras.pt.

Strände

Diese Strände sind aus Richtung Lissabon kommend die ersten, die man guten Gewissens zum Baden empfehlen kann. Seit in der portugiesischen Hauptstadt die Abwässer nicht mehr ungeklärt in den Tejo geleitet werden, hat sich die Wasserqualität an diesen Stränden enorm verbessert.

Praia de São Bruno: Direkt unterhalb des Bahnhofs von Caxias (eine Station vor Paço de Arcos) und der viel befahrenen Uferstraße Avenida Marginal liegt die kleine Praia de São Bruno rund um die Festungsanlage Forte de São Bruno aus dem 17. Jh. (nicht zu besichtigen) und den zugehörigen Palmengarten. Nach Westen wird der Strand vom mächtigen Wellenbrecher an der Mündung der Ribeira de Barcena begrenzt.

Praia de Caxias: Westlich der Flussmündung schließt sich die lange Praia de Caxias an, die auch „Praia do Lagoal" genannt wird und bis zum Forte da Giribita (Besichtigung nicht möglich) am Eingang des Nachbarorts Paço de Arcos reicht.

Praia da Giribita: Hinter dem Giribita-Fort und einem Felsmassiv folgt mit der Praia da Giribita der dritte Strand. Er ist allerdings so schmal, dass er bei Flut völlig verschwindet.

Nur die Praia de Caxias wird von Rettungsschwimmern überwacht. Die anderen beiden Strände sind unbewacht und werden auch nicht so regelmäßig gereinigt wie die anderen Strände an der Linha de Cascais.

Der nächstgelegene Bahnhof für diese Strände ist Caxias. Es gibt einige wenige Parkplätze auf beiden Seiten des Wellenbrechers und neben dem Forte da Giribita (Einfahrt über die Uferstraße Av. Marginal jeweils nur aus Richtung Cascais kommend).

Praia de Paço de Arcos: Regelmäßig gepflegt und in der Saison auch überwacht ist der Hauptstrand von Paço de Arcos, den man 400 m westlich des Hafens findet. Die etwa fußballfeldgroße Praia de Paço de Arcos ist unspektakulär und wird von Hafenmole, Uferstraße und kleinen Felsen eingerahmt. Nebenan gibt es ein Strandcafé.

Anfahrt über den Bahnhof Paço de Arcos. Es existiert ein mittelgroßer Parkplatz am Westrand des Strands. Die Av. Marginal (in beiden Richtungen) über die Ausfahrt „Parque dos Poetas" verlassen.

Praktische Infos

Einwohner Paço de Arcos: ca. 15.000

Einwohner Caxias: ca. 9000

Bahn

Ab Lissabon/Cais do Sodré (via Santos, Alcântara, Belém und Algés): Züge alle 12–30 Min., Fahrzeit 19 Min. Achtung: Mo–Fr 7–10 und 17–20.30 Uhr halten nur die Züge mit Ziel Oeiras in Paço de Arcos und Caxias. Zu den anderen Zeiten auch die Züge Richtung Cascais.

Nach Cascais (via Oeiras, Carcavelos, Parede und Estoril): Züge alle 12–30 Min., Fahrzeit 21 Min. Mo–Fr 7–10 und 17–20.30 Uhr muss in Oeiras umgestiegen werden, ansonsten direkt.

Parken

In Paço de Arcos relativ wenige Plätze, dagegen am Garten von Caxias meist problemlos.

Übernachten

***** **Vila Galé Collection Palácio dos Arcos,** im auffälligen Palácio dos Arcos aus dem 15. Jh. untergebracht (vom Bahnhof Paço de Arcos in weniger als 10 Min. zu Fuß erreichbar). Restaurant, Weinbar und 2 Suiten in Palast-Ambiente mit dunklem Holz, schweren Polstermöbeln und glitzernden Kronleuchtern. Im langen Neubau, der den Palmengarten umschließt, finden sich die meisten der insgesamt 76 Zimmer: moderne Einrichtung, Teppich- statt Dielenböden, große Fensterfronten, Terrassen oder Balkons, die alle zum Garten mit Schwimmbad hinausgehen. In den oberen Stockwerken teilweise auch Meerblick. Kabel-TV, Radio, Telefon, Tresor, Minibar, Klimaanlage. WLAN kostenfrei. Spa mit Sauna und türkischem Bad sowie gebührenpflichtige Garage. Sehenswert ist die barocke Kapelle zwischen Alt- und Neubau. Largo Conde das Alcáçovas, 3, ✆ 210493200, vilagale.com. €€€

Essen & Trinken

Casa Galega, Mo–Sa 12–15 und 19–23 Uhr. Gehobenes Restaurant an der Hauptstraße. Sorgfältig zubereitete Gerichte aus Spanien und Portugal, dabei lässt man sich vor allem von der Küche des Baskenlands und Galiciens inspirieren. Der Schwerpunkt liegt auf Meeresfrüchten, die in großer Auswahl per Kilopreis serviert werden. Auch viele Fischgerichte, einige mit Fleisch und eine vegane Alternative. Rua Costa Pinto, 126, ✆ 214432400 und 918626 325, casagalega.pt. €€€€

A Marítima, Mi–Mo 12–15 Uhr und Fr/Sa 19–22 Uhr. Im historischen Ortskern von Paço de Arcos. Schlichte Hausmannskost in familiärem Ambiente. Mit Schiffsbildern etwas altmodisch dekoriert, auch sonst hat man viel Traditionelles beibehalten. So findet man hier weiter die für Portugal typischen Papiertischdecken und klassische portugiesische Gerichte mit Fisch und Fleisch. Dass es keine extra Hauptspeisen für Vegetarier gibt, gehört leider auch zu den hier gepflegten Gastronomie-Traditionen. Rua Costa Pinto, 59, ✆ 214420931, Facebook. €

Restaurant Casa Galega

Linha de Cascais → Karte S. 160/161

Oeiras

Das angenehme Städtchen liegt auf halbem Weg zwischen Lissabon und Cascais, genau dort, wo der Tejo ins offene Meer mündet. Hauptsehenswürdigkeit ist der Palast des Marquês de Pombal mit seinen Gärten. Sie trennen die Stadt dabei in zwei Ortsteile: Oeiras und Santo Amaro de Oeiras.

Die kleine verkehrsberuhigte Innenstadt um die Hauptkirche Igreja Matriz macht mit ihren Cafés einen gemütlichen Eindruck. Nur wenige Minuten Fußweg von den beiden Bahnhöfen des Ortes entfernt, findet man einen der größten Strände der Region, die **Praia de Santo Amaro.** Der flache Sandstrand wird komplett von der Uferstraße umgeben, der Verkehr ist nicht zu überhören. In der Badesaison wachen hier Rettungsschwimmer über das Wohlergehen der Badegäste. Die benachbarte **Praia da Laje** westlich der Flussmündung der Ribeira da Laje und des dazugehörigen Wellenbrechers wird selten aufgesucht – der winzige Strand ist steinig und wird weder überwacht noch regelmäßig gereinigt.

Für einen schönen Spaziergang bietet sich ab der Praia de Santo Amaro die Uferpromenade **Passeio Marítimo de Oeiras** an: An Wochenenden tummeln sich Jogger, Skater und Radfahrer auf dem 3 km langen, roten Asphaltband. Zahlreiche Cafés – v. a. rund um den Yachthafen **Oeiras Marina** und die Praia da Torre – laden zu einer Pause mit Meeresblick ein.

Die Promenade endet an der **Praia da Torre,** einem nicht sehr langen, dafür aber breiten Sandstrand, etwas eingezwängt zwischen der Marina auf der einen und dem imposanten Forte de São Julião da Barra auf der anderen Seite. Er ist relativ gut vor hohen Wellen geschützt und wird im Sommer überwacht. Mittelhohe Felsen schirmen den Verkehrslärm der Uferstraße Av. Marginal gut ab. Über einen kurzen Fußweg neben der Straße kann man hinter dem Fort die Strände im Nachbarort Carcavelos erreichen.

Sehenswertes

Forte de São Julião da Barra

Das mächtige Fort aus der zweiten Hälfte des 16. Jh. an der Ortsgrenze zwischen Oeiras und Carcavelos ist beeindruckender Zeuge kriegerischer Zeiten. Da bei Oeiras der Tejo in den Atlantik fließt und der ganze Schiffsverkehr zum Hafen Lissabon sich ab hier in zwei engen Fahrrinnen durch das flache Mündungsgebiet quälen muss, haben die Portugiesen einst nach Attacken nordafrikanischer Piraten und französischer Korsaren an dieser Stelle Festungen zum Schutze Lissabons errichtet. Mit dem Forte de São Julião da Barra schuf Architekt Miguel de Arruda dabei die mächtigste Festung zwischen Lissabon und Cascais. Übrigens residiert im Fort der Verteidigungsminister Portugals, daher kann es leider auch nicht besichtigt werden.

Palácio do Marquês de Pombal

Den Palast entwarf der ungarische Architekt und Freimaurer Carlos Mardel in der zweiten Hälfte des 18. Jh. – auf seine Hilfe vertraute Pombal auch beim Wiederaufbau der Lissabonner Baixa nach dem Erdbeben von 1755. Zu sehen sind großartige Statuen vom bekanntesten portugiesischen Bildhauer, Machado de Castro. Die Veranda des Palastes ist mit sehr sehenswerten Azulejos in Gelb und Blau verziert, die

Palácio do Marquês de Pombal: beeindruckender Palast mit ausladenden Gärten

Szenen aus dem Palastleben darstellen. In der Kapelle *Capela da Nossa Senhora das Mercês* kann man Stuckarbeiten des Mailänder Künstlers Giovanni Grossi bewundern.

Der opulent gestaltete Palastgarten ist besonders wegen seiner Brunnen äußerst sehenswert. Den Brunnen der Dichter beispielsweise hat der ehemalige Hausherr Marquês de Pombal mit Büsten von Camões, Vergil, Homer und Tassus dekorieren lassen – in der Mitte thront Neptun. Von oben hat man einen schönen Blick über den Park. Etwas weiter stößt man auf zwei Teiche, in denen die Adligen zum Zeitvertreib gerne fischten. Mitten im Park liegt der Brunnen der vier Jahreszeiten: Die Frühlingsseite ist dabei dem Palast zugewandt als Zeichen für die erneuernde Kraft des Marquis.

Largo Marquês de Pombal. Palast: Di–So 10–18 Uhr, Fei geschl.; Eintritt 3 €, bis 12 J. frei, ab 65 J., mit *Cartão Jovem* und Studenten 50 % Ermäßigung. Garten: Tägl. 9–20 Uhr (Mai bis Sept. bis 21 Uhr); Eintritt frei. ✆ 214430799, oeiras.pt. Zum Recherchezeitpunkt im Sommer 2023 war der Palast für Renovierungsarbeiten geschlossen, der Garten stand dagegen weiter offen.

Praktische Infos

→ Karte S. 170

Einwohner Oeiras: ca. 34.000

Information

Turismo gegenüber dem Palácio Marquês de Pombal, Largo Marquês de Pombal, 21. Tägl. 10–18 Uhr (Mai bis Sept. bis 19 Uhr). ✆ 214430 799, oeiras.pt.

Ein zweites Tourismusbüro befindet sich im Yachthafen, Oeiras Marina, Av. Marginal, 21. Tägl. 8–18 Uhr (Mai bis Sept. bis 22 Uhr). ✆ 214 401510, oeiras.pt.

Bahn

Oeiras hat 2 Bahnhöfe: Im Bahnhof Oeiras halten die Züge aller Linien. Den Bahnhof im Stadtteil Santo Amaro bedienen Mo–Fr 7–10 und 17–20.30 Uhr dagegen nur die Züge mit Endhaltestelle in Oeiras, zu den anderen Zeiten halten auch die Züge mit Ziel Cascais.

Linha de Cascais → Karte S. 160/161

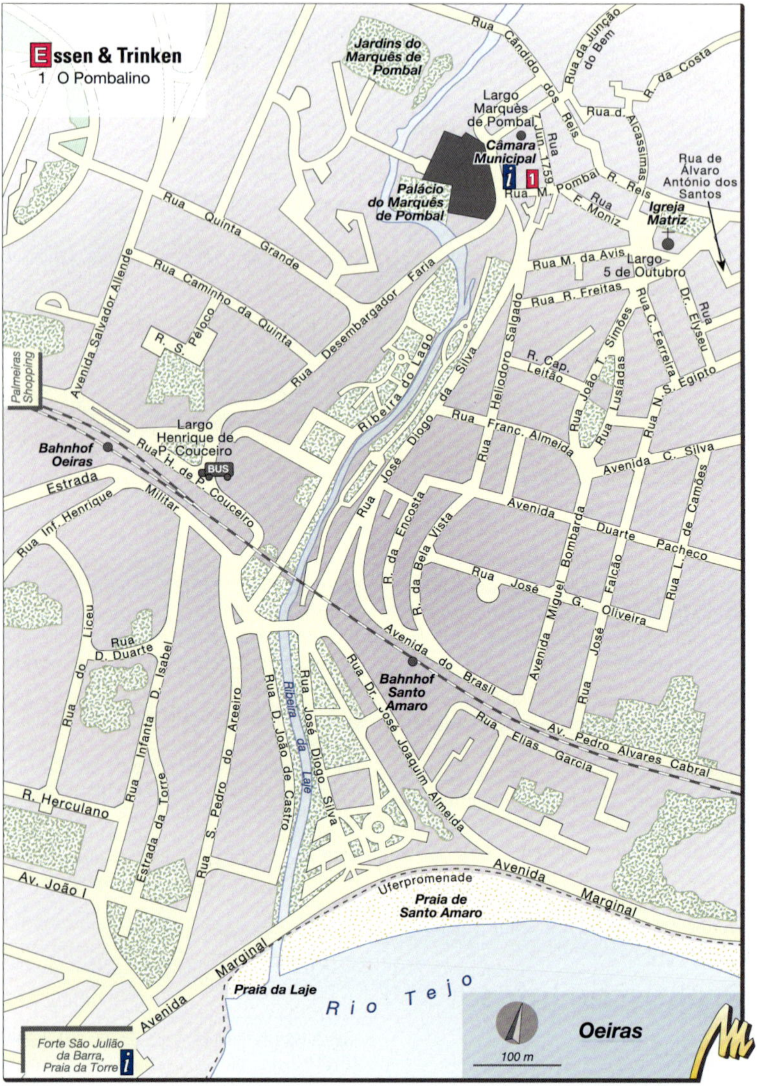

Ab Lissabon/Cais do Sodré über Alcântara und Algés: In der Rushhour alle 6 Min., sonst alle 12–30 Min., Fahrzeit 17–24 Min.

Nach Paço de Arcos, Caxias, Belém und Santos: Züge alle 12–30 Min. Mo–Fr 7–10 und 17–20.30 Uhr muss man aufpassen, denn dann halten nur die Züge mit Fahrtbeginn in Oeiras an diesen Zwischenbahnhöfen (sie starten normalerweise vom Mittelgleis in Oeiras). Sonst halten auch die aus Cascais kommenden Züge an allen Stationen bis Cais do Sodré.

Nach Cascais (via Carcavelos, Parede und Estoril): Züge alle 12–30 Min. Fahrzeit 16 Min.

Bus

Nach Sintra: Ab der Nordseite des Bahnhofs von Oeiras mit Bus 1614 Mo–Fr alle 30 Min., Sa/So stündl. bis zum Bahnhof Portela de Sintra (südlicher Busbahnhof). Fahrzeit 60 Min.

Taxi

Multitáxis – Rádio Táxis de Oeiras, ✆ 214155 310, taxis-multitaxis.pt.

Parken

In den touristischen Zonen im Ort eher schwierig, am einfachsten an der Praia da Torre.

Schwimmbad

Piscina Oceânica de Oeiras, städtisches Meerwasser-Freibad in der Marina von Oeiras nahe der Praia da Torre. 2 Becken, Sprungturm, Restaurant und Meerblick. Nur Juni bis Mitte Sept. geöffnet: tägl. 10–19 Uhr (Juli und Aug. 9.30–19.30 Uhr). Eintritt in der Hochsaison ab 15 € (Halbtageskarte), bis 16 J. und ab 65 J. 10 €. Estrada Marginal-Praia da Torre, ✆ 214462552, oeirasviva.pt.

Essen & Trinken

O Pombalino **1**, Di–So 12–15 und 19–22 Uhr. In der Gasse hinter dem Rathaus. Einfache, schmackhafte Küche Portugals in sehr reichhaltigen Portionen, zahlreiche Eintöpfe mit Nudeln oder Bohnen im Angebot. Viel Fleisch, aber auch Fisch, Vegetarier gehen dagegen leer aus. Mittelgroßer Speiseraum mit langer Bartheke, einige Tische auch vor der Tür. Rua 7 de Junho, 6, ✆ 214417571 und 915 804952, Instagram. €€

Carcavelos

Der Ort wartet mit dem längsten Sandstrand der Küste zwischen Lissabon und Cascais auf. Besonders erfahrene Surfer schätzen seine langen, meist nicht zu hohen Wellen. Die manchmal etwas aufgesetzte Noblesse von Estoril sucht man hier vergebens, Carcavelos hat sich trotz seiner privilegierten Lage eine angenehme Bodenständigkeit bewahren können.

Die **Praia de Carcavelos** ist nicht nur bei Surfern, sondern auch bei Beachvolleyball-Spielern beliebt. Von einem der zahlreichen Strandcafés, die sich entlang der Promenade aufreihen, lässt sich das Treiben am Strand gut beobachten – trotz seiner beeindruckenden Größe kann dieser an den Hauptbadetagen im Sommer relativ dicht besetzt sein.

Genau genommen handelt es sich bei dem knapp 1,5 km langen Strand um drei Strände. Der Hauptstrand ist die Praia de Carcavelos, ein langes, prak-

Wie Fußball, Tennis und Golf nach Portugal kamen

Ab 1870, als Portugal mit der englischen Firma *Falmouth, Malta, Gibraltar Telegraph Company* einen Vertrag zum Bau eines Seekabels von Porthcurno in Cornwall über Carcavelos nach Gibraltar und Malta schloss, kam internationales Leben in den bis dahin recht verschlafenen Ort. Die britische Firma, später unter *Eastern Telegraph Company* und dann als *Cable & Wireless* bekannt, verlegte hier in den folgenden Jahrzehnten zahlreiche Kupferkabel, um Telefonate von Europa nach Madeira, zu den Azoren wie auch nach Amerika, Afrika und Asien zu ermöglichen. Carcavelos wurde zu einem Knotenpunkt des weltweiten Telegrafie- und Telefon-Verkehrs. Zahlreiche Engländer siedelten sich dauerhaft im Ort an und gründeten 1932 eine der bis heute prestigeträchtigsten Privatschulen der Region, die *St. Julian's School*. Ihr prägendstes Erbe bleiben aber die Sportarten, die sie aus Großbritannien mitgebracht haben: In Carcavelos wurden zum ersten Mal in Portugal Fußball, Tennis und Golf gespielt.

Linha de Cascais → Karte S. 160/161

tisch felsfreies Areal. Im felsigeren Ostteil folgen zwei kleine, nicht von Rettungsschwimmern überwachte Buchten, die nach ihren gleichnamigen Strandbars benannt sind: die **Praia dos Gémeos** und die **Praia do Moinho** direkt neben der beeindruckenden, weit ins Meer ragenden Festung Forte de São Julião da Barra im Nachbarort Oeiras.

Praktische Infos

Einwohner Carcavelos: ca. 23.000

Bahn

Ab Lissabon/Cais do Sodré (via Alcântara, Algés und Oeiras): Züge alle 12–30 Min., Fahrzeit 19–27 Min.

Nach Paço de Arcos, Caxias, Belém und Santos: Züge alle 12–30 Min. Mo–Fr 7–10 und 17–20.30 Uhr muss man in Oeiras in den dort auf dem Mittelgleis wartenden Zug umsteigen. Sonst halten auch die aus Cascais kommenden Züge an allen Stationen bis Cais do Sodré.

Nach Cascais (via Parede und Estoril): Züge alle 12–30 Min., Fahrzeit 13 Min.

Bus

Nach Sintra: Ab Bahnhof Carcavelos mit Bus 1614 Mo–Fr alle 30 Min., Sa/So stündl. bis zum Bahnhof Portela de Sintra (südlicher Busbahnhof). Fahrzeit 65 Min.

Bei Schnäppchenjägern beliebt: Kleiderkauf auf der Feira de Carcavelos

Mit dem Fahrrad durch Carcavelos: Am Bahnhof kann man am **Quiosque MobiCascais Carcavelos** in der Avenida Tenente Coronel Melo Antune städtische Leihräder für 2 €/Std. und 6 €/Tag sowie Pedelecs für 4 €/Std. und 10 €/Tag und gegen Vorlage eines Personalausweises ausleihen (Leihe nicht über Nacht möglich). Helm und Schloss kosten je 1 €/Tag. Tägl. 8–20 Uhr, Ausgabe nur bis 1 Std. vor Schluss, Rückgabe an jedem Quiosque MobiCascais möglich (mobicascais.pt).

Parken

Nur im Hochsommer werden die Plätze knapp. Ansonsten zwischen Strand und Bahnhof viele Möglichkeiten.

Surfschule

Angel's Surf School, die älteste Wellenreitschule in Carcavelos im Besitz des ehemaligen portugiesischen Surfmeisters Marcos Anastácio. Einzel- und Gruppenstunden für Erwachsene und Kinder (auf Portugiesisch und Englisch). An Ostern und in den Sommermonaten auch Wochenkurse für Kinder. Dazu Verleih von Brettern und Anzügen. Avenida Marginal, 6, Praia de Carcavelos (neben der Angel's Bar), ✆ 962681113, angelsurfschool.com.

Essen & Trinken

Pizza na Praia, Di–So 12–15 und 19–22 Uhr. Im Wohn- und Hotelviertel zwischen Bahnhof und Strand. Helles Interieur. Neben sehr leckeren und kreativ zubereiteten Pizzen auch Nudeln und vegetarische Optionen. Mein Tipp: die Pizza Burrata mit Burrata-Käse, Rucola und Cherry-Tomaten. WLAN frei. Praça do Junqueiro, 1B, ✆ 210736024, pizzanapraia.pt. €€

Capricciosa, tägl. 12–24 Uhr. Direkt über dem Strand in der Nähe des 2. Kreisverkehrs an der Av. Marginal aus Richtung Cascais oder Bhf. Carcavelos kommend. Vom Bahnhof

Carcavelos – ein seltener und edler Likörwein

Wer den allseits bekannten *Carcavelos* kosten möchte, wird Schwierigkeiten haben. Der 15- bis 22-%ige, etwas nach Mandeln schmeckende, rote Süßwein ist inzwischen zu einer seltenen Spezialität geworden, eine Flasche kann schnell 50 € und mehr kosten. Der edle Tropfen wird nur noch auf äußerst kleinen Flächen angebaut.

Im Gegensatz zu seinen „großen Brüdern", dem Portwein und dem Moscatel aus Setúbal, hat sich durch den Bauboom der vergangenen Jahrzehnte die Anbaufläche immer weiter verringert, sodass der seit 1370 existierende Wein zwischenzeitlich sogar vom Aussterben bedroht war.

knapp 2 km oder gut 20 Min. zu Fuß. Meerblick vom Speisesaal und der ausladenden Terrasse mit Palmen und Sonnenschirmen. Filiale der Pizzeriakette aus Lissabon. Neben Pizzen auch Salate, Nudel- und Fleischgerichte. Service kann langsam sein. Avenida Marginal, Praia de Carcavelos, ✆ 214579254, capricciosa.com.pt. **€€**

Eisdiele Santini, tägl. 11–23 Uhr. Nordöstlich vom Bahnhof in der Markthalle (nebenan findet die Feira de Carcavelos statt). Hier ist inzwischen der Hauptsitz der bekannten Eisdiele aus Cascais. Nebenan weitere Cafés und Restaurants. Estrada da Torre, ✆ 214582374, santini.pt.

Einkaufen

Feira de Carcavelos, weithin bekannter Kleidermarkt jeden Do und jeden 2. So im Monat 9–15 Uhr etwa 500 m östlich des Bahnhofs von Carcavelos (landseitig der Zuglinie folgen). Auf dem Markt preisen die fahrenden Händler ihre Hosen, Schuhe oder Stoffe lautstark an und versuchen dabei, dem Nachbarstand die Aufmerksamkeit der Kunden zu stehlen. Der größte Bekleidungsmarkt Portugals ist durch sein buntes, chaotisches Treiben und seine Billigprodukte berühmt-berüchtigt. Man sollte besser am Morgen hingehen, da dann die Schnäppchen noch nicht weg sind.

Parede

In Portugal ist Parede v. a. wegen seiner orthopädische Kliniken bekannt. Touristisch steht der ruhige Villenvorort im Schatten der prominenten Nachbarn Carcavelos und Estoril und wird trotz seiner schönen Küste gerne übersehen.

Der Hauptstrand von Parede, die **Praia da Parede,** ist eher unspektakulär und deutlich kleiner als der Nachbar in Carcavelos. Am Meeresboden dominieren Felsplatten, die bei Ebbe teilweise trockenfallen, bei Stand-up-Paddlern (SUP) ist er dennoch beliebt. Die Lage in einer Kurve der Uferschnellstraße Avenida Marginal, begrenzt durch hohe Mauern und mehrere Strandbars, verspricht leider nur ein mäßiges Naturerlebnis.

Der Strand lässt sich in weniger als 10 Min. vom Bahnhof zu Fuß in Richtung Süden erreichen. Auf dem Weg bietet sich ein Zwischenstopp im kleinen Parque Morais an. An beiden Enden des Strandes findet man Parkplätze neben den dortigen Restaurants (Zufahrt über die Av. Marginal jeweils nur aus Richtung Cascais).

Ein echter Geheimtipp ist hingegen die versteckt gelegene **Praia das Avencas** im Meeresschutzgebiet **Área Marinha Protegida das Avencas,** das bis nach São Pedro de Estoril reicht. Die Küste steht ebenfalls unter Naturschutz, was eine umfassende Bebauung verhindert hat, die Klippen schirmen die Praia das Avencas zudem vom Verkehrslärm der nahen Avenida Marginal ab. Unter Wasser ist allerdings außergewöhnlich viel felsiger Grund, sodass man hier nicht so gut durchs Wasser waten kann. Während Kleinkinder und Nichtschwimmer an diesem mittelgroßen Strand nicht so glücklich werden, haben Schnorchler dafür umso spannendere Aussichten. Bei Ebbe ragt ein Teil der Felsen aus dem Wasser, man kann sie dann von der idyllisch gelegenen Strandbar oder den Aussichtspunkten entlang eines Lehrpfades auf den Spitzen der Klippen gut betrachten.

Zu Fuß vom Bahnhof in weniger als 10 Min. Richtung Südwesten über die Rua Marquês de Pombal und dann rechts über die Rua Domingos José Morais und durch die Unterführung zu erreichen. Kein Parkplatz.

Praktische Infos

Einwohner Parede: ca. 23.000

Bahn

Ab Lissabon/Cais do Sodré (via Alcântara, Algés, Oeiras und Carcavelos): Züge alle 12–30 Min., Fahrzeit 22–29 Min.

Nach Paço de Arcos, Caxias, Belém und Santos: Züge alle 12–30 Min. Mo–Fr 7–10 und 17–20.30 Uhr muss man in Oeiras in den dort auf dem Mittelgleis wartenden Zug umsteigen. Sonst halten auch die aus Cascais kommenden Züge an allen Stationen bis Cais do Sodré.

Nach Cascais (via Parede und Estoril): Alle 12–30 Min., Fahrzeit 11 Min.

Strandleben an der Praia das Avencas

Parken

In den engen Straßen des Ortes nicht ganz einfach.

Essen & Trinken

Eduardo das Conquilhas, Mi–So 12–23 Uhr. Den Bahnsteig auf der Nordseite Richtung Osten/Lissabon verlassen, schon steht man vor der 1965 von Eduardo dos Santos gegründeten Cervejaria, die weit bekannt für ihre Meeresfrüchte ist. Schlichter Speiseraum, in dem es in allen Ecken knackt, wenn die Gäste ihre Krabben und Muscheln öffnen. Auch Terrassenservice auf dem Bürgersteig. Viele Meeresfrüchte werden, wie in dieser Art Restaurant üblich, nach Gewicht berechnet. Rua Capitão Leitão, 118-A, ✆ 214573303, eduardodasconquilhas.pt. €€€

meinTipp **Sociedade,** Mo–Sa 12.30–15 und 19.30–22.30 Uhr. Etwas unscheinbar, direkt südlich des Bahnhofs auf dem Weg zur Praia de Parede gelegen. Benannt nach dem Musikverein *SMUP*, der das Gebäude betreibt. 2 Essbereiche in legerem Boheme-Stil mit Weinregalen, im hinteren Teil kann man dem Koch beim Zubereiten der köstlichen, modern interpretierten portugiesischen Gerichte zusehen. Im Sommer auch Terrassenbetrieb. Ausgesuchte Tagesgerichte mit Fisch und Fleisch, dazu vegetarische Angebote. Frisch gepresste Fruchtsäfte. Rua Marquês de Pombal, 319, ✆ 212491972, Facebook. €€

Strandbar **Bar das Avencas,** Mi–Mo 10–22 Uhr. Strandbar, die sich oberhalb der Praia das Avencas an die Klippen schmiegt, sodass man einen sehr guten Blick auf den Strand und die felsige Küste hat. Innenbereich, aber auch schattige Terrasse. Kleine Speisen wie Toasts und leckere brasilianische Fruchtsäfte, z. B. mit Cashew *(caju)*, Acerola und Papaia. Av. Marginal, Praia das Avencas, ✆ 214572717, Facebook.

Rund um das Casino und seinen Palmengarten hat sich Estoril entwickelt

Linha de Cascais → Karte S. 160/161

Estoril

Der Nobelbadeort Portugals mit viel Grün und Luxus, Hotels der gehobenen Kategorie und prächtigen herrschaftlichen Villen aus den 30er-Jahren. Der Ort mit dem größten Spielcasino Europas wird gerne als Beverly Hills von Lissabon bezeichnet. An der belebten Strandpromenade lässt sich praktisch das ganze Jahr über wunderbar flanieren.

Hier in Estoril begann Anfang des 20. Jh. der moderne Tourismus Portugals. Fausto de Figueiredo, der Erbauer des Hotels Palácio, verwandelte diesen fast ausschließlich von Kiefern bestandenen Küstenstreifen in einen luxuriösen Ferienort nach dem Vorbild der französischen Côte d'Azur. Zu den ersten Touristen an der Lissabonner *Costa do Sol* zählte der portugiesische Adel, später gesellten sich abgedankte Könige hinzu, als viele Länder Europas in der ersten Hälfte des 20. Jh. den Schritt von der Monarchie zur Republik schafften.

Entscheidend für den Erfolg Estorils war der Bau des **Casinos** im Jahr 1916, der Glücksspieler aus ganz Europa anzog. Ein Gesetz aus dem Jahr 1927 machte die Estoriler Spielbank gar zum einzigen Casino auf dem portugiesischen Festland, dem ganzjähriger Betrieb gestattet war. Inzwischen gehört die Spielbank der Gesellschaft *STDM*, die von der Familie des chinesischen Glücksspiel-Zaren Stanley Ho aus Macau geführt wird. Mit seinem Palmengarten dominiert der Glasbetonbau des Casinos auch heute noch das Zentrum Estorils; besonders nachts ist der Garten beeindruckend, wenn ihn vier Millionen Lämpchen erhellen.

Im Stadtteil **Monte Estoril,** auf einem Hügel zwischen Estoril und Cascais gelegen, sind zahlreiche Villen in allen möglichen Baustilen zu entdecken – die Palette reicht von neomanuelinisch bis norwegisch. Einige der Paläste stehen leider leer, und schon zu viele mussten Appartement- und Hotelneubauten weichen.

Sehenswertes

Forte de Santo António da Barra

Mächtiges Fort aus dem Jahr 1591, das auf Befehl des spanischen Königs Philipp IV. erbaut wurde (er regierte damals Portugal als Philipp I. in Personalunion). Mit den großen Wällen und Mauern sollte eine Invasion vom Meer her verhindert werden. Zu geschichtlicher Bedeutung kam das Fort aber erst 300 Jahre später, als es ab 1950 dem portugiesischen Diktator António Oliveira de Salazar in den Sommermonaten als Amtssitz diente. Hier endete auch seine Regierungszeit: Am 3. August 1968 stürzte er im Fort nach einem Schlaganfall vom Liegestuhl – ein Unfall, von dem er sich nicht nicht mehr erholen sollte. Salazars ehemaliges Büro kann man samt zugehörigem Bad auch heute noch besichtigen: Es wirkt sehr bescheiden und passt zu seinem Image als Mann, dem Luxus nicht wichtig war. An einem schönen Meerblick konnte er sich dennoch erfreuen. Als Überbleibsel aus dieser Zeit sind auch viele Fliesengemälde zu sehen, die Portugals Rolle als Kolonialmacht verklären.

Av. Marginal, São João do Estoril. Vom Bahnhof São João zur Hauptstraße Av. Marginal und dann nach links bis zum Ortsausgang. Sa/So 10–13 und 14–16 Uhr (im Sommer bis 18 Uhr). Eintritt frei. cascais.pt.

Espaço Memória dos Exílios

In diesem kleinen Museum sind Fotos sowie Pässe und Hotelregister aus der Zeit zu sehen, als Cascais und Estoril Exil vieler Vertriebener waren – während des Zweiten Weltkriegs fanden hier u. a. der Schriftsteller Antoine de Saint Exupéry wie auch die Könige Humberto von Italien und Carol II. von Rumänien Zuflucht. Die Großherzöge von Habsburg ließen sich dagegen im benachbarten Carcavelos nieder. Viele

Feste mit Meerblick: Forte de Santo António da Barra

Flüchtende kamen mit dem Süd-Express aus Paris, der zeitweise seinen Endbahnhof in Estoril hatte. Auch der rechtmäßige spanische Thronfolger Don Juan, Graf von Barcelona und Vater von König Juan Carlos I., wählte 1946 Estoril als Exil, um von hier aus den monarchistischen Widerstand gegen die Franco-Diktatur in Spanien zu organisieren. Die Ausstellung ist im Obergeschoss des Estoriler Postamtes untergebracht: Das Gebäude wurde 1942 nach Plänen des portugiesischen Architekten Adelino Nunes erbaut und gilt als markantes Beispiel des Baustils in den Anfangsjahren des faschistischen „Neuen Staates".

Av. Marginal, 7152-A, 1. Stock. Mo–Fr 10–18 Uhr. Sa/So/Fei geschl. Eintritt frei. ✆ 214815 930, cultura.cascais.pt.

Igreja de Santo António

Das Salesianer-Kloster gilt als eine der wenigen kunsthistorischen Sehenswürdigkeiten in Estoril. Die Kirche aus dem 16. Jh. wurde beim Erdbeben von 1755 zerstört und im 18. Jh. in barockem Stil mit viel Blattgold neu aufgebaut. In ihr sind schlichte blau-weiße Azulejos mit Szenen aus dem Leben des hl. Antonius zu bewundern. Im Kontrast dazu steht der barocke, goldüberladene Hochaltar. Im ehemaligen Klostertrakt befindet sich heute eine der bekanntesten Privatschulen Estorils.

Av. Marginal. Mo–Fr 10–12 und 16–18 Uhr, Sa 10–11 Uhr, So nur zu Gottesdiensten. Eintritt frei. ✆ 214680342, paroquiaoestoril.com.

Casa Verdades de Faria/Museu da Música Portuguesa

Einer der schönsten Paläste Estorils und einer der wenigen allgemein zugänglichen. Besonders markant ist der massive Turm aus Granitsteinen, der an mittelalterliche Burgen erinnert und dank der großen Gartenanlage gut zur

Viel Blattgold: Igreja de Santo António

Geltung kommt. Den Rest des Palastes hat man dagegen eher verspielt-leicht gehalten. Elegante Rundbögen prägen die Fassade, dahinter überrascht ein kleiner Kreuzgang die Besucher. Der bekannte portugiesische Architekt Raul Lino hat das Bauwerk im Jahr 1918 nach Wünschen des Unternehmers Jorge O'Neill entworfen. Nach dem Patron seiner irischen Heimat widmete dieser den Turm dem heiligen Patrick als *Torre de São Patrício*. Die blauen Azulejos im Inneren sind übrigens älteren Datums und stammen bereits aus dem 17. Jh. Ins Obergeschoss ist ein Museum für Musikinstrumente eingezogen, das v. a. portugiesische Gitarren präsentiert. Die Sammlung dürfte aber in erster Linie Spezialisten interessieren, für die meisten lohnt wohl eher der Palast selbst einen Besuch.

Av. de Sabóia, 1146. Di–So 10–18 Uhr, Fei geschl. Eintritt 3 €, ab 65 J. und Studenten 50 % Ermäßigung, unter 18 J. frei. ✆ 214815904, cultura.cascais.pt.

Linha de Cascais → Karte S. 160/161

Strände

Durch eine Fußgängerunterführung am Bahnhof Estoril erreicht man den Hauptstrand, die Praia do Tamariz, und die befestigte **Strandpromenade Paredão.** Sie erstreckt sich von hier etwa 1,7 km nach Westen bis in den Nachbarort Cascais und 1 km nach Osten bis in den Ortsteil São João do Estoril und bietet sich wunderbar für lange Spaziergänge an. Zum Ausruhen kann man sich in eines der zahlreichen Cafés an der Promenade setzen und das bunte Treiben an den Stränden beobachten.

Praia do Tamariz: Das quirlige Leben während der Badesaison spielt sich v. a. entlang der 300 m langen Praia do Tamariz im Zentrum der Promenade ab. Felsplatten durchziehen den sauberen Sandstrand. Zusätzlich ist noch ein mit einer Mauer vom Meer abgetrenntes Schwimmbecken vorhanden, sodass auch Kinder bei höheren Wellen bedenkenlos baden können. Im Sommer steuern auch nachts zahlreiche Besucher den Strand an, um hier im Luxusrestaurant zu dinieren oder in einer der Freiluftbars ein Bier mit Meerblick zu trinken. Das Publikum wird dabei von den Reichen, oder in vielen Fällen eher von den Möchtegern-Reichen, der Linha de Cascais geprägt, die im Sommer gerne in der nur dann geöffneten Strandbar „Tamariz Summer Club" verkehren (Facebook).

Praia das Moitas: Wenn man von der Praia do Tamariz in Richtung Cascais nach Westen geht, stößt man im Stadtteil Monte Estoril auf die Praia das Moitas, einen kleinen Sandstrand mit niedrigen Felsen. Besonders wenn die Flut nur noch wenige Quadratmeter trockenen Sand übrig lässt, liegen im Sommer hier die Badetücher dicht an dicht. Da hier die Wellen meist aus Nordwesten an die Küste rollen (ausgelöst von Starkwinden zwischen den Azoren, Island und Grönland), ist dieser Strand

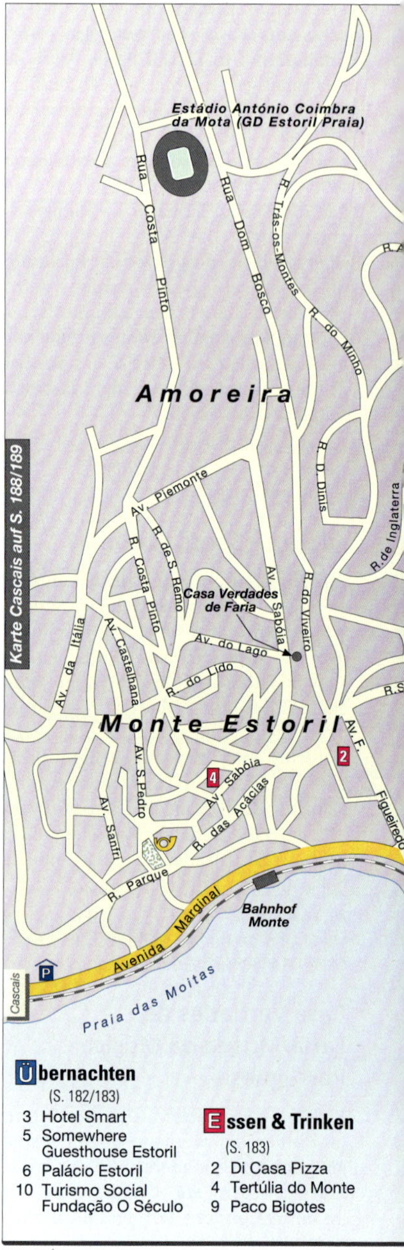

Linha de Cascais → Karte S. 160/161

Estorils Strände: Tamariz, Poça, Moitas und Azarujinha (von oben nach unten)

durch das vorgelagerte Cascais besonders gut geschützt. Nur am Wellenbrecher türmt sich dann die Brandung auf, an der die lokalen Surfer wagemutig wellenreiten. Im Winter dagegen dominieren Stürme im Süden des Atlantiks – in besonders windreichen Jahren können die mächtigen Brecher die dann ungeschützte Strandpromenade regelrecht in Einzelteile zerlegen.

Praia da Poça (Praia de São João do Estoril): Folgt man der Promenade ab der Praia do Tamariz dagegen Richtung Osten um die Felsspitze herum, so gelangt man an die Praia da Poça, auch als Praia de São João do Estoril bekannt, einen langen und schmalen Sandstrand, der bei Bodyboardern recht beliebt ist.

Praia da Azarujinha: Geht man weiter um die nächste Felsspitze herum, trifft man auf den schönsten Strand Estorils, die Praia da Azarujinha in São João do Estoril. Der winzige Sandstrand liegt in einer engen Felsbucht, bei Flut verschwindet er zuweilen völlig unter Wasser. Auf den Klippen haben sich einige Reiche beeindruckende Paläste erbaut. Hier endet die Strandpromenade; will man weiter Richtung Osten, muss man die Stufen hinaufsteigen und dann der Uferstraße Avenida Marginal folgen.

Pedra do Sal: 500 m hinter dem Forte de Santo António da Barra (Ortsausgang São João) beginnt ein Fußweg, der sich parallel zur Straße oberhalb der Klippen entlangschlängelt. Er endet an einer auffällig weit ins Meer ragenden Felsspitze, die unter Naturschutz steht. Auf der Spitze befindet sich ein kleines Gebäude mit einer 1948 erbauten und inzwischen deaktivierten Flugabwehranlage. Außerdem gibt es ein Naturschutzzentrum samt Cafeteria – von ihrer schattigen Terrasse lässt sich der schöne Ausblick weit aufs Meer hinaus wunderbar genießen.

Vom Bahnhof São Pedro zum Strand, an dessen westlichem Ende liegt etwas oberhalb die Pedra do Sal (kleiner Parkplatz am Naturschutzzentrum). Cafeteria tägl. 9–21 Uhr (Do–Sa bis 24 Uhr). Naturschutzzentrum Di–Fr 10–13 und 14–17 Uhr, Sa/So 10–13 und 14–18 Uhr, Fei 14–17 Uhr. Eintritt frei. Av. Marginal, Centro de Interpretação Ambiental da Pedra do Sal, São Pedro do Estoril, ✆ 214815 924, ambiente.cascais.pt.

Naturschutzgebiet Pedra do Sal

Praia de São Pedro: Der lange und schmale Sandstrand mit seinen Strandbars wird im Sommer wegen der Nähe zum Bahnhof und den großen Parkplätzen in direkter Nähe von vielen Tagesausflüglern besucht. In der Nebensaison sieht man dagegen viele Surfer, da durch die Spitze der Ponta do Sal hier oft das Wellenreiten möglich ist, wenn das an anderen Stränden gerade nicht der Fall ist.

Praia da Bafureira: Wer der Uferstraße nach Osten folgt, erreicht nach ca. 300 m am Kreisverkehr den großen Parkplatz des Aussichtsrestaurants „Bafureira". Hier führt eine enge Steintreppe zur Praia da Bafureira. Das massive Restaurantgebäude thront über dem winzigen Sandstrand mit seinen von der Brandung rundgeschliffenen Kieselsteinen. Felsiger Boden erschwert das Gehen. Wie alle anderen Strände in Estoril wird auch dieser in der Badesaison von Rettungsschwimmern überwacht.

Beide Strände sind vom Bahnhof São Pedro aus gut zu erreichen. Oberhalb der Praia da Bafureira gibt es einen großen Parkplatz.

Praktische Infos

→ Karte S. 178/179

Einwohner Estoril: ca. 26.000

Bahn

Estoril hat 4 Bahnhöfe: São Pedro, São João, Estoril und Monte. Alle Züge halten an allen Bahnhöfen.

Ab Lissabon/Cais do Sodré (via Alcântara, Algés, Oeiras, Carcavelos und Parede): Züge alle 12–30 Min., Fahrzeit ca. 30 Min.

Nach Paço de Arcos, Caxias, Belém und Santos: Züge alle 12–30 Min. Mo–Fr 7–10 und 17–20.30 Uhr muss man in Oeiras in den dort auf dem Mittelgleis wartenden Zug umsteigen. Sonst halten auch die aus Cascais kommenden Züge an allen Stationen bis Cais do Sodré.

Nach Cascais: Alle 12–30 Min., Fahrzeit 4 Min.

Bus

Nach Sintra: Busse 1629 und 1630 tägl. stündl. Abfahrt am Bahnhofsvorplatz in Estoril und Halt in Sintra am Bahnhof Portela de Sintra (südlicher Busbahnhof). Fahrzeit 35 Min. (Linie 1629) bzw. 50 Min (Linie 1630).

Mit dem Fahrrad durch Estoril: Im Casino-Park kann man in der Av. Clotilde 8 am **Quiosque MobiCascais Estoril** städtische Leihräder für 2 €/Std. und 6 €/Tag sowie Pedelecs für 4 €/Std. und 10 €/Tag und gegen Vorlage eines Personalausweises ausleihen (Leihe nicht über Nacht möglich). Helm und Schloss kosten je 1 €/Tag. Tägl. 8–20 Uhr, Ausgabe nur bis 1 Std. vor Schluss, Rückgabe an jedem Quiosque MobiCascais möglich (mobi cascais.pt).

Taxis

Rádio Táxis Costa do Sol, ✆ 214659500, taxiscascais.com.

Mietwagen

Avis Budget, am Bahnhof von Estoril. Estação CP Tamariz, ✆ 214668569, avis.com.pt und budget.com.

Parken

Vor allem rund um das Casino gibt es zahlreiche, größtenteils kostenpflichtige Parkplätze.

Polizei

PSP, Av. de Portugal, 423, ✆ 214646700, psp.pt.

Post

CTT, Av. Marginal, 7152 (neben dem Hotel Vila Galé).

Spielbank

Casino Estoril **1**, tägl. 15–3 Uhr (nur am 24.12. geschl.). Oberhalb des Bahnhofs von Estoril. Zum Geldverlieren werden Baccara, Roulette, Poker und Blackjack angeboten; dafür benötigt man eine Eintrittskarte, die man am Eingang erhält. Auch einer der größten Säle Europas mit Slotmaschinen ist hier im Casino zu bewundern (Eintritt kostenlos). Der Anblick der über 700 Maschinen, in die die zahlreichen Besucher Münze für Münze einwerfen, fasziniert und erschreckt zugleich. Durch die Gänge fahren Angestellte mit schweren Wagen voller Wechselgeld. Abends Varieté und Live-Musik im Auditorium und den weiteren Konzertsälen. Av. Dr. Stanley Ho, ✆ 214667700, casino-estoril.pt.

Fußballstadion

Das Stadion des portugiesischen Erstligaclubs Grupo Desportivo Estoril Praia befindet sich im Neubaugebiet Amoreira im Norden des Ortes. Es wurde 1939 vom lokalen Impresario Fausto de Figueiredo gegründet, dem damals auch das Casino sowie das Hotel Palácio und die Lokalbahn nach Lissabon gehörten. Lange Zeit in der zweiten Liga, aber in den vergangenen Jahren konnte sich GD Estoril Praia dank internationaler Investoren zu einer Erstliga-Mannschaft mausern und hat sogar schon in der Europa League gespielt. Trotz des sportlichen Erfolgs ist das ca. 8000 Zuschauer fassende, nur teilweise überdachte *Estádio António Coimbra da Mota,* das in den Vereinsfarben Gelb und Blau gehalten ist, selten ausverkauft. Karten für die Spiele gibt es dort am Ticketschalter. Bus M07 ab Bhf. Estoril und Busbahnhof Cascais bis Halt Bairro Santo António. Estádio António Coimbra da Mota, Rua Dom Bosco, ✆ 214661002, estorilpraia.pt.

Veranstaltungen

Kunsthandwerk Seit 1964 findet im Juli und Aug. an der Av. de Portugal neben dem Casino die Feira Internacional de Artesanato – FIARTIL statt, die internationale Kunsthandwerksausstellung Estorils. Hier werden nicht nur handwerkliche Erzeugnisse gezeigt; auf dem Ausstellungsgelände herrscht eher Volksfestatmosphäre mit Folkloregruppen und Schlagersängern. Zum Essen gibt es Brot mit Räucherwurst *(pão com chouriço)* und die zu jedem portugiesischen Volksfest gehörenden *farturas* (Fettgebäck). Tägl. 17–24 Uhr. Eintritt 1,50 €, Familien 5 €, unter 10 J. frei. Facebook.

Motorsport Früher gab es auf der Rennbahn bei Linhó nördlich von Estoril regelmäßig Formel-1-Rennen. Seit dem Sieg von Jacques Villeneuve im Jahr 1996 finden hier aber nur noch Trainingsläufe von Formel-1-Piloten, kleine Automobilwettbewerbe und vor allem Motorradrennen statt. Aufgrund der immer stärker werdenden Konkurrenz von Rennbahnen in Asien dürfen die Estoriler sich so gut wie keine Hoffnungen mehr machen, ihren *Grande Prémio da Formula Um* wiederzubekommen. Die Rennbahn in Linhó ist mit dem Bus M08 ab Bahnhof Cascais bis Halt Rotunda do Linhó zu erreichen. Av. Alfredo César Torres, Alcabideche, ✆ 214609500, circuito-estoril.pt.

Übernachten

Hotels ***** Palácio Estoril **6**, exklusive Lage im Herzen Estorils, in unmittelbarer Nähe zu Casino und Park. Das gepflegte Grandhotel entstand 1930 und ist seitdem die erste Adresse in Estoril. Die hohen Salons rechtfertigen die Bezeichnung „Palast". Im Garten wird ein Swimmingpool von einer Mineralquelle gespeist. Die Zimmer sind edel eingerichtet und ausgestattet mit Sat-TV, Radio, Telefon, kostenlosem WLAN, Klimaanlage. Angeschlossen sind die Thermen von Estoril und der Banyan Tree Spa mit fernöstlich beeinflussten Massage-Angeboten. Außerdem gibt es einen hoteleigenen Golfclub. Rua Particular (nahe der Av. de Nice), ✆ 214648000, palacioestorilhotel.com. €€€€

** Hotel Smart **3**, Hotel aus dem Jahr 1901 im Osten von Estoril, früher im Besitz einer englischen Dame namens Mrs. Smart, inzwischen betrieben von der portugiesischen Familie Bandarra. Gepflegter Garten mit englischem Rasen, Brunnen und kleinem Schwimmbecken unter einer Palme. Privatgarage. 26 große und saubere Zimmer, alle mit Telefon, Kabel-TV, kostenlosem WLAN und eigenem Bad. Teilweise kleiner Balkon, einige Zimmer im 2. und 3. Stock haben Meerblick. Rua Maestro Lacerda, 6, ✆ 214682164, hotel-smart.net. €€

Alojamento Local Somewhere Guesthouse Estoril **5**, Gästehaus in einem modernen marmorverkleideten Gebäude. Vom kleinen Garten mit Pool blickt man direkt auf das Hotel Palácio und die Thermen von Estoril. Helles Interieur, im EG Frühstücksraum, Aufenthaltsraum mit Kamin und Bar. 11 DZ mit eigenem Bad, TV, Tresor und Minibar. WLAN frei. Stellplätze in der Garage für Gäste kostenlos (nach Vorbestellung). Rua Comandante Joaquim Nascimento Gourinho, 90, ✆ 212697050, somewhere-estoril.com. €€

Hostels Turismo Social Fundação O Século **10**, wenige Meter vom Strand (direkter Zugang durch Unterführung) und nur ein paar Gehminuten vom Bahnhof São Pedro liegt diese 1927 von der *O-Século*-Stiftung gegründete Ferienkolonie mit Platz für mehr als 100 Kinder aus sozial schwachen Familien – v. a. zur Sommerferienzeit lebhaft. Viele Zimmer werden aber auch kommerziell vermietet, um die sozialen Aktivitäten der Stiftung zu finanzieren. Die meisten DZ bieten Meerblick, eigenes Bad und kosten ab 48 € (inkl. Frühstück). Es gibt daneben noch weitere, sehr einfache Zimmer im Gebäudeinneren ohne Fenster, die nur über Gemeinschaftsbäder verfügen. Alles relativ hellhörig und mit Jugendherbergscharakter, so werden im großen Speisesaal Mittag- und Abendessen angeboten. WLAN und Strandtücher kostenlos. Waschmöglichkeit, Sonnenterrasse. Rezeption im Westflügel tägl. 8–21 Uhr. Av. Marginal, 4530 (Zugang gegenüber der Tankstelle), ✆ 214649888, oseculo.pt.

> Der Kreis Cascais, zu dem auch Estoril gehört, erhebt pro Übernachtung eine **Touristensteuer** in Höhe von 2 €. Maximal werden 7 Nächte berechnet. Kinder bis 12 J. sind davon befreit.

Essen & Trinken

Tertúlia do Monte **4**, Mo–Fr 12–15 und 19.30–22.30 Uhr, Sa 19–23 Uhr. Im Ortsteil Monte. Gehobene portugiesische Küche mit internationalen Einflüssen. Häufig von Einheimischen besucht. Der Dielenboden verleiht dem Speiseraum eine angenehme, gediegene Atmosphäre. Hauptgerichte mit Fisch und Fleisch, dazu vegetarische Optionen. Mittags preiswertes Menü. Wenige Plätze, daher Reservierung empfohlen. Av. Sabóia, 515-D, ✆ 214681508, Facebook. €€€

Di Casa Pizza **2**, Mo–Fr 12–15 Uhr, Sa/So 12.30–15.30 Uhr, So–Do 19–23 und Fr/Sa 19.30–23.30 Uhr. Etwas abseits des Zentrums am Rand des Stadtteils Monte. Großer Speiseraum mit viel Beton und kahlen Wänden, daher etwas laut. In der Ecke kann man dem Pizzabäcker zuschauen. Ein weiterer Saal im Keller. Die Pizzen ab 8 € sind nicht besonders groß, haben aber einen leckeren dünnen und knusprigen Teig. Auch Nudeln, Fleisch- und Fischgerichte sowie Salate. Av. Fausto Figueiredo, 195-A, ✆ 214685949, dicasa.pt. €€

Paco Bigotes **9**, Mo–Do 12.30–16 und 19.30–23.30 Uhr, Fr/Sa/So 12.30–0.30 Uhr. Direkt neben dem Bahnhof im Ortsteil São Pedro. Restaurant mit mexikanischen Tacos und Enchiladas. Spezialität sind *tacos cochinita pibil* (Schweinefleisch mit Chipotle-Sauce). Umtriebiges Ambiente. Wenige Plätze im kleinen Inneren und auf der Terrasse. Keine Reservierungen möglich, daher besser früh kommen! Rua Nunes dos Santos, 11, São Pedro do Estoril, ✆ 214076708, Instagram. €€

Cafés

Alcatruz **11**, Mi–So 12–20 Uhr. Aussichtsbar in ruhiger Lage über den Klippen von São João,

Mexikanische Küche: Paco Bigotes

mit tollem Blick auf das Meer und das benachbarte Forte de Santo António da Barra. Kleiner Holzbau mit Innenraum und großer Terrasse. Zu essen gibt es Kuchen und Suppen. Weitab von den touristischen Pfaden, daher einheimisches Publikum. Rua Vasco da Gama, 2, ✆ 910455447, Facebook.

Fauna & Flora Estoril **8**, tägl. 9–19 Uhr. Ableger der gleichnamigen Cafés aus Lissabon nahe des Strandes von São Pedro. Mit Pfannkuchen, Bowels, Bagel und Mini-Burgern ein breites Angebot an kleinen Speisen, dazu leckeren Kaffee. Rua Sacadura Cabral, 24–A, ✆ 969925478, Instagram.

Garrett do Estoril **7**, tägl. 7.30–19.30 Uhr. Traditionsreichstes Café in Estoril: seit 1934. Man kann entweder an einem der Tische im Wintergarten oder im Saal mit Kaffeehaus-Ambiente Platz nehmen. Treffpunkt vieler wohlhabender Familien Estorils, dementsprechend auch das Preisniveau. Große Auswahl an Gebäck. Berühmt ist die Konditorei für ihren *bolo rei,* einen Kuchen, der in Portugal traditionell an Weihnachten gegessenen wird. Es gibt auch herzhafte Speisen wie Omelettes, Hamburger und Steaks. Av. de Nice, 54, ✆ 214680365, garrettestoril.pt.

Estoril im Zweiten Weltkrieg

In den 30er- und 40er-Jahren war Estoril einer der bevorzugten Schauplätze von Spionage und Gegenspionage verschiedener Geheimdienste der Alliierten sowie der Achsenmächte. Die deutsche Auslandsabwehr bezog über das neutrale Portugal zudem wichtige Informationen ihrer Spione in den USA oder Großbritannien. Gestapo und Sicherheitsdienst (SD) pflegten ein gutes Verhältnis zu ihrer portugiesischen Partnerorganisation PVDE. Darüber hinaus unterhielt die deutsche Seite Kontakte zur Industrie und zum portugiesischen Staat, um sich mit dem kriegswichtigen Schwermetall Wolfram zu versorgen.

Dabei richtete sich die Kooperation nicht nur gegen vor dem Naziregime geflohene Kommunisten. Anfang 1940 war geplant, den Herzog von Windsor (den früheren englischen König Edward VIII.) bei seinem Besuch in Estoril zu entführen, um ihn im Fall einer deutschen Landung in Großbritannien als politische Schachfigur bereitzuhalten. Für die Entführung standen dem Chef der deutschen SD-Auslandsabteilung, Walter Schellenberg, rund um die Uhr 18 PVDE-Agenten zur Verfügung. Letztendlich scheiterte der Plan, da Schellenberg Skrupel hatte, seinen Auftrag auszuführen. Er schickte dem Herzog anonyme Briefe, sodass dieser nach Nordamerika weiterreiste und sich der Gefahr entzog.

Als Hochburg der Agenten der Achsenmächte galten die 1939 gegründete deutsche Schule in Estoril und das Hotel Atlântico neben dem Bahnhof von Monte Estoril – im Espaço Memória ist ein Foto des Hotels mit gehisster Hakenkreuzflagge zu sehen. Die alliierten Agenten zogen dagegen das Hotel Palácio als sichere Residenz vor.

Für einen durchaus politische Wellen schlagenden Skandal sorgten mehrere Exilantinnen, die sich im damals noch äußerst prüden Portugal im gewagten Zweiteiler an den Strand legten. Hier verhielt sich der portugiesische Staat alles andere als neutral: Er sperrte einige der Frauen wegen Angriffs auf die guten Sitten kurzzeitig ins Gefängnis und beendete diese „freizügige" Phase an den Stränden Estorils.

Die Agentenstories sollen auch den englischen Autor Ian Fleming zu seinen James-Bond-Spionageromanen inspiriert haben. In der Tat spielt der Film „On Her Majesty's Secret Service" („Im Geheimdienst Ihrer Majestät") teilweise im Hotel Palácio in Estoril. Und in der Anfangsszene kämpft George Lazenby – im gleichnamigen Film zum ersten und letzten Mal in der Hauptrolle als James Bond – am Strand von Guincho gegen die Bösewichte.

Beliebte Strände an der Bucht von Cascais: Praia da Duquesa und Conceição

Linha de Cascais → Karte S. 160/161

Cascais

Das etwa 20 km westlich von Lissabon gelegene Cascais war früher ein Fischernest, heute zeigt es eigenwillige Kontraste: Im Hafenbecken liegen Fischerboote neben Luxusyachten, im Ort stehen Prunkvillen vor Appartementanlagen. Insgesamt gilt Cascais als einer der angenehmsten Orte der Costa de Lisboa, der umgeben ist von einer Felsküste mit kleinen, sandigen Buchten.

In der belebten Fußgängerzone zwischen Bahnhof und Zentrum und in den umliegenden Straßen finden sich zahlreiche Restaurants und Geschäfte. Sehenswert ist die gut erhaltene, pittoreske **Altstadt** von Cascais mit ihren Kirchen und dem historischen Rathaus **Paços do Concelho,** schön mit bunten Azulejos verziert. Im Inneren ist die kleine Ausstellung „Museu da Vila", die die Geschichte der Stadt zum Thema hat, zu sehen (Eintritt frei, geöffnet zu den normalen Bürozeiten). Beachten sollte man auch den Rathausplatz, der nach klassischem Lissabonner Stil aufwendig in schwarz-weißen Wellen gepflastert wurde.

Geschichte: Mit Beginn der portugiesischen Entdeckungsfahrten wurde Cascais im 15. Jh. zum Vorposten Lissabons. Hier kamen die Schiffe von Afrika und Amerika an, ehe sie in das Binnenmeer von Lissabon einliefen. Auch Christoph Columbus erblickte bei seiner Rückkehr von der Amerika-Entdeckung zuerst Cascais. Da der Hafen große Bedeutung hatte, wurde hier im 16. Jh. auf Befehl von König Manuel I. der erste Leuchtturm Portugals in Guia an der Straße nach Guincho errichtet.

1871 erkor die königliche Familie unter Dom Luís I. Cascais zu ihrem Sommersitz. Sein Nachfolger Dom Carlos I. hielt sich ebenfalls sehr häufig in Cascais auf. Mit dem Hof kamen viele reiche bürgerliche und adlige Familien in den Ort und ließen hier ihre prächtigen Paläste erbauen. Der Name *Praia da Rainha*

(Strand der Königin) erinnert noch heute an die Zeit als königliches Seebad. Die *Belle Epoque* von Cascais dauerte allerdings nur bis 1910, als die Republik Portugal ausgerufen wurde. Dafür begann aber ab 1930 der moderne Badetourismus, der sich besonders auf Estoril konzentrierte.

1941 ereignete sich dann eine Naturkatastrophe – ein Zyklon zog durch Cascais und richtete große Verwüstungen an, wovon allerdings schon lange nichts mehr zu sehen ist. Der Ort gilt mittlerweile als einer der attraktivsten Portugals und zieht daher zahlreiche Wohlhabende an, die sich dort niederlassen.

Sehenswertes

Cidadela

Innerhalb der schroffen Festungsmauern erstreckt sich ein Sammelsurium diverser Verteidigungsanlagen und Paläste. Das Ensemble wurde in verschiedenen Bauphasen errichtet, beginnend mit der Torre de Santo António de Cascais, die ab dem 14. Jh. die Bucht von Cascais vor Piraten schützen sollte. Die Spanier erweiterten die Feste 1580 deutlich, um die Küste besser vor Angriffen von See aus kontrollieren zu können. Im Jahr 1870 folgten weitere Neubauten, um den Komplex zur Sommerresidenz der Könige auszubauen. Die gekrönten Häupter brachten den Badetourismus nach Cascais, später folgten die Präsidenten. Ab den 1960er-Jahren wurde die Zitadelle jahrzehntelang hauptsächlich als Militärkaserne verwendet und einzelne Teile verfielen deutlich. 2012 eröffnete ein Luxushotel in der Feste; seitdem ist sie wieder öffentlich zugänglich.

Im Zentrum der Anlage liegt der *Palácio da Cidadela de Cascais*, die ehemalige Residenz der Könige und Präsidenten. Von außen lässt die schlichte Architektur des gelb angestrichenen Gebäudes eher auf ein simples Wohnhaus schließen. Das Innere überrascht dagegen mit teuren Holzarbeiten, kostbarem Porzellan und aufwendig verzierten

Das schlichte Äußere lässt nicht auf das prunkvolle Innere schließen: Palácio da Cidadela

Stuckdecken. Der Luxus ist überall zu spüren. Besonders der große Bankettsaal mit Blick auf die Bucht von Cascais beeindruckt. Die Führungen enden in der angeschlossenen barocken *Capela Nossa Senhora da Vitória*. Noch heute dient der Palast als offizielles Gästehaus für Staatsbesuche und wird für Empfänge des portugiesischen Präsidenten verwendet. Daher kann der Palast an manchen Tagen auch geschlossen sein. Der letzte Präsident, der hier länger lebte, war Óscar Carmona Mitte des 20. Jh.

Östlich der Zitadelle führt der Fußweg *Passeio Rainha D. Maria Pia* zur Marina, dem Segelhafen von Cascais, der als der modernste Yachthafen der Region Lissabon gilt.

Festungsgelände: Tägl. rund um die Uhr geöffnet. Eintritt frei. **Palast:** Führungen Fr–So 11.30, 14.30 und 16 Uhr, an Feiertagen geschl. Eintritt 5 €, Studenten und ab 65 J. 50 % Ermäßigung, bis 18 J. kostenlos. Am 1. So im Monat generell frei. Sicherheitscheck am Eingang. Der Stadtbus M27 fährt vom Bahnhof bis zur Haltestelle Igreja Matriz. Av. Dom Carlos, ✆ 213614 660, museu.presidencia.pt.

Casa Sommer

Lohnenswert ist der Besuch der Casa Henrique Sommer aus dem 19. Jh., einer der schönsten Villen der Stadt. Bis 1960 wohnte hier die deutschstämmige Familie Sommer, die mit Eisen- und Stahlhandel ihr Vermögen gemacht hatte. Nach langen Jahren des Verfalls wurde das neoklassizistische Gebäude renoviert und hier das Stadtarchiv untergebracht. Im ersten Stock werden regelmäßig Ausstellungen zur Geschichte von Cascais gezeigt.

Av. da República, 132/ Av. Vasco da Gama. Mo–Fr 9–13 und 14–17 Uhr, Sa/So/Fei 10–13 und 14–18 Uhr. Eintritt frei. bairrodosmuseus.cascais.pt.

Museu do Mar Rei D. Carlos

Das Museum dokumentiert die Natur-, Fischerei- und Seefahrtsgeschichte von

Casa Henrique Sommer

Cascais. Ausgestellt sind traditionelle Fischertrachten und -ausrüstungen, präparierte Fische, Miniaturboote aus Cascais, Ericeira und Nazaré sowie Kunstwerke zum Thema Meer. Ein weiteres, etwas morbideres Thema sind Schiffskatastrophen auf hoher See. Früher war in dem Gebäude der *Sporting Club de Cascais* untergebracht. Von 1879 bis etwa 1900 traf sich hier die Elite des Landes, darunter Politiker wie der Premierminister Fontes Pereira de Melo oder König Dom Carlos I., Schriftsteller wie Camilo Castelo Branco oder Industrielle und Financiers wie Henry de Burnay, Jorge O'Neill und Manuel de Castro Guimarães.

Rua Júlio Pereira de Mello. Di–So 10–18 Uhr, Fei geschl. Eintritt 3 €, Studenten und ab 65 J. 50 % Ermäßigung, bis 18 J. frei. ✆ 214815906, bairrodosmuseus.cascais.pt.

> **Museumspass Cascais/Estoril:** Wer mehrere Museen besuchen möchte, kann das Kombiticket *Bilhete Único Bairro dos Museus* kaufen: 1 Tag 13 €, 3 Tage 19 €. Gültig für alle Sehenswürdigkeiten in Cascais und Estoril (außer Cidadela). Verkauf u. a. im Museu do Mar, Casa das Histórias Paula Rego und Casa de Santa Maria.

Casa das Histórias Paula Rego

Dieses Museum präsentiert Werke der 1935 in Lissabon geborenen und 2022 in London verstorbenen Malerin Paula Rego. Sie hat der Stadt Cascais mehr als 400 Gemälde und Stiche überlassen. Viele Gemälde ähneln zerstückelten Geschichten, die neu zusammengesetzt wurden, oft mit einer surrealen Anmutung. Frauen und ihre Unterdrückung, aber auch weibliche Stärke spielen eine zentrale Rolle in Regos Werken. Kleine Ausstellungsfläche, daher nur wechselnde Ausstellungen. Auch der Besuch des Museumscafés mit Terrasse lohnt sich. Die konischen Türme des Neubaus aus roten Ziegelsteinen erinnern an die Küchenkamine des Palácio Nacional de Sintra. Der portugiesische Architekt *Eduardo Souto de Moura* erhielt für diese mit dem umgebenden Park gut harmonierende Formensprache 2011 den bedeutendsten Architekturpreis der Welt, den *Pritzker Prize*.

Av. da República, 300. Di–So 10–18 Uhr, Mo und Fei geschl. Eintritt 5 €, Studenten und ab 65 J. 50 % Ermäßigung, bis 18 J. frei. Der Stadtbus M27 fährt vom Bahnhof bis zur Haltestelle Casa das Histórias. ✆ 214826970, bairrodosmuseus.cascais.pt.

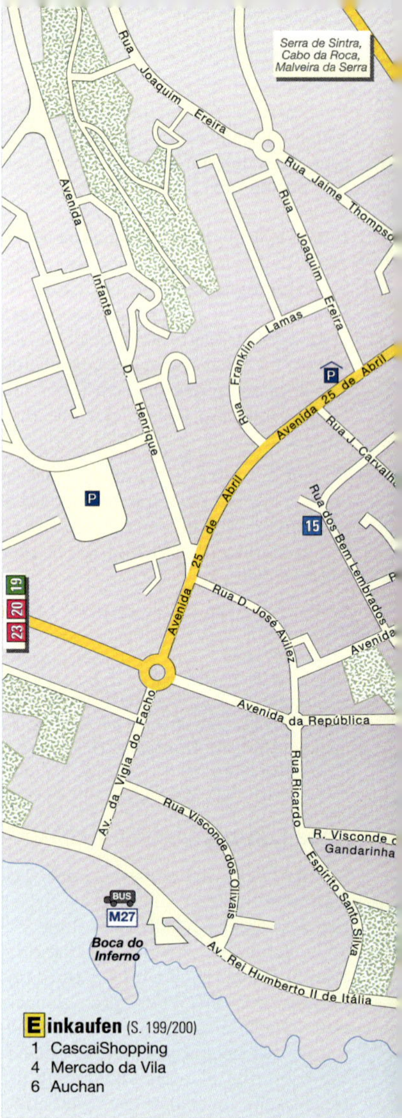

Parque Marechal Carmona

Die Einheimischen nutzen diesen beliebtesten Park von Cascais besonders gern für Wochenendspaziergänge. Die weitläufige Anlage gehörte früher Marschall Óscar Carmona, dem ehemaligen Staatspräsidenten unter Salazar. Die Stadt hat den Park bereits 1941 gekauft, aber bis heute konnte sich der Zweitname *Parque Municipal da Gandarinha* nicht durchsetzen. Das Terrassencafé am Ententeich ist ein beliebter Treffpunkt für die lokale Bevölkerung, nebenan spielen ältere Damen und Herren Boule, während Hühner und Pfauen über die Wege stolzieren.

Eingänge in den Park am Museu do Mar und am Museu Condes de Castro Guimarães. Tägl.

8.30–20 Uhr (Nov. bis März nur bis 18 Uhr). Eintritt frei. Der Stadtbus M27 fährt vom Bahnhof bis zur Haltestelle Casa das Histórias. bairrodosmuseus.cascais.pt.

Museu Condes de Castro Guimarães

Der beeindruckendste Palast von Cascais, am Rand des Parque Marechal Carmona (s. o.) gelegen. Erst Anfang des 20. Jh. hat der in Lissabon geborene irischstämmige Adelige Jorge O'Neill das schlossartige Gebäude mit der auffälligen Goldkuppel errichten lassen. O'Neill war Tabak-Unternehmer, Politiker der sog. *Progressisten* und persönlicher Freund des Königs Dom Carlos I., der ebenfalls gerne in Cascais seine

Sommer verbrachte. Später verkaufte O'Neill sein traumhaftes Anwesen an den Grafen von Castro Guimarães. Dieser vermachte es nach seinem Tod im Jahr 1927 der Stadt. Besonders sehenswert ist der Kreuzgang mit einem Löwenbrunnen. Zum Gebäudekomplex gehört auch die benachbarte schlichte **Capela da Gandarinha** aus dem 17. Jh. mit schönen Azulejos.

Parque Marechal Carmona. Der Stadtbus M27 fährt vom Bahnhof bis zur Haltestelle Casa das Histórias. Di–So 10–17 Uhr, an Feiertagen geschl. Eintritt 4 €, Studenten und ab 65 J. 50 % Ermäßigung, bis 18 J. frei. ✆ 214815303, bairrodosmuseus.cascais.pt.

Farol Museu de Santa Marta und Casa de Santa Maria

Die weiß-blauen Streifen des viereckigen Leuchtturms aus dem Jahr 1868 fallen schon von Weitem ins Auge. Bis 1981 kümmerten sich Wärter um das Licht, seitdem funktioniert es automatisch. Neben dem Leuchtturm selbst ist in den ehemaligen Wohnungen der Wärter eine Ausstellung zur Geschichte dieser Warnanlagen in Portugal zu besichtigen. Lampen, Karten und Filme bringen dem Besucher näher, wie die etwa 50 portugiesischen Leuchttürme entstanden sind und wie sie funktionieren.

Nebenan liegt die **Casa de Santa Maria:** Das Haus aus dem Jahr 1902 mit seinen Bögen und verschiedenen Anbauten zählt zu den bekanntesten Projekten des portugiesischen Architekten Raul Lino und wurde wie das Nachbargebäude, das heutige Museu Condes de Castro Guimarães, von Jorge O'Neill in Auftrag gegeben. Später erwarb die Bankiersfamilie Espírito Santo Silva das Gebäude und empfing hier ihre illustre Gästeschar, darunter die Großfürstin von Luxemburg, die Fürsten von Liechtenstein oder der König von Italien. Sehenswert sind die blau-weißen Azulejos mit christlichen und ländlichen Motiven im Inneren.

Rua do Farol de Santa Marta. Der Stadtbus M27 fährt vom Bahnhof bis zur Haltestelle Igreja Matriz. Di–So 10–18 Uhr, Fei geschl. Eintritt 5 €, Studenten und ab 65 J. 50 % Ermäßigung, bis 18 J. frei. ✆ 214815328 (Farol) und 214815383 (Casa), bairrodosmuseus.cascais.pt.

Boca do Inferno

Der „Höllenschlund" liegt an der Küstenstraße nach Guincho, etwa 2 km vom Stadtzentrum entfernt. Hinter dem beeindruckenden Namen verbirgt sich eine alte Meeresgrotte, deren Decke eingestürzt ist. Damit ist sie nach oben geöffnet und von der Besucherplattform gut einsehbar. Vor allem an windigen und wellenreichen Tagen ein imposantes Spektakel: Die hohe Brandung bringt die Gotte dann zum Überschäumen, begleitet vom wild tosenden Geräusch der Wellen!

Av. Rei Humberto II de Itália. Der Stadtbus M27 fährt vom Bahnhof bis zur Haltestelle Boca do Inferno. Als Alternative sehr schöner Fußweg vom Zentrum entlang der Küste. Auch für eine kleine Radtour bietet sich die Strecke an.

Forte de São Jorge de Oitavos

Einst war das kleine Fort Teil des Befestigungssystems, das die Küste um Lissabon vor der Landung feindlicher Truppen sichern sollte. Schließlich waren die spanischen Truppen 1580 in Cascais an Land gegangen. So baute man ab 1642 das Fort – nur zwei Jahre nachdem Portugal die Unabhängigkeit von den Spaniern zurückgewonnen hatte. Die an der Küste verteilten Festungsanlagen kommunizierten untereinander mithilfe eines ausgeklügelten Systems von Kanonenschüssen und Flaggen. Das Forte de Oitavos hatte dabei das Kommando der Verteidigungslinie inne. Im Fort sind Repliken diverser Kanonen zu besichtigen, außerdem bietet sich ein schöner Blick auf die Felsenküste. Kurios ist die Latrine in der Ecke hinten rechts. Im Inneren kann man eine kleine Ausstellung zur Geschichte des Forts und des portugiesischen Militärs sehen (die Texte sind auf Portugiesisch, es gibt aber englische Zusammenfassungen).

Estrada do Guincho, an der Straße von Cascais nach Guincho, ca. 5 km vom Zentrum entfernt. Busse M05 und M15 vom Busbahnhof. Di–So 10–18 Uhr, Fei geschl. Eintritt 3 €, Studenten und ab 65 J. 50 % Ermäßigung, bis 18 J. frei. ✆ 214815949, bairrodosmuseus.cascais.pt.

Strände

Praia da Conceição und Praia da Duquesa: Direkt unterhalb des Bahnhofs von Cascais liegt ein Doppelstrand: die Praia da Conceição im Westen und die benachbarte Praia da Duquesa im Osten. Die meisten Einheimischen und Touristen ziehen diese beiden mittelgroßen Sandstrände vor, wenn sie in Cascais baden gehen wollen. Im Sommer sind sie daher auch dicht belegt, bei Flut und auflandigem Wind können die Strände aber auch komplett verschwinden (dann kann man sich die Zeit aber auf der quirligen Uferpromenade *Paredão* mit ihren Restaurants und Bars vertreiben). Getrennt werden beide Strände durch die *Casa Faial* – diesen Palast ließen sich Herzogin und Herzog von Palmela 1896 im Stil eines Schweizer Chalets als Sommerresidenz erbauen, und dies, obwohl die Duquesa und der Duque am Ostrand „ihres" Strandes bereits seit 1871 mit der Casa Palmela einen weiteren Palast ihr Eigen nannten – allerdings „nur" im Stil eines britischen Landhauses. Im hinteren, kleineren Teil der Praia da Duquesa findet man ein kleines Meeresschwimmbecken.

Praia da Rainha: Nahe dem Ortszentrum selbst gibt es weitere Sandstrände, die allerdings nicht von Rettungsschwimmern überwacht werden: Unweit der Fußgängerzone führen Treppen zur versteckt unterhalb steiler Felswände gelegenen Praia da Rainha hinunter. Der Name „Strand der Königin" geht auf die letzte Königin Portugals, *Amélie d'Orléans*, Gattin von Carlos I., zurück, die hier während ihrer regelmäßigen Sommerurlaube zu baden pflegte. Der Strand hat durch seine Lage unterhalb der bebauten Klippen ein ganz besonderes Flair. An belebten Sommertagen sollte man ihn aber meiden, da das kleine Sandareal dann völlig überfüllt ist.

Praia da Ribeira: Am Fischerhafen liegt dagegen die Praia da Ribeira mit bisweilen verunreinigtem Wasser.

Die anderen Strände im Stadtzentrum sind inzwischen kontinuierlich sauber. Zum Baden ist der vom Hotel Baía

Einst Lieblingsstrand der portugiesischen Königin: Praia da Rainha

eingerahmte Strand allerdings so oder so nicht sehr attraktiv, da hier viele Fischer ihre Boote abstellen und Netze flicken. Prominentester Stammgast ist Staatspräsident Marcelo Rebelo de Sousa, dessen Privatwohnung sich ganz in der Nähe im Zentrum von Cascais befindet, und der hier regelmäßig schwimmen geht.

Praia de Santa Marta: Weiter westlich bis nach Guincho folgt fast nur noch Felsenküste, bis auf den winzigen Strand Praia de Santa Marta an der Mündung des Baches Ribeira dos Mochos, eingezwängt zwischen Stadtpark, Yachthafen und Felsküste. Dafür hat man eine perfekte Aussicht auf den benachbarten Palast des Museu Condes de Castro Guimarães. Viele genießen nebenan auch die schöne Stimmung auf der Terrasse der kleinen Strandbar mit Blick Richtung Leuchtturm.

Praktische Infos

→ Karte S. 188/189

Einwohner Cascais: ca. 38.000

Information

Quiosque MobiCascais Largo da Estação, Largo da Estação und Rua Dra. Iracy Doyle 75-5, ✆ 800203186. Tägl. 8–20 Uhr. An dem Fahrradverleih (s. u.) gegenüber dem Bahnhof gibt es auch Tourismusinfos.

Cascais Visitor Center, Praça 5 de Outubro, 45-A, ✆ 912034214, visitcascais.com. Tägl. 9–18 Uhr (Mai bis Sept. bis 20 Uhr). Am Platz neben dem Rathaus.

Posto de Informação de Turismo de Natureza – Eco-Cabana, Avenida da República, ✆ 214604230, cascaisambiente.pt. Tägl. 9–16 Uhr (Mai bis Sept. 8–20 Uhr). Auf Naturtourismus spezialisierter Infostand der Stadt gegenüber der Casa das Histórias Paula Rego. Es wird unter anderem eine dreitägige Wandertour „Rota do Ocidente" mit Übernachtungen in der Serra de Sintra angeboten.

Bahn

Ab Lissabon/Cais do Sodré (via Alcântara, Algés, Oeiras, Carcavelos, Parede und Estoril): Tägl. Züge bis spät in die Nacht. In der Hauptverkehrszeit Mo–Fr alle 12 Min., sonst alle 20–30 Min., Fahrzeit 33–40 Min.

Nach Paço de Arcos, Caxias, Belém und Santos: Züge alle 12–30 Min. Mo–Fr 7–10 und 17–20.30 Uhr muss man in Oeiras in den dort auf dem Mittelgleis wartenden Zug umsteigen.

Mondäner Yachthafen Marina de Cascais

Sonst halten auch die in Cascais startenden Züge an allen Stationen bis Ⓜ Cais do Sodré.

Bus

Die meisten Busse fahren vom Busbahnhof *Cascais Terminal* im Untergeschoss des Einkaufszentrums Centro Comercial Cascais Villa ab - vom Bahnhof aus etwa 50 m auf der anderen Seite der Av. Marginal. Das Einkaufszentrum soll in den nächsten Jahren umgebaut werden, insofern könnte es sein, dass die Busse nebenan abfahren werden. mobicascais.pt.

Ausnahme: Die Linien M43 (eine der drei Linien nach Guincho) und M44 (Quinta do Pisão) fahren direkt vor dem Bahnhofsgebäude an der Haltestelle *Estação* ab. Der Stadtbus M27 hat eine eigene, dritte Haltestelle (s. u.).

Nach Guincho: Drei Linien M05, M15 und M43, die alle einen Rundkurs fahren. M05 und M43: Bahnhof–Casa da Guia–S. Jorge de Oitavos–Farol do Cabo Raso–Guincho–Areia–Bahnhof. Bus M15 die umgekehrte Richtung. M05 und M15 tägl. im Stundentakt (M05 Sa/So nur alle 2 Std.). Dazu M43 9-mal tägl. (Achtung: er fährt an einer anderen Haltestelle ab, s. o.). Fahrzeit bis Guincho etwa 15–25 Min.

Nach Malveira da Serra: Die städtischen Buslinien M02 und M14 bedienen Malveira da Serra und Charneca in einem Rundkurs *(Circular)* Mo–Fr 2-mal/Std., Sa/So stündl. Außerdem hält hier auch Bus 1624 der Linie Cascais–Cabo da Roca–Sintra der *Carris Metropolitana* (s. u.).

Nach Sintra (via Cabo da Roca): Bus 1624 der *Carris Metropolitana* tägl. alle 30 Min. Halt in Sintra am Bahnhof Portela de Sintra (nördlicher Busbahnhof). Fahrzeit ca. 60 Min.

Nach Sintra (via Alcabideche): Bus 1623 der *Carris Metropolitana* tägl. mindestens stündl. Schnellere, aber weniger schöne Strecke nach Sintra als via Cabo da Roca. Halt in Richtung Sintra am Bahnhof Portela de Sintra (südlicher Busbahnhof). Fahrzeit 30–40 Min. carrismetropolitana.pt.

Zur Quinta do Pisão: M44 tägl. 4-mal. (über den Halt Pedra Amarela in der Serra de Sintra). Fahrzeit 35 Min.

> **Tagesticket Cascais:** Der Fahrpreis für alle städtischen Busse im Kreis Cascais (man erkennt sie an den Liniennummern, die mit M beginnen) beträgt 2 €. Das Ticket gilt dabei den ganzen Tag in allen städtischen Bussen. mobicascais.pt.

Die Altstadt von Cascais ist von kleinen Gassen geprägt

Stadtbus

Der Stadtbus M27 fährt einen Rundkurs durch Cascais und bedient dabei zahlreiche Sehenswürdigkeiten: Bahnhof–Mercado–Av. 25 de Abril–Guia–Boca do Inferno–Cidadela–Bahnhof. Achtung: In der Nähe des Bahnhofs hält der Stadtbus an einer eigenen, speziellen Haltestelle: Man findet sie etwa 100 m nordwestlich des Bahnhofs an der Av. Marginal (gegenüber der Post CTT). Alle 10–15 Min.

Taxi

Rádio Táxis Costa do Sol, ✆ 214659500, taxiscascais.com.

Mietwagen

Europcar, Av. Marginal, Centro Comercial Cisne, Loja 4/5, ✆ 214864419, europcar.pt.

Mietroller

Scooters na Linha, Mo–Sa 10–18 Uhr (April bis Sept. tägl. 9.30–18.30 Uhr). Verleih von Motorrollern (ab 30 €/Tag), Fahrrädern (ab 9 €/Tag) und E-Bikes (ab 20 €/Tag) in einer etwas heruntergekommen wirkenden Ladengalerie. Rua Alexandre Herculano, 11–Loja 8/9, ✆ 214 837486 und 919004004, scootersnalinha.com.

Linha de Cascais → Karte S. 160/161

Parken

Viele preiswerte, zentral gelegene Parkplätze findet man um die Markthalle Mercado da Vila. An Markttagen sind sie allerdings meist belegt, dann kann man auf die teuren Parkhäuser unter dem Bahnhof am Largo da Estação oder unter dem Einkaufszentrum Centro Comercial Cascais Villa ausweichen. Zwischen der Casa das Histórias Paula Rego und dem Parque Marechal Carmona gibt es ebenfalls zahlreiche Parkplätze. Unweit davon findet man am Yachthafen 2 Parkhäuser, der Parque Marina Mar kostet dabei deutlich mehr als der wenig weiter vom Hafen entfernte Parque Marina Terra.

> **Mit dem Fahrrad durch Cascais:** Die Stadt Cascais bietet Leihräder für 2 €/Std. und 6 €/Tag sowie Pedelecs für 4 €/Std. und 10 €/Tag an (Ausleihe nicht über Nacht möglich). Helm und Schloss kosten je 1 €/Tag. Die sog. BiCas kann man gegen Vorlage eines Personalausweises ausleihen. Tägl. 8–20 Uhr, Ausgabe nur bis 1 Std. vor Schluss, Rückgabe an jedem Quiosque MobiCascais möglich (mobicascais.pt). In Cascais gibt es drei Verleihpunkte: **Quiosque MobiCascais Largo da Estação** gegenüber dem Bahnhof in der Rua Dra. Iracy Doyle 75-5, **Quiosque MobiCascais Eco-Cabana** neben dem Parque Marechal Carmona und dem Posto de Informação de Turismo de Natureza in der Av. da República, **Quiosque MobiCascais Guia** in der Av. da República am Kreisverkehr Rotunda Dr. Pedro Monjardino im Stadtteil Guia (hier auch Beginn der Rua da Torre).

Polizei

PSP – Touristenpolizeistation, Largo Mestre Henrique Anjos s/n (an der Ecke mit Alameda Combatentes Grande Guerra), ✆ 214814067, psp.pt.

Post

CTT, Av. Marginal, 9302. Neben dem Centro Comercial Cascais Villa.

Veranstaltungen

Im Juli findet in den Parks der Stadt und auf der Reitbahn Hipódromo Manuel Possolo das **Cooljazz-Festival** mit hochkarätigen Konzerten statt. cooljazz.pt.

In der 2. Augusthälfte werden anlässlich der Stadtfeste **Festas do Mar** für 10 Tage abends kostenlose Rock- und Pop-Konzerte auf dem Platz zwischen dem Rathaus und der Praia da Ribeira geboten. Zum Abschluss gibt es ein Feuerwerk in der Bucht (Facebook).

Übernachten

Hotels ***** **Farol Hotel 25**, in exklusiver Lage direkt über dem Meer am Leuchtturm in der Nähe der Boca do Inferno. Stilvolles Wohnhaus aus dem 19. Jh., dem 2002 ein Flügel in modernem Design hinzugefügt wurde. Der Kontrast zwischen alt und neu gibt dem Hotel eine sehr reizvolle Spannung. 34 Zimmer und Suiten mit Wasser-Massage-Bad, Kabel-TV, Telefon, kostenlosem WLAN, Minibar, Tresor und Klimaanlage. Zumeist mit herrlichem Meerblick, am besten im fast komplett verglasten Zimmer 215. Konferenzräume, Bar mit Blick über den Atlantik, das Restaurant im Möbel-Design der 60er. Türkisches Bad und Salzwasserschwimmbecken mit Sonnenterrasse. Das Hotel hat Geschichte: Hier traf sich im „heißen Sommer" 1975 die Gruppe um den späteren Präsidenten Ramalho Eanes, um dem Abdriften des Landes in Richtung Kommunismus ein Ende zu bereiten. Av. Rei Humberto II de Itália, 7, ✆ 214823490, farol.com.pt. **€€€€**

***** **Pestana Cidadela Cascais – Pousada 24**, von außen sieht das Luxushotel eher klein aus, mit 126 Zimmern und Suiten handelt es sich aber um die größte Pousada Portugals. Der von den Architekten Gonçalo Byrne und David Sinclair gelungen entworfene Komplex liegt zentral, aber dennoch ruhig hinter den Mauern der Zitadelle. Verwinkelte Gänge führen auf 2 Stockwerken in die Gebäudeflügel, die in schlichtem, elegant-modernem Dekor gehalten sind. Im öffentlich zugänglichen Restaurant im Obergeschoss neben dem Schwimmbad wird das Frühstück mit herrlicher Sicht auf den benachbarten Yachthafen serviert. Geräumige Zimmer mit Dielenböden und großen Bädern. Flachbild-TV, Telefon, Tresor, Minibar sowie WLAN. Spa und Kraftraum. Cidadela de Cascais, Av. D. Carlos I, ✆ 214814300, pousadas.pt. **€€€**

***** **The Albatroz Hotel 8**, Luxushotel in einer Seitenstraße, nur 50 m vom Bahnhof entfernt. Wunderschöne Lage über den Felsklippen neben der Praia da Conceição. 1873 wurde das Gebäude als Palast des Herzogs Duque de Loulé erbaut, seit 1963 ist darin ein Hotel untergebracht. Stilvoll eingerichtete Räume, manche haben einen Balkon mit herrlichem Meerblick. Alle verfügen über Sat-TV, WLAN, Minibar, Tresor und Klimaanlage. Man kann im Schwimmbad plantschen oder sich am kleinen Privatstrand in die Wellen werfen (bei Ebbe kann man ihn von der Praia da Conceição aus erreichen, wenn man um die Felsspitze am Westrand des Strandes herumgeht). Nebenan ein kleines, begrüntes Haus im Landhausstil mit 5 Suiten und 2 DZ – fast alle mit Meerblick. Außerdem sind auf der anderen Straßenseite weitere Suiten in einem herrlichen Palast aus dem Jahr 1850 untergebracht, hier sehr schöne Balkone mit Meerblick. Rua Frederico Arouca, 100, ✆ 214847380, thealbatrozcollection.com. €€€

MeinTipp **** The Pergola Boutique Hotel **7**, kleine, grüne Oase in nächster Nähe zum Bahnhof. Herrschaftliches Wohnhaus aus dem 19. Jh. mit einer herrlichen, mit Azulejos verzierten Fassade. Seit über hundert Jahren in Familienbesitz, heute geführt von Patrícia Gonçalves und ihrem Vater Manuel, der sich um den entzückenden Garten vor dem Haus kümmert. Auch innen sehr stilvoll: 8 Zimmer, alle mit eigenem Bad, teilweise mit Balkon. Mobiliar in antikem Stil. WLAN frei. Av. Valbom, 13, ✆ 936 328984 und 210148231, thepergola.pt. €€€

*** Hotel Baía **16**, seit 1962 trohnt dieses Hotel in Familienbesitz mit seinen 113 Zimmern auf 4 Stockwerken über der Praia da Ribeira. Auf dem Dach ein beheiztes Hallenschwimmbad und Terrasse mit gutem Blick auf den Strand. Die Räume nach vorne haben Balkon mit Meeresblick. Klimaanlage und eigene Bäder. WLAN frei. In der zweiten Augusthälfte finden die Konzerte der Festas do Mar direkt vor dem Hotel statt. Av. Marginal/Passeio D. Luís I, ✆ 214831033, hotelbaia.com. €€

Alojamento Local Villa Vasco da Gama **14**, herrschaftlicher Palast aus dem 19. Jh. in klassisch-nüchternem Stil, in dem die schwedischen Eigentümer ein Boutique-Guesthouse eingerichtet haben. Ruhige Lage, nur wenige Fußminuten nordwestlich der Altstadt. 12 geräumige, aber etwas hellhörige DZ mit eigenem Bad, TV und Tresor. Im EG großzügige Aufenthalts- und Frühstücksräume. Im Garten kleiner Pool mit Bar mitten auf dem akkurat gestutzten Rasen. Leihräder für die Gäste. WLAN frei. Av. Vasco da Gama, 21, ✆ 933671020, villavascodagama.com. €€

MeinTipp Casa Vela Guest House **15**, Gästehaus in ruhiger Seitenstraße hinter der Casa das Histórias Paula Rego. Großzügig ausgebaute Villa aus dem Jahr 1947 mit Nebenhaus. Besonders schön ist der parkähnliche Garten auf mehreren Ebenen mit vielen Sitzgelegenheiten und Pool. 29 Zimmer mit Klimaanlage, Flachbild-TV, kostenlosem WLAN und eigenen Bädern. Großer Salon und Frühstücksraum, auch Gartenterrasse. Rua dos Bem Lembrados, 17, ✆ 218093996, casavelahotel.com. €€€

Gemütlicher Aufenthaltsraum: Casa Vela Guest House

Hostels Nice Way Cascais **2**, Surfer-Hostel in einer ruhigen Wohngegend nördlich des Bahnhofs. Garten (Grillmöglichkeit), Aufenthaltsraum mit TV, Gästeküche, kostenloses WLAN. Mehrbettzimmer mit Schließfächern ab 20 €/Pers. sowie DZ ab 67 € mit eigenem Bad bzw. Gemeinschaftsbad (Frühstück je ab 3,50 €/Pers.). Das Hostel bietet auch Surf Camps an. Avenida Tenente Coronel José Pessoa 15, ✆ 214863660, nicewayhostels.com.

Ljmonade **18**, ruhig gelegenes Hostel in 2 Reihenhäusern nordwestlich der Casa das Histórias

Paula Rego. Die beiden Häuser verfügen über Küche, Aufenthaltsraum, Terrasse und kleinen Garten im Hof. Küchenbenutzung möglich. Mehrbettzimmer mit 5 Betten (nur für Frauen) bzw. 7 Betten (gemischt) unter der Dachschräge. Schließfächer, kostenloses WLAN. Auch 6 DZ mit eigenem Bad bzw. Gemeinschaftsbädern. Im Mehrbettzimmer ab 26 €/ Pers., DZ mit eigenem Bad ab 66 €. Frühstück inkl., ebenso die Limonade morgens – wie es der Name des Hostels verspricht. In der Avenida Engenheiro Adelino Amaro da Costa, 71 liegt der Ableger Eco Ljmonade, ein weiteres Hostel in einem kleinen, typisch portugiesischen Häuschen. Rua Manuel Joaquim Gama Machado, 4-A–6, ✆ 916880056 und 915087 804, ljmonade.com.

Der Kreis Cascais, zu dem auch die Orte Carcavelos, Guincho und Malveira da Serra gehören, erhebt pro Übernachtung eine **Touristensteuer** in Höhe von 2 €. Maximal werden 7 Nächte berechnet. Kinder bis 12 J. sind davon befreit.

Essen & Trinken

meinTipp **Furnas do Guincho** **20**, tägl. 12.30–18.30 und 19.30–22 Uhr. An der Straße Cascais–Guincho gelegen, etwa 1 km hinter dem Guia-Leuchtturm (die Busse M05 und M15 halten direkt vor der Tür). Die Lage direkt oberhalb der Klippen gehört zu den besten der Region. Innenraum und 3 ausladende und überdachte Terrassen, die beim Sonnenuntergang in herrliches Licht getaucht werden. Sehr beliebt bei der lokalen Oberschicht, daher unbedingt reservieren. Frischer Fisch in großer Auswahl: gegrillt oder als Spezialität in Salzkruste gebacken. Dazu viele Meeresfrüchte und nur wenige Fleischteller. Kaum Angebote für Vegetarier. Estrada do Guincho, ✆ 214869243 und 214869920, furnasdoguincho.pt. €€€€

meinTipp **Os Prazeres da Carne** **23**, Di–So 12.30–15 Uhr und tägl. 19.30–23 Uhr. Im östlichen Eck der Casa do Guia, am Stadtrand Richtung Guincho gelegen (Stadtbus M27 bis Haltestelle Rua da Torre). Herrliche Sicht von der ausladenden Terrasse auf die Küste um die Boca do Inferno. Auch im Inneren kann man in gehobenem Ambiente die Aussicht genießen. Viele Steaks mit diversen Soßen von Bernaise über Paprika bis Senf. Dazu einige Fischgerichte. Spezialität des Hauses ist aber die sehr empfehlenswerte *picanha fatiada,* fein geschnittenes südamerikanisches Rindfleisch mit Fettkruste, das mit Reis, schwarzen Bohnen und Maniok serviert wird. Reichhaltige Portionen. Avenida Nossa Senhora do Cabo, 101,

Restaurant Os Prazeres da Carne mit Blick Richtung Boca do Inferno

Quinta São José da Guia, Casa da Guia, ✆ 214 843334, osprazeresdacarne.pt. €€€

Marisco na Praça **3**, tägl. 12–23 Uhr. Das größte der zahlreichen Restaurants in der Markthalle von Cascais. Am Eingang kann man sich den Fisch, die Krabben oder Muscheln an einer Theke aussuchen (bezahlt wird nach Gewicht), große Auswahl. Empfehlenswert die Venusmuscheln nach Lissabonner Art in Knoblauch-Koriander-Soße *(amêijoas à Bulhão Pato)*. Allerdings kaum Alternativen für all jene, die keine Meerestiere essen möchten. Weitere Filiale in der Marina von Cascais (im ersten Stock). Mercado da Vila, Rua Padre Moisés da Silva, ✆ 214822130, marisconapraca.com. €€€

meinTipp **Hífen** **21**, tägl. 12.30–15 und 19–23 Uhr, Fr/Sa anschließend Barbetrieb bis 2 Uhr. Das Restaurant auf zwei Etagen bietet nicht nur einen herrlichen Blick auf die Bucht von Cascais, sondern auch eine der innovativsten Küchen des Ortes, die Wert auf gesunde und frische Zutaten legt. Von Tataki mit Lachs oder Thunfisch bis zum Veggie-Burger reicht die breite Auswahl. Es wird empfohlen, zu zweit je 3 Gerichte zu bestellen, um satt zu werden. Avenida Dom Carlos I, 48, ✆ 915546 537, hifenrestaurant.com. €€

Soya Noodle Bar **11**, tägl. 12–23 Uhr (durchgehende Küche). Angebot querbeet durch die Küchen Asiens: vom Thai-Curry zum Bibimbap aus Korea. Die Gerichte schmecken nicht ganz original, sind aber dennoch lecker. Auch an Vegetarier wird hier gedacht. Kinderteller gibt es ebenso. Zu den Hauptessenszeiten am besten reservieren. Es gibt auch einen Ableger in Carcavelos (Praça do Junqueiro, 4). Rua Alexandre Herculano, 115, Loja B, ✆ 925009 666, Facebook. €€

Taberna Clandestina **10**, Mi–Mo 12–16 und 18–23 Uhr. Tapas-Angebot mit Wurst- und Käseplatten sowie Kleinigkeiten wie Bruschetta und Focaccia (auch vegane Optionen). Einige Tische auch vor der Tür. Der Name „Clandestina" erinnert an die Vergangenheit der heutigen „Fressmeile" Rua Afonso Sanches als Rotlichtviertel von Cascais. Häufig ausgebucht, daher besser reservieren. Rua Afonso Sanches, 36, ✆ 916229630, Facebook. €€

meinTipp **Apeadeiro** **17**, Di–So 12–15 und 19–22 Uhr. Traditionsrestaurant seit 1963. Zweigeteilt: rechts ein lichter Speisesaal, links ein Speiseraum mit Grill, auf dem die portugiesischen Fisch- und Fleischgerichte zubereitet werden. Neben den Sardinen sind die gegrillten Fleischspieße mit Schwein oder Rind oder gemischt *(espetada de porco/vaca/mista)* empfehlenswert. Av. Vasco da Gama, 252, ✆ 214832 731, Facebook. €€

O Cantinho da Belinha **22**, Di–So 12–15.30 und 19.30–22 Uhr. Restaurant im Haus des Fischereiverbands in der Nähe des Museu do Mar. Terrasse im Hof, innen ein etwas düsterer Speisesaal. Spezialität des Hauses sind frischer Fisch und Meeresfrüchte, die auf traditionell portugiesische Weise sehr schmackhaft gegrillt werden. Auch einige Fleischgerichte im Angebot. Av. Vasco da Gama, 133, ✆ 214822504, Facebook. €€

Capricciosa **5**, tägl. 12–24 Uhr. Diese Filiale der Lissabonner Pizzeria-Kette liegt nur wenige Meter vom Bahnhof entfernt, direkt über dem Strand Praia da Duquesa. Lohnt sich vor allem aufgrund der langen Fensterfront mit herrlichem Meerblick auf 2 Etagen. Pizza und Pasta. Abends viele junge Gruppen. Wenn viel los ist, kann die Servicequalität etwas leiden. Alameda Duquesa de Palmela, Praia da Duquesa, ✆ 214 820953, capricciosa.com.pt. €€

Mayura **12**, tägl. 12.30–15 und 19–23 Uhr. Recht überladene Einrichtung mit indischem Kitsch: Überall spiegelt, blinkt oder glänzt es. Doch wenn sich das Auge daran gewöhnt hat, kann der Gaumen die schmackhafte indische Küche genießen. Aus der fast endlosen Speisekarte ist z. B. die *Tawa Vegetable* empfehlenswert, scharf zubereitetes Gemüse mit Kartoffeln. Beilagen wie Reis müssen separat zu den Hauptgerichten bestellt werden. Rua Freitas Reis, 15-B, ✆ 214846540, Instagram. €

Cafés/Eisdielen/Nachtleben

meinTipp **Cafés** **Bistrô na Guia** **19**, Do–Di 12–19 Uhr. Café im 1895 errichteten Haupthaus des ehem. Landgutes Quinta São José da Guia (Stadtbus M27 bis Haltestelle Rua da Torre). Viele Crêpes, Toasts und Salate, dazu frisch gepresste Fruchtsäfte. Hübscher Speiseraum, auf der Terrasse ein paar Tische mit Blick auf die Felsküste. Auf dem Gelände sind zahlreiche weitere Cafés und Restaurants sowie Mode- und Kunsthandwerksläden untergekommen. Av. Nossa Senhora do Cabo, 101, Quinta São José da Guia, 101, ✆ 910805556, casadaguiacascais.pt/bistro-na-guia-2.

Eisdielen **Santini Cascais Baía** **9**, tägl. 11–23.30 Uhr. Filiale der vom italienischen Einwanderer Attilio Santini 1949 in Cascais

Linha de Cascais → Karte S. 160/161

gegründeten Eisdielen-Kette. Zu seinen Stammkunden zählte lange der exilierte italienische König Umberto II. Die Werbung der Gelateria suggeriert ganz bescheiden, das Eis sei das beste der Welt („I gelati più fini del mondo") – auch als treue Santini-Kunden finden wir das etwas dick aufgetragen. Alameda dos Combatentes da Grande Guerra, 100, ✆ 210966779, santini.pt.

Nachtleben Besonders viel los ist abends rund um den Largo Luís de Camões. Auf dem Platz und in den zahlreichen Kneipen tummeln sich im Sommer die Touristen bis spät in die Nacht. Dazu kommen noch einige Bars in der Marina.

Cascais Jazz Club **13**, Mi–So 20.30–2 Uhr. Jeden Abend jeweils 2 bis 3 Sessions mit Live-Musik: Jazz und Bossa Nova. Eintritt je nach Konzert 8–15 €. Der Abgang Jazz-Keller an dem Altstadtplatz ist etwas unscheinbar. Unten erwartet die Besucher eine Reihe kleiner, gemütlich dekorierter Räume. Auch bei den Einheimischen ein beliebter Ort, um qualitativ hochwertigem Jazz zu lauschen. Die Besitzerin Maria Viana ist eine bekannte Jazz-Musikerinnen und greift auch gerne selbst zum Mikrofon. Bier 5 €. Largo Cidade de Vitória, 36, ✆ 962773470, Facebook.

Einkaufen

Einkaufszentren Auchan **6**, tägl. 8–22 Uhr. Am 25.12. und 1.1. geschl. Moderner Hypermarkt mit weiteren angeschlossenen Geschäften direkt schräg gegenüber dem Bahnhof. Estrada Nacional 6, ✆ 210403270, auchan.pt.

CascaiShopping **1**, tägl. 8–23 Uhr (Fr/Sa bis 24 Uhr). Eines der größten Einkaufszentren Portugals ca. 5 km nördlich von Cascais. Mit den Bussen M06 und M18 mehrfach stündl. ab Busbahnhof Cascais in etwa 15 Min. Zudem ab Bahnhof Estoril Busse M06 und M38 in ebenfalls ca. 15 Min. Größtes Geschäft ist ein Continente-Hypermarkt, dazu diverse internationale Modeketten sowie Restaurants und Kinos. Estrada Nacional 9, Alcabideche, ✆ 210121620, cascaishopping.pt.

Märkte Mercado da Vila **4**, jeden Mi und Sa 6.30–14 Uhr sehr lebendiger Bauernmarkt *Mercado Saloio* mit Gemüse- und Obstverkauf (auch Bioprodukte) sowie Kleidermarkt mit günstigen Textilien von der Unterwäsche über Jeans bis zum Bettbezug. Jeden Tag haben die zahlreichen Restaurants und Cafés geöffnet, die in die Markthalle eingezogen sind. Av. 25 de Abril/Rua Padre Moisés da Silva, Facebook.

Bauernmarkt mit Flair und viel frischem Gemüse: Mercado da Vila

Kitesurfer an der Praia do Guincho

Linha de Cascais → Karte S. 160/161

Guincho

Viele Lissabon-Besucher halten Guincho für einen der besten Strände Europas. Eines zumindest steht fest: Der Strand ist neben dem spanischen Tarifa bei Gibraltar eines der besten Windsurfgebiete Europas. Aber auch die Landschaft lohnt einen Besuch: Große Sanddünen inmitten mediterraner Vegetation prägen das Bild.

Die Attraktivität des Strandes von Guincho liegt in den selten unter 1,5 m hohen Wellen und dem stetigen Wind. Er weht meist „sideshore", d. h. parallel zur Küste und nicht auflandig = „onshore" oder ablandig = „offshore". Deshalb fällt es erfahrenen **Windsurfern** leicht, aufs Meer hinaus und wieder Richtung Land zu fahren und dabei die Wellen in einem 90°-Winkel zu nehmen. Anfänger sollten jedoch von diesem Strand lassen: Selbst bei Profis brechen öfter mal die Masten. Auch bei **Kitesurfern** steht Guincho hoch im Kurs.

Bei starkem Wind fliegen einem auf dem Badetuch die Sandkörner nur so um die Ohren, und man erhält eine praktische Demonstration, wie die großen Wanderdünen in der Umgebung entstanden sind. Am großen, breiten Hauptstrand **Praia Grande do Guincho** kann man aber auch Windfänge mieten. Es ist natürlich nicht jedermanns Sache, sich von meterhohen Wellen durchs Wasser schleudern zu lassen – etwas weniger donnern die Wellen an der benachbarten, südlich des Hotels Fortaleza do Guincho gelegenen **Praia da Cresmina** (manchmal auch Praia da Galé genannt). Dieser Sandstrand kommt nicht auf die beeindruckende Breite des Hauptstrandes und ist für Wellenreiter und Windsurfer wegen der vielen Felsen im Wasser nicht so gut geeignet, was aber dafür sorgt, dass er von Schwimmern gerne besucht wird.

Nördlich des Hauptstrandes stößt man auf die **Praia do Abano**, einen sehr einsam gelegenen, kleinen Strand mitten

Besucherzentrum in den Guincho-Dünen

im Naturpark Sintra-Cascais, der hauptsächlich aus größeren Steinen und nur wenig Sand besteht. Hierher kommen deutlich weniger Badegäste, da das Areal vom Hauptstrand durch eine lange Felsengruppe abgetrennt ist. Außerdem ist das Schwimmen oft nicht möglich, da hier häufig extrem wilde und hohe Wellen den Strand teilweise komplett überspülen. Dafür genießt man einen schönen Panoramablick auf die Küste und das Cabo da Roca.

Die Praia do Abano ist nur über eine staubige, ungeteerte Stichstraße zu erreichen. Sie ist von der Straße nach Malveira da Serra mit „Bar do Guincho" ausgeschildert. Zu Fuß erreicht man den Abano-Strand auch ab dem Nordende der Praia Grande do Guincho über die Stufen und dann noch 500 m entlang der Felsklippen.

Núcleo de Interpretação da Duna da Cresmina: Über ein System von Holzstegen und -treppen kann man mitten durch die Cresmina-Wanderdüne oberhalb von Guincho spazieren, ohne das sensible Ökosystem zu zerstören. Bei Sonnenuntergang bietet sich ein herrliches Farbenspiel aus dem Beige des Sandes, dem Grün der Gräser und dem Blau des Atlantiks. Mit etwas Glück sieht man auch einige der hier lebenden Tiere wie Hasen, Vipern oder Eidechsen. Es gibt zwei Wege, die beide zu einem kleinen Besucherzentrum mit Aussichts-Café (dunadacresmina.com) führen: Der kürzere Weg führt linksherum, der längere rechtsherum. Beide lassen sich auch gut zu einem Rundweg mit 2,1 km Länge verbinden. Der Zugang liegt direkt gegenüber dem Hotel Fortaleza do Guincho. Sowohl hier als auch am Besucherzentrum an der Straße nach Areia Bushalte der Linien M05 und M15. Am Besucherzentrum werden auch Fahrräder verliehen.

Wanderung 2:
Entlang der Felsklippen südlich des Cabo da Roca → S. 462
Von den Dünen am Guincho-Strand bis zum Westkap

Rundwanderung 3:
Durch Dünen und Klippen um Guincho → S. 466
Rundweg von Guincho über die Felsenküste und Malveira

Praktische Infos

Bus

Ab Cascais: Busse M05 und M15, beide fahren einen Rundkurs. Bus M05: Bahnhof–Guia–Oitavos–Cabo Raso–Guincho–Areia–Birre–Vila da Bicuda–Bahnhof. Bus M15 die umgekehrte Richtung. Es ist also gleichgültig, welchen Bus man wählt. Allerdings empfiehlt es sich, einen Blick auf den Fahrplan zu werfen, um zu wissen, auf welcher Straßenseite in Guincho der Bus zurückfährt. Beide Busse fahren tägl. im Stundentakt (M05 im Winter Sa/So nur alle 2 Std.). Fahrzeit bis Guincho etwa 15–25 Min. mobicascais.pt.

Fahrrad

Entlang der felsigen Steilküste von der Boca do Inferno bis nach Guincho hat die Stadt Cascais einen Radweg angelegt. Eine sehr lohnenswerte Alternative, zumal man unterwegs auch noch das Forte de Oitavos (→ S. 190) besichtigen kann.

Guincho Adventours, geführte Fahrradtouren und Wanderungen für Familien und Gruppen um Guincho, in der Serra de Sintra und der Serra da Arrábida. Auch Kayaktouren. Büro unweit des Orbitur-Campingplatzes im Ort Areia. Rua da Areia, 1306, ✆ 214869700 und 934479075, guinchotours.com.

Parken

Normalerweise gibt es entlang der Küstenstraße und bei den diversen Hotels und Restaurants ausreichend Parkplätze. An Badetagen dagegen wird es oft sehr voll, dann weicht man am besten auf den kostenpflichtigen Parkplatz an der Bar do Guincho im Norden des Strandes aus (ausgeschilderte Zufahrt über eine Stichstraße, die von der Straße nach Malveira links abzweigt).

Surfladen

Guincho Surf Shop, tägl. 9–19 Uhr. Verleih und Verkauf von Brettern und Neoprenanzügen zum Wellenreiten, Windsurfen und Kitesurfen. Auch Surfschule. Im Untergeschoss des Hotels Muchaxo (um das Gebäude herumgehen). ✆ 214850286 und 917227171, Facebook.

Übernachten

Außer einem Campingplatz und Fünf-Sterne-Luxushotels hat Guincho leider nichts zu bieten.

Hotels ***** Hotel Fortaleza do Guincho, das Fort aus dem 17. Jh. wurde über dem Hauptstrand von Guincho im Stil einer maurischen Burg ausgebaut und dient jetzt als Luxushotel. Alle 27 Zimmer haben Bad, Sat-TV, Telefon, Minibar. WLAN in der Lobby frei. Fantastischen Meerblick genießt man von den Superior-Zimmern im Obergeschoss. Das Hotel-Restaurant hat einen exzellenten Ruf und wird seit 2001 regelmäßig mit einem Michelinstern prämiert. Wer hier essen möchte, sollte seinen Tisch weit im Voraus reservieren, da fast immer ausgebucht. Estrada do Guincho, ✆ 214870491, fortalezadoguincho.com. €€€

Camping Orbitur Guincho, ca. 800 m oberhalb der Praia do Guincho neben dem Dorf Areia. Die Busse M05 und M15 kommen

Auf den Klippen: Hotel Fortaleza do Guincho

hinter bzw. kurz vor Guincho an dem Platz vorbei. Ganzjährig geöffnet. Rezeption 8–20 Uhr. Sehr schattiges, mit Pinien bewachsenes Dünengebiet. Zahlreiche sauber gehaltene sanitäre Anlagen. Zur Infrastruktur gehören Minimarkt, Bar-Restaurant, Aufenthaltsraum mit TV, Kinderspielplatz, Schwimmbad und Sportplatz. Es werden auch kleine Bungalows vermietet. Im Sommer sehr belebt. Preis je nach Saison Stellplatz (inkl. 2 Pers.) 19,95–36,65 €, Wohnmobil 6,35–13,95 €. EN 247-6 Lugar da Areia, ✆ 214870450, orbitur.pt.

Essen & Trinken

Das Preisniveau der Restaurants in Guincho ist das höchste der Region. Man findet fast nur Luxusrestaurants, die aber guten Service bieten.

Porto Santa Maria, tägl. 12–15.30 und 19–23 Uhr. Einladendes Restaurant direkt über dem Strand mit sehr gutem Meerblick. Durch die Fensterfronten und das Glasdach dringt viel natürliches Licht, besonders schön bei Sonnenuntergang. Gegründet 1947 und inzwischen weit über Guincho hinaus bekannt. Von 1984 bis 2008 mit einem Michelinstern ausgezeichnet. Viele meinen, die portugiesische, auf frischen Fisch und Meeresfrüchte spezialisierte Küche hätte auch heute weiter einen Stern verdient. Berühmter Weinkeller. Estrada do Guincho, ✆ 214879450, portosantamaria.com. €€€€

Panorama Guincho, Mi–So 12.30–15.30 und 19.30–22 Uhr. Obwohl in der zweiten Reihe und hinter dem Porto de Santa Maria gelegen, hält der Meeresblick, was der Name des Luxus-Restaurants verspricht. Es wird gerne von portugiesischen Geschäftsleuten besucht. Spezialisiert auf Meeresfrüchte und Fisch. Empfehlenswert die Nudeln mit Herzmuscheln und Koriander-Zitronen-Soße *(massa fresca de amêijoas à Bulhão Pato)*. Außergewöhnlich große Portwein-Auswahl. Einige wenige vegetarische Optionen. Estrada do Guincho, ✆ 214870 062, villacollection.pt. €€€€

Bar do Guincho, Di–Do und So 12–19 Uhr, Fr/Sa 12–24 Uhr. Strandbar mit herrlichem Blick von der Terrasse auf den nördlichen Teil der Praia do Guincho. Bei der lokalen Elite aus Cascais sehr beliebt, die sich auch durch die recht hohen Preise nicht abschrecken lässt. Getränke, Cocktails und einfache Speisen. Wunderbar beim Sonnenuntergang. Manchmal etwas windig, aber es gibt auch einen Innenraum. Zufahrt über den Abzweig „Praia do Abano" an der Straße nach Malveira da Serra. Großer, kostenpflichtiger Parkplatz (bezahlt wird in der Bar). Angeschlossen ist auch ein „Wave Center" mit der Surfschule „Moana Surf School" (moanasurfschool.com). Die Bar do Guincho betreibt auch das Café an der Ponta do Sal in São Pedro do Estoril. Estrada do Abano, 547, ✆ 214871683 und 918500041, bardoguincho.pt.

Malveira da Serra

Kilometerlang zieht sich das Dorf den Südhang der Serra de Sintra nach oben, der Geruch der Eukalyptusbäume liegt in der Luft. Der Besuch des ca. 7 km von Cascais entfernten Malveira lohnt sich hauptsächlich als Ausgangspunkt für eine Wanderung oder zum Reiten.

Die Gegend ist noch nicht ganz so dicht bebaut wie Cascais. Allerdings hat die Immobilienbranche seit längerem ein Auge auf die weiten Flächen des Naturparks Sintra-Cascais zwischen Malveira und Guincho geworfen. Mit aktiver Unterstützung oder zumindest dem passiven „Wegschauen" einiger lokaler Politiker konnten in den vergangenen Jahren mehrere Appartementbauten inmitten des Parks entstehen.

Wanderung 4:
Quer über das Sintra-Gebirge zum Korkkloster → S. 469
Von Malveira da Serra über das Kloster Capuchos nach Colares

Praktische Infos

Bus

Ab Cascais: Die städtischen Buslinien M02 und M14 bedienen Malveira da Serra und Charneca in einem Rundkurs *(Circular)* Mo–Sa 2-mal/Std., Sa/So stündl. Außerdem Bus 1624 der *Carris Metropolitana* (Richtung Sintra) tägl. alle 30 Min., Fahrzeit 15 Min.

Nach Sintra (via Azóia, Cabo da Roca und Colares): Bus 1624 der *Carris Metropolitana* tägl. alle 30 Min. Fahrzeit ca. 60 Min.

Parken

Kein Problem, hier findet sich immer etwas (Plätze u. a. an der Kapelle).

Reiten

Centro Hípico da Costa do Estoril, zwischen Cascais und Malveira da Serra im idyllisch gelegenen Örtchen Charneca (ab Bhf. Cascais Busse M02 und M14, die Bushaltestelle Centro Hípico ist direkt hinter der Abzweigung von der Straße Cascais–Malveira, dort hält auch der Bus 1624). Breites Angebot von Ponyreiten für Kinder über Reitkurse für Anfänger bis zu Spring- und Dressurreiten für Fortgeschrittene. Ausritte nach Guincho und in die Serra de Sintra sowie während der Oster-, Sommer- und Weihnachtsferien ganztägiges Reitprogramm für Kinder und Jugendliche. Av. Charneca 186, ✆ 214872064, centrohipicocostaestoril.com.

Übernachten

Dream Guincho, B & B in wunderbar ruhiger Lage am Ortsrand von Malveira, man kann direkt von hier zu Wanderungen in die Serra de Sintra starten. Alle 8 Zimmer haben große Fensterfronten mit Aussicht Richtung Guincho, freies WLAN, Klimaanlage, offenen Kamin, TV, eigenes Bad und Terrasse. Der Wind pfeift hier oben meist recht heftig, aber der Garten mit kleinem Pool ist gut geschützt. Architektur mit viel Holz und großzügig geschnittenen Gemeinschaftsräumen. Zufahrt am besten über die Rua Mira Guincho (kurz nach Ortsende rechts abbiegen, dann weiter geradeaus 600 m über den Feldweg). Zu Fuß gibt es einen Schleichweg direkt ins Zentrum von Malveira da Serra (dort Bushalt). Rua do Moleiro, ✆ 218 042230 und 935554343, dreamguincho.pt. €€€€

Morada do Sol, Ferienwohnungen und -häuser am Rande von Malveira inmitten von Feigenbäumen, Palmen und Kiefern. Viel Ruhe auf dem 5000 m² großen Grundstück mit biologischem Gemüse- und Obstanbau. Geräumige Küchen, schöne Holzböden und lichte Aufenthaltsräume. Teilweise Blick Richtung Meer und auf die Serra de Sintra. Solarheizung, Klimaanlage, Waschmaschine, TV, kostenloses WLAN, Grillmöglichkeit, überdachtes Schwimmbad und Spielplatz. Anfahrt: Vom Zentrum Richtung Penha Longa und an der Kreuzung (hier auch Halt R. Franscisca Correia Nunes der Busse M02 und M14), an der die Straße Richtung Serra de Sintra links abzweigt, nach rechts in die Rua do Cancelo und dann weiter geradeaus in den Feldweg bis zum Tor. Rua de Itália, Malveira da Serra, ✆ 934331327, moradasol.com. €€

Essen & Trinken

meinTipp Quinta do Farta Pão, Di–So 12–16 Uhr und Di–Sa 19–23 Uhr. Links unterhalb einer Kurve am Ortsausgang von Aldeia do Juso Richtung Malveira da Serra – auf einen großen Bauernhof mit rotem Ziegeldach achten. Ein Schild in einer Kurve weist auf das Restaurant hin. Hier befindet sich auch der Halt Alcorvim de Baixo der Buslinien M02 und M14. Im Garten eine Veranda mit Strohdach. Innen 120 Sitzplätze (am Wochenende dennoch besser reservieren), rustikal eingerichtet. Die typisch portugiesische Küche ist gut und reichhaltig. Meine Empfehlungen: *arroz de tamboril* (Reiseintopf mit Seeteufel, Muscheln und Krabben) oder *carne de porco à Alentejana* (Schweinefleisch mit Muscheln) und zum Nachtisch den *bolo de bolacha* (Kekskuchen). Estrada Malveira da Serra, Alcorvim de Baixo, ✆ 214870568 und 925540809, fartapao.com. €€€

Dream Guincho: Pool und Aussicht

Linha de Cascais → Karte S. 160/161

Quinta do Pisão – Parque de Natureza

Im grünen Bachtal des Ribeiro da Mula unterhalb der Serra de Sintra unterhält die Stadt Cascais auf 360 ha einen Naturpark. Damit soll diese seit 5000 Jahren landwirtschaftlich genutzte Pufferzone an der Serra de Sintra erhalten werden.

Hier ist viel Platz für ausgedehnte Spaziergänge auf mehreren etwa 4–5 km langen und gut ausgeschilderten Wanderrouten. Auf den sanften Hügeln im Ostteil des weitläufigen Anwesens weiden Schafe, Miranda-Esel und Pferde. In den Wäldern im Westteil findet man neben den omnipräsenten Eukalyptusbäumen und Kiefern auch sieben Eichenarten. Außerdem kann man einen stillgelegten Kalkofen aus dem 19. Jh. besichtigen. Kinder können auf Eseln und Erwachsene auf Pferden schöne Touren über die Quinta unternehmen. Auf einigen Feldern baut die Stadt Bio-Gemüse an, das man hier vormittags teilweise direkt kaufen kann. Mitte des 20. Jh. mussten auf der Quinta übrigens Sträflinge, Tuberkulosekranke, Bettler und sog. „Geisteskranke", die hier staatlicherseits „zur Besserung" eingewiesen worden waren, schuften.

Praktische Infos

Lage/Anfahrt

An der Estrada da Serra, Eintritt frei. Von Malveira Richtung Lagoa Azul/Penha Longa und nach 4 km gegenüber der Abzweigung zur Barragem do Ribeiro da Mula rechts abbiegen. Parkplatz am Besucherzentrum Casa do Cal (tägl. 9–18 Uhr geöffnet, April bis Sept. bis 21 Uhr). Bus M44 tägl. 4-mal ab Cascais Bahnhof. Fahrzeit 35 Min.

Reittouren

Eselreiten (ab 4 J.): 1 Std. geführte Tour durch die Gärten 10 €/Pers., 1:30 Std. geführte Tour durch die gesamte Quinta 15 €/Pers. **Pferdereiten:** 1 Std. ab 25 € (ab 12 J.). Alle Touren mit Eseln und Pferden werden Mi–So 10–17 Uhr angeboten und sollten mehrere Tage im Voraus per E-Mail reserviert werden (mit Glück gibt es auch kurzfristig noch Termine in der Casa do Cal): ✆ 215811750, atividadesnatureza@cascaisambiente.pt, cascaisambiente.pt.

Auf typisch portugiesischen Miranda-Eseln können Kinder reiten

Grünes Tal am Fuß der Serra de Sintra: Quinta do Pisão

Westlich von Lissabon: Berge und Paläste

Die Region der beiden Kreise Amadora und Sintra ist nach der sie durchquerenden Bahnlinie als „Linha de Sintra" bekannt. Grüne Gebirgszüge, ländliche Idylle, monotone Schlafstädte – die Linha de Sintra überrascht mit ihren Kontrasten und zahlreichen Sehenswürdigkeiten, darunter drei ehemalige Königsschlösser. Spektakulär auch die Natur: An Sintras Küste findet Europa an den Felsenklippen des Cabo da Roca sein westliches Ende.

Palácio Nacional de Queluz, Rokoko-Königsschloss mit Gärten, S. 209

Palácio Nacional da Pena, Portugals Neuschwanstein, S. 227

Cabo da Roca, Europas spektakulärer Endpunkt, S. 231

Linha de Sintra

Am Fuß des grünen Gebirges der Serra de Sintra erstrecken sich die Altstadt, Paläste und Schlösser von Sintra – ein wohltuender Kontrast zu den Betonvororten. In der Gegend um Colares weiter westlich wird dagegen noch Landwirtschaft und Weinbau betrieben. Zwar haben sich auch hier schon viele Einfamilienhäuser breit gemacht, deren Bewohner regelmäßig nach Lissabon pendeln, aber Mietskasernen gibt es dort glücklicherweise nicht.

Spektakuläre Felsformationen begrenzen die Sandstrände an der Küste. Trotz der langen Anfahrt von Lissabon können die kleinen Badebuchten aber auch hier recht bevölkert sein. Das Wasser ist vielerorts von ausgezeichneter Qualität, da hier keine größeren Orte liegen. Die Brandung wird aber für Badegäste oft gefährlich hoch, da dieser Küstenabschnitt fast rechtwinklig zu den im Sommer gewöhnlich aus Nordwesten einlaufenden Wellen liegt. In Anbetracht der schwer berechenbaren Strömungen sollte man sich besser nur dort weiter ins Wasser wagen, wo schon andere baden!

Entlang der Eisenbahnlinie *Linha de Sintra* liegen die Schlafstädte Lissabons *(dormitórios)*. Direkt an die Hauptstadt grenzt Amadora, das sich im 20. Jh. stürmisch entwickelt hat: Von 1920 bis 1990 erhöhte sich die Einwohnerzahl um das 40-fache von 4000 auf 160.000. Der Kreis Sintra selbst ist mit 386.000 Einwohnern direkt nach Lissabon inzwischen Portugals zweitbevölkerungsreichstes Munizip.

Praktische Infos

Bahn

Sintra und Queluz sind über die Bahnlinie *Linha de Sintra* ab Lissabon gut zu erreichen. Infos unter cp.pt (für Android und iPhone gibt

es auch eine CP-App). Am einfachsten ist es, Zapping-Guthaben zu benutzen, dann kostet jede Fahrt immer 2 €. Wer Zapping nutzt, spart sich außerdem die meist langen Warteschlangen vor den Fahrscheinautomaten im Rossio-Bahnhof.

Wer häufig fährt, kann leicht ermäßigte 10er-Karten *(Bilhete 10 viagens)* kaufen. Außerdem gibt es Zeitkarten *(Bilhete Turístico/Travelcard)* für alle CP- Vorortzüge im Großraum Lissabon: Sie kosten für 24 Std. 6,50 € bzw. für 72 Std. 14 €.

Im Angebot ist ebenfalls eine 24 Std.-Karte *(Bilhete diário Carris/Metro/CP)* für 10,80 €, die für alle Vortortzüge der *CP* sowie für Metro, Busse und Trams im Stadtgebiet Lissabon gilt. Kinder 5–12 J. sowie Senioren ab 65 J. können ein um 50 % reduziertes Einzelticket lösen *(meio bilhete)*. Alle Tickets müssen auf eine *Viva-viagem*-Karte (auch *Navegante ocasional* genannt) geladen werden, die es für 50 Cent am Automaten oder am Schalter gibt.

Busse

Die *Carris Metropolitana* betreibt so gut wie alle Busse an der Linha de Sintra. Bezahlen kann man beim Fahrer an Bord. Etwa ein Drittel günstiger ist es, wenn man das Zapping *Navegante pré-pago* nutzt. Dazu lädt man Guthaben auf eine *Navegante-ocasional*-Chipkarte (auch unter dem Namen *Viva Viagem* bekannt), die es für 50 Cent zum Beispiel an den Fahrkarten-Automaten der Bahn, der Lissabonner Metro oder an den Schaltern der Carris Metropolitana gibt. carrismetropolitana.pt.

In Sintra werden außerdem zwei touristisch sehr bedeutende Buslinien von der Gesellschaft *ScottURB* betrieben: 434 Circuito da Pena und 435 Villa Express 4 Palácios. Neben Einzelfahrkarten gibt es auch eine Tagesnetzkarte *(Hop on hop off all Buses 24 hours)* für 13,50 €, die man vorher online oder am *ScottURB*-Infoposten in der Avenida Doutor Miguel Bombarda, 59 direkt gegenüber dem Bahnhof Sintra erwerben kann (tägl. 9–18 Uhr). scotturb.com.

Tages-Kombiticket

Die *Sintra Green Card* kombiniert die Vorortzüge Lissabon–Sintra, den Bus 434 (Circuito da Pena) und den Eintritt in Paläste. Die Version für 31,40 € *(2 Palácios)* gilt im Palácio Nacional de Sintra und im Palácio Nacional da Pena. In der Version für 40 € *(3 Palácios)* ist auch der Palácio Nacional de Queluz inklusive. Verkauf nur an den Schaltern von *CP* und *ScottURB*. Auch die Sintra Green Card muss man auf eine *Navegante-ocasional*-Chipkarte laden.

Auto

Ein Mietwagen ist eigentlich nur nötig, wenn man sich für eine Unterkunft im ländlichen Raum von Sintra entschieden hat. Ansonsten fährt man mit dem dichten öffentlichen Netz besser, da die gebührenfreie Autobahn *IC19* zu den meistbefahrenen Straßen Portugals gehört und stets chronisch verstopft ist. Weniger Verkehr herrscht auf der gebührenpflichtigen *A16 Circular Exterior da Área Metropolitana de Lisboa*, die Sintra mit Cascais verbindet.

Queluz

Auf halbem Weg zwischen Lissabon und Sintra liegt Queluz. Eigentlich eine der wenig einladenden Schlafstädte Lissabons, bietet der Ort aber das prächtige Rokoko-Königsschloss Queluz, das man sich keinesfalls entgehen lassen sollte, und die Pulverfabrik in Barcarena, ein einzigartiges Relikt der Industriegeschichte.

„Portugals Klein-Versailles“ wird das Schloss von Queluz gerne genannt. Obwohl solche Vergleiche oft hinken, in diesem Fall passt er: Prunk und Klunker, eigens aus der ganzen Welt zusammengetragen, blenden den Besucher, und wohl zu Recht heißt *Queluz* in der Übersetzung: „Welch ein Licht!“. Zwar sind die Zeiten, in denen sich die Könige und Königinnen Portugals hier inmitten weiter grüner Wiesen und absoluter Ruhe in ihrer Sommer-Residenz erholt haben, vorbei – der Schlosspark wird inzwischen von Wohnblocks und der Autobahn Lissabon–Sintra umgeben. Dennoch bleibt der Palast mit seiner Rokoko-Architektur äußerst sehenswert.

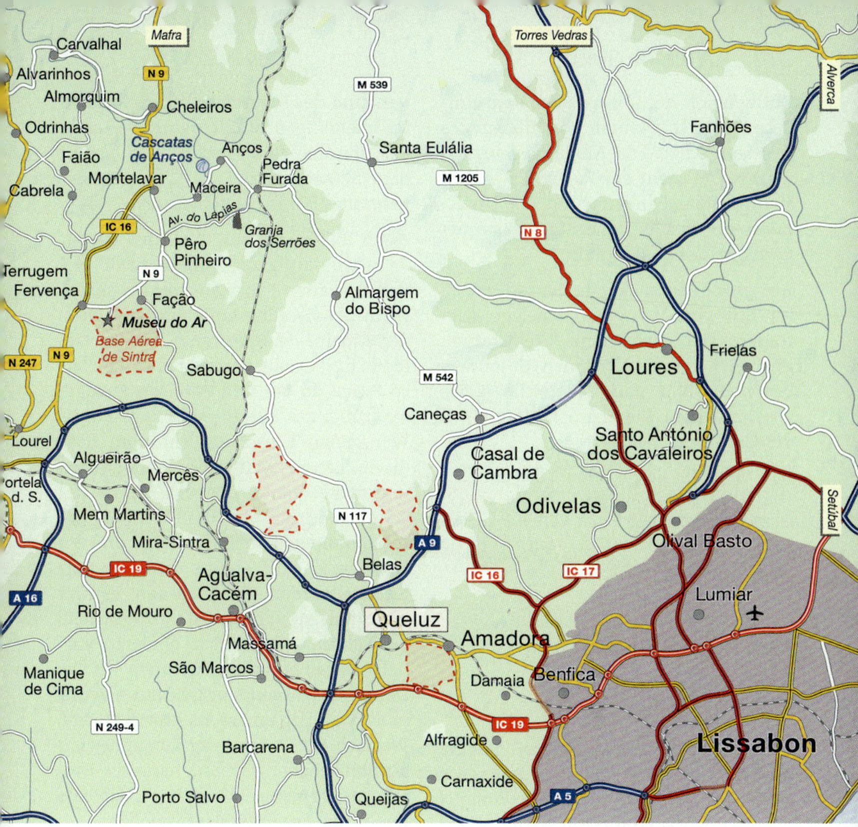

Sehenswertes

Palácio Nacional de Queluz

Queluz ist ein Schloss kühnster Träume: Florentiner Marmor, französische Möbelantiquitäten, glitzernde Kronleuchter, zahllose Spiegel, brasilianisches Jacarandaholz. Besonders beachten sollte man den Azulejo-Korridor mit bunten, asiatischen Szenen aus den Jahren 1764 und 1784 sowie den Botschaftersaal mit einem Marmorboden im Schachbrettmuster und chinesischen Vasen. Das Zimmer des Königs, die *Sala Dom Quixote*, wirkt trotz seines rechtwinkligen Grundrisses durch die Anordnung der Säulen und der Decke überraschenderweise rund.

Die Bauarbeiten begannen ab 1747 und zogen sich bis Ende des Jahrhunderts hin. Für die ursprüngliche Planung verantwortlich zeichnete Mateus Vicente de Oliveira, ein Schüler des deutschen Architekten und Konstrukteurs des Palastes von Mafra Ludovice. Nach ihrer Hochzeit mit Dom Pedro 1760 ließ Königin Maria I. Queluz durch den französischen Architekten Jean-Baptiste Robillion zur Sommerresidenz ausbauen und großzügige Gärten anlegen. Die Königin selbst verfiel hier später der Schwermut.

1794 verlegte man den Sitz des Königshauses ganz nach Queluz, da die königliche Holzbaracke im Lissabonner Stadtteil Ajuda *(Real Barraca da Ajuda)*,

Zufluchtsort der Könige nach dem Erdbeben von 1755 und Vorläuferin des heutigen Palácio da Ajuda, abgebrannt war. Heute dient der Palast für ausgesuchte Staatsbankette und als Unterkunft für ausländische Staatsgäste der portugiesischen Republik.

Der große, entzückende **Garten** wurde im Stil von Versailles angelegt; dort finden sich zahlreiche Steinstatuen und reich verzierte Brunnen. Besonders beachten sollte man den mit Azulejos geschmückten Kanal im hinteren Teil des Gartens.

Tägl. 9–18 Uhr (die Gärten schließen erst 18.30 Uhr). Einlass nur bis 17.30 Uhr. Eintritt Palast und Garten 10 €, nur Garten 5 €. Etwa 15 % Ermäßigung unter 18 J., über 65 J. und für Familien, bis 5 J. frei. ✆ 219237300, parquesdesintra.pt.

Fábrica da Pólvora de Barcarena (Schwarzpulverfabrik)

In Barcarena, südwestlich von Queluz und bereits zum Kreis Oeiras gehörend, stößt man auf die Reste der königlichen Schwarzpulverfabrik *Real Fábrica da Pólvora*. Bereits im Jahr 1729 begann sie mit der Fabrikation und blieb bis ins Jahr 1988 in Betrieb – damit gehört sie zu den ältesten, noch erhaltenen Fabriken in Portugal. Die Ursprünge der Pulver- und Waffenherstellung an diesem Ort reichen jedoch noch weiter zurück bis in das 15. Jh., als die Expansion nach Übersee einen deutlich höheren Verbrauch an Pulver verursachte. Schließlich mussten die Völker Amerikas, Afrikas und Asiens teilweise erst einmal von ihrem „Glück" überzeugt werden. Ein schönes Azulejo-Bild zeigt links vom Eingang der Fabrik die Verschiffung von Pulverfässern nach Goa und Damão in Portugiesisch Indien.

Heute informiert das sehenswerte Pulvermuseum **Museu da Pólvora Negra** über die Geschichte des Schwarzpulvers und der Pulverfabrik. Gezeigt wird im ehemaligen Mühlenraum, wie man das von den Chinesen im 8. Jh. erfundene Schwarzpulver aus Schwefel, Salpeter und Kohle herstellte.

Auch außerhalb des Museums ist auf dem weitläufigen Gelände noch viel von den **alten Fabrikanlagen** zu sehen. Beim Spaziergang entlang des Baches, der Ribeira de Barcarena, der das Gelände durchzieht, entdeckt man die Plätze **Praça do Sol** und **Pátio do Enxugo,** wo früher das Pulver getrocknet wurde. Wer genau hinschaut, entdeckt, dass die Gebäude weit auseinanderstehen und dicke Wände, aber nur dünne Decken haben. So sollte die Wucht bei Explosionen nach oben abgeleitet und ein Übergreifen auf andere Gebäude verhindert werden. Dennoch kam es hier mehrmals zu verheerenden Unglücken: 1805 starben 30 Arbeiter; der letzte tödliche Unfall ereignete sich 1972, als das Dampfmaschinenhaus **Oficinas a Vapor** in die Luft flog und sechs Arbeiter tötete. Wer sich ein Bild von der Wucht der Explosion machen möchte, kann die Ruinen der nie wieder aufgebauten Gebäude im Südteil des Geländes besuchen.

Anfahrt: Mit dem Zug der *Linha de Sintra* bis zur Station Massamá-Barcarena. Den Bahnhof Richtung Süden über die Av. Aurora verlassen, dann links in die Rua Mouzinho de Albuquerque, an der nächsten Kreuzung rechts in die Av. Infante Dom Henrique und unter der Autobahn hindurch. Geradeaus weiter über die Av. Infante Dom Henrique, dann nach rechts in die Av. Santo António de Tercena und erneut nach rechts in die Estrada das Fontainhas (ausgeschildert). Insgesamt sind es ca. 1,5 km. Wer mit dem Auto kommt, fährt am besten über die Autobahn A5 Richtung Cascais und nimmt die Ausfahrt Porto Salvo/Cacém. Der Schnellstraße bis zum Taguspark folgen, dann ist der weitere, kurvige Weg ausgeschildert.

Museum: Di–So 11–17 Uhr. Letzter Einlass 30 Min. vor Schluss. Eintritt 2 €, unter 25 J. und Familien 50 % Ermäßigung, unter 18 J. und ab 65 J. frei. So generell frei. Das Gelände der Pulverfabrik selbst steht tägl. offen. ✆ 210977422/3/4 und 214408796, oeiras.pt.

Praktische Infos

→ Karte S. 211

Einwohner Queluz: ca. 52.000

Bahn

Ab Lissabon/Rossio (Ⓜ Restauradores): Mo–Fr alle 20 Min., Sa/So alle 30 Min. nach Queluz. Fahrzeit 18 Min.

Ab Lissabon/Oriente (Ⓜ Oriente), Roma-Areeiro (Ⓜ Areeiro), Entrecampos (Ⓜ Entrecampos) und Sete Rios (Ⓜ Jardim Zoológico): Mo–Fr alle 10–20 Min., Sa/So alle 30 Min., Fahrzeit 25 Min. ab Oriente und 13 Min. ab Sete Rios.

Nach Sintra: Mo–Fr alle 10–15 Min., Sa/So alle 15–30 Min., Fahrzeit 23 Min.

Taxi

Multitáxis – Rádio Táxis de Queluz de Baixo, ✆ 214155310, taxis-multitaxis.pt.

Parken

Zahlreiche Plätze um den Palast.

Übernachten/Essen

Hotels Pousada Palácio de Queluz **2**, im ehemaligen Gebäude der königlichen Palastwache. Ein vollkommen renovierter Bau aus dem 18. Jh. Schöner Frühstücksraum und helle Bar in der Nähe der Rezeption. Alles wirkt etwas

Linha de Sintra → Karte S. 208/209

kühl, aber stilvoll. 22 geräumige Zimmer und 2 Suiten. Teilweise ist die mittelstark befahrene Straße vor der Tür zu hören. TV, Minibar, Klimaanlage und Marmorbadezimmer. WLAN und Parkplatz kostenlos. Im oberen Geschoss sind die Zimmer nicht ganz so hoch, dafür mit Blick auf den Palast. Largo do Palácio Nacional de Queluz, ✆ 214356158, pestana.com. €€

Restaurants Retiro da Mina **1**, Mi–Mo 12–15 Uhr und Mi–So 19–22 Uhr. An der Straße vom Zentrum aus etwa 150 m vor dem Palast. Drei fensterlose Speisesäle, sehr eng bestuhlt und von Einheimischen gut besucht. Kein Ort der gehobenen, stillen Mahlzeit, sondern eher volkstümlich belebt. Reichhaltige Portionen portugiesischer Küche. Beliebt v. a. für Fleisch vom Grill, das mit Pommes, Reis und einem gemischten Salat klassisch portugiesisch serviert wird. Vegetarier werden hier dagegen nicht glücklich werden. Av. da República, 10, ✆ 214352978, restaurante-retiro-da-mina-queluz.negocio.site. €

Sintra

Das 25 km nordwestlich von Lissabon gelegene Sintra ist der sehenswerteste Ort in der Umgebung der portugiesischen Hauptstadt und sollte in keinem Besuchsprogramm fehlen. Aus den zahlreichen Attraktionen ragen die beiden Königspaläste Palácio Nacional de Sintra und Palácio Nacional da Pena sowie die Maurenburg heraus.

In und um Sintra kann man zahlreiche Paläste entdecken. Besonders eindrucksvolle Bauten stehen entlang der Rua Barbosa do Bocage, die nach Westen bis Colares führt: Direkt hinter dem Ortsausgang von Sintra liegt der neomanuelinische **Palácio da Regaleira**, der zusammen mit seinen mysteriösen Gartenanlagen besichtigt werden kann (→ S. 215). Gegenüber stechen die pseudo-maurischen Rundbögen des **Palácio da Quinta do Relógio**, der auffällig mit rot-weißen Querstreifen bemalt ist, ins Auge. Etwa 250 m darauf folgt der **Palácio de Seteais** auf der rechten Straßenseite, heute ein Luxushotel. Etwa 4 km hinter Sintra erreicht man dann die wunderschönen Gärten des **Palácio de Monserrate** (→ „Serra de Sintra", S. 228).

Der Palácio Nacional de Sintra mit seinen auffälligen Küchenkaminen

> **Tipp:** Wenn Sie nach Sintra fahren, sollten Sie an feste Schuhe denken, da viele Anstiege zu bewältigen sind. Ebenso empfiehlt es sich auch im Hochsommer, eine Windjacke mitzunehmen, da es v. a. in der Serra de Sintra zu jeder Jahreszeit kühl, windig oder neblig werden kann. Mit der geeigneten Kleidung sollte dies aber kein Hinderungsgrund für einen Besuch sein, dann wirkt Sintra nur noch romantischer und geheimnisvoller.

Geschichte: Zu größerer Bedeutung kam der Ort erst unter den Mauren, die zwei Burgen an der Stelle des heutigen Palácio Nacional und in der Serra de Sintra errichteten. Den entscheidenden Entwicklungsschub bekam Sintra, das man früher auch als *Monte da Lua* (Mondberg) bezeichnete, aber erst unter König Dom Dinis (1279–1325). Er ließ den Palast zur Residenz der Königin ausbauen. Mit dem Ende der Dynastie Aviz und dem Beginn der spanischen Herrschaft im Jahr 1580 war dann auch Sintras Ära als königlicher Sitz vorbei. Später übernahm Queluz diese Funktion. 1839 ließ Dom Fernando II. aber auf einem der Gipfel der Serra de Sintra an der Stelle eines Bergklosters eine neue Königsresidenz errichten, den Palácio da Pena – der Hof kehrte nach Sintra zurück. Dem Königshof folgten viele Aristokraten in die Stadt, um hier ihre eigenen Paläste zu errichten. Sie zogen es vor, dem heißen Sommer Lissabons ins kühle Sintra zu entfliehen.

Im 19. Jh. entdeckten die Romantiker Sintra für sich. Der deutsche Komponist Richard Strauss schrieb während seines Besuchs: „Das ist der glücklichste Tag meines Lebens. Ich bin nach Italien, Sizilien, Griechenland und Ägypten gereist, aber ich habe niemals irgendetwas gesehen, was dem Park von Pena gleicht." 1809 kam der britische Poet Lord Byron nach Sintra und verewigte den Ort in seinem Gedicht „Childe Harold's Pilgrimage" als „glorious Eden".

Auch heute noch ist das romantische Ambiente in und um Sintra von einzigartiger Schönheit. Das haben auch die Vereinten Nationen anerkannt und so ist seit 1996 Sintras Altstadt in ihrer Gesamtheit UNESCO-Weltkulturerbe.

Kehrseite ist der große Ansturm an Besuchern. Sie tummeln sich besonders am Wochenende auf der Achse zwischen dem Bahnhof und dem Palácio Nacional de Sintra. Ob Tuktuk-Fahrerin, Tourguide oder die Zeugen Jehovas, alle buhlen um die Aufmerksamkeit der Touristenscharen. Wer es ruhiger mag, sollte auf die Nebenstraßen ausweichen.

Das Rathaus von Sintra

Linha de Sintra → Karte S. 208/209

Sehenswertes

Paços do Concelho

Passend zur historischen Bedeutung der Stadt erinnert das prunkvolle neomanuelinisch ausgestattete Rathaus aus dem Jahr 1909 eher an einen Palast aus vergangenen Jahrhunderten als an ein modernes Verwaltungsgebäude. Weithin sichtbar ist die Spitze des schönen Rathausturms, gekrönt von einer Sphärenkugel, einem der Wahrzeichen der portugiesischen Nation.

Largo Dr. Virgílio Horta. Nicht für touristischen Besucherverkehr geöffnet. cm-sintra.pt.

Parque da Liberdade

Mit seinen weitläufigen Grünanlagen eignet sich der Parque da Liberdade („Park der Freiheit") ideal dafür, im Schatten der Bäume und vieler exotischer Gewächse ein Picknick zu machen und sich von anstrengenden Besuchstouren zu erholen. Am Rand des Parks fällt an der Straße Volta do Duche ein prächtig mit Stuck und Azulejos verzierter Brunnen, die **Fonte Mourisca,** ins Auge. Die maurische Pracht täuscht über den wahren Ursprung des Brunnens hinweg – der Künstler José da Fonseca hat ihn erst 1922 geschaffen. Die Straße Volta do Duche, wörtlich „Duschen-Kehre", hat ihren kuriosen Namen übrigens von einer öffentlichen Badeanstalt, die sich hier in der zweiten Hälfte des 19. Jh. befand.

Volta do Duche. Tägl. 10–18 Uhr (April bis Sept. bis 19 Uhr, Juni bis Sept. Sa/So/Fei bis 20 Uhr). Eintritt frei.

Palácio Nacional de Sintra

Schon zu maurischen Zeiten stand hier eine Burg *(Alcácer)*, die nach der Eroberung durch die Christen unter Dom João I. (1385–1433) erweitert und zur königlichen Sommerresidenz ausgebaut wurde. Aufgrund vieler Umbauten im Laufe der Jahrhunderte wirkt der Komplex etwas zusammengewürfelt. Dennoch ist er der letzte noch erhaltene mittelalterliche Königspalast Portugals und mit seinen beiden auffälligen konischen Küchenkaminen das Wahrzeichen Sintras (s. u.).

Die Besucher erwartet beim Rundgang eine Abfolge verschiedenster Gemächer und Säle verschiedener Epochen. Besonders sehenswert sind der Schwanensaal und der Elsternsaal, beide benannt nach ihren Deckengemälden aus dem 15. Jh. Das ehemalige Schlafzimmer von König Dom Sebastião sollte man genauer in Augenschein nehmen – hier ist ein wertvoller astronomischer Globus aus dem Jahr 1575 zu sehen. In einem weiteren Raum saß König Afonso VI. neun Jahre lang bis zu seinem Tode als Gefangener seines Bruders Pedro II. ein.

An die königliche Kapelle, deren Decke im 14. und 16. Jh. im sog. arabisch beeinflussten Mudéjar-Stil gestaltet wurde, schließt sich der älteste Teil des Palastes an. Höhepunkt des Rundgangs ist hier der Arabische Saal mit seinen außergewöhnlich alten grün-weiß-blauen Azulejos aus dem 15. Jh.

Die „Krönung" des Besuchs folgt aber in einem eher profaner Raum, und zwar in der imposanten Großküche mit ihren zwei gigantischen Kaminen, durch die der Rauch der riesigen Kessel und Drehspieße nach oben abziehen konnte.

Praça da República. Tägl. 9.30–18.30 Uhr. Letzter Einlass 30 Min. vor Schluss. Eintritt 10 €, ca. 15 % Ermäßigung unter 18 J., über 65 J. und für Familien, bis 5 J. frei. ✆ 219237300, parquesdesintra.pt.

> **Tipp:** Wer die von *Parques de Sintra – Monte da Lua* verwalteten Sehenswürdigkeiten besuchen möchte (zu erkennen an der Adresse parquesdesintra.pt), sollte die Karten online kaufen, da man so 5 % Rabatt bekommt und die teils sehr langen Warteschlangen an den Schaltern umgeht. Für Kombitickets (30 Tage gültig) gibt es außerdem weitere 5 % Ermäßigung.

Quinta da Regaleira

Wer immer schon einmal wissen wollte, woher die geheimnisvolle Romantik Sintras kommt, erhält die Antwort kurz hinter dem westlichen Ende der Altstadt. Dort steht die neomanuelinische Quinta da Regaleira mit ihrem mysteriösen Labyrinth-Garten. Gotik, Manuelinik und Renaissance verschmelzen mit nationalen portugiesischen Motiven zu einer prachtvollen Einheit.

Der italienische Architekt und Bühnenbildner **Luigi Manini,** der auch für die Lissabonner Oper São Carlos und das Palace Hotel in Buçaco bei Coimbra verantwortlich zeichnete, hat den Palast zu Beginn des 20. Jh. entworfen. Ihn unterstützten zahlreiche Skulpturenmeister wie José da Fonseca und João Machado. Manini baute den Palast nach den Vorstellungen des aus Brasilien nach Portugal zurückgekehrten Multimillionärs António Augusto Carvalho Monteiro (1848–1920). In Anspielung auf die Finanzkraft des durch Kaffee- und Edelsteinhandel reich gewordenen Bauherren heißt der Palast im Volksmund deshalb auch *Palácio do Monteiro dos Milhões* („Millionenpalast"). Monteiro ist übrigens auf dem Lissabonner Cemitério dos Prazeres beerdigt, die Grabkapelle hat ebenfalls Luigi Manini entworfen.

Nach dem Tod Monteiros ging die Quinta da Regaleira in den Besitz seines Sohnes über, der das Vermögen des Vaters innerhalb kurzer Zeit verprasste und das Anwesen 1946 an die Familie d'Orey weiterverkaufte, die mit ihren 18 Kindern hier einzog. Für den symbolischen Preis von 1,5 Millionen Euro wurde die Quinta 1997 schließlich an die Stadt Sintra verkauft.

Der **Palast** beeindruckt außer mit seiner herrlichen neomanuelinischen Fassade mit Mosaikböden und Deckenbemalungen. Aufmerksame Beobachter entdecken an der Fassade unter den Fenstern ein verschlungenes, stilisiertes „CM" – mit diesem Monogramm verewigte sich der Bauherr Carvalho Monteiro. In den Räumen erzählen alte Fotos von der Geschichte des Hauses. Der hohe, spitze Turm, den man von innen besteigen kann, fällt besonders auf. In dem Gebäude nebenan ist das Palastcafé mit Terrasse und gutem Blick auf den Palast untergebracht.

Ganz in der Nähe des Palastes steht die neomanuelinische **Capela da Santíssima Trindade.** Hier entdeckt man mehrere Symbole der Freimaurerei, z. B. ein Dreieck mit einem Auge am Eingang. Unter der Kapelle befindet sich eine Krypta, umgeben von unterirdischen Gängen, die es dem einstigen Besitzer, Carvalho Monteiro, ermöglichen sollten, trockenen Fußes in den Palast zu gelangen.

In der unteren Ecke des **Gartens** stößt man auf einen Teich, hinter dem sich ein weitläufiges, unbeleuchtetes System aus Grotten, Tunneln und Höhlen erstreckt. Teilweise verlaufen die Gän-

Abseits der touristischen Hauptrouten kann Sintra überraschend beschaulich sein

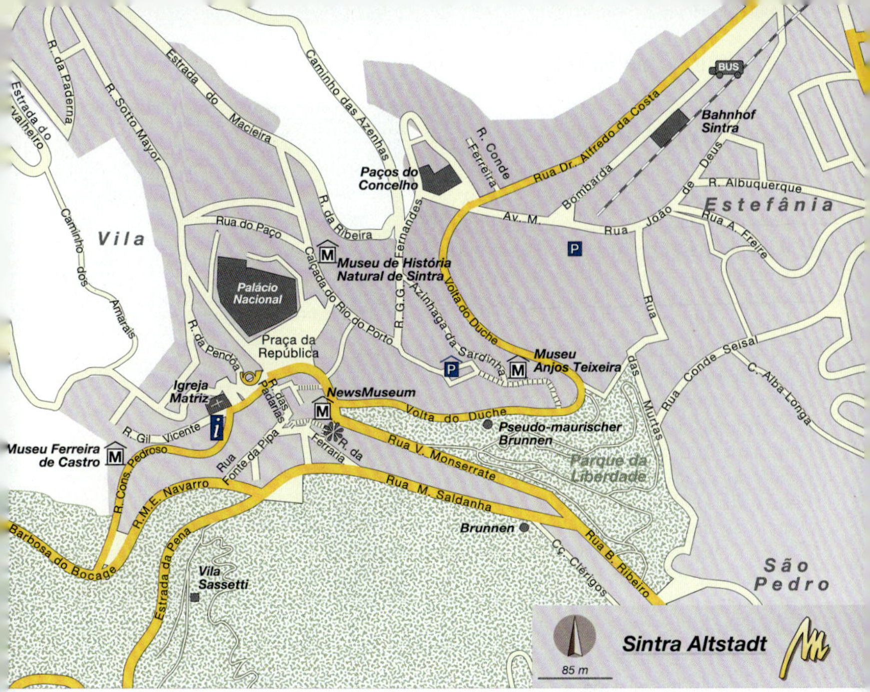

ge spiralförmig, immer wieder enden sie vor Wasserläufen. Es macht großen Spaß, diese *Gruta do Labirinto* zu erkunden, allerdings sollte man keine Angst vor Enge haben.

Ganz oben angekommen, kann man hinter einer steinernen Drehtüre einen geheimnisvollen Brunnen ohne Wasser betreten und das nächste Tunnelsystem erkunden. Eine Wendeltreppe führt über neun Ebenen auf seinen Grund hinunter – eine Anspielung an Dantes neun Stufen zur Hölle. Dieser weltweit wohl einzigartige *Poço Iniciático* wurde als Initiationsstätte für Freimaurer errichtet. Neue Mitglieder mussten dort mit verbundenen Augen einen der beiden Ausgänge finden und so symbolisch von der Dunkelheit ihre Reise ins Licht der Erkenntnis antreten. So führen am Grund des Brunnens, in den ein achtzackiger Stern eingelassen ist, und auf einer der mittleren Ebenen unterirdische Felsengänge zu entfernten Punkten des Gartens.

Immer wieder öffnen sich inmitten des Gartengrüns herrliche Blicke auf Sintra, den Palácio da Pena und das Castelo dos Mouros. Die beste Aussicht hat man jedoch auf der Spitze des Turms **Torre da Regaleira**, dem der Palast seinen Namen verdankt.

Rua Barbosa do Bocage. Mit Bus 435 Villa Express 4 Palácios ab Bahnhof Sintra und Bushaltestelle neben dem Tourismusbüro in der Altstadt oder ab Bahnhof Sintra auch mit Bus 1253 (Richtung Cabo da Roca) der Carris Metropolitana (→ S. 220). Tägl. 10–18.30 Uhr, Mai bis Sept. bis 19 Uhr. Letzter Einlass immer um 17.30 Uhr. Am 1.1. sowie 24., 25. und 31.12. geschl. Eintritt 11 €, Familien 28 €, ab 65 J. und unter 18 J. 6 €, mit *Cartão Jovem* 20 % Ermäßigung, unter 6 J. und ab 80 J. frei. Tickets am besten online kaufen, um Warteschlangen zu vermeiden. Es gibt auch sehr interessante Führungen mit wechselnden Themen (für Details und Anmeldung siehe Webseite). ✆ 219106650, regaleira.pt.

Tipp: Um die Tunnelanlagen des Gartens besser erkunden zu können, sollte man eine Taschenlampe mitnehmen.

Museu Anjos Teixeira

Obwohl nur wenige Meter unterhalb der Volta do Duche und damit am Weg fast aller Touristen gelegen, finden nur wenige die Zeit für einen kurzen Abstecher in dieses sehenswerte Museum. Es ist den beiden portugiesischen Bildhauern (Vater und Sohn) Artur Gaspar dos Anjos Teixeira (1880–1935) und Pedro Augusto Franco dos Anjos Teixeira (1908–1997) gewidmet. Der Sohn hat hier bis zu seinem Tod 1997 sein Atelier unterhalten. Zahlreiche Skulpturen, die hier als Modelle ausgestellt sind, sind in Lissabon und Umgebung als Originale zu bewundern. So z. B. die Statue der Republik im Parlament São Bento oder das Denkmal für den Landarbeiter im Ort São João das Lampas nördlich von Sintra.

Azinhaga da Sardinha, Volta do Duche – Rio do Porto. Di–So 10–18 Uhr, Sa/So erst ab 12 Uhr, Fei geschl. Einlass bis 1 Std. vor Schluss. Eintritt frei. ✆ 219238827, cm-sintra.pt.

NewsMuseum

Vom berühmten Reporter der Comic-Serie „Tim und Struppi" bis zu Facebook schlägt das Nachrichtenmuseum einen großen Bogen durch die Mediengeschichte. Über dutzende Bildschirme laufen TV-Sendungen, aus Lautsprechern ertönen Radioreportagen, an die Wände werden Videoprojektionen geworfen. Viele Details erfährt man zur Kriegsberichterstattung aus dem Irak und Vietnam. Ein eigener Raum ist dem Sportjournalismus und den mitunter sehr arroganten Sprüchen des portugiesischen Star-Trainers José Mourinho gewidmet. Besonders spannend hat man den Bereich zu berühmten TV-Wahlkampfduellen aus Portugal und den USA gestaltet. Das Audio- und Video-Material scheint grenzenlos, man kann es

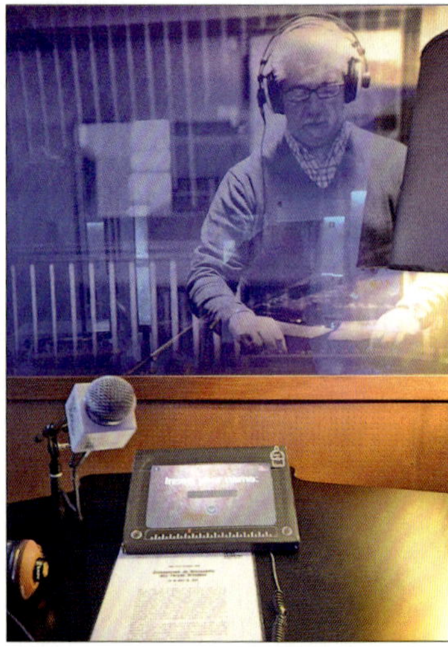

Hörfunk-Studio im NewsMuseum

aber zu Hause über das Internet zu Ende hören und sehen.

Rua Visconde de Monserrate, 26. Tägl. 10–18.30 Uhr. Einlass bis 1 Std. vor Schluss. Eintritt 6,50 €, bis 15 J., ab 65 J. und Studenten 3,50 €, bis 5 J. frei, Familien 17 € (2 Erw. und 2 Kinder). ✆ 210126600, newsmuseum.pt.

Museu de História Natural de Sintra

In diesem kleinen Naturkundemuseum sind Fossilien zu sehen, die das portugiesische Sammler-Ehepaar Miguel und Fernanda Barbosa über fünf Jahrzehnte lang zusammengetragen hat: Brachiopoden („Armfüßer"), Trilobiten („Dreilapper"), Ammoniten („Kopffüßer") sowie versteinerte Überreste von Dinosauriern und Urzeit-Fischen. Ein Globus veranschaulicht, wie sich die Erdplatten bewegen. Die Beschriftung ist teilweise auch auf Englisch.

Rua do Paço, 20, etwas unterhalb des Nationalpalastes. Di–So 10–18 Uhr, Sa/So erst ab 12 Uhr, Fei geschl. Einlass bis 1 Std. vor Schluss. Eintritt frei. ✆ 219238563, cm-sintra.pt.

MU.SA – Museu das Artes de Sintra

Im prächtigen Gebäude des ehemaligen Spielcasinos Sintras aus dem Jahr 1924 ist heute die städtische Kunstsammlung untergebracht. Sie spannt einen Bogen von Landschaftsaquarellen von König Carlos I. aus dem 19. Jh. über Skulpturen der portugiesischen Künstlerin Dorita Castel-Branco aus dem 20. Jh. bis hin zu modernen Fotografien. Im Fokus der ständigen Sammlung stehen vor allem Motive aus der Region Sintra. Dazu gibt es sehenswerte Wechselausstellungen von nationalen und internationalen Künstlern.

Av. Heliodoro Salgado, im Stadtteil Estefânia, nahe dem Bahnhof Portela de Sintra. Di–So 10–18 Uhr, Sa/So erst ab 12 Uhr, Fei geschl. Eintritt frei. ✆ 219243794 und 219236101, cm-sintra.pt/musa-museu-das-artes-de-sintra.

Praktische Infos

→ Karte S. 214/215

Einwohner Sintra: ca. 30.000

Information

Ask Me Sintra – Estação CP, tägl. 10–13 und 14–17.30 Uhr. Infoschalter in der Bahnhofshalle. Av. Dr. Miguel Bombarda – Estação CP Sintra, ✆ 211932545, visitlisboa.com.

Ask Me Sintra – Mitos e Lendas, tägl. 10–18.30 Uhr. Tourismusbüro im Zentrum der Altstadt. Praça da República, 23, ✆ 219231157, visitlisboa.com. In den Obergeschossen präsentiert eine Multimedia-Ausstellung Legenden rund um Sintra. Man wird mit Audioguide geführt (auch auf Deutsch) und erfährt unter anderem, wie Schriftsteller den Ort erlebt haben. Der Erkenntnisgewinn ist aber eher gering. Einlass bis 60 Min. vor Schließung des Tourismusbüros. Eintritt 3,50 €, ab 65 J. und Studenten 3 €, bis 15 J. 2 €, Familie 10,50 €, bis 5 J. frei. Es gibt auch ermäßigte Kombitickets mit dem NewsMuseum.

Markt

Jeden 2. und 4. So im Monat 9–18 Uhr (im Sommer bis 19 Uhr) großer Straßenmarkt *Feira de São Pedro* im Stadtteil São Pedro de Sintra. Die Bauern und Händler reisen von weit her an, um hier Lebensmittel, Kleidung und Trödel zu verkaufen.

Turismo Mitos e Lendas: Infos im Zentrum von Sintra

Linha de Sintra → Karte S. 208/209

Post

In der Altstadt an der Praça da República, 26, und in der Neustadt an der Praça Dom Afonso Henriques, 7.

Veranstaltungen

Bezirksfeiertag ist am 29. Juni mit der Festa de São Pedro und einem großen Markt. Dann haben alle Paläste und Museen geschlossen.

Jeden September und Oktober findet das Festival de Sintra mit hochkarätig besetzten Klassik-Konzerten statt. Es erinnert an den deutschstämmigen König Dom Fernando II. und seine Liebe zu Musik und Oper. festivaldesintra.pt.

Bahn

Der Bahnhof Sintra befindet sich im Stadtteil Estefânia; von dort erreicht man die Altstadt in ca. 10 Min. zu Fuß. Ein zweiter Bahnhof, Portela de Sintra, liegt ca. 10 Gehmin. entfernt in der Neustadt. cp.pt.

Von Lissabon/Rossio (Ⓜ Restauradores): Direkte Züge Mo–Fr alle 30 Min., Sa/So 1-mal stündl. Außerdem tägl. stündl. eine weitere Verbindung mit den Zügen Richtung Mira Sintra-Meleças und Umsteigen in Benfica Richtung Sintra. Fahrtdauer 40 Min. (ab Rossio).

Ab Lissabon/Oriente, Roma-Areeiro (Ⓜ Areeiro), Entrecampos (Ⓜ Entrecampos) und Sete Rios (Ⓜ Jardim Zoológico) Mo–Fr tagsüber alle 20 Min., Mo–Fr abends und Sa/So ganztags alle 30 Min. Fahrtdauer 47 Min. (ab Oriente).

Zu viel Tourismus: Verbotsschild für Fußgänger – „Nur Anwohner"

Bus

Die meisten Busse ins Umland fahren von den beiden Busbahnhöfen nördlich bzw. südlich des Bahnhofs Portela de Sintra ab. Einige eher touristische Linien halten dagegen auch am Bahnhof Sintra. carrismetropolitana.pt.

Zum Cabo da Roca: Ab Bahnhof Portela de Sintra (nördlicher Busbahnhof) Bus 1624 (via Colares, Almoçageme und Azóia) tägl. alle 30 Min. Fahrzeit 40 Min.

Ab Bahnhof Sintra Bus 1253 (via São Pedro, Monserrate, Colares, Almoçageme und Azóia) tägl. alle 20–30 Min. Fahrzeit 55 Min.

Nach Carcavelos (via Oeiras): Bus 1614 Mo–Fr alle 30 Min., Sa/So stündl. ab Bahnhof Portela de Sintra (südlicher Busbahnhof). Fahrzeit 65 Min.

Nach Cascais (via Cabo da Roca): Bus 1624 tägl. alle 30 Min. ab Bahnhof Portela de Sintra (nördlicher Busbahnhof). Fahrzeit 60 Min.

Nach Cascais (via Alcabideche): Bus 1623 tägl. mindestens stündl. ab Bahnhof Portela de Sintra (südlicher Busbahnhof). Schnellere, aber weniger schöne Strecke nach Cascais als via Azóia. Fahrzeit 30–40 Min.

Nach Ericeira: Linie 1633 ab Bahnhof Portela de Sintra (nördlicher Busbahnhof) Mo–Fr stündl., Sa/So alle 2 Std., Fahrzeit 50 Min.

Nach Estoril: Busse 1629 und 1630 tägl. stündl. Abfahrt am Bahnhof Portela de Sintra (südlicher Busbahnhof). Fahrzeit 35 Min. (Linie 1629) bzw. 50 Min (Linie 1630).

Nach Mafra: Mit Linie 2626 ab Bahnhof Portela de Sintra (nördlicher Busbahnhof) Mo–Fr 11-mal, Sa/So 7-mal. Fahrzeit 55 Min.

Nach Magoito: Bus 1254 (via Colares, Praia Grande, Praia das Maçãs und Azenhas do Mar) ab Portela de Sintra (nördlicher Busbahnhof) Mo–Fr alle 30–40 Min., Sa/So stündl. Fahrzeit 45 Min.

Nach Praia das Maçãs: Bus 1250 (via Azenhas do Mar) ab Portela de Sintra (nördlicher Busbahnhof) tägl. stündl. Fahrzeit 50 Min.

Nach Negrais (über den Corredor de Pêro Pinheiro via Museu do Ar, Anços und Pedra Furada): Mit Linie 1240 ab Bahnhof Portela de Sintra (nördlicher Busbahnhof) Mo–Fr stündl., Sa/So 7-mal. Fahrzeit 40 Min.

Die historische Straßenbahn verbindet Sintra über Colares mit Praia da Maçãs

Nach Praia Grande: Bus 1254 Mo–Fr alle 30–40 Min., Sa/So stündl. Fahrzeit 25 Min. Außerdem Linie 1250 Mo–Fr 10-mal und Sa/So 8-mal. Fahrzeit 51 Min. Beide ab Bahnhof Portela de Sintra (nördlicher Busbahnhof).

Stadtbusse

Ab Bahnhof Portela de Sintra (südlicher Busbahnhof) und dem Stadtteil São Pedro de Sintra verkehrt Bus 1252 der Carris Metropolitana auf einem Rundkurs alle 40 Min. Halt nach São Pedro auch in der Altstadt und am Bahnhof Sintra.

Außerdem unterhält die Gesellschaft Scotturb zwei touristische Linien (scotturb.com). Abfahrt ist jeweils ab Bahnhof Sintra und ab der Haltestelle Sintra Vila neben dem Touristenbüro in der Altstadt:

434 Circuito da Pena zum Palácio da Pena sowie Castelo dos Mouros: tägl. alle 15 Min. Fahrpreis pro Strecke 4,10 €, hin und zurück 7,60 €.

435 Villa Express 4 Palácios zur Quinta da Regaleira, Palácio de Seteais, Palácio de Monserrate und Colares: tägl. alle 20 Min. Fahrpreis hin und zurück 5,50 €. Hinweis: Ab Bahnhof Sintra fährt die Carris Metropolitana mit Bus 1253 (eine der beiden Linien zum Cabo da Roca) ebenfalls alle 20–30 Min diese Sehenswürdigkeiten an (s. o.).

Historische Straßenbahn

Zur Praia das Maçãs geht es über Colares auch mit der historischen Tram *Eléctrico de Sintra*. Während der Sommerzeit Mo–Fr 3-mal tägl. sowie Sa/So/Fei 6-mal tägl. Während der Winterzeit nur 2-mal tägl. Tickets gibt es an Bord: 3 €/Fahrt, ab 65 J. und unter 18 J. 2 €, Kinder unter 6 J. frei. Für die 11 km lange Strecke, die 1904 eröffnet wurde, brauchen die Wagen mit ihrer schönen Holzkarosserie 45 Min. Abfahrt in Sintra neben dem ehem. Casino (heute Museum MU.SA), ca. 10 Min. zu Fuß von den beiden Bahnhöfen Portela de Sintra und Sintra entfernt. ✆ 21923876/7, visitsintra.travel.

Parken

Die Altstadt und die Zufahrt zum Castelo dos Mouros und dem Palácio da Pena steht nur noch Einheimischen mit eigenem Fahrzeug offen. Nahe der Altstadt gibt es zudem nur sehr wenige, oft recht teure Parkmöglichkeiten. Am besten parkt man außerhalb des Zentrums rund um den Bahnhof Portela de Sintra, unter der Woche sind hier aber auch viele Berufspendler auf der Suche. Dazu kommt die komplizierte Verkehrsführung in der Stadt, sodass öffentliche Verkehrsmittel definitiv die bessere Variante sind.

Taxi

Taxintra, ✆ 219138018, taxintra.pt.

Linha de Sintra → Karte S. 208/209

Übernachten

> Der Stadtkreis Sintra, zu dem auch alle anderen hier beschriebenen Orte der Linha de Sintra gehören, erhebt pro Übernachtung eine **Touristensteuer** in Höhe von 1 €. Maximal werden 3 Nächte berechnet. Kinder bis 12 J. sind davon befreit.

Hotels ***** Hotel Tivoli Palácio de Seteais **11**, ca. 1,5 km außerhalb Sintras Richtung Monserrate. Mit Scotturb-Bus 435 oder Linie 1253 der Carris Metropolitana ab Bahnhof Sintra (s. o.). Ein romantischer Palast aus dem 18. Jh., umgebaut und erweitert zu einem exquisiten Luxushotel mit einzigartigem Ambiente. Dazu gehören ein gepflegter französischer Garten mit Blick auf den Palácio da Pena, Tennisplätze und ein Swimmingpool. Pompöse Säulen und Treppenaufgänge. Mit Stuck verzierte Decken, schwere Brokatvorhänge und Mobiliar im Empire-Stil schmücken die Gesellschaftsräume, eine Bar und das Restaurant sowie die 30 Zimmer mit Marmorbad, Satelliten-TV und Tresor. WLAN kostenpflichtig. Rua Barbosa do Bocage, 8, ✆ 219233200, tivolihotels.com. €€€€

***** Lawrence's Hotel **13**, am Rand des historischen Stadtkerns. Das älteste Hotel Portugals, 1764 gegründet und vom Schriftsteller Eça de Queiroz in seinem Meisterwerk „Os Maias" verewigt. Auch Lord Byron stieg hier 1809 ab und wurde dann vermutlich zu seinem Gedicht „Childe Harold's Pilgrimage" inspiriert, in dem er Sintra als „glorreiches Eden" bezeichnet hat. Stilvolle Einrichtung mit Ziegel- und Dielenböden, Möbel im antiken Stil. Kleine Bar, Aufenthaltsraum und Bibliothek. Der Umfang des Services müsste allerdings unserer Meinung nach ausgeweitet werden, um dem üblichen 5-Sterne-Niveau zu entsprechen. Familiäre Atmosphäre, insgesamt nur 16 Zimmer und Suiten. Die beste Aussicht haben die Suiten. WLAN frei. Rua Consiglieri Pedroso, 38–40, ✆ 219105500, lawrenceshotel.com. €€€

*** Sintra Bliss Hotel **4**, modernes Gebäude unweit des Bahnhofs Sintra. 17 mittelgroße Zimmer mit grauen Teppichböden in einem funktionalen Stil auf 4 Etagen (Aufzug vorhanden, ebenso ein behindertengerechtes Zimmer). Alle Zimmer mit eigenem Duschbad, TV, Tresor, Telefon und kostenlosem WLAN; die meisten Zimmer mit Blick auf das grüne Tal hinter dem Haus. Große, teilweise begrünte Terrasse sowie ausladender Balkon, auf dem auch gefrühstückt werden kann. Unter dem Namen „Bliss A Part" werden auch Appartements in einem Gebäude schräg gegenüber vermietet. Rua Alfredo da Costa, 15–17, ✆ 219 244541, sintrablisshotel.com. €€

** Hotel Sintra Jardim **16**, Villa aus dem Jahr 1880 am Berghang, früher die Sommerresidenz einer Lissabonner Familie, heute Hotel. Insgesamt nur 8 sehr geräumige und 2 kleinere Zimmer mit Dielenboden und etwas altmodisch wirkendem Mobiliar. Die relativ hellhörigen Zimmer haben alle eigenes Bad, einige auch Blick auf das Castelo dos Mouros. Hauptattraktion ist der schöne, 6000 m² große Privatpark mit Pool. Hilfsbereites deutschsprachiges Personal. WLAN frei. Travessa dos Avelares, 12, São Pedro de Sintra, ✆ 219230738, hotelsintrajardim.pt. €€

Mein Tipp ** Hotel Nova Sintra **2**, in der Nähe des Bahnhofs Sintra. Altehrwürdige Unterkunft aus dem Jahr 1875, der Tradition entsprechend stilvoll eingerichtet. Umsichtige und freundliche Betreiber. Von einigen Zimmern und der großen Terrasse herrlicher Blick in die Umgebung. Alle Zimmer verfügen über ein eigenes Bad. WLAN kostenlos. Largo Afonso de Albuquerque, 25, ✆ 219230220, novasintra.com. €€

Alojamento Local Águamel **14**, direkt im historischen Ortskern. Ruhiges und familiäres Gästehaus, man bezeichnet sich selbst als „Boutique Guest House". 5 unterschiedlich große und individuell gestaltete Zimmer, teilweise mit Dachschräge. Eigene Bäder, TV, freies WLAN und schöne Holzböden. Schöner Aufenthaltsraum, Küche (die Gäste können hier Snacks zubereiten) und Hof. Escadinhas da Fonte da Pipa, 3, ✆ 219243628, aguamelsintra.com. €€

Casa do Valle **3**, im Wohnviertel unterhalb des Nationalpalastes liegt dieses Bed & Breakfast mit Blick Richtung Quinta da Regaleira und Colares. Weitläufiges, schön begrüntes Grundstück in Hanglage auf verschiedenen Ebenen mit Orangengarten und Schwimmbad. Dazwischen kleine Gebäude im portugiesischen Landhausstil. Insgesamt 11 Zimmer, alle haben Balkon oder Terrasse, teilweise mit schöner Aussicht. Dielenböden, eigene Bäder, Kühlschrank, Sat-TV und kostenloses WLAN. Außerdem Suiten mit Küchenzeile. Rua da Paderna, 5, ✆ 219244699, casadovalle.com. €€

Quinta de São Thiago **15**, weit abseits im Grünen gelegenes Bed & Breakfast. Mietwagen sehr empfehlenswert. Man muss 500 m nach dem Bogen, der die Rua Barbosa do Bocage (EN 375) auf dem Weg nach Monserrate über-

Preiswerte Unterkunft in Sintra: Jugendherberge Pousada de Jovens

spannt, rechts abbiegen (hier auch Haltestelle Rua Visconde Monserrate Q.ta Monserrate der Buslinie 1253): Am Ende des 1,5 km langen, holprigen Feldweges liegt das herrschaftliche Haus inmitten eines verwunschenen Gartens mit Schwimmbad. Ursprünglich im 16. Jh. ein Kloster der Hieronymiten (die Kapelle ist noch heute erhalten), konnte trotz Umbauten der frühere Charakter bewahrt werden: massive Möbel, Reliquien an den Wänden und schöne Azulejo-Verzierungen. Gelegentlich finden auf dem Gelände Hochzeiten statt. Die 8 Zimmer sind unterschiedlich gehalten, alle haben ein eigenes Bad. Teilweise schöner Blick auf das nahe Colares. WLAN im Aufenthaltsraum frei. Estrada Nacional 375 Monserrate, Rua do Regueirinho, ✆ 219232923 und 964227433, quintadesaothiago.com. **€€**

Hostels **Moon Hill Hostel** **8**, etwas versteckt, nicht weit vom Bahnhof entfernt. Links neben dem Rathaus der Straße nach unten folgen, dann gleich linker Hand. 4 DZ mit eigenem Bad ab 87 € und teilweise auch Palastblick sowie 3 DZ mit Gemeinschaftsbädern ab 77 € (je inkl. Frühstück). Dazu 7 Schlafräume mit je 4 Betten ab 27 €/Pers. (inkl. Frühstück). Hohe Decken. Die funktionale Deko mit Linoleumböden erinnert an Jugendherbergs-Ambiente. WLAN frei. Aufenthaltsraum mit Internetrechnern, TV und Playstation. Großer Innenhof mit Gemeinschaftsküche. Außerdem Restaurant und Bar. Rua Guilherme Gomes Fernandes, 17, ✆ 219 243755 und 969831095, moonhillhostel.com.

Pousada de Jovens Sintra **6**, direkt gegenüber dem Bahnhofsausgang. Städtische Jugendherberge (keine Juhe-Mitgliedschaft nötig). Modernes Gebäude mit 3 Etagen. 21 schlicht eingerichtete Schlafräume für 4–6 Pers. ab 25 €/Pers. und 3 DZ (auch ein barrierfreies) ab 75 € (jeweils ohne Frühstück). Alle mit eigenen Bädern und Schließfächern. WLAN frei. Gemeinschaftsküche, Waschmaschinen, Cafeteria–Restaurant sowie Aufenthaltsraum mit TV und Aussicht. Av. Miguel Bombarda, 25/25–A, ✆ 219238530, pousadadejovens.sintra.pt.

Essen & Trinken

Sintra hat leider nicht so viele empfehlenswerte Restaurants zu bieten wie sehenswerte Paläste. Vor allem in der Altstadt sind viele Lokale sehr touristisch und bieten nur ein schlechtes Preis-Leistungs-Verhältnis.

Restaurants **Curral dos Caprinos** **1**, Mi–Mo 12–15 und 19–22 Uhr. Im Ortsteil Cabriz ca. 2,5 km außerhalb des Zentrums. 100 m östlich der Stelle in Cabriz, an der die Straße nach Sintra-Altstadt von der Straße Várzea de Sintra–Lourel abbiegt (die Busse 1248 und 1250 ab Bahnhof Portela de Sintra nördlicher Busbahnhof halten hier). 3 Speisesäle für 250 Pers. Großes, rustikal eingerichtetes

Linha de Sintra → Karte S. 208/209

Traditionsrestaurant. Spezialitäten: diverse Fleischspieße *(espetadas)* oder im Ofen gebratenes Zicklein *(cabrito na brasa)*. Sollte die Verdauungsmüdigkeit mit Macht einsetzen, liegt das weniger am „Kleinen Schlafanzug" *(pijaminha)*, einer der exotischen Nachspeisen, sondern an der Größe der Portionen. Für Vegetarier eher nicht zu empfehlen. Rua 28 de Setembro, 13, Cabriz/Várzea de Sintra, ✆ 219233113, curraldoscaprinos.pt. €€€

meinTipp **Incomum by Luís Santos 7**, Do–Di 12–24 Uhr. Das Restaurant des in der Schweiz ausgebildeten portugiesischen Kochs Luís Santos zelebriert hochklassige, kreative portugiesische Küche. Kleine, regelmäßig wechselnde Auswahl an Gerichten (auch vegetarische und vegane). Vor der Tür ein paar Tische auf dem Bürgersteig, die meisten Plätze aber in den beiden Speiseräumen. Nebenan noch die zugehörige Weinbar mit der Hausnummer 18. Rua Dr. Alfredo Costa, 22, ✆ 219243719, incomumbyluissantos.pt. €€€

Restaurante Regional de Sintra 5, Do–Di 12–16 und 19–22.30 Uhr. Direkt rechts neben dem Rathaus, der Câmara Municipal. 2 große Säle, etwas altmodisch mit schweren Vorhängen und dunklem Holz eingerichtet. Häufig von Familien aus der Region Sintra besucht. Solide lokale Küche ohne Extravaganzen. Auch ein paar Nudelgerichte im Angebot. Travessa do Município, 2, ✆ 219234444, regional.pt. €€

Cafés Auf keinen Fall sollte man sich die süße Spezialität Sintras, die *queijadas*, entgehen lassen: süße Törtchen, die mit einer Mischung aus Frischkäse, Eigelb, Zucker und Zimt gefüllt sind und in mehreren Konditoreien in Sintra hergestellt und verkauft werden, aber auch in Cafés und an Ständen am Straßenrand im Angebot sind. Die zweite Spezialität Sintras kommt dagegen mit Mandeln und Eigelb in Form eines länglichen Kopfkissens daher. Diese Form hat dem Blätterteiggebäck auch seinen Namen *travesseiro* (= Kissen) gegeben.

Café da Natália 17, tägl. 8.30–18 Uhr. Freundliches Café im Stadtteil São Pedro mit Terrakotta-Boden, Holzstühlen und schweren Steintischen. Lebhaftes Treiben, da gut besucht. Große Auswahl an süßen Törtchen und Torten, *pastéis* und Kuchen. Auch salzige Snacks für den kleinen Hunger oder Mittagstisch, wenn's etwas mehr sein darf. An Vegetarier wird ebenfalls gedacht. Bei sonnigem Wetter Service auf der Terrasse. Rua 1° de Dezembro, 3/5, ✆ 219235679, cafedanatalia.com.

meinTipp **Café Saudade 9**, Mi–So 8.30–18 Uhr. Nur 50 m vom Endpunkt der Gleise am Kopfbahnhof Sintra entfernt. Sehenswertes Gebäude, in dem von 1888 bis 1974 die Konditorei Queijadas da Mathilde untergebracht war. Die Buchstaben in den Ecken der herrlichen Stuckdecke formen das Wort „Mathilde". Die alten Fabrikräume werden auch für Kunstausstellungen, Konzerte und den Verkauf von Keramikkunst genutzt. Große Auswahl an Sandwiches, kleinen vegetarischen Gerichten und süßen Teilchen. WLAN frei. Av. Miguel Bombarda, ✆ 212428804, Facebook.

Fábrica das Verdadeiras Queijadas da Sapa 10, Di–So 9.30–18.30 Uhr. Neben dem Rathaus von Sintra auf dem Weg vom Bahnhof in die Altstadt. Der älteste seit 1756 bekannte Fabrikant der köstlichen *queijadas*. In den kleinen Räumen mit Blick zum Königspalast können diese gleich gegessen oder zum Mitnehmen gekauft werden. Im Sommer stehen auch auf der Terrasse Tische. Volta do Duche, 12, ✆ 219230493, Facebook.

Piriquita 12, tägl. 9–19.30 Uhr (Sa/So bis 20 Uhr). 1862 gegründet und seitdem in Familienbesitz. Die Konditorei liegt direkt am Anfang der Altstadtgasse, schräg gegenüber dem Palácio Nacional, und wurde schon von königlichen Häuptern als Lieferant geschätzt. Weit bekannt für die vorzüglichen *queijadas* (auch im Pack zum Mitnehmen) und *travesseiros*, das Rezept für Letztere wurde hier sogar erfunden und wird bis heute als Familiengeheimnis gut gehütet. Auch König Dom Carlos I. aß hier gerne süße Teilchen und nannte die Bäckerin wegen ihrer kleinen Statur scherzhaft „Wellensittich" *(piriquita)* und gab damit der Konditorei ihren Namen. Die Gasse weiter nach oben gehend, erreicht man an der Haus-Nr. 18 die Filiale *Piriquita II*, die sogar über eine kleine Terrasse verfügt (Mo–Fr 10–18 Uhr, Sa/So 10.30–18.30 Uhr). Auch in diesem Café ist der Andrang besonders an Wochenend-Nachmittagen enorm. Rua das Padarias, 1 und 18, ✆ 219230626, piriquita.pt.

Den meisten Besuchern entgeht beim Spaziergang durch die Altstadt Sintras, wie geschichtsträchtig die Rua das Padarias ist: Hinter dem Torbogen am Anfang der Gasse befindet sich der Eingang in das alte jüdische Ghetto Sintras – hier im Beco da Judiaria mussten sich die Juden Sintras zur Zeit des portugiesischen Königreichs ansiedeln.

Steile Burgmauern – Castelo dos Mouros

Linha de Sintra → Karte S. 208/209

Serra de Sintra

Hoch über Sintra thronen in diesem waldreichen Gebirge das Maurenkastell und das romantische Königsschloss Palácio Nacional da Pena. Außerdem liegen hier Kostbarkeiten wie das Felsenkloster Capuchos oder der Park des Palácio de Monserrate. Das üppige Grün regte den englischen Poeten Lord Byron zu einem Vergleich mit dem „Garten Eden" an.

Sehenswertes

Castelo dos Mouros

Die Burg auf 450 m Höhe über dem Meer wurde unter arabischer Herrschaft im 8. oder 9. Jh. angelegt. 1147 ergaben sich die Mauren in Sintra nach der Eroberung Lissabons durch König Dom Afonso Henriques widerstandslos dem christlichen Heer. Danach verfiel das Kastell zusehends, die umgebenden Wälder überwucherten die Mauern. Erst König Dom Fernando II. (1816–1885) ließ die Anlage restaurieren. Die nationale Denkmalverwaltung gab der Burg in den 1940er-Jahren ihr heutiges Gesicht, nicht unbedingt getreu historischer Vorgaben. Von den ausgedehnten Befestigungsmauern bietet sich ein ausgezeichneter Blick auf Sintra und das Hinterland bis zur Atlantik-Küste mit der Praia das Maçãs.

Direkt vor dem Eingang zur eigentlichen Burg stößt man auf die romanische Kirchenruine der *Igreja de São Pedro de Canaferrim*, in der archäologische Funde ausgestellt sind.

Am bequemsten mit Scotturb-Bus 434 ab Bahnhof Sintra (→ S. 221) zu erreichen. Schöne Alternativen zu Fuß mit Wanderung 5 (→ Kleiner Wanderführer, S. 473). Tägl. 9.30–

18.30 Uhr. Einlass bis 30 Min. vor Schluss. Eintritt 8 €, ca. 15 % Ermäßigung unter 18 J., über 65 J. und für Familien, bis 5 J. frei. ☎ 219237300, parquesdesintra.pt.

Parque da Pena

König Fernando II. ließ den Park im 19. Jh. rund um das Märchenschloss Palácio da Pena anlegen. Davor bot die Serra de Sintra einen komplett anderen Anblick, eigentlich dominierten hier Eichen. Erst die Pflanzungen unter Dom Fernando schufen den dichten Wald des Parque da Pena mit Araukarien aus Brasilien, Zedern aus dem Libanon und Kryptomerien aus Japan. Heute kann man im Schatten der hohen Baumkronen herrlich spazieren gehen, immer wieder zweigen kleine Pfade zwischen dichten Farnen von den Hauptwegen ab. Wer sich treiben lässt, stößt auf versteckte Teiche, verspielte Brunnen und geheimnisvolle Höhlen.

Etwa 800 m vom Palácio da Pena entfernt krönt die **Cruz Alta** den höchsten Punkt der Serra de Sintra auf 529 m über dem Meer. Das „hohe Kreuz" ist über einen geteerten Weg leicht zu erreichen. Den fabelhaften Rundblick auf Guincho, Cascais, Estoril und Lissabon sollte man sich nicht entgehen lassen.

Auch die zweite Frau des Königs, die deutsch-schweizerische Opernsängerin Elise Hensler, die später den Titel „Gräfin von Edla" erhielt, gestaltete den Park maßgeblich. Sie ließ z. B. zahlreiche Baumarten wie Sequoias und Thujen aus Nordamerika anpflanzen, wo sie einen Teil ihrer Kindheit verbracht hatte. Später vererbte ihr König Fernando II. den kompletten Park samt Palácio da Pena. Die portugiesische Öffentlichkeit war über diese großzügige Geste ihres deutschen Königs so erbost, dass Elise Hensler dem Druck nachgab und im Jahr 1889 Park und Palast an den Staat veräußerte.

Allerdings durfte die Königswitwe anfangs weiter in ihrem Wohnhaus im Parque da Pena, dem **Chalet da Condessa d'Edla,** residieren. 1864–1869

Das portugiesische Neuschwanstein – Palácio Nacional da Pena

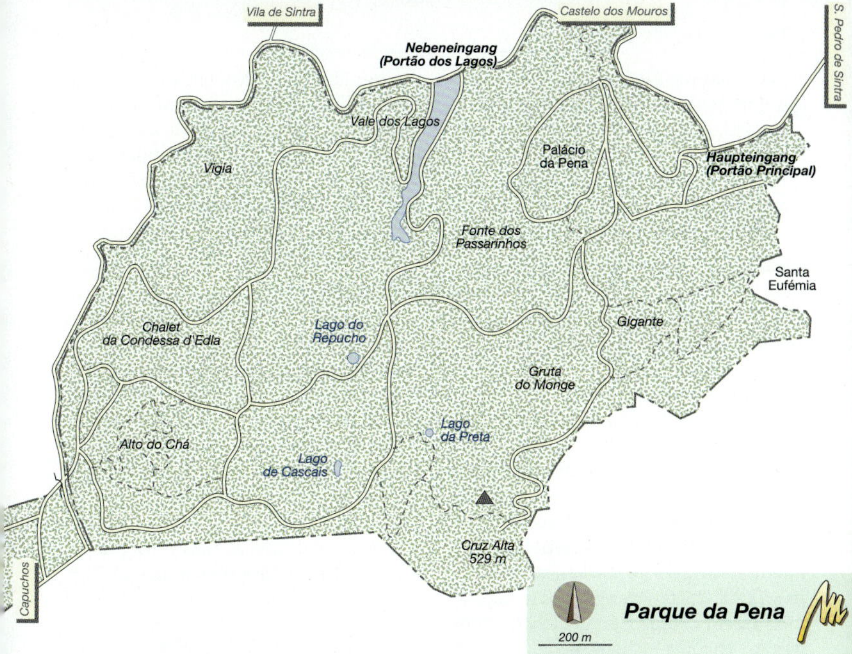

hatten es die Gräfin und König Fernando II. im Stil einer Alpenhütte errichten und einen romantischen Garten drum herum anlegen lassen, die im äußersten Westteil des Parks besichtigt werden können. Besonders sehenswert sind im Inneren die ganz mit blau-weißen Azulejos geflieste Küche und die bemalten Stuckarbeiten in der *Sala das Heras*. Wer genau hinschaut, entdeckt immer wieder sehr kreativ eingesetzte Korkteile, die z. B. in Form von Kletterpflanzen angeordnet sind. Das Chalet fiel erst 1904 an den Staat. Elise Hensler verbrachte ihren Lebensabend in Lissabon, wo sie 1929 im Alter von 92 Jahren starb; beerdigt wurde sie auf dem Cemitério dos Prazeres.

Anfahrt/Öffnungszeiten: Mit Scotturb-Bus 434 ab Bahnhof Sintra (→ S. 221). Schöner Fußweg mit Wanderung 5 (→ Kleiner Wanderführer, S. 473). Tägl. 9–19 Uhr. Einlass bis 1 Std. vor Schluss. Eintritt nur in den Park, ohne Palast: 7,50 €, ca. 15 % Ermäßigung unter 18 J., über 65 J. und für Familien, bis 5 J. frei. Eintritt in das Chalet da Condessa d'Edla inkl. ✆ 219 237300, parquesdesintra.pt.

Palácio Nacional da Pena

Der märchenhaft verspielte Königspalast hoch über Sintra erinnert mit seiner Mischung verschiedenster Architekturstile auf den ersten Blick an das Schloss Neuschwanstein. Tatsächlich wurde der Palácio da Pena aber bereits 1839 erbaut, knapp 30 Jahre vor

Rundwanderung 5:
Auf die Gipfel des Parque da Pena **→ S. 473**
Maurenburg, Königsschloss und der höchste Gipfel der Serra de Sintra

seinem bayrischen Gegenstück. Ganz frei von deutschem Einfluss ist er aber dennoch nicht: In Auftrag gab ihn Dom Fernando II., der deutsche Gemahl von Königin Dona Maria II. Architekt war mit Wilhelm Baron von Eschwege ebenfalls ein Deutscher.

Nach seiner Heirat mit Dona Maria II. 1836 hatte Fernando schnell an Sintra Gefallen gefunden. Während seines ersten Aufstiegs in die Serra kam er an den Ruinen eines manuelinischen Bergklosters aus dem Jahr 1511 vorbei. Das Erdbeben 1755 hatte es so stark beschädigt, dass nur die Kapelle intakt geblieben war. Das brachte den König auf die Idee, hier das Schloss seiner Träume zu errichten. Kapelle und Kreuzgang des alten Klosters ließ Fernando in seinen neuen Palast integrieren. Der alte Kreuzgang und die Kapelle mit ihrem vom französischen Bildhauer Nicolas Chantereine äußerst prachtvoll gestalteten Hochaltar aus Marmor und Alabaster sind dort noch heute zu sehen.

Architekt Eschwege bediente sich getreu der Philosophie des Historismus klassischer, romanischer, gotischer, manuelinischer, barocker, maurischer und indischer Stilelemente. Das Ergebnis ist ein Horror für jeden Stilpuristen. Sozusagen ein wahrer „Palast der Strafe", so lautet zumindest die wörtliche deutsche Übersetzung von „Palácio da Pena". Liebhaber etwas unkonventioneller Bauweisen werden an dem Schloss dagegen ihre wahre Freude haben. Den Mitgliedern des Königshauses selbst hat es in ihrem Palast offenbar nicht sonderlich gefallen. Sie bewohnten ihn recht selten, da es ihnen hier zu windig und zu neblig war. Mit über 1,5 Millionen Besuchern jährlich gehört der Palácio da Pena heute aber zu den meistbesuchten Palästen Portugals.

Im Palast selbst sind die komplett eingerichteten Gemächer der königlichen Familie zu besichtigen, deren Zustand seit der Flucht des Königs aus Portugal 1910 kaum mehr verändert wurde – sogar das Geschirr existiert noch. Aufgrund ihrer Kunstfertigkeit fallen besonders die pseudo-maurischen Deckenornamente im Zimmer der Königin und die perspektivische Bemalung im Arabischen Saal auf.

Die Plattformen um den Palast bieten eine herrliche Sicht auf Lissabon, Sintra und Colares. Den schönsten Blick hat man vom *Caminho da Ronda*, dieser Weg umrundet den Palast auf einer windigen Balustrade. Empfehlenswert ist auch die Cafeteria mit Aussichtsterrasse, die einen guten Blick auf den Parque da Pena bietet.

Zu erreichen mit Scotturb-Bus 434 ab Bahnhof Sintra (→ S. 221). Schöner Fußweg mit Wanderung 5 (→ Kleiner Wanderführer, S. 473). Tägl. 9.30–18.30 Uhr. Einlass bis 30 Min., Ticketverkauf bis 60 Min. vor Schluss. Eintritt Park und Palast: 14 €, ca. 15 % Ermäßigung unter 18 J., über 65 J. und für Familien, bis 5 J. frei. Eintritt in das Chalet da Condessa d'Edla (s. o.) inkl. ✆ 219237300, parquesdesintra.pt.

Achtung: Der Königspalast kann nur mit einer Reservierung für eine konkrete Besuchszeit besichtigt werden. Kommt man zu spät, verfällt das Ticket. Für den Weg zwischen Parkeingang und Palast sollte man ca. 30 Min. einrechnen.

Palácio de Monserrate

Die romantischsten Gartenanlagen der Region Sintras: wuchernde Farne, blühende Magnolien, plätschernde Wasserfälle. Sir Francis Cook, ein reicher britischer Textilhändler und Kunstsammler, ließ sich hier 1856 ein Palais in orientalischem Stil als Sommerresidenz erbauen und es von ausgedehnten Gartenanlagen mit exotischen Pflanzen aus Japan, China, Australien, Neuseeland, Mexiko, Brasilien und Südafrika umgeben. Dabei halfen ihm der Landschaftsmaler William Stockdale, der Botaniker William Nevil und der Gärtner James Burt. Seit 1949 gehören der

Palácio de Monserrate

Palast und die 33 ha großen Gärten dem portugiesischen Staat, der beides aber über 40 Jahre lang verfallen und verwildern ließ. Seit den 1990er-Jahren konnte in langwierigen Restaurationsarbeiten der Originalzustand weitgehend wieder hergestellt werden.

Links nach dem Eingang in die Parkanlage fallen ein Steinbogen und ein Wasserfall ins Auge, beide wurden vom britischen Schriftsteller und Kunstsammler William Beckford angelegt, der von 1793 bis 1799 in Monserrate zur Miete wohnte. Ein paar Meter weiter durchquert man das „Tal der Farne". Hier wachsen über 40 Arten dieser Pflanzen – manche der Farne erreichen spektakuläre Größen.

Australische Gummibäume umranken die Ruinen einer Kapelle aus dem Jahr 1540 im unteren Teil des Parks und verleihen dem Kirchlein einen besonderen Charme. Es gilt als erstes Bauwerk des Anwesens und war einst der Nossa Senhora de Monserrate geweiht („Unsere Heilige Frau von Monserrate").

Der Palácio de Monserrate selbst erinnert mit seinem Stuck, Ornamenten und Spitzbögen an arabische Paläste. Erbaut hat man ihn 1865 nach Plänen des englischen Architekten James T. Knowles. Markant stechen die Rundbauten an den beiden Enden hervor. Innen sind wunderschön verzierte Räume im arabischen Mudéjar-Stil sowie ein Brunnen zu sehen. Die Masse und Vielfalt der geometrischen Muster ist überwältigend. Auf kleinem Raum gelang es dem Architekten, durch eine geschickt gewählte Abfolge von Bögen die Illusion weitläufiger Gänge zu schaffen.

Rua Barbosa do Bocage. Zu Fuß sind es knapp 2 km von der Altstadt Sintras. Mit Bus 435 (Villa Express 4 Palácios) von Scotturb oder mit Bus 1253 (Richtung Cabo da Roca) der Carris Metropolitana jeweils ab Bahnhof Sintra (→ S. 220). Palast tägl. 9.30–18.30 Uhr, Park 9–19 Uhr. Einlass bis jeweils 1 Std. vor Schluss. Eintritt 8 €., ca. 20 % Ermäßigung unter 18 J., über 65 J. und für Familien, bis 5 J. frei. Picknicken im Park ist verboten! Wer will, kann aber das Teehaus oberhalb des Palastes besuchen und sich dort entspannen. ✆ 219237300, parquesdesintra.pt.

Convento dos Capuchos

Das verträumte, zwischen Felsen versteckte Kloster liegt 7 km von Sintra

Linha de Sintra → Karte S. 208/209

entfernt inmitten üppiger Wälder. In diesem einzigartigen Konvent führten Mönche des Ordens der Alcântariner, der von São Pedro de Alcântara als Abspaltung der Franziskaner gegründet worden war, ein karges, weltabgeschiedenes Leben. Sie blieben der Idee der Bettelorden treu und lehnten weltlichen Besitz ab. 1560 hatte Dom Álvaro de Castro das Kloster aufgrund eines Gelübdes seines verstorbenen Vaters Dom João de Castro, des Vizekönigs von Indien, errichtet. Als Philipp II. von Spanien (damals in Personalunion auch König von Portugal) den Convento dos Capuchos besuchte, machte er die folgende anekdotisch überlieferte Bemerkung: Es gebe in seinem Reich zwei Kostbarkeiten – das reichste Kloster der Christenheit, den Escorial in Spanien, und das ärmste Kloster, den Convento dos Capuchos in Portugal.

Maximal 14 Mönche lebten hier bis zur Säkularisierung im Jahre 1834 in winzigen, aus dem Fels gehauenen Zellen, die zur Wärmeisolierung mit Korkrinde verkleidet wurden. Im kalten und feuchten Winter „heizten" sie so ihre Zellen mit der eigenen Körperwärme. Die Räume sind so eng, dass sie sich gerade quer ausstrecken konnten, und die Türen so niedrig, dass sie nur auf Knien zu „durchschreiten" sind. Die Platzverhältnisse sollten die Brüder daran erinnern, dass Gott selbst im engsten Raum immer anwesend ist. Im ganzen Kloster stößt man immer wieder auf Kork, z. B. im Speiseraum, wo Decke, Tür und Bänke mit diesem Material überzogen sind. Nur die Kirche am Klostereingang ist etwas prachtvoller geraten, v. a. der Marmoraltar aus Rom sticht etwas aus dem ansonsten so spartanischen Ambiente hervor.

Kloster: Tägl. 9–18 Uhr. Einlass bis 1 Std. vor Schluss. Eintritt 7 €, ca. 20 % Ermäßigung unter 18 J., über 65 J. und für Familien, bis 5 J. frei. ✆ 219237300, parquesdesintra.pt.

Anfahrt: Die nächste Bushaltestelle liegt 3 km westlich des Konvents im Örtchen Pé da Serra (hier halten die beiden Buslinien 1253 und 1624 zwischen Sintra und dem Cabo da Roca, → S. 220). Zu Fuß über Wanderung 4 (→ Kleiner Wanderführer, S. 469) zu erreichen.

Eselreiten: Neben dem Convento dos Capuchos leben zahlreiche Esel auf einem für sie reservierten Gelände im Wald Tapada Dom Fernando II. Täglich offen und jeden Tag können Kinder auch auf Eseln reiten (die Eltern führen die Tiere). Nur nach Voranmeldung unter info@parquesdesintra.pt, ✆ 219237300. Preis 10 €/Pers., bezahlt wird am Ticketschalter des Klosters.

Convento dos Capuchos

Die Leiden eines Mönchs

Am weitesten ging der Mönch Honório mit seiner Buße. Er hatte die vage Versuchung einer Frau gespürt, die ihm auf der Straße begegnet war. Daraufhin erlegte er sich selbst die Strafe auf, 30 Jahre in einer winzigen, höhlenähnlichen Grotte zu büßen. Man findet diese im Klostergarten gleich unterhalb des südlichen Hügels, ca. 50 m vom Eingang entfernt.

Am „Felsen-Kap“ endet der europäische Kontinent auf spektakuläre Weise

Cabo da Roca

An den geografischen Koordinaten 38°47 Nord, 9°30 West endet Europa. 140 m über dem Meer liegt der westlichste Punkt des Kontinents. Mit den Worten „Onde a terra acaba e o mar começa“ („Wo die Erde endet und das Meer beginnt“) beschrieb der Nationaldichter Luís de Camões das Kap. Die bizarre Felslandschaft bietet sich für herrliche Küstenwanderungen an.

Abgesehen vom 144 m hohen Leuchtturm aus dem Jahr 1772 und dem Seefunksender gibt es am Cabo da Roca so gut wie nichts außer einem Fremdenverkehrsbüro und einem Restaurant-Café mit schöner Aussicht und Souvenirverkauf. Hier kann man sich mit einer kunstvoll gestalteten Urkunde den Besuch am Kap bestätigen lassen (gegen eine kleine Gebühr, versteht sich). Auf den Klippen weht auch im Hochsommer meist ein kalter Wind, sodass man Pullover und lange Hosen mitnehmen sollte.

Am Himmel sind oft Falken zu erspähen. Am Boden wuchert die Gelbe Mittagsblume *(carpobrouts edulis)*, eine kriechende Pflanze, die aus Südafrika eingeschleppt wurde und sich hier rasant verbreitet hat. Sie lässt nur noch wenig Platz für die heimischen Pflanzen, wie die vom Aussterben bedrohte Sintra-Nelke *(dianthus cintranus)*.

Geht man ein Stück vom geteerten Aussichtspunkt Richtung Süden, so erblickt man bizarre Felsformationen. Den Abstieg zum Meer an den Kiesstrand **Praia do Louriçal** sollten aber nur Geübte mit gutem Schuhwerk wagen (Einstieg in den sehr steilen und rutschigen Weg ca. 100 m südlich des Kreuzes). Unten herrschen immer starker Wellengang und Strömungen, sodass an ein Bad am westlichsten „Strand“ des europäischen Kontinents sowieso nicht zu denken ist.

Etwas weniger stark ist der Wellengang an der etwa 1 km nördlich des Kaps gelegenen **Praia da Ursa**, allerdings ist diese nur mit Klettern zu erreichen (→ Wanderung 8, S. 482). Wer unten an den Klippen angekommen ist, wird mit einem herrlichen Panorama aus wilden Felsformationen mitten im Meer belohnt. Die Praia da Ursa ist auch als einer der halboffiziellen FKK-Strände Lissabons bekannt.

Im nächsten Ort, **Azóia,** etwa 2 km vom Cabo da Roca entfernt, findet man mehrere Restaurants und Unterkünfte. Nach dem Zweiten Weltkrieg haben sich hier deutsche Nazis versteckt, bevor sie nach Südamerika flohen. Der englische Autor Robert Wilson ließ sich davon zu seinem Krimi *Tod in Lissabon* inspirieren.

Der schöne Strand **Praia da Adraga** liegt etwa 3 km Luftlinie nördlich des Cabo da Roca und ist fast vollständig von hohen Felsklippen eingeschlossen. Ansonsten findet sich hier nur ein kleines, einsam gelegenes Fischrestaurant. Obwohl die Sandfläche nur etwa 300 m lang ist, tummeln sich hier im Sommer doch meist nicht so viele Badende wie an den Stränden weiter nördlich. In der Hauptsaison, normalerweise Juni bis Mitte September, wachen hier Rettungsschwimmer.

Es blüht oft rund um das Kap

Im südlichen Strand-Abschnitt sind bei Ebbe tiefe Felsgrotten zu erkunden, eine Taschenlampe kann dabei gute Dienste leisten. Bei Ebbe kann man den deutlich kleineren, unbewachten Nachbarstrand **Praia do Cavalo** erreichen, wenn man um die Klippen Richtung Süden herumgeht. Aber aufgepasst: Bei Flut ist der Weg nicht passierbar, sodass der Rückweg dann versperrt sein kann, man sollte also vorsichtig sein.

Es gibt keine direkten Busse bis zur Praia da Adraga. Man fährt ab Bahnhof Portela de Sintra (nördlicher Busbahnhof) mit den Bussen 1241, 1250 oder 1624 (→ S. 220) und steigt am Halt Av. D. Brandão Vasconcelos (Largo) im hübschen Dorf Almoçageme aus. Von hier ist die ca. 2 km lange Straße zum Strand ausgeschildert (kein Bürgersteig, aber auch nur relativ wenig befahren). Am Strand selbst nur wenige kostenlose Parkplätze, in der Saison gibt es auch einen weiteren kostenpflichtigen Parkplatz, der im Hochsommer an den Wochenenden teilweise auch voll ist.

Wanderung 2:
Entlang der Felsklippen südlich des Cabo da Roca → S. 462
Von den Dünen am Guincho-Strand bis zum Westkap

Rundwanderung 6: Zu den schönsten Aussichtspunkten im Westen der Serra de Sintra → S. 476
Zur Capela da Peninha und zum Aussichtspunkt am Dolmen Adrenunes

Rundwanderung 7:
Zur zerklüfteten Küste um die Praia do Rio Touro → S. 479
Stetes Auf und Ab entlang der einsamen Felsküste bei Azóia

Wanderung 8:
Entlang der Felsklippen nördlich des Cabo da Roca → S. 482
Vom Westkap über Praia da Ursa und Praia Grande bis Azenhas do Mar

Praktische Infos

Information

Turismo am Cabo da Roca, tägl. 9–18.30 Uhr (Mai bis Sept. bis 19.30 Uhr), am 25.12. und am 1.1. geschl. ✆ 219238543, visitsintra.travel.

Verbindungen

Von Cascais: Bus 1624 (via Malveira da Serra und Azóia) tägl. alle 30 Min. Fahrzeit 20 Min.

Von Sintra: Ab Bahnhof Portela de Sintra (nördlicher Busbahnhof) Bus 1624 (via Colares, Almoçageme und Azóia) tägl. alle 30 Min. Fahrzeit 40 Min. Außerdem ab Bahnhof Sintra Bus 1253 (via São Pedro, Monserrate, Colares, Almoçageme und Azóia) tägl. alle 20–30 Min. Fahrzeit 55 Min.

Parken

Um den Turismo findet sich eigentlich immer ein Platz.

Übernachten

meinTipp **Alojamento Local Quinta Vale da Roca,** Bed & Breakfast auf einem weitläufigen Anwesen, abgeschieden hinter einem Wäldchen am Rande von Azóia. An der Ampel in Azóia links in die Rua do Campo da Bola, am Straßenende rechts, dann nach 150 m links (ausgeschildert). Mehrere moderne Gebäude mit insgesamt 6 sehr geräumigen DZ, alle mit eigenem Bad sowie breiter Fensterfront und Veranda, sodass man überall den herrlichen Blick auf den Atlantik und die Küste bis Guincho genießen kann. Kostenloses WLAN, Sat-TV, Tresor, Minibar, Kaffeemaschine, Klimaanlage sowie Fußbodenheizung. Im OG des Haupthauses wohnen die sympathischen Besitzer, das portugiesische Architekten-Paar Margarida und Ricardo. Auf dem Gelände Parkplätze, ein Pool und sogar ein Weinberg. Rua Casal Farripas, 8, Sítio dos Moinhos, Azóia, ✆ 966076761, valedaroca.com. **€€€**

Quinta do Rio Touro, das Anwesen besteht aus mehreren weiß-gelb gestrichenen Gebäuden, einem Innenhof und einem 3 ha großen Garten mit 8000 Bäumen, der biologisch bewirtschaftet wird. Ruhiges, familiäres Ambiente auf dem Boutique Bed & Breakfast. Massive Steinböden, Azulejos sowie zahlreiche Gemälde zeitgenössischer Künstler wie Júlio Pomar sorgen für gediegene Atmosphäre. Der Besitzer Fernando Reino war Universitätsprofessor und portugiesischer Botschafter in Norwegen. Zimmer mit Zentralheizung, WLAN und eigenem Bad, fast alle auch mit Terrasse und Meerblick. Schwimmbad, eigener Joggingpfad und Gästebibliothek mit TV. Anfahrt: Nachdem man von der Straße Cascais–Sintra nach Azóia abgebogen ist (hier hält der Bus), nach 70 m links in den Feldweg einbiegen. Die Quinta folgt nach 200 m auf der rechten Seite in einem kleinen Tal. Mindestaufenthalt 3 Nächte. Caminho do Rio Touro, Azóia, ✆ 219292862, quinta-riotouro.com. **€€**

Quinta Colina Flora, auf halbem Weg zwischen Azóia und Colares liegt dieses Eco Bed & Breakfast inmitten einer großen Gartenanlage. Berglage und daher Ausblick auf die Serra de Sintra und über den Atlantik. Das Besitzerpaar Aasta Schneider (spricht Deutsch) und James Robb legt Wert auf biologische Herkunft der Produkte, sogar die Bettwäsche und die Handtücher sind bio. Man kann sehr gut direkt vom Haus aus in der Serra de Sintra wandern (die Eigentümer geben gerne Tipps). Leihräder und Transfers an den Strand für alle ohne Mietwagen. 5 DZ mit eigenem Bad, TV mit deutschen Kanälen, kostenlosem WLAN und Teekocher. Rustikale Einrichtung. Gästeküche vorhanden, ebenso Schwimmbad. DZ je nach Saison und Ausstattung 80–115 € inkl. Bio-Frühstücksbüfett. 2 Nächte Mindestaufenthalt. Kinder erst ab 14 J. erlaubt. Anfahrt: Bis zum Örtchen Pé da Serra (hier auch Haltestelle der Busse 1253 und 1624 zwischen Sintra und dem Cabo da Roca), dann die Straße Richtung Capuchos nehmen und nach genau 400 m rechts in den Caminho Alegre. Noch 50 m und dann durch den Torbogen aufs Anwesen. Caminho Alegre, 5, Pé da Serra, ✆ 219293025, colinaflora.com. **€**

Essen & Trinken

Refúgio da Roca, Do–Di 12.30–15.30 Uhr und Mi–Sa und Mo 19–22 Uhr. Traditionsreiches Restaurant im Zentrum des Dorfes Azóia, seit 1973 in Familienbesitz. Portugiesische Küche mit Fisch und Fleisch vom Grill wie die Spezialität gegrilltes Zicklein *(cabrito grelhado).* Für Vegetarier gibt es einige wenige Alternativen. Der Wirt zeigt stolz die Bilder von Hillary Clinton, wie sie hier speiste. Rustikal eingerichtetes

Linha de Sintra → Karte S. 208/209

Inneres, man kann aber auch an einigen Tischen auf der Terrasse neben der Hauptstraße ans Kap Platz nehmen. Reservierung empfohlen. Largo Principal, Estrada do Cabo da Roca, 27, Azóia, ✆ 219290898, refugiodaroca.pt. €€€

Mein Tipp **Restaurante da Adraga,** Mi–So 12.30–22 Uhr, Mo 12.30–16 Uhr. Einfaches Strandrestaurant an der Praia da Adraga, ca. 3 km Luftlinie und 9 km Fahrstrecke nördlich vom Cabo da Roca. Neben dem schönen Panorama bietet es seit 1905 schlichte, aber empfehlenswerte regionale Küche. Spezialität ist gegrillter Fisch, der teilweise nach Gewicht berechnet wird (ebenso Fleisch sowie eine vegetarische Option im Angebot). Schmackhaft auch der lokale Wein aus Azenhas do Mar. Fischernetze zieren die Wände. Einige Tische auf der Terrasse, teilweise im Schatten. Zum Restaurant gehört auch die etwas düstere Bar mit Kicker nebenan. Reservierung empfohlen. ✆ 219280028 und 219281231, restaurantedaadraga.com. €€€

Café-Bar Moinho Dom Quixote, tägl. 11.30–23 Uhr (Fr/Sa bis 24 Uhr). Hinter der Abzweigung der Straße Sintra–Cascais Richtung Azóia (Bushaltestelle) nach 150 m links abbiegen. Die Café-Bar liegt neben einer alten Windmühle, daher auch der Name. Wunderschöner Blick nach Guincho und weit auf das Meer hinaus. Zwei gemütliche, düstere Innenräume mit Korbstühlen und Holztischen. Davor ein geräumiger Wintergarten. Bei schönem Wetter setzt man sich am besten auf die mehrstufige Gartenterrasse – zwischen Kakteen, Palmen und Gummibäume. Publikum fast ausschließlich Touristen. Kleine Speisen wie Toasts und Baguettes (auch vegetarische Angebote). Fassbier 2,50 €. Rua dos Moinhos, 5, Azóia, ✆ 219 292523, moinhodomquixote.com.

Praia Grande

Beinahe endlose und sauber brechende Wellen: kein Wunder, dass dieser lang gezogene, schmale Strand bei Wellenreitern hoch im Kurs steht. Aber auch „normale" Wasserratten können sich für den „Großen Strand" begeistern. Das Panorama mit den hohen Felsen ist hübsch, und außerdem gibt es dort auch Dinosaurierspuren zu entdecken.

Die beste Aussicht auf die waghalsig auf den Wellen gleitenden Surfer bieten die Terrassen der diversen Restaurants, die sich entlang der Uferpromenade reihen. Am Wochenende drängen sich hier die Autos in der glühend heißen Sonne auf der Suche nach dem letzten Parkplatz. Surf- und Bodyboardbretter stapeln sich auf dem Bürgersteig, zahlreiche Wellenreitschulen bieten ihre Dienste an. Unter der Woche geht es etwas ruhiger zu. An manchen Tagen verlieren sich die Badegäste geradezu an dem langen Sandstrand.

Felsen mit Dinospuren südlich der Praia Grande

Am Ende des Strandes führt eine Treppe neben der fast senkrechten Kalksteinklippe nach oben. In den Felsen kann man Dinosaurier-Fußspuren erkennen, die vor etwa 120 Millionen Jahren entstanden sind. Damals war die Serra de Sintra noch eine flache Küstenebene mit zahlreichen Lagunen. Einige der Fußstapfen, die mächtige Saurier in den feinen Schlamm einprägten, sind durch die Ablagerung anderer Sedimente erhalten geblieben und später in Felsen verwandelt worden. Als Magmaströme die Serra de Sintra dann vor 80 Millionen Jahren zu einem Gebirge auftürmten, legte dies die Spuren schließlich wieder frei.

Ein Feldweg führt zur nördlich gelegenen **Praia Pequena.** Über dem „Kleinen Strand" sind die Küstenfelsen aber ins Rutschen gekommen, sodass man hier besser nicht badet. Im Umfeld findet man lose Ferienhaussiedlungen, dörfliches Leben will hier nicht aufkommen, dazu fährt man besser in den nahen Ortskern von Colares.

Praktische Infos

Verbindungen

Von Sintra: Bus 1254 (via Colares) Mo–Fr alle 30–40 Min., Sa/So stündl. Fahrzeit 25 Min. Außerdem Bus 1250 (via Várzea de Sintra, Colares und Almoçageme) Mo–Fr 10-mal, Sa/So 8-mal. Fahrzeit 50 Min. Beide Busse ab Bahnhof Portela de Sintra (nördlicher Busbahnhof).

Nach Magoito (via Praia das Maçãs und Azenhas do Mar): Bus 1254 Mo–Fr alle 30–40 Min., Sa/So stündl. Fahrzeit 20 Min.

Parken

Großer Parkplatz an der Zufahrt etwas oberhalb des Strands, zahlreiche weitere entlang der langen Uferpromenade. Im Sommer sind sie dennoch knapp, dann geht es teilweise recht chaotisch zu.

Schwimmbad

Arribas Sintra Hotel, mit 100 m Länge eines der größten Meerwasserschwimmbecken Europas. Das von Mai bis Mitte Okt. tägl. 10–19.30 Uhr (Sa/So ab 9.30 Uhr) geöffnete Freibad gehört zwar zu dem gleichnamigen Hotel, ist aber öffentlich zugänglich. Kinderbecken und Sprungtürme mit 3 m Höhe. Eintritt je nach Saison 12–19 €, Familienkarte 28–45 €, bis 9 J. etwa 50 % Ermäßigung. Kuriosität: Der deutsche Regisseur Wim Wenders drehte hier 1982 seinen Film „Der Stand der Dinge", zu einer Zeit, als Hotel und Schwimmbad einige Jahre lang ungenutzt leer standen. Av. Alfredo Coelho, 28, ✆ 219289050, arribashotel.com.

Essen & Trinken

Nortada, Mi–Mo 12–22.30 Uhr (Küche durchgehend). Ca. 200 m vor dem Strand von Praia Grande über dem Meer gelegen (Bushaltestelle in der Nähe). Seit 1979 im Besitz der Familie Esteves da Silva und weiträumig bekannt. Hin und wieder bläst hier oben der kräftige Nordwind *(nortada)*, den die Segler so sehr schätzen. Von Speisesaal und Terrasse herrlicher Meerblick, besonders bei Sonnenuntergang eine Wucht. Aber auch die Küche überzeugt: viel Fisch und Meeresgetier im Angebot, meist nach Gewicht berechnet und in der Vitrine ausgestellt. Es gibt auch eine vegetarische Option. Reservierung empfohlen. Av. Alfredo Coelho, 8, ✆ 219291516, restaurantenortada.com. **€€€€**

meinTipp **Bar do Fundo,** tägl. 12.30–22 Uhr. Traumhafte Lage in einem modernen Holzpavillon am Ende der Uferpromenade, also wirklich *„no fundo"*, „ganz hinten". Am besten reserviert man einen Tisch am Fenster oder auf der Terrasse mit herrlichem Blick auf die Klippen und den Strand samt Wellenreitern (die Eigentümerfamilie surft selbst). Gehobenes, aber dennoch angenehm informelles Ambiente. Exzellente portugiesische Küche. Hauptgerichte mit Fisch und Fleisch, aber auch mehrere vegetarische Optionen. Avenida Alfredo Coelho, ✆ 219282092, Facebook. **€€€**

Restaurant Bar do Fundo

Azulejo-Schild an der Weinkooperative von Colares

Colares

Der Ort ist bekannt für seine Weine und hat sich noch viel ländlichen Charme bewahrt. Auf dem Weg von Sintra an die Strände lohnt sich hier ein kurzer Stopp.

Im Ortszentrum steht noch ein manuelinischer Schandpfahl *(pelourinho)* aus der Zeit, als Colares von Dom Manuel I. der Status einer Kleinstadt *(vila)* zuerkannt wurde.

Im Ortsteil Banzão liegt mit der **Adega Regional de Colares** die älteste Winzergenossenschaft Portugals. Die 1931 gegründete Kellerei füllt etwa die Hälfte der lokalen Produktion ab. Beeindruckende Eichenfässer umgeben die 120 m

Keine Chance für die Reblaus

Colares ist zwar ein sehr kleines Weinanbaugebiet, aber dafür umso einzigartiger. Die Winzer müssen hier tiefe Löcher in den sandigen Boden graben, um bis zur Tonschicht unter dem Sand zu gelangen, in die sie dann die Rebstöcke pflanzen können – so tief, dass die Stämme der Reben meist komplett im Boden bleiben und nur die Zweige an der Oberfläche herausragen. Während der katastrophalen Reblausepidemie in der zweiten Hälfte des 19. Jh. erwies sich diese aufwendige Anbaumethode als außerordentlicher Glücksfall: Die Rebläuse konnten durch den sandigen Boden nicht an die Wurzeln der Pflanzen gelangen. In Westeuropa entkamen so nur die Reben von Colares der Verwüstung durch diesen aus Amerika eingeschleppten Schädling. Daher können die Winzer von Colares bis heute die eigenen Reben in den Boden pflanzen, während im restlichen Europa die Reben auf reblausresistente amerikanische Rebstöcke aufgepfropft werden.

lange Halle der Kellerei, in das größte Fass passen 19.590 Liter.

Weinverkauf sowie Verkostung Mo–Sa 9–12 Uhr und Mo–Fr 14–17 Uhr. Man darf während der Öffnungszeiten auch einen Blick in die Halle werfen, Führungen aber nur nach Voranmeldung. Das lange, weiß gestrichene Gebäude befindet sich direkt neben der Tram- und Bus-Haltestelle im Ortsteil Banzão. Alameda Coronel Linhares, 32, ✆ 219291210, arcolares.com.

Praktische Infos

Einwohner Colares: ca. 8000

Bus

Von Sintra: Busse 1241, 1254 und 1624 tägl. alle 15–30 Min., Fahrzeit 15 Min. Außerdem Bus 1250 (via Várzea de Sintra) Mo–Fr 10-mal, Sa/So 8-mal. Fahrzeit 35 Min. Alle ab Bahnhof Portela de Sintra (nördlicher Busbahnhof).

Dazu ab Bahnhof Sintra (via São Pedro und Monserrate) Bus 1253 tägl. alle 20–30 Min. Fahrzeit 30 Min.

Zum Cabo da Roca (Almoçageme und Azóia): Bus 1253 tägl. alle 20–30 Min. und Bus 1624 tägl. alle 30 Min. Fahrzeit 20 Min.

Nach Cascais (via Cabo da Roca und Malveira da Serra): Bus 1624 tägl. alle 30 Min., Fahrzeit 45 Min.

Nach Magoito (via Praia Grande, Praia das Maçãs und Azenhas do Mar): Bus 1254 Mo–Fr alle 30–40 Min., Sa/So stündl. Fahrzeit 30 Min.

Nach Praia Grande: Bus 1254 Mo–Fr alle 30–40 Min., Sa/So stündl. Fahrzeit 10 Min. Außerdem Bus 1250 (via Almoçageme) Mo–Fr 10-mal, Sa/So 8-mal. Fahrzeit 15 Min.

Historische Straßenbahn

Nach Praia das Maçãs bzw. Sintra geht es ab Colares auch mit der historischen Tram *Eléctrico de Sintra*. Während der Sommerzeit Mo–Fr 3-mal tägl. sowie Sa/So/Fei 6-mal tägl. Während der Winterzeit nur 2-mal tägl. Tickets gibt es an Bord: 3 €/Fahrt, ab 65 J. und unter 18 J. 2 €, Kinder unter 6 J. frei. visitsintra.travel.

Essen & Trinken

Refúgio do Ciclista, Mo–Sa 12–15 Uhr. Vom Zentrum in Colares (Bushaltestelle) 2 km in den hochgelegenen Ortsteil Penedo bis zum Brunnen neben der Kirche (ausgeschildert mit „Bar/Restaurant"). Dann links neben dem Café durch den Gang am WC vorbei in den überdachten und mit Radrennfahrer-Trikots dekorierten Hinterhof. Trotz Höhenlage eher bodenständige Küche: Es gibt eine Auswahl an Fleischspießen, Würsten und Steaks, die gegrillt und mit Pommes serviert werden. In Kombination mit einem Getränk und Nachtisch (Tipp: der leckere Milchreis *arroz doce*) als Mittagsmenü. Largo do Chafariz, 10, Penedo, ✆ 219280088, Facebook. €

Hier reift der Wein der Adega Regional de Colares

Linha de Sintra → Karte S. 208/209

Wanderung 4:
Quer über das Sintra-Gebirge zum Korkkloster → S. 469
Von Malveira da Serra über das Kloster Capuchos nach Colares

Praia das Maçãs

Der kleine Strandort ist von Sintra aus gesehen die nächstgelegene Badebucht und in den Sommermonaten entsprechend gut besucht. Im Herbst, wenn der Trubel vorbei ist, taucht die Herbstsonne die Felsen und den Sandstrand in romantisches Licht.

Der Ort selbst besteht aus einer Ansammlung einfacher Ein- und Mehrfamilienhäuser, die teilweise direkt über die Felsen gebaut sind. Der Sandstrand kommt mit knapp 200 m Breite nur auf leicht überschaubare Ausmaße. Im Norden begrenzt ihn der Ort mit seinen Häusern, im Süden die Mündung der Ribeira de Colares unterhalb einer Klippe. Der Name „Strand der Äpfel" stammt daher, dass dieser Bach auf seinem Weg diverse Obstgärten durchquert und immer wieder reife Äpfel bis ans Meer transportiert.

Surfer sollten übrigens besser gleich zur benachbarten Praia Grande weiterfahren, da an der Praia das Maçãs gefährliche Felsen im Wasser versteckt sind.

Praktische Infos

Bus

Von Sintra: Bus 1254 (via Colares und Praia Grande) Mo–Fr alle 30–40 Min., Sa/So stündl. Fahrzeit 30 Min. Außerdem Bus 1248 (via Várzea de Sintra) tägl. stündl. Fahrzeit 35 Min. Beide Busse ab Bahnhof Portela de Sintra (nördlicher Busbahnhof).

Tramhalt an der Aldeia da Praia

Nach Azenhas do Mar: Bus 1248 (Richtung Sintra) tägl. stündl. und Bus 1254 (Richtung Magoito) Mo–Fr alle 30–40 Min., Sa/So stündl. Fahrzeit 5 Min.

Nach Magoito: Bus 1254 Mo–Fr alle 30–40 Min., Sa/So stündl. Fahrzeit 15 Min.

Historische Straßenbahn

Zur Praia das Maçãs geht es ab Sintra via Colares auch mit der historischen Tram der Stadt Sintra. Während der Sommerzeit Mo–Fr 3-mal tägl. sowie Sa/So/Fei 6-mal tägl. Während der Winterzeit nur 2-mal tägl. Tickets für den *Eléctrico de Sintra* gibt es an Bord: 3 €/Fahrt, ab 65 J. und unter 18 J. 2 €, Kinder unter 6 J. frei. Fahrzeit 45 Min. visitsintra.travel.

Parken

Neben der Markthalle am Ortseingang zahlreiche gebührenfreie Parkplätze, ebenso am Ortsausgang über den Klippen.

Schwimmbad

Sintra Sol Piscinas, Freibad am Ortseingang mit schönem Blick über den Strand. Mehrere Becken, dazu Rutschen und anderen Attraktio-

Breites Sandareal an der Praia das Maçãs

nen für Kinder. Juni bis Mitte Sept. tägl. 9.30–19 Uhr geöffnet. Eintritt wochentags 12 €, am Wochenende 14 €, bis 10 J. 50 % Ermäßigung, bis 5 J. 75 %, bis 2 J. frei. Av. Eugene Levy, 29, ✆ 219292027, sintrasol.com.

Übernachten

Alojamento Local Aldeia da Praia/Oasis Backpackers Hostel Sintra, der Name „Stranddorf" passt perfekt: Am Rande von Praia das Maçãs (von Colares kommend kurz nach dem Kreisverkehr, hier auch Halt Busse und Trams) ist auf dem weitläufigen, sandigen Gelände der ehemaligen Ferienkolonie der portugiesischen Eisenbahnen CP aus den 1940er-Jahren ein angenehm relaxtes Urlaubsdorf entstanden. Einige Häuschen werden als Hostel mit DZ (teils mit eigenem Bad) und Schlafräumen für 4–8 Pers. betrieben. Im Sommer stellen die deutsch-argentinischen Besitzer beleuchtete Zelte mit weiteren Betten unter den Schatten spendenden Kiefern auf, die ebenfalls gemietet werden können. Küchennutzung möglich, dazu gibt es Minimarkt mit Bäckerei, Pizzeria, Crêperie, Eiscafé, Bierbar, Spielplatz und Yoga-Kurse. Parkplätze vorhanden, ebenso Stellplätze für Wohnmobile. Zu den Stränden in Praia Grande und Praia das Maçãs ist es jeweils 1 km. Avenida do Atlântico, S/N, Antiga Colónia de Férias da CP, Colares, ✆ 218058356, aldeiadapraia.pt. €

Azenhas do Mar

Wie ein Schwalbennest schmiegt sich das malerische Dorf an die Klippen. Die kleinen weißen Häuschen über dem Meer bieten einen einzigartigen Anblick – Postkartenidylle pur.

Die besten Perspektiven für Selfies, Urlaubs-Schnappschüsse oder einfach nur zum Genießen findet man auf der dem Dorf gegenüberliegenden Aussichtsplattform am Ortseingang. Man sollte nicht direkt weiterfahren, denn auch der Abstieg über die Treppen ist sehr lohnend. Unten angekommen, erreicht man ein Naturschwimmbad, das sich bei Flut selbst mit Wasser auffüllt. Der eigentliche Strand liegt direkt nebenan, verschwindet aber bei Flut und ist akut steinschlaggefährdet.

Linha de Sintra → Karte S. 208/209

„Schwalbennest“ an der Felsküste: Azenhas do Mar

Praktische Infos

Bus

Von Sintra: Bus 1254 (via Colares, Praia Grande und Praia das Maçãs) Mo–Fr alle 30–40 Min., Sa/So stündl. Fahrzeit 30 Min. Außerdem Bus 1248 (via Várzea de Sintra) tägl. stündl. Fahrzeit 30 Min. Beide Busse ab Bahnhof Portela de Sintra (nördlicher Busbahnhof).

Nach Magoito: Bus 1254 Mo–Fr alle 30–40 Min., Sa/So stündl. Fahrzeit 10 Min.

Nach Praia das Maçãs: Bus 1248 (Richtung Praia das Maçãs) tägl. stündl. und Bus 1254 (Richtung Sintra) Mo–Fr alle 30–40 Min., Sa/So stündl. Fahrzeit 5 Min.

Parken

Es ist schwierig, Parkplätze zu finden, am besten auf dem Parkplatz am Aussichtspunkt vor dem südlichen Ortseingang.

Übernachten

mein Tipp **Alojamento Local Outpost Casa das Arribas,** beeindruckende Lage direkt oberhalb der Klippen nahe der Praia da Aguda (dieser Strand ist leider aufgrund der instabilen Felsküste nicht uneingeschränkt zu empfehlen). Das Haus ist nicht minder schön: in den 1940ern vom berühmten portugiesischen Architekten Raul Lino erbaut, sind hier inzwischen 7 moderne Appartements für 2 bzw. 4 Pers. eingerichtet worden. Alle mit Bad und Küche, die meisten auch mit Meerblick und überall ist das Meeresrauschen zu hören. Fitnessraum, Sauna, Freiluft-Pool und Tennisplatz. Deutscher Besitzer. Nach dem nördlichen Ortsende von Azenhas do Mar noch 400 m und dann in die Zufahrt links. Rua Dr. António Brandão de Vasconcelos, 35, Azenhas do Mar, Colares, ✆ 963 519881, outpost.pt. **€€€**

Essen & Trinken

Azenhas do Mar, tägl. 12–22.30 Uhr (durchgehend warme Küche), Reservierung empfehlenswert. Die Lage mit dem herrlichen Meerblick ist nur schwer zu übertreffen: Drei Speiseräume schmiegen sich an die Klippen von Azenhas do Mar. Im Winter schäumen die Wellen direkt bis unter die Fenster, im Sommer geht es meist etwas ruhiger zu. Portugiesische Küche mit viel Fisch und Meeresfrüchten (auch Angebote für Vegetarier). Dazu für die portugiesische Küche ungewöhnliche Beilagen wie grüner Spargel. Gehobenes Ambiente. Im Winter spendet ein offener Kamin gemütliche Wärme, im Sommer sorgen offene Fenster für eine frische Brise. Am besten nimmt man dann gleich einen der Tische auf der Veranda. ✆ 219 280739, azenhasdomar.com. €€€€

Água e Sal, Di–Sa 12.30–22.30 Uhr. Direkt neben der Bushaltestelle im Zentrum. Moderner, etwas kühl wirkender Speiseraum, einige Tische auch auf dem Bürgersteig. Viele Meeresfrüchte und frischer Fisch (in der Vitrine zu begutachten). Portugiesische Küche mit außergewöhnlich kreativer und hochwertiger Zubereitung, z. B. Thunfischsteak mit roter Bete und Ingwer. Für Vegetarier allerdings ein recht reduziertes Angebot. Largo do Padre António, 5, ✆ 214083362, Instagram. €€€

Magoito

Auffällig hohe Klippen umgeben diesen Sandstrand. Vor allem die Aussicht lockt einige Besucher an diesen sonst reichlich verlassenen Küstenabschnitt. Der Ort Magoito selbst hat wenig Spektakuläres, in der Umgebung findet man aber eines der besten Archäologiemuseen der Region Lissabon.

Hohe, dunkle Felsen lassen die **Praia do Magoito** etwas schroff und unwirtlich erscheinen, dazu kommen kräftige Wellen und Wind. Um das Flusstal der Ribeira da Mata im Nordteil ist der Strand noch breit, weiter Richtung Süden wird er steiniger und schmaler. Über dem Strand kann man von einem Terrassen-Restaurant das herrliche Panorama der Felsküste Richtung Süden bis zum Cabo da Roca genießen.

2 km vom Strand entfernt liegt weiter landwärts der eigentliche Ort **Magoito,** ein ruhiges Dorf ohne besondere Sehenswürdigkeiten.

Praktische Infos

Verbindungen

Von Sintra: Bus 1254 (via Colares, Praia Grande, Praia das Maçãs und Azenhas do Mar) ab Portela de Sintra (nördlicher Busbahnhof) Mo–Fr alle 30–40 Min., Sa/So stündl. Fahrzeit 45 Min.

Übernachten

Alojamento Local Solar do Magoito, am Rand von Magoito in ruhiger Lage im Grünen (die Anfahrt ist im Ort ausgeschildert). Ca. 500 m bis zum Zentrum und 2 km zum Strand. Weitläufiges Grundstück mit gepflegtem Bio-Obstgarten. 4 komfortable DZ mit eigenen Bädern im Haupthaus aus dem Jahr 1940, das mit Azulejos und Dielenböden rustikal dekoriert ist. Eine Kapelle im UG, ebenso Billardtisch und Aufenthaltsraum im ehem. Weinkeller. Klimaanlage, Heizung, Tresor, WLAN. Nebenan ehem. Wirtschaftsgebäude und Pferdeställe, in denen 2 Suiten untergekommen sind. Auf dem Grundstück auch ein Spielplatz für Kinder, ein Tennisplatz sowie 2 kleine Schwimmbäder. Fahrräder und Surfbretter. Rua do Carregadouro, 2-A, Magoito, São João das Lampas, ✆ 917524762 und 917225511, solardomagoito.pt. €€

Praia do Magoito: Strandrestaurant

Malerische Flussmündung mit Strand: Praia da Samarra

Praia da Samarra

Der nicht von Rettungsschwimmern überwachte Strand erstreckt sich im langen, engen Flusstal des Rio Samarra. Er liegt zwischen zwei Hügeln und ist so meist gut vor Wellen geschützt. Auf der südlichen Seite kann man schöne Basalt-Felsen sehen.

Der Sandstrand ist von zahlreichen rund geschliffenen Steinen durchsetzt und wird auch in der Hochsaison nur von wenigen Badegästen besucht. Dafür sorgen alleine schon die fehlenden Parkmöglichkeiten.

Die nächsten Dörfer sind ein gutes Stück entfernt, die Straßen eher staubige Feldwege mit Schlaglöchern, und so wird man hier, 4 km Luftlinie nördlich von Magoito, das Gefühl nicht los, irgendwo im Niemandsland zu sein.

Aussichtstipp: Es lohnt sich, am Beginn des Strandes das Flüßchen zu queren und dann den Pfad nach oben einzuschlagen. Oben angekommen dann gleich die Abzweigung nach rechts nehmen. Weiter geradeaus oberhalb der Bucht, bis nach etwa 300 m eine Felsnase erreicht ist. Neben der schönen Bucht kann man hier skurill geformte Felsklippen bewundern, mich erinnerten sie an Orgelpfeifen. Richtung Norden reicht der Blick bis nach Ericeira.

Verbindungen

Komplizierte Anfahrt von Sintra aus, insgesamt ca. 20 km: Zuerst Richtung Ericeira über die Nationalstraße N247, hinter Terrugem dann links in eine Landstraße abbiegen und weiter über São João das Lampas, Assafora und dann Richtung Catribana. Kurz vor Catribana ist die Abzweigung nach rechts ausgeschildert („Samarra"), die letzten 1,6 km geht es dann über die Schlaglochpiste „Estrada da Samarra". Oberhalb des Strandes ist nur Platz für eine Handvoll Fahrzeuge (das Wenden ist auf der engen, abschüssigen Piste schwierig).

Mit dem Bus 1245 ab Bahnhof Portela de Sintra (nördlicher Busbahnhof) bis zur vorletzten Haltestelle Estr Principal 58 am Abzweig der Estrada da Samarra kurz vor der Endhaltestelle im Örtchen Catribana (Mo–Fr alle 40 Min., Sa/So etwa stündl., Fahrzeit 40 Min.). Von da sind es noch 1,6 km zu Fuß bis zum Strand (s. o.).

Linha de Sintra → Karte S. 208/209

Zwischen Sintra und Mafra

In dieser ländlich geprägten Region finden sich mehrere selten beachtete, aber dennoch sehr lohnenswerte Sehenswürdigkeiten, darunter eines der besten archäologischen Museen Portugals, das größte Luftfahrtmuseum des Landes und zwei außergewöhnliche Naturschönheiten. Zudem gibt es rund um den Ort Pêro Pinheiro, dem portugiesisches Marmorverarbeitungs-Zentrum, auffällig viele Steinbrüche.

Museu Arqueológico de São Miguel de Odrinhas (MASMO)

In dem 10 km östlich von Magoito und 13 km nördlich von Sintra gelegenen Örtchen Odrinhas befindet sich eines der bedeutendsten Archäologiemuseen Portugals. Bereits im 16. Jh. hat man hier alte römische Inschriften aus der Region zusammengetragen. Heute ist hier nach Angaben des Museums die weltweit drittgrößte Sammlung römischer Inschriften (nach Rom und Athen) zu sehen. Das weitläufige Ausstellungsgelände erstreckt sich über 15.000 m², man findet hier u. a. einen römisch-mittelalterlichen Begräbnisplatz und die kleine Kirche Ermida de São Miguel de Odrinhas, deren Ursprünge ins 12. Jh. zurückreichen.

Die Museumsgebäude selbst sind, auch wenn das nicht so aussieht, neueren

Datums. Sie sind um einen Innenhof, die *Ágora*, gruppiert und beherbergen die archäologischen Fundstücke aus den verschiedenen Epochen. Im Saal der „Römischen Basilika" reihen sich römische Grab-, Altar- und Wegsteine beinahe endlos aneinander. Der folgende Saal, die „Westgotische Kirche", zeigt deutlich den drastischen Verfall der allgemeinen Bildung nach dem Ende der römischen Herrschaft: Die Inschriften sind fehlerhaft und wirken ungelenk. Römische Sarkophage wurden zu christlichen Taufsteinen umfunktioniert, andere dienten den Westgoten als „Kühlschrank", Olivenölpressen oder Pferdetränken.

Av. Prof. Dr. D. Fernando de Almeida, São Miguel de Odrinhas. Bus 1633 (s. u.) bis zum Halt Av. Prof. Dom Fernando de Almeida 87 direkt neben dem Museum in Odrinhas. Di–Sa 10–13 und 14–18 Uhr, So/Mo/Fei geschl. Einlass bis jeweils 30 Min. vor Schluss. Die Besucher werden geführt. Eintritt frei. ✆ 219238608, museuarqueologicodeodrinhas.cm-sintra.pt.

Museu do Ar

Flugzeugfans sollten sich das Museum der portugiesischen Luftwaffe im etwa 6 km nordöstlich von Sintra gelegenen Militärflughafen Granja do Marquês nicht entgehen lassen. Kernstück des Museums ist ein riesiger Hangar, in dem zivile und militärische Flugzeuge zu sehen sind. Weitere Maschinen stehen in drei kleineren Hallen und auf der Freifläche neben der Landebahn. Insgesamt sind etwa 40 sorgsam restaurierte Flugzeuge ausgestellt. Besonders erwähnenswert: die dreimotorige Junkers Ju-52/3m Baujahr 1936, das seltene Trainingsflugzeug Avro 631 Cadet und der zweimotorige Tiefdecker Beechcraft AT-11 Kansan mit seiner auffälligen, gläsernen Pilotenkapsel. Eines der größten Ausstellungsstücke ist die elegante Douglas C-47 Dakota aus dem Jahr 1944, die für Wetterflüge im Einsatz war. Ein Saal widmet sich der Geschichte der portugiesischen Fluglinie TAP. Außerdem ist auch der frühere portugiesische Regierungsjet vom Typ *Dassault Falcon 20* zu sehen.

Immer wieder stößt man auf Maschinen, die von der portugiesischen Armee in den Kolonialkriegen in Afrika eingesetzt wurden, so der Truppentransporter Douglas DC-6, ein Alouette-Hubschrauber oder Kampfflugzeuge des Typs Fiat G-91 (ein Modell ist kurioserweise noch auf Deutsch beschriftet, da es in Deutschland gekauft wurde). Die Verbrechen der portugiesischen Armee während der Kolonialkriege werden leider nicht thematisiert, die Kämpfe werden aber auch nicht glorifiziert; Technik und Logistik stehen im Vordergrund. Die Beschriftungen sind auf Portugiesisch, man kann sich aber auch ohne Kenntnisse dieser Sprache gut orientieren. Eine Stippvisite lohnt auch der Museumsladen mit seinem vielfältigen Angebot zum Thema Luftfahrt.

Granja do Marquês, Pêro Pinheiro. Linie 1240 (s. u.) bis Bushalt EN 9 (Cruz Museu do Ar) kurz vor dem Ortseingang von Fação. Von dort noch 500 m entlang der Stichstraße Richtung *Base Aérea No.°1*. Mit eigenem Wagen von Sintra der Schnellstraße IC 16 Richtung Mafra/Pêro Pinheiro folgen, die Abzweigung zur *Base Aérea No.°1* ist ausgeschildert. Der Museumseingang befindet sich im Neubau rechts neben dem Kontrollposten. Di–So 10–17 Uhr, Fei geschl. Einlass bis 45 Min. vor Schluss. Eintritt 3 €, ab 65 J. 50 % ermäßigt, unter 18 J. und Studenten 1 €, unter 6 J. frei. ✆ 219678984, museudoar.pt.

Granja dos Serrões

Inmitten von Eichenbüschen stehen nahe des Ortes **Pedra Furada**, wörtlich „durchbohrter Stein", sehr auffällige Solitärfelsen. Wer sich für Geologie interessiert, wird begeistert sein, da es nur wenige Orte in Portugal gibt, an denen man ähnlich skurrile Formationen findet. Manche sehen aus, als hätte ein Riese Steinmännchen aufgestellt. Am besten kann man sie im kleinen Naturschutzgebiet Granja dos Serrões bewundern.

Die auch „Campo de Lapiás" genannten Dolomitgesteine entstanden vor etwa 70 Mio. Jahren, als der Meeresspiegel noch bis zu dieser Höhe reichte. Seitdem hat die Erosion die heutigen Felsen mit ihren splittrigen Oberflächen geformt. Sie sind fast komplett von mannshohen Büschen und Bäumen umgeben und müssen daher auf dem weitläufigen Gelände etwas mühsam erlaufen und entdeckt werden.

Mit Bus 1240 (s. u.) bis zum Halt Rua Liga a Pedra Furada (X) Av Lapias im Ort Pedra Furada (hier halten auch einige Züge der Linie Lissabon–Torres Vedras). Dann noch 1 km zu Fuß nach Westen entlang der vielbefahrenen Av. do Lapiás (Eingang zum Gelände auf der linken Straßenseite). Per Auto bis Pêro Pinheiro und dann Richtung Negrais. Etwa 2 km über die Av. do Lapiás, bis auf der rechten Seite der Eingang „Granja dos Serrões" ausgeschildert ist (Parkmöglichkeit auf der rechten Straßenseite). Nach dem Eingang noch 300 m dem gelb-rot markierten Pfad folgen: An der 1. Abzw. links und an der 2. Abzw. rechts halten.

Wasserfälle Cascatas de Anços

Cascatas de Anços

Die schönsten Wasserfälle der Region Lissabon findet man gut versteckt zwischen Sintra und Mafra nahe dem Örtchen **Anços.** In einem engen, günen Tal fällt die Ribeira do Mourão etwa 20 m in die Tiefe. Auch wenn die Ribeira do Mourão selbst bei vollem Wasserstand ein Flüsschen bleibt, so sind die von Eukalyptusbäumen und Felsen umgebenen Fälle schön anzusehen. Ein idyllischer Ort, den die Einheimischen für Ausflüge und Wanderungen nutzen. An dem großen Becken treffen sich gerne Liebespaare. Flussabwärts findet man noch ein paar weitere, allerdings deutlich kleinere Kaskaden.

Mit Bus 1240 (s. u.) bis zum Ort Anços und dem Halt Rua Vale da Pipa 26 in direkter Nähe der Wasserfälle. Per Auto via Pêro Pinheiro und Maceira. Kurz vor Anços an einer steilen Steigung von der Estrada do Mourão nach links in die Stichstraße Rua das Cascatas einbiegen. Nur sehr wenige Parkmöglichkeiten. Zu Fuß dem Feldweg („Cascatas") folgen, er geht bald in einen Pfad über und führt nach unten zu den Fällen. Dort muss man etwas über Baumstämme und Felsen kraxeln, um sie zu erreichen.

Praktische Infos

Verbindungen

Ab Sintra: Linie 1240 Richtung Negrais ab Bahnhof Portela de Sintra (nördlicher Busbahnhof) Mo–Fr stündl., Sa/So 7-mal. Diese Linie bedient den östlichen Teil der Region und fährt u. a. über Anços und Pedra Furada.

Ab Sintra oder Ericeira: Ab Bahnhof Portela de Sintra oder Busbahnhof Ericeira Linie 1633 Mo–Fr stündl., Sa/So alle 2 Std. Fahrzeit 50 Min. Diese Linie bedient den westlichen Teil der Region und fährt u. a. über Odrinhas.

Nördlich von Lissabon

In und um die beiden Wellenreiterstädtchen Ericeira und Santa Cruz nordwestlich von Lissabon findet man einige der schönsten Strände Portugals, malerische Windmühlen und eine sanfte Hügellandschaft. Außerdem gibt es hier mit dem gigantischen Klosterpalast von Mafra eine der größten kunsthistorischen Sehenswürdigkeiten des Landes.

Palácio Nacional de Mafra, sehenswerte Gigantomanie, S. 249

Praia da Ribeira d'Ilhas, Surfer's Paradise, S. 260

Praia de Santa Cruz, herrlich heller und langer Sandstrand, S. 269

Die Küste im Nordwesten

Die Küste nordwestlich von Lissabon besteht aus den zwei Kreisen **Mafra** (mit dem zugehörigen Badeort Ericeira) und **Torres Vedras** (mit dem Badeort Santa Cruz). Hier lag einst das Kernland der Estremadura, eine der historischen Regionen Portugals und traditionell die Kornkammer der Hauptstadt. Auch heute versorgen die hier ansässigen Bauern, die sog. *saloios*, die Metropole mit Gemüse. Die regionale Brotspezialität *pão de Mafra* aus einem fluffigen Mischteig, der aus Roggen- und Weizenmehl hergestellt wird, und krosser Rinde erfreut sich großer Beliebtheit und wird sogar in New Yorker Bäckereien verkauft.

Die Strände sind wild und gehören zu den schönsten Portugals. Das ganze Jahr über tummeln sich zahlreiche Surfer an der Küste um Ericeira und Santa Cruz, da hier bei allen Strömungsverhältnissen interessante Wellen brechen – von der weißen Schaumwelle für Anfänger bis zum anspruchsvollen Point Break für den Profi ist alles dabei. Bis auf den Hauptstrand von Santa Cruz und die Praia Azul sind die meisten Strände eher mittelgroß, fast alle liegen idyllisch unter hohen Felsklippen. Selbst im Hochsommer findet man zahlreiche Strände, die nicht überlaufen sind.

Überall ist das Wasser von ausgezeichneter Qualität, Verschmutzungen kommen eigentlich nur nach starken Regenfällen vor. Aufpassen sollte man aber auf die Wellen und Strömungen, die auch im Sommer gefährlich werden können. Gerade an unbewachten Abschnitten sollte man am besten nur dort ins Wasser gehen, wo auch andere bereits baden.

Praktische Infos

Busse

Die Verkehrsanbindung wird zum Großteil mit Bussen abgewickelt. Die meisten Linien fahren ab dem Lissabonner Busbahnhof Campo Grande neben der gleichnamigen Metrostation. Sie werden von zwei verschiedenen Gesellschaften betrieben.

Die *Carris Metropolitana* fährt im Kreis Mafra (hierzu gehört auch der Ort Ericeira). Die Fahrkarten erwirbt man „an Bord" beim Fahrer oder man nutzt das Zapping *Navegante pré-pago* und spart dabei etwa ein Drittel des Preises. Dazu lädt man Guthaben auf eine *Navegante-ocasional*-Chipkarte (auch unter dem Namen *Viva Viagem* bekannt), die es für 50 Cent zum Beispiel an den Fahrkarten-Automaten der Bahn, der Lissabonner Metro oder an den Schaltern der Carris Metropolitana gibt. carrismetropolitana.pt.

Die Gesellschaft *Barraqueiro Oeste* dagegen bedient den Kreis Torres Vedras. Die Karten werden hier i. d. R. im Bus verkauft, für Hin- und Rückfahrt (spätestens am nächsten Tag) erhält man 10 % Ermäßigung. Für Android- und iPhones gibt es eine App mit den Fahrzeiten. barraqueiro-oeste.pt.

Zug

Die Küste nordwestlich der Hauptstadt ist nicht gut per Bahn zu erreichen. Nur Torres Vedras ist über die *Linha do Oeste* an Lissabon angebunden. Diese Strecke führt durch eine schöne, hügelige Landschaft, wird aber von der Staatsbahn *CP* stiefmütterlich behandelt – man muss auf der eingleisigen, nicht elektrifizierten Trasse mit langen Fahrzeiten rechnen. cp.pt.

Auto

Die Ortszentren sind alle gut mit dem öffentlichen Nahverkehr zu erreichen. Wer aber seinen Urlaub v. a. an den schönen, oft sehr abgelegenen Stränden verbringen möchte, sollte ein Auto mieten.

Die sehr hügelige Autobahn *A8 Autoestrada do Oeste* von Lissabon nach Torres Vedras (gebührenpflichtig ab Loures) ist die wichtigste Verkehrsader im Nordwesten, über sie erreicht man auch die *A21 Mafratlântico* nach Mafra und Ericeira. Vom Flughafen Lissabon ist die A8 über die *A1 Autoestrada do Norte* und den gebührenfreien inneren Autobahnring *A36 Circular Regional Interior de Lisboa (IC17 – CRIL)* schnell zu erreichen. Der gebührenpflichtige äußere Autobahnring *A9 Circular Regional Exterior de Lisboa (CREL)* sorgt für weitere Verbindungen zu anderen Autobahnen. Mautrechner *(calculador de portagens)* findet man online unter viaverde.pt und estradas.pt.

Wanderweg nördlich von Santa Cruz

Nordwestküste
3 km
Vimeiro
Peniche
Leiria
N 8-2
N 8
Ramalhal
R. Alcabrichel
Praia de Santa Rita
Praia da Mexilhoeira
N 247
A dos Cunhados
Santa Cruz
Praia de Santa Cruz
Praia das Amoreiras
Boavista
Silveira
Praia Azul
Praia Azul
Ponte do Rol
Gentias
N 9
Rio Sizandro
Matacães
Feiteira
Torres Vedras
Praia de Cambelas
Cambelas
Casal dos Cochos
São Pedro da Cadeira
Praia das Peças
Assenta
Arneiros
N 248
Barril
N 9
Turcifal
Praia da Calada
Talefe
Encarnação
N 247
Freiria
A 8
São Lourenço
Azueira
Praia dos Coxos
Ribamar
Santo Isidoro
Sobral da Abelheira
Enxara do Bispo
Praia Ribeira d'Ilhas
Praia da Empa
Gradil
N 374
Achada
Codeçal
Vila Franca do Rosário
Ericeira
Tapada Nacional de Mafra
Praia do Sul
Sobreiro
N 116
N 9
N 8
Milharado
Mafra
Praia da Foz do Lizandro
Carvoeira
Praia de São Julião
Carapinheira
Malveira
Baleia
Rio Lizandro
São Miguel de Alcainça
A 21
Boavista
Venda do Pinheiro
Igreja Nova
N 116
N 116
N 247
N 9
Praia da Samarra
Aldeia da Mata Pequena
Penedo de Lexim
Odrinhas
Cheleiros
São João das Lampas
Cascatas de Anços
Anços
Santa Eulália
Magoito
Montelavar
Pedra Furada
A 8
P. do Magoito
Maceira
Alverca
P. da Aguda
IC 16
Pêro Pinheiro
N 8
Fontanelas
Azenhas do Mar
Terrugem
N 9
Almargem do Bispo
P. das Maçãs
N 117
Loures
Setúbal
Parque Natural de Sintra-Cascais
Praia Grande
A 9
S. António dos Cavaleiros
Algueirão
Casal de Cambra
Cabo da Roca
Colares
Sintra
A 16
Mira-Sintra
Odivelas
Olival Basto
Monge
N 9
IC 19
Agualva-Cacém
IC 16
IC 17
Azóia
Serra de Sintra
Amadora
Queluz
Lissabon
Caxias

Mafra

Das kleine Städtchen wird völlig vom weithin sichtbaren, gigantischen Nationalpalast dominiert. Das monumentale Gebäude gilt als bedeutendstes Bauwerk des portugiesischen Barock und beherbergt eine der schönsten Bibliotheken der Welt.

Schon allein wegen seiner unglaublichen Größe sollte der Klosterpalast in keinem Besuchsprogramm der Umgebung Lissabons fehlen. 2019 erkannte auch die UNESCO seine kulturhistorische Bedeutung an und zeichnete das komplette Ensemble aus Palast, Basilika, dem benachbarten Garten Jardim do Cerco und dem Wildpark Tapada de Mafra als Weltkulturerbe aus.

Sehenswertes

Palácio Nacional de Mafra

Betrübt über seine Zeugungsunfähigkeit, legte König João V. auf Vorschlag eines Mönches das Gelübde ab, ein Kloster zu errichten, falls ihm doch noch ein Nachfolger „gelänge". Nach drei Jahren Ehe klappte es endlich. Am 26. November 1711 hielt der König sein Gelübde und gab den Befehl, in Mafra einen dem hl. Antonius geweihten Konvent zu errichten. Dadurch wurde aus dem kleinen Städtchen Mafra ein fast unscheinbares Anhängsel des alles dominierenden, riesigen Konvents. Der Klosterpalast ist sogar größer geraten als der Escorial in Spanien – beim ewigen Zweikampf Portugal–Spanien ein nicht unerhebliches Detail.

Der König beauftragte einen Architekten aus Regensburg, Johann Friedrich Ludwig (er nannte sich später Ludovice), mit der Leitung des Baus. Ludwig ließ sich dabei vom Barock Italiens inspirieren, wo er auch seine Ausbildung erhalten hatte. Einige deutsche Einflüsse sind dennoch in den Palast eingegangen. Um die Basilika als zentrales

Für Bücherwürmer und Fledermäuse

Der Höhepunkt der Führungen durch den Palast von Mafra ist die kreuzförmig angelegte **Palastbibliothek** *Biblioteca do Convento de Mafra*. Sie gilt mit ihrem Marmorboden und der Rokoko-Architektur als schönste Bibliothek Portugals und übertrifft mit einer Länge von 88 m in ihren Dimensionen sogar die Palast-Basilika. Unter den rund 35.000 kunstvoll in Leder und Blattgold gebundenen Büchern sind diverse Prunkstücke wie eine Erstausgabe der *Lusiaden* des portugiesischen Nationaldichters Camões. Seit der Franziskanermönch *Frei João de Sant'Ana* als Chefbibliothekar 1819 in einem 10-jährigen Kraftakt die Sammlung komplett katalogisiert und neu geordnet hat, wurde kaum mehr etwas verändert – seitdem stehen die meisten Bücher an derselben Stelle in den Regalen auf den beiden Stockwerken der Bibliothek. Wer sich zu Studienzwecken in die kostbaren Werke, darunter zahlreiche einst während der Inquisition verbotene Bücher, vertiefen möchte, kann dies werktags mit Genehmigung tun. Nachts gehört der Saal allerdings den unter dem Dach ansässigen Fledermäusen, die dann auf Insektenjagd gehen, und das zur Freude der Bibliothekare – die Schädlinge würden ansonsten die Bücher und Möbel aus kostbarem Holz befallen.

Element gruppierte er weite Flügel, Innenhöfe und zwei ausladende Türme zum Abschluss der beeindruckenden Fassade. Zum Bau des Palastes benötigte man bis zu 50.000 Arbeiter. Die mörderischen Arbeitsbedingungen, die fast 2000 Menschen das Leben kosteten, hat José Saramago in seinem Roman *Memorial do Convento* eindrucksvoll beschrieben (dt. *Das Memorial*). Pünktlich zum 41. Geburtstag des Königs am 22. Oktober 1730 weihte man schließlich in einer prächtigen Zeremonie die Basilika ein.

In ihrer Maßlosigkeit hatte sich die portugiesische Krone aber finanziell völlig übernommen und musste fast den Staatsbankrott erklären, obwohl der Bau größtenteils mit Gold aus der Kolonie Brasilien finanziert wurde. So konnten einige der ursprünglich noch geplanten zusätzlichen Mammutprojekte nicht mehr realisiert werden. Der König hätte damals noch gerne vom Vorplatz des Klosters eine breite Avenida zum Meer anlegen lassen ... Die hätte der letzte König Portugals, Dom Manuel II., gut gebrauchen können. Er weilte gerade im Palast von Mafra, als am 5. Oktober 1910 in Lissabon die Republik ausgerufen wurde. Von Mafra flüchtete er sofort nach Eintreffen der Nachricht nach Ericeira, um von dort mit seiner Familie über Gibraltar nach England ins Exil zu gehen. Erst als Leichnam kehrte er wieder nach Portugal zurück und liegt heute im Kloster São Vicente de Fora in Lissabon begraben.

Wegen seiner enormen Ausmaße – die Grundfläche beträgt 40.000 m² – wirkt der Klosterpalast unpersönlich kalt. Besucher stehen erst einmal klein und verloren davor. Das Gebäude verfügt allein über 4500 Türen und Fenster. Zwischen den Gemächern des Königs im linken Flügel und den Räumen der Königin im rechten Teil des Palastes liegen sage und schreibe 250 m Entfernung. Offenbar fühlte sich das Ehepaar

Nach dem Bau des gigantischen Klosterpalastes von Mafra war Portugal pleite

körperlich nicht so sehr angezogen, was durchaus auch einer der Gründe für das Nachwuchsproblem gewesen sein könnte.

Während der etwa einstündigen Führung wird lediglich ein Viertel des ganzen Palastes besichtigt, da er z. T. noch anderweitig genutzt wird. Der Klosterflügel ist Sitz der zentralen Militärausbildung Portugals, der **Escola das Armas**, sodass vom ehemaligen Franziskaner-Konvent kaum etwas zu sehen ist. Früher waren noch das Rathaus von Mafra, das Kreisgericht, ein Postamt, eine Polizeistation, eine Sparkassenfiliale und sogar ein Kino im Palast untergebracht.

Genau in der Mitte des Palastes liegt die **Basílica de Mafra** aus rosa und weißem Marmor mit barocken und klassizistischen Elementen. In und vor der Basilika beeindrucken riesige Heiligenstandbilder, geschaffen von portugiesischen und italienischen Künstlern. Sie hatten ihr Handwerk in der von 1753 bis 1770 im Konvent untergebrachten Bildhauerschule erlernt. Diese wurde vom Italiener Alessandro Giusti geleitet. Unter dessen Schülern befand sich auch Machado de Castro, einer der bedeutendsten portugiesischen Bildhauer. Beeindruckend sind neben den Statuen auch die sechs großen Orgeln. Sie erklingen nach ihrer Restaurierung wieder häufiger im Rahmen von Konzerten. Das Glockenspiel der Basilika ist Zeugnis der Großmannssucht der Erbauer des Palastes und zählt gar zu den komplexeten der Welt – zusammen wiegen die 114 aus Antwerpen und Lüttich stammenden Bronzeglocken 217 Tonnen!

Basilika: Tägl. 9.30–13 und 14–17.30 Uhr. Eintritt frei. Palast: Tägl. (außer Di und Fei) 9.30–17.30 Uhr. Letzter Einlass 16.45 Uhr. Eintritt 6 €, ab 65 J., Studenten, mit *Cartão Jovem* sowie Familien ab 2 Kindern 50 % Ermäßigung, bis 12 J. frei. Der Eingang zum Palast befindet sich links von der Basilika. Terreiro D. João V, ✆ 261817550, patrimoniocultural.gov.pt.

> Jeden ersten Sonntag im Monat gibt es um 16 Uhr ein **Konzert**, bei dem die sechs Orgeln in der Palastbasilika gleichzeitig gespielt werden (oft ausverkauft, daher Tickets besser im Vorverkauf an der Palastkasse oder über bilheteira.patrimoniocultural.pt erwerben). Hinweis: Im Jahr 2024 pausieren die Konzerte aufgrund einer Renovation der Orgeln, ab 2025 sollen sie wieder regelmäßig stattfinden.

Jardim do Cerco

Links vom Palast bietet sich ein barocker Garten für eine Picknickpause nach dem anstrengenden Besuch im Konvent an. Im vorderen, sehr gepflegten Teil ist ein kleiner botanischer Garten angelegt. Kinder können auf einem großen Spielplatz ausgelassen toben. Der hintere Teil des Gartens macht dagegen einen eher verwunschenen, naturbelassenen Eindruck.

Largo General Humberto Delgado. Tägl. 9–17 Uhr, April bis Sept. bis 19 Uhr. Eintritt frei. ✆ 261813399, cm-mafra.pt.

Tapada Nacional de Mafra

Hinter dem Palast erstreckt sich kilometerweit der von einer langen Mauer umgebene Wildpark Tapada Nacional de Mafra. König João V. ließ ihn im Jahr 1747 anlegen, um dort zu jagen. Heute gehen auf den 21 km² der Tapada de Mafra aber nur noch die Touristen auf die Pirsch. Wem das zu blutrünstig ist, der kann sich aber auch auf eine reine Wanderung im Gelände beschränken, in dem Füchse, Hirsche und Wildschweine leben.

Natur und Ruhe lassen sich besonders an Werktagen genießen, wenn nur wenige Besucher kommen. Mehrere Rundwege zwischen 4 und 8 km Länge stehen offen, die auch von ungeübten Wanderern in etwa 2–3 Std. bewältigt werden können. Oder man leiht sich ein Mountainbike und macht größere Touren von 8 bis 14 km. Wer es noch sportlicher möchte, kann im Kletterpark

Die Küste im Nordwesten → Karte S. 248

Aldeia Típica de José Franco: Hier gibt es regionale Töpferware

Adventure Park 13 Hindernisse überwinden und zum Schluss mit einer Seilbahn wieder zu Boden gleiten. Eher gemütlich veranlagte Besucher dürfen auch auf einer Kutsche, in offenen Elektroautos und mit einem Minizüglein durch die Tapada fahren.

Ungeschälte Korkeichen säumen den Weg, Hirsche queren die Pfade, immer wieder schreckt ein Reh im Gebüsch auf. Mit etwas Glück sieht man auch Wildschweine, wie sie auf den Lichtungen grunzend nach Nahrung schnüffeln. Vor allem Kinder haben ihren Spaß, da die Wildtiere erst spät vor den Besuchern Reißaus nehmen und so gut zu sehen sind.

Der Eingang befindet sich im Dorf Codeçal, ca. 8 km Wegstrecke nordöstlich vom Nationalpalast Mafra (leider nur sehr sporadische Busse der Linien 2145 und 2913 ab Mafra und das auch nur Mo–Fr). Tägl. (außer Fei) 9–19 Uhr. Eintritt 9,50 €, bis 12 und ab 65 J. 8 €, bis 4 J. frei. Am Wochenende sowie im Sommer auch werktags werden Vogelflugschauen sowie Imker-Workshops angeboten: Uhrzeiten siehe Webseite (im Eintrittspreis inkl.). Kletterpark 15 €, es empfiehlt sich vorher eine Uhrzeit online zu reservieren. Preise für Fahrradverleih, Kutschfahrten und weitere Fahrangebote siehe online. Wer will, kann auf dem Gelände auch übernachten – die Parkverwaltung vermietet Unterkünfte. ✆ 261817050 und 261814240, tapadademafra.pt.

Aldeia Típica de José Franco

Dieses Kunsthandwerksdorf kann auf halbem Weg zwischen Mafra und Ericeira im Ort Sobreiro besichtigt werden. Auf die Besucher wartet ein liebevoll gestaltetes Mini-Portugal mit Windmühle, Burg, Tanzplatz, Brunnen und Schule. Besonders für Kinder ist das ein großer Spaß. Es gibt auf dem Gelände auch mehrere Spielplätze.

Wer will, kann es den Portugiesen gleichtun und sich in der Bäckerei frische Brötchen mit Räucherwurst *(pão quente com chouriço)* holen und diese dann im Weinkeller *(adega)* bei einem Krug Rotwein verzehren. Am Eingang wird in einem Geschäft schönes Tongeschirr zu günstigen Preisen verkauft. Aufgebaut hat das Miniaturdorf Töpfermeister José Franco (1920–2009) in den 1960er-Jahren. Seine Eltern hatten hier bereits als Töpfer gearbeitet. Mit dem bei den Einheimischen für Ausflüge sehr beliebten Kunsthandwerksdorf konnte José Franco sich und seiner großen Familie (er hatte 14 Geschwister) einen gewissen Wohlstand schaffen.

Im Dorf Sobreiro (Bushaltestelle der Linien 2740, 2741 und 2803 Lissabon–Mafra–Ericeira). Tägl. 9.30–18 Uhr (im Sommer bis 19 Uhr). Eintritt frei. Estrada Nacional 116, n.° 34, Sobreiro, ✆ 261815420.

Praktische Infos

→ Karte S. 253

Einwohner Mafra: ca. 21.000

Information

Turismo im Südturm des Nationalpalastes. Tägl. 10–18 Uhr, Fei geschl. Palácio Nacional de Mafra - Torreão Sul, Terreiro D. João V, ✆ 261 818347, cm-mafra.pt.

Bus

Der Busbahnhof liegt relativ abseits im Westen der Stadt nahe dem Sportpark Parque Desportivo am Ortsausgang Richtung Carvoeira. Die hier beschriebenen Buslinien halten aber auch alle am oder nahe dem zentral gelegenen Palastplatz Praça da República (die Haltestellen heißen Terreiro D João V (Palacio) bzw. Av. Forças Armadas 8). carrismetropolitana.pt.

Von Lissabon: Linien 2740, 2741, 2802, 2803 und 2804 ab Ⓜ Campo Grande über die Autobahn Mo–Fr mindestens stündl., Sa/So alle 1–1:30 Std., Fahrzeit 45–55 Min. Dazu weitere Busse der Linie 2751 über die Landstraße (Fahrzeit 80 Min.).

Von Sintra: Linie 2626 ab Bahnhof Portela de Sintra (nördlicher Busbahnhof) Mo–Fr 11-mal, Sa/So 7-mal. Fahrzeit 55 Min.

Nach Ericeira (via Sobreiro): Linien 2740, 2741, 2751 und 2803 Mo–Fr mindestens stündl., Sa/So alle 1–1:30 Std., Fahrzeit 20 Min.

Nach Torres Vedras: Linie 221 der Gesellschaft *Barraqueiro Oeste* Mo–Fr 8-mal, Sa 3-mal, So 2-mal. Fahrzeit 60 Min. barraqueiro-oeste.pt.

Bahn

Der Bahnhof Mafra an der Strecke Lissabon–Torres Vedras liegt ca. 9 km außerhalb des Ortes und ist nicht per Bus an Mafra angebunden. Wer unbedingt den Zug nehmen möchte, sollte besser in Malveira aussteigen, da man dort in die Buslinien 2740, 2741 und 2804 (Lissabon–Mafra–Ericeira) umsteigen kann.

Taxi

Mafritaxi, ✆ 963040895, mafritaxi.com.

Parken

Viele kostenpflichtige Parkplätze südlich des Konvents, ansonsten ist es recht schwer, im historischen Zentrum einen Platz zu finden.

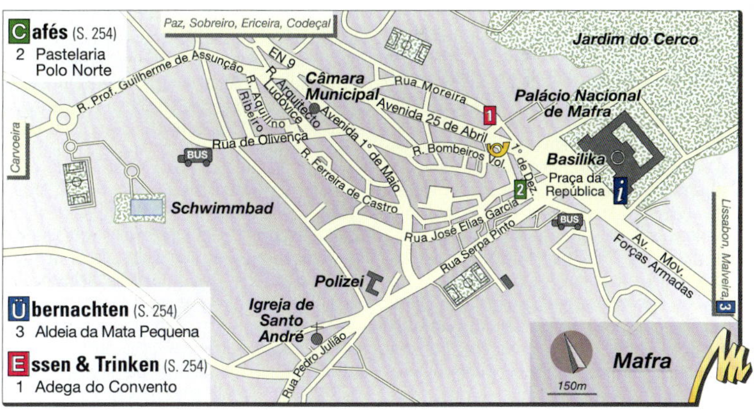

Übernachten im Dorf: Aldeia da Mata Pequena

Polizei

GNR-Posten in der Rua do Seminário, eine Stichstraße der Rua Serpa Pinto. ✆ 261249500.

Post

Av. 25 de Abril, 3.

Übernachten

> Der Kreis Mafra erhebt pro Übernachtung eine **Touristensteuer** in Höhe von 2,02 € (Nov. bis April nur 1,01 €). Maximal werden 7 Nächte berechnet. Kinder bis 12 J. sind davon befreit.

Alojamento Local Aldeia da Mata Pequena **3**, ca. 8 km südlich von Mafra haben zwei Portugiesen ein verlassenes Dorf renoviert und in 14 Ferienhäuser für 2–8 Pers. umgewandelt, die mit ihrem traditionellen regionalen Stil entzücken können. Olivenbäume und Bougainvilleen zieren die Wege. Kinder freuen sich über Esel, Ziegen und Hühner auf dem Gelände. Anfahrt von Mafra: Richtung Sintra und nach dem Ort Carapinheira und der Autobahnbrücke links abbiegen („Boavista"), ab dann ist der Weg ausgeschildert. Kein ÖPNV. Dafür Fahrradverleih für Gäste und gute Wandermöglichkeiten, unter anderem am benachbarten Penedo de Lexim, einem ehemaligen Vulkan mit Aussicht, oder an den Wasserfällen von Anços (→ S. 245). 2 Nächte Mindestaufenthalt, im Aug. 6 Nächte. Aldeia da Mata Pequena, Rua São Francisco de Assis, Igreja Nova, Mafra, ✆ 219270908 und 935141909, aldeiadamatapequena.com. €€

Essen & Trinken

meinTipp Adega do Convento **1**, Do–Mo 12–22 Uhr (Fr/Sa bis 23 Uhr), Di 12–15 Uhr. Traditionelles Restaurant im ehemaligen Weinkeller des Konvents, etwas versteckt in einer Seitenstraße nördlich des Zentrums. Hoher und sehr geräumiger Hauptsaal und mehrere Nebenräume sowie Terrasse. Viele Portugiesen im Publikum, die das gehobene Ambiente und die rustikale Küche mit ihren reichhaltigen Portionen schätzen. Zahlreiche Fleisch- und Fischgerichte, vor allem mit *porco preto* (iberischem Landschwein) und *bacalhau* (getrocknetem Kabeljau). Auch vegetarische Optionen wie Lasagne. Rua Moreira, 11, ✆ 261814185, Facebook. €€€

Cafés Pastelaria Polo Norte **2**, tägl. 7–20 Uhr. Im historischen Zentrum am Hauptplatz. Große Auswahl an Pralinen, Keksen und „Klostergebäck". Sehr empfehlenswert sind die *jesuitas com nozes*, ein Blätterteigteilchen mit Walnüssen und Eigelb-Überzug. Selbstbedienung am Tresen (bei Andrang Wartemarke ziehen). Man kann sich auch ein Eis zusammenstellen lassen. Außerdem Tagesgerichte mittags sowie Brotverkauf. Praça da República, 15, ✆ 261811070, pastelariapolonorte.com.

Ericeira

Das Fischerstädtchen 40 km nordwestlich von Lissabon ist definitiv einer der empfehlenswertesten Badeorte Portugals. Es locken eine gut erhaltene Altstadt, 14 vielfältige Strände und außergewöhnlich viele attraktive Unterkünfte. Ericeira hat besonders bei Wellenreitern einen glanzvollen Namen, da sich hier einige der besten Surfspots Europas befinden.

Das über dem Meer gelegene Stadtzentrum ist mit seinen hübschen blauweiß angestrichenen Häuschen schon allein einen Besuch wert. In der Nebensaison geht es hier sehr beschaulich zu – einheimische Fischer und internationale Wellenreiter sorgen gemeinsam für eine sehr relaxte Atmosphäre. Selbst im Sommer, wenn zahlreiche Badegäste tagsüber die Sandstrände und nachts die Bars des Ortes bevölkern, bleibt Ericeira eines der lohnenswertesten Ziele an der Costa de Lisboa.

Der Ortskern wurde direkt auf den Felsklippen über dem Meer erbaut, oben liegen die Häuser, unten der Fischerhafen und mehrere Strände. Besonders schön ist die Felsküste zwischen dem Hotel Vila Galé Ericeira am Südende der Altstadt und dem zentral gelegenen Hafen. Inmitten der verwitterten Felsen findet man zahlreiche Aussichtspunkte, von denen man gut beobachten kann, wie sich die Wellen brechen. Nebenan kann man im **Parque de Santa Marta** Minigolf oder Tennis spielen, die Kinder können auf dem Spielplatz toben.

Bei einem Spaziergang durch die Altstadtgassen fällt das Kulturzentrum **Casa da Cultura Jaime Lobo e Silva** ins Auge. 1919 ging das prächtig verzierte, weiß-blaue Gebäude als Casino in Betrieb. Die Spielbank wurde aber schon 1927 wieder aufgelöst, um das Casino in Estoril vor einem Konkurrenzkampf zu schützen. 1993 hat man in dem Gebäude das Kulturzentrum und die Stadtbibliothek Ericeiras untergebracht.

Um den alten Ortskern haben sich einige Appartementsiedlungen breitgemacht und Ericeira hat deutlich an Bevölkerung gewonnen. Triste Wohnblöcke und hässliche Hotelburgen wurden zum Glück nicht gebaut. In den letzten Jahren hat vor allem der Zuzug vieler Ausländer dazu geführt, dass die Wohnungspreise und Mieten für viele Einheimische zu teuer wurden. So ziehen immer mehr *jagozes*, wie die Einwohner von Ericeira im Volksmund genannt werden, in Nachbardörfer wie Ribamar.

Sehenswert sind auch die beiden Kapellen des Ortes, die **Capela de Santo António** und die **Capela de São Sebastião**, beide vollständig mit Azulejos ausgefliest und meist von 10 bis 17 Uhr

Der Schandpfahl *(pelourinho)* symbolisiert die Gerichtsbarkeit

Die Küste im Nordwesten → Karte S. 248

geöffnet. Letztere stammt aus dem 16. Jh. und fällt durch ihren außergewöhnlichen sechseckigen Grundriss auf.

Geschichte: Für einige jüdische Emigranten wurde Ericeira während des Zweiten Weltkriegs zur unfreiwilligen Zwischenstation. Sie waren vor den Nationalsozialisten nach Portugal geflüchtet und konnten von dort aus aber nicht in ein Drittland weiterreisen, da ihnen Visa oder das Geld für die Reise fehlten. Um die Flüchtlinge besser kontrollieren zu können, ließ sie die portugiesische Regierung hier internieren. Zurück nach Deutschland mussten sie aber nicht.

Strände in und um Ericeira

Im Ortskern

Praia dos Pescadores: Direkt auf Höhe des Zentrums stößt man neben dem Fischerhafen auf die Praia dos Pescadores, an der sich die königliche Familie 1910 ins Exil nach England einschiffte. An diesem auch „Praia do Peixe" genannten Strand kann man mitten im Ort unterhalb der hohen Hafenmauern baden und sich im Sand sonnen. In der Hauptsaison wird dieser Strand wie die meisten anderen in Ericeira von Rettungsschwimmern überwacht.

Praia do Norte: Getrennt nur von der langen Hafenmole schließt sich nördlich die Praia do Norte an. Dieser mittelgroße Sandstrand wird auch „Praia do Algodio" genannt. Er liegt direkt unterhalb der Straße zum Hafen, daher kommt hier nur wenig Strandromantik auf. Die Architektur der Strandbar wirkt ebenfalls etwas deplatziert.

Beide Strände sind von der Altstadt leicht über steile Fußwege zu erreichen. Am Largo de São Sebastião finden sich Parkplätze: Unterhalb der Kapelle führt von dort die Hafenstraße zu den beiden Stränden.

Südlich des Ortskerns

Praia do Sul: Direkt am südlichen Rand des Ortszentrums beginnt der vom Hotel Vila Galé und von hohen Klippen umgebene, lange Strand Praia do Sul. Die Ortsansässigen nennen den Sandstrand auch „Praia da Baleia" („Wal-Strand"), seit hier 1872 ein großer Wal angespült wurde. Er gehört bei Familien zu den beliebtesten Stränden Ericeiras, u. a. weil sich in direkter Nachbarschaft zahlreiche Restaurants und Bars befinden, aber auch, weil dieser Strand am besten vor hohen Wellen geschützt ist.

Praia da Foz do Lizandro: Etwa 3 km vom Zentrum entfernt erstreckt sich an der Mündung des Flusses Lizandro die schöne Praia da Foz do Lizandro. Auch im Fluss kann man hier baden, da sich dieser größte Sandstrand der Region um Ericeira weit landeinwärts erstreckt. Das Wasser ist allerdings relativ salzig, da die Gezeiten Meerwasser in den Fluss drücken, man sollte deshalb auch auf die Strömungen achten. An der breiten Strandpromenade aus Holzplanken haben sich mehrere Restaurants und Bars angesiedelt. Ideal ist der Spot für Surf-Unterricht, da nur wenige Felsen im Wasser lauern und die Wellen schön an den Sandbänken vor dem Strand brechen – entsprechend viele Anfänger sieht man auf ihren Brettern.

Im Sommer sind beide Strände mit dem Ericeira Beach Bus erreichbar. Ganzjährig fahren die Busse der Linie 1633 nach Sintra (s. o.) direkt am Parkplatz nördlich oberhalb der Praia Foz do Lizandro vorbei, die Haltestelle heißt EN 247 6. Zu Fuß oder per Rad ebenfalls gut erreichbar, da der Bürgersteig vom Zentrum bis hierher durchgängig ausgebaut ist.

Praia de São Julião: 3 km weiter südlich erreicht man die Praia de São Julião, die auch „Praia da Foz do Falcão" genannt

Praia de São Julião: abgeschiedener Strand

Die Küste im Nordwesten → Karte S. 248

wird, da sie an der Mündung des Flusses Falcão liegt. An dieser Stelle öffnet sich die Steilküste etwas und gibt ein besonders schönes Panorama auf die Klippen frei. Die Felsen sind ockerfarben gemustert, v. a. in der Abendsonne Strandromantik pur. An der Südseite dieses sehr feinsandigen Strandes befinden sich einige kleine Felsgrotten, die bereits Teil des Naturparks von Sintra-Cascais sind. Surfer reiten auch hier gerne auf den Wellen, die wie an der Foz do Lizandro von Sandbänken gebrochen werden. Im Gegensatz zum Foz do Lizandro ist der São Julião (noch) relativ unberührt und einsam.

Praia da Vigia: Wer am Ufer noch weiter nach Süden geht, kann bei Ebbe den 1,5 km langen Nachbarstrand Praia da Vigia erreichen. Dieser Sandstrand ist noch einsamer, hier wachen aber auch keine Rettungsschwimmer mehr über die Sicherheit der Badegäste. Man sollte für den Rückweg die Flut im Auge behalten, da man den Strand sonst nur noch über abenteuerliche Pfade und die Steilküste verlassen kann.

Die Buslinie 1633 nach Sintra (s. o.) hält kurz hinter Carvoeira an der Haltestelle EN 247 44 im kleinen Ort Baleia. Hier verlässt man die Nationalstraße N247 und biegt rechts in eine Stichstraße ein (ausgeschildert), die 2 km lang ist und zur Praia de São Julião führt (Bürgersteig vorhanden). Mehrere Parkplätze.

Nördlich des Ortskerns

Praia de São Sebastião: In der Nähe der Capela de São Sebastião und damit direkt nördlich des Zentrums erstreckt sich einer der schönsten Strände Ericeiras, die Praia de São Sebastião. Die steil aufragenden Felsklippen und Ruinen einer abgerissenen Strandbar verleihen ihm ein vergleichsweise wildes Panorama. Bei Flut wird ein Großteil des schmalen Sandbandes überschwemmt. Dieser Strand wird nicht durch Rettungsschwimmer überwacht. Wer sich mit Essen und Getränken versorgen möchte, kann die nahe gelegenen Geschäfte nutzen.

Vom Largo de São Sebastião (zahlreiche Parkplätze) führen neben der Kapelle Steinstufen nach unten zum Strand.

Praia do Matadouro: Diese folgende Praia ist eher etwas für Wellenreiter, da das winzige Sandareal in dieser kleinen Bucht bei Flut komplett verschwindet. Auch dieser Strand wird nicht überwacht, allerdings gibt es in der Saison eine mobile Strandbar auf dem Parkplatz.

Kleiner Parkplatz oberhalb des Strandes, der aber auch gut zu Fuß über die Nationalstraße N247 (Bürgersteig) erreicht werden kann (Abzweigung kurz vor dem Campingplatz).

Praia da Empa: Auf der Höhe des Campingplatzes und damit knapp 1,5 km nördlich des Zentrums liegt die von schönen Felsen umgebene Praia da Empa. Sie ist bei den Surfern für ihre schnelle und sehr mächtige Welle an der Pedra Branca, einem auffällig hellen Felsen, bekannt und beliebt. Vor allem wenn die Wellenberge aus südlicher Richtung kommen, brechen sich hier die Wogen in röhrenförmigen Wellen, den sog. *tubes*, was besonders nach Hurrikanen im Atlantik der Fall ist. Dieser Spot ist nur für erfahrene Surfer zu empfehlen, Anfänger haben hier definitiv nichts im Wasser verloren! Der Sandstrand selbst erstreckt sich zwischen zwei Riffen und ist eher klein.

Praia da Orelheira: Von der Praia da Empa aus kann man zu Fuß leicht Richtung Norden den wenig besuchten Nachbarstrand Praia da Orelheira erreichen. Dieser schön unter niedrigen, hellbraunen Klippen gelegene Sandstrand ist zwar ebenfalls schmal, aber dafür deutlich länger. Auch von hier aus kann man die Surfer und ihre Manöver auf den Wellen gut beobachten. Rettungsschwimmer gibt es an beiden Stränden nicht. Strandbars oder Ähnliches sind ebenso Fehlanzeige, daher Getränke und Essen mitbringen.

Beide Strände und den dazugehörigen Parkplatz erreicht man über eine 300 m lange, ungeteerte Stichstraße. Die Einmündung liegt an der Nationalstraße N247 auf Höhe des Campingplatzes, etwa 1,5 km nördlich der Altstadt.

Wellenreiter-Mekka Ericeira

Die Praia da Ribeira d'Ilhas zählt zu den besten Surfstränden Europas und hat Ericeira zum Wellenreiter-Mekka Portugals gemacht. Hier kämpften die Surfer 1977 beim ersten Surfwettbewerb Portugals um den Sieg. 2011 hat die Nichtregierungsorganisation *Save the Waves Coalition* den Küstenabschnitt zwischen der Praia da Empa, der Praia da Ribeira d'Ilhas und der Praia de São Lourenço als weltweites „Surf-Erbe" eingestuft, zuvor hatten nur Malibu in Kalifornien (USA) und Manly Beach in Australien diese Auszeichnung bekommen, die wichtige Surfstrände schützen soll. Auch Tiago „Saca" Pires, Portugals bekanntester Surfer, hat hier seine Heimat – als erster Portugiese, und damit als einer der wenigen Europäer, surfte er in der Liga der weltbesten Wellenreiter. Mit dem Boom haben sich so viele Wellenreitschulen und -camps in Ericeira niedergelassen, dass es im Sommer inzwischen an den Spots eng wird.

Wellenreiter im Weißwasser

Die Küste im Nordwesten → Karte S. 248

Strände von Ericeira: Empa, Coxos, Ribeira d'Ilhas und São Lourenço (von oben nach unten)

Praia da Ribeira d'Ilhas: Der nächste Strand, die Praia da Ribeira d'Ilhas mit ihrer hübschen Felsbucht, und die hier für das Surfen meist vorzüglichen Wellen lassen sich gut von einem Aussichtspunkt neben der Straße 100 m über dem Meer bewundern. Vom Aussichtspunkt schlängelt sich eine Treppe nach unten zur Mündung des kleinen Flusses Rio do Cuco, alternativ kann man den Sandstrand über eine Stichstraße im Flusstal erreichen. Die Wellen brechen an der Praia da Ribeira d'Ilhas sehr sauber, aber es herrschen auch starke Strömungen. Hier gibt es ebenfalls ein Strandrestaurant und Duschen.

Im Sommer sind alle Strände bis Ribeira d'Ilhas mit dem Ericeira Beach Bus erreichbar. Ganzjährig fahren die Busse der Linien 2117 (Carris Metropolitana, Richtung Encarnação) und 204 (Barraqueiro Oeste, Richtung Torres Vedras) nahe am Strand vorbei (→ „Praktische Infos"). Bis zum Strand sind es vom Zentrum Ericeiras etwa 2,5 km, die man zu Fuß auf dem Bürgersteig oder mit dem Fahrrad auf dem Radweg neben der Nationalstraße N247 bequem zurücklegen kann.

Praia dos Coxos: Weiter Richtung Norden folgen der kleine Ort Ribamar, knapp 5 km von Ericeira entfernt, und die Praia dos Coxos, ein zweigeteilter Strand: Der nördliche Teil ist eine enge, von Felsen eingefasste Bucht mit einem kleinen Sandstrand ohne größere Infrastruktur (er wird aber in der Saison überwacht). Am südlichen Teil, der vom Strandparkplatz aus über einen kurzen Feldweg zu erreichen ist, gibt es eine weitere Bucht, die bei Surfern für ihre exzellenten Wellen berühmt-berüchtigt ist. Wer gerne Wellenreitern zuschaut, ist hier genau richtig, meist sind wirkliche Könner auf dem Wasser. Von der höher gelegenen Küste hat man einen guten Blick auf die sich in schöner Regelmäßigkeit brechenden Wogen und die Surfer. Wellenreit-Anfänger sind hier fehl am Platz, da das Ufer komplett aus

Felsen besteht und Ein- und Ausstieg entsprechend schwerfallen.

Im Ort Ribamar geht es kurz nach dem Restaurant Estrela do Mar an einer Windmühle links von der Hauptstraße EN 247 ab (ausgeschildert), nach 800 m erreicht man den Strandparkplatz. Neben dem Restaurant Estrela do Mar befindet sich auch die Haltestelle EN 247 47 (X) R S João der Buslinie 2117 (Carris Metropolitana, Richtung Encarnação) und 204 (Barraqueiro Oeste, Richtung Torres Vedras).

Praia de São Lourenço: 2 km weiter nördlich liegt im Ort São Lourenço an der Mündung des Flusses Safarujo die weitläufige Praia de São Lourenço mit grobkörnigem Sand. Eine kleine Brücke führt über das grüne Flussdelta. Die Landschaft ist hier etwas weicher und beschaulicher als an den anderen von Felsen und Klippen geprägten Stränden der Region Ericeira. An einer Bar kann man sich mit Getränken versorgen, auch Rettungsschwimmer sind in den Sommermonaten vor Ort.

Mit den Bussen der Linien 2117 oder 204 am Halt EN 247 (X) São Lourenço aussteigen. Wer mit dem Auto kommt, biegt dagegen schon kurz hinter dem Ortsausgang von Ribamar von der N247 links ab (ausgeschildert).

Praia da Calada: Wer einen weitgehend einsam gelegenen Strand sucht, sollte noch 3 km weiterfahren – durch São Lourenço bis kurz vor Talefe. Von dort aus führt eine Stichstraße zur Praia da Calada hinunter. Es gibt eine kleine Bar, ansonsten viel Sand und hohe Felsklippen, die den Strand in einem großen Rund wie ein Amphitheater säumen.

Die Abzweigung von der Nationalstraße N247 ist ausgeschildert (hier auch Haltestelle EN 247 (X) Praia Da Calada der Buslinien 2117 und 204). Von der Abzweigung sind es noch 500 m zum Strand, wo man zahlreiche Parkplätze findet.

Praktische Infos

→ Karte S. 259

Einwohner Ericeira: ca. 12.500

Information

Ericeira Turismo, tägl. 10–13 und 14–18 Uhr. Fei geschl. Am Hauptplatz in der Altstadt. Gleichzeitig auch Surf-Informationszentrum *Centro de Interpretação da Reserva Mundial de Surf da Ericeira*. Praça da República, 17, ✆ 261818347, cm-mafra.pt.

Bus

Der Busbahnhof befindet sich etwa 1 km östlich der Altstadt in der Rua Alto da Camacha (nahe dem Intermarché-Supermarkt und der Autobahnauffahrt). Wer nicht zu Fuß gehen möchte: Die Linie 2126 *Ericeira (Terminal) Circular* verbindet Mo–Fr alle 30 Min. und Sa/So stündl. den Busbahnhof mit dem Largo de São Sebastião. Außerdem kann man im Sommer auch die Linie 2123 *Ericeira Beach Bus* (s. u.) nehmen. carrismetropolitana.pt.

Von Lissabon: Linien 2740, 2741, 2801 und 2803 ab Ⓜ Campo Grande über die Autobahn Mo–Fr mindestens stündl., Sa/So alle 1–1:30 Std., Fahrzeit 45–80 Min. Dazu weitere Busse der Linie 2751 über die Landstraße (Fahrzeit 100 Min.).

Von Sintra: Ab Bahnhof Portela de Sintra (nördlicher Busbahnhof) Linie 1633 Mo–Fr stündl., Sa/So alle 2 Std., Fahrzeit 50 Min.

Nach Encarnação (via Ribamar und São Lourenço): Linie 2117 Mo–Fr 7- bis 8-mal, Sa/So keine Busse. Fahrzeit 40 Min.

Nach Mafra (via Sobreiro): Linien 2740, 2741, 2751 und 2803 Mo–Fr mindestens stündl., Sa/So alle 1–1:30 Std., Fahrzeit 20 Min.

Nach Torres Vedras (via Ribamar, São Lourenço, Barril und Assenta): Linie 204 von *Barraqueiro Oeste* Mo–Fr 3-mal, Sa/So 1-mal. Fahrzeit 55 Min. barraqueiro-oeste.pt.

Strandbus

Im Sommer (Anfang Juli bis Mitte Sept.) fährt die Linie 2123 **Ericeira Beach Bus** stündl. von der Praia Foz do Lizandro über den Largo de Santa Marta im Stadtzentrum und den Busbahnhof sowie den Largo de São Sebastião bis zur Praia Ribeira d'Ilhas und zurück.

Taxi

Taxistand am Largo dos Condes da Ericeira.

Mafritaxi, ✆ 963040895, mafritaxi.com.

Parken

Einige kostenpflichtige Parkplätze direkt im Zentrum auf dem Largo Condes da Ericeira. Kostenlos parkt man am besten nördlich der Altstadt am Largo de São Sebastião oder auch südlich der Altstadt am Largo de Santa Marta.

Fahrrad/Roller

Go Out, geöffnet April bis Sept. 9–13 und 15–18 Uhr. Verleih von Fahrrädern und Motorrollern in Ericeira. Dabei sind sowohl die Räder als auch die Roller für den Transport von Surfbrettern ausgerüstet. Rua Prudêncio Franco da Trindade, 1 (im Amar Hostel), ✆ 925307317, goout.com.pt.

Markthalle

Mercado Municipal da Ericeira, Obst, Gemüse, Fleisch, Fisch und Blumen werden in der kleinen städtischen Markthalle in der Rua do Paço am Largo dos Condes da Ericeira angeboten. Juni bis Sept. tägl. 7–15 Uhr (Fr/Sa bis 20 Uhr), in den anderen Monaten Mo geschl. Rua do Mercado, 22, ✆ 261865346, cm-mafra.pt.

Polizei

GNR nahe dem Busbahnhof. Rua Alto da Camacha, 4, ✆ 261860710.

Post

CTT, Rua do Paço, 2. Am Largo dos Condes da Ericeira.

Boardriders:
Ericeiras größtes Surfgeschäft

Surfen

MeinTipp **Três Ondas** 1, deutsche Wellenreitschule nahe der Praia Ribeira d'Ilhas. Geführt vom sympathischen Sylter Frithjof Gauss (erster deutscher Longboard-Meister, Buchautor und ausgebildeter Surflehrer). Ein eigenes Fahrzeug ist ebenso unnötig wie eigenes Equipment, da Transport, Bretter und Neoprenanzüge von der Schule organisiert werden. Der Unterricht findet in kleinen Gruppen statt, dabei kommen max. 6 Schüler auf einen Lehrer. Spezielle Kurse für Kinder ab 6 J., die sicher schwimmen können müssen. Viel Wert wird auf Theorie als Grundlage für sicheres Surfen gelegt. 5-Tage-Kurs ab 269 €. Rabatt für Frühbucher. Die Kurse finden praktisch das ganze Jahr über statt. Für erfahrene Surfer zusätzlich Privatkurse, Verleih von Boards und Anzügen. Estrada da Ribeira d'Ilhas, 86, Santo Isidoro/Mafra, ✆ 913702247, tresondas.de.

Boardriders Quiksilver Ericeira 3, tägl. 10–20 Uhr. Mode und Bretter auf 540 m² und damit das größte Surfgeschäft der Region, ca. 1 km nördlich des Zentrums. Am Surfshop ist die lokale Surflegende Tiago „Saca" Pires beteiligt. Angeschlossen sind eine Surfschule sowie der Skatepark hinter dem Laden im ehem. Schwimmbad der Stadt. Die Skater kann man von der Terrasse des Ladencafés gut beobachten. Häufig werden hier auch Konzerte veranstaltet. Avenida de São Sebastião, 36-A, ✆ 261 867046, Facebook.

Semente Surfboards 2, legendäre Surfboard-Fabrik Portugals, gegründet vom amerikanischen Surfer und Shaper Nick Uricchio. Die kleine Fabrik liegt nördlich von Ericeira im Ort Ribamar. Rua Belo Horizonte, Armazém A, Ribamar, ✆ 261866428, semente.pt.

Veranstaltungen

Im Juni oder im Juli steigt an einem Wochenende das Musikfestival **Sumol Summer Fest.** Die Pop-Konzerte werden dabei auf dem Gelände des Campingplatzes veranstaltet. sumolsummerfest.com.

Übernachten

> Der Kreis Mafra, zu dem Ericeira gehört, erhebt pro Übernachtung eine **Touristensteuer** in Höhe von 2,02 € (Nov. bis April nur 1,01 €). Maximal werden 7 Nächte berechnet. Kinder bis 12 J. sind davon befreit.

Hotels **** Hotel Vila Galé Ericeira **20**, architektonisch ansprechend gestalteter Hotelkomplex über der Praia do Sul. Lange Korridore, die den Zugang zu den 202 mittelgroßen Zimmern mit hohen Decken gewähren. Schreibtisch, Klimaanlage, Sat-TV, Minibar, Radio, Tresor sowie Bäder mit Badewanne und Föhn. WLAN frei. Balkons, z. T. mit Meerblick. Bar, Disco, Gartenterrasse mit Meerblick sowie 3 Schwimmbäder mit Süß- und Salzwasser. Der Health-Club im Untergeschoss mit Sauna, türkischem Bad und Fitnessraum ist auch öffentlich zugänglich. Largo dos Navegantes, ☎ 261869 900, vilagale.pt. €€

MeinTipp **** You and the Sea **29**, Hotel mit 35 hellen, geräumigen und funktional eingerichteten Appartements für 2 bis 13 Pers. in einem modernen Gebäudekomplex im Süden Ericeiras. Teilweise Meerblick. Eigene Liegen am nahen Strand Praia do Sul. Vereinigt Hotel-Komfort (Tresor, Klimaanlage, tägl. Reinigung) mit den Annehmlichkeiten eines Appartements (Küche, Spül- und Waschmaschine). WLAN frei. Spa mit Sauna und Kraftraum sowie beheiztes Schwimmbad mit Terrasse und Meerblick. Garage, Fahrradverleih und Yoga-Unterricht. Im Hotelrestaurant Jangada werden Pizzen aus dem Holzofen serviert. Rua das Silvas, 2, ☎ 261 243370, youandthesea.pt. €€€

** Hotel WOT Ericeira **9**, in einer ruhigen Seitenstraße neben dem Markt. 24 modern und funktional eingerichtete Zimmer mit eigenem Bad, Heizung, Sat-TV, Telefon, kostenlosem WLAN, teilweise mit Meerblick. Kein Luxus, aber sauber, gut in Schuss und seit vielen Jahren ein exzellentes Preis-Leistungs-Verhältnis (früher unter dem Namen Hotel Camarão). Auf mehreren Etagen, aber kein Aufzug. Zur WOT-Kette gehört ebenfalls die zentral gelegene Ericeira Lodge (Rua Mendes Leal, 8), deren DZ unserem Eindruck nach aber im Vergleich deutlich abfallen. Travessa do Espírito Santo, ☎ 261 862665, wotelshub.com/wotericeira. €€

MeinTipp * Villa Ana Margarida Hotel **18**, kleines Hotel inmitten der Fußgängerzone, im Sommer daher nachts u. U. etwas laut, ansonsten aber ruhig. Detailreich renoviertes Altstadthaus mit Innenhof und Brunnen. 11 DZ und 3 Dreierzimmer, davon 2 mit Veranda. Alle mit eigenen Bädern, Flachbild-TV und kostenlosem WLAN. Im EG die Hotel-Café-Bar „Brunch Me", deren Frühstück auch bei externen Gästen beliebt ist (Mo geschl.). Mindestaufenthalt 2 Nächte, im Sommer 4 Nächte. Rua 5 de Outubro, 22, ☎ 261243874, villaanamargarida.com/hotel. €€

Pizzeria im Hotel You and the Sea

Alojamento Local Casa das Aguarelas **12**, sorgfältig restauriertes Altstadthaus. Rezeption 9–18 Uhr. Am besten an der Casa da Cultura orientieren: rechts vom Kulturzentrum in die Straße Richtung Junta de Freguesia und dann übernächstes Eckhaus links. Die 13 DZ auf 3 Etagen (kein Aufzug) fallen in der Größe sehr unterschiedlich aus – teilweise für bis zu 4 Pers., im 3. Stock mit Dachschräge. Zimmer Nr. 30 und 43 mit Meerblick. Die Zimmer im EG haben einen eigenen Eingang von der Gasse aus und sind etwas hellhöriger. Alle Zimmer mit modernen Bädern, Kabel-TV, Heizung und Kühlschrank, teilweise auch Küchenzeile. WLAN kostenlos. Außerdem werden mehrere Altstadt-Appartements vermietet. Es wird kein Frühstück angeboten. Travessa do Honrado, 1, ☎ 261866 837 und 910273502, casadasaguarelas.pt. €€

Villa Ana Margarida by Nature **8**, relativ zentral, aber überraschend ruhig gelegenes Öko-Resort (Warmwasser aus dem Sonnenkollektor). 6 zweigeschossige Blockhaus-Bungalows um einen Gartenteich mit viel Grün. Nachts quaken die Frösche, tagsüber kann man im Wasser schwimmen. Platz haben pro Blockhaus

Die Küste im Nordwesten → Karte S. 248

jeweils 4 Pers. in 2 Zimmern mit Balkon, Hängematte, TV, Küchenzeile, Dusche und kostenlosem WLAN. Noch mehr Komfort bieten 2 Studios. Man kann auch in mehreren Weinfässern übernachten, die zu einer Art Miniwohnung umgebaut wurden. Ein Gag, der nichts für Klaustrophobiker ist, aber bei vielen Gästen beliebt ist. Grillplatz sowie Aufenthaltsraum, Weinkeller und Garage. Je nach Saison Mindestaufenthalt von 2–6 Nächten. Estrada do Rego, 4, ✆ 261866324, villaanamargarida.com/nature/. **€€**

Casas da Villa **17**, mitten in der Altstadt in der Fußgängerzone (nachts kann es in der Saison etwas lauter werden). 6 modern und bunt gestaltete Altbau-Appartements für bis zu 6 Pers. Die meisten Fewos haben 2 Schlafzimmer, einige auch eine Terrasse. Alle mit TV, eigenem Bad und Küchenzeile. Kaffee und WLAN frei. Rezeption meist nicht besetzt, daher vor Ankunft Kontakt aufnehmen. 3 Nächte Mindestaufenthalt. Es wird kein Frühstück angeboten. Dem Besitzer gehört auch die Bäckerei Pão da Vila, er vermietet zudem weitere Appartements in Ericeira und im nördlich gelegenen Ort Ribamar. Rua 5 de Outubro, 28, ✆ 964 062882. Keine Webseite, Buchung aber über booking.com möglich. **€€**

EcoNature Dagaio **11**, in einem grünem Tal etwa 1,5 km außerhalb des Zentrums liegt die wahrscheinlich außergewöhnlichste Übernachtungsmöglichkeit in der Umgebung Lissabons. In den felsigen Grund des weitläufigen Anwesens mit Teich und „Strandbar" hat der Besitzer Luís von Hand mehrere Höhlen getrieben, die er zu DZ ausgebaut hat. Es gibt auch aus Steinen gemauerte Häuschen „über der Erde". Alle Unterkünfte mit Sofa, Bad, Heizung, Kühlschrank, Küchenzeile mit Holz- oder Elektroherd sowie Grill. WLAN frei. Individueller geht nicht, denn fast alle Einrichtungsgegenstände sind von Luís hergestellte Unikate: Aus angeschwemmtem Holz schreinerte er Hocker, Stämme wurden zu Kleiderständern und Muscheln zu Wasserhähnen. Anfahrt mit dem Pkw: Am Kreisverkehr am Ende der A 21 die Ausfahrt „Fonte Boa dos Nabos" nehmen und in die Rua Alto da Camacha fahren. Nach ca. 350 m rechts in die nächste Straße Richtung Outeirinho. Dieser Straße 700 m folgen, dann rechts in den teilweise geteerten Feldweg (ausgeschildert). Absolut ruhige Lage bis auf das Gebell der Hunde in der Nachbarschaft. Keine Busverbindung, aber zum Zentrum gibt es einen Fußweg. Ohne Frühstück. Mindestaufenthalt 2–5 Nächte. Rua do Vale Covo, ✆ 939251 244, Facebook. **€€**

Hostels **Olive3 Hostel** **16**, benannt nach den 3 Olivenbäumen, die den öffentlichen Brunnen vor dem Hostel säumen. Hauptattraktion ist der große Garten mit Oleandern, der sich hinter den Mauern des ehem. Landgutes versteckt. Inzwischen umgeben von Appartementhäusern, aber dennoch perfekt für sommerliche Grillabende. Nicht mehr in der Fußgängerzone, man hört teilweise Straßengeräusche. Mehrere DZ ab 66 € und Mehrbettzimmer mit Gemeinschaftsbädern ab 26 €/Pers. (je inkl. Frühstück). Am schönsten sind die DZ im OG mit Dielenböden und Gartenblick. Küche kann von Gästen benutzt werden. Waschgelegenheit und Stauraum für Surfbretter. WLAN frei. Largo da Fonte do Cabo, 3, ✆ 917551718, olive3.pt.

Amar Hostel & Suites **10**, nur wenige Gehminuten vom Zentrum an der Abzweigung der Hauptstraße Richtung Busbahnhof gelegen. Großer Garten rund um eine 1933 errichtete, renovierte Villa. Die Sitzecken im Schatten der Kiefern laden zum Verweilen ein. Neben Schlafsälen für 6–8 Pers. ab 20 €/Pers. auch zahlreiche geschmackvoll dekorierte DZ ohne und mit eigenem Bad ab 45 € (Frühstück je 10 €/Pers.). Eine Surfschule (man kann auch Pakete Unterricht plus Übernachtung buchen) und Verleih von Surfequipment, Rädern und Motorrollern sind angeschlossen (s. o.). WLAN frei. Rua Prudêncio Franco da Trindade, 1, ✆ 925307317, amarsurf.com.

meinTipp **Ferienhäuser** **Villa Ana Margarida Beach** **6**, exklusive Lage auf den Felsklippen direkt neben der Praia do Matadouro (Zufahrt zum Strand ausgeschildert). Keine weiteren Häuser in der Nachbarschaft und dennoch nur 1,4 km ins Zentrum. Der portugiesische Besitzer hat 12 traditionelle Häuschen kreativ, bunt und mit viel Liebe fürs Detail renoviert. Die Ferienwohnungen sind mit Küchen und Bädern gut eingerichtet. Vor allem der weitläufige Garten mit seinen 400 Bäumen begeistert: Liegen mit Atlantikblick, Pool, Grillecken, Minigolf, Hühner und Ziegen – es ist einfach alles da! Dazu kommt das Meeresrauschen als konstanter Begleiter. Neben Familien mit Kindern v. a. Surfer unter den Gästen. In den kalten Wintermonaten kann es auf dem Gelände frisch werden, daher nur von Mitte März bis Mitte Nov. geöffnet. Freies WLAN in den öffentlichen Bereichen. Waschmaschinen vorhanden. Parkplatz vor der Tür. Kein Frühstück. Je nach Saison Mindestaufenthalt 2–6 Nächte. Praceta da Praia do Matadouro, ✆ 261866324, villaanamargarida.com/beach. €€

Camping Ericeira Camping **5**, etwa 1 km nördlich der Altstadt Ericeiras. Rezeption 9–20 Uhr (Mitte Juni bis Mitte Sept. 8–22 Uhr). Weniger als 500 m zum nächsten Strand, der Praia da Empa. Weitläufiges Gelände in einem Park mit guten sanitären Anlagen in mehreren Gebäuden. Bar und Supermarkt. Außerdem stehen eine Windmühle und ein Kinderspielplatz auf dem mit Kiefern bewachsenen Platz. Es werden auch Holzbungalows vermietet. Ganzjährig geöffnet. Preis in der Hochsaison: Erw. 6,50 €, Wohnmobil 5 €. Av. São Sebastião, Estrada Nacional 247, km 49,4, ✆ 261862706 und 261862513, ericeiracamping.com. Zum Recherchezeitpunkt im Sommer 2023 war der Campingplatz geschlossen und wurde komplett umgebaut. Auf einem Teil des Geländes soll der neue Stadtpark entstehen, der verbliebene Campingbereich wird vermutlich 2025 wiedereröffnet.

> Wer sich gerne individuell beraten lassen möchte, dem empfehle ich Stay & Surf Ericeira, die Agentur von Silke Giesecke, die lange in Ericeira gewohnt hat (ohne Preisaufschlag): stayandsurfericeira.com.

Essen & Trinken

Golfinho Azul **4**, Do–Di 12–15 Uhr und Do–Sa/Mo 19–21 Uhr. Restaurant oberhalb des São-Lourenço-Strandes (s. o.) etwa 7 km nördlich des Ortszentrums. In São Lourenço dem Schild „Restaurante" folgen. Kaum schlagbarer Meerblick, den man von innen durch ausladende Fensterfronten und von der mit Sonnensegeln geschützten Terassen genießen kann. „Wahrscheinlich der schönste Sonnenuntergang der Welt", wirbt das Restaurant mit einem Augenzwinkern. Gehobene Küche Portugals mit vielen Meeresfrüchten und gegrilltem Fisch, dazu ein paar Fleischgerichte und Salate sowie Curries für Vegetarier im Angebot. Rua das Ribas, 24, São Lourenço, ✆ 261862945, Facebook. €€€

Marisqueira Mar à Vista **21**, Do–Mo 12–22 Uhr, Di 12–15 Uhr. Direkt oberhalb der Praia dos Pescadores. Von einigen Tischen Blick auf das Meer, daher auch der Name des seit 1950 existierenden Traditions-Restaurants. Die Wände sind mit vom Meereswasser rund geschliffenen Steinen „verputzt". Von der Decke baumeln rote Boien und machen das Fischerambiente komplett. Ausschließlich Meeresfrüchte wie *gambas* (große Garnelen) oder Muscheln im Angebot, die schmackhaft zubereitet werden. Das meiste wird nach Gewicht berechnet. Rua de Santo António, 16, ✆ 261862928, marisqueira-mar-a-vista.negocio.site. €€€

meinTipp Sete Sóis **7**, Mi–Mo 12–16 Uhr und Mi–So 19–22 Uhr. Gediegenes Restaurant am Ende der Ladenzeile gegenüber der Capela de São Sebastião. Nicht direkt über dem Atlantik, aber die Terrasse hat dennoch Meerblick. Neben gängiger portugiesischer Küche sind Wildgerichte Spezialität des Hauses. Dazu ist ein vegetarisches Gericht im Angebot. Benannt nach einer Hauptfigur aus dem Mafra-Roman „Memorial do Convento" von José Saramago. Reservierung empfohlen. Av. São Sebastião, 14, ✆ 920262014, Facebook. €€

meinTipp Mar d'Areia **19**, Di–So 12–15 Uhr und Di–Sa 19.30–22 Uhr. Ein kleiner Treppenaufgang in der Nähe der Markthalle führt zu diesem seit 1959 bestehenden Restaurant. In den beiden Speisesälen wird gegrillter Fisch serviert, der zum besten in Ericeira zählt. Frisch, unprätentiös und gut! Wer will, kann sich in der Küche seinen Fisch aussuchen (sie werden meist nach Gewicht berechnet), bevor

Strandblick: Restaurant Golfinho Azul

Die Küste im Nordwesten → Karte S. 248

er auf den Holzkohlegrill wandert. Wer keinen Fisch mag, sollte besser wegbleiben: Sonst gibt es nur ein Fleischgericht zur Auswahl, Vegetarier gehen leer aus. Rua Fonte do Cabo, 49. €€

MeinTipp **Prim 22**, tägl. 12–15 und 19–22 Uhr. An einem kleinen Platz an der Rua 5 de Outubro nur wenige Meter nördlich der Praça da República. Mittelgroßer Raum, breite Fenster auf den Platz vor der Tür. Dort auch einige kleine Holztische im Freien. Fernseher über dem Tresen. Hausspezialität ist die *parrilhada* – gegrilltes Fleisch nach brasilianischer Art. Viele Fleischgerichte, aber auch Fisch und mehrere vegetarische Optionen. Seit vielen Jahren einer meiner Favoriten in Ericeira. Largo do Prim, ✆ 261865230, Instagram. €€

Cervejaria 7 Janelas 23, Do–Di 12–22 Uhr (durchgehend warme Küche). Kleiner, länglicher Speiseraum, der meiner Zählung nach aber von nur 6 Fenstern (und nicht 7, wie der Name nahelegt) gesäumt wird. Lautes und umtriebiges Ambiente. Vor allem Steaks, Burger und Meeresfrüchte sowie eine breite Bierauswahl. Empfehlenswert die schwarzen Linguini mit Garnelen. Aber auch Vegetarier finden ein gutes Angebot. Mo–Fr günstiges Mittagsmenü. Rua 5 de Outubro, 11, ✆ 261020206, Facebook. €€

Tik Tapas 15, Di–So 19–24 Uhr, Sa/So 12–15 Uhr. Im mediterranen Stil eingerichtete Tapas-Bar östlich des Largo de Santa Marta und der gleichnamigen Kirche. An der Wand das Markenzeichen des Hauses, eine Uhr. WLAN-Internetzugang. Weite Fenster, die zur überdachten Terrasse hinausgehen. Leckere Weine im Angebot – nicht nur als ganze Flasche, auch als Glas. Zahlreiche Tapas mit Fleisch und Fisch, aber sehr viele auch vegetarisch. Eine weitere Filiale, das Tik Tak, liegt im Zentrum (Rua 5 de Outubro, 7). Rua do Ericeira, 15, ✆ 261869235, Facebook. €€

Cafés **Casa Portuguesa 24**, Fr–Mi 9–16 und 18–22 Uhr (Sa/So durchgehend). Café-Restaurant, das sich v. a. für ein ausgedehntes Frühstück anbietet. Mit seiner Fassade aus blauen Azulejos nicht zu übersehen. Besonders schön die Sitzgelegenheiten unter der Markise am Rand der Fußgängerzone. Neben Crepes und *petiscos* (portugiesische Tapas) mittags und abends ebenfalls Hauptgerichte (auch vegetarische Optionen). Rua 5 de Outubro, 8, ✆ 261866220, Facebook.

Pão da Vila Central 26, tägl. 7–20 Uhr. Sicher nicht das gemütlichste oder hippste Café, aber seit Jahrzehnten der Treffpunkt schlechthin in Ericeira (seit 2019 wird es von der Pão da Vila-Bäckerei betrieben). Wer auf der Terrasse eine *bica* trinken und dabei das Treiben auf dem Hauptplatz studieren möchte, ist hiermit gut beraten. Auch viele Stühle im Innenraum (auf dem TV läuft meist Fußball). Praça da República, 7, ✆ 962294755, paodavila.pt.

Pão da Vila Jogo da Bola 27, tägl. 7–21 Uhr. Stammhaus der Bäckerei-Kette aus Ericeira mit leckeren Spezialitäten aus eigener Fabrikation. Empfehlenswerte *queijadas* (Quarktörtchen) und *queques* (Rührteigküchlein) in zahlreichen Varianten. Innen nur Stehplätze, außen auf dem Hauptplatz aber ein paar Tische (Selbstbedienung). Die Praça da República wird im Volksmund auch *Jogo da Bola* genannt, „Ballspielplatz", daher der Name der Bäckerei. Praça da República, 12-B, ✆ 936914368, paodavila.pt.

Ouriço Terrace 14, tägl. 13–20 Uhr. Kiosk mit einigen Tischen unter Schatten spendenden Schirmen. Preislich über dem normalen Niveau, aber dafür genießt man hier direkt auf den Klippen einen außergewöhnlichen Meerblick. Hoch über dem Atlantik lassen sich die Wellen gut beoachten. Gehört zur gleichnamigen Diskothek, die sich seit 1960 gegenüber befindet. Rua Capitão João Lopes, 9/Tv. do Caminho Novo, 7, ✆ 927378882, Facebook.

Eisdiele **Pastelaria Geladaria Veneza 28**, Fr–Mi 7.30–20 Uhr (im Sommer teilweise länger). Handwerklich hergestelltes Eis und süße Gebäckteilchen. Einige Tische, aber auch Hörnchen auf die Hand. Praça da República, 16, ✆ 261862652, Instagram.

Nachtleben

Adega Bar 1987 13, Di–Sa 17–1 Uhr (Fr/Sa bis 2 Uhr). Einfache Bar unweit des Largo de Santa Marta, die tatsächlich seit 1987 existiert. Unter den Einheimischen beliebter Treffpunkt, u. a. wegen der günstigen Preise und der regelmäßigen Live-Musik. Bier 1,30 €. Auch *petiscos* wie Toasts, Salate, gebratene Würste und Käse. Im Winter sorgt der offene Kamin für gemütliche Wärme. Rauchen erlaubt. Rua Alves Crespo, 3, ✆ 938217602, Facebook.

Tubo Ericeira Bar 25, Mo–Sa 18–2 Uhr (im Winter Mo zu). Kleine Bar, die sich seit Jahren als Anlaufpunkt im Nachtleben von Ericeira etabliert hat, vor allem für seine Live-Konzerte in der Gasse vor der Tür berühmt. Surferdeko, über dem Tresen schwebt die namensgebende Welle als Gipsskulptur. Bier 1,50 €. Travessa da Esperança, 3, ✆ 261863168, Facebook.

Alto da Vela: der perfekte Blick auf Santa Cruz und seine Strände

Santa Cruz

Etwa 50 km nordwestlich von Lissabon erstrecken sich zahlreiche schöne Strände rund um den Wellenreiter-Ort Santa Cruz. Wer in der Nebensaison entspannte Ruhe sucht, könnte hier fündig werden. Im Sommer dagegen tummeln sich die Badegäste und sorgen für pulsierendes Strandleben.

Die Szenerie erinnert etwas an Westerland auf Sylt: Ein paar hässliche Betonbauten verschandeln die alte Bäderarchitektur, doch die Schönheit der umgebenden Natur zieht den Besucher schnell in ihren Bann.

Der Ort selbst hat nur wenige Einwohner, die meisten Wohnungen sind reine Zweitappartements für den Sommer. Mehr Menschen wohnen dagegen im benachbarten Dorf Silveira. Außerhalb der Sommermonate ist Santa Cruz daher deutlich weniger belebt als Ericeira, die andere Wellenreiter-Hochburg. Doch so mancher Besucher findet gerade die Ruhe in der Nebensaison attraktiv, genießt bei einem Spaziergang die einsamen Strände oder entspannt auf der Terrasse einer der zahlreichen Beach-Bars bei einem Kaffee.

Der beste Blick auf Santa Cruz öffnet sich vom Aussichtspunkt **Alto da Vela**, am Südende des Ortes gelegen und über einen Spaziergang entlang der Küste gut zu erreichen. Am Horizont kann man im Nordwesten die Hafenstadt Peniche und die ihr vorgelagerte Inselgruppe der Berlengas erspähen.

Geschichte: Bis 1908 die Straßenverbindung nach Torres Vedras gebaut wurde, war Santa Cruz ein völlig verschlafenes Fischernest. Mit der Verkehrsanbindung kamen die ersten Touristen,

Hotels eröffneten und ein (heute nicht mehr existierendes) Casino zog zahlreiche Glücksspieler an. Nach dem Zweiten Weltkrieg folgte dagegen eine Phase des Niedergangs und des ungezügelten Massentourismus. In den 1970er-Jahren baute man die Betonblocks im Viertel Pisão, die noch heute die Skyline verschandeln. Doch inzwischen setzt auch Santa Cruz auf Klasse statt Masse. Zahlreiche für die historische Bäderarchitektur typische Gebäude wie die Pensão Mar Lindo im Ortszentrum hat man renoviert. Neben Portugiesen finden v. a. französische Touristen an dem Ort Gefallen, deutsche Gäste kommen dagegen (noch) relativ wenige.

Strände in und um Santa Cruz

Im Ort

Den meisten Besuchern fällt zuerst der bogenförmige Felsen **Penedo do Guincho** ins Auge. Bei Ebbe kann man den Guincho-Felsbogen trockenen Fußes erreichen, ansonsten steht das „Postkartenmotiv" von Santa Cruz meist mitten im Wasser und wird von Wellen umspült.

Praia do Guincho und Praia Formosa: Nach dem Felsen wurden auch die benachbarte Bucht und der zugehörige Sandstrand Praia do Guincho benannt. Nach Süden erreicht man über einen Durchgang an einer Felsnase die nächste Bucht, die Praia Formosa. Dieser kleine Strand verschwindet bei Flut komplett unter Wasser, ist aber als einer der wenigen Strände gut vor den meist aus Nordwesten ankommenden Wellen geschützt. Vor allem neben der „Krokodilsrampe" *(Rampa dos Crocodilos)* können Kinder gut baden. In der Badesaison finden sich hier ein Strandcafé, Duschen und Rettungsschwimmer. Das ganze Jahr über kann man über befestigte Fußwege zu Aussichtspunkten auf der Felsnase gelangen. Von hier aus kann man, sofern die Wellen nicht zu hoch schäumen, direkt über der Brandung den Blick auf den Guincho-Felsen genießen.

Praia de Santa Cruz: Nördlich der Praia do Guincho wird die Küste über 2 km ununterbrochen von herrlich hellem Sand gesäumt. Das Wasser ist praktisch felsenfrei – ideale Bedingungen

Die Küste im Nordwesten → Karte S. 248

Die Praia de Santa Helena und ihr weitbekanntes Türmchen

Schlanker Turm für holde Maid

Neben der Praia de Santa Helena fällt ein schlankes Türmchen ins Auge. Ein reicher Bürger soll es in den 1930er-Jahren erbaut haben, so heißt es, um von oben eine hübsche Angestellte der nahen Pensão Mar Lindo besser beobachten zu können. Bei der Form hatte er sich – heute noch gut sichtbar – vom Turm des Palazzo Vecchio, dem Rathaus von Florenz, inspirieren lassen. Ob die baulichen Mühen die holde Maid beeindruckt haben oder ob sie eher entnervt vor so viel Spannerei das Weite suchte, darüber schweigt sich die Legende leider aus.

zum Schwimmen und Surfen. Der gesamte Strand wird auch als Praia de Santa Cruz bezeichnet, gebräuchlicher sind aber die Namen der einzelnen Abschnitte (von Süd nach Nord): **Praia da Azenha, Praia de Santa Helena, Praia Centro, Praia da Física, Praia do Mirante, Praia do Navio** und **Praia da Vigia.** Eingerahmt werden alle von niedrigen Klippen und vereinzelten Strandbars, die in der Badesaison dafür verantwortlich sind, Rettungsschwimmer zu stellen. Nur der nördlichste Abschnitt, die Praia da Vigia (manchmal auch „Praia do Amanhã" genannt), weicht davon ab: Hier sind die Klippen höher und zerklüfteter, ein Strandcafé und Rettungsschwimmer gibt es nicht. Dafür hat man hier am Nordende der Praia de Santa Cruz deutlich mehr Platz für sein Badetuch als an den zentraler gelegenen Abschnitten.

Alle Strände sind über kurze Stichstraßen (inkl. jeweils einiger Parkplätze) von der Avenida do Atlântico zu erreichen, nur die Praia da Vigia ist etwas weiter (ca. 500 m) von dieser zentralen Uferstraße entfernt. Im Sommer sorgt das Touristenzüglein *Comboio Turístico* für den Transport (s. o.).

Nördlich von Santa Cruz

Praia da Mexilhoeira und Praia do Seixo: Die Praia da Mexilhoeira liegt abgeschieden unter schön gemaserten hellbraunen Klippen. In der Mitte stürzt ein Bächlein in einem kleinen Wasserfall von den Felsen. Felsquader vervollständigen die Idylle an diesem herrlich gelegenen Sandstrand. Wenn man den felsigen Bereich am Nordende umgeht, kann man bei niedrigem Wasserstand die benachbarte Praia do Seixo erreichen. Dieser manchmal auch „Praia do Porto das Barcas" genannte Strand ist ähnlich schön und einsam.

Von Santa Cruz Richtung Póvoa de Penafirme (Nachbarort) und dort am Kreisverkehr (hier auch Bushaltestelle) Richtung Lourinhã/Casal do Seixo. Nach 600 m links abbiegen (ausgeschildert), dann noch 700 m über die ungeteerte Rua da Oliveirinha zum Parkplatz, von da führt eine Steintreppe zum Strand. Bei Ebbe auch ab der Praia da Vigia zu Fuß erreichbar, wenn man dem Ufer ca. 500 m nach Norden folgt (man muss aber eine rutschige Felspassage überwinden).

Südlich von Santa Cruz

Praia das Amoreiras: Am südlichen Ortsende findet man mit der Praia das Amoreiras einen überraschend naturbelassenen Strand. Wer der steilen Sandpiste die etwa 40 Höhenmeter zum Strand hinunter folgt, vergisst schnell, dass er sich eigentlich noch im Ort befindet – kein Gebäude stört den schönen Anblick des einsamen Sandstrandes. Abstand zu den hellbraun und rötlich schimmernden Klippen zu halten, ist aber empfehlenswert, da diese nicht völlig stabil sind.

Etwa 800 m südlich des Zentrums von Santa Cruz und damit gut zu Fuß zu erreichen. Oberhalb des Strands liegt an der Av. do Alto da Vela ein Parkplatz.

Praia Azul und Praia da Foz do Sizandro: Ein „Geheimtipp" für alle, die auch

Weiter Sandstrand an der Sizandro-Flussmündung: Praia Azul

Die Küste im Nordwesten → Karte S. 248

im Hochsommer einen ruhigen Strandtag verbringen möchten, ist die einsam im breiten Flusstal des Rio Sizandro gelegene Praia Azul. Im Mittelteil des etwa 2 km langen Sandstrandes locken Dünen und Natur pur! Das Feriendorf mit Hotel am Nordende macht dagegen einen etwas künstlichen Eindruck. Auch bei Surfern steht die Praia Azul hoch im Kurs, da es hier keine gefährlichen Felsen im Wasser gibt und nicht so viele Wellenreiter um die besten Spots konkurrieren. Während der Nordteil des Strandes von einer mächtigen Felsklippe begrenzt wird, wird er im Süden rund um das Delta des Rio Sizandro (Fußgängerbrücke) immer flacher und breiter. Dieser Teil nennt sich offiziell Praia da Foz do Sizandro. Sowohl im Norden als auch im Süden gibt es jeweils ein Strandcafé.

Der nördliche Parkplatz an der Praia Azul ist nach etwa 4 km ab Santa Cruz erreicht: Die Nationalstraße N247 Richtung Torres Vedras bis Boavista fahren, dann rechts abbiegen (ausgeschildert). Von Mitte Juli bis Mitte Sept. fährt die Buslinie 795 *TUT Praias* (→ S. 272). Um zu dem südlichen Parkplatz an der Praia da Foz do Sizandro zu kommen, muss man von Santa Cruz einen Umweg von 12 km über Silveira, Casal dos Cochos, Feiteira und Gentias machen, da der Sizandro nur über eine Straßenbrücke im Hinterland gequert werden kann. Man folgt am besten den Schildern „Foz“. Zum südlichen Zugang gibt es keine Busverbindung.

Vom Schiffbruch zur Touristenattraktion

1929 lief der norwegische Frachter *Hay* am Strand von Santa Cruz auf Grund. Das Schiff konnte man nicht mehr flottmachen und wurde schnell zur Attraktion. Touristen gingen an Deck und ließen sich dort fotografieren. Lange Jahre noch war das Wrack zu sehen, heute ist von ihm nur noch der Name des entsprechenden Strandabschnittes geblieben: „Praia do Navio“, wörtlich „Strand des Schiffes“.

Praktische Infos

→ Karte S. 268

Einwohner Santa Cruz: ca. 12.000

Information

Posto de Turismo de Santa Cruz, Di–So 10–13 und 14–18 Uhr (im Juli/Aug. auch Mo). Untergebracht in der Azenha de Santa Cruz, einer schön restaurierten historischen Wassermühle. Im Nebenraum ist eine Ausstellung zur Geschichte der Mühle und des Ortes zu sehen. Rua da Azenha, ✆ 261937524, visitetorresvedras.pt.

Bus

Es gibt keinen Busbahnhof. Die Busse queren den Ort und passieren dabei Jugendherberge, Campingplatz, die Praia Centro im Ortszentrum, die weiteren Strände entlang der Av. Atlântico und den Vorort Póvoa de Penafirme.

Von Torres Vedras: Linie 703 von *Barraqueiro Oeste* über die Hauptstraße und den Ort Ponte do Rol tägl. etwa stündl., Fahrzeit 25 Min. Dazu weitere Busse der Linie 704 über eine etwas nördlichere Strecke und den Ort A-dos-Cunhados in 40 Min. Fahrtdauer. Wer von Lissabon oder anderen größeren Orten nach Santa Cruz möchte, muss immer am Busbahnhof von Torres Vedras umsteigen. barraqueiro-oeste.pt.

Strandbusse

Das Touristenzüglein **Comboio Turístico** fährt von Mitte Juli bis Mitte Sept. tägl. alle 30 Min. von 9–13 und 14–19 Uhr einen Rundkurs mit Start und Ende an der Praia Centro. Zwischenstationen sind Azenha de Santa Cruz (Turismo), Praia Formosa, Rua Gen. Humberto Delgado (Parkplatz), Rua Catarina Eufémia (Kirche), Parque de Campismo/Pousada de Juventude, Praia da Vigia, Praia do Navio, Praia do Mirante, Praia do Pisão und Praia Centro. Fahrpreis 1 €, bis 12 J. frei. cm-tvedras.pt.

Die **Buslinie 795 TUT Praias** von *Barraqueiro Oeste* verbindet zudem weiter außerhalb gelegene Strände von Mitte Juli bis Mitte Sept. mit Santa Cruz. Die Busse verkehren alle 1–2 Std. von der Praia Azul über den Campingplatz und die Praia da Física, Póvoa de Penafirme (Vale de Janelas) und weiter über die N247 und den Ort Santa Rita nach Vimeiro sowie in umgekehrter Richtung. Preis 1,15 € (Tagesticket 2,55 €), bis 6 J. frei.

Taxi

Auto Táxis Torreense, ✆ 917252500 und 261 315094, autotaxistorreense.com.

Parken

In der Nebensaison kein Problem, da sind z. B. auf dem Parkplatz über der Praia Centro meist Plätze frei. In der Hochsaison ist im Zentrum meist kein Durchkommen mehr, da steuert man besser direkt den großen Platz im Süden an der Rua General Humberto Delgado an („Parque de Jogos"). Von dort sind es ca. 500 m ins Zentrum, oder man nimmt den *Comboio Turístico* an die Strände (s. o.).

Fahrrad

Von der Praia das Amoreiras verläuft ein 7 km langer **Fahrradweg** entlang der Küste über die Av. Atlântico bis in den Ortsteil Póvoa de Penafirme und dann weiter nach Praia de Santa Rita.

In die andere Richtung führt der Fuß- und Fahrradweg *Eco Caminho do Sizandro* zur ca. 4 km entfernten Praia Azul bzw. alternativ mit 25 km Gesamtstrecke entlang des Sizandro-Flusses nach Torres Vedras.

Feste

Jährlich verwandelt das **Santa Cruz Ocean Spirit** den Ort im Juli für eine Woche in eine große Wassersport-Arena. Von Wellenreiten über Bodyboard bis zu Skimboard finden nationale und internationale Wettbewerbe statt. Hunderte Sportler und Tausende Besucher tummeln sich tagsüber an den Stränden, abends bringen Konzerte und DJ-Sets Leben in den Ort. oceanspirit.pt.

Ebenfalls im Juli, in manchen Jahren auch schon im Juni, findet hier an einem Tag der **Sommerkarneval** der Karnevalisten aus Torres Vedras mit Umzügen, meist leicht bekleideten Narren und einem Feuerwerk statt. carnavaldetorres.com.

Markthalle

Im kleinen **Mercado Municipal** in der Rua Judite Navarro kann man frischen Fisch, Obst und Gemüse erstehen. Tägl. 7–13 Uhr (Nov. bis April Mo zu). cm-tvedras.pt.

Übernachten

Hotel ***** Areias do Seixo **2**, eines der luxuriösesten Resorts der gesamten Region, ca. 3 km nördlich des Zentrums von Santa Cruz im Vorort Póvoa de Penafirme (am Kreisverkehr Richtung Santa Rita, dann eine Straße nach dem Abzw. Praia da Mexilhoeira links rein). Das Hotel möchte bewusst entschleunigen, dabei helfen Spa, Yoga-Unterricht und Lagerfeuer-Abende. Direkter Strandzugang. 14 sehr geräumige DZ in „Luxus-Öko-Design" aus Naturmaterialien und Beton, alle mit Jacuzzi-Bädern und fast alle mit Meerblick. Dazu 16 Villen für je 6 Pers. mit Küche und Schwimmbad. Nachhaltig: Erdwärme-Heizung, mit Sonnenkollektoren erhitztes Wasser, Gemüse aus dem eigenen Bio-Garten. WLAN kostenlos. 2 Nächte Mindestaufenthalt in den Villen. Kinder unter 16 Jahren dürfen Schwimmbad und Spa nicht benutzen und nur in den Villen übernachten. Praceta do Atlântico, Mexilhoeira, Póvoa de Penafirme, A-dos-Cunhados, ✆ 261936350, areiasdoseixo.com. €€€€

Alojamento Local Noah Surf House **3**, 8 Zimmer mit eigenem Bad im Haupthaus für 4 bis 8 Pers. und daneben 13 Bungalows für 2 bis 4 Pers. (5 davon mit eigener Küche). Teilweise Meerblick. Für Gäste gibt es einen kostenlosen Fahrradverleih und auf dem Dach Jacuzzi und Skatepark. Angeschlossen sind auch ein Restaurant-Café im 1. OG, Surfladen und -schule. Alles mit viel recyceltem Material wie alten Fischerbooten und -netzen eingerichtet. Anfang Jan. bis Anfang Febr. geschl. Av. do Atlântico – Santa Cruz, A-dos-Cunhados, ✆ 261936360, noahsurfhouseportugal.com. €€€

Vila Louro **10**, Gästehaus etwa 3 km südöstlich des Zentrums von Santa Cruz. Den Ort Richtung Torres Vedras/Silveira verlassen und dann im ersten Vorort Boavista an der Ampel links abbiegen (hier auch Bushalt der Linie 703). An der nächsten Kreuzung neben dem Mini-Markt halbrechts in die Rua Francisco Nogueira biegen, bis zu deren ungeteertem Ende fahren, dann links zum Haus abbiegen. Extrem ruhige Lage mit viel Grün. Kiefern und Orangenbäume spenden Schatten. Pool, Grillmöglichkeiten und Spielgeräte für Kinder. Es gibt für die Gäste Fahrräder, mit denen man in ca. 15 Min. am Strand ist. 1 Appartement und 7 schön dekorierte DZ, teilweise mit Dielenböden, Stuckdecken oder Veranda. Alle mit eigenem Bad, Tresor, Minibar, TV und freiem WLAN. Rua dos Silvas, 1, Casal das Pedrosas, Silveira, ✆ 913048848, vilalouro.pt. €€

Hostels Santa Beach House **7**, ruhige Lage hinter der Kirche, ca. 5 Min. zu Fuß ins Zentrum oder an den Strand. Das Hostel wird von einer portugiesischen Familie in ihrem hübschen Einfamilienhaus betrieben. Im EG 2 Schlafsäle mit 4 bzw. 6 Betten ab 20 €/Pers. sowie im OG 6 DZ ab 50 € (kein Frühstück). Bis auf 1 DZ teilen sich alle Zimmer lediglich 2 Gemeinschaftsbäder. Helle Zimmer mit angenehmen Korkböden. WLAN frei. Außerdem Aufenthaltsraum sowie 2 Küchen für die Gästebenutzung. Im Garten kleiner Pool und Grill. Rua Pedro Álvares Cabral, 11, ✆ 917258479, hostelsantacruzportugal.com.

Pousada de Juventude de Santa Cruz **9**, die Jugendherberge liegt am Ortseingang (von Silveira aus kommend). Klassisches Herbergsambiente kommt in den modernen Zimmern nicht auf, da die meisten nur 4 Betten haben und mit Veranda, Küchenzeile und eigenen Bädern sehr luxuriös ausgestattet sind. Flachbild-TV, WLAN frei. Im Schlafsaal ab 22 €/Pers., DZ ab 86 € (je inkl. Frühstück). Mit offiziellem Jugendherbergsausweis oder *Cartão Jovem* 10 % Ermäßigung. Die Jugendherberge befindet sich in einem 2013 eröffneten, etwas steril wirkenden Tourismus-Resort mit großem Schwimmbecken, Tennisplatz und Parkmöglichkeiten. Emprendimento Turístico „Mar Azul", Bloco 6, EN 247, Silveira, ✆ 261933588 und 927441285, pousadasjuventude.pt.

Hostel: Santa Beach House

Die Küste im Nordwesten → Karte S. 248

Camping Parque de Campismo e Caravanismo de Santa Cruz 6, ganzjährig geöffnet. Check-in tägl. 9.30–22 Uhr möglich. Ca. 700 m zum Strand, Bushaltestelle direkt vor der Tür am Kreisverkehr. Riesiger Campingplatz, auf dem bis zu 2500 Menschen unterkommen können. Gehört einem Campingclub. Den meisten Platz nehmen die Wohnwagen der Dauercamper ein, die unter grünen Planen abgestellt sind. Der Bereich für Zelte ist recht sandig und bietet nur wenig Schatten. Einfache sanitäre Anlagen. Minimarkt, Cafeteria, Fußballplatz, Basketballfeld, Spielplatz. Alles wirkt etwas in die Jahre gekommen. 4 €/Pers., Wohnmobil 7,50 €. Ausländer brauchen keinen Mitgliedsausweis. Av. Joaquim Agostinho, Santa Cruz, Silveira, ✆ 261930150 und 969653662, campismosantacruz.pt.

Essen & Trinken/Nachtleben

Restaurants Noah Surf House 3, tägl. 12–15.30 und 18.30–22 Uhr. Gehört zum gleichnamigen Wellenreiter-Hotel: viel Holz, aber auch große Glasflächen, die den Blick zum Meer hin öffnen. Portugiesische Küche mit Fisch und Fleisch. Dazu Vegetarisches und kleine Gerichte wie Hamburger, Toasts und Tapas sowie Kinderteller. Ausladende Terrasse. Angeschlossen ist eine Surfschule. Av. do Atlântico, 2, Santa Cruz, A-dos-Cunhados, ✆ 261936366, noahsurfhouseportugal.com. €€€

Taberna 6ponto9 4, Do–Di 11–22 Uhr. Trotz der Lage an der Uferstraße direkt oberhalb der Praia do Centro nur vom Eingangsbereich Meerblick. Die mit Weinkorken dekorierte kleine Taverne lohnt aber dennoch aufgrund der leckeren, landestypischen Spezialitäten. Toasts, Sandwiches, Suppen sowie Käse- und Wurstteller. Auch Schnecken im Sortiment. Breite Auswahl portugiesischer Weine, geliefert vom gleichnamigen Weinladen nebenan. WLAN frei, TV in der Ecke. Wenige Plätze, daher besser zeitig kommen. Avenida do Atlântico, Bloco 4, Loja 3, ✆ 261938273, 6ponto9.pt. €€

Cafés O Navio 1, Di–So 9–22.30 Uhr. Die nördlichste Strandbar von Santa Cruz (auch im Winter geöffnet). Einsam gelegen. Herrliche Aussicht von der Terrasse und vom Wintergarten aus – man sieht die Wellen peitschen und blickt bis zum Felsen Penedo do Guincho. Auch Restaurantbetrieb, wobei wir das Lokal eher für ein Getränk außerhalb der Essenszeiten empfehlen würden. Praia do Navio, Av. do Atlântico – Santa Cruz, A-dos-Cunhados, ✆ 261 937241, Facebook.

Café Parque 8, tägl. 7–24 Uhr (Fr/Sa bis 1 Uhr). Modernes Café am Kreisverkehr südlich der Fußgängerzone. Beliebt bei den Einheimischen, die wegen der guten Auswahl an leckeren Küchlein und Kuchen kommen. Manche sehen hier auch fern. Einige Tische auf dem Bürgersteig. Rua Rui da Costa Lopes, 2–A, ✆ 261933533, Facebook.

Nachtleben Ar de Bar 5, tägl. 10.30–2 Uhr (Fr/Sa bis 3 Uhr), im Winter meist nur abends und nicht so lange geöffnet. Seit 1982 und damit ein Klassiker des Nachtlebens von Santa Cruz. Untergebracht in einem Häuschen mitten in der Fußgängerzone. Angenehmes Ambiente mit ruhiger Musik. Etwas älteres Publikum als in den anderen Bars von Santa Cruz. Auf der ausladenden Terrasse lässt sich gut bei einem Mojito entspannen. Bier 1,50 €. Largo José Pedro Lopes, ✆ 918612587, Facebook.

Nachtleben-Klassiker in Santa Cruz: Ar de Bar

Die Burg dominiert Torres Vedras

Torres Vedras

Bekannt ist das Städtchen, über dessen hübschen Gassen eine Burg thront, für seinen Karneval. In der Umgebung findet man Befestigungsanlagen, die im 19. Jh. gegen die napoleonischen Invasionen errichtet wurden und als „Linhas de Torres Vedras“ in die Geschichte eingingen.

Zentrum der modernen Stadt ist die **Praça 25 de Abril** mit dem Jardim da Graça. Mitten auf dem Platz erhebt sich ein schlanker Obelisk zur Erinnerung an das portugiesisch-britische Heer, das von 1808 bis 1814 in der *Guerra Peninsular* gegen die Franzosen kämpfte.

Etwas weiter nördlich liegen die beiden zentralen Plätze Praça de São Pedro und Largo Wellington, in deren Mitte die **Igreja de São Pedro** zu finden ist. Die Kirche wurde im 16. Jh. errichtet und mehrere Male umgebaut. Das Ergebnis ist eine wilde Mischung verschiedener Stile. Die Azulejos aus dem 16., 17. und 18. Jh. wollen gar nicht zueinanderpassen. Wirklich schön anzusehen ist aber das manuelinische Eingangstor mit Renaissance-Einflüssen.

Das Wahrzeichen der Stadt, der **Chafariz dos Canos,** steht in der Rua Cândido dos Reis. Dieser Brunnen ist Endpunkt des Aquäduktes, das hinter dem Bahnhof beginnt. Im Jahre 1561 ließ ihn Prinzessin Dona Maria erbauen. Er besteht aus einem Halbkreis von fünf großen gotischen Bögen.

In der Umgebung der Stadt stößt man auf die Ruinen zahlreicher **Windmühlen** – allein 400 soll es im Kreis Torres Vedras geben. Merkwürdig, dass dennoch die Niederlande und nicht Portugal als Land der Windmühlen bekannt geworden sind. Heute stehen zahlreiche moderne Turbinen auf den Hügeln um Torres Vedras und produzieren mithilfe des Winds Strom.

Sehenswertes

Castelo

In heutiger Form 1519 erbaut, allerdings zerstörte das Erdbeben von 1755 den Burgpalast und fünf Türme und auch heute liegt alles weitgehend in Ruinen. Gut erhalten ist das Burg-Kirchlein **Igreja de Santa Maria** aus dem 12. Jh. Kurz vor dem Eingang zum Burgkern befindet sich in einem Wehrturm ein kleines Informationszentrum, das mithilfe von Schautafeln und eines Videofilms Geschichte und Architektur der Burg erläutert. Außerdem sind in dem Turm archäologische Fundstücke aus der Region zu sehen.

Largo Coronel Morais Sarmento. Di–So 10–18 Uhr (Juni bis Aug. bis 19 Uhr), Fei geschl. Das Informationszentrum macht von 13–14 Uhr Mittagspause. Letzter Eintritt 30 Min. vor Schluss. Eintritt frei. ✆ 261148630, visitetorresvedras.pt.

Centro de Interpretação da Comunidade Judaica CICJ

Eine der seltenen Ausstellungen in Portugal zur jüdischen Geschichte. Unterhalb der Burg befand sich einst das jüdische Viertel der Stadt, in dem seit dem Mittelalter etwa 25 Familien wohnten. Ab 1361 musste das Ghetto nachts durch Tore verschlossen werden. Bis 1496, als alle Juden entweder zum Christentum konvertieren oder Portugal verlassen mussten, ist die Geschichte der sogenannten Sepharden gut dokumentiert, danach verlieren sich die Spuren jüdischen Lebens in Torres Vedras. Im kleinen Museum erfährt man einiges über das Leben der Familien und ihre Konflikte mit der römisch-katholischen Kirche. Ein Raum widmet sich der Inquisition, die ab 1536 auch sogenannte Neuchristen, ehemalige Juden, verfolgte.

Largo Padre Jacinto Pio Sobreiro, 1–3. Di–So 10–13 und 14–18 Uhr (Juni bis Aug. bis 19 Uhr), Fei geschl. Eintritt 2 €, 50 % Ermäßigung für Familien und unter 18 J. sowie über 65 J., unter 6 J. frei. ✆ 261148633, cm-tvedras.pt.

> Spartipp: Wer sowohl das jüdische Museum als auch das Stadtmuseum und das Forte de São Vicente besuchen möchte, sollte das Kombiticket für 4 € kaufen.

Igreja e Convento da Graça/Museu Municipal Leonel Trindade

Im Jahre 1578 gründeten Augustiner-Mönche die Kirche und den Konvent auf den Trümmern eines alten Hospitals aus dem 13. Jh. In der Kirche finden sich barocke Heiligenbilder und Schnitzereien aus der ersten Hälfte des

Kreuzgang im Convento da Graça: herrliche Azulejo-Gemälde

17. Jh. Die Mauern des Kreuzgangs sind mit schönen Azulejos aus dem 18. Jh. verziert, auf denen Stationen aus dem Leben von São Gonçalo de Lagos, dem ersten Prior des Augustiner-Konvents, dargestellt sind.

Im ehemaligen Klostergebäude ist heute das Stadtmuseum untergebracht. Fossilien, Werkzeuge und Jagdgeräte aus der Kupfer- und Bronzezeit dokumentieren die Frühgeschichte der Region um Torres Vedras. Einige Funde stammen vom Deutschen Archäologischen Institut (DAI), das seit 1964 in der Region gräbt. Auch Zeugnisse aus der Zeit des römischen *Turres Veteres* sind zu besichtigen. Zudem erfährt der Besucher zahlreiche Einzelheiten über die französische Invasionen und die erfolgreiche Verteidigung durch die portugiesisch-britischen Truppen mittels der *Linhas de Torres Vedras*. Schlachtmodelle, zeitgenössische Waffen und ein Modell der Verteidigungslinien veranschaulichen die Kämpfe.

Praça 25 de Abril, Convento de Nossa Senhora da Graça. Di–So 10–13 und 14–18 Uhr, Fei geschl. Eintritt 2 €, Familien, Studenten und ab 65 J. 50 % Ermäßigung, unter 6 J. frei, ebenso generell sonntags. Zugang zu Kreuzgang und Kirche frei. ✆ 261310485, cm-tvedras.pt.

Forte de São Vicente

Gegenüber dem Burgberg und etwa 1,5 km nördlich der Altstadt befindet sich die ehemalige Hauptfestung der *Linhas de Torres Vedras*, die 1809 zum Schutz der Hauptstadt vor den napoleonischen Invasionen errichtet wurde (s. u.). In Y-Form angelegt, konnten ihre 26 Kanonen die komplette Umgebung beschießen. Hohe Erdwälle im Inneren des Forts schützten die dort stationierten bis zu 2000 Soldaten vor feindlichen Treffern. Beim Bau wurden eine alte Kapelle und drei Windmühlen einbezogen, Letztere wandelte man fix in Munitionsdepots um. Alles ist sehr gut erhalten – nur die Kanonen fehlen.

Forte de São Vicente

Dagegen hat man mehrere der strategisch bedeutsamen Telegrafenmasten nachgebaut, die mit Hilfe von Zeigern und Ballons rein visuell funktionierten. So konnten Nachrichten in sieben Minuten vom Atlantik bis an den Tejo übermittelt werden. Wer genau wissen möchte, wie Übertragung funktionierte, sollte das Besucherzentrum *Centro de Interpretação das Linhas de Torres Vedras (CILT)* im hinteren Teil des Forts besuchen. Hier kann man zudem anschauliche Filme und Schautafeln auf Portugiesisch und Englisch zur Geschichte der napoleonischen Invasion in Portugal sehen.

Rua do Forte de São Vicente. Di–So 10–13 und 14–18 Uhr, Fei geschl. Anfahrt: Aus dem Stadtzentrum über die Rua São Gonçalo de Lagos bis zum Kreisverkehr am Stadtpark, dort links Richtung Santa Cruz und dann kurz darauf die erste Abzweigung rechts nehmen (Rua das Linhas de Torres). Ab Busbahnhof *Terminal* mit der grünen Stadtbuslinie *TUT Linha Verde 796 Paúl–Torres Vedras* auf einem Rundkurs zum Fort. Mo–Fr stündl., Sa 5-mal, So 2-mal. Fahrzeit hin 25 Min., zurück 10 Min. Eintritt ins Fort frei. Besucherzentrum CILT 2 €, 50 % Ermäßigung für Familien, Studenten und ab 65 J., unter 6 J. frei. ✆ 261310483, rhlt.pt.

Auf der Webseite der *Associação Rota Histórica das Linhas de Torres* (rhlt.pt) werden Wanderrouten entlang der Verteidigungslinien empfohlen und weitere geschichtliche Informationen gegeben.

Festungen rund um Lissabon: Linhas de Torres Vedras

Auf den Hügeln der Umgebung wurden Anfang des 19. Jh. zur Abwehr der napoleonischen Invasionen zwei Ketten von Befestigungsanlagen zwischen dem Tejo und dem Atlantik errichtet, die als *Linhas de Torres Vedras* in die Geschichte eingegangen sind. Obwohl mit ihrem Bau 1808 und damit schon zwei Jahre vor der dritten französischen Offensive auf Lissabon begonnen worden war, wussten die Truppen des französischen Generals Masséna nichts von deren Existenz. Portugiesen und Engländer hatten die beiden Festungsreihen in einem wahren Kraftakt von der Atlantikküste bei Santa Cruz über die Hügel von Torres Vedras, Sobral de Monte Agraço und Arruda dos Vinhos bis zum Tejo bei Vila Franca de Xira gebaut. Mit dem Forte de São Vicente stand das zentrale Bauwerk der Verteidigungslinien in Torres Vedras und gab ihnen den Namen. Außerdem hatte man die Burg in der Stadt mit Kanonen und Soldaten verstärkt. Bereits in den Vorjahren hatten die Briten die portugiesische Bevölkerung aufgefordert, alle Landstriche nördlich der Festungslinien zu verlassen und sich hinter die Forts oder in die Berge Mittelportugals zurückzuziehen. Felder und Mühlen mussten sie zerstören, um buchstäblich nur „verbrannte Erde" zurückzulassen. Für die französischen Truppen war der Ausfall der Ernte ein Desaster, da sie keine eigene Versorgungslogistik unterhielten, sondern sich durch Plünderungen ernähren mussten. „Der Krieg ernährt den Krieg", lautete die Devise. Dagegen bezogen die britischen Soldaten per Schiff regelmäßig Lebensmittel aus England, was sie gesund und bei Laune hielt. Nachdem der Vormarsch der napoleonischen Armee an den schwer befestigten Anlagen der Linhas de Torres Vedras zum Erliegen gekommen war, starben in den folgenden Wintermonaten allein 25.000 Soldaten an Krankheiten. Viele desertierten ausgehungert, und demoralisiert zogen sich die Franzosen schließlich weitgehend kampflos zurück – für eine größere Schlacht reichte die Kraft nicht mehr.

Praktische Infos

→ Karte S. 279

Einwohner Torres Vedras: ca. 28.000

Information

Posto de Turismo de Torres Vedras, Di–So 10–13 und 14–18 Uhr. Auch Verkauf lokaler Produkte wie Honig und Wein. Praça da República, ✆ 261310408, visitetorresvedras.pt.

Bus

Der Busbahnhof *(Terminal)* liegt westlich der Altstadt neben dem Ausstellungsgelände *ExpoTorres*. barraqueiro-oeste.pt.

Ab Lissabon: Linie 700 in 40 Min. Fahrzeit über die Autobahn Mo–Fr alle 15–30 Min., Sa/So stündl. ab Ⓜ Campo Grande. Es fahren auch Mo–Fr etwa stündl. und Sa/So alle 1–2 Std. weitere Busse der Linien 701 und 702 über Malveira, die aber 65–90 Min. bis Torres Vedras brauchen.

Neben diesen Regionalbussen gibt es täglich 10 Express-Busse der Rede Expressos (rede-expressos.pt) der Linie Lissabon–Peniche ab dem Busbahnhof Sete Rios (Ⓜ Jardim Zoológico). Fahrzeit 45 Min.

Nach Ericeira (via Assenta, Barril, São Lourenço und Ribamar): Linie 204 Mo–Fr 3-mal, Sa/So 1-mal. Fahrzeit 55 Min.

Nach Mafra: Linie 221 Mo–Fr 8-mal, Sa 3-mal, So 2-mal. Fahrzeit 60 Min.

Nach Santa Cruz: Linie 703 über den Ort Ponte do Rol tägl. etwa stündl., Fahrzeit 25 Min. Dazu weitere Busse der Linie 704 über eine etwas nördlichere Strecke und den Ort A-dos-Cunhados in 40 Min.

Bahn

Ab Lissabon von den Bahnhöfen Santa Apolónia (Ⓜ Santa Apolónia), Entrecampos (Ⓜ Entrecampos) und Sete Rios (Ⓜ Jardim Zoológico): Tägl. 3 direkte Regional-Züge (Karten für Vorortzüge gelten hier nicht). Fahrzeit 90 Min.

Fahrrad

Der Kreis Torres Vedras bietet kostenlose Leihräder namens Agostinhas an. Man muss sich unter Vorlage eines Ausweises registrieren lassen (im Turismo) und eine Anmeldegebühr von 5 €/Woche zahlen und kann dann tägl. 7–22 Uhr an verschiedenen Orten wie dem Busbahnhof Räder leihen. Die max. Nutzungsdauer pro Ausleihe beträgt 4 Std. mobilidade-tvedras.pt.

Vom Ausstellungsgelände *ExpoTorres* im Westen der Stadt führt der schöne Fuß- und Fahrradweg *Eco Caminho do Sizandro* 19 km entlang des Sizandro-Flusses zum Strand Praia Azul. Die Strecke verläuft flach und meist weit von Straßen entfernt. Über eine Abzweigung ist Santa Cruz angebunden. cm-tvedras.pt.

Die Küste im Nordwesten → Karte S. 248

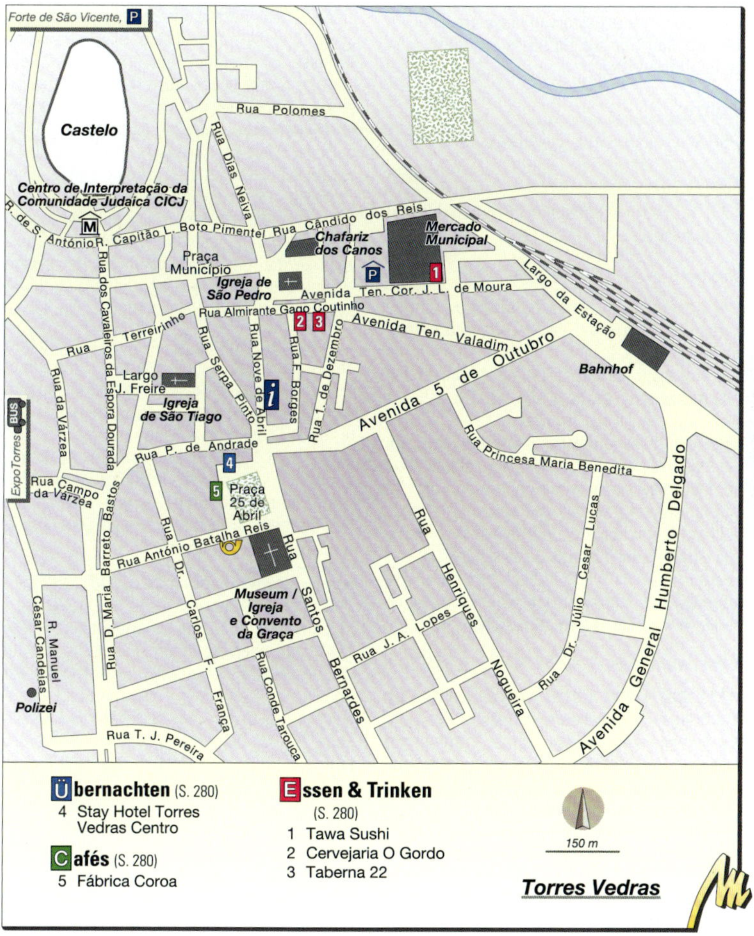

Taxi

Taxistand an der Praça 25 de Abril vor dem Stay Hotel Torres Vedras.

Auto Táxis Torreense, ✆ 917252500 und 261 315094, autotaxistorreense.com.

Mietwagen

Europcar, Rua São Gonçalo de Lagos, 15, Lj. C, ✆ 261317537, europcar.pt. Im Süden der Stadt.

Parken

Die Altstadt ist weitgehend autofrei. Es gibt aber zahlreiche kostenpflichtige Parkplätze in der Tiefgarage am Mercado Municipal. Auch nordwestlich des Castelo findet man rund um die Rua São Gonçalo de Lagos zahlreiche kostenpflichtige Plätze.

Polizei

PSP, Rua Manuel César Candeias, ✆ 261330770.

Post

CTT, Rua António Batalha Reis. Neben der Praça 25 de Abril.

Feste

Der Karneval von Torres Vedras ist als einzige „ernst zu nehmende" Fastnachtsveranstaltung in der Region Lissabon und als größter Karneval Portugals berühmt. Freitags beginnen die Feierlichkeiten mit dem Umzug der Schüler. Der Samstag gilt mit Umzügen am Nachmittag und Abend sowie der traditionellen Schlüsselübergabe an die Narren als Höhepunkt. Weitere Umzüge gibt es am Sonntag und am Faschingsdienstag. Nachts beschallen Live-Bands mit brasilianischer und portugiesischer Musik die Straßen der Altstadt. Schlusspunkt ist der Aschermittwoch mit dem symbolischen Verbrennen der Fastnacht und einem Abschiedsfeuerwerk für die Narren. carnavaldetorres.com.

Übernachten

**** Stay Hotel Torres Vedras Centro **4**, 6-stöckiges Hotelgebäude direkt im Zentrum. Funktionale Architektur ohne historischen Charme. Zimmer mit Sat-TV, Telefon und Klimaanlage. WLAN kostenlos. Teilweise sehr schöner Blick auf die Burg oder den Convento da Graça. 47 Zimmer mit eigenem Badezimmer. Das Frühstück wurde von einigen Gästen angesichts der 4-Sterne-Klassifizierung des Hotels als sehr spartanisch empfunden. Praça 25 de Abril, 17, ✆ 261314232, stayhotels.pt. €

Essen & Trinken

Restaurants Tawa Sushi **1**, Di–So 12.30–15 und 19–23 Uhr. In dem modernen Glasbau auf dem Vorplatz der Markthalle Mercado Municipal wird japanisches Sushi serviert. Überraschend gute Qualität mit Schwerpunkt auf Lachs und Thunfisch. Eine interessante Variante ist das „Hot Sushi", bei dem der Fisch kurz erhitzt wird. Werktags auch preiswertes Mittagsmenü. Praça Central do Mercado Municipal, Avenida Tenente Coronel João Luís de Moura, ✆ 261098057, tawasushi.pt. €€€

meinTipp Taberna 22 **3**, Mo/Di und Do 9–22 Uhr, Mi 9–15 Uhr, Fr/Sa 9–2 Uhr. Modern eingerichtete Restaurant-Bar auf drei Etagen (ganz oben mit gutem Altstadt-Blick) plus kleine Terrasse vor der Tür. Sehr preiswertes Menü mittags, sonst breite Auswahl an portugiesischen Hauptgerichten à la carte mit Fleisch, Fisch, Meeresfrüchten und Nudeln – auch Kinderteller. Viele portugiesische *petiscos* (Tapas), teilweise auch vegetarisch. Meine Empfehlung: *peixinhos da horta* (im Teigmantel frittiertes Gemüse). Die hauptsächlich portugiesischen Gäste schätzen auch die umfangreiche Auswahl an Rot- und Weißweinen aus der Region Lissabon. Rua Almirante Gago Coutinho, 5, ✆ 261 338384 und 964888406, taberna22.com. €€

Cervejaria O Gordo **2**, Mi–Mo 11–23.30 Uhr. Am Eingang des zentral gelegenen Restaurantes präsentiert ein Aquarium direkt die Spezialität des Hauses: Meerestiere. Kühles Ambiente, da Fußboden und Wände mit Marmor verkleidet sind. Vor allem lokales Publikum. Reichhaltige Mahlzeiten, die halben Portionen stillen einen normalen Hunger. Große Auswahl an Nachtischen. Rua Almirante Gago Coutinho, 7-A, ✆ 261323079, Facebook. €

meinTipp **Cafés** Fábrica Coroa **5**, Mo–Sa 9–19.30 Uhr, So 9–13 und 14–18.30 Uhr. Versteckt in einer kleinen Gasse am Hauptplatz. Diese 1940 gegründete Konditorei-Fabrik hat sich auf die Herstellung der aus Bohnenmasse, Zucker und Eigelb bestehenden, leckeren Gebäckspezialität der Region, der *pastéis de feijão,* fokussiert. Etwa 250.000 der süßen Teilchen stellt sie pro Jahr her. Da sie sich etwa 15 Tage lang halten, sind sie als Urlaubsmitbringsel deutlich besser geeignet als die bekannteren *pastéis de nata*. Der Fabrikverkauf findet in einem kleinen Stehcafé statt – hier werden zwar keine Getränke ausgeschenkt, aber man kann die *pastéis* für 1 € das Stück in Ruhe direkt verzehren. Praça 25 de Abril, 11-A, ✆ 261323494, Facebook.

Felsküste am Südrand der Praia Azul

Südlich von Lissabon

Die südlich von Lissabon gelegene Halbinsel zeigt ein kontrastreiches Bild: hier Industrieanlagen, Hafendocks und Wohnsilos – dort Sandstrände, Felsklippen und Weinberge. Wer sich auf Entdeckungstour begibt, findet hier die vielfältigste und spannendste Region der Costa de Lisboa.

Reserva Natural do Estuário do Tejo, bedeutendstes Vogelschutzgebiet Portugals, S. 290

Cabo Espichel, Wildwest-Romantik am Südwestkap, S. 316

Castelo de Palmela, Burg mit perfektem Ausblick, S. 339

Halbinsel von Setúbal

Die Halbinsel von Setúbal wird von den Flüssen Tejo im Norden und Sado im Südosten sowie dem Atlantik im Westen und Südwesten begrenzt. Mit 1582 km² kommt sie in etwa auf eine Fläche, die jener der beiden Städte Berlin und Hamburg zusammen entspricht. Landschaftlicher Höhepunkt ist das Gebirge der Serra da Arrábida, dessen hohe Klippen direkt ins Meer abfallen. Auf der Nordseite des Gebirgszuges gedeihen in einer sanften Hügellandschaft um die Orte Azeitão und Palmela Wein und Oliven. Den Westen der Halbinsel von Setúbal durchziehen dagegen weite, eher flache Pinienwälder.

Am Wochenende sind die Strände beliebtes Ausflugsziel der Lissabonner. Auf der Ponte 25 de Abril, der Hauptverkehrsader Richtung Süden, geht dann teilweise gar nichts mehr. Aber auch wochentags ist die Brücke wegen der vielen Pendler insbesondere zu den Hauptverkehrszeiten oft verstopft. Doch die Fahrt lohnt sich, denn auf der Halbinsel Setúbal gibt es zahlreiche traumhafte Strände. Bereits beim Anflug auf Lissabon sind die fast endlos langen Sandstrände zwischen Costa da Caparica und Aldeia do Meco, die sich ununterbrochen über 25 km erstrecken, gut zu sehen. Hier ist mehr Platz als an allen anderen Stränden der Costa de Lisboa zusammen. Der Wellengang erreicht meist nicht ganz die Stärke der nördlich gelegenen Westküste. Die Strömungen an diesen Stränden sind aber dennoch teils gefährlich und sollten nicht unterschätzt werden. Starke Winterstürme verschieben die Sandbänke mitunter, sodass in der darauffolgenden Badesaison plötzlich an einst sicheren Stellen gefährliche Unterströmungen auftreten können. Im Zweifelsfall hält man sich an die durch Rettungsschwimmer überwachten Bereiche, da ist der Badespaß sicher.

Um die Städte Sesimbra und Setúbal findet man dagegen nur noch kleine Buchten, die zwischen den hoch aufragenden Klippen der Serra da Arrábida und ihren Ausläufern versteckt sind. Im Sommer kann es hier recht voll werden, wenn die Tagesausflügler kommen. Für Kinder sind diese Strände allerdings ideal, da sie in Ost-West-Richtung verlaufen und durch das Cabo Espichel von den Wellenbergen geschützt werden. Das glasklare Wasser und das reiche Unterwasserleben des lokalen Meeresnationalparks locken zudem zahlreiche Taucher und Schnorchler an diesen Küstenabschnitt. Im Winter können aber auch hier hohe Brecher an die Strände rollen, da die Wellenrichtung dann teils von Nordwest auf Süd wechselt.

Praktische Infos

Schiff

Zahlreiche Schiffslinien verbinden Lissabon über das Binnenmeer des Tejo, das „Strohmeer“ *Mar da Palha*, mit den Orten der Tejo-Südseite. Eine Fährfahrt auf die Südseite des Tejo gehört zu den schönsten Kurzausflügen. Von jeder der zahlreichen Linien der Gesellschaft *Transtejo Soflusa (TTSL)* eröffnen sich neue Perspektiven auf Lissabon. Bis auf Cacilhas/Almada sowie Trafaria sind die meisten der von den Fähren bedienten Orte aber touristisch wenig interessant. Architekturfreunde sollten den Fährbahnhof am Terreiro do Paço genauer betrachten: Das 1929 von José Ângelo Cottinelli Telmo entworfene Gebäude gehört zu den ersten modernistischen Bauwerken Portugals.

Einzelfahrkarten für die Fähren müssen auf eine leere *Viva-Viagem*-Chipkarte (auch *Navegante ocasional* genannt) pro Pers. geladen werden (diese kostet 0,50 €). Alternativ funktionieren auch die *Viva-Viagem*-Zapping-Guthaben. Infos: ✆ 808203050, ttsl.pt. Man kann sich auch die TTSL-App (iOS und Android) herunterladen und damit in Echtzeit über Abfahrten informieren.

Bahn

Von Lissabon führt die *Linha do Sul* über die Brücke des 25. April nach Almada und Setúbal. Diese Verbindung war die erste in Portugal, die vom Staat an einen privaten Betreiber vergeben wurde. Gewonnen hat die Ausschreibung *Fertagus*, ein Konsortium aus dem portugiesischen Busunternehmen *Barraqueiro* und dem französischen Verkehrsunternehmen *Connex*. Infos: ✆ 211066363, fertagus.pt. Für Android und iPhone gibt es eine Fertagus-App.

Einzelfahrscheine müssen auch hier auf eine *Viva-Viagem*-Chipkarte geladen werden. Kinder von 4 bis 12 J. sowie Senioren ab 65 J. können bei *Fertagus* ein um 25 % reduziertes Einzelticket lösen *(bilhete simples criança/3ª idade)*.

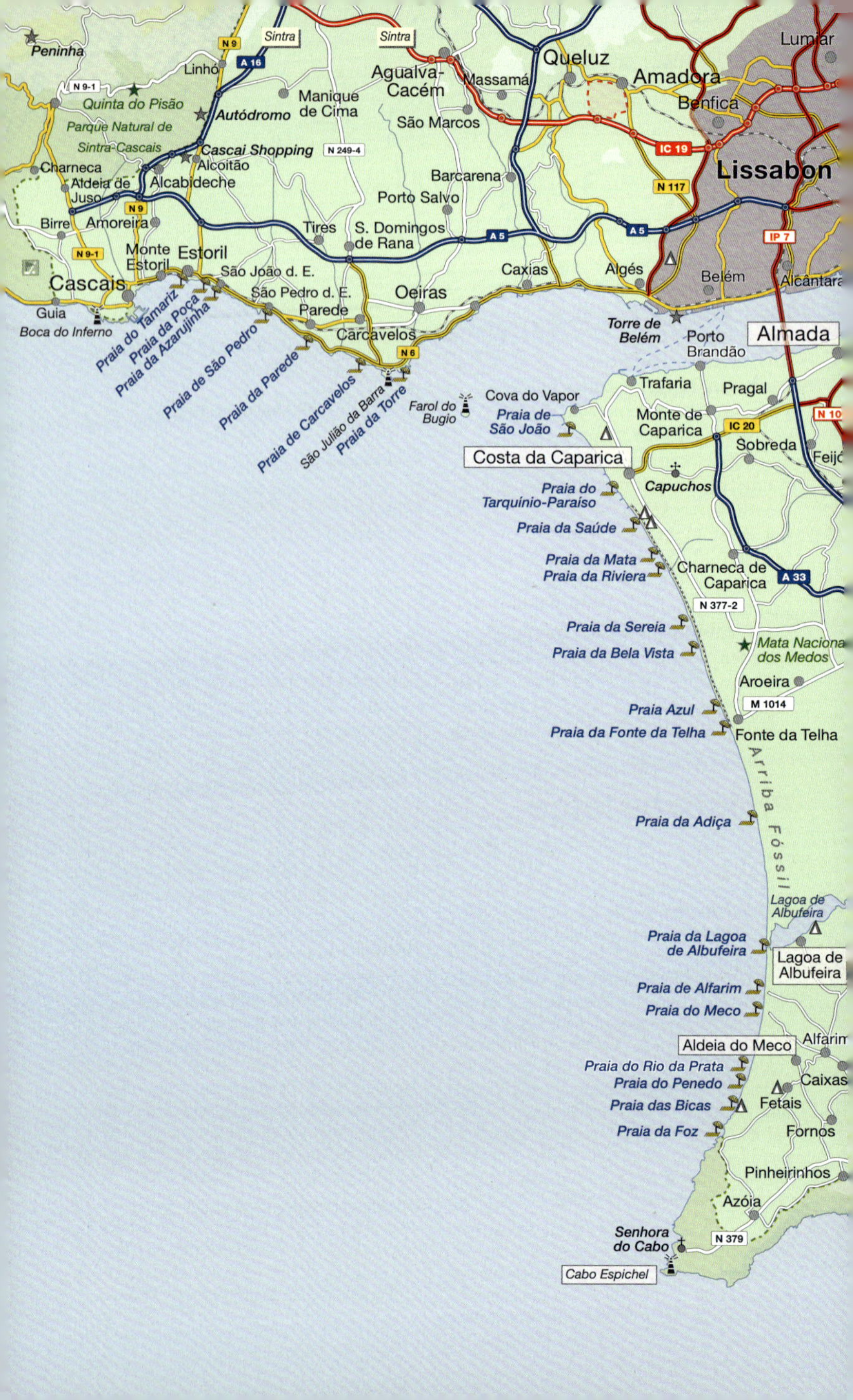

Peninha
N 9
Sintra
Sintra
A 16
Linhó
N 9-1
Quinta do Pisão
Parque Natural de Sintra-Cascais
Autódromo
Manique de Cima
Agualva-Cacém
Massamá
São Marcos
Queluz
Amadora
Lumiar
Benfica
Cascai Shopping
N 249-4
IC 19
Lissabon
Charneca
Alcoitão
Aldeia de Juso
Alcabideche
Barcarena
N 117
Porto Salvo
N 9
Birre
Amoreira
Tires
S. Domingos de Rana
A 5
A 5
IP 7
N 9-1
Monte Estoril
Estoril
São João d. E.
Caxias
Algés
Belém
Alcântara
Cascais
São Pedro d. E.
Oeiras
Guia
Parede
Torre de Belém
Boca do Inferno
Praia do Tamariz
Praia da Poça
Praia da Azarujinha
Carcavelos
Porto Brandão
Almada
N 6
Praia de São Pedro
Praia da Parede
Praia de Carcavelos
São Julião da Barra
Praia da Torre
Farol do Bugio
Cova do Vapor
Trafaria
Pragal
Praia de São João
Monte de Caparica
IC 20
Sobreda
Costa da Caparica
Capuchos
Praia do Tarquínio-Paraíso
Praia da Saúde
Praia da Mata
Praia da Riviera
Charneca de Caparica
A 33
N 377-2
Praia da Sereia
Praia da Bela Vista
Aroeira
M 1014
Praia Azul
Praia da Fonte da Telha
Fonte da Telha
Arriba Fóssil
Praia da Adiça
Lagoa de Albufeira
Praia da Lagoa de Albufeira
Lagoa de Albufeira
Praia de Alfarim
Praia do Meco
Aldeia do Meco
Praia do Rio da Prata
Praia do Penedo
Caixas
Praia das Bicas
Fetais
Praia da Foz
Fornos
Pinheirinhos
Azóia
Senhora do Cabo
N 379
Cabo Espichel

Olivais
Parque das Nações
Marvila
Ponte Vasco da Gama
Alcochete
Lezírias / EVOA
Campo de Tiro de Alcochete
Reserva Natural do Estuário do Tejo
Salinas do Samouco
Barroca de Alva
Rio Tejo
N 119
A 12
Aeroporto do Montijo
Samouco
N 118
N 4
Montijo
Atalaia
Cacilhas
Sarilhos Grandes
Rio Frio
Barreiro
Baixa da Banheira
A 33
N 11
N 252
Laranjeiro
Alhos Vedros
Moita
Seixal
Corroios
Vale da Amoreira
Pinhal Novo
Santo António da Charneca
Arrentela
Paio Pires
Amora
IC 21
Fogueteiro
N 379-2
N 10
A 2
Coina
Alentejo/Algarve
IC 21
Fernão Ferro
Palmela
N 377
Quinta do Anjo
Quinta do Conde
N 379
Vale de Barris
A 12
Brejos de Azeitão
N 252
Parque Natural da Arrábida
Alcube
Vila Fresca de Azeitão
N 378
N 10
Setúbal
Praias do Sado
Vila Nogueira de Azeitão
Espaço Interpretativo da Lagoa Pequena
Aldeia de Irmãos
Aldeia Grande
Praia de Albarquel
Picheleiros
Alto das Vinhas
Convento da Arrábida
Aldeia da Piedade
Tróia
Outão
N 379
Casais da Serra
Praia de Tróia-Bico das Lulas
Maçã
N 379-1
Praia da Figueirinha
Praia de Galapinhos / Galapos
Praia do Creiro
Portinho da Arrábida
Serra da Arrábida
Costa da Galé
Santana
Zambujal
Pedreira do Avelino
Sesimbra
Píncaro 381
Zambujal de Cima
Cabo de Ares
Praia da Califórnia
Praia do Ouro
Praia do Ribeiro do Cavalo
2,5 km
Halbinsel von Setúbal

Vorsicht bei Zapping: Um in den *Fertagus*-Zügen mit Zapping-Guthaben zu fahren, muss man vor dem Fahrtantritt zuerst bei einem *Fertagus*-Automaten die Karte einlesen und das Fahrziel auswählen. Anschließend muss man in den nächsten Minuten am Bahnsteig die Karte vor der Fahrt am *Fertagus*-Lesegerät aktivieren.

In Pinhal Novo trifft die Strecke auf die von der Staatsbahn CP betriebene *Linha do Sado,* eine Vorortstrecke zwischen Barreiro und Setúbal. Auch hier müssen die Tickets auf *Viva-Viagem*-Chipkarten geladen und vor der Fahrt an den Zugangsschranken zum Bahnhof oder am Lesegerät der CP auf dem Bahngleis aktiviert werden. Zapping geht ebenfalls. Infos: cp.pt.

Busse

Zahlreiche Busse verbinden Lissabon direkt mit Orten im Süden, entweder ab Busbahnhof Praça de Espanha (Ⓜ Praça de Espanha) oder ab der Busstation neben der Gare do Oriente (Ⓜ Oriente). So gut wie alle Buslinien auf der Tejo-Südseite werden von der Gesellschaft *Carris Metropolitana* unterhalten. Zapping funktioniert hier ebenfalls und nennt sich *navegante pré-pago.* Der Preis liegt etwa ein Drittel unter dem Preis des Tickets, wenn es an Bord gekauft wird. Infos: ✆ 210418800, carrismetropolitana.pt.

Auto

Die meisten Orte sind gut mit Fähre, Bus oder Bahn zu erreichen, was auch für die Strände an der Costa da Caparica gilt. In der ländlichen, sehr dünn besiedelten Südwestecke der Halbinsel von Setúbal um Lagoa de Albufeira, Aldeia do Meco, Cabo Espichel und in der Serra da Arrábida gibt es dagegen kaum bis keinen Nahverkehr. Wer hier seinen Urlaub verbringen möchte, sollte unbedingt einen Mietwagen einplanen.

Im Westen verbindet die *A2 Autoestrada do Sul* Lissabon mit der Halbinsel von Setúbal und quert den Tejo über die 6-spurige Tejobrücke *Ponte 25 de Abril.* Bei der Querung der Brücke ist der mittlere Fahrstreifen eine gute Wahl, da die beiden äußeren ganz bzw. teilweise aus Gitterrost bestehen. In Süd-Nord-Richtung muss für die Brücke 1,90 € bezahlt werden (in Nord-Süd-Richtung ist die Brücke gebührenfrei). Die A2 selbst ist zwischen der Brücke bis zur Ausfahrt Fogueteiro gebührenfrei, für die restliche Strecke bis Palmela muss Maut bezahlt werden.

Im Osten verläuft die *A12 Autoestrada Sul do Tejo,* zu der die zweitlängste Brücke Europas, die 6-spurige *Ponte Vasco da Gama* gehört. Sie ist auf der ganzen Strecke gebührenpflichtig. Da hier meist deutlich weniger Verkehr als auf der A2 herrscht, sollte man sich für die östliche Route über die A12 entscheiden, wenn man die Wahl hat. Der Preis für die Tejobrücke beträgt 2,90 €/Auto (in Nord-Süd-Richtung ist auch diese Brücke gebührenfrei).

Für eine Querverbindung zwischen diesen beiden Autobahnen sorgt die wenig befahrene *A33 Circular Regional Interior da Península de Setúbal* (*CRIPS,* gebührenpflichtig zwischen Monte da Caparica und Coina, dann bis Montijo gebührenfrei).

Achtung – elektronische Maut: Die Autobahn A33 ist die einzige im Großraum Lissabon, die nur eine elektronische Bezahlung zulässt! Entweder ist in Ihrem Wagen das *Via-Verde*-System für bargeldloses Bezahlen vorhanden (viele Mietwagenfirmen bieten dies gegen einen kleinen Aufpreis an) oder die Gebühr muss nach der Fahrt innerhalb von 5 Werktagen unter Angabe des Kennzeichens in Geschäften mit dem Payshop-System, z. B. in allen Postämtern, bezahlt werden (payshop.pt). Vorsicht bei baldigem Rückflug aus Portugal: Frühestens 48 Std. nach der Fahrt liegen den Payshop-Filialen die Daten der Mautrechnung vor, vorher kann nicht bezahlt werden. Nach 15 Tagen kann man die Rechnung auch online bezahlen, und zwar über die Seite pagamentodeportagens.pt.

Einen elektronischen Mautrechner *(calculador de portagens)* für alle Autobahnen Portugals findet man unter viaverde.pt sowie unter estradas.pt, Webcams der beiden Tejobrücken unter lusoponte.pt.

Azulejos im Café
Sabores e Encantos de Azeitão

Ideal zum Beobachten von Flamingos: Salinas do Samouco

Halbinsel von Setúbal → Karte S. 284/285

Alcochete

Ländlich wirkende Kleinstadt direkt gegenüber von Lissabon. Die sehenswerte Altstadt und das weitläufige Mündungsgebiet des Tejo sind die Hauptattraktionen des Ortes. Das Tejo-Delta ist einer der besten Orte Europas, um Vögel zu beobachten. So kann man in den Salinen direkt neben Alcochete Flamingos sehen.

Bei einem Besuch von Alcochete fallen zuerst die beiden Kirchen am Rande der Altstadt ins Auge. Am östlichen Ende der Altstadt steht die gotisch-manuelinische Hauptkirche, die **Igreja Matriz,** mit sehenswerten blau-weißen Azulejos.

Am westlichen Ende des historischen Stadtkerns dagegen liegt die **Igreja da Misericórdia** aus dem 16. Jh. mit einem beachtenswerten Hochaltar und schönen Deckengemälden. Hier ist mittlerweile das städtische Museum für sakrale Kunst **Museu Municipal/Núcleo de Arte Sacra** untergebracht, das religiöse Kunstgegenstände ausstellt. Vor der Kirche kann man auf einem langen Bootsanlegesteg mit teilweise farbenprächtigen Fischerbooten entlangspazieren. Hier fuhren früher einmal die Fähren nach Lissabon ab.

Largo da Misericórdia. April bis Sept.: Di 14–18 Uhr, Mi–Fr 10.30–12.30 und 14.30–18 Uhr, Sa 14.30–18.30 Uhr, So 10.30–12.30 und 14.30–18.30 Uhr. Okt. bis März: Di 14–17 Uhr, Mi–Fr 10–12.30 und 14–17 Uhr, Sa 14–17.30 Uhr, So 10–12.30 und 14–17.30 Uhr. Jeweils Fei geschl. Eintritt 2,38 €, Studenten 50 % Ermäßigung, bis 15 J. und ab 65 J. frei, So vormittags generell frei. ✆ 212348654, cm-alcochete.pt.

An der **Praia dos Moinhos,** dem „Strand der Windmühlen", kann man auch im Tejo-Binnenmeer baden. Die Wasserqualität wurde in den letzten Jahren deutlich verbessert, sodass die lokale Bevölkerung im Sommer den langen Strand samt seinen Cafés zahlreich aufsucht. Im Gegensatz zum Atlantik ist das Wasser hier deutlich wärmer, sodass man lange baden kann, ohne zu frieren. Der ein oder andere wird aber das klare Blau des Ozeans vermissen, hier ist es deutlich trüber. Bei Ebbe zieht sich das Wasser teilweise auch recht weit zurück und wird sehr flach – für kleinere Kinder ein Vorteil. Ebenso genießt man beim Baden eine ungewöhnliche Sicht auf Lissabon – alles in allem also ein recht besonderes Strandambiente!

Namensgebend waren die hier gelegenen Windmühlen, deren Ruinen man noch gut sehen kann. Die Brise nutzen heute vor allem Kite- und Windsurfer, für die der Westteil des Strandes reserviert ist (es gibt auch eine Kitesurfschule).

Von der Innenstadt gut zu Fuß zu erreichen: Es geht etwa 1 km entlang der fußgängerfreundlichen Uferpromenade.

Praktische Infos

→ Karte S. 289

Einwohner Alcochete: ca. 13.000

Information

Turismo am Largo da Misericórdia im Museu Municipal/Núcleo de Arte Sacra, Di–So 10–13 und 14–17.30 Uhr, Fei geschl. ✆ 212348655, cm-alcochete.pt.

Bus

In Alcochete fahren die Busse der Carris Metropolitana südlich der Altstadt in der Avenida da Revolução (Ecke Rua Dr. Ciprião de Figueiredo) ab.

Ab Lissabon: Direkt ab der Gare do Oriente (Ⓜ Oriente) über die Ponte Vasco da Gama mit den Linien 4702 (Richtung Valbom), 4703 (Richtung Montijo) und 4704 (Richtung Atalaia). Abfahrt Nordseite Avenida da Revolução. Mo–Fr alle 30 Min., Sa/So stündl. Fahrzeit ca. 30 Min.

Nach Setúbal (über Montijo): Linie 4512 Mo–Fr alle 30–60 Min., Sa/So alle 1–2 Std. Abfahrt Südseite Avenida da Revolução. Fahrzeit 70 Min.

Taxi

Táxis Alcochete, ✆ 912755616 und 265144090, taxisalcochete.pt.

Parken

In der Altstadt gibt es kaum Plätze, daher parkt man besser am Rand, am besten geht das an der Uferpromenade Av. Dom Manuel I.

Beschaulich:
das Zentrum von Alcochete

Einkaufszentrum/Kino

Freeport, tägl. 10–22 Uhr. Outlet-Zentrum östlich der Stadt, mit 75.000 m² eines der größten Europas. Die Busse der Linien 4501, 4502, 4510, 4511, 4512, 4513, 4702, 4703 und 4704 verbinden das Stadtzentrum mit dem Freeport (Abfahrt Nordseite Avenida da Revolução). Die Geschäfte sind unter freiem Himmel angeordnet und teilweise einem Dorf nachempfunden. Dazu gibt es mehrere Kinosäle und ein Kongresszentrum. Das Zentrum ist offensichtlich größer geraten als die Nachfrage und so sind Teile stillgelegt worden. Tägl. 10–22 Uhr (Fr/Sa und vor Fei bis 23 Uhr), Restaurants je 1 Std. länger geöffnet. Av. Euro 2004, ✆ 212343501, freeport.pt.

Feste

Am 2. Wochenende im Aug. und an den darauffolgenden Tagen findet in der Stadt die **Festa do Barrete Verde e das Salinas** statt. Hauptattraktion dieser einwöchigen Veranstaltung sind die täglichen Stierhatzen *(largadas de touros),* die Fr–Di täglich abends und teilweise auch

nachts sowie Di morgens stattfinden. Die Stiere werden von Reitern auf den Feldern zusammengetrieben und durch die Straßen der Stadt gejagt (sie werden über die Uferpromenade Av. D. Manuel I in die Altstadt gebracht). Ein gefährliches Spektakel, bei dem es fast jährlich Verletzte gibt. Genaues Programm: cm-alcochete.pt.

Polizei

GNR, Rua Dona Maria Teresa de Noronha, 105, ✆ 217657600.

Post

CTT, Rua Ruy de Sousa Vinagre, 25.

Übernachten

****** Praia do Sal Resort 4**, großzügig geschnittenes, ruhig gelegenes Appartementhotel etwa 1,5 km außerhalb des Zentrums. Direkter Zugang zum Strand Praia dos Moinhos, die Salinen befinden sich in direkter Nachbarschaft. Zwischen den modernen Hotelflügeln großer Innenhof mit Terrassencafé und -restaurant sowie Salzwasser-Schwimmbecken für Erwachsene und Kinder (Badekappenpflicht). Insgesamt 35 Zimmer mit Küchenzeile und Appartements für 2–6 Pers., alle mit Veranda, viele mit schönem Blick auf das Tejo-Binnenmeer. WLAN frei. Spa-Bereich, Garage und Leihfahrräder für Gäste. Teilweise 2–3 Nächte Mindestaufenthalt. Passeio das Caravelas, ✆ 212343165, praiadosal.com. **€€€**

Alojamento Local Quinta da Praia das Fontes **3**, Bed & Breakfast am Tejo-Ufer-Park. Der Palast aus dem 16. Jh. bietet herrschaftliches Ambiente in 5 Zimmern, 4 Appartements mit eigener Küche sowie einer Suite. Die Quinta besticht durch ihre Lage mit Blick auf Lissabon sowie durch einen schönen Garten mit Orangenbäumen. Außerdem Schwimmbecken und Tennisplatz. WLAN frei. Ruhiges Ambiente. Largo do Marquês de Soydos, ✆ 212340191, quintapraiafontes.com.pt. **€**

Halbinsel von Setúbal → Karte S. 284/285

Essen & Trinken

meinTipp Joana Come a Tapa **2**, Do–So 12–16.30 und 18.30–22 Uhr. Breites Angebot an Tapas, darunter auch ungewöhnliche wie Fasan *(faisão)* oder Taschenmessermuscheln *(lingueirão)*, auch mehrere vegetarische Möglichkeiten. Ideal für alle, die eine Alternative zu den üblichen Fisch- und Fleischgerichten suchen. Sehr leckeres Couvert. Enger Innenraum und einige Tische in der Fußgängerzone vor der Tür. Reservierung empfohlen. Rua Comendador Estêvão de Oliveira, 6, ✆ 925876858, joanacomeatapa.negocio.site. €

O Marítimo **1**, Di–So 12–14 und Di–Sa 19–21 Uhr. Mitten in der Altstadt-Fußgängerzone. Ein kleiner Speisesaal, dekoriert mit Schiffsmodellen und zwei Fernsehern. Auf der Gasse stehen bei gutem Wetter auch einige Tische. Traditionelle portugiesische Küche. Spezialität sind *caldeiradas* (Fischeintöpfe). Hauptgerichte mit Fisch und Fleisch (keine vegetarische Optionen). Rua Comendador Estêvão de Oliveira, 41, ✆ 212342625, Facebook. €

Reserva Natural do Estuário do Tejo

Das Tejo-Delta ist das größte Flussmündungsgebiet Portugals und gilt als eines der ökologisch bedeutendsten Feuchtgebiete Europas. Zugvögel nutzen es als Raststation zwischen Afrika und Nordeuropa. Keine europäische Hauptstadt kann mit so guten Vogelbeobachtungsmöglichkeiten in der unmittelbaren Nähe aufwarten wie Lissabon.

Seit 1976 stehen das praktisch menschenleere Ostufer des Tejo-Binnenmeers Mar da Palha und zahlreiche vorgelagerte Inseln unter Naturschutz und bilden die 150 km² große Reserva Natural do Estuário do Tejo. Sie ist damit etwas größer als das Stadtgebiet Bonns. Die lohnendste Besuchszeit sind die Monate September bis April: Im Januar halten sich in den weitläufigen Sumpfgebieten über 100.000 Vögel auf. Aus dem deutschen Wattenmeer ziehen zwischen November und Februar z. B. die Säbelschnäbler ans Tejo-Delta – zeitweise befinden sich hier bis zu 50 % der in ganz Westeuropa vorkommenden Exemplare. Der taubengroße Vogel gehört mit seinem säbelförmigen Schnabel, dem schwarz-weißen Kopf sowie den hohen Beinen zu den auffälligsten Arten. Mit seinem Schnabel durchpflügt er bei Ebbe das schlammige Flachwasser und filtert Krebse, Würmer und Insekten aus dem Schlick.

Im Herbst und im Frühjahr kann man sogar Flamingos beobachten, die von den beiden einzigen europäischen Flamingo-Kolonien in der französischen Camargue und dem andalusischen Lago Fuente de Piedra hierher geflogen kommen. Fast immer zu sehen sind Bussarde, Reiher sowie Enten aller möglichen Arten, Farben und Schattierungen.

Vogelbeobachtungs-Touren: Der Lissabonner Biologe João Jara bietet mit seiner Firma *Birds & Nature* geführte Touren auf Englisch und Portugiesisch ins Tejo- und Sado-Delta an. Start und Ende der Touren ist in Lissabon. Halbtagestour für 1 Pers. 130 €, für 2 Pers. 170 €. ✆ 913299990, birds.pt.

Salinas do Samouco

Seit dem 17. Jh. wird neben der Praia dos Moinhos am westlichen Ortsrand von Alcochete Salz in Salinen gewonnen. Sie werden in den Sommermonaten über Kanäle mit Salzwasser aus dem Tejo-Delta gefüllt. Anschließend wird der Kanal verschlossen und man lässt das Wasser verdunsten. Wenn ein gewisser Salzgehalt erreicht ist, wird die Flüssigkeit in das nächste Becken geleitet, wo sie weiter eintrocknet. Das wird mehrfach wiederholt, bis nur noch Meersalz vorhanden ist, das dann entweder von Hand mit Holzschiebern oder mechanisch mit Maschinen zu großen Salzhaufen aufgeschichtet wird. Die oberste, hauchdünne Schicht, die sogenannte Salzblume *(flor de sal)*, gilt dabei als besonders aromatisch und wird getrennt geerntet. Das kostbare Fleur de Sel schmeckt weicher und milder als das körnige Meersalz und wird nicht zum Kochen, sondern nur zum Verfeinern von Speisen verwendet. Es wird an der Rezeption in verschiedenen Packungsgrößen verkauft und eignet sich gut als Urlaubsmitbringsel.

Früher war die Salzproduktion ein wichtiger lokaler Wirtschaftszweig, auch heute werden von den einst 56 Salinenbecken noch etwa ein halbes Dutzend durch die Umweltstiftung *Fundação para a Protecção e Gestão Ambiental* betrieben; in erster Linie aus Naturschutzgründen, da sie vielen Vögeln als Nahrungsquelle dienen.

Auf Wanderungen durch die flachen Salzteiche kann man v. a. im Winter Flamingos und andere für das Tejo-Delta typische Vögel beobachten. Es gibt drei mit unterschiedlichen Farben ausgeschilderte Wege zwischen zwei und sechs Kilometern Länge, die alle leicht zu begehen sind und sich zwischen den niedrigen Erddämmen und den flachen Salzwasserbecken hindurchschlängeln.

Mo–Fr 8–17 Uhr, Sa/So 10–19 Uhr (Okt. bis Febr. 8–17 Uhr). Als spätester Eintritt wird 2 Std. vor Schluss empfohlen, um genug Zeit für den Besuch der Salinen zu haben. Eintritt 4 €, ab 65 J. 2,50 €, bis 17 J. 3 €, bis 5 J. frei. Vom Ortskern in Alcochete über die Av. 25 de Abril Richtung Samouco, am Kreisverkehr beim Centro Cultural rechts, am Resort Praia do Sal vorbei und dann weiter geradeaus über eine schmale Teerstraße bis zur Rezeption. Palácio dos Pinheirinhos, Complexo das Salinas do Samouco, ✆ 212348070, salinasdosamouco.pt.

Ein Insekten vertreibendes Spray ist im Winter eine gute Idee, da dann viele Stechmücken die Gegend bevölkern.

EVOA – Espaço de Visitação e Observação de Aves

Die besten Chancen im Tejo-Delta und seinem Naturschutzgebiet, Vögel zu beobachten, hat man an diesen drei Lagunen, die sich mitten im Zentrum des Naturschutzgebietes befinden und gezielt zum Observationsgebiet ausgebaut wurden. In speziell eingerichteten Unterständen können Biologen und Hobby-Ornithologen die Vögel unauffällig in aller Ruhe beobachten, bestimmen und ihrem Gezwitscher lauschen. Man sollte versuchen, bei Flut zu kommen, da

Einsam im Marschland – die Igreja de Nossa Senhora de Alcamé

Wer das EVOA besucht, sollte schon auf dem weiten Weg durch die Flussniederungen der Lezírias nach Vögeln Ausschau halten: Regelmäßig sind große Schwärme an Störchen, Reihern und Enten zu sehen. Sie finden Futter in den zahlreichen Reisfeldern, auf denen die Lieblingssorte der Portugiesen, der *arroz carolino*, angebaut wird (die kurzen Körner eignen sich gut für Milchreis und Risotto). Ansonsten werden hier Rinder und Schafe gezüchtet und Getreide angebaut. Auf halbem Weg zum Vogelbeobachtungszentrum EVOA taucht rechter Hand am Horizont die mitten im Niemandsland gelegene Wallfahrtskirche Igreja de Nossa Senhora de Alcamé auf. Das Bistum Lissabon ließ sie 1740 für die Landarbeiter erbauen, die auf den riesigen Ackerflächen schuften mussten. Sie sollte für Gottesdienste, Wallfahrten und als Schutz vor Hochwasser dienen, da der Tejo bis zum Bau der Staudämme an seinem Oberlauf regelmäßig das flache Schwemmland der Lezírias überflutete. Meist steht die Kirche nicht offen, der kurze Abstecher dorthin lohnt sich dennoch. Die Szenerie mutet etwas gespenstisch an, bei Nebel fühlt man sich in die US-amerikanische Krimiserie „True Detective" versetzt. Das Wort *Lezíria* stammt übrigens vom arabischen *Al Jazeera* („die Insel").

viele Vögel bei Ebbe die Lagunen zur Nahrungssuche verlassen. Die Führungen durch das abgezäunte EVOA-Gebiet dauern etwa 1,5 Stunden. Wer es bequemer möchte, kann auch ein Elektroauto dazu buchen, dann geht es auch an die Landspitze Ponta de Erva an der Mündung des Rio Sorraia mit Blick auf das Tejo-Binnenmeer. Im Naturschutzzentrum am Eingang kann man an Infotafeln mehr über die verschiedenen Arten erfahren. In der angeschlossenen schönen Cafeteria lässt sich gut essen und trinken und dabei die Aussicht auf die nördlichste Lagune genießen.

Anfahrt: Die Lagunen sind lediglich 8 km Luftlinie von Alcochete entfernt, aber nur mit großen Umwegen zu erreichen (→ Karte in der vorderen Umschlagklappe).

Mit dem Auto von Alcochete aus die Nationalstraße N118 bis Porto Alto und dort dann die N10 Richtung Vila Franca de Xira. Nach etwa 34 km kurz vor der Tejobrücke Ponte Marechal Carmona rechts abbiegen (Schild „Cabo“), unter der Brücke hindurch und durch das Cardal-Tor nach Süden. Dann geht es 12,5 km (ausgeschildert) über ungeteerte Straßen zum EVOA.

Störche in den Lezírias

Von Lissabon mit dem eigenen Wagen zuerst 25 km über die A1 bis Vila Franca de Xira, dann die N10 Richtung Porto Alto und direkt nach der Tejobrücke rechts abbiegen („Cabo“), durch das Cardal-Tor und dann der 12,5 km langen Staubpiste bis zum EVOA folgen. Hinweis: Auf dem Rückweg muss man erst links unter der Brücke hindurch auf die andere Seite der Nationalstraße fahren, da die N10 hier nicht gequert werden darf.

Mit öffentlichen Verkehrsmitteln fährt man am besten von den Lissabonner Bahnhöfen Santa Apolónia (Ⓜ Santa Apolónia) oder Gare do Oriente (Ⓜ Oriente) mit dem Vorortzug nach Vila Franca de Xira nordöstlich von Lissabon. Die Züge fahren tägl. stündl. (Richtung Azambuja) und brauchen ca. 30 Min. Ab dem Bahnhof Vila Franca de Xira dann per Taxi: Xiratáxis, ✆ 968686626, xirataxis.pt. Alternativ kann man auch einen Shuttleservice beim EVOA buchen: ab Vila Franca de Xira für 10 € pro Pers. (weitere Personen der gleichen Familie zahlen je 1 €) oder direkt hin und zurück ab Lissabon für Gruppen ab 2 Pers. für pauschal 95 € (Kontakte s. u.).

Naturschutzzentrum: Tägl. geöffnet. Führungen um 9.30, 11.30, 14 und 16 Uhr. Anmeldung online oder per Telefon verpflichtend. Mo–Fr müssen mindestens 3 Pers. pro Führung teilnehmen (oder bezahlt werden), Sa/So nur 1 Pers. Eintritt 14 € (Führung inkl.), Studenten und ab 65 J. 11 €, bis 12 J. 8 €, unter 6 J. frei, Familien (bis 5 Pers., davon max. 2 Erwachsene) 36 €. Wer mit dem Elektroauto fährt, zahlt 3 € Zuschlag. ✆ 926458963, evoa.pt.

Nächtliche Eulen-Tour

Zu den begeisterndsten Naturerlebnissen in der Region Lissabon zählen die nächtlichen Greifvogel-Touren des EVOA *(Observação de Rapinas Noturnas)*. Sie werden nur etwa 2- bis 3-mal im Monat angeboten (Termine auf der EVOA-Homepage, dort sollte man am besten auch einige Wochen vorher reservieren, da es nur 12 Plätze gibt; Preis 40 € pro Pers.). Mit offenen Elektroautos fährt man nach Sonnenuntergang, von fachkundigen Führern begleitet, etwa zweieinhalb Stunden über die Feldwege der Lezírias. Es ist beeindruckend, wie viele Eulen zu sehen sind. Auf manchen Touren sind es mehr als 100 Tiere. Sie fliegen nachts aus der ganzen Umgebung hierher, um in den Felder und Bewässerungskanälen nach Mäusen, Kröten und Fröschen zu jagen. Hinweis: Da hier nachts auch sehr viele Insekten jagen, sollte man sich unbedingt vorher gut mit einem Abwehrmittel gegen Stechmücken einsprühen.

Früher Schulschiff der portugiesischen Marine: Fragata D. Fernando II e Glória

Halbinsel von Setúbal → Karte S. 284/285

Almada

Almada ist Lissabons unmittelbarer Nachbar auf der Südseite des Tejo und wird von der weithin sichtbaren Christkönig-Statue Cristo Rei überragt. Neben der Aussichtsplattform der Statue bietet auch die Altstadt von Almada einen herrlichen Blick auf Lissabon.

Im Häusermeer Almadas mit seinen hohen Wohnblocks geht der historische Stadtteil **Almada Velha** fast unter. Sehenswert ist er dennoch. Von der Burg Almadas, dem Castelo, ist allerdings nicht viel erhalten geblieben. Außerdem wurde hier die Nationalgarde GNR untergebracht, das Burggelände lässt sich deshalb nicht besichtigen. Der Ortsname „Almada" geht auf das arabische Wort für Mine *al ma'din* zurück, höchstwahrscheinlich aufgrund der seit 1832 stillgelegten Goldmine südlich von Fonte da Telha an der Küste.

Im Stadtteil **Cacilhas,** der für seinen kleinen historischen Ortskern und viele Fischrestaurants bekannt ist, befand sich einst das Zentrum des portugiesischen Schiffsbaus. Noch heute dient Cacilhas mit seinem Hafen als Verkehrsdrehscheibe der Region. Viele Einwohner Almadas, die sog. *Cacilheiros,* pendeln täglich von hier mit der Fähre nach Lissabon zur Arbeit.

Sehenswertes

Fragata D. Fernando II e Glória

Das letzte Segelschiff der portugiesischen Marine und das letzte Schiff des klassischen Typs „Nau", der v. a. auf den Kolonialrouten im Einsatz war. Die Jungfernfahrt fand 1845 auf der Strecke nach Goa (Indien) statt. Später diente der Segler als Schulschiff, bis er 1963 vor Almada komplett ausbrannte. Seit der Restauration liegt das Schiff nun in den ehemaligen Trockendocks der Reparaturwerft *Parry*. Es wurde weitgehend originaltreu eingerichtet und ist sehr sehenswert. Im Dock nebenan findet man das portugiesische U-Boot *Barracuda*, das von 1967 bis 2013 im Einsatz war (nicht zu besichtigen).

Di–So 10–17 Uhr (April bis Okt. bis 18 Uhr), Fei geschl. Eintritt 5 €, Familien 13 €, bis 12 J., Studenten und ab 65 J. 50 % Ermäßigung, bis 3 J. frei. Am ersten So im Monat und am 18.4., 20.5. und 16.11. generell frei. Vorsicht ist bei Gehbehinderungen geboten, das Schiff ist teilweise schwer zu begehen! Doca nº2 da ex Parry & Son, ✆ 212746295, ccm.marinha.pt/pt/dfernando/.

Cais do Ginjal/ Elevador da Boca do Vento

Der lange Kai westlich des Fährhafens in Cacilhas bietet den zahlreichen neugierigen Passanten ein faszinierend morbides Bild: Die Lagerhäuser und Fabrikhallen sind seit der Nelkenrevolution 1974 und dem anschließenden Niedergang der dort ansässigen Industriefirmen und Hafenanlagen dem Verfall preisgegeben. Angler verstecken hier ihre Utensilien, Obdachlose füttern streunende Katzen und Graffiti-Künstler toben sich an den riesigen Wänden aus. Die zahlreichen Erben und Nachfolgefirmen der Familie Teotónio Pereira, in deren Privatbesitz fast der komplette Kai war, konnten sich jahrzehntelang nicht einigen. Inzwischen gibt es ein Konzept der Stadt Almada und so müssen in den nächsten Jahren die mit Graffiti besprühten Ruinen wohl modernen Luxuswohnungen mit Lissabon-Blick weichen.

Am Westrand des Kais überwindet der Aufzug *Elevador da Boca do Vento* die 50 m Höhenunterschied zwischen den Grünanlagen am Tejoufer und der Altstadt Almada Velha. Nur wenige Aufzüge dürften ein ähnlich atemberaubendes Panorama bieten wie dieser gläserne Lift an der Küste Almadas. Auch an der Bergstation des Aufzugs öffnet sich vom Aussichtspunkt Miradouro Luís de Queirós ein schöner Blick auf den still dahinfließenden Tejo und das gegenüberliegende Lissabon.

Der Aufzug verkehrt tägl. 8–24 Uhr auf Anforderung (Klingel drücken). Fahrpreis auf und ab 1 €, 50 % Ermäßigung ab 65 J., bis 8 J. frei. Jardim do Rio/Largo da Boca do Vento, guiatransportes.cm-almada.pt.

Museu Naval

Das Museum am Tejoufer widmet sich den Werften Almadas. Im Mittelpunkt

Lisnave – Tankerkrise in Almada

Im Jahr 1861 lief in den Werftanlagen Almadas das erste Eisenschiff Portugals vom Stapel, zahlreiche weitere folgten. Ab 1967 errichtete der portugiesische Konzern *Companhia União Fabril* (CUF) des Industriellen José de Mello in Cacilhas die zu dieser Zeit weltweit größte Trockendockanlage. Mit der *Lisnave* getauften Werft wollte man vom damaligen Öltankerboom profitieren. Anfangs florierte das Geschäft mit den Reparaturen der neuartigen Supertanker – bis zu 8600 Arbeiter warteten hier die größten Schiffe der Welt. Doch die Nachfrage brach 1973 mit der Ölkrise überraschend schnell zusammen. Es folgten lange Jahre, in denen die Anlagen in Cacilhas selten voll ausgelastet waren. Ende 2000 zog die Werft nach 33 Jahren und 6000 reparierten Schiffen nach Setúbal. Dort stehen nun im Stadtteil Mitrena sechs Docks, die auch riesige, 400 m lange Schiffe aufnehmen können. Daran ist auch deutsches Kapital beteiligt: Thyssenkrupp hält 20 % an dem Unternehmen. In Almada, wo inzwischen bis auf die staatseigene Werft für Kriegsschiffe und U-Boote, *Arsenal de Marinha no Alfeite*, alle Werften geschlossen sind, erinnert das riesige, 300 t schwere Kranportal als weithin sichtbares Industriedenkmal an *Lisnave*.

Fußgängerzone im Stadtteil Cacilhas

steht die ehemalige Hochseefischereigesellschaft *Companhia Portuguesa das Pescas (CPP)*, die in den Museumsgebäuden von 1922 bis zur Firmenpleite 1984 ihre eigene Reparaturwerft unterhielt. Regelmäßig legten die Tiefkühl-Fangschiffe hier zur Wartung an. Werkzeuge, Fotos und Filme zeigen auch die Geschichte anderer lokaler Werften wie *Lisnave*. Im oberen Geschoss wird demonstriert, wie Schiffe früher vor dem Bau von Hand vorgezeichnet wurden. Erklärungen gibt es auf Portugiesisch und Englisch. Auf der anderen Straßenseite findet sich ein weiterer Raum mit wechselnden Ausstellungen.

Di–Sa 10–13 und 14–18 Uhr. Eintritt 1,64 €, ab 65 J., bis 18 J. und mit Cartão Jovem 50 % Ermäßigung, Familien (bis zu 5 Pers.) 6,54 €, bis 12 J. frei. Olho de Boi, ✆ 212724980, cm-almada.pt/museus.

Casa da Cerca/Centro de Arte Contemporânea

In diesem städtischen Kulturzentrum im Stadtteil Almada Velha werden wechselnde Ausstellungen zeitgenössischer Künstler präsentiert. Der Palast aus dem 18. Jh. ist aber schon allein wegen seiner exponierten Lage hoch über dem Tejo, den hübschen Gartenanlagen und seiner architektonischen Schönheit einen Besuch wert. Es gibt auch eine Cafeteria.

Di–Fr 10–18 Uhr, Fei geschl. Eintritt frei. Bus 3001 bis Rua Capitão Leitão. Rua da Cerca, 2, ✆ 212724950, cm-almada.pt.

Museu de Almada – Covas de Pão (Almada)

In einem ehemaligen Privathaus in einer Gasse zwischen dem Rathaus und der Burg sind Silos aus der maurischen Zeit zu sehen, die als Vertiefung in den felsigen Boden geschlagen wurden. Bis zum 12. Jh. nutzten muslimische Händler sie als Speicher für Getreide, Fisch und Fleisch. Insgesamt umfasste der Speicher 26 Silos für Lebensmittel. Nach der christlichen Eroberung Almadas verkamen die Speicher zu Müllkippen und wurden erst bei Ausgrabungen im Jahr 1991 wieder entdeckt. Neben den Silos sind archäologische Funde wie Münzen, Amphoren und Geschirr ausgestellt.

Halbinsel von Setúbal → Karte S. 284/285

Di–Sa 10–13 und 14–18 Uhr (letzter Eintritt bis 17.30 Uhr), Fei geschl. Eintritt 1,50 €, ab 65 J., bis 18 J. und mit Cartão Jovem 50 % Ermäßigung, Familien (bis zu 5 Pers.) 6 €, bis 12 J. frei. Die Beschreibungen sind leider nur auf Portugiesisch. Bus 3001 bis Rua Capitão Leitão. Rua Henriques Nogueira, 36, ✆ 212724270, cm-almada.pt/museus.

Cristo Rei

Die 1959 geschaffene Christkönig-Statue ist der berühmten Cristo-Redentor-Statue in Rio de Janeiro nachempfunden. Während in Rio die Christus-Statue auf dem Corcovado-Berg steht, dient in Almada ein 82 m hoher Betonsockel als Plattform für die 28 m große Jesus-Figur des Bildhauers Francisco Franco. Ein Lift bringt die zahlreichen Besucher zur Aussichtsebene mit ihrem fantastischen Panorama auf Lissabon, das Tejo-Binnenmeer und die Brücke des 25. April.

Seine Entstehung verdankt der Cristo Rei von Almada einem Gelübde, das die portugiesischen Bischöfe 1942 in Fátima abgelegt haben: Die Statue sollte gebaut werden, falls Portugal von den Wirren des Zweiten Weltkriegs verschont bliebe. Geplant war auch die Errichtung eines großen Wallfahrtszentrums, das sich von der Statue bis an den Tejo hinunter erstrecken sollte. In dieser Hinsicht ist allerdings – wohl mangels Nachfrage – bis heute wenig Konkretes getan worden.

Tägl. 10–19 Uhr. Einlass bis 20 Min. vor Schluss. Eintritt 6 €, bis 12 J. und ab 65 J. 50 % Ermäßigung, bis 7 J. frei. Stadtbus 3001 bis Endstation. Alto do Pragal, Av. Cristo Rei, ✆ 212751000, cristorei.pt.

Aussichten und ein Lost Place – Spaziergang vom Cristo Rei zum Hafen

Die etwa 3 km lange Mini-Wanderung startet an der Bushaltestelle neben dem Cristo Rei: Hier geht es nicht auf das Wallfahrtsgelände, sondern links den Zaun entlang in die Sackgasse. Der Kiesweg führt einmal rund um das Cristo-Rei-Gelände und eröffnet immer wieder neue überraschende Perspektiven auf die Brücke und den Tejo (viel Grün, aber leider auch etwas vermüllt und verlassen – nachts eher keine gute Idee). Am Wendehammer nach 700 m geht es rechts in den schmaleren Weg und dann bis zu einer heruntergekommenen Aussichtsplattform. Hier beginnt die Quinta da Arealva aus dem 18. Jh. Früher produzierte hier die *Sociedade Vinícola do Sul* ihre Weine, heute sind die verfallenen Gebäude ein beliebtes Ziel für Lost-Place-Fotografen und Sprayer. Zuerst nehmen wir den Weg um die Anlage herum und dann geht es kurz nach dem Wassertank die Treppen nach links hinunter mitten durch die mit farbenfrohen Motiven besprühten Ruinen (Achtung, das Gelände ist ungesichert). Unten angekommen folgen wir dem Kai rechts bis in den Stadtteil Olho de Boi. Dort biegt der Weg kurz vom Ufer ab, nach einem kurzen Anstieg geht es gleich wieder links und am Museu Naval (s. o.) vorbei zum Uferpark am Elevador da Boca do Vento (s. o.) mit guter Pausenmöglichkeit. Anschließend folgen wir weiter dem Tejoufer am Cais do Ginjal entlang bis zum Fährhafen in Cacilhas.

Quinta da Arealva: Street-Art

Praktische Infos

→ Karte S. 298

Einwohner Almada: ca. 49.000

Information

Centro Municipal de Turismo am Largo dos Bombeiros Voluntários in Cacilhas. Mo–Fr 9.30–17.30 Uhr, Fei geschl. ✆ 212739340, cm-almada.pt.

Schiff

Ab Lissabon: Mit dem Schiff ab Cais do Sodré (Ⓜ Cais do Sodré) alle 10 bis 30 Min. Die Boote verkehren von frühmorgens bis spät in die Nacht. Fahrzeit ca. 10 Min. Preis 1,50 €. Man muss die Tickets auf eine *Viva-Viagem*-Chipkarte laden (0,50 €, sie wird auch unter dem Namen *Navegante ocasional* verkauft). Mit Zapping kostet die Fahrt 1,43 €.

Wer mehrmals täglich fahren möchte, kann das *Bilhete diário Carris/Metro/Transtejo* für 9,80 € kaufen, das 24 Std. auf den Fähren zwischen Lissabon und Cacilhas sowie in Bussen, Trams und U-Bahnen in Lissabon gültig ist. Das Ticket muss auf eine *Viva-Viagem*-Karte geladen werden.

Bahn

Mit den Zügen der Gesellschaft *Fertagus* ab den Lissabonner Bahnhöfen Roma-Areeiro (Ⓜ Areeiro), Entrecampos (Ⓜ Entrecampos), Sete Rios (Ⓜ Jardim Zoológico) und Campolide über die Brücke des 25. April zum Bahnhof im Stadtteil Pragal. Mo–Fr alle 10–20 Min. Nachts sowie Sa/So alle 30 Min. Preis 2,40 €. Dauer 15 Min. ab Entrecampos. Die Fahrt lohnt allein wegen der Aussicht.

Vom Bahnhof Pragal alle 10–15 Min. mit der Straßenbahnlinie 3 der Metro Transportes do Sul (MTS) ins Zentrum von Almada und nach Cacilhas.

Bus

Der zentrale Busbahnhof liegt direkt neben dem Fährhafen von Cacilhas. Hier konzentriert sich der gesamte Tram- und Busverkehr in die südlichen Vorstädte Lissabons.

Zur Costa da Caparica: Tägl. etwa alle 20–30 Min. Busse der Linien 3011 und 3022 (nur 3022 über den Bahnhof Pragal). Fahrzeit 35 Min.

Nach Fonte da Telha (Praia): Linie 3012 tägl. etwa stündl. Fahrzeit 50 Min.

Nach Sesimbra: Linie 3536 alle 1–2 Std. Fahrzeit 60 Min.

Nach Setúbal: Linie 3605 über Azeitão Mo–Fr 12-mal, Sa/So keine Busse. Fahrzeit 80 Min. Zusätzlich einige Schnellbusse der Linie 3610 ohne Stopp in Azeitão.

Stadtbus

Zum Cristo Rei: Linie 3001 der Carris Metropolitana alle 30 Min. Fahrzeit 17 Min. Einzelticket 1,25 € (mit Zapping 0,85 €).

Straßenbahn

Die Tramlinie 3 der Metro Transportes do Sul MTS verbindet den Fährbahnhof Cacilhas mit dem Bahnhof Pragal. Die Linie 1 fährt dagegen von Cacilhas zum Bahnhof Corroios. Mo–Fr jeweils alle 10–15 Min., Sa/So alle 15–30 Min. Einzelticket 0,85 €. Die Tickets müssen auch hier auf eine *Viva-Viagem*-Chipkarte (bzw. *Navegante ocasional*) geladen werden. Man kann auch Zapping verwenden. mts.pt.

Parken

In Cacilhas nur wenige Parkplätze, die zudem wochentags von Pendlern stark nachgefragt werden. Die meisten Möglichkeiten gibt es im Parkhaus Largo da Liberdade unter der Praça São João Batista (gebührenpflichtig).

Polizei

PSP, Rua Direita do Pragal, 1, ✆ 212721400.

Einkaufszentrum/Kino

Almada Forum **1**, tägl. 10–24 Uhr. An der A2 (2. Ausfahrt nach der Tejobrücke). Buslinien 3003 und 3013 ab Fährhafen Cacilhas, 3024 ab Costa da Caparica. Oder vom Bahnhof Pragal über die Fußgängerbrücke die Autobahn zur Costa da Caparica queren und dann in den Fußweg neben der Tankstelle querfeldein (ca. 10 Min.). Eines der größten „Centros Comerciais" Portugals. Über 250 Geschäfte und Restaurants sowie Kinosäle von NOS (cinemas.nos.pt). Nebenan eine große Filiale des Sportartikel-Geschäfts Decathlon. Rua Sérgio Malpique, 2, Almada, ✆ 212509900, almadaforum.com.

Übernachten

Alojamento Local Cacilhas Guest Apartments **4**, in der Fußgängerzone von

Halbinsel von Setúbal → Karte S. 284/285

Cacilhas, nur 5 Min. zur Fähre. Mehrere Appartements für 2–4 Pers. auf drei Stockwerken (kein Aufzug). Geschmackvoll, schlicht und modern eingerichtet, mit Holzböden. Kitchenette, Badezimmer mit Marmor, einige Appartements auch mit kleiner Terrasse oder Balkon. Nachts teilweise viel Lärm durch die benachbarten Restaurants; wen das stört, sollte sich ein Appartement nach hinten raus geben lassen. 2 Nächte Mindestaufenthalt. Kein Frühstück. Rua Cândido dos Reis, 126, ✆ 212746033, cacilhasapartments.com. €€

Essen & Trinken/Nachtleben

Restaurants Ponto Final **3**, Mi–Mo 12.30–23 Uhr. Über den engen Weg ab der Fährstation in Cacilhas entlang des Tejo zu erreichen, ca. 10 Min. immer geradeaus gehen. Spezialität ist gegrillter Fisch. Von der Terrasse v. a. nachts überwältigende Aussicht auf das gegenüberliegende Lissabon. Überwiegend von Touristen besucht und sehr beliebt, daher Reservierung dringend empfohlen. Rua do Ginjal, 72, ✆ 212760743, Facebook. €€€

A Cova Funda 5, Di–So 9.30–23 Uhr. Enger Speiseraum, aber auch zahlreiche Tische inmitten der Fußgängerzone von Cacilhas nahe dem Hafen. Der Wirt brät Fisch und Fleisch in einer kleinen Grillecke auf der Straße. Breite Auswahl traditioneller portugiesischer Hauptgerichte. Rua Cândido dos Reis, 103, Cacilhas, ✆ 212764035, Facebook. €€

Nachtleben **Cine Incrível – Alma Danada** 2, Do 21.30–1 Uhr, Fr/Sa 21–1 Uhr. In einem ehemaligen Kino aus dem Jahr 1926 finden Konzerte mit Jazz, Rock und alternativer Musik, Theater, Lesungen, Ausstellungen und Tanz statt. Rua Capitão Leitão, 1, ✆ 965210300, Facebook.

Costa da Caparica

Wenn die Lisboetas von der „Costa" sprechen, meinen sie diesen Badeort vor den Toren Lissabons. Mit nur 12 km Luftlinie Entfernung von Lissabon und sage und schreibe etwa 30 sauberen Sandstränden ist er ein beliebtes Ziel für den Wochenendausflug. Im Sommer hat man das Gefühl, halb Lissabon sei angereist; in der Nebensaison herrscht dagegen oft Tristesse.

Mit acht bis zehn Millionen Besuchern jährlich ist die Costa da Caparica inzwischen eindeutig der bedeutendste Badeort der Region Lissabon. Das kleine Städtchen unterscheidet sich mit seinen hohen Appartementhäusern und zahlreichen Campingplätzen deutlich von den nobleren Badeorten Cascais und Estoril an der Linha de Cascais und wirkt volkstümlicher.

Die Strände erstrecken sich fast durchgehend über eine Länge von 15 km von der Fischersiedlung Cova do Vapor an der Tejomündung im Norden bis zur Lagoa de Albufeira im Süden – oft ist ein Strand nur durch einen Wellenbrecher vom nächsten getrennt. Bei so einer breiten Auswahl haben sich viele Strände auf eine bestimmte Zielgruppe „spezialisiert", z. B. auf Wellenreiter, Kite-Surfer, Dauercamper, Nacktbadende, Homosexuelle …

Abgesehen von den herrlichen, weitgehend naturbelassenen Stränden im Süden des Ortes wäre Costa da Caparica ein heißer Kandidat für einen Preis zur „misslungensten Stadterneuerung Europas". Mit viel Geld aus dem nationalen Haushalt hat man die Uferpromenade

Fischerboote an der Strandpromenade in Costa da Caparica

mit hässlichen, immer gleichen Strandbar-Pavillons verschandelt, die jeden Charme vermissen lassen. Die verlegten Holzstege gerieten bereits nach kurzer Zeit aus den Fugen. Und was sich die Stadtoberen dabei dachten, die Endstation der Strandeisenbahn in den Süden, weitab von Busbahnhof und Fußgängerzone, zu verlegen, wissen sie vermutlich nicht einmal selbst.

Sehenswertes

Convento dos Capuchos

Auf den Klippen über der Stadt liegt das ehemalige Franziskanerkloster. Offiziell heißt es *Convento da Nossa Senhora da Piedade*, nach der charakteristischen Bekleidung der Mönche ist es im Volksmund aber nur als „Kapuzenkloster" bekannt. Die adlige Familie Távora gründete es im Jahr 1558. Das Erdbeben von 1755 zerstörte große Teile des Gebäudes, später wurde es wieder aufgebaut. Hier findet im Sommer das Klassikfestival *Festival de Música dos Capuchos* statt (festivalcapuchos.com). Sehenswert sind neben dem manieristischen Portal auch die Klostergärten, in denen zahlreiche frisch getraute Paare ihre Hochzeitsfotos schießen lassen.

Rua Lourenço Pires Távora, 41, Busse 3022 und 3024 vom Busbahnhof Costa da Caparica bis zum Ortseingang von Capuchos. Von dort sind es noch ca. 150 m zu Fuß über die Rua de Lourenço Pires de Távora bis zum Kloster (einen Fußweg von der Costa da Caparica gibt es leider nicht). Nachts sollte man das Klostergebiet allerdings meiden, da es häufiger zu Überfällen kommt. Die Kunstgalerie des Gebäudes ist Mi–Sa 10–13 und 14–17 Uhr geöffnet, Fei geschl. Eintritt i. d. R. frei. ✆ 212919342, cm-almada.pt.

Strände an der Costa da Caparica

Nördlich des Zentrums

Praia da Cova do Vapor und Praia do Albatroz: Mit dem kleinen Sandstrand Praia da Cova do Vapor ganz im Norden an der Tejomündung beginnt die 25 km lange Strandreihe, die ununterbrochen von Costa da Caparica über Lagoa de Albufeira bis Aldeia do Meco im Süden reicht. Er ist nach der nahe gelegenen Fischersiedlung Cova do Vapor benannt, die mit ihren kleinen, bunt zusammengewürfelten Häusern ein hübsches Bild abgibt. Vom Strand kann man außerdem beobachten, wie Containerfrachter nach Lissabon einfahren, Segler im Tejo kreuzen und man blickt auf die „zum Greifen" nahe erscheinenden Vororte der Linha de Cascais und den Bugio-Leuchtturm, der mitten im Atlantik die Einfahrt in die Tejo-Fahrrinne markiert. Im Sommer segeln hier auch viele Windsurfer, da für diesen Sport an der Cova do Vapor exzellente Bedingungen herrschen. Direkt südlich schließt sich, nur von einer Buhne getrennt, die etwas größere Praia do Albatroz an. Seinen malerischen Namen hat der Albatroz-Strand von der einfachen Bar dort.

Zu Fuß sind es 2,5 km vom Zentrum über die Uferpromenade und dann entlang der Praia de São de Caparica. Wer mit dem Auto kommt, hält sich zuerst Richtung Praia de São de Caparica (Einfahrt am 4. Kreisverkehr, aber nur aus Richtung Trafaria), fährt dann aber nicht durch die Schranke, sondern um die große Mauer herum. In den engen Gassen von Cova do Vapor gibt es aber nur wenige Parkplätze.

Praia de São João da Caparica: Südlich schließt sich die Praia de São João da Caparica im gleichnamigen Ortsteil an, eindeutig der empfehlenswerteste Strand nördlich des Zentrums, da das lange und breite Areal schön zwischen Dünen gelegen ist. Von den Bauten im Zentrum

ist hier kaum etwas zu sehen. Es gibt mehrere empfehlenswerte ganzjährig geöffnete Strand-Restaurants auf der Dünenspitze, in der Saison wachen (im Gegensatz zu den beiden Stränden an der Cova do Vapor) außerdem Rettungsschwimmer über das Wohl der Badegäste. Der Strand kam im August 2017 zu trauriger Berühmtheit, als ein Pilot mit seinem Kleinflugzeug

Die Sandsteinklippen Arriba Fóssil da Costa da Caparica

Etwa 250 m südlich des *Convento dos Capuchos* – man muss vom Kloster einfach der Pflasterstraße folgen – liegt eine öffentlich zugängliche Aussichtsterrasse mit herrlichem Blick über die Costa da Caparica und die Steilküste *Arriba Fóssil da Costa da Caparica*. Von Trafaria bis zur Lagoa de Albufeira erheben sich diese rötlich schimmernden Sandsteinfelsen. In grauer Vorzeit reichten diese zwischen 60 und 110 m hohen Klippen einmal bis ans Meer heran; heute erstrecken sie sich kilometerweit parallel zur Küste und sind ein eindrucksvolles Zeugnis der urzeitlichen Steilküstenformation. Wind und Regen setzen die Felsen einer permanenten Erosion aus. Vor allem südlich der Costa da Caparica in der Nähe des Ortes Fonte da Telha ist der Anblick der tief zerfurchten Sandsteine beeindruckend.

Zerfurchte Küste bei Fonte da Telha

des Typs Cessna 152 zwischen den Badegästen notlandete und dabei zwei Menschen tötete.

1,5 km vom Zentrum zu Fuß bis zum Ende der Uferpromenade. Die großen schattigen Parkplätze an der Praia de São de Caparica erreicht man am 4. Kreisverkehr der Straße von Costa da Caparica nach Trafaria (Zufahrt nur aus Richtung Trafaria). Besonderheit: kein Fixpreis – es wird zeitabhängig bei der Ausfahrt an der Schranke bezahlt.

Praia do Norte, Praia de Santo António da Caparica und Praia do C.D.S.: Die drei entlang der Uferpromenade nach Süden folgenden Strände (jeweils durch eine Buhne voneinander getrennt) sind weniger empfehlenswert. Die Dünen in diesem Teil des Ortes konnten den starken Winterstürmen der vergangenen Jahre nicht trotzen. Die Regierung ließ tonnenweise Sand aufschütten, riesige Buhnen bauen und das Ufer massiv befestigen – weitgehend vergeblich, denn die Wellen sind stärker. So kommen die drei Strände leider nur noch auf einen Bruchteil ihrer früheren Größe. Wer Wellenreiten lernen möchte, ist mit der Praia de Santo António da Caparica allerdings ganz gut beraten, da sich hier viele Surfschulen niedergelassen haben und den Strand zur Ausbildung nutzen.

Die Strände sind über die Uferpromenade bequem vom Zentrum aus zu erreichen. Es gibt auch mehrere Parkplätze (Zufahrt über die Av. 1° de Maio).

Wie kommt der Strand zu seinem Namen?

Stadtteile, Flussmündungen, auffällige Felsformationen oder nahe gelegene Campingplätze, Bars und Restaurants sind meist Namensgeber der Strände. Eine kuriose Ausnahme bildet die Praia do C.D.S.: In den 1970er-Jahren hatte hier ein Anhänger der konservativen Partei *Centro Democrático Social* das Parteikürzel in großen Buchstaben auf eine Buhne gemalt. Bis heute heißt der Strand nach der Partei, obwohl die inzwischen politisch so gut wie keine Rolle mehr spielt.

Im Zentrum

Praia do Tarquínio-Paraíso, Praia do Dragão Vermelho, Praia Nova und Nova Praia: Egal ob am großen, unfertig wirkenden Hauptstrand Praia do Tarquínio-Paraíso, der Praia do Dragão Vermelho, Praia Nova oder Nova Praia am Südende der Uferpromenade – alle Strände im Zentrum sind etwa mittelbreit und werden von Strandbars im Einheitsstil gesäumt. Buhnen trennen die Strände jeweils voneinander. Im Sommer sind sie ziemlich überlaufen, da die hohen Appartementbauten und Hotels des Ortes nur einen Steinwurf entfernt sind. Hin und wieder zieht an der Praia do Dragão Vermelho und der Praia Nova ein Traktor eines der teils schön bemalten Fischerboote ins Wasser.

Über die Uferpromenade sind alle Strände leicht zu erreichen. Parkmöglichkeiten sind knapp: Am besten am Ende der Av. 1° de Maio auf Höhe der Praia do C.D.S.

Südlich des Zentrums

Naturgefühl kommt an den Stränden südlich des Ortszentrums auf – sie machen den Großteil der Küste aus und sind von der Erosion verschont geblieben. An fast allen dieser 15 Strände servieren Bars und Restaurants Getränke und Speisen und vermieten fest installierte Sonnenschirme, teilweise auch Liegen. Wie an beinahe allen Stränden der Costa da Caparica überwachen in der Saison von Anfang Juni bis Ende September Rettungsschwimmer den Badebetrieb. Im Winter bleiben zahlreiche Bars und Restaurants geschlossen, dann hat man die Strände teilweise für sich alleine.

Praia da Saúde (3 und 4) **und Praia da Cornélia** (5 und 6): Die Praia da Saúde und die Praia da Cornélia werden v. a. von den Besuchern der nahen Club-Campingplätze frequentiert. Hochgeschossige Appartementbauten findet man hier nicht mehr. Stattdessen säumen bunt gestrichene, auf den Sand gebaute Ferienhäuschen die Strände, das Hinterland dominieren mehrere große Zeltplätze.

Praia da Mata (7 und 8): Deutlich idyllischer wird es ab dem Südteil der großen Praia da Mata. Ab hier stören keine Siedlungen oder Campingplätze mehr die schöne Dünenlandschaft, nur noch

vereinzelt findet man zwischen den Kiefernwäldern im Hinterland Gehöfte. Der Strand selbst wird aufgrund der relativ niedrigen Wellen gerne von Familien besucht.

Praia da Riviera (9): Hier findet man dagegen wegen der dortigen Surfschule ein eher jugendliches Publikum.

▲ Praia Nova
▼ Tarquínio-Paraiso
▼▼ Cabana do Pescador

Praia da Rainha (10): Der „Strand der Königin" ist mit seinem riesigen Parkplatz und dem außergewöhnlich großen Restaurant namens „Pelicano" sowie mehreren Strandbars der bedeutendste Strand im Süden.

Praia do Castelo (11): An diesem Strand mit Surfschule und mehreren Strandbars finden sich v. a. Wellenreiter ein.

Praia da Cabana do Pescador (12), **Praia da Princesa** (13) und **Praia do Rei** (13): Je weiter man Richtung Süden kommt, desto breiter werden Dünen und Sandstrände, den Hintergrund prägen die Klippen der Arriba Fóssil und Akazienwälder. Die karg bewachsene Landschaft erinnert dabei an ein Western-Szenario. Die kleine Praia da Cabana do Pescador, wörtlich „Strand der Fischerhütte", macht mit ihren beiden Bars tatsächlich einen weniger polierten Eindruck und liegt etwas verloren in der weiten Dünenlandschaft. Auch die Strandbars an der Praia da Princesa und der Praia do Rei sind eher schlicht gehalten, und das trotz der majestätischen Namen „Prinzessinnenstrand" und „Königsstrand".

Praia da Morena (14) und **Praia da Sereia** (15): Außergewöhnlich große Strandbars dominieren die nächsten beiden Strände. Hier ist wieder mehr Schick und Partystimmung angesagt. An der Praia da Sereia kann man in der bekannten Beachbar Waikiki, nach der der Strand auch als Praia do Waikiki bekannt ist, Bettenlandschaften und Strandkörbe zum Relaxen mieten. Die Bedienungen servieren Cocktails, untermalt von elektronischen Sounds.

Praia do Infante (16): Etwas ruhiger geht es an der benachbarten Praia do Infante zu, obwohl es hier auch eine chillige Strandbar gibt. Ein Strandabschnitt ist für die lokale Wellenreit-Schule reserviert.

Praia da Nova Vaga (16) und **Praia da Bela Vista** (17): An der Praia da Nova

Vaga und dem Nordteil der Praia da Bela Vista tummeln sich v. a. Kitesurfer. An den beiden recht windigen Stränden kann man das Kitesurfen – und auch das klassische Wellenreiten – in spezialisierten Schulen lernen oder Material leihen (waves4life.pt und Meira Pro Center; siehe auch Lagoa de Albufeira, S. 311).

Strandeisenbahn: Alle Strände sind im Sommer mit der kleinen *Transpraia*-Bahn zwischen Costa da Caparica und Fonte da Telha bequem zu erreichen: In Klammern haben wir für jeden Strand jeweils die Nummer der Bahnhaltestelle angegeben. Die Schmalspurbahn pendelt jede halbe Std. von 9–19 Uhr (bei viel Verkehr teilweise alle 20 Min.). Sie startet an der Nova Praia am Südende der Uferpromenade (auf Höhe der Rua Parque de Campismo de Almada). Die halbe Strecke bis zur Praia da Riviera kostet hin und zurück *(ida e volta)* 4 €, die gesamte Strecke 7 €, Kinder zahlen 1,50 bzw. 2,50 €. Die Fahrt in den offenen Waggons ist ein Erlebnis. Betrieb tägl., aber nur Juni bis Sept.! ✆ 212900 706, guiatransportes.cm-almada.pt.

Bus: Alternativ gibt es den 8- bis 11-mal tägl. parallel weiter landeinwärts verkehrenden Bus 3030 der Linie *Monte da Caparica–Fonte da Telha*. Dieser Bus fährt nicht ab dem Busbahnhof Costa da Caparica, man kann aber in der nahen Av. Dom Sebastião zusteigen.

Parken: Praktisch alle Strände verfügen auch über eigene Parkplätze, die von der Straße zwischen Costa da Caparica und Fonte da Telha über ungeteerte Stichstraßen erreichbar sind (Abzweige jeweils ausgeschildert).

Quer durch den Sand: Strandeisenbahn Transpraia

Bei Fonte da Telha

Praia do Dezanove (19) und **Praia Azul** (20): Einsam in den Dünen erstrecken sich die beiden lang gezogenen Strände. Die nach dem 19. Halt der Strandeisenbahn benannte Praia do Dezanove gilt dabei als Treffpunkt der Lissabonner Schwulenszene und ist noch Teil der offiziell ausgewiesenen Nacktbade-Zone im Südteil der Praia da Bela Vista. An der Praia Azul darf dagegen nicht

FKK und „oben ohne" baden

Der Südteil der Praia da Bela Vista, der auch als **Praia das Malvinas** (18) bekannt ist, gehört zu den wenigen offiziellen FKK-Stränden Portugals. Dieser Bereich wurde zusammen mit der Praia do Rio da Prata im Ort Aldeia do Meco Mitte der 1990er-Jahre offiziell als FKK-Strand ausgewiesen. Bis Ende der 1970er-Jahre riskierten nackt badende Sonnenanbeter in Portugal, von Polizisten mit Gummiknüppeln verprügelt zu werden.

Heute sind die Sitten auch an anderen Stränden weit entspannter, knappe String-Tangas wie in Brasilien sind weit verbreitet, und auch „Oben-ohne-Baden" ist an vielen Stränden durchaus üblich. Mancherorts stößt „topless" jedoch immer noch auf wenig Gegenliebe. Am besten schaut frau sich vorher um, ob sich auch schon andere enthüllt haben.

mehr nackt gebadet werden. Keine Strandbar stört an den beiden idyllisch gelegenen Stränden die Szenerie. Rettungsschwimmer sind hier damit ebenfalls nicht stationiert, da diesen Service in Portugal normalerweise die Strandbars als Teil ihrer Konzession übernehmen müssen.

An diesen beiden Stränden gibt es nur Haltestellen der Strandeisenbahn und keine direkten Straßenzugänge mit Parkplatz. Man kann sein Auto aber in Fonte da Telha abstellen und dann zu Fuß am Strand entlangwandern.

Praia da Fonte da Telha (21): Die Endstation der Transpraia-Bahn (21) liegt am Nordrand von Fonte da Telha, einer chaotischen Ansammlung größtenteils illegal in die Dünen gebauter Einfamilienhäuser. Parallel zur Siedlung erstreckt sich die 2,3 km lange Praia da Fonte da Telha, unterteilt in zehn Abschnitte, die nach den jeweiligen Strandbars und Restaurants benannt sind. Alles in allem sind sich die Abschnitte aber doch recht ähnlich und werden im Sommer von vielen Tagesausflüglern besucht. Besonders beliebt ist Fonte da Telha bei Familien, da der Strand hier sanft ins Wasser abfällt und sich bei Ebbe immer wieder große Pools bilden, in denen kleinere Kinder planschen können.

Neben der nur in der Badesaison verkehrenden Strandeisenbahn fährt 8- bis 11-mal tägl. der Bus 3030 ab Costa da Caparica (Einstieg in der Av. Dom Sebastião). Vom Fährhafen Cacilhas (Almada) erreicht man Fonte da Telha mit der Linie 3012 tägl. etwa stündl. (diese Linie bedient aber nicht die Strände im Süden der Costa da Caparica). Parken kann man entlang der staubigen Straßen des Ortes, Sammelparkplätze gibt es nur einige wenige.

Praia da Adiça: Nach Süden schließt sich am Ortsende von Fonte da Telha die Praia da Adiça an, herrlich zwischen den sandsteinfarbenen Klippen der Arriba Fóssil und dem endlos scheinenden Meer gelegen. Nach der nahen Militärbasis wird sie auch Praia da NATO genannt. Auch hier wird gerne nackt gebadet. Nach Süden folgt die Praia dos Medos de Albufeira, die allerdings bereits zum 8 km von der Endstation der Strandeisenbahn entfernten Ort Lagoa de Albufeira gehört. Einsamkeit ist hier fast garantiert, denn diese Strände sind weder per Straße noch per Strandeisenbahn zu erreichen: Man muss ab Fonte da Telha zu Fuß am Ufer entlanglaufen.

Rundwanderung 9:
Über Sandsteinklippen zur Lagune von Albufeira → S. 485
Lange Wanderung von Fonte da Telha zur Lagune und über die Strände

Praktische Infos

→ Karte S. 301

Einwohner Costa da Caparica: ca. 14.000

Information

Posto de Turismo da Costa da Caparica, in einem Pavillon zwischen Hauptstrand Praia do Tarquínio – Paraíso und Fußgängerzone Rua dos Pescadores. Mo–Fr 9.30–13 und 14–17.30 Uhr, April bis Sept. auch Sa 9.30–13 und 14–17.30 Uhr, Fei geschl. Rua dos Pescadores, ✆ 212900071, m-almada.pt.

Bus

Der Busbahnhof *Costa da Caparica (Torre das Argolas)* liegt in der Rua Padre Manuel Bernardes südöstlich des Stadtzentrums.

Ab Lissabon: Mit der Linie 3710 der Carris Metropolitana ab Ⓜ Areeiro über Av. de Berna (Ⓜ Campo Pequeno) und Alcântara-Terra (Halt in der Av. Ceuta) alle 30 Min. Fahrzeit ca. 55 Min. Mo–Fr zudem 8 Busse der Linie 3709 ab Ⓜ Marquês de Pombal über Amoreiras. Fahrzeit ca. 55 Min.

Außerdem mit Linie 3708 ab dem Bahnhof Cais do Sodré (Ⓜ Cais do Sodré), aber nur spätnachts und in den frühen Morgenstunden stündl. (praktisch für Nachtschwärmer). Fahrzeit 70 Min.

Ab Cacilhas (Almada): Tägl. etwa alle 20–30 Min. Busse der Linien 3011 und 3022 (nur 3022 über den Bahnhof Pragal). Fahrzeit 35 Min.

Nach Fonte da Telha (Praia): Linie 3030 tägl. etwa alle 2 Std. Halt nicht am Busbahnhof, sondern nebenan in der Avenida Dom Sebastião. Fahrzeit 30 Min.

Nach Trafaria: Linie 3030 (Richtung Monte da Caparica FCT) tägl. etwa alle 2 Std. Halt nicht am Busbahnhof, sondern nebenan in der Avenida Dom Sebastião. Fahrzeit 30 Min.

Schiff/Bus

Ab Lissabon: Schöne Tejoüberquerung mit der Transtejo-Fähre von Belém nach Trafaria, i. d. R. ein Schiff/Std., das einen kurzen Zwischenstopp in Porto Brandão einlegt. Fahrpreis 1,45 € (mit Zapping 1,40 €). Von Trafaria etwa alle 30–60 Min. weiter mit Buslinien 3021 (Richtung Costa da Caparica) und 3030 (Richtung Fonte da Telha) nach Costa da Caparica.

Alternativ mit der Fähre ab Cais do Sodré (Ⓜ Cais do Sodré) nach Cacilhas, von dort mit Buslinien 3011 und 3022 zur Costa da Caparica (s. o.).

Bahn/Bus

Mit den Zügen der Gesellschaft Fertagus ab Lissabon von den Bahnhöfen Roma-Areeiro (Ⓜ Areeiro), Entrecampos (Ⓜ Entrecampos), Sete Rios (Ⓜ Jardim Zoológico) und Campolide über die Brücke des 25. April zum Bahnhof Pragal. Mo–Fr alle 10–20 Min, nachts sowie Sa/So alle 30 Min. Vom Bahnhof Pragal erreicht man die Costa da Caparica etwa alle 20 Min. mit Buslinien 3022, 3024 und 3025.

Fahrrad

Zwischen Trafaria und Costa da Caparica verläuft ein Fahrradweg. Wer mit dem Rad aus Lissabon kommt, kann so mit der Fähre ab Belém bequem zu den nördlichen Stränden und in den Ort Costa da Caparica gelangen.

Parken

Im Zentrum sind fast alle Parkplätze für Anwohner reserviert, am Ortsrand ist es i. d. R. aber kein Problem, das Auto abzustellen. Den meisten Raum bietet der gebührenpflichtige Parkplatz an der Rua Pedro Álvares Cabral. Im Sommer kann es aber auch hier eng werden.

Post

CTT, Praça 9 de Julho, 10/12.

Musikfestival

Mitte Aug. präsentiert das O Sol da Caparica Festival portugiesischsprachige Musik von Rock über Jazz bis zu Hip-Hop. Die hochkarätigen Künstler kommen aus Portugal, Afrika und Brasilien und treten im Stadtpark Parque Urbano da Costa da Caparica auf. linktr.ee/soldacaparica.

Hochseilgarten

An der Zufahrt zur Praia de São João da Caparica (Bushaltestelle der Linien 3011 und 3022 am nahen Kreisverkehr) liegt in einem Pinienwäldchen mit dem Fun Parque São João eine der beliebtesten Kinderattraktionen der Region: Ein Hochseilgarten mit 4 verschiedenen für unterschiedliche Altersgruppen konzipierten Parcours – für alle sollte man je etwa 1:30 Std. einkalkulieren. Die Strecke für die Kleinsten ist durchgängig gesichert (mind. 5 J. und 1,05 m Körpergröße). Dazu Kletterpark und Trampolins sowie diverse Paintball-Bereiche (ab 6 J.). Die Preise beginnen bei 13 €/Pers. und Attraktion. Am besten einen Tag vorher telefonisch reservieren, da oft durch Kindergeburtstage blockiert. Di–So 10–18 Uhr. Praia de São João da Caparica, ✆ 912444077, funparquesaojoao.pt.

Surfen

Samadi Caparica Surf Center **10**, tägl. 10–19 Uhr. Verkauf und Verleih von Surfbrettern. Große Auswahl an Neuware im Keller, auch viel Surfmode. Av. General Humberto Delgado, 39-A, ✆ 212913338, Facebook.

Übernachten

Hostels Villa Caparica Hostel by Dr. Bernard **3**, moderner Neubau nahe der Praia de Santo António, etwas außerhalb des Zentrums. 19 Zimmer, teilweise mit eigenem Bad und TV. WLAN frei. Dielenböden. Auch ein Familienzimmer und barrierefreier Zugang (Aufzug). Schlafsaal ab 25 €/Pers., DZ ab 45 € (jeweils ohne Frühstück). Großzügiger Aufenthaltsbereich, Küchenbenutzung möglich. Schwimmbecken vor dem Haus, auf dem Dach eine Terrasse mit Ausblick. In Kooperation mit einer lokalen Surfschule werden Kurse angeboten. Teilweise 2–3 Nächte Mindestaufenthalt. Rua Manuel Agro Ferreira, 9, ✆ 212900122, hosteldrbernard.pt.

Halbinsel von Setúbal → Karte S. 284/285

Lost Caparica Surf House **4**, in ruhigem Wohngebiet ca. 300 m nördlich vom Zentrum, nur wenige Meter vom Strand Praia do C.D.S. Freundliches Sommerhaus mit 70er-Jahre-Charme. Im EG großer Aufenthaltsraum mit Kamin und TV sowie moderne Gemeinschaftsküche. 4 DZ ab 65 € und 2 Schlafsäle für 4–6 Pers. ab 35 €/Pers. (je inkl. Frühstück). Außerdem auch 1 Appartement. Gemeinschaftsbäder, nur das Appartement hat ein eigenes Bad. Veranda und Grillplatz im Hof sowie Duschkabinen und Wellenreitkurse im Angebot und Lagerraum für Surfequipment. WLAN frei. 3 Nächte Mindestaufenthalt. Rua Barros de Castro, 17, ✆ 918707779, lostcaparica.com.

Camping **Orbitur Costa da Caparica** **2**, ca. 1 km nördlich des Ortskerns am 2. Kreisverkehr Richtung Trafaria. Sehr großes Gelände, nur teilweise schattig, in unmittelbarer Nähe zum Strand gelegen. Ganzjährig geöffnet. Rezeption 9–19 Uhr. Minimarkt, Bar-Restaurant und Tennis-/Fußballplatz. Im Sommer oft sehr voll und laut. Neben Stellplätzen auch Bungalows im Angebot. Die sanitären Anlagen sind akzeptabel, es könnte aber mehr davon geben. Preis je nach Saison Stellplatz (inkl. 2 Pers.) 17,90–33,05 €, Wohnmobil 5,40–9,30 €. Av. Afonso de Albuquerque, Quinta de Santo António, Monte de Caparica, ✆ 212901366, orbitur.pt.

Essen & Trinken

Restaurants **Leblon** **1**, tägl. 11–24 Uhr. Das beste Strand-Restaurant des Ortes liegt im Nordteil der Praia de São João da Caparica. Die Kombination von aufwendiger Dekoration, schöner Lage mit Strandblick und Feinschmecker-Küche begeistert. Viel Fisch: empfehlenswert das Lachssteak mit Süßkartoffelbrei *(lombo de salmão)*. Auch Fleischgerichte, Salate, vegetarische und vegane Gerichte, Kinderteller und ungewöhnlich viele Hamburger-Variationen: Spezialität des Hauses ist der Lachs-Burger. Große, überdachte Terrasse, dazu geschützter Innenraum. Reservierung ratsam, da die Tischzuteilung teilweise recht chaotisch und zeitaufwendig abläuft. Praia de São João, São João da Caparica, ✆ 964230203, Facebook. **€€€**

Xéxéxé **8**, Sa/So/Fei 12.30–16 Uhr und Do–Mo 19.30–23 Uhr. Das erste vegane Restaurant auf der Halbinsel Setúbal (seit 2018), etwas versteckt in einer Seitenstraße im Ortszentrum. Sehr eng bestuhltes Inneres, ein paar Tische auch auf dem Bürgersteig mit etwas mehr Platz. Wöchentlich wechselndes Angebot an Hauptgerichten: von Salaten über Nudelgerichte bis zu Risotto viel Auswahl. Alles vegan, auch die leckeren Nachspeisen. Rua Grupo Desportivo dos Pescadores, 1, ✆ 212435031, xexexe.pt. **€€**

A Transmontana **9**, tägl. 12–15 und 18.30–21 Uhr. Volkstümliches Restaurant etwas versteckt in einer Seitenstraße südlich der Fußgängerzone. Vor allem Fische, die vor der Tür auf dem Grill zubereitet und mit gekochten Kartoffeln, gemischtem Salat und Brot serviert werden (wer möchte, kann sich „seinen" Fisch innen am Tresen aussuchen). Das ist gut von den Tischen unter der Markise zu beobachten.

Strand-Restaurant Leblon: an der Praia de São João da Caparica

Auch Fleisch, für Vegetarier dagegen nicht zu empfehlen. Viele Einheimische im Publikum. Av. 25 de Abril, 10, ✆ 212901695, Facebook. €€

A Merendeira 6, tägl. durchgehend 9–1 Uhr. Mitten im Zentrum an der Fußgängerzone. Für einen kleinen, typisch portugiesischen Imbiss als Alternative zu den zahlreichen Hamburgerbuden zu empfehlen. Aus großen Holzöfen kommt *merendeira com chouriço,* Weißbrot mit Räucherwurst, dazu gibt es noch die leckere Kohlsuppe *caldo verde*. Als Nachtisch mundet der süße Milchreis *arroz doce*. Rua dos Pescadores, 20, ✆ 212904527, amerendeira.com. €

Cafés **Pastelaria O Capote 5**, tägl. 7–19 Uhr. An der Fußgängerzone. Beliebtes Café im Zentrum. Einige Tische auf der Terrasse. Im Inneren v. a. Stehtische und einige wenige Sitzplätze am Rand. Selbstbedienung mit Vorausbezahlung. Rua dos Pescadores, 40-B, ✆ 212 903838, Facebook.

Eisdiele **Gelataria Italiana Monalisa 7**, tägl. 13–24 Uhr. Schmackhaftes italienisches Speiseeis aus handwerklicher Produktion. Auch Crêpes. Av. General Humberto Delgado, 31–B Loja 6, ✆ 910854956, Facebook.

Nachtleben

Waikiki 11, tägl. 10–19.30 Uhr (Juni bis Aug. bis 4 Uhr morgens), Anfang Okt. bis Ende März komplett geschlossen. Seit einem Vierteljahrhundert der Klassiker unter den Costa da Caparica-Strandbars. Mittags ist eine leichte Mahlzeit mit Toasts, Burgern oder gegrilltem Fisch unter den Sonnenschirmen angesagt, nachmittags chillen mit Cocktail oder Fruchtsaft im Strandkorb oder den Himmelbetten (Mindestverzehr). Nachts dagegen im Sommer Clubbing-Betrieb mit DJs, Elektro-Sounds und Partys. Praia da Sereia, ✆ 212962129 und 963862233, waikiki.com.pt.

Lagoa de Albufeira

Lang gezogene Sandstrände und ausgedehnte Pinienwälder prägen die Region um das stille Gewässer der Lagune von Albufeira. Während ihr Nordteil unbesiedelt und von Schilf und Kiefernwäldern bewachsen ist, reihen sich an der Südseite zahlreiche Ferienhäuser und Campingplätze.

Der Ort ist eine Ansammlung individuell gestalteter Ferien- und Wochenendhäuser, die sich über Kilometer entlang eines schachbrettförmigen Straßennetzes erstrecken. Außerhalb der Badesaison ist kaum etwas los, dann konzentriert sich das Geschehen auf den Abschnitt zwischen dem Restaurant O Lagoeiro an der Zufahrt zur Lagune und den benachbarten bunten Fischerhütten.

Über 4 km zieht sich die **Lagune** ins Hinterland. Man nimmt an, dass hier vor etwa drei Millionen Jahren während des Pliozäns ein Tejoarm ins Meer mündete. Heute speisen drei kleine Bäche, die Ribeira da Apostiça, die Ribeira da Ferraria und die Ribeira da Aiana, die Lagoa de Albufeira. Unter Pontons werden Muscheln gezüchtet.

Bei Windsurfern und Stand-up-Paddlern ist die glatte Lagune als Alternative zum rauen Atlantik sehr beliebt. Der etwa 1 km lange Sandstrand auf der Lagunen-Innenseite wird v. a. von Familien mit kleinen Kindern frequentiert, da hier das Wasser außergewöhnlich ruhig, warm und flach ist. In dem meist maximal hüfttiefen Gewässer kann der Nachwuchs planschen, Schwimmzüge üben oder Sandinseln „erobern". Von den Stränden neben dem Ausfluss sollte man sich aufgrund der Strömungen aber fernhalten. Die Lagunen-Strände werden weder offiziell überwacht noch täglich gereinigt. In manchen Jahren leiden im Hochsommer einige Uferbereiche an starkem Algen-Wachstum.

Rettungsschwimmer kontrollieren dagegen den benachbarten Atlantik-Strand **Praia da Lagoa de Albufeira.** An dem langen und meist schwach besetzten Sandstrand kann man in den recht hohen Wellen baden, sich sonnen oder im Schatten der Strandbar

 → Karte S. 284/285

Idyllisch gelegen: Lagoa de Albufeira

den Ausblick Richtung Küste von Aldeia do Meco genießen.

Mehrere gebührenfreie Parkplätze liegen am Südwestteil der Lagune, sowohl die Strände an der Innenseite als auch die am Meer befinden sich in der Nähe. Wenn sie an hochfrequentierten Strandtagen voll belegt sind, findet man in den weitläufigen Nebenstraßen des Ortes Platz.

Ein in Mäandern verlaufender **Kanal** verbindet die Lagune mit dem offenen Meer. Jedes Jahr wird er am Karfreitag von der Stadt Sesimbra mit Baggern neu gegraben, da er regelmäßig versandet. Manche Badende lassen sich von der Strömung treiben. Dabei sollte man aber sehr vorsichtig sein – die Drift kann einen weit aufs offene Meer hinausziehen! Je nach Gezeiten sieht der Kanal aber auch wie ein alpiner Wildwasserbach nach der Schneeschmelze aus und frisst sich tief in die benachbarten Sandbänke. Spätestens dann sollte man sich definitiv fernhalten und auf der Südseite bleiben – wer den Rückweg nicht schafft, muss ansonsten 8 km am Ufer entlang bis in den nächsten Ort Fonte da Telha laufen. Viele unterschätzen den Zeitaufwand, der Fußmarsch durch den Sand nach Norden kann anstrengend werden. Da es zwischen Lagoa de Albufeira und Fonte da Telha keine Versorgungsmöglichkeiten gibt, muss man außerdem Essen und Getränke mitnehmen (→ Wanderung 9, Kleiner Wanderführer, S. 485).

Kein Wunder, dass die Strände nördlich des Kanals zu den einsamsten der Region gehören: **Praia da Boca Velha, Praia do Galherão, Praia dos Olhos de Água** und **Praia dos Medos de Albufeira.** Sie erstrecken sich in schöner Lage unterhalb der zerfurchten Sandstein-Klippen der Arriba Fóssil.

An ihrem östlichen Ende geht die Lagoa de Albufeira in eine mit Schilf bewachsene Landschaft aus Sümpfen und Teichen über. Hier ist das abgezäunte Vogelbeobachtungs- und Naturschutz-Zentrum **Espaço Interpretativo da Lagoa Pequena** untergebracht: Zwei gut ausgeschilderte und leicht zu begehende Fußwege führen an den langsam verlandenden Lagunenarmen entlang. Eigens dafür errichtete Häuschen bieten ideale Bedingungen, um Reiher, Störche und Enten zu beobachten. Mit viel Glück lassen sich auch Otter blicken. Der 1,15 km lange Weg 1 *Percursos das Garças* schlängelt sich am Uferrand an Kiefernwäldchen entlang, während der 0,75 km lange Weg 2 *Percurso do Camão* direkt in die Sümpfe der Lagoa da Estacada führt.

Einfahrt zum Parkplatz des Naturschutzzentrums nördlich der Nationalstraße EN377: 5,1 km vom Kreisverkehr in Fernão Ferro bzw. 5,8 km vom Kreisverkehr in Alfarim entfernt (Abzweigung ist ausgeschildert). Nur Mo–Fr 4 Busse der Linie 3540 Coina-Alfarim (s. u.) bis Haltestelle EN 377 Observatório das Aves, sonst keine ÖPNV-Anbindung. Mi und Fr–So 9–13 und 14–17 Uhr (vom 15. Juni bis 15. Sept. 10–12.30 und 14–18.30 Uhr). Letzter Einlass 60 Min. vor Schluss. Eintritt frei. Ferngläser werden verliehen. ✆ 929 982292, cm-sesimbra.pt/lagoapequena.

Praktische Infos

Bus

Ab Sesimbra: Die Linien 3210 und 3211 fahren nur 4-mal tägl. direkt an die Lagoa de Albufeira. Fahrzeit ca. 35 Min. Ansonsten muss man einen der Busse von Sesimbra Richtung Aldeia do Meco, Alfarim, Fetais oder Fornos nehmen (Linien 3201, 3202, 3208, und 3209; Mo–Sa etwa alle 1–2 Std., am So nur 4 Busse) und im Ort Alfarim aussteigen. Von dort sind es noch ca. 4 km bis zur Lagune, die man zu Fuß oder per Taxi zurücklegen kann (Taxistand neben der Kirche in Alfarim).

Ab Coina: Busse der Linie 3540 (Richtung Alfarim) Mo–Fr 4-mal. Fahrzeit 30 Min. Halt in Lagoa de Albufeira am südlichen Ortsrand an der EN377 (Ecke Av. do Alcaide). In Coina Anschluss an die Fertagus-Züge der Linie Lissabon–Setúbal.

Wassersport

Meira Pro Center, tägl. 10–18 Uhr (Kurse besser reservieren). Ausbildung und Ausrüstungsverleih für Kite- und Windsurfen wie auch Stand-up-Paddling (SUP). Auch Wellenreit-Stunden sind im Angebot sowie Kajak-Verleih und Kajak-Touren (auch ab Sesimbra). Das Surfzentrum an der Uferpromenade im Zentrum des Orts Lagoa de Albufeira wird seit den 1980er-Jahren vom portugiesischen Windsurfer Rui Meira geleitet. Im Sommer gibt es eine Filiale in Costa da Caparica an der Praia da Nova Vaga. Av. Marginal, Lagoa de Albufeira, ✆ 212684527 und 969186859, meiraprocenter.com.

Essen & Trinken

O Lagoeiro, Fr–Mi 9–22.30 Uhr (im Winter teils kürzer, auch Café-Betrieb). Auffälliges Holzhaus 50 m vor dem Kreisverkehr am Ende der Zufahrtsstraße zum Strand. Guter Blick auf die Lagune und bis zur Serra de Sintra am Horizont: besonders schön bei Sonnenuntergang. Frischer, schmackhaft zubereiteter Fisch sowie Meeresfrüchte und einige Fleischgerichte. Für Vegetarier bleiben im Wesentlichen nur ein paar Salatvarianten. Estrada dos Murtinhais N17, Lagoa de Albufeira, ✆ 212681929, Facebook. **€€**

Windsurfunterricht an der Lagoa de Albufeira

Halbinsel von Setúbal → Karte S. 284/285

Aussicht bis zur Serra de Sintra: Praia do Moinho de Baixo

Aldeia do Meco

Zwischen der Lagoa de Albufeira und Sesimbra erstrecken sich rund um das Dorf Aldeia do Meco verstreute Siedlungen. Durch die abgeschiedene Lage herrscht angenehme Ruhe. Nur zur Sommerzeit kommt etwas Trubel auf, wenn Ausflügler die herrlichen Strände besuchen. Im Hochsommer ist es hier meist nicht so heiß wie an umliegenden Küstenabschnitten, vor allem abends weht oft eine kühle Brise.

Die Gegend erfreut sich seit Jahrzehnten bei eher alternativ angehauchten Lissabonnern großer Beliebtheit, u. a. wegen des FKK-Strandes und des Open-Air-Musikfestivals *Super Bock Super Rock*, das hier jährlich Mitte Juli stattfindet (superbocksuperrock.pt).

Im Gegensatz zu Lagoa de Albufeira, wo es praktisch nur Zweitwohnsitze gibt, leben in Aldeia do Meco und im doppelt so großen Nachbarort Alfarim auch in der Nebensaison Menschen. So wirken beide Orte nie komplett ausgestorben; dennoch geht hier außerhalb der Sommerferienzeit alles einen sehr gemütlichen Gang. Im ländlich geprägten **Alfarim** findet man auch einige preiswerte Cafés und Restaurants, die gerne von den Einheimischen aufgesucht werden.

Strände

Praia do Moinho de Baixo: Nördlich vom Dorfzentrum liegt der breite Hauptstrand, ein wunderschöner Sandstrand mit bizarren Felsformationen am Südende, der auch einfach nur **Praia do Meco** genannt wird. Bei guter Sicht erblickt man im Norden die Linha de Cascais, nach Westen hin breitet sich das weite Meer beinahe unendlich in Richtung Azoren und Amerika aus, nur ein paar Fischerboote sind am Horizont zu erspähen. Außer zwei Strandrestaurants herrscht Natur pur. Von den nahen Hügeln schweben immer wieder Paraglider ans Ufer hinunter. Abends kommen die lokalen Fischer zum gemeinsamen Fang zusammen, werfen mit Booten das Netz aus und ziehen es dann mithilfe zweier Traktoren wieder an den Strand. Das ist die moderne Variante der traditionellen Fangtechnik *Arte Xávega* (→ Sesimbra, S. 326).

Eine 2 km lange Stichstraße führt vom Zentrum in Aldeia do Meco zum Strand. Hier gibt es zahlreiche gebührenpflichtige, schattige Parkplätze (Faustregel: je näher am Strand desto teurer und desto länger am Abend geöffnet). Wie auch an allen anderen Stränden des Ortes keine Bushaltestelle (nächster Halt am nördlichen Ortsrand von Aldeia do Meco).

Praia de Alfarim: Richtung Norden schließt sich direkt die Praia de Alfarim an, die langen Sandareale gehen unmerklich ineinander über. Allerdings ist hier deutlich weniger los, da es an dem auch *Praia da Amieira* genannten Strand keine Bars gibt. Vom oberen Teil der Holztreppe, die vom Parkplatz zum Strand hinunterführt, öffnet sich eine schöne Aussicht auf die Landschaft, die etwas an die Dünen von Sylt erinnert.

Die Zufahrtsstraße in Alfarim ist nicht ausgeschildert und beginnt schräg gegenüber der BP-Tankstelle. Insgesamt sind es ca. 2,7 km über die Rua da Amieira (nur bis zur Kläranlage geteert, dann Staubpiste) bis zu einem kleinen Parkplatz. Man kann aber auch zur Praia do Meco fahren und dann am Ufer die 300 m zu Fuß zurücklegen.

Praia do Rio da Prata: Der 2 km lange Strandabschnitt liegt zwischen der Praia do Meco im Norden und der Praia das Bicas im Süden. Keine Bar, keine Rettungsschwimmer, keine Parkplätze stören das Naturerlebnis. Die Abgeschiedenheit schätzen die lokalen Fans der Freikörperkultur – sie haben durchgesetzt, dass dieser Strand zu einem der wenigen offiziellen FKK-Strände Portugals ernannt wurde, auf Portugiesisch passenderweise *praia naturista* genannt. Der Südteil des Strandes liegt unter einer steil aufragenden Klippe und heißt daher teilweise auch *Praia do Penedo*, „Felsstrand". Immer wieder trifft man auf auffällig ausgewaschene Felsformationen.

Zur Praia do Rio da Prata gibt es keinen direkten Zugang. Immer problemlos ist sie zu Fuß von der nördlich gelegenen Praia do Meco und dem dortigen Parkplatz erreichbar. Der Zugang vom südlichen Nachbarstrand Praia das Bicas ist dagegen nicht immer möglich, da man die Felsnase zwischen beiden Stränden bei Flut teilweise nicht passieren kann.

Praia das Bicas: steiler Abstieg

Halbinsel von Setúbal → Karte S. 284/285

Praia das Bicas: Hier enden die von der Costa da Caparica ununterbrochen bis hierher reichenden Sandstrände. In den Sommermonaten bevölkern v. a. die Gäste des nahe gelegenen Campingplatzes CampiMeco den Strand. In der Hauptsaison wachen Rettungsschwimmer über das Wohl der Badenden. Das ist auch besser so, denn hier kommen die Wellen auf außerordentliche Höhen. Die Surfer freut es, und auch bei Paraglidern steht die Praia das Bicas hoch im Kurs. Von einem etwa 50 m hohen sandigen Abhang neben den Stufen zum Strand hinunter nehmen sie Anlauf und schweben dann über den Sand.

Von Aldeia do Meco ca. 2,3 km: Dem Schild „Campismo“ folgen, über die wenig befahrene Rua da Romã/Rua 25 de Abril und dann rechts abbiegen (Strand ausgeschildert). Vom Parkplatz führt ein langer Steg mit 176 Stufen hinunter ans Meer.

Abendlicht an der Praia da Foz

Praia da Foz: Richtung Süden beginnt nun die stark zerklüftete Felsküste des Cabo Espichel. Die einzige weitere Badegelegenheit bis zum Kap ist die etwa 3,5 km südlich von Aldeia do Meco gelegene Praia da Foz. Dieser mittelgroße Sandstrand liegt an einer Flussmündung in einer hübsch von Felsen eingerahmten Bucht. Schönes Naturschauspiel, aber nicht ideal zum Baden, da nur wenig Sand – der Südteil besteht sogar komplett aus scharfkantigen Riffplatten. Die Strömung ist v. a. an den Rändern der Bucht tückisch. Die Klippen sind nicht völlig stabil, und so fallen hin und wieder Steinbrocken herunter. Vorsicht ist sowieso angebracht, da keine Rettungsschwimmer präsent sind und auch sonst keine anderen Einrichtungen existieren.

Von Aldeia do Meco ca. 3 km: Dem Schild „Campismo“ folgen, dann entlang der Rua da Romã/Rua 25 de Abril und an der Abzweigung zur Praia das Bicas nicht nach rechts abbiegen, sondern der Staubpiste geradeaus folgen. Mittelgroßer Parkplatz am Strand.

Praktische Infos

Einwohner Aldeia do Meco (mit Alfarim): ca. 1100

Bus

Alle Busse halten in Aldeia do Meco im Ortszentrum an mehreren Haltestellen in der Rua Praia do Moinho de Baixo. Wer an den Strand möchte, sollte am nördlichen Ortsrand am Halt Aldeia do Meco (Rua Praia Moinho de Baixo) Torrões aussteigen. Von da ist es nur noch 1 km zu Fuß bis zur Praia do Meco.

Ab Sesimbra (über Santana und Alfarim): Busse der Linien 3201 (Richtung Aldeia do Meco), 3208 (Richtung Fetais) und 3209 (Richtung Fornos) sowie 3210 und und 3211 (beide Richtung Lagoa de Albufeira). Mo–Sa etwa alle 1–2 Std., am So nur 4-mal, Fahrzeit ca. 30 Min.

Ab Coina: Mo–Fr 4 Busse der Linie 3540 (Richtung Alfarim). Fahrzeit 35 Min. In Coina Anschluss an die Fertagus-Züge der Linie Lissabon–Setúbal.

Übernachten

Alojamento Local Guesthouse Casa do Páteo, schön dekoriertes Landhaus mitten in einem Pinienhain. Etwas versteckt im Ortsteil Fornos: von Alfarim 3 km Richtung Sesimbra, am Wegweiser „Fornos" nach rechts in die Rua da Ponte. 650 m weiter folgt das Ortsschild „Fornos", hier links. Kurz darauf erreicht man rechter Hand das Eingangsportal. Zum Entspannen ein ausladender Garten mit Salzwasser-Pool, Grillplatz und viel Ruhe. Gern gebucht von Familien sowie von Gruppen, die sich hier in einem eigenen Pavillon Yoga, Meditation oder Workshops widmen. 4 DZ, davon 2 mit eigenem Bad, und 1 Zimmer mit 4 Betten. Beim Frühstück wird Wert auf Vegetarisches und Bioprodukte gelegt. Rua das Giestas, Fornos, Aldeia do Meco, ✆ 966176871, casadopateo.com. €

Casal do Frade, Öko-Lodge in ruhiger Lage südlich von Aldeia do Meco. Von Aldeia do Meco Richtung „Praias/Campismo" halten und dann nach 1 km an der Abzweigung links in die Rua do Casalinho. An der Verzweigung nach 1 km rechts halten und auf der Rua do Casalinho bleiben, nach weiteren 700 m erreicht man dann die Einfahrt in das weitläufige, von Kiefern bestandene Areal. 9 Zimmer: vom DZ im Haupthaus über Holz-Bungalows bis zu Luxus-Suiten im Landhausstil. Im Garten schöner Salzwasser-Pool und Tennisplatz. Im Haupthaus Gemeinschaftssaal mit Kamin sowie Billardtisch. Kostenloses WLAN, Fahrradverleih. Im Winter teilweise geschl. Rua do Casalinho, ✆ 918593007, casaldofrade.pt. €€

meinTipp Casas das Amoreiras, am Kreisverkehr in Alfarim die Straße zwischen den Abzweigungen nach Lagoa de Albufeira und Aldeia do Meco nehmen (hier auch Bushalt Estrada Marconi Artesanato). Nach ca. 500 m folgt linker Hand am Ortsausgang von Alfarim die Einfahrt in das große, begrünte Gelände am Rande eines Tälchens mit Blick auf Aldeia do Meco (bis zum nächsten Strand, der Praia do Meco, sind es 1,8 km). Insgesamt 6 Ferienwohnungen für 4 Pers. mit 1 Schlafzimmer, Wohnzimmer (Küchenzeile, Beistellbett und TV), Bad sowie kleiner Terrasse mit Grillmöglichkeit. Außerdem 1 Fewo mit Studio für 2 Pers. WLAN frei. Im Garten Pool sowie gemütlicher Aufenthaltsbereich mit Self-Service-Bar. Praktisch für Familien mit Kindern, da Autos in dem eingezäunten Gelände nur bis zum schattigen Parkplatz am Eingang erlaubt sind. Die sympathische Betreiberfamilie Valadas wohnt selbst im Haupthaus und hat im unteren Bereich des Geländes ihre Pferde eingestellt. Extrem ruhiges Ambiente: Vögel zwitschern, hin und wieder bellt ein Hund in der Nachbarschaft. Im Sommer 2–6 Nächte Mindestaufenthalt. Rua da Marconi s/n, Alfarim, ✆ 212684159 und 964770251, casasdasamoreiras.com. €€

Camping CampiMeco, ganzjährig geöffnet. Rezeption 9–19 Uhr. 2,5 km südwestlich von Aldeia do Meco (dort Bushaltestelle). Anfahrt ausgeschildert mit „Campismo". Sehr großer, halbschattiger bis schattiger Campingplatz, mit Pinien bewachsen, unmittelbar oberhalb der 500 m entfernten Praia das Bicas. Sanitäre Anlagen befriedigend. Großes Freibad mit 2 Becken, Tennisplatz, Minigolf, Supermarkt und Café-Snackbar vorhanden. Es werden auch Bungalows vermietet. Je nach Saison 4–7 € pro Erwachsenem, Stellplatz inkl. Abstellgebühr für Wohnmobil 20–26 €. Rua das Bicas, Aldeia do Meco, ✆ 212683393 und 212683374, campigir.com.

Essen & Trinken

meinTipp Bar do Peixe, Do und So/Mo 12–21 Uhr (im Sommer auch Mi), Fr/Sa 12–22 Uhr. Direkt an der Praia do Meco. Herrlicher Blick aus dem lichten Holzpavillon und von der Terrasse mit Sonnensegeln auf den Strand, besonders schön bei Sonnenuntergang. Frische Meeresfrüchte und Fisch, die man an einem Kühlregal auswählen kann und die meist nach Gewicht berechnet werden. Auch kleine Gerichte wie Toasts und einige Fleischgerichte. An Wochenenden kann es spätabends etwas lauter werden, dann herrscht eher Barbetrieb. In der Saison Reservierung empfohlen. Praia do Moinho de Baixo, Aldeia do Meco, ✆ 913088097, Facebook. Hinweis: Nach einem Brand 2021 ist das Restaurant einen Strand weiter an die Praia das Bicas gezogen. Es ist dort in dem ehemaligen Aussichtsrestaurant auf den Klippen untergekommen, das die Betreiber „Hangar do Peixe" genannt haben. Am alten Standort ist weiter Barbetrieb, bis 2024 soll das Restaurant dort wieder öffnen. €€€

Mania do Peixe by Gula do Meko, Fr–So 13–15 Uhr und Do–Di 19–23 Uhr (im Winter teilweise nur Fr–So). Bar-Restaurant 200 m oberhalb der Praia do Meco in exponierter Lage inmitten einer piniengesäumten Dünenlandschaft. Große Veranda, innen Speiseraum mit Schiffsplankenboden – beide mit herrlichem Meerblick. Portugiesische Küche mit Schwerpunkt Fisch und Meeresfrüchte, meist per Gewicht

Halbinsel von Setúbal → Karte S. 284/285

berechnet. Auch Fleisch zum Selberbraten auf einem heißen Stein. Rua Praia do Moinho do Baixo, ✆ 964408048, Facebook. €€€

Acácio, Mi–Mo durchgehend warme Küche von 12–24 Uhr (im Winter teils früher geschlossen). Meeresfrüchte-Restaurant im Zentrum von Aldeia do Meco (Einfahrt zum Kundenparkplatz links vom Restaurant), das für seine große Auswahl an reichhaltigen Eintöpfen und Kombitellern beliebt ist (viele werden in Portionen für 2 oder 3 Pers. angeboten). Auch gegrillter Fisch. Für Vegetarier dagegen eher nicht zu empfehlen. Gehobenes, aber ungezwungenes Ambiente im hellen Speiseraum. Rua do Comércio, 38, Aldeia do Meco, ✆ 212683901, Facebook. €€

Pizza na Praia, Di–So 12–15 und 19–22 Uhr (im Winter Do–So 12–15 und Do–Sa 19–22 Uhr). Obwohl der Name es vermuten lässt, nicht direkt am Strand: vom Zentrum in Aldeia do Meco (Bushalt) über die Rua da Romã und Rua 25 de Abril bis ans Ortsende und dann links (ausgeschildert). Die Pizzeria wurde von einem ehemaligen Journalisten eröffnet und hat sich schnell einen Namen als die beste der Region gemacht. Auch Nudeln und diverse vegetarische Optionen. Mein Tipp: die Pizza Meco mit Feigen, Azeitão-Käse und Schinken. Viele Bänke auf der Terrasse, dazu einige Tische im Inneren. WLAN frei. Reservierung empfohlen. Rua do Casalinho, 79, ✆ 212479973, pizzanapraia.pt. €€

Cabo Espichel

Mit einer bizarren Steilküste endet die Halbinsel Setúbal etwa 35 km Luftlinie südwestlich von Lissabon. Eine zwischen 135 und 150 m hohe Felswand fällt hier am Kap steil ins Meer ab. Dem starken Wind trotzen eine Wallfahrtskirche und ein Leuchtturm. Wenn nicht gerade ein Touristenbus angekommen ist, fühlt man sich wie am Ende der Welt.

Am letzten Sonntag im September wird in Cabo Espichel das älteste Fest des Bezirks gefeiert, die **Festa de Nossa Senhora do Cabo,** die an eine Erscheinung der Mutter Gottes im 15. Jh. erinnert. In einer feierlichen Prozession tragen die lokalen Würdenträger eine Marienstatue bis ans Kap. Dabei danken die Fischer ihrer Patronin, der Nossa Senhora do Cabo, für den Schutz.

Viele nutzen das Fest auch, um der **Igreja de Nossa Senhora do Cabo** mit ihren Deckengemälden, weiß-blauen Azulejos und barocken Seitenaltären einen Besuch abzustatten. Die 1707 erbaute Wallfahrtskirche war früher die bedeutendste Pilgerstätte des Landes; mittlerweile hat ihr Fátima in Mittelportugal allerdings eindeutig den Rang abgelaufen. Um die Kirche gruppieren sich u-förmig die dem Verfall preisgegebenen, spartanischen Pilgerunterkünfte. Staubwolken wehen durch die verlassenen Häuserzeilen, die Sonne brennt unaufhörlich – eine Atmosphäre wie im Westernfilm. Das Café *I Love Espichel* im Seitenflügel neben dem Parkplatz bringt aber seit ein paar Jahren etwas Leben in das Ensemble (Facebook). Die Stadt Sesimbra plant außerdem, den Nordflügel zu renovieren.

Kirche Di/Mi und Fr–So 10–13.30 und 14.30–17.30 Uhr. Eintritt frei.

Hinter der Kirche fällt die Küste in herrlichen Felsformationen steil ins Meer

Rundwanderung 10:
Um die Südwestspitze am Cabo Espichel → S. 488

Wanderung zu den Dinosaurierspuren an der Praia dos Lagosteiros mit schönen Blicken von und auf die Felsklippen des Kaps

Sein Licht ist nachts sehr weit sichtbar: Leuchtturm am Cabo Espichel

ab. Besonders bei starkem Wind sollte man sich nicht zu nah an den Abgrund des Kaps wagen – immer wieder rutschen kleinere Felsstücke ab, wie man gut an der gegenüberliegenden Steilwand sehen kann. Von der Aussichtsplattform an der kleinen, weiß getünchten Kapelle *Ermida da Memória* aus dem 15. Jh. lassen sich die Klippen über der Praia dos Lagosteiros gut betrachten.

Ein Leuchtturm aus dem Jahr 1790, einer der ältesten Portugals, markiert die Südwestspitze der Halbinsel von Setúbal auch bei Nacht: Er strahlt knapp 50 km weit und ist auch in Cascais und Estoril noch zu sehen. Hier kann man einen der schönsten Sonnenuntergänge der Region genießen, der weiß-rote Leuchtturm wird dann in herrlich schimmerndes Licht getaucht.

Praktische Infos

Bus

Ab Sesimbra: Buslinie 3205 nur 3-mal tägl. direkt ans Kap und etwa 30 Min. später von dort wieder zurück (carrismetropolitana.pt). Weitere Busse der Linien 3203 und 3204 fahren bis Azóia, dem letzten Ort vor dem Kap (von dort noch 3 km zu Fuß zum Cabo).

Übernachten

mein Tipp **Alojamento Local Senhora do Cabo,** etwa auf halbem Weg von Sesimbra ans Kap links in die Rua dos Pinheiros abbiegen, dann an deren Ende im Ort Pinheirinhos rechts. Busverbindung an der Hauptstraße in ca. 500 m Entfernung (Busse Sesimbra–Cabo Espichel). Bed & Breakfast auf einem sehr grünen, schattigen Gelände. Liegestühle im Garten, auch ein kleines Schwimmbecken. Die 11 Zimmer mit Bad, TV und Terrasse verteilen sich auf mehrere kleine, stilvoll dekorierte Nebengebäude. WLAN frei. Kein Meerblick, aber sehr entspannte und ruhige Lage. Rua dos Almocreves, 50, Pinheirinhos, Sesimbra, ✆ 913 343051 und 910023989, senhoradocabo.com. **€€**

Essen & Trinken

Café Espigas, Di–So 7.30–15 Uhr. Einfaches Café mit Terrasse im Ort Azóia kurz vor dem Kap. Leckere, frisch gepresste Fruchtsäfte und süße Teilchen aus eigener Produktion. So gilt das Café als einer der besten Bäckereien, um die lokale Spezialität *farinha torrada* zu kosten (s. u.). Die Besitzer vermieten auch einige Zimmer im zugehörigen Bed & Breakfast. Rua do Cabeço, Azóia, Sesimbra, ✆ 966504500, Facebook.

„Geröstetes Mehl" – die süße Spezialität Sesimbras

Auch wenn der Name *farinha torrada* – wörtlich „geröstetes Mehl" – nicht direkt das Wasser im Mund zusammenlaufen lässt, so sollte man beim Besuch in Sesimbra diesem lokalen Gebäck eine Chance geben. Im 19. Jh. begannen die Fischer damit, dieses lange haltbare und nahrhafte Gebäck als Proviant auf ihre Fangfahrten mitzunehmen. Heute ist das Produkt als regionale Spezialität aus dem Kreis Sesimbra geschützt. Neben Mehl und braunem Zucker werden dabei auch Eier, Schokolade und Zitrone verarbeitet und im Ofen gebacken. Die braunen, quadratisch geschnittenen Gebäckstücke werden in den Auslagen der lokalen Cafés gerne übersehen, da sie optisch nicht hervorstechen. Im Mund dagegen entfalten sie ihr volles Aroma.

Pedreira do Avelino

Zwischen dem Cabo Espichel und Sesimbra kann man im Örtchen Zambujal Dinosaurierspuren sehen.

Am Rand eines noch aktiven Steinbruchs sind in einem großen Felsen die Fußabdrücke der Urzeitviecher deutlich zu erkennen. Vor 155 Millionen Jahren haben sie die Tiere beim Marsch über den Boden einer Lagune hinterlassen. Die Abdrücke wurden später durch Jahrmillionen währende Prozesse versteinert und das Gestein anschließend durch tektonische Vorgänge bis zu seiner heutigen, fast schon vertikalen Position aufgefaltet. Am Rand rechts unten sind noch die bereits für die Sprengung gebohrten Löcher zu erkennen: Zum Glück endete der Felsen aber nicht als Küchenplatte, sondern wurde geistesgegenwärtig als Naturdenkmal erhalten.

Von der Nationalstraße N379 zwischen Santana und Cabo Espichel im Ort Zambujal (hier auch Halt der Busse von Sesimbra nach Cabo Espichel, Aldeia do Meco oder Lagoa de Albufeira) nach rechts abbiegen, dann sind es noch 400 m. Die Abzweigung und der weitere Weg sind mit einem Schild „Pegada de Dinosauros" gekennzeichnet. Immer zugänglich, Eintritt frei. Rua do Forno da Cal, visitsesimbra.pt.

Sesimbra

Der alte Fischerort liegt zu Füßen einer steilen Hügelkette an einer windgeschützten Bucht. Auf einer Anhöhe oberhalb Sesimbras thront die restaurierte Maurenburg. Der Ortskern mit seinen engen Gassen bewahrt den Charme eines Fischerstädtchens. Allerdings wurden die umliegenden Berghänge mit Appartementblocks verschandelt.

Besonders am Wochenende tummeln sich viele Tagesausflügler an den etwa 1,5 km langen, feinen Sandstränden im Ortszentrum. Durch die geschützte Lage bleiben die Wellen niedrig, sodass hier gerne Familien mit kleinen Kindern baden. Nur im Winter, wenn die Wellen nicht wie im Sommer von Nordwesten, sondern oft von Süden heranrollen, kann es an diesem Küstenabschnitt sehr ungemütlich werden.

Leider haben in den vergangenen Jahren Stadtverwaltung und Immobilienfirmen Hand in Hand die meisten freien Bauplätze rund um die Altstadt zubetoniert. Doch wenn man die Bucht von Sesimbra hinter sich gelassen hat, erreicht man in der nächsten Umgebung noch herrliche unverbaute Küstenabschnitte.

Im Zentrum der langen Sandstrände und der Stadt erhebt sich die **Fortaleza de Santiago.** Das Fort hat der Jesuitenpater und Militäringenieur João Cosmander 1642 an der Stelle einer Festung anlegen lassen, die englische Schiffe bei einer Attacke im Jahr 1602 zerstört hatten. Im 18. Jh. diente es den sog. *Meninos de Palhavã*, den unehelichen Kindern von König Dom João V., als Sommerresidenz. Später war ein Zollamt im Fort untergebracht, inzwischen ist das sehenswerte Gebäude öffentlich zugänglich. Neben der Touristeninformation findet man hier nun ein Café-Restaurant mit Aussichtsterrasse und das **Museu Marítimo de Sesimbra** zur Geschichte des lokalen Fischfangs, der Stadt und des hiesigen Meeresnationalparks. Der Bau der typi-

Im Zentrum von Sesimbra: Fortaleza de Santiago

Halbinsel von Setúbal → Karte S. 284/285

schen lokalen Holz-Fischerboote von Sesimbra wird anschaulich demonstriert. Die Fischerei ist auch heute noch ein bedeutender Wirtschaftsfaktor: Sesimbra zählt mit Matosinhos und Peniche zu den drei bedeutendsten Fischereihäfen Portugals.

Museum: Tägl. (außer Mo) 10–13 und 14.30–17.30 Uhr (Mitte Juni bis Mitte Sept. 15.30–19 und 20.30–23 Uhr). Letzter Einlass 60 Min. vor Schluss. Eintritt 3 €, 50 % Ermäßigung für Studenten, mit *Cartão Jovem* und ab 65 J., bis 5 J. frei, Familien 6 €. ✆ 938427479, visitsesimbra.pt.

Vom **Castelo,** der 240 m über der Stadt gelegenen Burg, sind Sesimbra und die umliegenden karstigen Steilhügel der Serra da Arrábida perfekt zu sehen. Ein Fußweg führt über die nachts hell erleuchteten Burgzinnen. In der Mitte der in den 1930er-Jahren gründlich restaurierten Anlage liegt die kleine Kapelle **Igreja de Santa Maria do Castelo.** Nebenan kann man sich in einem Terrassencafé vom anstrengenden Aufstieg erholen oder eine kleine Ausstellung mit archäologischen Funden besuchen.

Tägl. 8–20 Uhr. Eintritt frei. Wem der Aufstieg zu steil ist, der kann eine der zahlreichen Buslinien ab Sesimbra nehmen, die alle über den höher gelegenen Ort Santana fahren. Von dort ist es noch gut 1 km zur Burg. Zahlreiche Parkplätze im Inneren der Burganlage.

Tipp für den Aufstieg zu Fuß: Von der Uferpromenade Av. dos Naúfragos rechts in die Rua Professor Fernandes Marques und dann die erste Abzweigung links in die Rua General Humberto Delgado. Anschließend die nächste Abzweigung rechts in die Av. dos Combatentes und am Kreisverkehr nach 250 m links in die Rua Abel Gomes Pólvora. Diese Straße mündet in die Rua 4 de Maio – hier beginnt schräg links gegenüber auf der anderen Straßenseite ein Pfad. Dem folgen und nach 250 m scharf rechts in einen weiteren Pfad abbiegen (gelb-rot markiert). Kakteen, Olivenbäume, Korkeichen und Kiefern säumen nun den Weg. Der Pfad endet an einer großen Wegkreuzung: Hier scharf links nach oben und durch das Osttor aufs Burggelände.

Zurück von der Burg kann man an der großen Wegkreuzung auch den zweiten Weg rechts nehmen, der etwas steiler nach unten führt als der erste Weg rechts (der Hinweg). Dieser zweite Weg endet in einer Rampe, die zur Av. dos Combatentes führt. Auf der gegenüberliegenden Seite der Kreuzung kann man über die Rua Conselheiro Ramada Curto geradeaus ins Zentrum kommen. Dieser Rückweg ist mit 1,7 km Länge deutlich kürzer als der Hinweg mit 2,7 km, dafür aber wesentlich steiler und weniger schattig.

Fortaleza de Santiago: Blick auf die Praia da Califórnia

Wer sich für Landwirtschaft interessiert, sollte noch einen Ortsteil weiter über Santana nach Sampaio fahren: Dort kann man die **Moagem de Sampaio,** eine Mühle aus dem 20. Jh., besichtigen. Bis 1980 wurde hier Mehl gemahlen, einige Jahre später hat die Stadt das Gebäude in ein kleines Museum umgewandelt. Auf einem geführten Rundgang sieht man Mühlsteine, Arbeitsgeräte und historische Maschinen, deren Kraft mit Riemen über mehrere Stockwerke hinweg übertragen wird. Beschriftungen nur auf Portugiesisch.

Mi–So 9–12.30 und 14–17.30 Uhr. Eintritt frei. Von der Burg etwa 2 km zu Fuß. Bushalt diverser Buslinien neben den Supermärkten Intermarché, Pingo Doce und Aldi im Stadtteil Sampaio (z. B. von Sesimbra nach Setúbal oder nach Lissabon). Rua da Terra da Eira, Sampaio, ✆ 210156671 und 212288207, cm-sesimbra.pt.

Wanderung 11: Fantastische Ausblicke von den höchsten Kalksteinklippen Europas → S. 492

Anspruchsvolle Tour mit Meerpanoramen und wunderbarem Abstieg nach Sesimbra

Strände

Praia da Califórnia: Offiziell gibt es im Ortszentrum zwei Strände. Der Ostteil wird Praia da Califórnia genannt. Das Ambiente erinnerte den Namensgeber wohl an Kalifornien. In der Tat kann die Aussicht auf die benachbarten Klippen begeistern. In der Nähe der zentralen Festung ist der Strand ganz hübsch, doch den östlichen Teil verschandelt leider das 200 m lange Gebäude *Mar da Califórnia* mit seinen elf Stockwerken. Da es nach Ansicht der Zentralregierung illegal auf öffentlichem Grund und in einem Naturschutzgebiet errichtet wurde, sollte es eigentlich wieder abgerissen werden. Es steht aber bis heute und beherbergt das *Sesimbra Hotel & Spa*.

Weltgrößter Clowns-Karnevalszug in Sesimbra

Tausende als Clowns verkleidete Jecken ziehen am Rosenmontag ab 15 Uhr von der Praia da Califórnia über die Uferpromenade Av. 25 de Abril zum Largo da Marinha. Das lokale Tourismusamt wirbt sogar stolz damit, der *Cortejo de Fantasias de Palhaço* sei der weltgrößte Clowns-Umzug. Weithin bekannt ist auch der Corso brasilianischer Samba- und Axé-Gruppen, der sonntags und dienstags jeweils ab 14 Uhr über die Uferstraßen Av. 25 de Abril und Av. dos Náufragos tanzt. Den Start in die närrischen Tage markiert aber der Umzug der Schüler und Kindergartenkinder, der *Desfile dos Estabelecimentos de Educação e Ensino,* donnerstags ab 10.30 Uhr entlang der Av. da Liberdade und Largo 5 de Outubro. Samstag und Sonntag animieren dann Samba und Axé-Gruppen mit brasilianischer Musik bei ihrem „Desfile" auf den Uferpromenaden Av. 25 de Abril und Av. dos Náufragos jeweils ab 14 Uhr.

Praia do Ouro: Der lange „Goldstrand" mit seinem feinen Sand liegt dagegen westlich der Fortaleza direkt unterhalb der von Restaurants und Bars gesäumten Uferpromenade Avenida dos Náufragos und ist aufgrund seines flachen Profils ideal für Kinder. Die Westhälfte der Praia do Ouro hinter der Hafenmole ist am besten vor Wellen geschützt. Einige hohe Felsen schirmen sie zudem etwas in Richtung Ort und Uferpromenade ab. Hier gibt es mehrere Strandrestaurants, einen Verleih von Liegen und Sonnenschirmen sowie Felder für Beach-Fußball und -Volleyball.

Halbinsel von Setúbal → Karte S. 284/285

Über und unter Wasser faszinierend: Grotten an der Küste

Tauch- und Schnorchelparadies Sesimbra

Bereits die Szenerie über Wasser beeindruckt: Man taucht in kleinen Buchten direkt unter den höchsten Steilklippen des portugiesischen Festlands. Am Cabo de Ares reichen die Felsen immerhin 380 m in die Höhe und schirmen die Küste nach Norden hin ab, sodass hier im Gegensatz zu den anderen Küstenabschnitten der Costa de Lisboa meist ideale Bedingungen zum Tauchen herrschen: klares Wasser mit bis zu 20 m Sichtweite und ruhige See – Schwierigkeiten gibt es eigentlich nur im Winter, wenn hohe Wellen aus dem Süden für starke Dünung im Flachwasser und schlechte Sicht von ca. 3 m sorgen.

Die meiste Zeit des Jahres lässt sich aber das Treiben auf den mit Algen, Gorgonien und Anemonen schön bewachsenen Felsformationen gut beobachten. Neben Bärenkrebsen und diversen Brassen bekommt man auch Blennies, Sägebarsche und Drachenköpfe zu sehen. Ganz so bunt wie im Roten Meer geht es im Atlantik zwar nicht zu, aber Biologen zählten dennoch 1100 Tier- und Pflanzenarten in den Gewässern um Sesimbra. Grund für den großen Artenreichtum ist, dass sich in Sesimbra Fischarten aus den unterschiedlichsten Regionen wie dem Mittelmeer, der Küste Nordafrikas oder dem Nordatlantik treffen. Ihnen allen bietet das planktonreiche Wasser Nahrung.

Auch wenn Sportfischern immer wieder Schwertfische und Haie an die Angel gehen, werden sie bei Tauchgängen nur selten gesichtet: Meist sind dann Zackenbarsche die größten Tiere. Wer Glück hat, sieht Mondfische, die hinter dem Cabo Espichel ab und zu aus den Tiefen des Atlantiks auftauchen, um sich an der Oberfläche aufzuwärmen.

Hauptattraktion ist aber das Wrack der *River Gurara*. Der nigerianische Container-Frachter lief 1989 auf die Felsen des Cabo Espichel auf, zerbrach in zwei Teile und sank. Insgesamt hatte das Schiff eine beeindruckende Länge von 175 m, die Trümmer sind inzwischen über eine große Fläche auf dem Meeresboden verteilt. Da das Wrack in 25–33 m Tiefe liegt, lässt es sich leicht betauchen – allerdings nur an Tagen mit niedrigen Wellen, da sich der Tauchplatz im Freiwasser befindet. Es lohnt sich, mehrere Tauchgänge zur *River Gurara* zu machen, da Heck *(popa)* und Bug *(proa)* etwa 150 m auseinanderliegen und nicht in einem Tauchgang erkundet werden können. Der Bug ist etwas tiefer gesunken, aber mit seinen Masten noch beeindruckender als das Heck. In jedem Fall lohnt es sich, eine Lampe dabeizuhaben, um die Langusten, Conger-Aale und Franzosendorsche in den Wrackteilen zu erspähen. Man sollte davon absehen, in das Wrack einzudringen, da dort scharfkantige und instabile Metallreste drohen.

Tauchbasen Alle Tauchbasen in Sesimbra findet man am Porto de Abrigo im hinteren Teil des Fischerhafens. Sie arbeiten in erster Linie für lokale Taucher. Unter der Woche finden in der Regel nur in der Hauptsaison Tauchgänge statt, ansonsten konzentriert sich das Geschehen auf die Wochenenden. In jedem Fall sollte man sich mehrere Tage vorher einen Platz reservieren. Eigenverantwortliches Tauchen ist die Regel, professionelle Guides sind nicht so häufig wie auf Madeira oder an der Algarve. Ideal ist es also, zu zweit tauchen zu gehen, wenn man nicht von fremden Tauchpartnern abhängig sein möchte. Zwei Tauchgänge mit Flasche und Blei kosten ca. 70 € (komplette Leihausrüstung ca. 25 €/Tag).

Anthia Diving, unserer Erfahrung nach das empfehlenswerteste Tauchzentrum in Sesimbra. Schnuppertauchgänge und Tauchkurse mit Zertifizierung durch SSI (Scuba Schools International). Zahlreiche Ausfahrten, auch an eher selten angefahrene und entlegene Spots im Norden des Cabo Espichel. Neben Atemluft sind auch Nitrox-Füllungen verfügbar. Porto de Abrigo Loja 1, ✆ 212443472 und 936005743, anthiadiving.com.

Cipreia, im großen Eckhaus direkt an der Hafenzufahrt. Kurse nach PADI. Edifício do Clube Naval de Sesimbra, Porto de Abrigo, ✆ 215 959976 und 917255072, diveclubcipreia.com. Büro in Lissabon: Rua João Saraiva, 34–A/B, Ⓜ Alvalade.

Haliotis, Tauchzentrum mit PADI-5-Sterne-Zertifizierung. Regelmäßige Ausfahrten auch an die *River Gurara.* Wer will, kann mit Nitrox tauchen. Porto de Abrigo, ✆ 262781160 und 910 586132, haliotis.pt.

Nautilus Sub, ältestes Tauchzentrum in Sesimbra. Tauchkurse nach PADI. Regelmäßige Ausfahrten am Wochenende. Man kann hier auch Bootsführerscheine machen. Porto de Abrigo, ✆ 212281769, nautilus-sub.com. Büro in Lissabon: Rua Nova do Carvalho, 66 - 3° Dto, ✆ 212 551969, Ⓜ Cais do Sodré.

Vorschriften Um in Portugal tauchen zu dürfen, benötigt man zum einen den Grundschein einer internationalen Tauchorganisation wie CMAS, PADI oder SSI. Zum anderen muss man ein ärztliches Attest nach EU-Normen über die Tauchtauglichkeit vorlegen. Am besten besorgt man es sich bereits vor dem Urlaub (Ärzteliste unter gtuem.org). Da normale Krankenkassen die hohen Kosten für die Behandlung von Tauchunfällen nicht übernehmen, sollte man unbedingt eine Zusatzversicherung abschließen (z. B. aqua-med.eu).

Ausrüstung Ideal ist ein warmer 7 mm dicker Neopren-Anzug samt Weste, Haube und Handschuhen oder besser gleich ein Trockentauchanzug, da die Wassertemperaturen des Atlantiks mit 13–18 °C das ganze Jahr über recht erfrischend sind.

Coasteering in Sesimbra

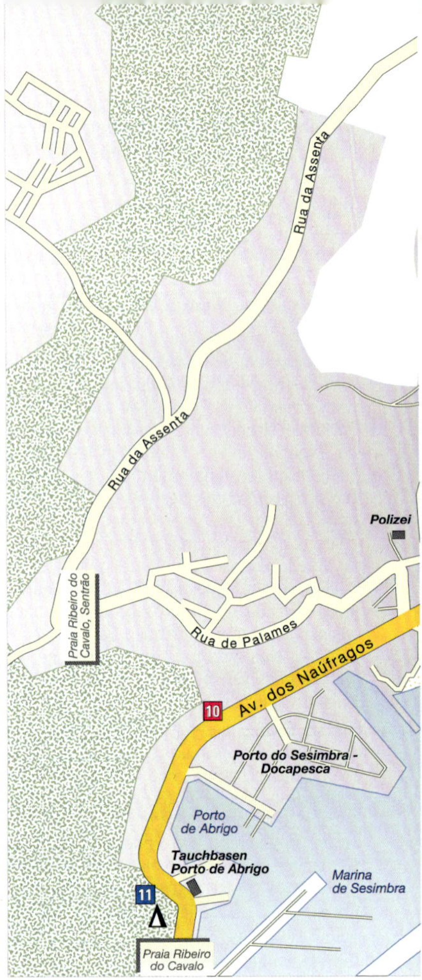

Praia do Ribeiro do Cavalo: Im Meer vor dem schönsten Strand Sesimbras sieht es aus, als hätte ein Riese mit großen Felsbrocken Würfeln gespielt. Der komplett von naturbelassenen Felsklippen umgebene, halbrunde Meerbusen ist von atemberaubender Schönheit. Rechts vom Strand stößt man direkt auf eine kleine von Felsen umgebene Bucht, die unter Wasser auf ca. 10 m Tiefe abfällt und sich gut zum Schnorcheln eignet. Obwohl man 20 Minuten anstrengenden Fußmarsch auf sich nehmen muss, um den Sandstrand zu erreichen, und es hier im Gegensatz zu den Stränden im Zentrum weder Rettungsschwimmer noch Strandcafés gibt, ist im Sommer meist viel los. Manche Besucher schätzen die kleinen Höhlen unter den Klippen, um hier länger zu verweilen. Immer wieder ankern auch Yachten vor der Küste oder Kajakfahrer kommen vorbei, sodass es hier im Hochsommer teilweise sehr turbulent zugeht.

Per Auto Zufahrt nur von Norden kommend mit einem Umweg über die Rua de Palames möglich. Zu Fuß dagegen am besten von Süden: zuerst bis zum Hafen Porto de Abrigo (hier auch Stadtbus), etwa 1,8 km westlich des Stadtzentrums. Am Kreisverkehr hinter den Tauchzentren weiter geradeaus der steil ansteigenden Staubpiste folgen (Schild „ETAR“). Nach 800 m biegt links ein Kiesweg ab (Parkmöglichkeit). An der Abzweigung (Schild „Ribeiro“) beginnt der insgesamt 500 m lange Fußweg zum Strand. Nach den ersten 100 m folgt eine Rechtskurve, anschließend geht es größtenteils auf einer Höhe oberhalb der Klippen parallel zur Küste weiter. Nach etwa 300 m führt ein steiler und gerölliger Abstieg die etwa 80 Höhenmeter zum Strand hinunter (eher landseitig halten). Statt Flipflops ist gutes Schuhwerk sehr zu empfehlen. Generell ist Vorsicht nicht fehl am Platz, da die ungesicherten Wege teilweise direkt über den Klippen enden. Vor allem mit kleinen Kindern empfiehlt sich daher die Anfahrt per Wassertaxi (→ S. 326).

Praia da Mijona und Praia do Inferno: Wer mit dem Boot unterwegs ist, kann weiter westlich noch zwei Badebuchten ansteuern, die aufgrund der hohen Klippen von Land nur über halsbrecherische Abstiege zu erreichen sind. Die Praia da Mijona überrascht dabei mit einem Privathaus direkt auf Wasserhöhe, das man hier weit ab vom Schuss nicht vermuten würde. Auch der Name des unter hohen Klippen liegenden, langgezogenen Sandstrandes („pinkelnde Frau“) ist sehr skurril. Die kleine Praia do Inferno hat ihren Namen „Höllenstrand“ dagegen nicht von ungefähr, da hier die Wellen nicht mehr so gut durch das Cabo Espichel abgeschwächt werden und oft gefährliche Strömungen herrschen.

Praktische Infos

→ Karte S. 324/325

Einwohner Sesimbra: ca. 24.000

Information

Posto de Turismo de Sesimbra, innerhalb der Fortaleza de Santiago. Tägl. 9.30–18 Uhr (Juli/Aug. bis 23.30 Uhr). Rua da Fortaleza, ✆ 212288540 und 932456098, visitsesimbra.pt.

Bus

Der kleine Busbahnhof liegt zentrumsnah in der Avenida da Liberdade.

Ab Lissabon: Linie 3721 Mo–Fr stündl. ab Sete Rios (Ⓜ Jardim Zoológico) über Alcântara-Terra (Halt in der Av. Ceuta), Sa/So alle 2 Std. Fahrzeit ca. 75 Min.

Ab Coina: Busse der Linie 3544 (direkt) sowie 3635 (via Azeitão). Tägl. etwa alle zwei Stunden. Fahrzeit ca. 45 Min. In Coina Anschluss an die Fertagus-Züge der Linie Lissabon–Setúbal.

Nach Aldeia do Meco (über Santana und Alfarim): Busse der Linien 3201 (Richtung Aldeia do Meco), 3208 (Richtung Fetais) und

3209 (Richtung Fornos) sowie 3210 und 3211 (beide Richtung Lagoa de Albufeira). Mo–Sa etwa alle 1–2 Std., am So nur 4 Busse, Fahrzeit ca. 30 Min.

Nach Cacilhas (via Foros de Amora): Linie 3536 alle 1–2 Std. Fahrzeit 60 Min. In Foros de Amora Anschluss an die Fertagus-Züge der Linie Lissabon–Setúbal, in Cacilhas an die Fähren nach Lissabon.

Nach Lagoa de Albufeira: Die Linien 3210 und 3211 fahren nur 4-mal tägl. Fahrzeit ca. 35 Min.

Nach Setúbal (via Azeitão): Linie 4642 Mo–Fr 12-mal, Sa/So 5-mal. Die Linie endet in Setúbal am Hospital und nicht am Busbahnhof ITS. Fahrzeit 55 Min.

Stadtbus

Die Linie 3218 fährt Mo–Sa 4- bis 5-mal tägl. ab Busbahnhof und Largo da Marinha zum Fischerhafen Porto de Abrigo.

Taxi

Taxistand am Largo 5 de Outubro.

Maia & Figueira Táxis, ✆ 969405514, taxi10 quintadoconde.pt.

Wassertaxi

Batnavó, im Sommer alle 30 Min. Transfers zu den westlich gelegenen Stränden Praia Ribeiro do Cavalo, Praia da Mijona und Praia do Inferno. Weitere Strände unregelmäßig. Preis pro Pers. hin und zurück 13–18 € (je nach Streckenlänge), bis 11 J. 50 % Ermäßigung. Abfahrt der Boote am „Cais Espadarte" nahe dem Kreisverkehr am Porto de Abrigo. Vorherige Reservierung sehr empfohlen sowie wasserfeste Kleidung und Schuhe, da man bei der Landung durchs seichte Wasser waten muss. Porto de Abrigo, ✆ 916993600, batnavo.pt.

Parken

Teuer und das ganze Jahr über sehr problematisch, da die engen Gassen kaum Platz lassen. Wenn man unten im Ort angekommen ist, lässt man das Auto am besten direkt an den gebührenpflichtigen Parkplätzen in der Av. da Liberdade stehen, sollte dort noch etwas frei sein. In der Nebensaison gibt es hier zudem noch den kostenpflichtigen Parkplatz neben dem Stadion (in der Hauptsaison nur für Anwohner). Wer weiter in den Ort hineinfährt, riskiert über das komplizierte Netz an Einbahnstraßen wieder an anderer Stelle hinausgeleitet zu werden.

Wer zum Hafen möchte, folgt in Santana am besten der Zufahrt „Sesimbra Poente", die an der Burg vorbei direkt in den Westen des Ortes führt. Dort stellt der Fischerhafen Porto de Pesca – Docapesca an den Sommerwochenenden zahlreiche kostenpflichtige Parkplätze zur Verfügung (Mo–Fr nur für Nutzende des Hafens). Am Sporthafen Porto de Abrigo findet man weitere Plätze, dort ist man aber schon recht weit von den Stränden und der Innenstadt entfernt.

Arte Xávega – traditioneller Fischfang in Sesimbra

Seit einigen Jahren wird an den beiden Hauptstränden von Sesimbra von Mai bis Oktober wieder regelmäßig nach einer uralten portugiesischen Fangmethode gefischt. Dabei wird ein etwa 100 m breites Netz von einem Boot aus erst aufs Meer ausgebracht und dann an zwei langen Seilen von einer Gruppe Menschen am Strand per Hand an Land gezogen (heutzutage „helfen" dabei oft Traktoren). Langsam, aber sicher zieht sich dabei das Netz zu, und auf dem Sand landen zappelnde Sardinen, Makrelen, Meerbarben, Brassen und manchmal auch Tintenfische.

Man kann mit den nach Luft ringenden Tieren Mitleid empfinden, denn es dauert viele Minuten, bis sie tot sind. Nicht verkaufbare Fische werden teilweise vorher wieder ins Wasser zurückgeworfen. Touristen sind sowohl als passive Zuschauer, aber lieber noch als tatkräftige Helfer herzlich willkommen. Wer unter die Fischer gehen möchte, kann dies von Mai bis Oktober Mo, Do und So jeweils ab 6 und 19 Uhr an der Praia da Califórnia tun (sesimbra.pt).

Street-Art in der Altstadt von Sesimbra

Alternative: Im Sommer (Anfang Juli bis Mitte Sept.) kann man kostenlos an der Moagem de Sampaio (→ S. 321) im Ortsteil Santana parken (am Kreisverkehr neben dem Aldi-Supermarkt). Von dort fährt von 8–20 Uhr alle 40 Min. das kostenfreie Shuttle der Linie 3223 zum Busbahnhof ins Zentrum. Fahrplan unter carrismetropolitana.pt.

Feste

Stadtfeiertag ist der 4. Mai, der mit Prozessionen, Messen und Festen begangen wird. Auch an den Tagen davor und danach finden Feierlichkeiten statt. Sie erinnern an die Erscheinung eines Jesus-Bildes. Das Bild soll im 16. Jh. während eines Unwetters am Strand von Sesimbra auf einem Felsen aufgetaucht sein, den das Meer nie überspült haben soll. Seitdem haben die lokalen Fischer mit dem Senhor Jesus das Chagas ihren Patron gefunden.

Markt

Mercado Municipal de Sesimbra, kleine Markthalle mit Obst und Gemüse. Di–So 7.30–14 Uhr. Rua da República, 10, visitsesimbra.pt.

Polizei

GNR, Rua 4° de Maio. ✆ 217657700.

Post

Basisangebot im Ponto CTT Sesimbra (Av. 25 de Abril, 9–C). Eine Postfiliale mit dem ganzen Servicepaket gibt es nur im höhergelegenen Stadtteil Santana (Av. Padre António Pereira de Almeida, 8).

Naturexkursionen

mein Tipp **Vertente Natural,** in der Saison mehrmals pro Woche Bootsausfahrten zum Dolphin-Watching (45 €/Pers. inkl. Transfer ab Lissabon oder Setúbal) vor Sesimbra. Im Gegensatz zu den Sado-Delfinen sind diese Schwärme meist zahlreicher, dafür aber nicht sesshaft. Manchmal kommen sie direkt vor die Hafenmole. Mit den wendigen Booten von Vertente Natural kommt man den Delfinen sehr nahe und kann sie wunderbar beobachten. Ein unvergessliches Erlebnis! Unter dem Titel *Praias Secretas* kann man auch Bootsausflüge entlang der Küste zwischen Sesimbra und dem Cabo Espichel inkl. Abstecher zu einem Strand buchen (35 €/Pers., mind. 4 Pers.). Außerdem Schnorchelausflüge sowie Kajaktouren ab 25 €/Pers. Für alle, die es noch abenteuerlicher mögen, empfiehlt sich das sog. *Coasteering,* bei dem man sich per Kletterseil, schwimmend und zu Fuß entlang der Steilküste bewegt. Hin und wieder springt man zudem aus bis zu 8 m Höhe von Felsen ins Wasser – auch wenn es

Halbinsel von Setúbal → Karte S. 284/285

Überwindung kostet, ein großes Vergnügen (ab 40 €/Pers.). Außerdem Klettertouren in der Serra da Arrábida und Exkursionen in die tiefen Höhlensysteme der Region. Die Guides von Vertente Natural kennen die Region wie ihre Westentasche und sind immer dabei, Neues zu entdecken. Porto de Abrigo, Loja 6, ✆ 210848919, vertentenatural.com, canoagemarrabida.com und coasteering.pt.

Per Kajak zur zerklüfteten Felsküste

Vom Hafen (Porto de Abrigo) kann man schnell per Kajak die wunderbare Küste zwischen Sesimbra und dem Cabo Espichel erreichen. Mehrere Firmen bieten diesen etwa dreistündigen Ausflug an, der auch für nicht so erfahrene Kanuten geeignet ist. Etwas Fitness und Bereitschaft zum Paddeln muss man aber schon mitbringen, denn zuerst gilt es, die fast 1 km lange Hafenmauer, die Sesimbra vor den Winterstürmen schützt, zu umrunden. Nachdem man die monotonen Betonblöcke hinter sich gelassen hat, warten kleine Buchten, hohe Klippen und geheimnisvolle Grotten im nächsten Abschnitt. Immer wieder geht es durch enge Lücken in den Felsen, daneben schimmert das Meer blau und grün. Für eine Pause mit Bademöglichkeit steuert man die herrlich gelegene Praia Ribeiro do Cavalo an, dann geht es wieder zurück nach Sesimbra. Mitbringen sollte man wasserfeste Schuhe, eine Kopfbedeckung und Sonnenschutz sowie Wechselkleidung. Kinder können im Doppelsitzer mit einem Erwachsenen fahren. Buchbar bei Vertente Natural (s. o.) und Meira Pro Center (→ Lagoa de Albufeira, S. 311).

Übernachten

Hotels **** Sana Sesimbra Hotel **8**, das ehemalige Hotel Espadarte direkt an der Uferpromenade war das erste Hotel im Ort. Inzwischen gehört es zur Sana-Gruppe und zählt 120 Zimmer und 4 Suiten. Durch ihre charakteristische Rundform dürfte die Hotellobby den meisten Passanten auffallen. Fast alle der geräumigen, modern eingerichteten Zimmer haben einen kleinen Balkon. Dazu Kabel-TV, Minibar, Klimaanlage und große Bäder mit Wannen. Kostenloses WLAN. Garage, Sauna, türkisches Bad. Auf dem Dach ein Schwimmbad und auch die öffentlich zugängliche Panorama-Bar Caravela mit herrlichem Blick auf Sesimbra. Av. 25 de Abril, 11, ✆ 212289000, sesimbra.sanahotels.com. €€€

Kajak-Ausflug an die Felsküste

meinTipp **Alojamento Local** Casa da Praça **5**, stilvolles Guesthouse in einem Altbau mitten im Zentrum der Altstadt mit 16 Zimmern auf 3 Stockwerken (Aufzug). Bis auf das Zimmer 16 (Saudade) haben alle Meerblick, am schönsten ist er im Eckzimmer 15 (Tranquilidade). Alle mit eigenem Bad, TV sowie Klimaanlage. Im EG eine Lounge, die als Frühstücksraum und mittags als öffentliche Bar dient. Da extrem zentral, nicht ganz ruhig, morgens sind zudem die lauten Rufe der Möwen zu hören. WLAN frei. Largo de Bombaldes, 18, ✆ 967556886, casadapraca.com. €€

Camping Parque Municipal de Campismo Forte do Cavalo **11**, Rezeption 9.30–22.30 Uhr. Im Jan. geschl. Städtischer Campingplatz oberhalb des Fischerhafens Porto de Abrigo, ca. 1,5 km außerhalb von Sesimbra (Stadtbus 3218). Schattiges, terrassenförmig angelegtes Gelände auf 11 ha mit Meerblick. Direkt nebenan die Festung Forte de São Teodósio aus dem 17. Jh., auch Forte do Cavalo genannt, samt Hafen-Leuchtturm. Sanitäre Anlagen einigermaßen akzeptabel. Minimarkt vorhanden. 3,80 €/Pers., Wohnmobil 6,80 €. Mit Campingkarte und in der Nebensaison ermäßigt. Porto de Abrigo, ✆ 212288508, sesimbra.pt.

Essen & Trinken/Nachtleben

Restaurants O Zagaia **2**, Do–Mo 12.30–15 und 19–22.30 Uhr. In der Parallelgasse zur Uferpromenade: am besten bei der Gelataria

Fini die Treppen hochgehen. Keine Terrasse, nur sehr limitiertes Platzangebot im Inneren (Reservierung dringend empfohlen). Viel Fisch und Meeresfrüchte, auch einige Fleischgerichte. Alles hochwertig und kreativ zubereitet – die Küche hat einen guten Ruf bei den Feinschmeckern der Region. Keine Optionen für Vegetarier (von Beilagen abgesehen). Rua Doutor Peixoto Correia, 33, ✆ 966280204, Instagram. €€€

MeinTipp **Casa Mateus 3**, Di–Fr/So 12–15.30 und Di–So 19–22.30 Uhr. Im Gewirr der Altstadtgassen schwer zu finden. Am besten geht man von der Mitte des Largo de Bombaldes (an der Markthalle) in Richtung Osten in die Rua Joaquim Brandão, dann ist es noch einen Block bis zum nächsten Platz. Innen modern-rustikal eingerichtet. Portugiesische Küche mit einer deutlich kreativeren Speisekarte als die meisten Restaurants in Sesimbra, die sich i. d. R. auf diverse gegrillte Fische und gegrilltes Fleisch beschränken. Allerdings auch hier sehr wenig Auswahl für Vegetarier. Largo Anselmo Braamcamp, 4, ✆ 963650939, Facebook. €€€

O Velho e o Mar 6, tägl. 12–23 Uhr (Küche durchgehend). Das Restaurant an der Uferpromenade verbindet einen herrlichen Meerblick mit empfehlens- und preiswerter regionaler Küche. Im Wintergarten im OG werden gerne die Kameras gezückt, so schön ist die Aussicht auf Strand und Hafen. Schmackhaftes und reichhaltiges Couvert. Wer guten Hunger hat, sollte sich als Vorspeise *queijo de Azeitão* bestellen, diese Käsespezialität wird gelöffelt. Breite Auswahl an Fisch und Fleisch – sehr lecker der gegrillte Wolfsbarsch *(robalo)*. Auch mehrere Hauptgerichte für Vegetarier. Av. 25 de Abril, 9–D und Rua Joaquim Brandão, 30–32, ✆ 210879995, ovelhoeomar.com. €€

La Villa 7, Sa/So 12.30–15 und Mi–Mo 19–22 Uhr (Fr/Sa bis 23 Uhr). Pizzeria im vom Appartementhäusern geprägten Ostteil Sesimbras. In der zweiten Häuserreihe, aber von der Terrasse und dem Inneren teilweise doch etwas Meerblick. Dünne und schmackhafte Pizzen aus dem Holzofen. Ebenfalls Steaks und Nudelgerichte, auch Vegetarier werden hier fündig. Rua Heliodoro Salgado, 3, ✆ 210857661, Facebook. €

MeinTipp **Lobo do Mar 10**, Di–So 12–16 und 19–22 Uhr. Einfaches Restaurant, seit Jahrzehnten bekannt und beliebt für seinen extrem frischen Fisch. Die Gäste können „ihr" Exemplar an der Kühltheke auswählen, bevor es dann auf den mehrere Meter breiten Grill wandert. Für alle, die auf gegrillten Fisch stehen, der Himmel auf Erden, alle anderen bleiben mangels Speisealternativen besser fern. Wenn die Räume voll besetzt sind, kann der Service etwas langsam werden. Auf halbem Weg zum Porto de Abrigo (Halt Stadtbus 3218). Av. dos Náufragos, Porto de Abrigo, ✆ 965853167, Facebook. €

Cafés **O Melhor Croissant da Minha Rua 1**, Di–So 8.30–19 Uhr. Hier in Sesimbra hat 2016 die erste Filiale dieser inzwischen in der ganzen Region Lissabon verbreiteten Kette eröffnet.

Halbinsel von Setúbal → Karte S. 284/285

Casa Mateus: Spitzenküche im historischen Zentrum Sesimbras

Herrlich duftend kommen die Croissants aus dem Ofen, entweder bestellt man sie einfach nur mit Puderzucker *(simples)* oder mit diversen Füllungen von Käse *(queijo)* und Lachs *(salmão)* bis Nutella. Nur wenige Stehplätze im Inneren und ein paar Tische unter der Markise. Rua Serpa Pinto, 30, ✆ 210941501, omelhorcroissantdaminharua.com.

meinTipp Aloha Café **9**, Mo/Di 9–18 Uhr, Mi–So 9–19 Uhr. Veganes-vegetarisches Café neben dem Sana Hotel an der Uferpromenade. Weitläufige Terrasse mit herrlichem Meerblick im ersten Stock. Schirme spenden Schatten, auch ein paar Tische im Inneren. Leckere Frühstücksoptionen wie Avocado-Toasts, Joghurts und Smoothies. Ein besonderer Tipp sind die Pfannkuchen. Für den großen Hunger auch Hauptgerichte wie Burger mit Seitan-Bratlingen oder Portobello-Pilzen sowie Quiches. Mit dem *Aloha Café Meco* gibt es eine weitere Filiale in Aldeia do Meco (Rua da Praia do Moinho de Baixo, 1). Edifício Âncora, Av. 25 de Abril, 9–P, ✆ 964479474, Facebook.

meinTipp **Eisdiele** Fini **4**, Mai bis Sept. tägl. 13.30–24 Uhr, Okt. bis April nur Sa/So/Fei 13.30–20 Uhr geöffnet. Östlich der Fortaleza etwas oberhalb einer Einbuchtung an der Strandpromenade liegt das Stammhaus dieser Firma, die ihr Eis inzwischen auch an zahlreiche Restaurants und Cafés in ganz Portugal liefert. Gilt als die beste Eisdiele in Sesimbra. Auch guter Kaffee. Von der Terrasse blickt man auf die Praia do Ouro. Av. dos Náufragos, 15, ✆ 211 931795 und 913805885, fini.pt.

Nachtleben Zahlreiche Bars an der Uferpromenade Av. dos Náufragos.

„Fiel amigo" – Portugals treuer Fisch-Freund

Das portugiesische Nationalgericht ist der *bacalhau*, von dem jeder Portugiese im Durchschnitt 7 kg pro Jahr isst – mehr als in jedem anderen Land der Welt. Dabei handelt es sich um eingesalzenen, getrockneten Kabeljau. In Deutschland wird er auch Klipp- oder Stockfisch genannt und ist dort eigentlich nur noch in spanischen und portugiesischen Spezialitätenläden erhältlich.

Die portugiesische Kabeljau-Tradition geht bis ins 15. Jh. zurück, als die Fischer anfingen, weite Reisen über den Atlantik zu unternehmen. Eingesalzen und getrocknet ließ sich der Fisch auch ohne künstliche Kühlung über lange Strecken transportieren. Bis zu 150 Boote jagten nach dem Kabeljau, bis 1580 mit dem Ende der portugiesischen Unabhängigkeit die Fischerei zusammenbrach.

Erst im 19. Jh. begannen die Portugiesen wieder in größerem Umfang *bacalhau* zu fangen. Die Arbeit auf den Booten war gefährlich: Die Fischer gingen in kleinen Beibooten alleine auf die Jagd, und das auch bei Nebel und Sturm – dabei kamen viele ums Leben. War der Fisch erst einmal an Bord des Hauptschiffes, nahmen die Seeleute den Kabeljau sofort aus, zerlegten ihn und lagerten ihn auf Salz. In den 1970er-Jahren erklärten Kanada und Grönland (Dänemark) ihre 200-Meilen-Zone zu exklusiven Wirtschaftsbereichen, um die bereits überfischten Kabeljaubestände für sich zu sichern – ein schwerer Schlag für die portugiesische Flotte, die damit einen Großteil ihrer Fanggebiete verlor.

Dem Fisch half es wenig: Seit 1970 ist die Fangmenge im Atlantik von über drei Millionen Tonnen im Jahr auf etwa 1,3 Millionen zurückgegangen. Wissenschaftler fordern deshalb seit Jahren Fangverbote, damit sich die Bestände erholen können. Portugiesische Schiffe fangen heute so gut wie keinen Kabeljau mehr, der Großteil wird importiert. Auch bei anderen Fischarten ist Portugal v. a. von Importen abhängig, auch wenn die Portugiesen mit etwa 8500 Schiffen eine der größten Flotten Europas unterhalten und die Meeresfläche zu den größten des Kontinents zählt. Vor allem Norwegen und Island liefern nun den besonders an Weihnachten beliebten Fisch, den die Portugiesen fast zärtlich als *fiel amigo*, als „treuen Freund", bezeichnen.

Aloha Café: vegane Küche mit Meerblick

Historisches Zentrum im Ortsteil Vila Fresca de Azeitão

Azeitão

Das Örtchen liegt auf der Nordseite der Serra da Arrábida. Olivenbäume und Weinstöcke gedeihen hier vortrefflich, schon die Araber kultivierten das fruchtbare Gebiet intensiv. Man kann Winzereien besichtigen oder inmitten der lieblichen Hügellandschaft wandern.

Der Ort besteht aus den beiden Ortsteilen Vila Nogueira de Azeitão und Vila Fresca de Azeitão, die manchmal auch São Lourenço und São Simão genannt werden. Der Name *Azeitão* leitet sich übrigens von *azeitona* (= Olive) ab, aber heute steht das Örtchen mehr im Zeichen des Weins.

In Vila Nogueira de Azeitão bemerken nur wenige Besucher den **Palácio dos Duques de Aveiro** am Dorfplatz, der Praça da República oder auch Rossio genannt wird. Der Palast aus dem Jahr 1521 war früher im Besitz der Herzöge von Aveiro, bis Premierminister Marquês de Pombal 1759 die Familie verfolgen und hinrichten ließ (→ Kasten „Gesalzene Strafe", S. 125). Leider ist der Palast heute völlig heruntergekommen und nicht zu besichtigen, obwohl es sich dabei um den größten Palast südlich des Tejo handelt und er als eines der schönsten klassizistischen Bauwerke Portugals gilt. Anschauen kann man dagegen die nahe gelegene **Igreja de São Lourenço** aus dem Jahr 1344. Ihre blau-weißen Fliesen aus dem 18. Jh. stellen Szenen aus dem alten Testament dar.

Rundwanderung 12: Durch die Hügel von Azeitão und hoch hinauf in die Serra da Arrábida → S. 497
Einfache Rundwanderung durch Felder und Korkeichenwälder

Sehenswertes

José Maria da Fonseca

Gegenüber dem Kirchlein erstreckt sich im Zentrum des Ortsteils Vila Nogueira dieses altehrwürdige Weingut, das sich seit 1834 in Familienbesitz befindet. Mit einer Jahresproduktion von 12 Mio. Litern, von denen 60 % in den Export gehen, ist JMF eine der größten und bekanntesten Kellereien Portugals. Bedeutendste Marke ist Periquita. Das Unternehmen gilt als der älteste Produzent des schweren, 18-%igen *Moscatel de Setúbal*, ein Likörwein aus Muskatellertrauben, dem Portwein nicht unähnlich. Die Führung auf Englisch und Portugiesisch durch das Weingut beginnt im ehemaligen Wohnhaus der Besitzer aus dem 18. Jh., heute das Museum des Unternehmens. Anschließend geht es durch einen Garten in die erfrischend kühlen Weinkeller. In den imposanten Hallen lagern bis zu 26 Mio. Liter, darunter Kostbarkeiten wie über 100 Jahre alte Muskateller. Der Wein reift hier übrigens nur, abgefüllt wird er in einem modernen Neubau einen Kilometer weiter Richtung Vila Fresca.

Rua José Augusto Coelho, 11/13. Tägl. 10–12 und 14.30–17.30 Uhr (Nov. bis Ende März nur bis 16.30 Uhr). Eintritt 8,50 € (inkl. Verkostung von 2 Weinen, mehr Weine gegen Aufpreis), für Kinder 7 € (inkl. 2 Säfte). ✆ 212198940, jmf.pt.

Bacalhôa Vinhos de Portugal (BVP)

An der Estrada Nacional 10 am Ortsausgang von Vila Nogueira Richtung Quinta do Conde/Lissabon kellert das zweite Großunternehmen des Ortes. Auch BVP ist eine Branchengröße und bekannt für preiswerte Qualitäts-Weißweine, darunter mit *JP Azeitão* einer der meistverkauften Supermarktweine Portugals. Im Gegensatz zu José Maria da Fonseca setzt die 1922 unter dem Namen *João Pires & filhos* gegründete Firma aber eher auf Moderne statt auf Tradition. Weithin sichtbar sind die haushohen Edelstahltanks. BVP führt ebenfalls durch seine Weinkellerei, auch hier darf der Besucher an Wein nippen. Zu sehen ist auch die Abfüllanlage – mehrere Tausend Flaschen werden hier stündlich gefüllt, verkorkt und mit Etiketten beklebt. Ausgestellt sind übrigens auch Kunstwerke aus der umfangreichen Sammlung des Besitzers der Kellerei: Joe Berardo ist Portugals bekannter Kunstmäzen und auch für die Sammlung moderner Kunst im *Centro Cultural de Belém* in Lissabon verantwortlich.

Bacalhôa Adega Museu, EN 10, Vila Nogueira de Azeitão. Einstündige Führungen (auf Englisch, Portugiesisch und Spanisch) inkl. Weinprobe tägl. 10.30, 11.30, 14.30, 15.30 und 16.30 Uhr (Voranmeldung empfohlen). Eintritt 5 €. Kombiticket mit Palácio da Bacalhôa 12 €, bis 12 J. frei. Firmenladen tägl. 10–18.30 Uhr. ✆ 212198 067 und 916485206, bacalhoa.com.

Palácio da Bacalhôa

Der Palast im Ortsteil Vila Fresca de Azeitão gilt als einer der schönsten Renaissancebauten Portugals. Hinter den Palastmauern fand 1974 gewissermaßen Landesverrat statt, wenn auch in sehr kleinem Stil. Die damaligen

Traditionsweingut José Maria da Fonseca (JMF)

Besitzer wollten auf dem Landgut einen Spitzenwein schaffen und entschieden sich für zwei französische Rebsorten: Cabernet Sauvignon und Merlot. Bis heute ist *Bacalhôa Vinhos de Portugal (BVP)* den beiden Franzosen treu geblieben und produziert in dem Palasthof den *Quinta da Bacalhôa*, einen hochwertigen Rotwein. Dem Nordosten zugewandt, leichte Hanglage – wer möchte, kann selbst durch den Weingarten streifen. Am schönsten ist der Blick über die Reben und den angrenzenden französischen Garten aber vom Palast aus.

Vor über 600 Jahren stand an der Stelle des Palácio da Bacalhôa ein Jagdhaus in gotischem Stil, das König João I. in seinen Besitz gebracht hatte. Erst seine Nichte Beatriz und später Brás de Albuquerque, der Sohn des indischen Vizekönigs Afonso de Albuquerque, machten daraus den heutigen Renaissancepalast mit seinen beeindruckenden Azulejobildern und den markanten Turmdächern, die wie übergroße Kuchen aus Sand aussehen. Nach der Ausrufung der Republik verfiel der Palast fast völlig – die Eigentümer kümmerten sich um den Ausverkauf, nicht um den Erhalt. Als einige Azulejobilder aus den Wänden geschlagen und in die USA verkauft werden sollten, erinnerte man sich dann aber doch daran, dass der Palast mittlerweile unter Denkmalschutz stand. Stattdessen schickte die Interessentin aus den USA, Orlena Scoville, Geld nach Portugal, kaufte kurzerhand nicht nur die Fliesenbilder, sondern das ganze Anwesen und ließ den Palast restaurieren, bevor sie ihn im Jahr 2000 weiterverkaufte. Im Innern erinnert der Palast eher an ein Kellergewölbe und beherbergt heute einige Sammlerstücke von Joe Berardo, dem BVP-Haupteigner.

Moderne Tanks in der Quinta de Alcube

Palácio da Bacalhôa, EN 10, Vila Fresca de Azeitão. Nicht zu verfehlen wegen des eisernen Zauns und der hohen Hecken. Eineinhalbstündige Führungen (auf Englisch, Portugiesisch und Spanisch, Voranmeldung empfohlen). Mo–Sa 10 und 15 Uhr. Eintritt inkl. Weinprobe 10 €, Kombiticket mit Kellerei 12 €, bis 12 J. frei. ✆ 212198067 und ✆ 916485206, bacalhoa.com.

Quinta de Alcube

Weingut in Familienbesitz, das mengenmäßig nicht mit den beiden namhaften Konkurrenten aus dem Ort mithalten kann, dafür aber herrlich idyllisch inmitten von Kiefernwäldern, Korkeichen und Olivenhainen gelegen ist. Man kann gut den normalen Winzer-Alltag „schnuppern". Angebaut werden v. a. Reben der roten Sorten *Castelão* und *Trincadeira*. Ponys und Hühner finden sich ebenfalls auf dem 200 ha großen Gelände.

Rua do Alto das Necessidades. Zufahrt am einfachsten über den Ort Aldeia Grande (dem Schild „Adega" folgen). Dort auch Bushaltestelle der Linien 3605, 4642 und 4730 zwischen Azeitão und Setúbal (anschließend noch 2 km zu Fuß). Mo–Sa 9–13 und 14–18 Uhr. Weinprobe und -verkauf ohne Voranmeldung möglich. Wer aber eine Führung (auf Portugiesisch und Englisch) durch die Kellerei mit Verkostung möchte, sollte sich mind. 1 Tag vorher anmelden (5 €/Pers., mind. 2 Pers.). ✆ 212191566, quintadealcube.pt.

Praktische Infos

Einwohner Azeitão: ca. 21.000

Information

Der Turismo befindet sich in Vila Nogueira de Azeitão am Hauptplatz Rossio neben der Bushaltestelle. Mo–Sa 9.30–12.30 und 13.30–17 Uhr, So und Fei 9–13 Uhr. Praça da República, 47, ✆ 212180729 und 969754468, visitsetubal.com.

Bus

Zum Umsteigen eignet sich Vila Nogueira am besten: Hier halten alle Linien am Hauptplatz Rossio. Mit Ausnahme der Linien 3626, 3635 und 4470 bedienen alle Busse auch den Ortsteil Vila Fresca.

Ab Lissabon: Linie 4730 Lissabon–Setúbal ab Sete Rios (Ⓜ Jardim Zoológico) und Alcântara-Terra (Halt in der Av. Ceuta). Mo–Fr alle 2–3 Std., Sa/So alle 1–2 Std. Fahrzeit ca. 55 Min.

Ab Coina: Linien 3626 (Richtung Vila Nogueira de Azeitão), 3635 (Ri. Sesimbra) und 4632 (Ri. Quinta do Anjo) ab Bahnhof Coina, wo Anschluss an die Fertagus-Züge aus Lissabon besteht. Mo–Fr in etwa stündl., Sa/So alle 2 Std. Fahrzeit 25 Min.

Nach Cacilhas: Linie 3605 Mo–Fr 11-mal, Sa/So keine Busse. Fahrzeit ca. 50 Min.

Nach Palmela: Linien 4550 und 4562 (Richtung Setúbal ITS) Mo–Sa stündl., So alle 2 Std. Fahrzeit 25 Min.

Zur Praia do Creiro (Portinho da Arrábida): Die Linie 4470 verbindet vom 10. Juni bis 15. Sept. 2-mal tägl. Azeitão mit der Praia do Creiro (außerhalb der Badesaison keine Busse). Achtung: Halt in Azeitão ausnahmsweise nicht am Hauptplatz Rossio, sondern in der Rua José Augusto Coelho vor Hausnummer 150. Fahrzeit ca. 35 Min.

Nach Sesimbra: Linie 4642 Mo–Fr 12-mal, Sa/So 5-mal. Fahrzeit 30 Min.

Nach Setúbal: Linien 3605, 4562, 4642 und 4730 tägl. alle 30–60 Min., Fahrzeit 25 Min. (die Linie 4562 braucht 55 Min., da sie über Palmela fährt).

Taxi

Táxi Covas, ✆ 915064943 und 966001153, taxicovas.com.

Parken

Zahlreiche kostenfreie Parkplätze rund um die Praça da República, den Hauptplatz („Rossio“) von Vila Nogueira de Azeitão.

Kunsthandwerk

meinTipp São Simão Arte Azulejos, Mo–Sa 9–18 Uhr. In Vila Fresca nahe der Abzweigung nach Palmela. Kleine Azulejo-Manufaktur, in der die Fliesen kunstvoll von Hand bemalt werden. Man kann den Künstlern dabei über die Schulter schauen. Eine der wenigen Manufakturen, die noch Azulejos im alten Format von 14 x 14 cm und nicht in der Industriegröße von 15 x 15 cm brennen. Das Unternehmen entstand, als die Winzerei José Maria da Fonseca 1983 Azulejos für eine Renovierung benötigte. Verkauf einzelner Fliesen, z. B. kann man sich mit Ziffern und Buchstaben Namensschilder und Hausnummern zusammenstellen. Wer möchte, kann eigene Motive in Auftrag geben oder Azulejos in der Werkstatt auch selbst bemalen und die Fliese am nächsten Tag gebrannt abholen. Das macht großen Spaß und fällt besonders leicht, wenn man sich von zu Hause schon eine Vorlage mitgebracht hat. Die Preise sind moderat, die Mitarbeiter sehr zuvor-

Azulejo-Werkstatt: São Simão Arte

Halbinsel von Setúbal → Karte S. 284/285

kommend und hilfsbereit (teilweise auch deutschsprachig). Rua Almirante Reis, 86, Vila Fresca de Azeitão, ✆ 918819851, 212183135 und 212181 131, saosimaoarte.com.

Reiten

Arrábida Heritage – Picadeiro d'Arrábida, Reiterhof auf einem grünen Landgut am Ortsausgang von Aldeia de Irmãos. Einfahrt linker Hand an der Straße Richtung Arrábida (Bushaltestelle der Linie 4642 Azeitão–Sesimbra). Unterrichtsangebot vom Voltigieren für Kinder auf Haflingern bis zur Dressur für fortgeschrittene Reiter auf Lusitanos. Das Team um Sofia de Spínola engagiert sich sehr für das Wohl der Gäste und der Pferde und spricht Englisch und Portugiesisch. Voltigieren 30 Min. 30 €, Reiten 50 Min. je nach Niveau 55–75 €. Auf dem Landgut mit Olivenhain, Orangenbäumen und Kiefern werden auch Luxus-Zimmer vermietet. Quinta das Conselheiras, Rua 25 de Abril, 7, Aldeia de Irmãos, ✆ 966944942, 211804 560 und 966094040, picadeirodarrabida.pt und arrabidaheritage.pt.

Übernachten

Hotels ****** Hotel Club d'Azeitão,** inmitten eines weitläufigen Landgutes im Ortsteil Vila Fresca. Herrschaftliche Anlage aus dem 17. Jh., früher im Besitz der Grafen von Carvalhais. Innen ist der alte Glanz nicht mehr ganz so deutlich zu spüren, die Einrichtung des Hotels ist nüchtern-modern gehalten. 46 großzügig geschnittene Zimmer mit Sat-TV, Minibar, Klimaanlage, Schreibtisch, gekachelten Böden und Bädern mit Wanne. Großes Restaurant, in dem am Wochenende oft Hochzeiten gefeiert werden, dazu Garten mit Schwimmbad und Joggingpfad. Quinta do Bom Pastor, Vila Fresca de Azeitão, ✆ 212198590, turim-hotels.com. **€€**

meinTipp **Alojamento Local Quinta da Conceição,** Bed & Breakfast in einem beeindruckenden Privatpalast aus dem Jahr 1715 mit Turm und barocker Kapelle, ursprünglich als Privatresidenz für den holländischen Admiral António Cremer erbaut (er verantwortete für Portugals Könige die Pulverproduktion und besaß die entsprechende Fabrik in Barcarena). Der aktuelle Besitzer Matt Grüninger hat den Palast gelungen umgebaut. 7 sehr geräumige DZ, stilvoll mit altem Mobiliar eingerichtet und alle mit eigenen Bädern. WLAN frei. Sehr ruhig, im weitläufigen Garten samt Pool, Spa, Sauna und Dampfbad kann man herrlich entspannen. An Wochenenden finden in Nebengebäuden auch Hochzeiten statt. Mietwagen nötig, da das 40 ha große Gelände abgelegen ist. Anfahrt von Vila Nogueira: in den Nachbarort Aldeia de Irmãos, hier am Ortsausgang rechts in die Rua Comandante António Branco, dann die Nationalstraße N379 queren und dem Schild „Canais" folgen. Ca. 500 m über einen Feldweg bis zum Tor auf der rechten Seite, dann noch 250 m durch Korkeichen- und Olivenhaine. Canais, Azeitão, ✆ 965590954, quintadaconceicao.pt. **€€**

Kleiner Ort mit großer kulinarischer Tradition

Probieren sollte man unbedingt die beiden regionalen Konditoreispezialitäten: *tortas de Azeitão*, gerollter Biskuitteig mit Eigelb-Zucker-Füllung, und *queijinhos de Azeitão*, wörtlich zwar „Azeitão-Käslein", tatsächlich aber süße Eigelb-Nuss-Küchlein. Um richtigen Käse handelt es sich dagegen bei der dritten Spezialität, dem *queijo de Azeitão*, ein 100–250 g schwerer, kreisrunder Schafskäse, der nur in der Region und nur mit der Milch von im Gebiet der Serra da Arrábida weidenden Schafen produziert werden darf. Das Lab wird dabei nicht wie sonst üblich aus Rindermägen gewonnen, sondern aus den Blüten der wilden Artischocke. Nach dem Dicklegen reift der Käse etwa 30 Tage lang. Das würzige Aroma erinnert an die Gebirgskäse der mittelportugiesischen Serra da Estrela. Tatsächlich hat ein Käser von dort die Herstellungstechnik um 1830 nach Azeitão gebracht. *Queijo de Azeitão* wird in vielen Restaurants der Halbinsel von Setúbal gerne als Vorspeise gereicht. Da er im Inneren cremig weich ist, löffelt man den Käse typischerweise aus seiner harten Schale. Sein „Bruder" ist der *queijo de Azóia* aus dem gleichnamigen Ort am Cabo Espichel, er schmeckt noch etwas würziger, ist aber seltener zu finden, da nur geringe Mengen produziert werden.

Camping Picheleiros, Rezeption 9–12.30 und 15–18.30 Uhr. Ganzjährig geöffnet. Abgeschiedene Lage in schöner Umgebung an den nördlichen Ausläufern der Serra da Arrábida, 4 km südlich von Vila Nogueira. Keine Busverbindung, aber schöner Fußweg ab Azeitão (im Kleinen Wanderführer auf S. 497 beschrieben). Minimarkt und Snack-Bar sind vorhanden. Stellenweise wenig Schatten auf dem abschüssigen, terrassenförmig angelegten Gelände. Sanitäre Einrichtungen in gutem Zustand. Clubcampingplatz, daher sollte eine internationale Campingkarte vorhanden sein. 4 €/Pers., Wohnmobil 5,50 €. Vale de Picheleiros S. Caetano - CCI - 103, Serra da Arrábida, ✆ 212181322 und 963802337, clubecampismobarreiro.pt.

Essen & Trinken

Restaurants Casa Nobre d'Azeitão, Do-Mo 12.30–16 und 19.30–23 Uhr. In Vila Nogueira in einem versteckten Winkel des Hauptplatzes Rossio neben der Bank BPI. Hoher Saal, elegant eingerichtet und in gedämpftes Licht getaucht. Lokale Küche mit mediterranen Einflüssen. Spezialität sind Wildgerichte und Fleisch vom iberischen Landschwein *(porco preto)*. Dazu gibt es frischen Fisch aus Setúbal. Reichhaltige Portionen. Sehr leckere Nachtische wie Cheesecake oder Orangenkuchen *(torta de laranja)*. Reservierung empfohlen. Praça da República, 8 (Rossio), Vila Nogueira de Azeitão, ✆ 916297576, Facebook. **€€€**

meinTipp Wine Corner, Mo/Di und Do–Sa 12–24 Uhr, Mi und So 12–18 Uhr. Restaurant und Weinbar der rennomierten Kellerei José Maria da Fonseca. Angenehmes, gehobenes Ambiente in einem historischen Gebäude mit viel Flair. Einige Tische stehen auf dem großen und schattigen Innenhof. Im Angebot sind zahlreiche JMF-Tropfen im Glas, Käse- und Wurstspezialitäten sowie eine große Auswahl sehr schmackhafter regionaler Gerichte. Abends Reservierung empfohlen. Rua José Augusto Coelho, 1, ✆ 212191366, Facebook. **€€**

Cafés Casa Negrito, Di–So 8–20 Uhr. Konditorei direkt gegenüber der Kellerei José Maria da Fonseca: Die Tische im Außenbereich fallen direkt ins Auge. Ungewöhnlich vielfältige Auswahl an süßem Gebäck und Kuchen, die in einem großen Tresen im Inneren einladend präsentiert werden. Auch Mittagstisch mit Pizzen, Salaten, Omeletts, Toasts und Tapas. Rua José Augusto Coelho, 26, ✆ 212197027, casanegrito.com.

Pastelaria Cego, Mi–Mo 8–20 Uhr. Von der Kellerei José Maria da Fonseca noch etwas die Hauptstraße Richtung Westen. Blind (port. *cego*) war der erste Konditor, der dieses bekannte Traditionscafé 1901 gegründet hat. Unauffälliger Eingang, der in einen kleinen, etwas dämmrigen Raum führt. Hier findet man noch das unverfälschte und schlichte Ambiente eines typisch portugiesischen Nachbarschaftscafés. Hinten in der Backstube werden die leckeren *tortas* und *queijinhos de Azeitão* in Massen produziert. Rua José Augusto Coelho, 150, Vila Nogueira de Azeitão, ✆ 212180301, Facebook.

„Waschcafé": Sabores e Encantos de Azeitão

meinTipp Sabores e Encantos de Azeitão, Fr–Mi 9–20 Uhr (So bis 19 Uhr). Das Café ist schön um die Wasserbecken des alten Waschplatzes angelegt. Im Zentrum von Vila Nogueira de Azeitão, aber dennoch ruhig, da abseits der Hauptstraße. Lokale Produkte von den Törtchen über Käse bis Wurst. Dazu Toasts und andere kleine Speisen. Als Tische dienen teilweise halbe Weinfässer. Zum Bestellen geht man an den Tresen im Inneren des Cafés. Rua José Augusto Coelho – Lavadouros, Vila Nogueira de Azeitão, ✆ 218055991, Facebook.

Praça Duque de Palmela mit historischem Schandpfahl

Palmela

Ein hübsches Städtchen mit typisch südportugiesischer Atmosphäre. Vom Burgberg bietet sich eine fantastische Sicht auf die Umgebung. Auch im Hochsommer wirkt die verwinkelte Altstadt nie überfüllt und strahlt eine angenehme Ruhe aus. Im Herbst findet hier das reizvollste Weinfest in der Umgebung Lissabons statt.

Ein Schmuckstück ist die im Ort gelegene **Igreja Matriz de São Pedro** aus dem 18. Jh. Azulejo-Kunst bedeckt die Wände im Innern; dargestellt werden die Stationen im Leben des hl. Petrus. Diese Kirche hat der Architekt António Rodrigues entworfen, er war auch für die Igreja de Santa Maria da Graça in Setúbal verantwortlich. Gegenüber fällt das Rathaus **Paços do Concelho** mit seiner eleganten, von Treppen gesäumten Säulenfassade ins Auge.

Nicht weit entfernt kann man an einem **Aussichtspunkt** unter Weinlauben weit in das Sado-Flussdelta und bis in die südportugiesische Region Alentejo blicken. Nebenan stehen ein paar alte Windmühlen, teilweise zu Radiosendern umfunktioniert. Gut zu sehen sind auch die zahlreichen Weinberge Palmelas, auf denen v. a. die portugiesische Rebsorte Castelão angebaut wird. Sie ist an die hier vorherrschenden sandigen Böden gut angepasst.

Sehenswert ist auch das **Cine-Teatro São João** im Stil des *Português Suave* der Salazar-Diktatur. Eine Sphärenkugel schmückt den aufwendig gestalteten Turm über dem Eingang des denkmalgeschützten Kinos aus dem Jahr 1962. Auffällige Schmiedearbeiten zieren Fenster und Türen. Im Inneren geben grüne Azulejos und etwas antiquiert wirkende Leuchter den Ton an, der große Kinosaal selbst ist holzgetäfelt. In einem Wettbewerb wird hier jährlich zum Weinfest die Weinkönigin ausgewählt und anschließend gekrönt.

Mo–Fr 8.30–20 Uhr. Im OG kleine Ausstellung zur Geschichte des Kinos. Rua Gago Coutinho e Sacadura Cabral, ✆ 212336630, cm-palmela.pt.

Wanderung 13:
Entlang der Windmühlen der Serra do Louro → S. 501
Einfache Wanderung von Palmela nach Azeitão mit schönen Ausblicken

Der große Platz vor dem Kino, der **Largo de São João Baptista**, lädt mit Bänken, Musikpavillon und Blick hinauf zur Burg und hinüber zu den Windmühlen der Serra do Louro zu einer Pause ein.

In Palmela wurde übrigens die mit etwa 2 Mrd. Euro größte ausländische Investition aller Zeiten in Portugal getätigt: Volkswagen hat hier 1995 zusammen mit Ford die erste portugiesische Autofabrik *Autoeuropa* an der Autobahn nach Lissabon mehrere Kilometer nördlich der Altstadt gebaut. Seit 1999 gehört die Fabrik VW alleine, produziert wurden hier lange Zeit der VW Sharan sowie der weitgehend baugleiche Seat Alhambra, inzwischen rollen vor allem Kompakt-SUV vom Typ VW T-Roc vom Band.

Sehenswertes

Castelo de Palmela

Die Burg beherrscht Palmela. Sie liegt auf der höchsten Erhebung des zur Serra da Arrábida gehörenden Gebirgszuges Serra do Louro. Der Aufstieg ist mühsam, lohnt angesichts des unschlagbaren Panoramablicks auf Setúbal, das weite Sado-Delta und die benachbarten Bergzüge aber allemal. Kein Gebäude ist in der Region so weit sichtbar wie die Burg von Palmela: An vielen Tagen kann man sie auch problemlos von Lissabon aus erkennen. Die strategische Lage auf 232 m über dem Meer nutzten bereits die Mauren, um hier eine Festung zu errichten. Im 12. Jh. wechselte die Burg mehrmals zwischen Mauren und Christen den Besitzer, bevor 1205 König Dom Sancho I. sie endgültig einnahm und dem Ritterorden von Santiago übergab. Die Rittermönche lebten hier bis zur Auflösung aller religiösen Orden im Jahr 1834. Dann verfiel die Anlage zusehends, bis sie die Regierung 1945 renovieren und den ehemaligen Klosterbau in ein staatliches Pousada-Hotel verwandeln ließ.

Vom mächtigen Eingangstor der Burg sind es nur ein paar Schritte zur **Igreja de Santa Maria do Castelo** aus dem 12. Jh. Wie bei der Igreja do Carmo in Lissabon sind auch von ihr seit dem

Weite Aussicht vom Burgfried des Castelo de Palmela

Erdbeben von 1755 nur noch Ruinen zu sehen.

Die spätgotische **Igreja de Santiago** aus dem Jahr 1483 auf der Südseite der Burg ist dagegen gut erhalten. Die kleine Kirche fällt durch ihre außergewöhnliche Schlichtheit auf: Die üblichen goldüberladenen Seitenaltäre fehlen hier ganz. Das Altarbild zeigt den hl. Jakob (= Santiago), den Schutzpatron der Reconquista, im Kampf gegen die Mauren. Es sind leider nur noch zwei Drittel des 12-teiligen Bildes erhalten. In der Kirche wird zudem nur eine Kopie ausgestellt, das Original befindet sich im Museu Nacional de Arte Antiga in Lissabon. Vorne links sollte man auch den manuelinischen Steinsarg aus kostbarem, regionalen *Brecha da Arrábida*-Marmor beachten.

Di–So 10–20 Uhr (im Winter nur bis 18 Uhr), Fei geschl. Eintritt frei. ✆ 212336640, cm-palmela.pt.

Die beste Aussicht hat man vom zentral gelegenen Burgfried, der 32 m hohen **Torre de Menagem.** Der Blick in den Abgrund durch die bis zum Boden reichenden Schießscharten ist allerdings nichts für schwache Nerven.

Das Burggelände ist rund um die Uhr geöffnet und frei zugänglich.

Rund um den Innenhof im Zentrum der Burg findet man hinter zahlreichen Türen mehrere Räume des **Museu Municipal de Palmela.** In diesem **Espaço Arqueológico** genannten Bereich sind Funde aus den letzten Jahrtausenden zusammengetragen worden: Besonders interessant sind die Ausstellungsstücke aus dem *Castro de Chibanes*, einer Siedlung in der nahen Serra do Louro, die vom 3. Jahrtausend vor Christus bis zur Römerzeit bestand.

In einem Seitenturm ist der **Espaço de Tran smissões Militares,** eine kleine Ausstellung zur Geschichte der Übertragung militärischer Signale per Optik und Funk zu sehen. Dafür war die Burg von Palmela lange Zeit bedeutsam.

Beide Museen: Di–So 10–12.30 und 14–18 Uhr (im Winter nur bis 17 Uhr). Eintritt frei. ✆ 212 336640, cm-palmela.pt.

Praktische Infos

→ Karte S. 341

Einwohner Palmela: ca. 19.000

Information

Turismo innerhalb der Burganlage. Tägl. 9.30–12.30 und 14–17.30 Uhr, an Feiertagen geschl. ✆ 212332122, cm-palmela.pt.

Bus

Der Busbahnhof liegt direkt am unteren Rand der Altstadt.

Von Lissabon: Linie 4710 ab Gare do Oriente (Ⓜ Oriente) Mo–Fr mind. stündl., Sa/So etwa alle 2 Std. Fahrzeit 60 Min.

Von Setúbal: Linie 4562 Mo–Sa etwa stündl., So etwa alle 1–2 Std. Fahrzeit 25 Min.

Nach Vila Nogueira de Azeitão: Linien 4550 und 4562 Mo–Sa etwa stündl., So alle 2 Std. Fahrzeit 25 Min.

Stadtbus

Linie 4303 fährt einen Rundkurs vom Busbahnhof über die Burg Castelo de Palmela und Largo 5 de Outubro. Mo–Fr etwa 9-mal täglich, Sa/So/Fei keine Busse.

Bahn

Der Bahnhof Palmela auf der Strecke Lissabon–Setúbal liegt ca. 4 km außerhalb der Altstadt. Ins Zentrum von Palmela kommt man mit Buslinien 4562 (s. o.) und 4302.

Von Lissabon: Mit der Privatbahn Fertagus ab den Bahnhöfen Lissabon Roma-Areeiro (Ⓜ Areeiro), Entrecampos (Ⓜ Entrecampos) und Sete Rios (Ⓜ Jardim Zoológico). Tägl. stündl. Fahrzeit 50 Min. fertagus.pt.

Außerdem gibt es die Linha do Sado der Staatsbahn CP (cp.pt) über Pinhal Novo nach Barreiro (dort Anschluss an die Fähren nach

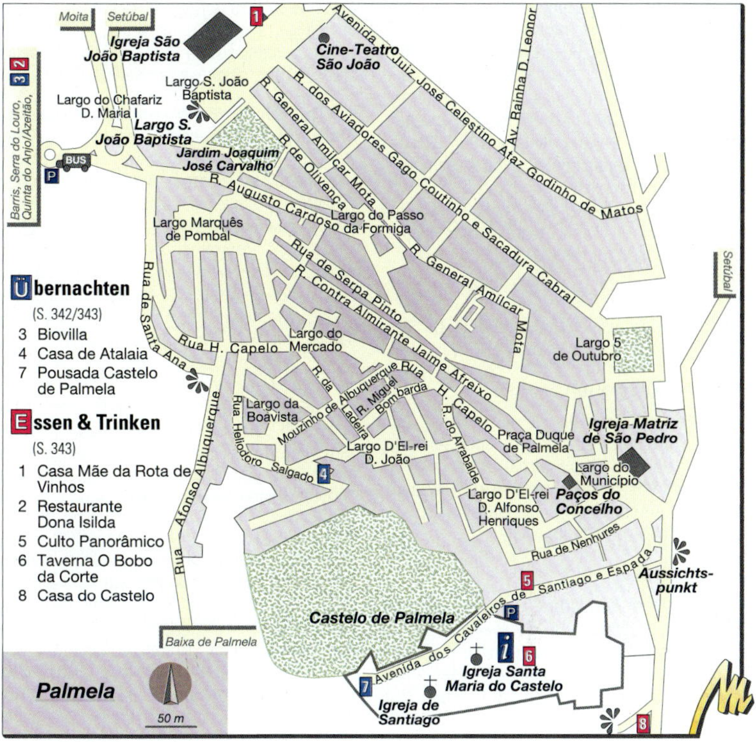

Lissabon/Terreiro do Paço). Mo–Fr alle 30 Min., Sa/So stündl. Fahrzeit bis Barreiro 30 Min., die Fähre nach Lissabon braucht weitere 20 Min. Die Fährstation befindet sich an der Endstation namens Barreiro.

Nach Setúbal fahren beide Linien tägl. 2- bis 3-mal pro Stunde (Achtung: unterschiedliche Tickets je nach Betreiber!). Die CP-Züge sind etwas praktischer, da sie auch den Bahnhof Praça do Quebedo nahe der Altstadt bedienen, die Fertagus-Züge enden dagegen am Hauptbahnhof Setúbal.

Taxi

Táxis Abílio Inácio, ✆ 915734675 und 967924 247, taxisabiliopinhalnovo.pt.

Parken

In den engen Altstadtgassen ist nur wenig Platz, daher parkt man besser entweder oben vor dem Eingang zur Burg oder unten am Busbahnhof. Auch am Nordteil des Largo de São João findet man Parkplätze (ausgeschildert *Cartório*).

Feste

Während des Festivals **Palmela Wine Jazz** werden auf dem Burggelände für ein Wochenende im Juli oder Aug. Weinproben lokaler Winzer und kostenlose Open-Air-Jazz-Konzerte geboten. cm-palmela.pt.

Das eigentliche Weinfest **Festa das Vindimas** findet dagegen seit 1963 am ersten Wochenende im Sept. von Do–Di statt. Sonntags wird eine symbolische Weinernte zelebriert, danach zieht man zum Kirchplatz, wo die Trauben mit den Füßen zerstampft und während der Messe gesegnet werden. Den daraus hergestellten Wein bekommen die Pfarreien des Kreises übrigens später als Messwein. Sonntags gegen 17 Uhr und dienstags gegen 23 Uhr zieht ein Wagenkorso durch Palmela. Er steht unter

Halbinsel von Setúbal → Karte S. 284/285

einem jährlich wechselnden Motto. An den anderen Tagen gibt es traditionellerweise Fado- und Rock-Konzerte. Gegen Mitternacht finden an allen Tagen auch Stierhatzen statt. Die Rinder stehen dabei in einem mit einem Eisengatter abgetrennten und mit Sand bestreuten Bereich auf der Avenida Rainha Dona Leonor. Immer wieder versuchen einzelne Wagemutige die Tiere zu provozieren und sich dann schnell davonzustehlen, bevor der Stier sie auf die Hörner nehmen kann. Nicht immer klappt das ... festadasvindimas.pt.

Polizei

GNR, Avenida Palmelense Futebol Clube S/N, ✆ 217657640.

Naturexkursionen

Biotrails, geführte Wanderungen rund um Palmela und Sesimbra sowie in der Serra da Arrábida und am Cabo Espichel (ab 10 €/Pers.). Außerdem Vogelbeobachtungstouren im Sado-Delta bei Setúbal. Largo da Boavista, 13, Palmela, ✆ 914760638, biotrails.pt.

Übernachten

Hotels **** Pousada Castelo de Palmela **7**, ein altes Klostergebäude aus dem 15. Jh. beherbergt die Pousada in exquisiter Lage auf dem Burgberg. In 232 m Höhe über dem Meer genießt man von fast allen 28 Zimmern das fantastische Panorama der Serra da Arrábida und der Mündungsbucht des Rio Sado. Der Kreuzgang dient als Frühstücksraum. Die Zimmer sind schlicht und geschmackvoll im Stil des ehemaligen Klosters eingerichtet. Telefon, Sat-TV und kostenloses WLAN. Castelo de Palmela, ✆ 212351226, pestana.com. €€

meinTipp **Alojamento Local** Casa de Atalaia **4**, „Palasttourismus" auf halbem Weg zur Burg: Die Besitzerin (sie wohnt selbst hier) hat einen kompletten Altstadt-Häuserblock ausgebaut – um einen Lichthof liegen 4 individuell gestaltete DZ. Alle mit eigenem Bad, Klimaanlage, Zentralheizung und kostenlosem WLAN. Das fensterlose DZ „Chafariz" im EG fällt aber zu den anderen 3 DZ etwas ab. Sehr großzügige Aufenthaltsräume mit TV und offenem Kamin, auf dem Dach Aussichtsterrasse und kleines Schwimmbecken. Gegenüber befindet sich der Sitz des Weingutes, zu dem die Casa da Atalaia gehört. Produziert wird inzwischen außerhalb der Altstadt, die ehemalige Kellerei wird aber für Weinproben und Führungen weiter genutzt. Rua Heliodoro Salgado, 39, ✆ 965 500722, casadeatalaia.com. €€

Biovilla **3**, einsam im grünen Seitental Vale de Barris gelegene Öko-Unterkunft. Gut 6 km südwestlich von Palmela und nur mit eigenem Pkw zu erreichen: am Kreisverkehr Largo do Chafariz Dona Maria I. (neben dem Busbahnhof Palmela) zuerst Richtung „Quinta do Anjo" und am 2. Kreisverkehr Richtung „Barris" der leicht abschüssigen Straße folgen. Ca. 5,5 km der Estrada do Vale dos Barris folgen und dann rechts auf eine Schotterpiste abbiegen (Schild „Biovilla"). Nach etwa 500 m ist das idyllisch in

Eines der drei Aussichtscafés in der und um die Burg: Casa do Castelo

den Bergen gelegene, 55 ha große Anwesen erreicht. Betrieben wird es von einer jungen Bio-Landbau-Kooperative, die hier 4 sehr schlichte, mit viel Holz im „Europaletten-Design“ eingerichtete DZ mit Gemeinschaftsbädern und 1 Schlafsaal für 4 Pers. vermietet. WLAN inkl. Im Haupthaus Küche, TV und Speiseraum. Totale Ruhe, große Terrasse für lauschige Abende, weitläufiger Biogarten und Wandermöglichkeiten in der Region. Energie-Selbstversorger inkl. Aufladestation für Elektrofahrzeuge. Herdade do Pinhal Basto, Vale de Barris, Palmela, ✆ 212351224 und 966906885, biovilla.org. **€€**

Essen & Trinken

Restaurants Restaurante Dona Isilda **2**, Mi–Mo 12.30–16 und 19.30–23 Uhr. Kurz nach dem Ortsende von Palmela Richtung Quinta do Anjo auf der rechten Seite (Busse nach Azeitão). Büfett-Restaurant mit Self-Service, das gerne auch von Hochzeitsgesellschaften genutzt wird. Wenn voll besetzt, kann es laut und recht umtriebig werden. Große Grünflächen, praktisch für Kinder. Breite Auswahl an Vorspeisen (Wurst- und Käsespezialitäten aus Portugal), Salaten, portugiesischen Hauptspeisen (darunter viele Eintopfgerichte) und schmackhaften Nachtischen. Gut zum „Durchprobieren“ und Sattessen. Einige Getränke sind ebenfalls im Pauschalpreis von 25 €/Pers. inkl. (Kinder bis 8 J. zahlen die Hälfte, bis 3 J. frei). Rua da Serrinha, São Brás, Palmela, ✆ 212333255, 916609686 und 917535872, restaurantedonaisilda.com. **€€€**

meinTipp Culto Panorâmico **5**, Di–Sa 12–22 Uhr (Fr/Sa bis 24 Uhr). Modern gestaltetes Terrassencafé an der Zufahrtsstraße zur Burg in wahrhaft kultiger Lage: herrlicher Blick Richtung Lissabon und Alentejo vom stimmig beleuchteten Wintergarten sowie von der angenehm luftigen Terrasse aus. Ideal, um den Tag bei einer kühlen Brise ausklingen zu lassen. Cafeteria mit empfehlenswertem Cheesecake (Frischkäsetörtchen). Ansonsten Restaurantbetrieb mit portugiesischer Küche. Es gibt Fisch- und Fleischgerichte plus Burger, für Vegetarier auch Salate und große, leckere Toasts. Zum Essen Reservierung empfohlen. Av. dos Cavaleiros de Santiago e Espada, 4, ✆ 926578578, cultocafe.pt. **€€**

meinTipp Taverna O Bobo da Corte **6**, Mi–So 12.30–15 Uhr, Fr/Sa 19.30–22 Uhr, Mo/Di geschl. Rustikale Burg-Taverne neben dem Turismo. In dem kleinen Lokal namens „Hofnarr“ kann man günstig regionale Weine trinken und Tapas essen. Im Angebot auch Käse- und Nachtisch-Spezialitäten aus Azeitão und Palmela. Wenn es das Wetter erlaubt, auch Terrassenservice (z. T. unter Sonnensegeln) mit herrlichem Blick. Castelo de Palmela, ✆ 935 205936, Facebook. **€€**

Weinverkostung in der Casa Mãe da Rota de Vinhos

Casa do Castelo **8**, Do–Mo 18–24 Uhr, Sa/So 12.30–16 Uhr. Tapas-Bar am Aussichtspunkt südlich der Burg mit herrlichem Blick Richtung Setúbal und Sado-Delta. Nebenan zwei Windmühlen. In puncto Panorama sozusagen das Gegenstück zum Culto Café (s. o.). Etwas düsterer Innenraum, davor eine große Terrasse mit Sonnenschirmen. Bar-Ambiente mit relativ lauter Musik. Viele Cocktails und Fruchtsäfte, dazu gibt es *petiscos,* portugiesische Tapas, Pizzen und reichhaltige Toasts. Miradouro do Castelo de Palmela, ✆ 212333146, Facebook. **€€**

Weinbar Casa Mãe da Rota de Vinhos **1**, Mi–Mo 10–19 Uhr (Fei erst ab 14 Uhr). Offizielle Verkaufsstelle und Infozentrum der regionalen Weine der Halbinsel Setúbal vom Muskateller aus Palmela bis zum Weißwein aus Azeitão. Untergebracht in der ehemaligen Kellerei Quinta da Cerca. Man kann hier eine große Auswahl an Weinen im Glas verkosten: entweder unter schattigen Sonnensegeln auf dem großen Vorplatz oder in der hohen Innenhalle. Largo de São João Baptista, ✆ 212334398, rotavinhospsetubal.com.

Halbinsel von Setúbal → Karte S. 284/285

Burg Setúbal: die beste Aussicht auf die Stadt und das Sado-Flussdelta

Setúbal

Die Distrikthauptstadt liegt gut 30 km südlich von Lissabon am Mündungsbecken des Rio Sado, geschützt durch die vorgelagerte Halbinsel Tróia. Das Stadtbild prägen neben der hübschen Altstadt auch moderne Wohnblocks in den äußeren Stadtbezirken, einige Industrieanlagen entlang des Sado und der ausgedehnte Hafen.

Parallelen zur französischen Hafenstadt Marseille drängen sich auf, auch wenn Setúbal deutlich kleiner ist: die ein oder andere finstere Gestalt im Hafenviertel, eine hohe Kriminalitätsrate und große soziale Probleme in den Betonsiedlungen am Rand der Stadt. Aber Setúbal hat auch eine **Altstadt** mit verwinkelten Gassen und sehenswerten Kirchen zu bieten; dazu lockt die herrliche Natur mit Stränden und dem Gebirge in der Umgebung.

Mittelpunkt des Zentrums ist die belebte, gepflasterte Praça de Bocage – benannt nach der hier befindlichen Statue des Dichters und Literaturtheoretikers Bocage. Zum Verweilen in gemütlichen Straßenrestaurants lädt die Palmenallee **Avenida Luísa Todi** ein, die sich entlang des Hafens quer durch das Zentrum zieht. Sie ist nach einer berühmten Opernsängerin benannt, die 1753 in Setúbal geboren wurde.

Setúbal kommt als Fischerei- und Industriezentrum wirtschaftlich große Bedeutung zu. Viele Menschen aus dem trockenen und armen, unmittelbar an Setúbal grenzenden Alentejo ließen sich hier nieder, um Arbeit in den großen Industrieanlagen am Ostrand der Stadt zu finden. Zum Beispiel bei *The Navigator Company*, auch bekannt unter dem alten Namen *Portucel* – sie produziert hier in einer der größten Zellulosefabriken des Landes Papier aus Eukalyptusbäumen. Im Winter, wenn der Wind aus dem Süden kommt und Nebel den Luftaustausch behindert, kann man in der Region um Setúbal leider hin und wieder die fischig-modrigen Luftverunreinigungen der Fabrik riechen. In den anderen Jahreszeiten zieht dagegen glücklicherweise höchstens der Geruch von gegrilltem Fisch durch die Stadt, die für ihre schmackhafte Küche weithin bekannt und beliebt ist – die Spezialität: Degenfisch vom Holzkohlegrill *(peixe espada grelhado)*.

Sehenswertes

Fortaleza de São Filipe

Hoch über der Stadt thront das Fort Setúbals. Hier oben genießt man einen beeindruckenden Panoramablick auf die Sado-Bucht samt der Halbinsel Tróia. Philipp II., in Personalunion König von Spanien und Portugal, ließ die Festung von 1582 bis 1600 auf einem sternförmigen Grundriss erbauen, um den Hafen besser verteidigen zu können. Zwei Mauerlinien sollten den Durchschlag selbst mächtigster Geschosse verhindern. Als Architekt des Bauwerks zeichnete der italienische Militäringenieur Filipe Terzi verantwortlich. Die kleine Burgkapelle hat der Altmeister der portugiesischen Fliesenkunst, Policarpo de Oliveira Bernardes, im Jahr 1734 komplett ausgefliest. Auf den herrlichen Azulejos sind Szenen aus dem Leben Philipps des Heiligen zu sehen. Von der Terrasse des Burgcafés „Bar do Forte“ lässt sich die Aussicht in Ruhe genießen. Besonders schön beim „Sundowner“.

Estrada do Forte de São Filipe. Vom Westende der Av. Luísa Todi über die Escadinhas do Castelo und die Estrada do Forte de São Filipe in ca. 20 Min. zu Fuß. Keine Busse. Einige Parkplätze im Inneren der Burganlage. Di–So 10–20 Uhr (Fr/Sa bis 24 Uhr). Vom 1.6. bis 15.9. Di–So 10–24 Uhr. Eintritt frei. Facebook.

Igreja de Jesus

Die kunstvoll gestaltete gotisch-manuelinische Kirche im Westen der Altstadt wurde von 1490 bis 1500 samt dem dazugehörigen Klostertrakt nach einem Gelübde Justa Rodrigues Pereiras, der Amme von König Dom Manuel I., errichtet. Der Architekt Diogo de Boitaca schuf eines der ersten und bedeutendsten manuelinischen Bauwerke Portugals,

Pionierwerk der Manuelinik: Igreja de Jesus

Halbinsel von Setúbal → Karte S. 284/285

das dem ebenfalls von ihm erbauten Hieronymitenkloster in Belém in Lissabon als Vorbild diente. Die Igreja de Jesus schmücken typisch manuelinische Details wie Schiffstaue oder Tiere. Mehrere Säulen, das Taufbecken sowie das Kreuz auf dem Vorplatz sind aus dem besonders schön gemusterten *Brecha da Arrábida* gefertigt, ein lokales Schichtgestein aus der Serra da Arrábida. Im Inneren sind v. a. die in sich gedrehten Säulen und die Azulejos beachtenswert.

Largo de Jesus. Di–Sa 10–17 Uhr, So 14–17 Uhr (Juni bis Mitte Sept. 15–19 Uhr), Fei geschl. Eintritt frei. ✆ 969754107, visitsetubal.com.

Museu de Setúbal/ Convento de Jesus

Im links neben der Igreja de Jesus gelegenen Kloster wohnten von 1496 bis 1888 Clarissinnen. Die Angehörigen dieses Frauenordens, gegründet von der Hl. Clara, lebten nach dem Vorbild des Hl. Franziskus in vollkommener Armut, nahezu ohne Besitz und Einkünfte. Heute ist hier das Stadtmuseum untergebracht, das im Obergeschoss eine wild zusammengestellte Sammlung aus Gemälden mit regionalen Motiven vom Barock bis zum 20. Jh. zeigt. Auch ohne Interesse an der Gemäldesammlung empfiehlt sich der Besuch, da man auch Teile des ehemaligen Klostertraktes wie den Kreuzgang sehen kann. Sehenswert ist auch die 12-teilige Tür aus dem Jahr 1611, die früher den Zugang zum Chor der Kirche gewährte.

Largo de Jesus. Di–Sa 10–18 Uhr, So 14–18 Uhr (Juni bis Mitte Sept. 15–19 Uhr), Fei geschl. Einlass bis 30 Min. vor Schließung. Eintritt 3 €, bis 12 J. und ab 65 J. frei. Beschriftungen auch auf Englisch. ✆ 265537890 und 969754106, visitsetubal.com.

Galeria Municipal do Banco de Portugal

In dem auffälligen Jugendstil-Gebäude, früher eine Filiale der portugiesischen Zentralbank, sind 14 Gemälde aus dem 16. Jh. ausgestellt, die früher den Hauptaltar der *Igreja de Jesus* schmückten. 1940 hatte man sie für die Ausstellung der portugiesischen Welt in Belém abgenommen, und seitdem hat diese wichtigste kunsthistorische Sehenswürdigkeit Setúbals keine feste Bleibe mehr gefunden. Die beeindruckenden großformatigen Bilder sind in der Malerwerkstatt des Künstlers Jorge Afonso entstanden, der sich bei ihrer Anfertigung teilweise durch Gravuren von Albrecht Dürer inspirieren ließ. Die Gemälde zeigen Kindheit und Leiden Christi sowie die Geschichte des Franziskaner-

Zu viel Nacktes für das Stadtmuseum

Eine kuriose Geschichte rankt sich um das im *Museu de Setúbal* ausgestellte Bild *Bocage e as Musas*. Der portugiesische Maler Fernando Santos hatte 1929 im Auftrag der Stadt den berühmten in Setúbal geborenen Dichter und Schriftsteller Manuel Maria Barbosa du Bocage (1765–1805) inmitten splitternackter Musen porträtiert. Das passte ganz gut zum bewegten Werdegang des neoklassischen Dichters, von dem man bis heute nicht genau weiß, mit welchen Frauen er im Laufe seines Lebens liiert war. In den prüden 50er-Jahren bekam die Stadt dann kalte Füße und forderte den Maler auf, das Werk zu verändern. Nachträglich übermalte Fernando Santos die Blöße der dargestellten Damen, indem er Stofftücher über ihre Scham „drapierte". Außerdem entschärfte er eine im Hintergrund des Bildes dargestellte Liebesszene. Ende des 20. Jh. verschwand das Gemälde dennoch für fast ein Vierteljahrhundert im Depot und wird erst seit der Neueröffnung des Museums im Jahr 2015 wieder öffentlich ausgestellt. Bocages Ruhm tat das übrigens keinen Abbruch: Bis heute begeht Setúbal am 15. September, dem Geburtstag des Dichters, seinen städtischen Feiertag.

Dolphin-Watching vor Setúbal

Jeden einzelnen der knapp 30 im Flussdelta des Sado heimischen Delfine kennen Maria João Fonseca und Pedro Narra, die beiden Inhaber des Ökotourismusunternehmens *Vertigem Azul*, beim Namen. Anhand der Rückenflossen können sie die Tiere identifizieren. Die Sado-Delfine gehören zu den wenigen ortsfesten, in Flussmündungen lebenden Populationen Europas. Seit 1998 bietet Vertigem Azul Ausfahrten zum Dolphin-Watching an. Mit Erfolg: Seitdem haben sich die Meeressäuger zum Wahrzeichen Setúbals entwickelt.

Doch trotz des hohen Bekanntheitsgrads der Großen Tümmler fließt ein Teil der Abwässer aus Industrieanlagen und Landwirtschaft weiter ungeklärt in den Sado. Das verursacht bei den Meeressäugern Hautkrankheiten und schwächt deren Immunsystem. Allerdings hat sich die Lage in den vergangenen Jahren deutlich verbessert, sodass sich die Zahl der Delfine stabilisiert hat.

Während der 3-stündigen Tour auf dem komfortablen Katamaran *O Esperança* nähern sich die Tiere oft bis auf wenige Meter. Vor allem wenn die Delfine ihre Lieblingsspeise, Tintenfische, jagen, springen sie aus dem Wasser, um die Beute mit Schlägen auf die Wasseroberfläche zu betäuben.

In Europa gibt es ansonsten nur noch in Schottland und Irland „sesshafte" Delfine in Flussdeltas. Immer wieder verlassen die Delfine das Sado-Delta und schwimmen in Richtung Portinho da Arrábida und ins Meer hinaus. Dort treffen sie auf wandernde Gruppen Großer Tümmler (lat. *Tursiops truncatus*, port. *Roaz*, engl. *Bottlenose Dolphin*), mit denen sie sich aber nur in Ausnahmefällen vermischen.

Vertigem Azul, Edifício Marina Deck, Rua Praia da Saúde, 11-D, Loja 10. In der Regel tägl. 3-stündige Ausfahrten um 9.30 und 14.30 Uhr (jeweils 30 Min. später Zustieg in Tróia möglich). Vorherige Reservierung dringend empfohlen, da oft ausgebucht. Im Sommer besteht während der Fahrten auch Bademöglichkeit am Strand, allerdings nicht mit den Delfinen. 40 €, Kinder bis 12 J. 20 €. ✆ 265238000 und 916982907, vertigemazul.com.

Ordens. Interessant ist v. a., mit welch brutaler Gewalt er den Märtyrertod von fünf Mönchen in Marokko darstellt – so sollte die Moral der Portugiesen im Glaubenskrieg gegen die Moslems hochgehalten werden. Die bärtigen Mauren, die mit ihren Schwertern die Franziskaner enthaupten, erinnern dabei frappierend an moderne Terroristen des Islamischen Staats. In den anderen Räumen der Galerie kann man außerdem zahlreiche Skulpturen des 1932 geborenen Lissabonner Künstlers Virgílio Domingues sehen sowie naturalistische Gemälde zu Setúbal aus dem 19. und 20. Jh. Im Erdgeschoss sind auch ägyptische, griechische und römische Keramiken ausgestellt, die aus der Sammlung des in Setúbal lebenden deutschen Ehepaars Marion Bühler-Brockhaus und Hans-Peter Bühler stammen.

Av. Luísa Todi, 119. Di–Fr 11–14 und 15–18 Uhr, Sa 11–13 und 14–18 Uhr, So 14–18 Uhr, Fei geschl. Eintritt 1,50 €, bis 12 J. und ab 65 J. frei. ✆ 913213920, mun-setubal.pt.

Igreja de São Julião

Die vermutlich aus dem 13. oder 14. Jh. stammende Kirche an der zentralen Praça de Bocage wurde in den darauffolgenden Jahrhunderten mehrmals umgebaut. Neben zwei bemerkenswerten manuelinischen Portalen hat man sie mit prächtigen Azulejos und barocken Goldschmiedearbeiten ausgeschmückt.

Praça do Bocage. Mo–Sa 8.30–12 und 15.30–17.30 Uhr, So 10–13 und 17.30–19 Uhr.

Halbinsel von Setúbal → Karte S. 284/285

Ausflug zur Halbinsel Tróia

Gegenüber von Setúbal liegen entlang der schmalen Halbinsel Tróia weite Sandstrände in einem paradiesischen Umfeld: blaues Wasser, Palmen und das Panorama der Serra da Arrábida. Leider wurde die Halbinsel mit weithin sichtbaren Hotels, Appartementhäusern und Ressorts rund um das Casino von Tróia bebaut. Sieht man aber davon ab, so eröffnet sich ein herrliches Bild aus Sand, Meer und dem Grün der dichten Pinienwälder der lang gestreckten Halbinsel. Der Sandstrand zieht sich von hier nahezu endlos 70 km Richtung Süden …

Vom Bootsanleger am Casino erreicht man in wenigen Minuten zu Fuß den nahen Sandstrand **Praia Tróia Mar.** Es lohnt sich, den Holzstegen durch die Dünenlandschaft noch etwas weiter zu folgen, denn die nächsten beiden Strände, die **Praia do Bico das Lulas** und die **Praia Tróia Galé,** werden deutlich weniger frequentiert und bieten viel mehr Platz. Beide sind gerade für Familien eine gute Wahl, da die Wellen meist durch vorliegende Sandbänke abgeschwächt werden.

Auf der dem Meer abgewandten Seite der Halbinsel erstreckt sich das Sado-Delta. Mit seiner großen, vor Wind und Wellen gut geschützten Fläche ist es wie die Lissabonner Tejobucht als natürlicher Hafen gut geeignet. Während die Industrieanlagen von Setúbal das Nordufer dominieren, blieb der Südteil durch das Naturschutzgebiet der Reserva Natural do Estuário do Sado weitgehend erhalten. Hier leben die Sado-Delfine, außerdem Otter und etwa 100 Vogelarten, die in der weitläufigen, flachen Flussmündung gute Lebensbedingungen finden, darunter Reiher, Strandläufer und Störche. Dieser Teil des Sado-Deltas gehört nicht mehr zum Großraum Lissabon, sondern bereits zur südportugiesischen Region Alentejo.

Ohne Auto nimmt man am besten den Katamaran von Atlantic Ferries ab der Anlegestelle in der Rua Teotónio Banha etwas östlich des Jardim Engenheiro Luis da Fonseca in Setúbal bis zur Ponta do Adoxe an der Nordspitze von Tróia, da man so direkt neben dem Casino im Ortszentrum von Tróia ankommt. Die schöne Fahrt über das Sado-Delta muss nur in der Richtung Setúbal–Tróia bezahlt werden, die Rückfahrt von Tróia ist generell frei. Fahrpreis 8,40 € (wer oft fährt, kann sich ermäßigte 5er- oder 10er-Karten kaufen), bis 5 J. frei. Bis auf eine kleine Pause gegen 5 Uhr morgens fahren die Katamarane rund um die Uhr stündl., Fahrzeit 15 Min.

Die Autofähren der Atlantic Ferries (ab der Doca do Comércio in Setúbal) enden dagegen in Tróia am Cais Sul, der etwa 4 km südlich des Zentrums liegt. Pkw 18,70 € (inkl. Fahrer), pro Person 5,30 €, bis 5 J. frei, Fahrrad 5,30 €. Stündl. 7.30–22 Uhr, Fahrzeit 25 Min. WLAN an Bord kostenlos. Infos: ✆ 265235101, atlanticferries.pt.

Verbindet Setúbal mit Tróia: Katamaran der Atlantic Ferries

Museu do Trabalho Michel Giacometti

In der *Fábrica Perienes*, einer 1971 geschlossenen Fischkonservenfabrik über dem Hafen Setúbals, ist das Museum der Arbeit untergebracht. Heute kann man in den ehemaligen Fabrikräumen die interessante Sammlung des 1990 verstorbenen Michel Giacometti besichtigen. Sie zeigt sehr anschaulich die Geschichte der lokalen Fischkonserven-Industrie. Mit einer Augmented-Reality-App (AR) kann man sich die Geschichte sehr plastisch vor Augen führen. Von der Aussichtsplattform neben dem Museum genießt man einen guten Blick auf den Hafen.

Largo Defensores da República. Juni bis Mitte Sept. Di–Fr 9.30–18 Uhr, Sa/So 14–18 Uhr, Fei geschl. Eintritt 1,50 €, unter 12 J. und ab 65 J. frei. ✆ 265537880, visitsetubal.com.

Moinho de Maré da Mourisca

Über 250 Jahre lang produzierten in dieser Mühle Müller mit der Kraft der Gezeiten Mehl. Im Hauptsaal mahlten zeitweise acht Mühlsteine gleichzeitig das Getreide. In den 1950er-Jahren lohnte sich das Geschäft nicht mehr und die Gezeitenmühle verfiel, bis sie 2012 von der Stadt Setúbal und der Naturschutzbehörde ICNF renoviert wurde. Das große Staubecken, in dem die bei Flut einlaufenden Wassermassen gespeichert wurden, dient heute Vögeln als Rückzugsgebiet. Das Innere kann samt der historischen Mühlsteine und ihres Antriebs besichtigt werden. Selbst wenn man an dieser althergebrachten Form der Nutzung erneuerbarer Energien kein Interesse hat, lohnt ein Besuch. Zum einen kann man hier mitten im Naturschutzgebiet *Reserva Natural do Estuário do Sado*-Delta immer wieder Vögel beobachten. Zum anderen lädt eine Cafetaria mit Terrasse ein, das schöne Szenario rund um die Mühle und das Flussufer zu betrachten.

Herdade da Mourisca. Ca. 7 km östlich des Zentrums: Setúbal über die Nationalstraße EN10 Richtung Alcácer verlassen, dann etwa 200 m nach dem Ibis-Hotel rechts abbiegen (ausgeschildert). Nach 700 m am Kreisverkehr halblinks halten und anschließend immer geradeaus. Mit dem Bus leider kaum zu erreichen, dann besser ein Taxi nehmen. Di–So 10–17 Uhr (April bis Sept. 9.30–19.30 Uhr). Eintritt frei. ✆ 265783090 und 914162354, Facebook.

Halbinsel von Setúbal → Karte S. 284/285

Strände

Praia de Albarquel: Der mittelgroße Sandstrand liegt noch im Stadtgebiet von Setúbal und ist der erste Strand an der Küstenstraße, die durch die Serra da Arrábida führt. An seinem Westrand ragen zwei auffällig geformte Felsplatten in die Höhe. Ein paar aufgelassene Gebäude und der große Parkplatz direkt oberhalb des Strands lassen trotz des Blicks auf Tróia nicht ganz so romantische Gefühle aufkommen wie an den folgenden Stränden der Serra da Arrábida. Cafés und Restaurants sorgen für das leibliche Wohl. Viele Besucher spielen hier Beachvolleyball oder Strandfußball.

Zu Fuß: Vom Westende der Av. Luísa Todi sind es 1,2 km über die Küstenstraße Richtung Outão, dann links in die 250 m lange Stichstraße hinunter zum Parkplatz direkt am Strand (ausgeschildert und durchgehender Bürgersteig). Alle 20–40 Min. fährt im Sommer ab dem westlichen Teil der Av. Luísa Todi auch der Pendelbus 4471 direkt zum Strand. Außerdem liegt am Abzweig der Stichstraße auch die Haltestelle Albarquel (N10-4) der Buslinien 4414, 4415 und 4472 (→ S. 352). Die Stichstraße zum Strand ist von Anfang Juni bis Mitte Sept. gesperrt, man kann den Strand also nur in der Nebensaison per Auto erreichen.

Praktische Infos

Einwohner Setúbal: ca. 90.000

Information

Casa da Baía – Centro de Promoção Turística: Infobüro der Stadt Setúbal in der Av. Luisa Todi, 468 (gegenüber dem Largo José Afonso). In dem hübschen Gebäude findet man auch ein Café, zudem kann man regionale Produkte wie Wein kaufen. Außerdem gibt es eine kleine Ausstellung zu den Sado-Delfinen zu sehen. Tägl. 9–20 Uhr. ✆ 265545010, visitsetubal.com und Facebook.

Casa do Turismo, etwas versteckt in der Nordwestecke des zentralen Bocage-Platzes liegt das „Haus des Tourismus", das in einem palastähnlichen Gebäude aus dem Jahr 1650 untergebracht wurde: im Erdgeschoss ein Informationsbüro, oben eine Cafetaria mit regionalen Weinen und Käse und einer hübschen Terrasse auf dem Balkon. Tägl. 9–19 Uhr. Praça do Bocage, Antigo Edifício do Clube de Oficiais, ✆ 265 524682 und 968547963, visitsetubal.com.

Posto de Turismo do Forte de São Filipe, Informationsbüro innerhalb der Burganlage. Di–So 10–13 und 14–17 Uhr. Estrada do Castelo de São Filipe, ✆ 910587550, visitsetubal.com.

Ask Me Arrábida, Infobüro der Touristenregion Lissabon in der Travessa Frei Gaspar, 10 (nahe der Av. Luísa Todi). Im OG werden auch die Attraktionen der Arrábida-Region gut präsentiert (auch auf Englisch). Außerdem kann man regionale Weine und Azulejos kaufen. Unter dem gläsernen Boden im EG sind alte römische Tanks zum Einsalzen von Fisch aus dem 1.–5. Jh. zu sehen. Di–Sa 10–19 Uhr, So 10–18 Uhr. ✆ 916442247, visitlisboa.com.

Bahn

Die Stadt hat 2 Bahnhöfe: Setúbal (Hauptbahnhof) und den näher an der Altstadt gelegenen Bahnhof Praça do Quebedo. Die Fertagus-Züge halten nur am Hauptbahnhof. Mit Bus 4404 tägl. alle 30 Min. via Largo de Jesus und Av. Luísa Todi ins historische Zentrum.

Von Lissabon mit der Privatbahn Fertagus ab den Bahnhöfen Lissabon Roma-Areeiro (Ⓜ Areeiro), Entrecampos (Ⓜ Entrecampos) und Sete Rios (Ⓜ Jardim Zoológico) über Pragal (Almada) und Pinhal Novo nach Setúbal Hauptbahnhof. Schöne Aussicht bei der Querung der Brücke des 25. April. Stündl. ein Zug bis gegen Mitternacht (Sa/So ab Setúbal nur bis kurz vor 23 Uhr). Fahrpreis 5,35 € (man braucht zum Laden des Fahrscheins eine *Viva-Viagem-Chipkarte* für 0,50 €). Fahrzeit 58 Min. fertagus.pt.

Außerdem gibt es die Linha do Sado der Staatsbahn CP (cp.pt) von Setúbal (Praça do Quebedo und Hauptbahnhof) über Pinhal Novo nach Barreiro (dort Anschluss an die Fähren nach Lissabon/Terreiro do Paço). In Pinhal Novo kann man auch Fernverkehrszüge nach Süd-, Mittel- und Nordportugal erreichen. Mo–Fr alle 30 Min., Sa/So stündl. Fahrzeit bis Barreiro 30 Min., die Fähre nach Lissabon braucht weitere 20 Min. Die Fährstation befindet sich an der Endstation namens Barreiro.

Halbinsel von Setúbal → Karte S. 284/285

Bus

Der Busbahnhof (ITS) liegt direkt neben dem Hauptbahnhof Setúbal etwas außerhalb der Altstadt. Mit Stadtbus 4404 *Interfaces Setúbal Circular* geht es tägl. alle 30 Min. via Largo de Jesus und Av. Luísa Todi ins historische Zentrum.

Ab Lissabon: Ab Gare do Oriente (Ⓜ Oriente) Schnellbusse der Linien 4715 und 4720 über die Ponte Vasco da Gama und die Autobahn. Mo–Fr alle 30–60 Min., Sa/So stündl. Fahrzeit 40–50 Min.

Ab Sete Rios (Ⓜ Jardim Zoológico) und Alcântara-Terra (Halt in der Av. Ceuta) tägl. stündl. Schnellbusse der Linie 4725 über die Ponte 25 de Abril und die Autobahn. Zur Hauptverkehrszeit morgens und abends alle 30 Min. Fahrzeit 55 Min. Endhalt ist in Setúbal am Terminal Várzea, der Bus hält aber auch am Busbahnhof ITS.

Ab Sete Rios (Ⓜ Jardim Zoológico) und Alcântara-Terra (Halt in der Av. Ceuta) außerdem Linie 4730 über die Landstraße und Azeitão: Mo–Fr alle 2–3 Std., Sa/So alle 1–2 Std. Fahrzeit in diesem Fall ca. 75 Min.

Nach Cacilhas: Linie 3605 über Azeitão Mo–Fr 12-mal, Sa/So keine Busse. Fahrzeit 80 Min. Zusätzlich einige Schnellbusse der Linie 3610 ohne Stopp in Azeitão.

Nach Alcochete (via Montijo): Linie 4512 Mo–Fr alle 30–60 Min., Sa/So alle 1–2 Std. Fahrzeit 70 Min.

Nach Azeitão: Linien 3605, 4562, 4642 und 4730 tägl. alle 30–60 Min. Fahrzeit 25 Min. (die Linie 4562 braucht 55 Min., da sie über Palmela fährt).

Nach Outão (über Campingplatz Ecoparque): Linien 4414 und 4415 Mo–Fr 6-mal, Sa/So nur 1-mal, zudem Bus 4472 (s. u.).

Nach Palmela: Linie 4562 Mo–Sa etwa stündl., So etwa alle 1–2 Std. Fahrzeit 25 Min.

Zur Praia do Creiro: Die Linie 4472 verbindet vom 10. Juni bis Ende Aug. tägl. alle 15 Min. den Busbahnhof mit der Praia do Creiro. Vom 1. bis 15. Sept. fahren die Busse tägl. alle 30 Min. (außerhalb dieser Badesaison tägl. 3 Busse, aber nur bis zur Praia da Figueirinha).

Nach Sesimbra (über Azeitão): Linie 4642 Mo–Fr 12-mal, Sa/So 5-mal. Fahrzeit 55 Min.

Markthalle des Mercado do Livramento

Taxi

Rotas de Setúbal Táxis, ✆ 914112480 und 964954860, rotasdesetubaltaxis.pt.

Parken

Entlang der Av. Luísa Todi finden sich zahlreiche kostenpflichtige Parkplätze. Viele kostenlose Plätze am Südteil des Largo José Afonso und um die benachbarten Hafendocks. Auffällig häufig sind in Setúbal selbst ernannte Parkeinweiser, sog. *arrumadores,* aktiv. Sie winken Fahrzeuge in Parklücken ein und erwarten mit einem kleinen Obolus entlohnt zu werden, mag ihre Dienstleistung auch noch so unnötig und unerwünscht gewesen sein.

Mietwagen

Avis Budget, Av. Mestre Lima de Freitas, 90, ✆ 265538710, avis.com.pt.

Europcar, Av. Indepêndencia das Colónias, 13-lj.D, ✆ 265532288, europcar.pt.

Fußballstadion

Der lokale Fußballclub Vitória Futebol Clube, bekannt als **Vitória de Setúbal,** spielt in einer heruntergekommenen Betonschüssel aus dem Jahr 1962, dem *Estádio do Bonfim,* nur 10 Min. Fußmarsch vom Stadtzentrum entfernt. Dem Stadion geht sämtlicher Komfort moderner Arenen ab, für Liebhaber des Traditionsfußballs ein Genuss wie er nur noch selten zu finden ist. Nur Vereinsmitglieder haben Zugang zu den wenigen überdachten Plätzen, Gastfans und neutrale Zuschauer müssen in die Kurve und teilweise mit unbestuhlten Betonbänken vorliebnehmen. Insgesamt 18.700 Plätze, die nur selten ausverkauft sind. Trotz des Werbespruches „O Vitória não é grande, é enorme" („Vitória ist nicht groß, sondern enorm") war der Club lange Jahre eher die graue Maus der ersten Liga Portugals. Immerhin stehen 4 Siege in Pokalwettbewerben zu Buche. 2018 stand man zuletzt im Pokalfinale Portugals, aber dann ging es rasant bergab: 2020 erhielt Vitória keine Lizenz mehr und stieg in die Dritte Liga ab. Parque do Bonfim, vfc.pt.

Markt

Mercado do Livramento, Di–So 7–14 Uhr. Die zentral gelegene Markthalle Setúbals ist eine der größten für Endverbraucher besuchbaren Markthallen der ganzen Region Lissabon. Sie lohnt vor allem aufgrund ihrer sehr schönen Azulejo-Bilder einen Besuch. Die

Händler verkaufen Obst, Gemüse, Fisch und Schnecken, eine Spezialität der Region. Av. Luísa Todi, 157, Facebook.

Polizei

PSP, Av. Luísa Todi, 358, ✆ 265535231. Für Angelegenheiten außerhalb der Stadtgrenze: **GNR,** Av. Jaime Cortesão, ✆ 265242500.

Post

CTT, Av. Luísa Todi, 311.

Reiten

Cavalos na Serra, Ausritte auf dem weitläufigen Gelände der Quinta do Esteval rund um das Hotel Casa Palmela. Es geht über Feldwege durch Korkeichenwälder, entlang eines kleines Bachtales sowie quer durch Weinberge. 2 Ausritte pro Tag über jeweils 1,5 Std. Ab 12 J. und für 85 €/Pers. Reservierung spätestens am Vortag nötig. Es sind nur wenig Reitkenntnisse erforderlich, die Ausritte finden in der Regel im Schritt statt. Zufahrt über das Hotel Casa Palmela (Parkplatz), dann links am Hotel vorbei und noch 300 m bis zu einer kleiner Hütte. Quinta do Esteval, Estrada N10, Km 33,5, ✆ 964628914 und 969298381, qdecavalosnaserra@gmail.com, cavalosnaareia.com/pt/cavalos-na-serra.

Hotel im Grünen: Casa Palmela

Übernachten

Hotels ***** **Hotel Casa Palmela** **1**, ca. 5 km außerhalb der Stadt an der Landstraße Richtung Azeitão. Kurz vor dem Ort Aldeia Grande ist auf der linken Seite das mächtige Tor zu dem 70 ha großen Gelände nicht zu übersehen (hier auch Bushaltestelle der Linien 3605, 4642 und 4730 zwischen Setúbal und Azeitão). Idyllische Lage zwischen Olivenhainen und Weinberg. Die 20 Zimmer sind in einem ehemaligen Palast des Herzogs von Palmela eingerichtet. Alle mit eigenen Bädern, Kaffeemaschine, Tresor, TV, Telefon und Klimaanlage. Das Mobiliar wurde teilweise noch von der Adelsfamilie verwendet, der auch heute noch das Hotel gehört. Schöner Hotelgarten mit kleinem Pool. Fahrradverleih. Quinta do Esteval, Estrada N10, Km 33,5, ✆ 265249650 und 969 298381, hotelcasapalmela.pt. €€€

*** **Rio Art Hotel** **7**, zentral gelegenes Boutique-Hotel in einem Altbau (kein Aufzug). 23 mit Kunstwerken lokaler Künstler modern dekorierte Zimmer. Alle mit eigenem Bad, Laminatböden, Minibar, Kaffeemaschine, Klimaanlage, Tresor und Kabel-TV. Kostenloser Parkplatz um die Ecke. WLAN frei. Avenida Luísa Todi, 117, ✆ 265249600 und 965801988, rioarthotel.pt. €€

*** **Solaris Hotel** **4**, zentral und verkehrsgünstig gelegen mit kostenlosem Privatparkplatz. Das alte mit Azulejos verzierte Haus verfügt über 26 Zimmer mit Telefon, Kabel-TV, Radio, Minibar, Klimaanlage und Fön. WLAN frei. Die Zimmer kommen nicht im modernsten Design daher, sind aber sauber und gut in Schuss. Praça Marquês de Pombal, 12, ✆ 265 541770, solarishotel.pt. €

** **Hotel Bocage und Guesthouse Bocage** **5**, ruhige Lage im Zentrum, 2 Häuser mit 14 bzw. 24 Zimmern, sie teilen sich Rezeption und Eigentümer. Die Zimmer im Guesthouse sind dabei etwas preiswerter als die im Hotel. Familiäres Ambiente. Einfache Zimmer mit Telefon, Internetzugang, Radio und Klimaanlage. Teilweise etwas antiquierte Einrichtung. Fernsehraum vorhanden. WLAN kostenlos. Rua São Cristóvão, 14, ✆ 265543080, hoteisbocage.com. €

mein Tipp **Hostel** **Pousada de Juventude de Setúbal – Casa do Largo** **9**, zwischen Altstadt und Hafen, nur wenige Schritte von der

Jugendherberge Pousada da Juventude im Zentrum von Setúbal

Av. Luísa Todi entfernt. Modernes mit Graffiti-Kunst besprühtes Gebäude, in dem auch das städtische Jugendzentrum residiert. Helle, funktionale Einrichtung. Aufenhaltsraum mit Gästeküche. WLAN frei. Mehrbettzimmer mit 4–12 Betten ab 28 €/Pers., dazu DZ ohne eigenes Bad ab 68 € und mit eigenem Bad ab 77 € (je inkl. Frühstück). Mit offiziellem Jugendherbergsausweis oder *Cartão Jovem* 10 % Ermäßigung. Männer und Frauen sind nach Etagen getrennt. Largo José Afonso, 24–25, ✆ 265 421080 und 910587087, pousadasjuventude.pt.

Alojamento Local RM Guest House The Experience **8**, modernes Guesthouse am Ostrand des Zentrums, nicht weit von den Fähren nach Tróia. 7 hochwertig eingerichtete Zimmer im 1. Stock (kein Aufzug). Alle mit Bad, Kaffeemaschine, Klimaanlage, Tresor und TV. Hohe Decken und Dielenböden sorgen für Charme. Aufenthaltsraum. WLAN frei. Frühstück gibt es nebenan in einer Bäckerei per Gutschein. Avenida Luísa Todi, 59 (Eingang um die Ecke in der Rua Padre Joaquim Silvestre Serrão, 8), ✆ 265400119, rmguesthouse.pt. €€€

Há Mar ao Luar **13**, altes, liebevoll dekoriertes Landhaus oberhalb der Burg in sehr ruhiger, abgeschiedener Lage. Vor dem Burgeingang rechts abbiegen und der Rua António Inácio Marques da Costa 700 m folgen. Oben angekommen, rechts abbiegen. Insgesamt sind es zu Fuß ca. 30 Min. ins Zentrum, mit dem Auto 5 Min. Keine öffentlichen Verkehrsmittel. Vermietet werden das Haupthaus, 2 separate Appartements und eine umgebaute Windmühle aus dem Jahr 1862. Alle mit TV, Küchenzeile und eigenen Bädern. WLAN in Gemeinschaftsbereichen frei. Teilweise herrlicher Blick auf Tróia und die Burg. Schöner Garten mit Oleander, Kiefern und Olivenbäumen sowie einem kleinen Pool. Casa do Mar e Moinho do Luar, Rua Farol da Amêijoa, ✆ 265220901 und 917 626349, hamaraoluar.com. €€

Quinta dos Moinhos de São Filipe **14**, vor dem Burgeingang rechts abbiegen und der Rua António Inácio Marques da Costa weitere 700 m folgen. Oben angekommen, links abbiegen. Eine halbe Stunde zu Fuß ins Stadtzentrum, mit dem Auto 5 Min. (kein Bus). 2 DZ in einem Neubau, mit Klimaanlage, Heizung, freiem WLAN, Sat-TV und großen Bädern. Panorama-Blick vom Frühstücksraum und der Veranda mit Schwimmbad. Außerdem 2 Windmühlen mit Platz für 2 und 4 Pers. sowie offenem Kamin, Küchenzeile und exzellenter Aussicht. Im Gegensatz zu anderen Unterkünften dieser Art machen Haus und Windmühlen keinen historischen, sondern eher einen modernen Eindruck. Garten mit Spielplatz und Joggingpfad. Teilweise bis zu 4 Nächte Mindestaufenthalt. Kein Frühstück. Quinta dos Moinhos de São Filipe, Rua Farol da Amêijoa, ✆ 265228278 und 935505401, moinhossaofilipe.com. €€

meinTipp Casal das Oliveiras **12**, normalerweise im Jan. geschlossen. Modernes Landhaus mit Olivenhain inmitten eines Waldgeländes oberhalb der Burg. Vor dem Burgeingang rechts abbiegen und auf der Rua António Inácio Marques da Costa weitere 700 m zurücklegen. Oben an der Kuppe angekommen endet die Asphaltstraße; der Schotterpiste geradeaus weitere 400 m folgen, bis linker Hand das Tor zum weitläufigen Anwesen erreicht ist. Absolute Ruhe, die nur vom Rauschen der Kiefern im Wind und von entfernten Schulhofgeräuschen aus dem Tal unterbrochen wird. Keine Busverbindung. Große Terrasse mit Schwimmbad und Blick Richtung Palmela. 3 DZ mit eigenen Bädern, Fliesenböden, Sat-TV und Kühlschrank. WLAN frei. Küchenbenutzung gegen Aufpreis möglich. 2 Nächte Mindestaufenthalt. Rua Farol da Amêijoa, ✆ 966087656, Facebook. €€

Essen & Trinken/Nachtleben

Restaurants Casa do Mar **11**, Di–So 12–15 und Di–Sa 19–22 Uhr. Frischer Fisch, der in der Auslage appetitlich präsentiert und dann gegrillt, mit Olivenöl, Kräutern und Knoblauch begossen serviert wird. Als Beilage gibt's gekochte Kartoffeln. Auch extravagante Kreationen wie zerfaserten Barsch mit Ei-Knoblauch-Brotbrei *(lascas de garoupa com açorda de ovos e coentros)*. Blick vom großen Wintergarten auf das Wasser und die Fischerboote am Hafen. Av. José Mourinho, 64, ✆ 265409477, Facebook. €€€

O Bote do Mestre Gonçalves **6**, Do–Di 12–15.30 und 19–22.30 Uhr, Fei geschl. Einfaches, aber sehr typisch portugiesisches Fischrestaurant in einer für Fußgänger reservierten Seitengasse der Av. Luisa Tódi. In der Gasse stehen auch einige Tische, ansonsten innen im klimatisierten Speisesaal. Vor allem gegrillter Fisch, die Spezialität des Hauses sind aber Eintöpfe mit Fisch und Meeresfrüchten (meist für 2 Pers.). Wenige Fleischgerichte und kaum Angebot für Vegetarier. Neben Touristen auch Einheimische im Publikum. Travessa das Viçosas, 17, ✆ 969 782558, Facebook. €€

Forno da Lotta **10**, Mo–Mi 12–15 Uhr und Fr–So 12–15.30 Uhr sowie Mo/Di 19–22 Uhr und Fr–So 19–22.30 Uhr. Pizzeria in einer Gasse unweit des Westteils des Hafens. Hoher Speiseraum im Inneren, dazu viele Tische auf der Terrasse. Reservierung abends sehr empfohlen. Teilweise viel Betrieb, daher kann es dann mit dem Service etwas dauern. Pizzen mit viel Käse, aber auch Fleisch- und Fischgerichte. Mo–Fr preiswertes Mittagsmenü. Rua Guilherme Gomes Fernandes, 31, ✆ 963386148, fornodalotta.pt. €€

Cafés Botequim du Bocage **2**, Mo–Sa 8–19 Uhr. Auf der Praça do Bocage viele Tische, von denen aus man das rege Treiben auf dem Platz und vor der Igreja de São Julião gut beobachten kann. Das Café ist nach dem Dichter Bocage benannt, dem auch die Statue auf dem Platz gewidmet ist. Selfservice: Man zieht sich eine Marke und wartet, bis man aufgerufen wird. Gute Gebäckauswahl. Praça do Bocage, 126 und 128, ✆ 933962079, Facebook.

Pastelaria Capri **3**, tägl. 8–19.30 Uhr (Sa nur bis 19 Uhr, So nur bis 13 Uhr). Große Konditorei mitten im Herzen der historischen Altstadt. Hinter dem langen Tresen stapeln sich die leckeren Törtchen. Morgens bleibt oft kein Platz mehr frei. Ohne Bedienung, bestellt wird am Tresen. Man bekommt eine Magnetkarte, mit der man am Ausgang bezahlt. Bei gutem Wetter stehen ein paar Tische auf dem Platz vor der Tür. Largo da Misericórdia, 38, ✆ 265523020, Facebook.

Nachtleben Insbesondere im Sommer haben Bars rund um den hübschen Altstadtplatz Praça Machado dos Santos geöffnet (nördlich des Turismo in der Casa da Baia).

Überall „The Special One" – besonders in Setúbal

Bekanntester Bürger Setúbals ist sicher José Mourinho, der hier am 26. Januar 1963 geboren wurde. Von Kindesbeinen an war er in ständigem Kontakt mit dem Fußball, da sein Vater Félix Mourinho mehr als zehn Jahre lang für Vitória Setúbal als Torhüter zwischen den Pfosten stand und den Club auch später trainierte. Seinen Sohn nahm er dabei mit ins Trainerteam auf. Nach einer erfolglosen Zeit als Spieler begann José Mourinho 1990 seine Karriere als Fußballlehrer bei der Jugendmannschaft von Vitória Setúbal. Inzwischen gilt er als einer der erfolgreichsten Trainer aller Zeiten. 2013 nannte die Stadt Setúbal die Hafenpromenade (früher Rua da Saúde) in Avenida José Mourinho um.

Serra da Arrábida

Eindrucksvoller Gebirgszug entlang der Küste zwischen Setúbal und Sesimbra. Das üppige Grün des bis zu 500 m hohen Gebirges wird immer wieder von Sandbuchten unterbrochen. Bis auf eine kleine Siedlung um die idyllisch gelegene Bucht Portinho da Arrábida gibt es keine Orte an diesem Küstenabschnitt, der zu den schönsten Portugals zählt.

Die eigentliche Serra da Arrábida ist mit etwa 8 km Ausdehnung nicht sehr groß. Dazu kommen aber ihre Ausläufer: die Serra de São Luís, die Serra dos Gaiteiros und die Serra do Louro im Osten bei Palmela und Setúbal sowie die Serra do Risco im Westen bei Sesimbra. Hier beeindruckt der Kontrast zwischen Meer und Gebirge: In der unwegsamen Serra do Risco fallen die Klippen bis zu 380 m tief ins Meer ab – die zweithöchste Steilküste Portugals, nur auf Madeira gibt es höhere Klippen. In der Region haben lokale Forscher in den vergangenen Jahren zudem weitläufige Höhlensysteme entdeckt. Leider sind sie zum Großteil nicht der Öffentlichkeit zugänglich.

Entlang der kurvenreichen Gebirgsstraße *estrada de escarpa* N379-1 bieten zahlreiche kleine Aussichtspunkte herrliche Blicke weit nach Norden bis Lissabon und zur Serra de Sintra sowie nach Süden auf die Sado-Bucht und die Strände des Alentejo. Auch entlang der weiter unterhalb verlaufenden Küstenstraße Rua Círio da Arrábida öffnen sich herrliche Panoramen auf die Strände in der Umgebung.

Obwohl die Region mittlerweile als Teil des Naturschutzgebiets *Parque Natural da Arrábida* geschützt ist, „fressen" sich zahlreiche Steinbrüche an den Rändern in das sensible Ökosystem hinein. Insbesondere die Secil-Zementfabrik in Outão westlich von Setúbal ist ein wahres optisches Attentat in dieser ansonsten so harmonischen Landschaft. Seit 1930 existiert die mit einer Jahresproduktion von 2 Mio. Tonnen größte Zementfabrik Portugals, immer wieder wird ihre Betriebsgenehmigung verlängert.

Die Serra da Arrábida erreicht eine Höhe von bis zu 500 m

Sehenswertes

Portinho da Arrábida

Kleines Örtchen in privilegierter Lage an einer Bucht der Serra da Arrábida. Der Ort selbst besteht eigentlich nur aus ein paar Strandrestaurants und wenigen Häusern, von denen die meisten nur in der Saison bewohnt sind, dementsprechend gibt es auch keine Geschäfte. An Sommerwochenenden teilweise stark überlaufen. Abends, wenn die Tagesbesucher weg sind, oder außerhalb der Badesaison herrscht dagegen herrliche Ruhe. Neben den Restaurants findet man ein paar kleine Sandflecken, wer ernsthaft baden möchte, geht am besten den Feldweg nach Osten zur nahen Praia do Creiro, dem „Hausstrand" von Portinho da Arrábida.

In den Ort (nur wenige Parkmöglichkeiten) führt die Stichstraße Rua do Portinho da Arrábida, die man über die Küstenstraße Rua Círio da Arrábida der Serra da Arrábida erreicht. Auf den letzten 300 m ist die Straße extrem schmal, sodass der Verkehr über eine Ampel geregelt wird. Von Anfang Juni bis Mitte Sept. wird die Stichstraße komplett für den Autoverkehr gesperrt. Es gibt an der Zufahrtsstraße aber nur wenige Parkplätze, sodass man dann teilweise bis zu 1 km zu Fuß gehen muss. Die Zufahrt für Wohnmobile und mit Camping-Anhängern ist das ganze Jahr über verboten. Kein direkter Bus ab Setúbal, aber mit Linie 4472 kann man im Sommer zur Praia do Creiro fahren und dann über den Strand nach Portinho da Arrábida laufen. Außerdem im Sommer ab Azeitão sehr sporadische Busse der Linie 4470.

Museu Oceanográfico do Portinho da Arrábida

Dieses ozeanografische Museum ist am Ortseingang von Portinho da Arrábida in der Fortaleza de Santa Maria aus dem Jahr 1676 untergebracht. Bis 1932 diente das ehemalige Fort als Brauhaus, später als staatliches Pousada-Hotel. Man sollte sich unter dem Meeresmuseum keinesfalls den kleinen Bruder des Ozeanariums in Lissabon vorstellen – es gibt nur ein paar wenige kleine Aquarien mit Fischen, Anemonen und Krustentieren aus der Region. Ansonsten handelt es sich um eine biologische Sammlung aus getrockneten, ausgestopften oder in Alkohol und Formol eingelegten Fischen, Meeressäugern und Wasservögeln.

Di–Fr 10–16 Uhr, Sa 15–18 Uhr. Eintritt frei. Busse s. o. unter Portinha da Arrábida. Fortaleza de Santa Maria, Portinho da Arrábida, ✆ 265 009982, arrabidaparquemarinho.ualg.pt.

Lapa de Santa Margarida

Eine der wenigen begehbaren Felsenhöhlen im Raum Lissabon. Die Grotte der heiligen Margarete scheint von Stalagmiten und Stalaktiten getragen, die sich berühren und zusammengewachsen sind. Wenn sich die Augen an das Dunkel der Höhle gewöhnt haben, entdeckt man eine kuriose Kapelle mit dem Altar der heiligen Margarete inmitten des Raumes. Wer in die Höhle eintritt, wird es erst hören, dann sehen – die Grotte hat einen zweiten Ausgang hin zum Meer.

An der Strichstraße nach Portinho da Arrábida passiert man 600 m vor dem *Museu Oceanográfico* den Lar de Férias da Casa do Gaiato, ein auffälliges 3-stöckiges Ferienhaus mit vielen Rundbögen. Gegenüber geht es zu Fuß in den betonierten Weg zur Quinta Casal de Santa Margarida, und nach etwa 30 m, kurz vor dem Eingangstor, beginnt linker Hand eine eingewachsene, aber gut begehbare Treppe hinunter zur Grotte. Busse s. o. unter Portinho da Arrábida.

Estação Arqueológica do Creiro

Gut erhaltene Ruinen einer römischen Fischfabrik, die sich direkt oberhalb des Creiro-Strandes befinden (s. u.). Vom 1. bis zum 4. Jh. n. Chr. salzten die Römer hier Sardinen und Makrelen in großen Steintanks ein, um sie für Transport und Lagerung haltbar zu machen. Neben den Becken sind auch Fundamente diverser Lagerhäuser und eines Bades bei den Ausgrabungen freigelegt worden.

Von Portinho da Arrábida zu Fuß am Ufer entlang bis zum letzten Strandcafé an der Praia do Creiro, dort nach links ca. 150 m der Straße nach oben folgen bis zum Kreisverkehr und dem Eingang zu den Ruinen. Mit dem Auto von der Küstenstraße Rua Círio da Arrábida der Stichstraße zur Praia do Creiro folgen (im Sommer Parkplatz gebührenpflichtig). Am Strandparkplatz beginnt neben dem Kreisverkehr ein Fußweg zu den Ruinen. Immer offen, Eintritt frei. Bitte nicht auf den Mauern gehen, sondern den Wegen folgen, um die Ruinen nicht zu beschädigen. Mit Linie 4472 im Sommer ab Setúbal Busbahnhof.

Alto do Jaspe

Den vermutlich schönsten Blick auf die Steilküste zwischen Sesimbra und Portinho da Arrábida genießt man von

Mittelmeer-Vegetation für alle Sinne

In der Serra da Arrábida sind noch Reste der ursprünglich sehr ausgedehnten mediterranen Wälder erhalten geblieben, die es in ihrem eigentlichen Verbreitungsgebiet, dem Mittelmeerraum, kaum mehr gibt. Ihr Erhalt ist nicht nur auf die günstigen klimatischen Bedingungen zurückzuführen, sondern auch auf alte Schutzdekrete der Herzöge von Palmela, die ihr Jagdrevier verteidigen wollten. Hier findet man Korkeichen, Lorbeer und den sog. „Westlichen Erdbeerbaum", aus dessen Früchten in Portugal der bekannte *medronho*-Schnaps hergestellt wird.

Am Wegesrand strömt immer wieder der Duft von Rosmarin in die Nase. Mit ihren großen schirmartigen Kronen prägen jedoch v. a. die Pinien die Landschaft. Diese auch „Italienische Steinkiefern" genannten Bäume sind im Gegensatz zu den anderen schnell wachsenden Kiefernarten hier heimisch und ihre Kerne lassen sich zudem essen: Um an die schmackhaften Pinienkerne zu kommen, muss man die Zapfen aufbrechen und pro Kern eine weitere Hülle knacken. Nicht nur Kindern macht das Spaß.

Das Meeresschutzgebiet Parque Marinho Professor Luiz Saldanha

Von der Praia da Figueirinha bis zum Cabo Espichel erstreckt sich über 38 km Küstenlänge eines der wenigen portugiesischen Meeresschutzgebiete auf dem Festland. Der Naturpark ist nach dem Lissabonner Biologen Luiz Saldanha (1937–1997) benannt, der mit seinen Forschungen entscheidend dazu beigetragen hat, dass die lokale Meeresregion unter Schutz gestellt wurde. In mehreren Zonen ist das Fischen seit 2006 komplett verboten, in anderen sind nur bestimmte umweltschonendere Fangtechniken erlaubt. Der Park soll das mit über 2000 Tier- und Pflanzenarten überaus reiche Meeresbiotop schützen. Seitdem das Ausbringen von Reusen in vielen Regionen verboten wurde, konnten sich beispielsweise die für den Fischnachwuchs sehr wichtigen Seegraswiesen wieder erholen. Die Fischer von Sesimbra hatten anfangs heftig gegen den Park protestiert, v. a. die Besitzer kleiner Boote und Nebenerwerbsfischer, da sie nun deutlich weiter hinausfahren müssen, um die Netze auszuwerfen. Allerdings ist inzwischen die Aufregung verflogen und viele erkennen auch die Vorteile. So freuen sich die zahlreichen Tauchtouristen in Sesimbra darüber, dass wieder deutlich mehr Zackenbarsche zu sehen sind, seit sie nicht mehr von Harpunettis gejagt werden dürfen. Das Verbot von Jetski-Fahrten bringt außerdem Ruhe und mehr Sicherheit für Badegäste und Umwelt. Infos: arrabidaparquemarinho.ualg.pt.

diesem Aussichtspunkt aus. Er befindet sich an einem aufgelassenen Steinbruch, der *Mina de Brecha da Arrábida*. Früher kippten hier die Steinmetze den Abraum einfach die Steilküste hinunter. Auch heute ist etwas Vorsicht angebracht, denn die hohen Klippen sind ungesichert. Bei guter Sicht ist hier oben aber der beste Platz, um sich anzusehen, wie das Gebirge der Serra do Risco spektakulär im Meer endet.

Der Fußweg beginnt in einer Linkskurve etwa 100 m nach der Stelle, an der man von der Gebirgsstraße EN379-1 zur Küstenstraße Rua Círio da Arrábida abbiegt. Auf der rechten Seite der Straße steht hier eine Schranke, hinter der es noch mal 300 m über einen Pfad bis zum Aussichtspunkt geht. Keine Busverbindungen.

Convento da Arrábida

250 m über Portinho schmiegt sich der einsame Konvent an den Berg und bietet einen erstklassigen Ausblick über das Meer. Ab 1538 lebten hier mehrere Franziskanermönche in kleinen Felshöhlen. Vier Jahre später ließ der Herzog von Aveiro die heutige Klosteranlage errichten – daher wird sie auch *Convento Novo* („neuer Konvent“) genannt. Unter den ersten Bewohnern war der heilige Petrus von Alcântara, ein bekannter spanischer Mönch. Als berühmtester

Convento da Arrábida

Halbinsel von Setúbal → Karte S. 284/285

Eremit des Convento da Arrábida gilt jedoch der Dichter *Frei Agostinho da Cruz*. Nach der Säkularisierung in Portugal musste das Kloster im Jahr 1834 aufgegeben werden. Es folgte ein langer Verfall – inzwischen war die Anlage in den Besitz der Herzöge von Palmela gelangt. 1990 erwarb die *Fundação Oriente* – die Stiftung des Casino-Magnaten Stanley Ho aus Macao betreibt auch das Museu do Oriente in Lissabon – den Konvent und restaurierte ihn.

Das alte Kloster überrascht durch seine schlichte Architektur. Das einsame Leben der Franziskaner symbolisiert eine Mönchsstatue am Eingang: Sie hat Augen und Mund verschlossen. Etwas weiter innen erinnern zwei in die Decke des Ganges eingelassene Totenköpfe an die Vergänglichkeit des irdischen Lebens. Etwa 15 Ordensbrüder wohnten hier in kleinen, weiß gekalkten Zellen. Viele zogen es vor, in den Grotten oberhalb des Klosters zu leben. Stündlich schlägt eine kleine Glocke – das Uhrwerk stammt übrigens aus dem Schwarzwald. Ansonsten herrscht hier oben eine wahrhaft himmlische Ruhe. Den Wald um den Convento da Arrábida nannten die Mönche früher *Mata do Solitário* („Wald des Einsamen"). Er ist Teil des ältesten portugiesischen Urwaldes und steht unter Naturschutz.

Über die Gebirgsstraße zu erreichen. Keine Busverbindungen. Ausschließlich Mi und Sa/So im Rahmen von Führungen (auf Portugiesisch) und nur nach Voranmeldung unter ☏ 212197620, 212197628 und 924435038 bzw. arrabida@foriente.pt zu besichtigen! Eintritt 5 €, Schüler, Studenten und ab 65 J. 3 €, bis 6 J. frei. foriente.pt.

Strände

Praia da Figueirinha: Etwa 6 km nach dem Ortsausgang Setúbal erstreckt sich dieser meistbesuchte Strand der Region um eine „Nase" des Gebirgszuges der Serra da Arrábida. Auf dem Weg von Setúbal durchquert die Küstenstraße die weitläufige Secil-Zementfabrik und passiert das auffällige Fort von Outão, in dem seit über hundert Jahren eine orthopädische Klinik untergebracht ist. Doch wer sich im grobkörnigen Sand des breiten Strandes in der Sonne aalt, vergisst die nahe Betonfabrik schnell. Lediglich in 3 km Luftlinie Distanz, aber nur per Boot erreichbar, liegt die Halbinsel Tróia auf der anderen Seite der Mündung des Sado in den Atlantik. Der Meeresboden fällt hier sehr sanft ab, sodass bei Ebbe breite Sandbänke vor dem Hauptstrand trockenfallen, auf denen dann gerne Angler fischen gehen. An dem im Sommer durch Rettungsschwimmer überwachten Strand findet sich außerdem ein Restaurant.

Ganzjährig Buslinie 4472 ab Busbahnhof Setúbal (ITS). Zahlreiche Parkplätze direkt am Strand. In der Hochsaison sind sie dennoch meistens voll, dann kann man am Secil-Betonwerk in Outão parken und von da mit dem Bus 4472 an den Strand fahren.

Praia de Galapos: Weitere 2 km Richtung Westen stößt man in der nächsten Bucht auf diesen ebenfalls traumhaften, aber deutlich kleineren Strand (auch hier wachen in der Badessaison Rettungsschwimmer des Seenotrettungsdienstes ISN – *Instituto de Socorros a Náufragos*). Genauer gesagt, handelt es sich um zwei Sandstrände. Der östliche Teil mit einem Strandrestaurant samt zahlreichen Miet-Sonnenschirmen sowie einigen Gebäuden aus dem 19. Jh. ist die eigentliche Praia de Galapos. Im Sommer kann es hier aufgrund des Andrangs etwas eng werden. Durch einen felsigen Bereich, der bei Ebbe zu Fuß gut umgangen werden kann (bei Flut muss man etwas kraxeln), erreicht man weiter westlich die etwas einsamer gelegene **Praia de Galapinhos** mit einem weiteren Strandcafé. Der „kleine Galapos-Strand" ist

Zwillingsstrände: Praia de Galapos und Praia de Galapinhos

kurioserweise fast doppelt so groß wie der Hauptstrand, sodass hier meist etwas mehr Platz bleibt. Voll wird es in der Saison trotzdem, da der Strand recht bekannt ist. Aufgrund seines herrlichen Panoramas wählte ihn die Organisation *European Consumers Choice* 2017 gar zum „besten Strand Europas". Wer schnorcheln möchte, findet am westlichen Rand des Strandes schöne Felsen mit Unterwasserüberhängen.

Nur im Sommer Buslinie 4472 ab Busbahnhof Setúbal (ITS). Nur wenige Parkgelegenheiten entlang der Küstenstraße Rua Círio da Arrábida. Kein Strandparkplatz.

Praia dos Coelhos: Einer der verborgensten Strände der Region, da keine Zufahrtsstraße hierherführt und er durch zwei große Felsnasen von den deutlich belebteren Nachbarstränden Praia de Galapinhos und Praia do Creiro (Praia da Anixa) abgetrennt wird. Vor allem in der Nebensaison herrscht herrliche Einsamkeit. Ein Bilderbuchstrand – im Vordergrund der blaue Atlantik, im Hintergrund die grüne Serra da Arrábida. Auch hier findet man den für die Strände der Region typischen feinen, hellen Sand. Essen und Trinken sollte man aber mitbringen, da es keine Gastronomie gibt. Rettungsschwimmer sucht man ebenfalls vergeblich. Das nutzen leider einige Hundebesitzer aus Setúbal aus und gehen hier mit ihren Tieren ans und ins Wasser, da das an den anderen Stränden nicht erlaubt ist. Rechter Hand kann man bis zur Praia da Anixa schön entlang der zerklüfteten Felsküste schnorcheln.

Etwa 500 m nach dem Strandrestaurant an der Praia dos Galapos findet man links der Küstenstraße Rua Círio da Arrábida eine kleine Parkbucht. Hier beginnt ein 400 m langer, nicht ausgeschilderter Pfad, der die 70 Höhenmeter zum Strand hinunterführt. An der ersten Abzweigung nach 60 m rechts und direkt danach an der nächsten Abzweigung links. An der Weggabelung nach 25 m rechts. Der schmale, tief eingeschnittene Pfad führt durch eine dichte Buschlandschaft. Nach weiteren 150 m an der Gabelung links. Den Einstieg in den Hinweg gut einprägen, denn am Strand existieren verwirrend viele Pfade, von denen einige aber von Wildschweinen angelegt wurden und in die Irre führen. Gutes Schuhwerk ist in jedem Fall empfehlenswert.

Halbinsel von Setúbal → Karte S. 284/285

Praia do Creiro: herrliche Bucht neben Portinho da Arrábida

Praia do Creiro, Praia do Monte Branco und Praia da Anixa: Die Praia do Creiro ist für viele der schönste Strand der Region – über der großen, sanft geschwungenen Bucht thront die Serra da Arrábida. Mehrere Strandbars versorgen die Besucher des idyllischen Strandes auch in der Nebensaison. Im Sommer Verleih von Tretbooten mit Wasserrutsche, Kanus und SUPs.

An das breite Sandareal der Praia do Creiro selbst schließen sich die zwei kleineren Nachbarstrände an, die aufgrund der von Spalten und Überhängen geprägten Uferlinie v. a. bei Schnorchlern beliebt sind. Beide erreicht man jeweils über kurze felsige Passagen, wenn man am Ende des Hauptstrandes nach Osten geht. Im Gegensatz zur Praia do Creiro, die in der Saison überwacht ist, gibt es an den beiden anderen Stränden keine Aufsicht. An allen drei Stränden ist das Wasser recht frisch. Nachmittags weht hier eine ablandige, frische Brise, die von den Berghängen herunterfällt; Hin und wieder wirbelt eine starke Böe die Sonnenschirme der Badegäste durcheinander.

Von überall blickt man auf die **Pedra da Anixa,** eine markante Felsformation, die etwa 300 m vor der Küste aus dem Atlantik ragt. Dieses zerklüftete Eiland ist einer der besten Schnorchelspots der Region, aber eher etwas für geübte Schwimmer, da er von starken Meeresströmungen umspült wird. Große Schwärme Jungfische suchen in den Spalten und unter den Überhängen Schutz, Wolfsbarsche patrouillieren um die Insel und ab und zu huscht ein Rochen oder ein Bonito an den Steilwänden vorbei. Permanent erklingen die durchdringenden Rufe der Möwen, die hier in den Felsen nisten.

Im Sommer Buslinie 4472 ab Busbahnhof Setúbal (ITS) bis zum ganz oben gelegenen Parkplatz im Ostteil. Man kann den Strand ansonsten über 2 Zufahrten erreichen: Den Ostteil der Praia do Creiro und einen mittelgroßen Parkplatz nahe der archäologischen Grabungen erreicht man von der Küstenstraße Rua Círio da Arrábida über eine ca. 600 m lange, steile Stichstraße (im Sommer oft überfüllt und gebührenpflichtig). Vom Westrand der Praia do Creiro führt zudem ein 250 m langer Feldweg zum Ort Portinho da Arrábida.

Praia de Alpertuche: Hübsche, von Felsen und einzelnen Einfamilienhäusern umgebene Badebucht am Rande von Portinho da Arrábida. Meist nicht ganz so stark besucht wie die anderen Strände der Region, da der Zugang nur zu Fuß möglich ist und es hier keine Rettungsschwimmer gibt. Mancher stört sich auch daran, dass nicht überall Sand vorhanden ist, sondern auch viele runde Steine am Ufer liegen. Dafür ist man in diesem kleinen Tal abgeschieden von allem Trubel. Rechter und linker Hand vom Strand kann man sehr schöne Schnorcheltouren unternehmen: Es gibt in den Felsen zahlreiche Spalten, Überhänge und Grotten zu entdecken, in denen Fischschwärme leben. Auf dem Felsboden schwingen sich die Anemonen im Takt der Wellen. An Land stehen noch einige Häuser, die Fischern einst als Notunterkunft bei rauer See und als Materiallager dienten. Entlang der Küste stößt man bis zum Cabo Espichel in vielen Buchten auf ähnliche Gebäude. Die modernen Boote mit ihrer größeren Reichweite haben sie inzwischen unnötig gemacht, sodass die meisten verfallen sind.

An der Küstenstraße Rua Círio da Arrábida findet man direkt westlich der Abzweigung der Stichstraße nach Portinho da Arrábida einen kleinen Parkplatz mit Schranke (in der Hochsaison ist es schwer, einen Parkplatz zu finden). Hinter der Schranke beginnt der gut ausgebaute Zuweg, ab hier sind es noch 700 m Fußweg zum Strand hinunter (Zufahrt nur für Anwohner). Keine direkte Busverbindung, man kann aber über einen ausgeschilderten Wanderweg den Strand ab der Praia do Creiro (dort Bus 4472) erreichen.

Anstrengender Aufstieg zur spektakulären Schlucht Fenda da Arrábida

Auch wenn die Praia do Creiro zu den ikonischen Stränden der Region Lissabon gehört, so kennen nur wenige Menschen die direkt oberhalb gelegene Schlucht Fenda da Arrábida. Meist ist sie nur den lokalen Bergsteigern ein Begriff, die hier an den 50 m hohen, praktisch senkrecht verlaufenden Felsen gerne am Wochenende klettern (Klettertouren sind auch über Vertente Natural buchbar, → Sesimbra, S. 327). Dabei ist die Szenerie beeindruckend: Wie ein Riss zieht sich die imposante Schlucht oberhalb des Strandes durch das Gebirge der Serra da Arrábida. Immer wieder öffnen sich herrliche Blicke auf das etwa 80 m tiefer gelegene Meer.

Den Einstieg in den Pfad vom Strand zur Fenda da Arrábida findet man am Feldweg zwischen Praia do Creiro und Portinho da Arrábida: Man nimmt die Abzweigung an einer kleinen Anhöhe etwa 80 m westlich des Restaurants „O Zeca". Ab hier immer dem blau markierten Weg folgen. Der Aufstieg ist nur 200 m lang, dauert aber etwa 20 Min., da sehr steil und schweißtreibend. Hin und wieder muss man über kleine Felsbrocken kraxeln, etwas Geröll ist auch dabei. Oben am Kamm der Fenda da Arrábida angekommen, geht es nach rechts in die Schlucht hinein, bis man deren Boden erreicht hat. Zurück zum Strand geht es am besten über denselben Weg.

Klettergebiet Fenda da Arrábida

Praktische Infos

Information

Für touristische Auskünfte steuert man am besten das *Ask Me Arrábida*-Büro in Setúbal an (→ S. 350).

Busse

Von Setúbal: Die Linie 4472 verbindet vom 10. Juni bis Ende Aug. tägl. alle 15 Min. den Busbahnhof Setúbal (ITS) mit der Praia do Creiro. Vom 1. bis 15. Sept. fahren die Busse tägl. alle 30 Min. (außerhalb dieser Badesaison Mo–Fr nur 1 Bus und Sa/So 3 Busse und jeweils nur bis zur Praia da Figueirinha). Unterwegs Halt u. a. an der Av. Luísa Todi (Ecke Largo de Jesus), an der Abzweigung zur Praia de Albarquel, am Campingplatz Ecoparque, der Praia da Figueirinha und der Praia dos Galapinhos.

Außerdem fahren die Linien 4414 und 4415 vom Busbahnhof Setúbal (ITS) bis Outão (über den Campingplatz Ecoparque): Mo–Fr 6-mal, Sa/So nur 1-mal (ganzjährig).

Von Azeitão: Die Linie 4470 verbindet vom 10. Juni bis 15. Sept. 2-mal tägl. Azeitão mit der Praia do Creiro (außerhalb der Badesaison keine Busse). Achtung: Halt in Azeitão nicht am Hauptplatz Rossio, sondern in der Rua José Augusto Coelho vor Hausnummer 150. Fahrzeit 36 Min.

Auto

Einige der beschriebenen Orte sind nicht an das Nahverkehrsnetz angebunden, sodass man ein Auto oder ein Fahrrad benötigt (die Serra da Arrábida ist bei den lokalen Rennradfahrern sehr beliebt). Parkplätze sind überall vorhanden, aber an den Sommerwochenenden tummeln sich hier so viele Ausflügler, dass lange Autoschlangen entlang der Straßen parken. Wer kann, sollte unter der Woche kommen, um die Serra und ihre Strände mit mehr Ruhe zu genießen.

Pinien (Schirm-Kiefern) prägen die Landschaft

> **Autofahrer aufgepasst!** Von Mitte Juni bis Mitte Sept. ist die Küstenstraße Rua Círio da Arrábida zwischen der Praia da Figueirinha und der Praia do Creiro zwischen 7 und 20 Uhr gesperrt. Die deutlich längere und kurvenreichere Gebirgsstraße steht aber weiter offen. Ebenso gesperrt ist zu diesen Zeiten die Stichstraße nach Portinho da Arrábida (Rua do Portinho da Arrábida), hier muss man die letzte Strecke zu Fuß gehen oder kann eines der Tuk-Tuks nehmen, die als Shuttle verkehren.
>
> Wer während der Sperrung an die Strände der Serra da Arrábida möchte, kann direkt den Bus 4472 ab Setúbal nehmen (s. o.) oder sein Auto am großen Parkplatz in Outão nahe der Secil-Zementfabrik in der Rua Orlando Curto abstellen und dann mit Linie 4472 (s. o.) zur Praia da Figueira, Praia dos Galapinhos und Praia do Creiro fahren.

Übernachten

Alojamento Local Casa d'Adôa, Bed & Breakfast in einem 200 Jahre alten Gebäude in Portinho da Arrábida wenige Meter vom Meer entfernt. 9 Zimmer mit eigenem Bad, Kühlschrank, TV, Klimaanlage und Heizung. Teilweise auch Meerblick. Freundliche Besitzer. Mietwagen für die Anfahrt nötig. Abends, wenn die Tagesgäste weg sind, kann man hier die Ruhe genießen. Frühstück wird im Vorgarten serviert. Casa 3, Portinho da Arrábida, ✆ 212180689 und 934306061, casadaadoa.com. **€€**

Casa de Calhariz, Ferienhäuser 7 km nordöstlich von Sesimbra auf dem Stammsitz des Duque de Palmela, aktuell wohnt hier mit Pedro Domingos de Sousa e Holstein Beck der 7. Herzog der Adelsfamilie. Mietwagen nötig, da kein Bus. Zufahrt über den Ort Maçã: etwa

250 m hinter dem Ortsausgang direkt nach der Bushaltestelle rechter Hand durch das grüne Tor, dann noch 2,7 km über die Privatstraße, bis das Anwesen um den Palast des Herzogs aus dem 17. Jh. erreicht ist. Nebenan befinden sich 6 Ferienhäuser mit Wohnzimmer, Küche, Bädern und mehreren Schlafzimmern für 4–8 Pers. Zentralheizung, Waschmaschine, Spülmaschine, Kabel-TV, freies WLAN sowie großer Gäste-Pool im Garten. Auf dem 1000 ha umfassenden Großgrundbesitz verlaufen Reit- und Wanderwege in Pinienwäldern wie auch zwischen Korkeichen und Weinreben (kostenloser Fahrradverleih für die Gäste). Auf den Feldern weiden Mertolengo-Rinder und Lusitano-Pferde aus der lokalen Zucht. Es wird kein Frühstück angeboten. Mindestaufenthalt 2–5 Nächte. Quinta do Calhariz, ✆ 212681007 und 961320 499, casadecalhariz.pt. **€€**

Camping **EcoParque do Outão,** ganzjährig geöffnet. Rezeption 9–20 Uhr (Mitte Juli bis Mitte Aug. bis 21 Uhr, Ende Sept. bis Mitte März nur bis 19 Uhr). 4 km westlich von Setúbal in Outão. Die Haltestelle Rasca (Ecoparque) der Buslinien 4414, 4415 und 4472 liegt direkt neben dem Platz. Sparsam eingerichtet, eigentlich nicht viel mehr als sanitäre Anlagen, 60 Stellplätze für Wohnmobile und Zelte sowie einige Bungalows. Das sich im Eigentum der Stadt Setúbal befindliche Gelände liegt direkt am Meer. Nebenan eine Cafetaria und ein kleiner Sandstrand, die Praia da Rasca, direkt nebenan, allerdings wird er v. a. von Fischern genutzt, die hier ihre Boote abstellen. Je nach Saison 5,80–6,90 €/Pers. sowie 7,90–12,90 €/Wohnmobil und Nacht. Rua Orlando Curto, Outão, Setúbal, ✆ 265423890 und 912549179, ecoparquesetubal.com.

Die Bergkette der Serra do Risco fällt spektakulär ins Meer ab

Essen & Trinken

Ondagalapos, Di–So 9–19 Uhr. Strand-Restaurant an der Praia de Galapos. Viele Meeresfrüchte und frischer Fisch, der am Rand der Terrasse gegrillt und meist nach Gewicht berechnet wird. Auch Fleisch, an Vegetarier wird hier eher nicht gedacht. Für kältere Tage gibt es auch einen Innenraum. Im Sommer Schirmverleih für den Strand. Av. D. Manuel I, 47-B, Praia de Galapos, ✆ 966011422, Facebook. **€€€**

O Zeca, tägl. 10–19 Uhr. Nur März bis Okt. geöffnet. Dieses Strandcafé und -restaurant liegt etwa auf der Hälfte des Weges von der Praia do Creiro nach Portinho da Arrábida. Angenehm schattige Terrasse mit schönem Blick auf das Meer und den Strand. Auch Innenraum. Mittags werden Hauptgerichte wie gegrillter Fisch und Hamburger serviert. Praia do Portinho da Arrábida – Creiro, ✆ 914663 233, Facebook. **€€**

Cafés **Cais da Gávea,** Di–So 9–20 Uhr (Mitte Sept. bis Mitte Juni nur bis 18 Uhr). Café direkt neben dem Ecoparque-Campingplatz in Outão. Hauptattraktion ist die grüne, schattige Terrasse mit bestem Blick nach Setúbal und Tróia sowie auf den kleinen Fischerstrand nebenan, die Praia da Rasca. Beliebt bei den Einheimischen für einen kurzen Ausflug von Setúbal aus. Für die Wintermonate auch ein wettergeschützter Raum. EN379, km 3, Setúbal, Facebook.

Kunsthandwerksdorf in Sobreiro bei Mafra

Nachlesen

& Nachschlagen

Von Lissabon in alle Welt – Karte vor dem Monument der Entdeckungen in Belém

Stadtgeschichte Lissabon

Am Nordufer des Tejo, nur wenige Kilometer bevor dieser in den Atlantik mündet, liegt im äußersten Westen der Iberischen Halbinsel Lissabon – eine auf Hügel gebettete Stadt, die sich harmonisch den natürlichen Begebenheiten angepasst hat. Neben Athen ist Lissabon die südlichste und hügeligste Hauptstadt Europas.

Die Zahl der Hügel der alten Stadtviertel wird wie die von Rom mit sieben beziffert. Tatsächlich ist diese Angabe aber etwas willkürlich, gibt es doch heute über zwanzig Hügel. Die höchste Erhebung der Stadt ist die Festung Forte de Monsanto mit 230 m. Die Basílica da Estrela liegt 137 m, die Burg Castelo de São Jorge 112 m über dem Meer, was die Mühen der Lissabonner deutlich macht, die täglich die Hügel besteigen müssen. Auch das offizielle Zentrum Lissabons liegt übrigens auf einer Anhöhe: Der Südwestturm des Castelo de São Jorge ist Mittelpunkt der portugiesischen Hauptstadt.

Lisboa – wie Lissabon zu seinem Namen kam

Lange Zeit waren zahlreiche mehr oder minder spekulative Thesen über den Ursprung des Namens *Lisboa* im Umlauf. Die seriöse Geschichtsschreibung führt den Stadtnamen heute auf die Phönizier zurück. Diese nannten die Siedlung wegen der herrlichen Lage an der Tejomündung *Alis Ubbo* („liebliche Bucht“). Die Römer gaben ihr zu Ehren des Kaisers Julius Cäsar um 60 v. Chr. offiziell den Beinamen Felicitas Julia. Unter den Bewohnern der Stadt dagegen hieß sie zu dieser Zeit Olisipo, später mutierte der Name unter den Westgoten zu Olisipona. Die Araber nannten die Stadt dann al-Usbuna. Gegen Ende der maurischen Herrschaft setzte sich unter den Christen schließlich die verkürzte und lautlich assimilierte Form Lisboa durch.

Das antike Lissabon

Die Zeugnisse menschlicher Existenz reichen bis weit in die Zeit vor Christi Geburt zurück. Etwa ab dem 8. Jh. v. Chr. ließen sich die Phönizier an der Mündung des 1007 km langen, in der spanischen Sierra de Albarracín entspringenden Tejo nieder. Das weite Binnenmeer des Tejo war und ist ein perfekter natürlicher Hafen am westlichen Ende Europas. Die nur schmale Verbindung zum offenen Meer hält die wuchtigen Atlantik-Wellen fast vollständig ab – ein idealer Platz, um in Ruhe zu ankern und Schiffe zu beladen. Die Phönizier nutzten Lissabon dann auch als Zwischenstation auf ihrem Weg nach Nordeuropa.

Ab 218 v. Chr. dominierte das Römische Reich Lissabon administrativ, politisch, kulturell und wirtschaftlich. Integriert in die Provinz Lusitanien, war die Stadt der westlichste Stützpunkt des römischen Weltreiches. Davon zeugen noch heute die vom Lateinischen abstammende Landessprache und die römisch-katholische Konfession, der die Mehrheit der portugiesischen Bevölkerung angehört. Um 60 v. Chr. erhielt Lissabon den Ehrennamen *Felicitas Julia* und den Status eines römischen Kolonial-Munizipiums *(Municipium Civium Romanorum)*. Damit waren die Bürger Lissabons mit denen Roms rechtlich gleichgestellt, was einer gewissen Autonomie gleichkam.

Die Stadt entwickelte sich zu einem bedeutenden Handels- und Produktionszentrum für konservierten Fisch. Er wurde am Rand der heutigen Baixa in Tanks eingesalzen und per Schiff bis nach Rom vertrieben. Zu sehen in den Ausgrabungen unter der Bank BCP in der Baixa oder im Erdgeschoss der *Casa dos Bicos* (wer sich für weitere Funde aus der römischen Periode Lissabons interessiert, findet umfassende Informationen unter lisboaromana.pt).

Blütezeit unter den Mauren

Um 411 n. Chr. wurde die römische Herrschaft in Lissabon durch eine Invasion der Alanen abrupt beendet, die ihrerseits 416 durch die Westgoten vertrieben wurden. Während der westgotischen Herrschaft und den Wirren der Völkerwanderung stagnierte die Entwicklung. Dementsprechend hinterließen die Westgoten auch keinerlei Spuren im heutigen Stadtbild. Als Schutz vor den „Barbaren" zogen sich die Bewohner völlig in das Gebiet innerhalb der hohen Stadtmauern um das Castelo de São Jorge zurück. Die städtische Bevölkerung nahm stark ab, das urbane Leben schien fast auszusterben.

Nach der Eroberung durch die Mauren 714 blühte die Stadt wieder auf. Unter der neuen Herrschaft breitete sie sich erneut über die Stadtmauer hinaus aus.

Casa dos Bicos: Reste der alten römischen Stadtmauer Muralha Romana

Die Araber erweiterten den Burgpalast, den sie *Alcáçova* nannten, und verstärkten die unter den Römern angelegte Stadtmauer, die später den Namen *Cerca Moura* (maurische Stadtmauer) erhielt. Wissenschaft, Handel und Handwerk gediehen, den religiösen Minderheiten der Christen und Juden war die freie Religionsausübung gestattet. Schrecken war eher von den Christen zu erwarten, so von den Truppen des christlichen Königs von León, die im 10. Jh. Lissabon plünderten.

Im 11. Jh. begann die Macht der Mauren zu zerbröckeln: Das Kalifat von Córdoba zerfiel in viele kleine Teilreiche. Den Almoraviden aus Marokko gelang es zwar, 1092–1094 die Reiche wieder zu einen. Ihre fundamentalistische Politik ließ aber viele unter den Mauren lebende Christen, die *moçárabes*, fliehen. Als um 1144 auch ihre Herrschaft zusammenbrach und die Reiche erneut auseinanderfielen, war die Verteidigung Lissabons entscheidend geschwächt.

Abgesehen vom an verwinkelte marokkanische Altstädte erinnernden Grundriss der Alfama sind von den Mauren trotz ihrer über vier Jahrhunderte dauernden Herrschaft in Lissabon praktisch keine Bauwerke mehr vorhanden. Dies mag besonders im Vergleich zum Nachbarland Spanien überraschen. Ihre größten Kunstwerke bauten die Mauren in Spanien allerdings zu einer Zeit, als Portugal mit Ausnahme der Algarve bereits von den Christen zurückerobert war. Dennoch haben die Mauren ein bedeutendes Erbe hinterlassen: Die von ihnen nach Portugal gebrachten *azulejos*, bemalte Fliesen, haben sich zur typischsten Kunstform des Landes entwickelt. Dazu kommen zahlreiche arabische Ortsbezeichnungen wie Alfama, Alcântara oder Alvalade.

Christliche Reconquista

Am 28. Juni 1147 erreichte eine Flotte von 164 Kreuzfahrerschiffen Lissabon und begann die Stadt zu belagern. König Dom Afonso Henriques hatte den Zeitpunkt geschickt gewählt: Aufgrund der internen Streitigkeiten der Mauren konnten diese keine Verstärkung erwarten. Nach vier Monaten gelang es den Kreuzrittern, die Stadt zu erobern: Die Einnahme war dabei alles andere als christlich: Sie plünderten, vergewaltigten und töteten Zivilisten, darunter sogar das Oberhaupt der christlichen Gemeinde Lissabons. Anschaulich be-

Um den Burgberg – die Entwicklung der Stadt

Lissabon entwickelte sich aus dem Burgzentrum heraus. Im Jahr der christlichen Rückeroberung 1147 umschloss die maurische Stadtmauer Cerca Moura gerade mal eine Fläche von lediglich 0,16 km². Das Stadtgebiet erweiterte man mit dem Bau der Cerca Fernandina im Jahr 1375 auf 1 km² und zum ersten Mal auch auf Gebiete außerhalb des Burgbergs. Von beiden Stadtmauern stehen heute nur noch wenige, kaum sichtbare Reste, so z. B. in der Casa dos Bicos (→ Karte „Alfama" S. 40/41).

Nach einer Neueinteilung der Kreisgrenzen versechsfachte sich 1852 die Stadtfläche und wuchs auf 12 km² an. Im Jahr 1886 wurde durch die Eingemeindung von Vororten die Ausdehnung Lissabons verachtfacht. Seitdem haben sich die Stadtgrenzen nur wenig geändert, nur im Norden wurden rund um Camarate, Moscavide und das ehemalige EXPO-Gelände einige Korrekturen vorgenommen. Aktuell kommt Lissabon auf eine Fläche von 100 km². Zum Vergleich: Lissabon ist flächenmäßig gerade einmal so groß wie Heilbronn, Neuss oder Bottrop; es hat weniger als ein Achtel der Fläche Berlins!

Chafariz d'El Rei: königlicher Brunnen

Unter König Dom Dinis (1279–1325) wurde nicht nur die Universität Lissabons errichtet, sondern mit dem Chafariz d'El Rei in der Alfama (wörtlich „Brunnen des Königs") auch der erste moderne Wasserspender der Stadt. Um das kostbare Nass gab es in späteren Jahrhunderten heftige Streitigkeiten, sodass man schlichtweg jeden der sechs Brunnenhähne einer bestimmten Bevölkerungsgruppe zuteilte: Der erste ging an die männlichen schwarzen Sklaven, der zweite an die Matrosen, die mit dem Wasser ihre Schiffe versorgten, der dritte und vierte an die weißen Männer, der fünfte an schwarze Sklavinnen und der sechste und letzte an die weißen Frauen.

schrieben übrigens im lesenswerten Roman „Geschichte der Belagerung von Lissabon" („O Cerco de Lisboa") von Nobelpreisträger José Saramago.

Die christlichen Eroberer strukturierten die Stadt städtebaulich, sozial und administrativ um: Die Moscheen machten sie dem Erdboden gleich, auf ihren Trümmern bauten sie Dutzende neuer Kirchen. So vermachte König Dom Afonso Henriques dem Malteser-Ritterorden als Dank für dessen Dienste bei der Eroberung Lissabons das Grundstück der Igreja de Santa Luzia in der Alfama, bis heute ist sie im Besitz des Ordens.

Alle Moslems, die sich nicht zum Christentum bekehren lassen wollten, verwiesen sie aus den Stadtmauern in das Mauren-Ghetto Mouraria. Mit der christlichen Wiedereroberung, der *Reconquista*, gelangte auch die aus Südfrankreich stammende romanische Kirchenbaukunst mit ihren typischen Rundbögen nach Lissabon. Unter dem Eindruck der Kämpfe gestaltete man die ersten Bauten der Romanik wie die Lissabonner Kathedrale im Stil von Wehrkirchen mit Zinnen.

Aufschwung im gotischen Lissabon

Wie die Romanik kam auch die Gotik von Frankreich nach Portugal. Zu erkennen ist dies daran, dass Ende 12., Anfang 13. Jh. die Baumeister vom Rund- zum Spitzbogen übergehen. Unter den gotischen Bauwerken ragt in Lissabon besonders die Igreja do Carmo im Stadtteil Chiado heraus.

Um 1256 wurde Lissabon offiziell Sitz des Königshauses und somit Hauptstadt Portugals; 1290 wurde hier die erste Universität des Landes gegründet. Den zunehmenden Außenhandel begleitete ein hohes Bevölkerungswachstum, sodass man die heutige Baixa als neues Wohngebiet erschließt. Das städtische Leben konzentrierte sich dennoch weiter eng um den Burgpalast.

Lissabons Bedeutung als politisches Zentrum und Handelsplatz erfuhr ab dem 14. Jh. eine rapide Zunahme. Der Hafen wurde ausgebaut, es entstanden Werften und Warenhäuser. Die Geschäfte mit England, Flandern und den Hansestädten blühten.

Lissabon im Zeitalter der Eroberungen

Im 15. Jh. begann Portugal entlang der Westküste Afrikas Inseln und Handelspunkte zu erobern. Die Dynamik, mit der die Eroberungen Portugals in Übersee voranschritten, war auch in der Stadt zu spüren. Das starke Bevölkerungswachstum führte dazu, dass die Stadtteile um den Burgpalast im wahrsten Sinne des Wortes aus allen Nähten platzten. Lebten 1425 in Lissabon nur 60.000 Menschen, so waren es 1550 bereits 100.000.

Manuelinik in Setúbal: Igreja de Jesus

König Dom Manuel I. verlagerte schließlich das Stadtzentrum ans Flussufer, indem er in der Nähe des Hafens am Terreiro do Paço (heute Praça do Comércio) einen neuen Königspalast bauen ließ. Der einflussreiche Adel errichtete bald darauf seine neuen Wohnsitze in der Umgebung des Palastes. Im Vergleich zu früheren Jahrhunderten breitete sich die Stadt diesmal nach einem geordneten Konzept aus. Entlang durchgeplanter Straßenzüge entstanden bis ins 17. Jh. die Stadtteile Bairro Alto, Bica und Madragoa im Westen der Baixa. Zerstörung und Chaos waren dagegen die Konsequenzen eines vernichtenden Erdbebens am 25. Januar 1531, das 30.000 Menschen tötete. 1597 folgte das nächste Beben und auch dieses sollte nicht das letzte gewesen sein ...

Manuelinik – prachtvoller Baustil der Verschwendung

Doch ungeachtet dieser großen Naturkatastrophen brachte der florierende Handel Wohlstand in die Stadt. Besonders nachdem im 15. und 16. Jh. portugiesische Schiffe die Seewege um Afrika, nach Indien und nach Brasilien entdeckt hatten, wurde Lissabon zum Umschlagplatz für Edelhölzer aus Brasilien, Elfenbein aus Afrika und Gewürze aus Indien.

Auch zahlreiche afrikanische Sklaven lebten in Lissabon: Manche Geschichtsschreiber vermuten, dass zum Höhepunkt der Sklaverei im 16. Jh. jeder zehnte Bewohner der Stadt afrikanischer Herkunft gewesen sein könnte. Zahlreiche portugiesische Privathaushalte nutzten diese billige und leicht auszubeutende Arbeitskraft. Etliche Wörter angolanischen Ursprungs fanden damals ihren Eingang ins Portugiesische.

Der Reichtum aus den Kolonien ermöglichte es den Portugiesen, ihre Bauten üppig zu dekorieren – aus ganz Europa reisten Künstler und Baumeister nach Lissabon. Seefahrer, Baumeister und Abenteurer kamen mit einer Fülle neuer Eindrücke und Ideen von ihren Reisen zurück: Orientalische und indische Ornamente wurden mit Motiven aus der Fabel- und Pflanzenwelt verquickt – der strenge gotische Stil fand sich plötzlich in bizarrer Gesellschaft wieder. Besonders Elemente und Symbole der Seefahrt dienten zur Dekoration der prächtigen Bauten: Schiffsseile, Muscheln und Korallen.

Bekannt wurde diese portugiesische Variante der Spätgotik als Manuelinik, benannt nach König Manuel I., unter dessen Herrschaft 1495–1521 Portugal den größten Einfluss erreichte und Lissabon zum Zentrum der Welt avancierte. Eines der frühesten Beispiele der manuelinischen Architektur ist die Igreja de Jesus in der Stadt Setúbal südlich von Lissabon. Sie diente dem Baumeister Diogo de Boitaca als Vorbild für das Hieronymitenkloster im Lissabonner Stadtteil Belém, den bedeutendsten Bau im manuelinischen Stil.

Humanismus versus Gegenreformation

Vor allem ab etwa 1530 erhielt die portugiesische Kultur zunehmend Anregungen aus dem italienischen Humanismus. Die Ideale der klassischen Antike Roms und Griechenlands standen dabei im Mittelpunkt jeglichen Schaffens. Auch in der Baukunst vollzog sich ein allmählicher Wandel vom reichen Zierwerk der Manuelinik zu den strengen klassischen Formen der Renaissance: Arkadengänge, Rundbögen und hervorspringende Balustraden, welche die Horizontale betonen.

Die Renaissance feierte in Lissabon aber nur ein kurzes Zwischenspiel. Der katholischen Kirche waren die freien Gedanken der Humanisten wie Erasmus von Rotterdam ein Dorn im Auge, zumal in Nordeuropa die evangelische Reformation überraschende Erfolge feierte. Mit der sog. Gegenreformation versuchte die katholische Kirche ihren verloren gegangenen Einfluss wieder zurückzugewinnen. Ab 1547 verfolgte die Inquisition „ketzerisches" Gedankengut. Alle Bücher mussten vor ihrem Erscheinen die Zensur der Inquisition, des Bischofs und des Königs überstehen. Inspektoren der Inquisition durchsuchten die in den Hafen Lissabons einlaufenden Schiffe nach Büchern, Flugblättern oder anderem Material, das der herrschenden katholischen Lehre hätte widersprechen können. Die Inquisitoren folterten zahlreiche „Ketzer" und verbrannten sie in besonders gravierenden Fällen öffentlich auf dem Rossio. Auf Portugiesisch nannte man diese Ketzergerichte *auto-de-fé*.

Die Jesuiten, neben der Inquisition die zweite Speerspitze der Gegenreformation, kontrollierten zunehmend Schulen und Universitäten und verdrängten die dort lehrenden Humanisten. Architektonisch zeigte sich die Rebellion gegen Humanismus und die strengen klassischen Formen der Renaissance im sog. Manierismus. Diese neue Ästhetik zeichnete sich durch die Suche nach Disharmonie und Ungleichheit der Formen aus. Ein Beispiel für den manieristischen Baustil ist die Kirche Igreja de São Roque, welche sich die Jesuiten 1566 als ihr Lissabonner Zentrum errichteten.

Ein Kirchenbaustil erobert die Welt

Während der spanischen Besatzung entstand mit der Igreja de São Vicente de Fora eine der schönsten Kirchen der Stadt, die für viele andere Gotteshäuser weltweit stilprägend werden sollte. Hervorzuheben ist hier v. a. die beeindruckende Fassade im manieristischen Stil, die der Portugiese Baltazar Álvares entworfen hat. Sie gilt als Prototyp des sog. *Estilo Chão*, eines Stils, in dem man im 17. Jh. zahlreiche Kirchen in den portugiesischen Kolonien von Brasilien über Indien bis Macau erbaute. Dieser Baustil zeichnet sich durch seine schlichte Formensprache und eine strenge, klassische Geometrie aus.

Unter Spanien in die Krise

Einen tiefen Einschnitt brachte das Ende der portugiesischen Dynastie Aviz 1580 und der Beginn der spanischen Herrschaft über Portugal – Lissabon war nach Madrid nur noch Hauptstadt zweiten Grades. Anfangs kümmerte sich der spanische König Felipe II. aber noch intensiv um sein neu erobertes Königreich. Von 1581 bis 1583 residierte er sogar in Lissabon und ließ währenddessen das Kloster São Vicente de Fora als Symbol der Macht der spanischen Krone in Lissabon errichten, ähnlich dem Escorial bei Madrid.

Nach den ersten Jahren der Verwaltung unter Felipe II. folgte 1589 ein Moment des Schreckens, als der gefürchtete englische Korsar Francis Drake Lissabon angriff. Seine Attacke konnte noch abgewehrt werden, dafür ging es aber in den folgenden Jahrzehnten wirtschaftlich bergab. Der einst so lukrative portugiesische Handel mit Indien brach zusammen und sank auf ein Drittel des Jahres 1580. Trotz der sinkenden Einkommen erhöhten die spanischen Statthalter die Steuern, rekrutierten immer mehr Soldaten für militärische Abenteuer im restlichen Europa und zwangen den Stadtrat von Lissabon, der spanischen Armee große Summen zu leihen.

Auch nach der erneuten Unabhängigkeit von Spanien 1640 ging es wirtschaftlich nicht aufwärts. Der 29 Jahre lang andauernde Krieg gegen Spanien verschlang hohe Geldsummen. Auch der Kolonialhandel blieb weiter in der Krise, da viele Gebiete in Asien, Arabien, Afrika und Brasilien zeitweise oder dauerhaft von Engländern, Arabern oder Niederländern besetzt worden waren. 1657 blockierten die Holländer gar für drei Monate den Lissabonner Hafen und brachten den Warenverkehr endgültig zum Erliegen.

Im brasilianischen Goldrausch – die barocke Stadt

Nach dem Friedensschluss mit Spanien 1668 besserte sich allmählich die Lage. Neuen Reichtum brachten Goldfunde im brasilianischen Minas Gerais: 1699 feierten die Lissabonner die Ankunft der ersten 514 kg Gold aus Rio de Janeiro. In den folgenden Jahren stieg die Menge bis auf 25 t im Jahr 1720.

Adligen Potentaten bot sich nun die Möglichkeit, das in Brasilien gewonnene Gold für Prachtbauten zu verschwenden. Auch die Kirchenherren beteiligten sich rege an dieser „Bauwut“, die man ab der Regierungszeit König Pedro II. (1683–1706) bevorzugt im barocken Baustil auslebte. Die prunkvollen Paläste, Kirchen und Klöster wurden mit einer Fülle vergoldeter Holzschnitzwerke *(talha dourada)* verziert. Das sollte noch größeren Reichtum vorspiegeln, getreu dem Motto „Alles ist Schein“.

Seinen Höhepunkt erreichte der „Goldrausch“ beim Bau des gigantischen Klosterpalasts von Mafra, ca. 40 km nördlich von Lissabon, durch König João V. ab 1711. Er sollte das größte Bauwerk der Iberischen Halbinsel werden und war so teuer, dass sogar die Staatsfinanzen durcheinander gerieten.

Chaos und Zerstörung

Glanz und Glorie nahmen ein abruptes Ende. An Allerheiligen, dem 1. November 1755, schlug die traurigste Stunde Lissabons: Die Erde bebte, und binnen weniger Sekunden lag ein Großteil der Stadt in Schutt und Asche. Den Rest erledigten um sich greifende Brände und eine riesige Flutwelle, ähnlich dem Tsunami an Weihnachten 2004 in Südostasien. Insgesamt kamen damals nach heutigen Schätzungen der Münchener Rückversicherung etwa 30.000

Menschen ums Leben – erst etwa 100 Jahre später erreichte die Einwohnerzahl Lissabons wieder das ursprüngliche Niveau.

Der Erdstoß hatte ungeheure Kraft: Man schätzt ihn auf 8,5 bis 8,7 auf der Richterskala. Bis heute gilt dies als das stärkste Erdbeben aller Zeiten in Europa. Wo das Epizentrum lag, bleibt unter den Wissenschaftlern umstritten. Allgemein gilt der Banco de Gorringe, ein Seeberg 300 km südwestlich Lissabons, als Zentrum des Seebebens. Neuere Forschungen deuten dagegen auf eine Verwerfung bei Gibraltar als Epizentrum. Andere Theorien vermuten gleich zwei Epizentren: einmal Gorringe und ein weiteres im Tejotal.

Das Beben erschütterte nicht nur Lissabon, sondern auch das optimistische Weltbild des aufgeklärten Jahrhunderts. Dank des wachsenden Wohlstands und des vermeintlich unaufhaltsamen Fortschritts der Zivilisation war man der Auffassung, in der besten aller möglichen Welten zu leben, die von Stabilität und innerer Sinnhaftigkeit gekennzeichnet war. Eine Katastrophe dieses Ausmaßes stellte diese Deutung der Welt zwangsläufig infrage, sodass schon bald eine internationale Debatte in Gang kam, an der v. a. die französischen Philosophen Voltaire und Jean-Jacques Rousseau beteiligt waren.

Voltaire zweifelte prinzipiell an der optimistischen Grundausrichtung seines Zeitalters und wandte sich insbesondere dagegen, die zerstörerischen Kräfte der Natur durch allerlei spitzfindige Erklärungsansätze als Teil eines zielgerichteten und letztlich sinnvollen göttlichen Plans anzuerkennen. Das immer wieder in Form von Naturkatastrophen über die Menschheit hereinbrechende Übel müsse als solches einfach hingenommen werden, selbst wenn der aufgeklärte Geist sich dagegen sträube.

Mosteiro São Vicente de Fora: Grabmäler der Königsfamilie und der Lissabonner Bischöfe

Platz im Stadtteil Amoreiras – ältestes Arbeiterviertel Portugals

Für Rousseau wiederum waren die schrecklichen Ereignisse von Lissabon nur ein weiterer Beleg für seine allgemeine Zivilisations- und Kulturkritik. Schuld an der verheerenden Opferzahl seien im Grunde nicht die unbeherrschbaren Naturgewalten, sondern die zivilisatorischen Eingriffe des Menschen. „Gestehen Sie mir", schrieb er an Voltaire, „dass nicht die Natur zwanzigtausend Häuser von sechs bis sieben Stockwerken zusammengebaut hatte, und dass wenn die Einwohner dieser großen Stadt gleichmäßiger zerstreut und leichter beherbergt gewesen wären, so würde die Verheerung weit geringer, und vielleicht gar nicht geschehen sein." Dem schloss sich auch der Königsberger Philosoph Immanuel Kant an. Der Mensch müsse sich eben der Natur anpassen.

Wiederaufbau im Stil der Aufklärung

Doch ungeachtet aller philosophischen Debatten, musste in Lissabon der Wiederaufbau organisiert werden. Übernommen wurde diese schwierige Aufgabe vom damaligen Premierminister Marquês de Pombal. Mit diktatorischen Maßnahmen ließ er die Stadt nach seinen von der Aufklärung inspirierten Vorstellungen neu planen. Innerhalb weniger Monate waren die Entwürfe für den Wiederaufbau fertiggestellt.

Die Baixa, der vom Erdbeben am stärksten betroffene Stadtteil, wurde völlig neu gebaut: Innerhalb kurzer Zeit entstand ein im Schachbrettmuster angelegtes neues Zentrum, ausgestattet mit Abwasserkanälen und befestigten Straßen. Beim Neubau der Gebäude versuchte man zum ersten Mal mithilfe der sog. Ständerbauweise zukünftigen Erdbeben vorzubeugen – ein Meilenstein der Naturwissenschaft! Die Hauptaufbauphase wurde 1775 abgeschlossen, als man die Baixa feierlich einweihte und das Reiterdenkmal des damaligen portugiesischen Königs Dom José I. am nun Praça do Comércio genannten Terreiro do Paço aufstellte.

Dabei war der Bauboom aber nicht zu Ende: In den Folgejahren erschloss man mit São Bento und der Lapa weitere Wohnviertel im Westen der Stadt. Die ersten Industriebetriebe Lissabons siedelten sich um den Largo do Rato im Stadtteil Amoreiras an. Vom französischen Versailles angeregt, gestaltete Königin Maria I. ihre Sommerresidenz, den Palast und die Gärten von Queluz bei Lissabon, im Rokoko-Stil.

Nicht nur beim Aufbau der Baixa wandte man sich ab Mitte des 18. Jh. unter dem Einfluss des französischen und englischen Vorbilds der Aufklärung wieder stärker den klassischen Formen zu. Die Basílica da Estrela in Lissabon wurde zwar ab 1776 noch im spätbarocken Stil erbaut, weist aber schon deutliche klassizistische Elemente auf. Später setzte sich auch in Portugal ein reiner neoklassizistischer Stil durch, zu bewundern im Königspalast Palácio Nacional da Ajuda in Lissabon, errichtet ab 1795.

Rio de Janeiro wird Portugals Hauptstadt

Anfang des 19. Jh. blieb auch Lissabon nicht von den Wirren der napoleonischen Kriege in Europa verschont. Mehrere Invasionen der Franzosen verwüsten 1807–1809 das Land. Der König floh samt seinem Hof nach Rio de Janeiro, das bis zur Rückkehr des Königs 1821 anstelle von Lissabon neue Hauptstadt Portugals wurde.

1821 traten die *Cortes*, die Ständeversammlung, nach Wahlen in Portugal, Brasilien und den anderen Kolonien in Lissabon zusammen, um eine eigene liberale Verfassung zu erstellen. Die absolutistische Herrschaft der Krone sollte beendet und den Bürgern endlich mehr Mitspracherecht gegeben werden. König João VI., der 1821 dazu gezwungen worden war, von Brasilien nach Portugal zurückzukehren, leistete seinen Eid auf die neue Verfassung.

Marquês de Pombal – Erneuerer und Diktator

Nachdem ihn König José I. 1750 zum Premierminister berufen hatte, griff Sebastião José de Carvalho e Melo, der spätere Marquês de Pombal, als überzeugter Anhänger des aufgeklärten Absolutismus sogleich hart gegen die damals in Portugal herrschende Misswirtschaft durch: Dem ihm verhassten Klerus und Adel nahm er etliche Privilegien. Die Inquisition unterstellte er 1769 der Krone und beendete 1774 auch die Verbrennungen auf dem Scheiterhaufen *(Autos-de-Fé)* endgültig. Außerdem ordnete er an, dass Neuchristen, also zum Christentum übergetretene Moslems und Juden, sowie Schwarze, Indigene und Mischlinge im Mutterland und in den Kolonien nicht mehr diskriminiert werden durften. Gleichzeitig erfolgte eine systematische Förderung der Wirtschaft des eigenen Landes und der Kolonien. Getreu der merkantilistischen Ideologie versuchte er, den Warenimport zugunsten des Exports zu drosseln. Staatliche Monopolgesellschaften für den Kolonialhandel sowie größere Manufakturen wurden gegründet, Brasilien systematisch kolonisiert, Verwaltung und Universitäten reformiert – es wehte ein frischer Wind! Bekannt ist der Marquês de Pombal in Lissabon aber v. a. aufgrund seiner Leistungen beim Wiederaufbau der Lissabonner Unterstadt nach dem gewaltigen Erdbeben vom 1. November 1755.

Neben diesen teilweise durchaus lobenswerten Initiativen sollte jedoch nicht vergessen werden, dass der Marquês de Pombal ein erbarmungsloser Diktator war, der seine persönlichen Feinde gnadenlos verfolgte und bestrafte. Besonders Klerus und Hochadel litten unter seiner Herrschaft. Gestürzt wurde Pombal nach dem Tode Königs José I. durch dessen Tochter Königin Maria I., die eine große Abneigung gegen den Antiklerikalismus des Premierministers, aber auch gegen seinen despotischen Führungsstil hegte. Maria I. regierte, anfangs zusammen mit ihrem Mann Pedro III., von 1777 bis zu dessen Tod 1786. Anschließend hatte sie die Herrschaft alleine inne, bis sie 1791 dem Wahnsinn verfiel und 1792 ihr Sohn João, der spätere König João VI. (1816–1826), die Regentschaft übernehmen musste. Die alte Misswirtschaft lebte nun zwar wieder auf, doch die Macht der Kirche und des Adels waren angesichts des erstarkten Bürgertums nicht mehr zu restaurieren.

Gleichzeitig wollten die *Cortes* Brasilien aber wieder in den Status einer Kolonie zurückführen, was dieses nicht akzeptieren konnte und wollte. Der Bruch mit dem Mutterland war unvermeidlich geworden, besonders angesichts der Tatsache, dass sich zuvor schon die meisten spanischen Kolonien in Amerika unabhängig erklärt hatten. Prinz Pedro, der in Brasilien verblieben war, setzte sich an die Spitze der Unabhängigkeitsbewegung. Dies war zuvor mit João VI. verabredet worden, um die Herrschaft der Dynastie Bragança in Brasilien zu retten. Mit dem *Grito do Ipiranga* vollzog Pedro im September 1822 schließlich den letzten Schritt zur Unabhängigkeit Brasiliens, einen Monat später ließ er sich zum Kaiser Pedro I. von Brasilien ausrufen.

Ewiges Feuer in Belém für die in den Kolonialkriegen gefallenen Soldaten

Liberalismus gegen Absolutismus

Doch die liberalen Vorkämpfer in Portugal wurden bald wieder von den alten Machthabern im Zaum gehalten. Durch die Unabhängigkeit Brasiliens bekamen die Erzkonservativen Portugals Oberwasser. 1823 erhoben sich die Absolutisten unter Prinz Miguel in Vila Franca de Xira in der sog. *Vilafrancada* und schafften die Verfassung von 1821 ab.

Nach dem Tod seines Vaters 1826 verzichtete Kaiser Pedro I. von Brasilien zugunsten seiner siebenjährigen Tochter Dona Maria II. da Glória auf seine Ansprüche auf den portugiesischen Thron und bestimmte seinen Bruder Miguel zum Regenten. Doch 1828 ließ sich Miguel nach einem Militärputsch zum König ausrufen. Es folgten sechs Jahre brutalster Diktatur. Als letzter König Portugals ließ sich Miguel im Stil römischer Kaiser auf Münzen mit Lorbeerkranz darstellen.

Pedro I. entschied sich deshalb 1831 zur Rückkehr nach Europa, in Brasilien dankte er zugunsten seines fünfjährigen Sohnes Pedro II. ab. Von den Azoren aus – dorthin hatten sich die Liberalen zurückgezogen – landete er (als König Pedro IV. von Portugal) mit einem Expeditionsheer in Portugal und vertrieb den Despoten Miguel. Nach dem Tode Pedros im Jahr 1834 übernahm seine Tochter Maria II. erneut die Königswürde. Sie heiratete 1836 den deutschen Prinzen Ferdinand von Sachsen-Coburg-Koháry (ab 1837 König Fernando II.) und begründete damit die Dynastie Sachsen-Coburg-Bragança.

Es folgten wilde Jahre mit permanenten Regierungswechseln zwischen Liberalen und Konservativen. Anfangs hatten die Liberalen die Oberhand: Mit der Säkularisierung von 1834 wurden alle Klöster aufgelöst und alle religiösen Orden abgeschafft – ein schwerer Rückschlag für die Macht der Kirche. Die neuen Eigentümer, der Staat und das liberale Bürgertum, installierten in den ehemaligen kirchlichen Gebäuden öffentliche Schulen, Krankenhäuser und Warenlager.

1851 gründete der Duque de Saldanha die liberale Bewegung der *Regenera-*

dores („Erneuerer"). Königin Maria II. sah sich aufgrund seiner großen Popularität bald gezwungen, Saldanha zum Regierungschef zu machen. Mit dem *Acto Adicional*, einem Verfassungszusatz, und einem neuen Wahlgesetz versöhnte man die früheren Gegner, und für die nächsten Jahrzehnte kehrte endlich Ruhe und Stabilität ein. Liberale *Regeneradores* und konservative *Históricos* (auch *Progressistas* genannt) wechselten sich an der Regierung ab.

Liberale Dynamik

Die neue Stabilität führte in Lissabon zu einer dynamischen urbanen Entwicklung und einer verstärkten Industrialisierung. Die ersten Eisenbahn- und Tramlinien wurden gebaut, ein neuer Hafen angelegt, und mit den Avenidas Novas erweiterte man die Stadt nach einem durchgeplanten Muster nach Norden und damit zum ersten Mal weg vom Flussufer. Mit seinen großzügig geschnittenen Straßenzügen folgte der verantwortliche Ingenieur Ressano Garcia dem Vorbild französischer Stadtplanung unter dem Pariser Präfekten Baron Georges-Eugène Haussmann. Im Gegensatz zu ihm zerstörte Ressano Garcia aber nicht die mittelalterlichen Stadtviertel, sondern legte seine „Neuen Alleen" auf bisher fast völlig unbebauten Ackerflächen an. 1879 wurde in diesem Zusammenhang auch die neue Prachtmeile der Stadt, die Avenida da Liberdade, eröffnet.

Die Stadtviertel Baixa und Chiado entwickelten sich in dieser Zeit zunehmend zum Intellektuellentreff. Zahlreiche Cafés, Theater und Büchereien eröffneten in dieser Gegend. Öffentliche Parks und Alleen wurden angelegt, Brunnen und Statuen aufgestellt – ganz dem romantischen Lebensgeist entsprechend.

In Kunst und Literatur gewannen eher gefühlsbetonte Themen Oberhand über den nüchternen, analytisch-wissenschaftlichen Klassizismus. In der Architektur zeigte sich die Romantik durch eine besonders fantasievolle Gestaltung der Bauwerke. Herausragendes Zeugnis jener Zeit ist der *Palácio Nacional da Pena* bei Sintra nordwestlich von Lissabon.

Diese Entwicklung wurde nun auch wieder von einem starken Bevölkerungswachstum begleitet: Von 200.000 Einwohnern im Jahr 1820 wuchs Lissabon bis Ende des Jahrhunderts auf 300.000. Trotz des technischen Fortschritts blieben die hygienischen Verhältnisse in der Stadt weiter prekär: Tausende Menschen starben 1856 bei einem Ausbruch von Cholera und 1857 bei einer Gelbfieber-Epidemie.

Elend der Arbeiter, Pracht des Bürgertums

Vor allem die Arbeiter der neu gegründeten Industriebetriebe lebten unter teilweise miserablen Umständen in engen, überfüllten Zimmern in heruntergekommenen Klöstern, Altbauten und Baracken – die Tuberkulose grassierte. Ihr geringer Lohn ermöglichte es den Arbeiterfamilien nicht, in bessere Wohnungen umzuziehen. Einige Privatunternehmer ergriffen die Initiative und ließen für ihre Arbeiter eigene Siedlungen errichten, die sog. *vilas operárias*. Insgesamt entstanden v. a. in Hinterhöfen oder entlang versteckter Seitengassen über 100 dieser *vilas*, die heute in den Stadtteilen Graça und Benfica noch gut sichtbar sind. Doch das Wohnungsproblem konnten die *vilas* nicht lösen, sie minderten es allenfalls. Daher breiteten sich in der Stadt ab Anfang des 20. Jh. *bairros de lata* aus, Slums aus einfachen „Wellblech"-Baracken.

Die reichen Bürger errichteten dagegen Paläste, Wohnhäuser und Grabkapellen im Stil des Eklektizismus, bei dem ältere Stilformen zusammengefasst werden und der daher auch Historismus genannt wird. Im historistischen Stil entstanden um die Jahrhundertwende

Die „Amerikaner“ erobern Lissabon

1873 begann die Geschichte der Lissabonner Trams mit den *americanos*, den von Pferden gezogenen Straßenbahnen. Unklar ist, warum sie „Amerikaner“ genannt wurden: Entweder weil einige der Wagen aus Amerika stammten oder weil das Transportsystem ursprünglich in den USA erfunden wurde. Durch die Trams, die mit der außergewöhnlich schmalen Spurweite von 900 mm gebaut wurden, rückten die peripheren Stadtviertel näher ans Zentrum heran.

Am 31. August 1901 um 4.40 Uhr morgens wurde dann von Pferdeantrieb auf elektrische Traktion umgestellt, die Ära der *elétricos* hatte begonnen. Die „Elektrischen“ hatten einen enormen Erfolg. Gleise wurden durch die ganze Stadt verlegt: bis zur Kirche von Benfica, über den Campo Grande bis nach Lumiar, in den Osten der Stadt bis zum Poço do Bispo ... Den Rossio konnte man sich gar nicht mehr ohne die Straßenbahnen vorstellen. Insgesamt wurden über 75 km Strecke befahren.

Mit der Aufnahme der ersten Buslinie im Jahre 1944 begann jedoch der allmähliche Abstieg der Trams. Mit dem Start der Metro 1959 wurde der Betrieb der Linien Richtung Norden eingestellt, das Netz schrumpfte auf etwa 50 km Länge. Den Straßenbahnen Lissabons schien das gleiche traurige Schicksal beschieden zu sein wie so vielen Trams in anderen Städten Europas.

Anfang der 70er-Jahre war die komplette Einstellung schon beschlossene Sache, doch die Revolution von 1974 und die Ölkrise ließen diese Pläne wieder in der Schublade verschwinden.

Die Verkehrsgesellschaft *Carris* beschloss, nur einen Teil der Linien durch Busse zu ersetzen und die Straßenbahn in den Vierteln zu erhalten, in denen die Straßen für Busse zu eng und zu steil waren. Die verbliebenen Gleisanlagen und Oberleitungen wurden renoviert. Für die Linie 15 in den Vorort Algés (über Belém) kaufte die *Carris* Mitte der 90er-Jahre moderne gelbe Gelenkstraßenbahnwagen von Siemens. Aber auch 45 der alten Straßenbahnen aus den 40er-Jahren wurden komplett überholt – eines der Wahrzeichen Lissabons konnte man dadurch erhalten. Neue Motoren verdreifachten die Leistung auf 50 kW und erhöhten die Höchstgeschwindigkeit auf 50 km/h. Diese Trams mit ihren hölzernen Karosserien werden nach wie vor im Regelbetrieb der verbleibenden sechs Linien auf dem etwa 31 km umfassenden Restnetz eingesetzt. Ebenso lassen sich weiterhin die formschönen Fenster mit ihren Holzrahmen komplett öffnen, sodass einem bei den wilden Tramfahrten durch die Gassen Lissabons der Wind um die Ohren bläst und man moderne Klimaanlagen kein bisschen vermisst.

auch zahlreiche öffentliche Bauten wie der Bahnhof Rossio, der Aufzug Santa Justa oder das Parlament São Bento. Dabei machten sich v. a. die Architekten Miguel Ventura Terra und Manuel Joaquim Norte Júnior einen Namen.

Der Jugendstil, in Portugal *Arte Nova* genannt, wurde in Lissabon dagegen nur sehr zögerlich aufgenommen. In erster Linie ließen Geschäftsleute ihre Modegeschäfte, Cafés oder Werkstätten mit den auf Pflanzenformen basierenden Motiven des Jugendstils verzieren, z. B. die Auto-Industrial in der Rua Alexandre Herculano am Largo do Rato.

Die Republik: Hoffnungen und Enttäuschungen

Auf die Ausrufung der portugiesischen Republik und das Ende der Monarchie am 5. Oktober 1910 (→ S. 27) folgten einige wenige Jahre des Fortschritts. Die Hoffnungen waren groß, die Republik könnte auch endlich das drängende Wohnungsproblem angehen. Doch die neuen Politiker enttäuschten: Der Bau neuer Sozialwohnungsviertel wie das Bairro do Arco do Cego in den Avenidas Novas verzögerte sich, schließlich zogen Wohlhabende und nicht Arbeiter in die Häuser ein.

Dennoch, zumindest architektonisch wehte ein neuer, liberaler Wind, der in den 20er-Jahren in Portugal einige beeindruckende Werke des international aufkeimenden Modernismus entstehen ließ. Dabei kombinierte die von Funktionalität geprägte Architekturbewegung neue Baumaterialien wie Stahlbeton mit den geometrischen, klaren Formen des sog. Art déco. Den bisher vorherrschenden Eklektizismus lehnten die Modernisten als „unschöpferisch" ab. Anschauliche Beispiele für den frühen Modernismus finden sich v. a. entlang der Avenida da Liberdade.

Den Gegenpol der Modernisten bildete der in Hannover ausgebildete portugiesische Architekt Raul Lino mit seiner Casa Portuguesa. Diese wörtlich „Portugiesisches Haus" genannte Bewegung lehnte den Beton ab und setzte stattdessen auf traditionelle Werkstoffe wie Holz, Terrakotta und Fliesen. Die modernistischen Häuser seien mit ihren Flachdächern und ausladenden Fensterfronten nicht für das portugiesische Klima mit viel Regen im Winter und viel Sonne im Sommer geeignet, kritisierte Lino. Zu besichtigen ist von ihm u. a. die Casa de Santa Maria in Cascais (→ S. 190).

Unter der Diktatur des Estado Novo

Der Eintritt Portugals in den Ersten Weltkrieg an der Seite Frankreichs im Frühjahr 1917 hatte schlimme Folgen: Die Lebensmittel wurden knapp, die Bevölkerung litt teilweise Hunger. Außerdem prägten zunehmend Rebellionen, Attentate, Korruption, Inflation und hohe Staatsschulden die Politik. Das Land versank spätestens ab 1919 in Chaos und Anarchie, die mittlere Regierungszeit eines Kabinetts betrug zwischen drei und sechs Monaten.

Denkmal für die Gefallenen des Ersten Weltkriegs auf dem Cemitério do Alto de São João

Am 28. Mai 1926 erhob sich die Garnison von Braga unter Führung des Generals Manuel Gomes da Costa und marschierte nach Lissabon, das Militär übernahm die Macht. Doch die Militärs waren ohne neues Regierungskonzept angetreten – einziges erklärtes Ziel war, dem „Unsinn" der Republik ein Ende zu setzen. Da trat zum ersten Mal der Mann in Erscheinung, der für die nächsten vier Jahrzehnte die Führung Portugals übernehmen sollte: António de Oliveira Salazar (1889–1970), Professor für Nationalökonomie in Coimbra und Gründer einer ultrakonservativen katholischen Partei, des *Centro Católico Português*. Die Militärregierung ernannte ihn 1928 zum Finanzminister, nachdem das Haushaltsdefizit ungeahnte Höhen erreicht hatte.

1932 wurde Salazar schließlich Ministerpräsident und legte ein Jahr später mit einer scheindemokratischen Verfassung den Grundstein zum sog. *Estado Novo*, dem faschistischen *Neuen Staat*, mit dem die Diktatur praktisch legalisiert wurde: Verbot aller politischen Parteien außer der Einheitspartei *União Nacional*, Einschränkung der Bürgerrechte, Pressezensur, Bespitzelung und Folter – das waren die Säulen des „Neuen Staates" unter Salazar.

Der *Estado Novo* sorgte dennoch in den 30er-Jahren für einen Bau- und Investitionsboom in Lissabon. Er ließ zahlreiche öffentliche Gebäuden im modernistischen Stil errichten. Vor allem Duarte Pacheco, Lissabonner Bürgermeister und später in Personalunion auch portugiesischer Bauminister, trieb die Urbanisierung bisher unerschlossener Flächen voran. Mit dem Viertel Alvalade erweiterte er die Avenidas Novas nach Nordosten, nördlich von Belém errichtete Duarte Pacheco das vornehme Wohnviertel Restelo, im Westen der Stadt legte er den Monsanto-Park an, heute die grüne Lunge Lissabons. Zuvor hatten die Lissabonner den Hügel als Olivenhain, Getreidefeld und Steinbruch genutzt.

Pachecos bevorzugter Architekt war Porfírio Pardal Monteiro (1897–1957): Von ihm stammen in Lissabon beispielsweise die beiden Hafengebäude in

Forte de Santo António da Barra in Estoril: ehemaliges Büro von Salazar

Salazar – Franco – Hitler

Inspiriert war der *Neue Staat Portugals* durch das faschistische Regime Mussolinis in Italien, die Diktatur des Generals Primo de Rivera in Spanien, den *Integralismo Lusitano*, eine vom Sebastianismus beeinflusste rechtsautoritäre Bewegung, und später auch durch Adolf Hitler. So ähnelte die *Mocidade Portuguesa*, eine 1936 gegründete paramilitärische Organisation, in der alle Jugendlichen Mitglied sein mussten, der Hitlerjugend.

Während des Zweiten Weltkriegs exportierte Portugal das zur Waffenproduktion wichtige Metall Wolfram nach Deutschland, verhielt sich aber sonst trotz aller Sympathien für Deutschland neutral. Zwar kooperierten die Geheimdienste Deutschlands und Portugals, aber Portugal war für die meisten Flüchtlinge sicher, nur Kommunisten, v. a. ehemalige Spanienkämpfer, sowie Mitglieder anderer linker Parteien waren gefährdet. Sehr zum Ärgernis der Nationalsozialisten wurden jüdische Flüchtlinge von Portugal praktisch überhaupt nicht ausgeliefert. So flohen in der ersten Jahreshälfte 1941 monatlich ca. 2000 bis 3000 Personen über Lissabon nach Amerika. Der Roman „Die Nacht von Lissabon" von Erich Maria Remarque schildert dies sehr eindrucksvoll.

Ein Grund für die Neutralität Portugals war, dass man die traditionell guten Beziehungen zu England nicht zerstören wollte. Noch entscheidender aber war die Befürchtung, dass die Kooperation des spanischen Diktators Francisco Franco mit Adolf Hitler zu einer Besetzung Portugals führen könnte. Salazar versuchte deshalb um jeden Preis einen Kriegseintritt Spaniens zu verhindern, was ihm letztendlich auch gelang. Dabei kam ihm zugute, dass er während des Spanischen Bürgerkriegs (1936–1939) durch Portugals Hilfe entscheidend zum Sieg Francos beigetragen hatte. Als sich die Niederlage Deutschlands abzeichnete, schlossen Portugal und Spanien 1943 den sog. *Bloco Ibérico* zur Verteidigung des christlichen Abendlandes gegen den Kommunismus. Im gleichen Jahr überließ Portugal Großbritannien und den USA die Luftwaffenbasis Lajes auf den Azoren. Nach dem Krieg bemühte sich Salazar dann aktiv um eine Anerkennung des international geächteten Franco-Regimes.

36 Jahre lang konnte sich der harte, unbeugsame Salazar an der Macht halten. Hauptgrund für die lange Herrschaft war seine Kunst, die verschiedenen politischen Interessen des Landes auszugleichen. Unterstützt wurde er dabei durch die katholische Kirche. Demonstrationen und Streiks unterdrückte die Republikanische Nationalgarde, die *Guarda Nacional Republicana – GNR*. Als letzte Waffe konnte Salazar auf die mithilfe der deutschen Gestapo aufgebaute Geheimpolizei *Polícia de Vigilância e de Defesa do Estado – PVDE* zurückgreifen (später *Polícia Internacional e de Defesa do Estado – PIDE*).

Alcântara, der Bahnhof Cais do Sodré sowie die Technische Hochschule *Instituto Superior Técnico*. Die gute Zusammenarbeit der beiden ging auf ihre Zeit an der Technischen Hochschule zurück, an der Pardal Monteiro wissenschaftlicher Mitarbeiter von Duarte Pacheco war.

Hatte sich die Salazar-Regierung anfangs noch offen für den internationalen Leitlinien folgenden Modernismus gezeigt, so förderte sie parallel zu ihrem mit dem Spanischen Bürgerkrieg stärker werdenden Nationalismus eine nationale Form des Modernismus. Bewusst setzte man auf die Rückkehr von für typisch portugiesisch gehaltenen Ornamenten, betonte die Fenster und Ecken mit breiten Steinrahmen und ersetzte Flach- durch Ziegeldächer. Im Volksmund heißt der Stil *Português Suave* („Sanftes Portugiesisch"), gut zu sehen ist er z. B. an den Gebäuden östlich des Parque Eduardo VII. von Cristino da Silva oder an der Praça do Areeiro mit den ersten Hochhäusern der Stadt.

Fluchtweg Lissabon

Nach der Machtübernahme durch die Nationalsozialisten in Deutschland und verstärkt mit dem Ausbruch des Zweiten Weltkrieges wurde Lissabon zur Hauptdrehscheibe der jüdischen Emigration nach Amerika. Hilfsorganisationen versorgten hier Zehntausende Flüchtlinge, bis diese ein Visum bekamen und die rettende Schiffspassage nach New York, Rio de Janeiro oder Buenos Aires organisieren konnten. Über Lissabon flüchteten auch zahlreiche Intellektuelle vor der Nazidiktatur, unter ihnen die Schriftsteller Alfred Döblin, Heinrich Mann und Franz Werfel.

Mancher, der nicht nach Amerika weiterreisen konnte, blieb bis Kriegsende im sicheren Portugal. Einige der Flüchtenden machten ihre unfreiwillige Zwischenstation gar zur neuen Heimat, darunter der armenische Ölmagnat Calouste Gulbenkian und die deutsch-jüdische Schriftstellerin Ilse Losa. Sie verarbeitete ihre Erfahrungen in den Büchern „Die Welt, in der ich lebte" und „Unter fremden Himmeln".

Mit dem Ende des Zweiten Weltkriegs und der Zunahme der politischen Freiheiten bekam auch die Architektur wieder einen größeren Spielraum. Leider nutzten viele Architekten ihre neu gewonnenen Freiheiten zum Bau hässlicher Betonkästen, die sie ohne Rücksicht auf gewachsene Strukturen in die Stadt setzten. Die in den 50er-Jahren nach den Prinzipien der modernen Architektur Le Corbusiers auf Stelzen errichteten Appartementgebäude an der Avenida dos Estados Unidos da América oder Avenida Infante Santo wirken noch heute wie Fremdkörper.

Kaum schöner sind die beiden großen Sozialsiedlungen Olivais Norte und Olivais Sul, welche die Regierung in den 50er-Jahren errichtete, um das Problem der rapide wachsenden Stadtbevölkerung in den Griff zu bekommen – vom Anfang des Jahrhunderts bis 1930 hatte sich die Einwohnerzahl auf etwa 600.000 verdoppelt.

1959 fuhren die ersten U-Bahnen in Lissabon. Die neu eröffnete Metro begann mit einer Y-förmigen Linie zwischen Restauradores und Entrecampos sowie Sete Rios (heute Jardim Zoológico), die später Schritt für Schritt erweitert wurde.

Die Nelkenrevolution: Ende der Diktatur

Die Diktatur konnte sich bis Mitte der 70er-Jahre halten. Salazar war zwar bereits 1968 nach einem Schlaganfall abgelöst worden, aber sein Nachfolger Marcello Caetano hielt trotz leichter Liberalisierungstendenzen am grundsätzlichen Kurs fest. International hatte sich Portugal damit längst isoliert, und auch innenpolitisch waren über die Jahre wirtschaftliche und soziale Probleme entstanden, die man mit den bestehenden politischen Strukturen kaum mehr unter Kontrolle bringen konnte. Hinzu kam, dass Portugal sich weigerte, seine Kolonien in die Unabhängigkeit zu entlassen. Die Folge war, dass das Land in Guinea-Bissau, Angola und Mosambik ab Beginn der 60er-Jahre in eine Reihe von Befreiungskriegen verwickelt war, die militärisch kaum zu gewinnen waren. Selbst unter dem Eindruck mehrerer UNO-Resolutionen, in denen das Festhalten an den Kolonien verurteilt wurde, erwies sich Caetano aber auch in dieser Hinsicht als unnachgiebig.

Widerstand gegen diese Politik formierte sich insbesondere in den Reihen der Militärs. Wegen eines Streits um Beförderungsregeln hatte sich 1974 die „Bewegung der Streitkräfte" *Movimento das Forças Armadas* (MFA) gegründet, aus der schnell ein Forum für den Widerstand gegen den Kolonialkrieg und das Regime wurde. In der Nacht zum 25. April spielte der katholische Rundfunksender *Rádio Renascença* das Lied *Grândola, Vila Morena* von José Afonso und gab damit das vereinbarte Startzeichen für den großen Putsch.

Von Santarém rückte die *Escola Prática de Cavalaria* (EPC) unter dem jungen Hauptmann Salgueiro Maia nach Lissabon vor, weitere Truppeneinheiten folgten. Sie besetzten Flughafen, Zufahrtsstraßen, Regierungsgebäude, Radio- und Fernsehanstalten sowie öffentliche Plätze. Die regimetreuen Truppen leisteten praktisch keinen Widerstand, da die Regierung vom Putsch völlig überrascht worden war. Caetano übergab schließlich die Macht an General António de Spínola. Die Bevölkerung steckte den Soldaten rote Nelken in die Gewehrläufe – daher ging der 25. April auch als „Nelkenrevolution", *Revolução dos Cravos*, in die Geschichte ein.

Um 18.40 Uhr strahlte der MFA die ersten freien Fernsehnachrichten aus, der Putsch war gelungen. Die einzigen, die sich noch nicht ergeben hatten, war die Geheimpolizei PIDE/DGS in ihrem Hauptquartier im Chiado, das von einer aufgebrachten Menschenmenge belagert wurde und erst am darauffolgenden Tag erstürmt werden konnte. Hier gab es mit 45 Verletzten und fünf Toten, darunter ein auf der Flucht erschossener PIDE-Agent, den einzigen schweren Zwischenfall der ansonsten unblutig verlaufenen Revolution. Sie war die Grundlage für die Rückkehr zur Demokratie, die mit den ersten freien Wahlen von 1976 vollzogen war.

Gewehr mit Nelke im Museu da GNR

Ende der Ruhe

Die Nelkenrevolution riss das bis dahin verschlafene Lissabon der Salazar-Zeit jäh aus seiner Ruhe. Die Isolation am Rand Europas war mit einem Schlag beendet: Portugal und seine Hauptstadt standen im Mittelpunkt des internationalen Interesses. Es folgten wirre Monate im sog. „Heißen Sommer" 1975, die von Putschgerüchten, Streiks und Bombenattentaten geprägt waren. Das Land hatte sich in zwei Lager gespalten: auf der einen Seite die Kommunisten, unterstützt von den alentejanischen Landarbeitern und den Industriearbeitern im Raum Lissabon, und auf der anderen Seite die gemäßigten Kräfte, angeführt durch die (gemäßigte) Sozialistische Partei PS und unterstützt von Kirche, Mittelschicht und Kleinbürgertum sowie den Arbeitern im Norden Portugals.

Die Gegensätze spitzten sich zu. Langsam, aber sicher schien ein Bürgerkrieg unausweichlich. Die westlichen Verbündeten beobachteten die Vorgänge in

Portugal mit größter Sorge. Besonders US-Außenminister Henry Kissinger war entsetzt, dass zum ersten Mal seit dem Zweiten Weltkrieg in Westeuropa Kommunisten an der Macht beteiligt waren.

Am 25. November putschte dann ein Teil der kommunistischen Militärs. Die Aufständischen hatten aber gegen die gemäßigten Militärs keine Chance und mussten bald aufgeben. Mit dem gescheiterten Putsch vom 25. November war die Gefahr eines Bürgerkrieges gebannt, der revolutionäre Prozess der Nelkenrevolution abgeschlossen und der Übergang zu einer Demokratie westlicher Prägung gesichert. Spätestens das klare Votum der Portugiesen bei den folgenden Wahlen für die pro-westlichen Parteien zerstreute die letzten Zweifel.

Die Kriege in den afrikanischen Ländern waren mittlerweile beendet und die Kolonien 1974 und 1975 in die Unabhängigkeit entlassen worden. Schon bald zeigten sich die bevölkerungspolitischen Folgen, denn Portugal sah sich mit einem Strom von Rückkehrern *(retornados)* und Einwanderern aus den ehemaligen afrikanischen Kolonien konfrontiert. In Lissabon entstanden an den Stadträndern große Slums und illegale Viertel. 20.000 Baracken zählte die Stadtverwaltung Mitte der 80er-Jahre, als sie begann, die Elendshütten abzureißen und ihre Bewohner umzusiedeln. Erst 2002 hatte man das Ziel, die Slums aufzulösen, weitgehend erreicht. Dabei entstanden allerdings mit großen Sozialwohnungsvierteln neue Gettos.

Vor allem im Sozialwohnungsviertel Chelas sind die Exzesse der postmodernen Architektur gut zu sehen – hier hatten sich die Architekten nach Lust und Laune austoben dürfen. Das von Tomás Taveira geplante Gebiet *Zona J* spricht mit an Hässlichkeit kaum zu überbietenden Betonburgen Bände. Weniger hässlich, aber noch umstrittener ist auch Taveiras Hauptwerk, das Einkaufszentrum *Centro Comercial das Amoreiras* aus den 80er-Jahren.

Die moderne Stadt

Am 12. Juni 1985 unterzeichnete die portugiesische Regierung im Kloster

Die katastrophalen Folgen einer mieterfreundlichen Politik

Um die Lebenshaltungskosten der Portugiesen zu begrenzen, verfügte der Diktator Salazar 1947 einen Mietpreis-Stopp für die Großstädte Lissabon und Porto, der über 40 Jahre lang in Kraft blieb. Während dieser Zeit sanken die realen Mieten aufgrund der hohen Inflation enorm. Da wundert es kaum, dass viele Hauseigentümer ihre Altstadtwohnungen verfallen ließen. Zeitweise standen alleine im Stadtzentrum Lissabons 30.000 Wohnungen leer. Ende der 90er-Jahre stürzten jährlich sogar etwa 20 Häuser ein, so schlecht war ihr Zustand. Nach mehreren gescheiterten Anläufen hat die Regierung 2012 im Zuge der Reformen nach der Finanzkrise das Mietrecht aber nun so überarbeitet, dass Preiserhöhungen leichter durchsetzbar sind. Manche kritisieren, dass sie dabei über das Ziel hinausgeschossen sei. Großräumig haben Investoren in Lissabon Altbauten aufgekauft und luxussaniert. Gentrifizierung lautet seitdem das Schlagwort in Vierteln wie der Alfama und sogar in ehemals schwer zu vermittelnden Wohngebieten wie der Mouraria. Viele Einheimische verlassen die Altstadt und ziehen an den Rand der Stadt. Da zahlreiche Appartements und sogar ganze Häuserzeilen an Ausländer vermietet oder verkauft werden, sprechen viele Lissabonner inzwischen von einer „Touristifizierung" der Alfama. Die gesetzliche Begrenzung der Zahl der Ferienwohnungen kam für viele Viertel zu spät.

Der Hauptbahnhof Lissabons: Gare do Oriente

Mosteiro dos Jerónimos die Verträge zur Aufnahme des Landes in die Europäische Gemeinschaft, mit dem 1. Januar 1986 wurde Portugal dann zusammen mit Spanien Mitglied der EG (heute EU). In den nächsten beiden Jahrzehnten flossen hohe Summen als europäische Struktur- und Regionalhilfen nach Portugal und lösten einen Wirtschafts- und Bauboom aus.

Am 25. August 1988 erschütterte eine Katastrophe die portugiesische Hauptstadt. Die Bilder des verheerenden Großbrands gingen um die ganze Welt. Er zerstörte im Stadtteil Chiado über 20 Gebäude, darunter die beiden berühmtesten Kaufhäuser Lissabons. Ursprünglich sollte die Restauration bis Mitte der 90er-Jahre beendet sein, aber aufgrund eines langwierigen Gerichtsverfahrens hat sie schließlich über elf Jahre bis Dezember 1999 gedauert. Währenddessen dienten die ausgebrannten Häuser als Touristenattraktion – bei Nacht angestrahlt, wirkten sie fast malerisch.

Die Leitung des Wiederaufbaus hatte der international anerkannteste portugiesische Architekt Álvaro Siza Vieira aus Porto inne. Er steht für eine moderne Architektur-Richtung, deren Bauten sich harmonisch in das gewachsene Stadtbild einfügen und die kein Problem damit hat, vorhandene Bausubstanz zu erhalten oder zu restaurieren.

1998 richtete die Stadt die EXPO 98 aus, die dem Thema „Ozeane" gewidmet war. Aus diesem Anlass wurden große Teile des bis dahin eher vernachlässigten Lissabonner Ostens rundum erneuert. Neben dem Weltausstellungsgelände am Tejo baute man mit der *Gare do Oriente* Lissabons modernen Hauptbahnhof, der durch eine neue Metrolinie an das historische Zentrum angebunden ist. Wo vorher die Tristesse von Mülldeponien, Schlachthöfen und Ölraffinerien herrschte, erstreckt sich heute ein modernes Wohnviertel mit viel Grün und Tejoblick. Symbol des neuen Lissabon ist die 1998 eingeweihte zweite Tejobrücke Ponte Vasco da Gama. Sie verbindet die Stadt über 18 km mit dem Ostteil der Halbinsel Setúbal und gehört damit zu den längsten Brücken der Welt. Ein weiteres Großereignis war

Wo morgen auch übermorgen bedeutet

Zeit muss man haben in Portugal. Nicht alles wird schnell und sofort erledigt. *Amanhã*, übersetzt eigentlich „morgen", bedeutet in der Realität genauso „übermorgen" oder „in drei Tagen". *Paciência* – Geduld, Gelassenheit, warten können – das gehört zu Portugal dazu. Diese Geduld sollte man als Tourist mitbringen; sie erleichtert das Leben in Portugal ganz erheblich. Vieles geht nicht so einfach und schnell wie im „durchorganisierten" Deutschland, besonders Behördengänge sind Kennern ein Gräuel.

Ein Zauberspruch in Portugal ist *com licença*, das dem deutschen „Entschuldigung" entspricht: So bittet man um Erlaubnis, sich zu jemandem im Bus oder an einen Tisch zu setzen, sich irgendwo durchzudrängeln etc. Das Geheimnis liegt darin, dass man *com licença* sagt und seine Absicht ausführt, ohne eine Antwort abzuwarten, „Mit Ihrer Erlaubnis" eben ...

Wenn man etwas falsch gemacht hat (z. B. jemandem auf den Fuß getreten ist), sagt man zur Entschuldigung übrigens *desculpe* oder *desculpa*.

Das kaum zu übersetzende Wort *Saudade* bezeichnet dagegen die wehmütige Grundstimmung der Portugiesen, die man hin und wieder wahrnimmt. Vieles, was darüber geschrieben wird, ist übertrieben und klischeehaft, und manches wird unerträglich weit ausgebreitet. Dennoch: Dass die nicht eindeutig zu definierende Mischung aus Einsamkeit, Wehmut und Sehnsucht nach vergangenen Zeiten zumindest latent vorhanden ist, kann nicht völlig wegdiskutiert werden. Ein Grund dafür mag in der Vergangenheit Portugals liegen. Gerne weisen die Portugiesen traurig auf die einstmalige Größe und Bedeutung ihres Landes hin, auf die Zeit, als die überseeischen Entdeckungen der Europäer in Portugal ihren Anfang nahmen.

die Fußball-Europameisterschaft 2004. Dafür baute man zwei neue Stadien, jeweils eines für die beiden Lokalrivalen *Sporting* und *Benfica*.

Historisches Erbe bewahren

In den 80er- und 90er-Jahren wurde den Lokalpolitikern die Bedeutung des kulturellen Erbes der Stadt zunehmend bewusst, sodass 1992 endlich ein Plan zum Erhalt der historischen Bausubstanz verabschiedet wurde. Dies war bitter nötig, da der vorherige christdemokratische Bürgermeister Lissabons Krus Abecasis (CDS) im großen Stil Abrissgenehmigungen ausgegeben hatte. Sein Nachfolger, der Sozialist Jorge Sampaio (PS), versuchte dagegen dem kontinuierlichen Verfall der alten Stadtviertel entgegenzuwirken. Einen weiteren Aufschwung erlebte die Stadterneuerung unter dem konservativen Pedro Santana Lopes (PSD). Trotz aller Mühen stehen heute aber noch immer einige Altstadtgebäude in Ruinen, sind zugemauert oder nur notdürftig vor dem Einsturz gesichert.

Unter Santana Lopes sperrte die Stadt außerdem zahlreiche Altstadtviertel für den Autoverkehr: Seitdem öffnen sich die Schranken nur noch für registrierte Fahrzeuge der Anwohner, fremden Fahrzeugen bleibt die Einfahrt in weite Teile der Alfama und des Bairro Alto verwehrt.

Schuldenkrise

Als Erbe der Amtszeit von Santana Lopes blieb jedoch eine dramatische Verschuldung der Hauptstadt. Mit seinen Megaprojekten hatte sich die Stadt übernommen. Die Finanz- und Wirtschaftskrise Portugals verschärfte die Lage weiter.

Nachdem der nächste Bürgermeister Carmona Rodrigues (PSD) über eine Korruptionsaffäre stolperte, gab es bei den nächsten Kommunalwahlen einen Linksruck: Von 2007 bis 2015 stand António Costa (PS) an der Spitze der Stadt. Er folgte einer pragmatischen Politik, die mehr auf kleine Schritte zur Verbesserung der Lebensqualität als auf Großprojekte setzte. So versuchte Costa den Autoverkehr in der Innenstadt weiter einzudämmen. Durch den Verkauf von Immobilien und Grundstücken konnten die Schulden deutlich reduziert werden.

Auch nachdem Costa 2015 sein Amt abgegeben hatte, um erfolgreich als Spitzenkandidat des PS bei den nationalen Wahlen anzutreten und neuer Premierminister des Landes zu werden, gewann Costas Nachfolger Fernando Medina 2017 die nächsten Kommunalwahlen für den PS. Medina verlor aber die folgenden Bürgermeisterwahlen im Jahr 2021 überraschend gegen den konservativen Kandidaten, den ehemaligen EU-Kommissar Carlos Moedas (PSD). Er muss allerdings mit einer linken Mehrheit im Stadtrat regieren.

Gentrifizierung

Der Immobilienmarkt wird seit einigen Jahren von der „Gentrifizierung" geprägt: In den historischen Vierteln sanieren Investoren Altbauten, um sie teuer als Luxuswohnungen zu verkaufen oder als Ferienwohnungen zu vermieten. Viele alteingesessene Bewohner und Geschäfte können die neuen Mieten nicht bezahlen und ziehen an die Peripherie. Vor allem die Alfama hat sich großteils von einem belebten Wohnviertel in eine künstliche Tourismusinsel gewandelt.

Die Pandemie brachte eine Atempause und zeigte für viele Lissabonner deutlich, dass Qualität und nicht Quantität der Schlüssel für nachhaltigen Tourismus ist. Die richtige Balance zwischen den wirtschaftlichen Chancen des boomenden Tourismus und seinen zerstörerischen Nebenwirkungen zu finden, wird für Lissabon eine der größten Herausforderungen in den kommenden Jahren bleiben.

Bevölkerungsschwund

Im Jahr 1984 erreichte die Einwohnerzahl Lissabons einen Höchststand von 825.000. Aufgrund der Umwandlung von Wohn- in Büroraum sank sie aber bis heute dramatisch auf nur noch knapp 550.000. Andererseits stieg die Bevölkerung der Vorstädte deutlich. In der Region Lissabon leben inzwischen insgesamt 2,9 Millionen Menschen. Da die Stadt mit ihrer Umgebung in den letzten Jahrzehnten eng zusammengewachsen ist, wirkt sie heute eher wie eine Welt- als eine Großstadt. Sichtbar wird dies auch an der Bevölkerungsdichte Lissabons. Sie liegt bei ca. 5500 Einwohnern pro Quadratkilometer – höher als Deutschlands dichtest besiedelte Großstadt München.

Dabei ist noch heute an der Bevölkerung der Stadt die Vergangenheit Lissabons als Zentrum des portugiesischen Weltreiches zu erkennen. In und bei Lissabon leben viele Einwanderer aus den ehemaligen afrikanischen Kolonien Kapverden, Guinea-Bissau, São Tomé und Príncipe, Angola sowie Mosambik, aber auch viele Brasilianer, Inder und Chinesen, Letztere stammen v. a. aus dem ehemaligen portugiesischen Territorium Macao.

Die in Lissabon geborenen Einwohner bezeichnen sich übrigens als *Alfacinhas*, was wörtlich „Salatköpfchen" heißt. Als Erklärung erzählen manche Lissabonner aber auch gerne, dass dies von *Alpha*, dem ersten Buchstaben des griechischen Alphabets, stamme. Gemeint ist schlicht, dass die *Alfacinhas* in dem Sinne „die Ersten" sind, da sie seit ihrer Geburt in der Stadt gelebt haben.

Beliebt in Portugal: Obst und Gemüse auf dem Markt einkaufen

Portugiesische Küche

Von exotischen Taschenmessermuscheln bis zu den klassischen Sardinen wird so ziemlich alles serviert, was der Atlantik an Meerestieren hergibt. Aber nicht nur Fischfans kommen in Lissabon und an der Costa de Lisboa auf ihre Kosten, auch das Angebot an Fleischgerichten ist groß.

International berühmt wie die französische ist die portugiesische Küche allerdings nicht. Sie gilt vielmehr als schmackhafte Volksküche mit einfachen, reichhaltigen Gerichten, die oft mit viel Olivenöl zubereitet werden. Lediglich die Nachspeisen und Süßigkeiten dürften eine internationale Spitzenstellung einnehmen. Allerdings hat sich in Lissabon in den letzten Jahren eine vielfältige Gastroszene entwickelt, deren international ausgebildeten Chefköche in exzellenter Qualität kochen, braten und grillen.

Wo isst man?

Restaurant- und Cafébetreiber sind verpflichtet, die Speise- bzw. Getränkekarte vor dem Eingang sichtbar auszuhängen. In den Preisen müssen übrigens die Mehrwertsteuer *(Imposto sobre o Valor Acrescentado – IVA)* und die Bedienung *(serviço)* enthalten sein. Exquisitere Fischsorten und Meeresfrüchte werden dabei oft nach Gewicht berechnet.

Die **Beilagen** werden auf den Speisekarten meist nicht aufgeführt. Wer sich nicht sicher ist, was es zum gewünschten Hauptgericht gibt, sollte ruhig nachfragen. Meist ist es kein Problem, z. B. Reis statt Pommes frites zu bekommen.

Fast überall bekommt man einen **Platz zugewiesen.** Man sollte sich also nicht einfach irgendwo hinsetzen (Ausnahme: ganz einfache Lokale und Cafés).

Restaurants

Was das Angebot an Speisen betrifft, unterscheidet man neben den „normalen" Restaurants zwischen **marisqueiras,** die auf Meeresfrüchte spezialisiert sind, und **churrasqueiras,** wo gegrilltes Fleisch und gegrillter Fisch angeboten werden. **Cervejarias** schließlich sind große, einfache Restaurants, in denen – wie der Name schon sagt – vorwiegend Bier getrunken wird, das Essensangebot aber eher beschränkt ist: Steaks *(bifes),* Meerestiere *(mariscos),* Omeletts *(omeletas)* und evtl. einige Fischgerichte.

Preiskategorien für Restaurants (ein Hauptgericht)

€	bis 10 €
€€	10–15 €
€€€	15–20 €
€€€€	über 20 €

Cafés

Portugal besitzt eine ausgeprägte Cafékultur. Bei einer *bica* (Espresso) wird stundenlang geschwatzt, studiert oder es werden Geschäfte besprochen. Da sich die Einheimischen äußerst ungern zu Hause verabreden, sind die Cafés beliebter Treffpunkt. Man findet sie an fast jeder Straßenecke: Alleine in Lissabon gibt es etwa 1500 Cafés und **pastelarias** (Café-Konditoreien). Anders als in Deutschland sind sie in Portugal bis zum späten Abend geöffnet.

Mittags und manchmal auch abends werden in den Cafés einige billige Tagesgerichte angeboten (häufig nur an Wochentagen); das Preis-Leistungs-Verhältnis ist meist recht gut. Oft sind dann alle Tische mit speisenden Büroangestellten und Arbeitern belegt, und man kann seinen Kaffee nur am Tresen trinken.

Auf zahlreichen Lissabonner Plätzen finden sich kleine Kioske, die kunstvoll aus Eisen gestaltet sind und *Quiosques de Refresco* genannt werden. Hier gibt es einen schnellen Kaffee, traditionelle Limonaden und einfache Snacks.

Die **einzelnen Restaurants-Tipps** zu Lissabon und der Costa de Lisboa finden sich in den jeweiligen Stadtteil- bzw. Ortskapiteln.

Wann isst man?

Mittag- und Abendessen sind gleichermaßen Hauptmahlzeiten, die sich in ihrem Angebot nicht unterscheiden. Man isst warm, mittags in einfacheren Lokalen, Kantinen oder Cafés, abends zu Hause oder in besseren Restaurants.

Eine komplette Mahlzeit besteht aus Couvert, Suppe, Hauptgericht und Nachtisch. Montag- bis freitagmittags bieten viele Restaurants preiswerte Menüs an, in denen oft auch ein kaltes Getränk und/oder ein Kaffee eingeschlossen sind.

Am schnellsten serviert werden die Speisen von der Tageskarte *(pratos do dia* oder *sugestões do chefe).* Die Gerichte sind traditionell reichlich; Genügsamere können in vielen Restaurants auch preisgünstige halbe Portionen *(meia dose)* ordern.

A conta, por favor!

Um die Rechnung bittet man mit „A conta, por favor". Sie wird auf einem Teller gereicht, auf den man dann das Geld legt. Der Kellner holt den Teller ab und bringt ihn mit dem Wechselgeld zurück. Das Trinkgeld gibt man nicht dem Kellner persönlich, sondern lässt es beim Verlassen des Restaurants ebenfalls auf dem Teller zurück. Wer wenig Zeit hat, zahlt am besten an der Kasse. Vor allem bei Kartenzahlung geht es so deutlich schneller als am Tisch.

Essenszeiten in den Lokalen: Frühstück *(pequeno almoço)* gibt es den ganzen Morgen über im Café oder auch – meist sehr günstig – in einigen Bäckereien. In Lissabon trinkt man dazu gewöhnlich einen Milchkaffee *(galão)* und isst ein Brötchen *(sandes)* oder einen Toast *(tosta).* Das Mittagessen *(almoço)* wird zwischen 12 und 14 Uhr eingenommen, das Abendessen *(jantar)* beginnt in den meisten Restaurants ab 19.30 Uhr, manchmal schon ab 19 Uhr. Die warme Küche ist in der Regel bis 22 Uhr geöffnet, danach wird es schwierig, noch etwas zu bekommen. In einigen Stadtteilen Lissabons (besonders im Bairro Alto) finden sich aber Restaurants, die bis spät in die Nacht servieren.

Was isst man?

Den Auftakt einer kompletten Mahlzeit bildet das **Couvert** (Gedeck) – leider bisweilen eine beliebte Methode, den Gästen Geld aus der Tasche zu ziehen. Besonders in touristischen Stadtteilen sollte man unbedingt einen Blick auf die Preise des Couverts werfen, bevor man herzhaft zubeißt, um später vor unangenehmen Überraschungen bei der Abrechnung gefeit zu sein.

Als Couvert werden immer Brot oder Brötchen mit Butter gereicht, dazu eventuell Oliven *(azeitonas)*, Frischkäse *(queijo fresco)*, Hartkäse *(queijo)* und Thunfischcreme *(paté de atum)*. Generell gilt, dass nur das bezahlt wird, was gegessen oder vom Kunden explizit bestellt wurde. Bekommt man eine zu hohe Rechnung, was besonders in Touristenlokalen leider ab und zu der Fall ist, sollte man reklamieren und notfalls auch das Reklamationsbuch *(livro de reclamações)* verlangen (→ „Reisepraktisches von A bis Z", S. 453). Wer kein Couvert möchte, sollte es am besten gleich abbestellen bzw. abtragen lassen. Es reicht meist schon, wenn man es sichtbar an den Rand des Tisches stellt.

Suppen

Nach dem Couvert wird bei einem kompletten Menü eine Suppe gereicht. Besonders stolz sind die Portugiesen auf ihre traditionelle Kohlsuppe mit Paprikawursteinlage, den *caldo verde*. Einen Versuch wert ist auch die würzige *sopa alentejana*, eine Fleischbrühe mit Brot, Ei, Knoblauch und Koriander. Ansonsten stehen häufig Suppen mit Gemüse *(sopa de legumes)*, Hühnchen *(canja)*, Fisch *(de peixe)* oder Meeresfrüchten *(de marisco)* auf dem Speiseplan. Besonders im Sommer ist die kalte Gemüsesuppe *gaspacho* eine willkommene Abwechslung.

Fleischgerichte

Das Standardgericht ist das Rindersteak *(bife)* mit Reis, Pommes frites und Salat, manchmal „reitet" auch ein Spiegelei oben auf dem Steak *(bife a cavalo)*. Die portugiesischen Köche braten das Rindfleisch meist nur kurz an und servieren es wie in Frankreich saftig-blutig, um den Geschmack zu erhalten. Wer es gut durchgebraten will, sollte es *„bem passado"* bestellen. Die billigste Version ist ein *bitoque*, ein kleines Steak. In den einfacheren Restaurants kann dabei das Fleisch etwas zäh sein. Auch Koteletts *(costeleta)* und Rippchen *(entrecosto)* sind weit verbreitet. Wer mag, kann sich an einer *dobrada* (Bohneneintopf mit Kutteln) satt essen.

Einen Versuch wert sind vor allem Ziegenfleisch *(cabrito)* und Lamm *(borrego)*, die im Gegensatz zu Schwein und Rind meist aus heimischer Zucht und naturnaher Weidewirtschaft stammen. Zur gastronomischen Spitzenklasse gehört das sogenannte schwarze Schwein *(porco preto)*, eine Landschweinrasse aus der südportugiesischen Region Alentejo. Von dort stammt mit *carne de porco à alentejana* auch eines der außergewöhnlichsten Gerichte Portugals: Schweinefleisch mit Muscheln und Koriander.

Aus Nordportugal kommen dagegen eher schwere Gerichte wie *rojões*, Schweinefleischstückchen mit Leber, Innereien, geronnenem Blut und Kartoffeln, oder die *dobrada*, ein Eintopf mit Rinderkutteln und weißen Bohnen.

Als eines der Nationalgerichte gilt der *cozido à portuguesa*, ein reichhaltiger Eintopf mit Rind-, Schweine- und Hüh-

Schwieriges Portugal für Vegetarier und Bio-Konsumenten

Als Vegetarier oder Veganer wird man von der traditionellen portugiesischen Küche ignoriert, da dort Fleisch oder Fisch unverzichtbarer Bestandteil für ein Hauptgericht sind. Die Beilage bildet das immerselbe Gemüse wie Karotten, Brokkoli und Spinat, meist auch noch völlig weichgekocht. Salate bestehen in der Regel nur aus ein paar Blättern Kopfsalat, garniert mit Tomatenscheiben und Zwiebelringen – dazu stellt die Bedienung Olivenöl und Essig auf den Tisch. Traditionell war damit schon das Maximum an Salat-Kreativität erreicht.

In Lissabon jedoch hat sich in der Gastro-Szene inzwischen viel getan: Im Ausland ausgebildete Köche kredenzen gut angemachte Salate, lernen das Potenzial von ausgefallenen Gemüsesorten schätzen und nehmen zumindest ein oder zwei vegetarische Gerichte auf die Speisekarte. Dazu gibt es in der Stadt eine ganze Reihe an empfehlenswerten vegetarischen und veganen Restaurants.

Bio-Supermärkte sind dagegen weiter extrem selten. Wer durch die normalen Geschäfte streift, wird beim Blick in Regale, Obstauslage und Gemüsekörbe schnell feststellen, dass hier nicht viel Bio angeboten wird. Wie so oft bestimmt die Nachfrage das Angebot und bisher fragen in Portugal nur wenige Konsumenten gezielt nach Bioprodukten.

Das Bewusstsein für gesundes Essen und eine umwelt- und tiergerechte Landwirtschaft steigt jedoch.

Ein Tipp für alle Restaurantgänger: Wer in Portugal ein weitgehend tierfreundlich produziertes Fleisch genießen möchte, sollte zum *porco preto* greifen. Dieses iberische Landschwein wird im Freien gehalten und ernährt sich vor allem von Eicheln. Wegen des langsameren und natürlicheren Heranwachsens der Tiere hat ihr Fleisch ein viel intensiveres Aroma als das Schweinefleisch aus der üblichen Turbomast.

Auch die Weltmeere kann man als Verbraucher etwas entlasten. Zum einen indem man öfter auf Fischarten ausweicht, die weniger in ihrem Bestand gefährdet sind, wie z. B. Bastardmakrele *(cavalas)* oder Hering *(arenque)*. Zum anderen kann man Arten meiden, deren Fang mit Grundschleppnetzen besonders starke Zerstörungen am Meeresboden verursacht. So werden bei Plattfischen wie Seezunge *(linguado)* oder Scholle *(solha)* pro Kilo verwerteter Fisch bis zu 9 kg sogenannter Beifang, also junge Fische, Seesterne oder Krebse, tot über Bord geworfen. Beim Fang eines Kilos Schwertfisch *(espadarte)* gehen den portugiesischen Langleinen-Fischern bis zu 3 kg Haie an die Haken, darunter vor allem Blauhaie. Und das, obwohl die Haie weltweit stark von Überfischung betroffen sind.

nerfleisch sowie Würsten, Reis, Kartoffeln und Karotten. In einfachen Restaurants wird auch gerne *jardineira* serviert, Rindfleisch mit gekochten Kartoffeln, Karotten, Erbsen und Wurst.

Zu den landestypischen Spezialitäten zählen auch verschiedene Würste, die in Eintöpfen, Suppen oder flambiert *(assado)* serviert werden. Es gibt drei Hauptsorten: *chouriço*, eine leicht geräucherte und mit Paprika gewürzte Schinkenwurst, *linguiça*, eine dünnere Version mit viel Paprika, und die *morcela*, eine grobe Blutwurst. Einige dieser Würste findet man auch im sehr sättigenden Bohneneintopf *feijoada à portuguesa*.

Fischgerichte

Das portugiesische Nationalgericht ist der *bacalhau,* in Deutschland auch Klipp- oder Stockfisch genannt. Dabei handelt es sich um eingesalzenen, getrockneten Kabeljau. Es gibt in Portugal um die 300 verschiedene Zubereitungsarten, wobei der Kabeljau manchmal fast unkenntlich auf den Tisch kommt: in halbmondförmigen Kroketten *(rissóis de bacalhau)*, mit Eiern und Petersilie zerrieben und frittiert *(pataniscas de bacalhau)* oder in Form von herrlich duftenden Bällchen *(bolinhos de bacalhau)*. In dieser Fülle von Speisen mit gleichem Grundstoff findet auch derjenige sein Lieblingsgericht, der „Bacalhau pur" nicht so sehr schätzt. Besonders gut schmeckt der *bacalhau à Brás*, für den der Fisch zerrieben und mit Kartoffelsticks und Rühreiern gemischt wird. Weit verbreitet ist die Variante mit gekochten Kartoffeln und Zwiebeln *(bacalhau à Gomes de Sá)*.

Ebenfalls zu empfehlen sind *dourada* (Goldbrasse), *robalo* (Wolfsbarsch) und *cherne* (Zackenbarsch), alle wohlschmeckend und einfach von Gräten zu säubern. Am besten munden sie, wenn sie über Holzkohle gegrillt werden *(na brasa)*. Außerdem im Angebot sind Fischeintöpfe *(caldeiradas)*, die besonders bei Liebhabern deftiger Kost Zuspruch finden dürften. Und wer nicht nur gut essen, sondern auch auf seinen Geldbeutel achten will, sollte sich an die preisgünstigen Sardinen und die Bastardmakrelen *(carapaus)* halten. Die ganz kleinen *sardinhas* kann man mit Haut und Haaren, sprich: Schuppen, verzehren. Achtung: Die bitter schmeckenden Innereien muss man bei kleinen Fischen in der Regel selbst entfernen.

Ehemalige Bacalhau-Fabrik in Alcochete

Selbst portugiesisch kochen

Wer die Lieblingsgerichte aus dem Urlaub zu Hause originalgetreu nachkochen möchte, sollte sich das Kochbuch „Die portugiesische Küche – A Cozinha Portuguesa" (Verlag Antje Kunstmann) zulegen. Die informativen Texte hat die Portugiesin Rita Cortes Valente de Oliveira geschrieben, die Deutsche Alexandra Klobouk hat das Buch herrlich illustriert. Von ihr ist auch die sehenswerte gezeichnete Liebeserklärung „Lissabon – im Land am Rand / Lisboa – num país sempre à beira" erschienen (Viel & Mehr).

Beliebt bei den Hauptstädtern sind auch diverse **Tintenfischarten** *(moluscos)*. Der *polvo*, ein achtfüßiger Krake wird klein geschnitten besonders im Reiseintopf *(arroz de polvo)* und als Salat *(salada de polvo)* serviert. Mit viel Tinte und der bekannten Sepiaschale kommen die *chocos* (Sepia) daher. Wer sie gegrillt *(grelhado)* mag, sollte darauf achten, dass sie ohne Tinte *(sem tinta)* serviert werden. Die *lulas* (Kalmare) haben einen weißen, kapuzenförmigen Körper mit zwei langen und acht kurzen Fangarmen. Frittiert gibt es sie mit Reis und Salat *(lulas à sevilhana)* oder gekochten Kartoffeln *(lulas à francesa)*. Wer sich eine besondere Delikatesse gönnen möchte, bestellt *lulas recheadas:* Bei dieser Zubereitungsart werden die zarten Körper der Tintenfische mit einer Mischung aus den zerkleinerten Fangarmen, gemischtem Hackfleisch, Zwiebeln und Petersilie gefüllt.

Meeresfrüchte

Mariscos sind nicht gerade billig – das Kilo portugiesische Langusten z. B.

kostet ca. 75 €. Die hohen Preise sind allerdings nicht verwunderlich, wenn man bedenkt, dass die *lagostas* in Europa überfischt sind und meistens aus Westafrika lebend eingeflogen werden müssen (in diesem Zustand kommen sie dann in den Topf). Günstiger sind die ein bis zwei Pfund schweren Taschenkrebse *(sapateiras)* oder die Spinnenkrabben *(santolas)*. Die in „freier Wildbahn" aufgewachsenen Tiere stammen meist aus Portugal und werden von Tauchern erjagt.

Wer gerne Eintöpfe isst, sollte die *açorda de marisco* versuchen, einen sehr sättigenden Brotbrei mit viel Knoblauch und Garnelen. Eine gar nicht so teure Delikatesse sind Venusmuscheln *(amêijoas)*. Besonders in Lissabon werden sie zum Teil sehr originell und schmackhaft zubereitet, z. B. mit Zitronensaft und Knoblauch *(amêijoas à Bulhão Pato)*.

Montags Fischpause

Feinschmecker verzichten montags übrigens besser auf Meeresgetier, da die Fischer am Sonntag zu Hause bleiben.

Nachspeisen

Was die **sobremesas** anbelangt, dürfte die portugiesische Küche dank des maurischen Erbes einen Spitzenplatz in Europa belegen. Unbedingt probieren sollte man *arroz doce*, einen süßen Milchreis mit Zimt. Empfehlenswert ist auch der „Himmelsspeck" *toucinho do céu*, eine Eigelbspeise mit Mandeln, sowie *pudim flan* (Vanillepudding mit Karamellsoße), *mousse de chocolate* (Schokomousse) oder *leite creme* (Milchcreme). Viele Rezepte der Süßspeisen stammen übrigens aus Klosterküchen.

Snacks und Petiscos

Der portugiesische Hamburger heißt *prego:* Rindfleischstücke werden in einem würzigen Fleisch-Knoblauch-Sud gekocht und noch warm in einem Brötchen gegessen. Das ebenfalls sehr leckere Pendant aus Schweinefleisch nennt man *bifana*. Der *cachorro* ist der portugiesische Hotdog, allerdings meist von miserabler Qualität. *Tosta mista,* einen Schinken-Käse-Toast, gibt's in Bäckereien und Cafés, und zwar recht billig, ebenso den Käsetoast *(tosta de queijo)*. Noch günstiger ist die *torrada,* ein getoastetes Brot mit leckerer Salzbutter.

Salada de atum, Thunfischsalat, ist ein kräftiger Mix aus Fischstückchen, gekochten Kartoffeln, Tomaten, grünem Salat, schwarzen Oliven und Olivenöl. Sehr lecker, nahrhaft und preisgünstig. Thunfischsalat wird oft als Vorspeise *(entrada)* angeboten, obwohl man davon sehr gut satt wird.

Die schmackhaften *bolinhos de bacalhau* (Kabeljau-Bällchen), *rissóis de camarão* (Krabbenkroketten) und *empanadas* (kleine mit Gemüse, Fleisch, Fisch oder Garnelen gefüllte Pasteten) werden in Cafés gern als Snacks serviert.

Was trinkt man?

Bei den Getränken steht der Wein an erster Stelle. Kein Wunder, denn das kleine Portugal produziert fast so viel Wein wie Deutschland. In der Region Lissabon werden fruchtige Weißweine (vor allem im Süden auf der Halbinsel Setúbal) und kräftige Rotweine (im Norden der Hauptstadt) angebaut. Der perlend frische *Vinho Verde* aus Nordportugal schmeckt an heißen Sommertagen besonders gut.

Portwein

Dieser süße Likörwein mit 17 bis 20 % Alkohol ist beliebt und weltbekannt. Für Portwein gelten seit 1756 die ältesten Weingesetze der Welt. Staatliche Kontrollen garantieren die Qualität. Die Reben wachsen im oberen Dourotal in Nordportugal. Nach dem Zerstampfen der Trauben gärt der Wein in Steintanks, den *lagares*. Etwa zwei Tage später versetzen die Winzer den Wein dann mit farblosem Branntwein. Dadurch wird die Gärung gestoppt, sodass von der ursprünglichen Süße der Trauben viel im Wein erhalten bleibt. Anschließend reift der Portwein in den Kellereien von Vila Nova de Gaia südlich von Porto, bis er abgefüllt wird.

Die Vielfalt der Portweinsorten ist anfangs etwas verwirrend. Die roten Ports werden in die folgenden Qualitätsklassen eingeteilt: Die einfachsten heißen *Ruby*, tragen weder Altersangabe noch Jahreszahl und sind Verschnitte verschiedener Jahrgänge. Rote Ports, die länger als drei Jahre gereift haben, nennen sich dagegen *Tawny*. Sie sind heller in der Farbe und runder im Geschmack als die *Rubies*. Bei der nächsthöheren Qualitätsklasse ist zwar ein Alter angegeben – z. B. *10 anos* –, doch kann es sich dabei um einen Durchschnittswert handeln. Verlässlich als Jahrgangsweine ausgewiesen sind nur Produkte, die mit einer konkreten Jahreszahl versehen sind. Unter diesen Jahrgangsweinen gibt es wiederum zwei Kategorien: Die normalen Jahrgangsweine werden ohne Satz abgefüllt und reifen in der Flasche nicht weiter. Die besten unter ihnen sind die sog. *Late Bottled Vintages*, die vor dem Abfüllen vier bis sechs Jahre in Eichenfässern gelagert haben. Die „echten" *Vintages* werden dagegen nach nur zwei Jahren im Fass mit Satz abgefüllt. Daher können sie in der Flasche weiter reifen. Übrigens dürfen nur die besten Jahrgänge als *Vintages* abgefüllt werden, was deren hohe Qualität und Exklusivität garantiert. Vor dem Einschenken müssen diese Weine dekantiert, d. h. gefiltert werden, um den Satz zu entfernen.

Weinkellerei JMF in Azeitão

Im Gegensatz zu den roten Portweinen, die mit zunehmendem Alter immer heller werden, dunkeln die weißen im Laufe der Zeit immer mehr nach. Die weißen Portweine werden von süß bis trocken eingeteilt: *very sweet (lágrima)*, *sweet (doce)*, *dry (seco)* und *extra dry (extra seco)*. Sie sind generell weniger bekannt und erreichen auch nicht die astronomischen Preise der exklusiven roten *Vintages*. Dennoch lohnt es sich, sie zu probieren.

Der „Lissabonner Portwein"

Auf der Halbinsel von Setúbal im Süden Lissabons wird mit dem Moscatel de Setúbal ein weiterer bekannter Likörwein Portugals produziert. Er schmeckt ähnlich wie Port oder Madeira, steht bei der Produktion allerdings sechs Monate lang auf Maische. Typisch für den Moscatel ist das Muskat-Aroma der Rebsorte, oft ergänzt durch Nuancen anderer Früchte. Die Süße ist im Gegensatz zu manchem Port nicht aufdringlich, sondern eher dezent. Man sollte ihn leicht gekühlt trinken, er eignet sich gut zu Nachtischen oder auch zu kräftigen Käsesorten wie Gorgonzola.

Hochprozentiges

Wer mit offenen Augen durch Lissabon streift, wird immer wieder auf eine der zahlreichen kleinen Stehkneipen treffen, die den unter dem Namen *Ginjinha* bekannten portugiesischen Kirschlikör ausschenken. Das Original dieser für die Stadt typischen Kaschemmen ist die urige *A Ginjinha* am Largo de São Domingos im Stadtzentrum (→ S. 36), nach der der Likör auch benannt wurde. Seit über 175 Jahren kippen sich hier Einheimische und inzwischen auch Touristen ein kleines Glas mit oder ohne Kirschen hinter die Binde. Nicht weit davon entfernt findet man mit der *Ginjinha Sem Rival* einen der jüngeren Konkurrenten in der Rua das Portas de Santo Antão 7.

Außerdem gibt es in Lissabon guten Brandy (die bekannteste Marke ist *Macieira*) und diverse *Liköre* aus Mandeln *(amêndoas)*. Billig ist der *aguardente* oder auch *bagaço*, ein farbloser Weinbrand aus der zweiten Pressung der Weintrauben.

Bier

In Portugal dominieren nur zwei Brauereien den nationalen Markt: Central de Cervejas aus der Heineken-Gruppe mit der Marke *Sagres* und Unicer aus der Carlsberg-Gruppe mit der Marke *Super Bock*. Letzteres schmeckt durch den beim Brauen verwendeten Zucker leicht süßlich. Beide Firmen haben Schwarzbier *(cerveja preta)* im Angebot bzw. mit *Sagres Radler* und *Super Bock Green* je auch ein Mischgetränk aus Bier und Limonade.

In den letzten Jahren sind in Lissabon zahlreiche Craftbeer-Bars entstanden, die in handwerklichen Verfahren eine breite Palette unterschiedlicher Biere von Ale über Stout bis Weizen brauen. Seitdem haben die Lissabonner Kneipen deutlich mehr Biersorten im Angebot.

Das gezapfte Bier im 0,2-Liter-Glas nennt sich in der Region Lissabon *imperial* oder *fino*, ein halber Liter *caneca* (Krug).

Kaffee

Der Kaffee kommt meist aus Brasilien oder Afrika und ist tiefschwarz. Sein Geschmack ähnelt den aus Italien bekannten Sorten: Die Portugiesen rösten die Bohnen herber, bereiten den Kaffee aber dafür nicht ganz so stark zu wie in Italien. Filterkaffee ist in Portugal nicht verbreitet. Man trinkt entweder einen kleinen Espresso *(bica)* oder einen Milchkaffee.

Espresso ist aber nicht gleich Espresso: Neben der normalen *bica* gibt es die größere, aber weniger gehaltvolle *bica cheia* und die kleinere, aber von der Wirkung her intensivere *bica italiana*, auch *bica curta* genannt. Man kann auch eine *bica com cheiro* bestellen (mit Schnaps) oder den *café duplo*, die doppelte *bica*.

Variationen gibt es auch beim Milchkaffee. Bei *garoto* oder *pingo* handelt es sich um eine einfache *bica* mit Milch. Etwas mehr Inhalt hat die *meia de leite*, die etwa dem in Deutschland verbreiteten Milchkaffee entspricht. Der *galão* schließlich ist ein 0,2 l großes Glas Milchkaffee und erklärtes Lieblingsgetränk der Lissabonner am Morgen. Zubereitet wird er entweder mit einer *bica* und heiß aufgeschäumter Milch *(galão de máquina)* oder in der Billigversion mit in heißer Milch aufgelöstem Instantkaffeepulver.

> An heißen Sommertagen lohnt es sich, die Kaffeespezialität *mazagran* zu probieren, die ursprünglich aus Algerien kommt und nach einem dortigen Fort benannt ist. In der portugiesischen Variante wird Espresso in einem Glas auf Eiswürfeln mit Limette und frischer Minze serviert. Manchmal kommt auch ein Schuss Rum hinzu.

Eine Auswahl aus den weiteren Möglichkeiten der Kaffeezubereitung: Für den *carioca* wird die *bica* halb mit Wasser aufgefüllt, der *carioca de limão* dagegen wird nicht mit Kaffee, sondern mit heißem Wasser und frischem Zitronensaft zubereitet, eine *cevada* ist ein Malzkaffee.

Teatro Nacional D. Maria II: Nationaltheater am Rossio

Kultur und Unterhaltung

Untrennbar mit Lissabon verbunden ist der Fado. Viele werden vom Herzschmerz-Kitsch dieser Volksmusik abgeschreckt, doch so mancher ist nach einem Fado-Abend dennoch begeistert. Außerdem kann man in Lissabon exzellente Jazz-Konzerte und gute Klassik-Darbietungen erleben. Das Kino-Angebot gilt als das beste Portugals und ist, weil die Filme in Originalfassung gezeigt werden, meist auch für Ausländer verständlich.

> Infos zum **Kulturangebot in der Region um Lissabon** finden sich in den jeweiligen Ortskapiteln zur Costa de Lisboa.

Programmzeitschriften Fast alle kulturellen Ereignisse sind in der von der Stadt Lissabon herausgegebenen **Agenda Cultural Lisboa** verzeichnet. Diese kostenlose Programmzeitschrift erscheint monatlich in portugiesischer Sprache und wird in städtischen Einrichtungen sowie Touristenbüros ausgelegt (online auch auf Englisch, agendalx.pt).

Ebenfalls im Turismo liegt **Follow me Lisboa** aus, die kostenlose Zeitschrift des Fremdenverkehrsverbands Lissabon (visitlisboa.com). Sie präsentiert auf Englisch einige wichtige Veranstaltungen.

Am umfangreichsten berichtet das wöchentlich online erscheinende, kostenlose Stadtmagazin **Time Out Lisboa** über Szene, Kultur- und Nachtleben der Hauptstadt (timeout.pt).

Kartenvorverkauf **FNAC,** für alle Arten von Konzerten. Tägl. 10–22 Uhr. Rua do Carmo, 2, Centro Comercial Armazéns do Chiado, Loja 407 (Ⓜ Baixa/Chiado), ✆ 211536000, bilheteira.fnac.pt. Filialen auch in den Einkaufszentren Amoreiras, Colombo (Ⓜ Colégio Militar/Luz) und Vasco da Gama (Ⓜ Oriente) sowie im Flughafen (Ⓜ Aeroporto).

Ticketline, ✆ 1820, ticketline.pt. Konzert- und Theaterkarten über das Internet. Praktisch, wenn man sich vor der Reise Konzerttickets sichern möchte.

Fado

Fado bedeutet wörtlich übersetzt „Schicksal", und genauso melancholisch und wehmütig klingt er auch. Die Lieder handeln meist von unglücklicher Liebe, Verlust, Einsamkeit oder Sehnsucht – kurz, der Fado ist Ausdruck eines diffusen Weltschmerzes, für den es in Portugal eine ganz eigene Bezeichnung gibt: *saudade*. Übersetzen lässt sich der Begriff nur annäherungsweise, er steht – grob gesagt – für das nostalgische Gefühl, etwas Wesentliches unwiderbringlich verloren zu haben. Auch wenn es dem Klischee nicht entspricht, so gibt es übrigens durchaus viele humorvolle Fado-Lieder, manche nehmen dabei pointiert gesellschaftliche Missstände aufs Korn.

Die traditionelle Besetzung eines Fado-Ensembles besteht aus einem Sänger oder einer Sängerin, den *fadistas*, und mindestens zwei Gitarrenspielern. Der eine übernimmt den rhythmischen, der andere mit einer etwas kleineren, zwölfsaitigen portugiesischen Gitarre den melodischen Part.

Woher der Fado stammt, kann keiner so genau sagen. Eine der plausibleren Thesen besagt, er habe seine Ursprünge in den Liedern der brasilianischen Sklaven. Zeitlich könnte das passen, denn 1808 flüchtete der portugiesische Königshof vor der Invasion Napoleons nach Rio de Janeiro und kehrte im Jahr 1821 mit großem Gefolge nach Lissabon zurück.

Fest steht jedenfalls, dass sich der Fado in der ersten Hälfte des 19. Jh. zunächst in den Armenvierteln Lissabons verbreitete, besonders in der Mouraria, der Alfama und der Madragoa. Gesungen wurde in anrüchigen Kneipen, als erster „Fado-Star" gilt die Prostituierte Maria Severa Onofriana (1820–1846) aus der Mouraria. Ende des 19. Jh. fand der Fado dann auch in den bürgerlichen und aristokratischen Salons Anklang. Ab 1930 folgte seine zunehmende Kommerzialisierung mit professionellen Aufnahmen, landesweiten Ausstrahlungen über den Rundfunk und Auftritten in Touristenlokalen.

Nach der Nelkenrevolution 1974 galt die Lissabonner Volksmusik lange als verstaubt und spießig. Erst ab Mitte der 90er-Jahre hauchten ihr junge Interpreten wie Dulce Pontes, Mísia oder die in Mosambik geborene Sängerin Mariza neues Leben ein.

2011 erkannte die UNESCO den Fado als Weltkulturerbe an. Seitdem hat er in Lissabon einen unglaublichen Aufschwung erlebt. Vor allem in den Straßen um das Fado-Museum in der Alfama laden inzwischen fast alle Bars, Kneipen und Restaurants mindestens einmal in der Woche zum Fado-Abend. Bei nächtlichen Streifzügen durch die Alfama habe ich manchmal den Eindruck, dass es inzwischen mehr Fado-Lokale als talentierte Sängerinnen und Sänger gibt.

Klar ist, dass dieses riesige Angebot nur durch touristische Nachfrage überleben kann. Wer hofft, ursprünglichen Fado im Kreise von Einheimischen erleben zu können, wird ziemlich sicher enttäuscht werden. Am authentischsten ist

„Berço do Fado": Denkmal zur Geburt des Fados in der Mouraria

die Stimmung noch bei Fado-Konzerten im Freien *(fado vadio)*, da diese meist kostenlos und damit auch für einfache Lissabonner erschwinglich sind. Gute Chancen, auf ein solches zu treffen, hat man bei den Stadtfesten im Juni. Außerhalb davon ist der „portugiesische Blues" meist ein großer Touristenmagnet.

Was aber nicht heißt, dass man in Lissabon generell keinen schönen Fado-Abend verbringen kann. Am einfachsten geht das in einem der relativ teuren Restaurants, die musikalisch hochwertigen Profi-Fado in Verbindung mit einem Abendessen anbieten – wobei man allerdings von der Küche nicht die gleiche Qualität erwarten darf wie in normalen Restaurants mit vergleichbarem Preisniveau, denn schließlich müssen mit den Einnahmen die Gagen der Musiker quersubventioniert werden. Oder man besucht eine Fado-Kneipe ohne Verzehrzwang, in denen meist Nachwuchsmusiker oder Amateure singen und spielen. Sie treffen nicht unbedingt immer den Ton, der Stimmung tut das in der Regel jedoch keinen Abbruch. Es macht einfach Spaß, den engagierten *fadistas* zuzuhören. Und manchmal erhebt sich spontan der Tischnachbar und schmettert ebenfalls ein paar Strophen.

Street-Art: Fado-Sängerin Argentina Santos

> Beim Fado sollte **absolute Stille** herrschen. Tischgespräche werden traditionell als Beleidigung der *fadistas* aufgefasst. Deswegen werden die Auftritte der Sänger oft vom Ruf *„Silêncio, canta-se o fado!"* eingeleitet („Ruhe bitte, denn nun wird Fado gesungen!").

Alfama → Karte S. 40/41

meinTipp **Associação do Fado Casto 10**, Fr/Sa 20.30–2.30 Uhr. Alles ist hier einfach gehalten: Man nimmt an langen Holzbänken und -tischen Platz, bekommt kleine Fisch- und Fleischspeisen serviert (keine Wahlmöglichkeit) und trinkt dazu Rotwein und Wasser (andere Getränke können individuell bestellt werden). Lautes, lebhaftes Ambiente in dem hallenartigen Raum. Der Fado beginnt ab etwa 22 Uhr, für das Essen sollte man spätestens gegen 21 Uhr da sein. Gehört zusammen mit dem Mesa de Frades dem bekannten Fado-Gitarristen Pedro de Castro (pedrodecastro.pt), ist aber mit 45 € für das Menü (inkl. Getränke) deutlich preiswerter. Reservierung empfohlen (z. B. via thefork.de). Rua de São Mamede, 8–A, Ⓜ Terreiro do Paço, ✆ 967324643, Facebook.

Bela – Vinhos e Petiscos 5, Mi–So 20–2 Uhr. Nach der rothaarigen Besitzerin benannte kleine, gemütliche *tasca* (Kneipe) in einem ehemaligen Lebensmittelgeschäft, an das die Einrichtung der verwinkelten Räume noch erinnert. Eng bestuhlt. Viele *petiscos* (portugiesische Tapas) im Angebot wie frittiertes Gemüse in Tempura-Teig *(peixinhos da horta)*. Fado-Menü inkl. Getränke 45 €. Besser frühzeitig vor Ort sein, da wenig Platz, oder direkt reservieren. Rua dos Remédios, 190, Ⓜ Santa Apolónia, ✆ 926077511, Facebook.

Clube de Fado 13, tägl. 20–2 Uhr. In der Alfama direkt unterhalb der Kathedrale. Fado-Restaurant mit prominenten portugiesischen Gästen, aber auch Touristengruppen. Großer, eng bestuhlter Raum mit Gewölbe. Es spielen viele erstklassige *fadistas*. Besitzer ist Gitarrist Mário Pacheco, der oft selbst auftritt und ansonsten häufig mit Stars wie Mariza zusammenarbeitet. Im oberen Stockwerk weitere Tische ohne Livemusik. Hauptgerichte in kleinen Portionen ab 25 €, dazu Couvert von 7 € pro

Person. Rua S. João da Praça, 94, Ⓜ Terreiro do Paço, ✆ 218852704, clubedefado.pt.

Mesa de Frades 6, Mo–Sa 20–2 Uhr. Ab 20.30 Uhr Abendessen, Fado gegen 23 Uhr. Das schönste Fado-Restaurant Lissabons, da es in der ehemaligen Kapelle eines Privatpalastes untergebracht ist. Sehenswerte 300 Jahre alte Azulejos, die Szenen aus dem Leben von Maria und Jesus zeigen. Hier singen und spielen viele begabte Nachwuchskünstler und bekannte Musiker. Das Mesa de Frades war eine entscheidende Geburtsstätte für die neue Generation von Fado-Musikern wie Ana Sofia Varela, Carminho und Hélder Moutinho. Portugiesische Küche. Menü inkl. Getränke 60 € (bis 17 J. 30 €), Reservierung sehr empfohlen. Wer nach 23 Uhr noch einen Platz findet, kann auch nur Getränke ohne Mindestverzehr konsumieren. Rua dos Remédios, 139-A, Ⓜ Santa Apolónia, ✆ 917029436, Fcebook.

Graça → Karte S. 54/55

O Corrido 14, Di–Do und Sa/So 19.45–23.30 Uhr (Sa bis 24 Uhr). Die meisten Gäste kommen gegen 20 Uhr. Anschließend startet der niveauvolle Fado mit zahlreichen Künstlern und mehreren Runden über den ganzen Abend verteilt. Pro Person werden 44 € fällig, darin ist ein Menü mit guter portugiesischer Küche (Fisch und Fleisch, aber auch Vegetarisches) enthalten, aber nicht die Getränke. Reservierung sehr empfohlen. Im Publikum vor allem Touristen, aber auch Portugiesen. Campo de Santa Clara, 49, Ⓜ Santa Apolónia, ✆ 937731874, ocorrido.com.

Bairro Alto → Karte S. 82/83

meinTipp **Canto da Atalaia 14**, Di–So 19–24 Uhr. In dieser Fado-Kneipe nimmt man auf Holzhockern an kleinen Tischen Platz. Etwas unbequem, aber dafür wird eine gute Auswahl an Fado-Künstlern und entspanntes Ambiente geboten. Reservierung (z. B. über thefork.de) sehr empfohlen: Man kann zwischen zwei Schichten wählen (19–21 Uhr und 21–23 Uhr). Zu essen gibt es *petiscos* und Hauptgerichte ab 15 €, gute Auswahl portugiesischer Weine. Mindestverzehr 20 € oder man nimmt direkt das Fado-Menü für 22 €. WLAN. Rua da Atalaia, 13–15, ✆ 213461928, cantodaatalaia.pt.

Tasca do Chico 19, tägl. 19–1.30 Uhr, Fr/Sa bis 3 Uhr, in der Regel jeden Abend Fado. Kleine Kult-Kneipe mitten im Bairro Alto, die Gäste nehmen an massiven Holztischen Platz. Seit 1996 wird hier Amateur-Fado geboten. Bekannt für das ungezwungene Ambiente. Unter den Stammgästen ist Fado-Star Mariza, die hier privat gerne einkehrt. Mit viel Glück kann man erleben, wie sie ein paar Lieder zum Besten gibt. Wer kein Glück hat, findet auf Youtube einige Aufnahmen von Mariza in der Tasca do Chico. Bier 3 €. Zu essen werden Kleinigkeiten wie *pastéis de bacalhau* (Kabeljau-Pasteten), Schinken und Käse angeboten. Kein Verzehrzwang, man sollte aber früh kommen oder reservieren, um sich einen Platz zu sichern. Rua Diário de Notícias, 39, Ⓜ Baixa/Chiado, ✆ 961 339696, Facebook.

Musik-Tipp: Wer sich zu Hause einhören möchte, dem seien die Aufnahmen der bekanntesten Fado-Sängerin aller Zeiten, der 1999 verstorbenen Amália Rodrigues, empfohlen. Unter den aktuellen Fado-Stars verdienen Mariza, Carminho, Cristina Branco, Ana Moura, Mafalda Arnauth und die Band Deolinda besondere Erwähnung. Besonders beliebte männliche Fado-Sänger sind Altmeister Carlos do Carmo und die Brüder Camané, Hélder und Pedro Moutinho, drei Vertreter der neueren Generation.

Jazz

Jazz und Lissabon sind unzertrennbar mit dem *Hot Clube de Portugal* verbunden. Der legendäre Jazzkeller an der Praça da Alegria und seine Musikschule sind auch heute noch die erste Anlaufstelle für alle Jazzliebhaber in Portugal (→ „Nachtleben", S. 406). In den Sommermonaten vervollständigen hochkarätige Jazzfestivals das Angebot (→ „Festivals" S. 404).

Rock und Pop

Die ganz großen Rock- und Popkonzerte finden ganzjährig in der walfischförmigen Mehrzweckhalle *Pavilhão Atlântico – Altice Arena* im Parque das Nações (Rossio dos Olivais, Lote 2.13.01A, Ⓜ Oriente, arena.altice.pt) oder im Sommer auch in den Fußballstadien statt.

Für mittelgroße Konzerte ist der wunderschöne Kuppelbau des *Coliseu dos Recreios* die erste Adresse (Rua das Portas de Santo Antão, 96, Ⓜ Restauradores, coliseulisboa.com).

Pavilhão Atlântico / Altice Arena – Lissabons größte Mehrzweckhalle

Fast täglich kann man in Lissabonner Clubs kleinere Rock- und Popkonzerte sehen und hören. Besonders die *Musicbox* hat sich hier einen Namen gemacht. Das *B.Leza* gilt dagegen als erste Adresse für Live-Auftritte afrikanischer Bands und das *Lux-Frágil* ist für internationale DJs die Referenz in Lissabon (→ „Nachtleben", S. 407, 409 und 411).

Klassische Musik, Oper und Tanz

Exzellente Klassikkonzerte und Tanzaufführungen werden vor allem im nationalen Kulturzentrum *Centro Cultural de Belém* veranstaltet (→ „Belém und Ajuda", S. 131).

Außerdem prägt die private Stiftung *Fundação Calouste Gulbenkian* mit ihrem Chor, Orchester und eigenem Konzertsaal seit Jahrzehnten die Klassik-Szene Lissabons, auch Liebhaber des Jazz und der Neuen Musik von Arnold Schönberg über Iannis Xenakis bis zu Karlheinz Stockhausen kommen hier nicht zu kurz (Avenida de Berna, 45-A, Ⓜ Praça de Espanha, gulbenkian.pt).

Musikalisch nicht von Weltrang, aber dennoch sehens- und besuchenswert ist die pompöse Lissabonner **Oper** im Stadtteil Chiado. Sie heißt offiziell *Teatro Nacional de São Carlos*. Der Architekt des klassizistischen Gebäudes aus den Jahren 1792/93, José da Costa Silva, ließ sich dabei von der Mailänder Scala und der Oper Neapels inspirieren (Rua Serpa Pinto, 9, Ⓜ Baixa/Chiado, tnsc.pt).

Kino

In Lissabon kann man in vielen modernen Kinos Filme zu günstigen Preisen sehen. In der Regel laufen aktuelle Hollywoodstreifen; einige Kinos haben sich aber auch auf europäische Produktionen und Arthouse Filme spezialisiert. Ausländische Filme werden generell im Original mit portugiesischen Untertiteln gezeigt, sodass man mit Englischkenntnissen den meisten Filmen folgen kann. Der Preis für eine Kinokarte liegt bei 4–7 €, Internet-Vorbestellung ist nicht immer möglich.

Über das reguläre Programm hinaus finden in Lissabon außerdem jedes Jahr mehrere internationale Filmfestivals statt (→ „Festivals“, S. 404 und „LGBTQI+“, S. 451).

Die **Kinos an der Costa de Lisboa** finden sich in den jeweiligen Ortskapiteln.

Av. da Liberdade

Cinemateca Portuguesa – Museu do Cinema, So geschl., im August keine Vorführungen. Im Kinomuseum werden hauptsächlich Reihen mit älteren portugiesischen und ausländischen Filmen gezeigt. Günstiger Eintritt. Das Kino besitzt zwei Säle. Im Obergeschoss das empfehlenswerte Restaurant-Café Espaço 39 Degraus, das mit Filmplakaten dekoriert und Mo–Sa 12.30–1 Uhr geöffnet ist (So und an Feiertagen geschlossen). Rua Barata Salgueiro, 39, Ⓜ Marquês de Pombal, ✆ 213596200, cinemateca.pt und 39degraus.pt.

Cinema São Jorge, in dem von der Stadt Lissabon betriebenen Kino finden heute vor allem Filmfestivals, Theatershows und Konzerte statt. Noch viel Pracht und Glanz, auch wenn der herrliche, über 1800 Zuschauer fassende Saal aus dem Jahr 1950 leider in drei kleinere Räume unterteilt wurde. Das Foyer lässt den ursprünglichen Glanz des vom Architekten Fernando Silva entworfenen ehemaligen Premierenkinos Lissabons aber noch erahnen, ebenso die Cafeteria im ersten Stock. Sie ist für ihren Aussichtsbalkon mit Blick auf die Avenida da Liberdade und für schmackhafte Pizzen bekannt. Av. da Liberdade, 175, Ⓜ Avenida, ✆ 213103400, cinemasaojorge.pt.

Avenidas Novas

UCI Cinemas Corte Inglés, 14 moderne Kinosäle mit insgesamt 2700 Plätzen im Kaufhaus El Corte Inglés. Grandes Armazéns El Corte Inglés, Av. António Augusto Águiar, 31, Ⓜ São Sebastião (direkter Zugang von der Metrostation), ucicinemas.pt.

Bairro Alto

Cinema Ideal, kleines Programmkino. Seit 1904 und damit das älteste Kino der Stadt, mittlerweile als Stadtteilkino mit portugiesischen und internationalen Arthouse-Filmen am Start. Rua do Loreto, 15/17, Ⓜ Baixa/Chiado, ✆ 210998 295, cinemaideal.pt.

Amoreiras

Cinemas NOS Amoreiras, in den 7 Kinosälen auf 3 Etagen (die verschiedenen Eingänge beachten!) werden aktuelle Hollywoodstreifen gezeigt. Centro Comercial das Amoreiras, Av. Duarte Pacheco, Ⓜ Rato, cinemas.nos.pt.

Norden

Cinemas NOS Alvaláxia, 12 große Säle mit insgesamt 3000 Plätzen im Einkaufszentrum unter dem Sporting-Stadion Estádio de Alvalade. Eingangsbereich in schreienden Farben – hier hat sich Stararchitekt Tomás Taveira ausgetobt. Alvaláxia XXI Shopping e Lazer – Complexo XXI, Rua Francisco Stromp, Ⓜ Campo Grande, cinemas.nos.pt.

Cinemas NOS Colombo, 9 Säle im Colombo-Einkaufszentrum, davon einer im großflächigen IMAX-Format. Av. Lusíadas, Centro Comercial Colombo, Loja A 203, Ⓜ Colégio Militar/ Luz, cinemas.nos.pt.

Osten

Cinemas NOS Vasco da Gama, 6 Kinosäle im Einkaufszentrum Vasco da Gama direkt neben dem Bahnhof Gare do Oriente. Centro Comercial Vasco da Gama, Av. D. João II, Parque das Nações, Ⓜ Oriente, cinemas.nos.pt.

Festivals

April/Mai

Ende April bis Mitte Mai kann man in Lissabon auf dem Festival **IndieLisboa** zahlreiche unabhängig produzierte Filme aus Europa, Asien, Afrika und Amerika sehen. Manche internationale Streifen sind bereits auf der Berlinale gelaufen, aber vor allem bei portugiesischen Spielfilmen gibt es immer wieder sehenswerte Premieren im Rahmen des Festivals (indielisboa.com).

Mai bis September

Von Mai bis September bereichert seit 2006 das Festival **Out Jazz** mit zahlreichen kostenlosen Open-Air-Konzerten die Kulturszene der Region. Dabei treten bekannte Künstler und DJs sonntags in zahlreichen Parks der Stadt auf (Facebook).

Im Stadtpark Parque Eduardo VII präsentieren sich während drei Wochen im Sommer auf der Buchmesse **Feira do Livro de Lisboa** Autoren mit Lesungen und Signierstunden. An den Verlagsständen kann man preiswert Bücher erwerben. Diese größte Buchmesse Portugals ist sehr volksnah, hat bis spät abends geöffnet und kostet keinen Eintritt (feiradolivrodelisboa.pt).

Ebenfalls in den Sommermonaten legen immer sonntags nachmittags in der Tapada da Ajuda, dem Park rund um das Instituto Superior de Agronomia, bekannte internationale DJs elektronische Sounds auf. Das nennt sich **Brunch Electronik** und kommt ursprünglich aus Barcelona: Hier kann man in entspanntem Ambiente tanzen und sich nebenbei an diversen Essensständen verpflegen. Für Kinder-Attraktionen ist ebenfalls gesorgt (lisboa.brunchelectronik.com).

Juni

Der Juni ist der Monat der Feste schlechthin, was ihn zum vielleicht attraktivsten Reisemonat für die portugiesische Hauptstadt macht. Ab dem 12. Juni bis zum Ende des Monats werden an Dutzenden Schauplätzen in den historischen Stadtvierteln sog. **arraiais** (Volksfeste) gefeiert. Besonders am Wochenende zieht der Geruch von gebratenen Sardinen, die zu Brot und Wein gegessen werden, durch alle Gassen. Die einheimische Bevölkerung lauscht unter bunten Girlanden portugiesischer Volksmusik und Fado-Gesängen. Die beste Stimmung herrscht dabei traditionell auf den *arraiais* der Alfama: Vor allem im Dreieck zwischen der Igreja de São Miguel, dem Miradouro das Portas do Sol und dem Largo do Chafariz de Dentro werden auf vielen Plätzen, Gassen und Straßen Bänke und Tische aufgestellt.

Höhepunkt der **Festas de Lisboa** (culturanarua.pt) sind jedoch die *marchas populares* (Volksmärsche) am Vorabend des 13. Juni, Lissabons Stadtfeiertag. Dann wird der Geburtstag des hl. Antonius von Padua gefeiert, der in Lissabon geboren wurde und inoffizieller Stadtpatron ist. Die farbenfrohe Parade verschiedener Gruppen aus den einzelnen Stadtteilen zieht am 12. Juni ab ca. 21 Uhr tanzend und singend die Avenida da Liberdade hinunter. Die Tänzer und Musikanten sind in prächtige Kostüme gehüllt und tragen große Lampions mit sich. Das ganze Spektakel dauert etwa vier bis fünf Stunden und hat durchaus Wettbewerbscharakter: Die *marchas* der einzelnen Stadtteile kämpfen um den Titel des besten Umzugs. Dabei versucht jedes Viertel, die anderen möglichst mit noch aufwendigeren Kostümen und Choreografien zu übertreffen. Am Straßenrand stehen die Nachbarn, Freunde und Familienangehörigen der Akteure und feuern sie an. Außerdem werden Töpfe mit frischem Basilikum verkauft, die sich Verliebte gegenseitig schenken. Schließlich gilt der hl. Antonius im Volksglauben als Patron für eine glückliche Ehe.

Am 13. Juni um 17 Uhr zieht die **Procissão de Santo António** von der Kirche Igreja de Santo António durch die Alfama. Diese religiöse Prozession wird seit dem 16. Jh. von der katholischen Brüderschaft *Confraria dos Louceiros* veranstaltet. Weiterer Höhepunkt der Stadtfeste ist der Vorabend des 24. Juni *(São João)*, an dem noch mal kräftig gefeiert wird.

Die Festas de Lisboa finden dann meistens am ersten Wochenende im Juli mit einem kostenlosen Open-Air-Konzert an der Torre de Belém oder auf der Praça do Comércio ihr Ende. Meist treten prominente Rock- und Popmusiker auf.

Juli

Juli ist überhaupt der Monat schlechthin für Open-Air-Festivals: Das größte Festival Portugals für Rock- und Popmusik ist das **NOS Alive** (nosalive.com) mit mehreren Bühnen auf der Uferpromenade im Vorort Algés (Zug ab Cais do Sodré). Freunden der Klassik werden beim **Festival ao Largo** Freiluftkonzerte des nationalen Symphonieorchesters geboten (festivalaolargo.pt). Sie finden auf dem Largo de São Carlos statt, dem Platz vor der Oper (Ⓜ Baixa/Chiado). Hier darf man keine Konzertsaal-Akustik erwarten, aber dafür ist die Atmosphäre stimmungsvoll. Da die Konzerte kostenlos sind, sollte man früh kommen, um einen Sitzplatz zu ergattern.

Juli/August

Bereits seit den 1970er-Jahren existiert das Festival **Jazz em Agosto,** das damit eines der ältesten Musik-Festivals Portugals ist: Von Mitte Juli bis Mitte August spielen jedes Jahr internationale Musiker im Park und in den Konzertsälen der Gulbenkian-Stiftung (Av. de Berna, 45A, Ⓜ Praça de Espanha, gulbenkian.pt/jazzemagosto).

September

Im Rahmen des Kinofestivals **Motelx** kann man zahlreiche internationale Horrorfilme sehen (motelx.org).

Oktober

In der zweiten Monatshälfte findet die **Doclisboa,** Portugals bekanntestes Filmfestival, statt. Filmfans können mehr als hundert Dokumentationen aus aller Welt ansehen (doclisboa.org).

Festas de Lisboa: geschmückter Platz in der Alfama

Eingang unter Gewölbe: Livemusikclub Musicbox

Nachtleben

Lissabon kann zu Recht behaupten, ein Nachtleben der Extraklasse zu bieten. Die meisten Bars und Kneipen findet man im Bairro Alto. In der Gegend um den Bahnhof Cais do Sodré und am Tejoufer gibt es vor allem größere Bars und die meisten Clubs.

> In der **Region um Lissabon** werden längst nicht so viele Bars und Clubs wie in der Hauptstadt betrieben, Tipps zum Nachtleben in diesen Orten finden sich in den jeweiligen Kapiteln der Costa de Lisboa.

Von Schildern mit der Angabe eines Mindestverzehrs *(consumo mínimo)* von teils über 200 € an den Türen vieler Bars oder Clubs sollte man sich nicht abschrecken lassen. Das sind „theoretische" Werte, die von den Clubs tatsächlich nur dann verlangt werden, wenn sie einen ungebetenen Gast abweisen wollen. Denn rein rechtlich ist es in Portugal verboten, den Zutritt zu einer öffentlichen Einrichtung zu untersagen. In aller Regel liegt der Mindestverzehr deutlich darunter oder wird gar nicht erhoben.

Besonders freitags und samstags sowie vor Feiertagen kann es dennoch schwierig sein, an den Türstehern der Clubs vorbeizukommen. Deswegen sollte man es vielleicht erst einmal an einem „normalen" Tag versuchen; da gibt es sogar gute Chancen, auch in eher exklusive Etablissements zu kommen. Die Erfolgsaussichten lassen sich auch durch gepflegte Kleidung verbessern. Paare kommen leichter am Türsteher vorbei als große Gruppen, vor allem wenn es sich dabei ausschließlich um Männer handelt.

Die besten Ausblicke auf die Hügel der Stadt bieten übrigens mehrere Lissabonner **Hotelbars.** Ich habe einige in die Liste der Tipps für das Nachtleben aufgenommen, da sie auch für Nichthotelgäste zugänglich sind. Preislich liegen sie meist eher im gehobenen Bereich, dafür wird man mit einzigartigen Ausblicken auf die Stadt entschädigt.

In den letzten Jahren haben neben Terrassen-Bars mit Aussicht auch viele **Weinbars** in Lissabon neu eröffnet. Auch hier habe ich mehrere Tipps zusammengetragen. Einige bieten die Möglichkeit, vor allem regionale Tropfen aus der Umgebung Lissabons zu verkosten. Diese Weinregionen sind in Deutschland weitgehend unbekannt, obwohl die von dort stammenden Produkte ein gutes Preis-Leistungs-Verhältnis bieten.

Bars, Kneipen und Clubs

Baixa/Chiado

→ Karte S. 24/25

Trobadores 24, Di–Do 12–2 Uhr, Fr 12–4 Uhr, Sa 14–4 Uhr. Mittelalter-Bar im Südwestteil der Baixa. Rustikales Ambiente mit viel Holz und Mittelalterdekoration. Oft Livemusik: viel Folk, aber auch andere Stile, sonntags teilweise Fado. Spezialgetränk des Hauses ist der Met *(hidromel)*: Der Honigwein wird in Tonkrügen oder Hörnern serviert. Es gibt auch Mittagessen sowie abends Toasts. Bier 1,50 € (viele internationale Marken). Calçada de São Francisco, 6A, Ⓜ Baixa-Chiado, ✆ 218850329, Facebook.

Rooftop Bar Art Inn 5, Mo–So 17.30–22.30 Uhr (So erst ab 18 Uhr). Über die Stufen geht es an der Rezeption des Art Inn Bed & Breakfast vorbei und ganz nach oben (Aufzug erst ab dem 1. Stock). Toller Blick auf den Graça-Hügel und zur Burg, sozusagen aus der zweiten Reihe. Im Rücken der Carmo-Konvent. Ruhiges Ambiente, viele Sitzgelegenheiten im Freien, ein paar auch überdacht. Neben Barbetrieb werden Mo–Sa auch Hauptgerichte angeboten. Bier 4 €. Rua 1° de Dezembro, 31, Ⓜ Rossio, ✆ 962431978, theartinn.com.

Wine Not? 19, Mo–Sa 12–24 Uhr (Sa erst ab 13 Uhr). Weinbar der Firma Casa Ermelinda Freitas aus dem Ort Águas de Moura auf der Tejo-Südseite. Es werden nur regionale Weine dieser Kellerei ausgeschenkt, z. B. der empfehlenswerte Sauvignon Blanc/Verdelho. Glas ab 2,20 €. Dazu gibt es leckere Kleinigkeiten wie Oliven, Käse oder Rindersteaks im Brötchen *(prego)*. Mein Tipp sind die süßen Eigelb-Törtchen *tortas de Azeitão*, eine regionale Spezialität aus Azeitão südlich von Lissabon. Gediegen in dunklem Holz eingerichtet, ruhiges Ambiente. Rua Ivens, 45, Ⓜ Baixa-Chiado, ✆ 916360626, Facebook.

Alfama

→ Karte S. 40/41

Lux Frágil 4, Do–Sa 23–6 Uhr, bei Konzerten und Auftritten internationaler DJs manchmal auch zu anderen Uhrzeiten und Tagen geöffnet. Bekanntester Club Lissabons direkt am Tejo neben dem Bahnhof Santa Apolónia. Im 1. Stock Barbetrieb mit Tejoblick. Tanzfläche im EG (Zugang über 1. Stock). Hier läuft Techno, House und Drum 'n' Bass. Gilt als beste Diskothek Lissabons und sogar ganz Portugals. Leider ist der Erfolg dem Lux Frágil zu Kopf gestiegen: Die Türsteher sind teilweise extrem unfreundlich. Doch wer erst einmal den Eintritt (in der Regel 10–15 €) geschafft hat, vergisst das angesichts des Inneren im Design der 60er und der erstklassigen DJs meist schnell wieder. Bier 4 €. Av. Infante D. Henrique, Armazém A, Cais da Pedra a Santa Apolónia, Ⓜ Santa Apolónia, ✆ 218820 890, luxfragil.com.

Memmo Alfama Hotel – Wine Bar & Terrace 12, Tägl. 12–24 Uhr. Weinbar mit Aussichtsterrasse im Memmo Alfama Hotel: An der Rezeption vorbei und dann geradeaus die Treppe hoch. Wie ein Festungsturm schiebt sich die Terrasse der Hotelbar in die Alfama. Auf drei Ebenen herrlicher Blick über den Tejo und die Altstadt. Perfekter Ort für einen kühlen Weißwein oder einen Cocktail zum Sonnenuntergang. Zum Essen gibt es Salate, Burger und portugiesische Tapas. Bier 3 €. Das kleine Schwimmbecken ist für die Hotelgäste reserviert. Travessa das Merceeiras, 27, ✆ 210495660, memmohotels.com.

Mouraria/Graça

→ Karte S. 54/55

8a Colina 3, tägl. 16–22.30 Uhr (Fr bis 1 Uhr). Kleine, belebte Bar, von den Nachbarn gern für ein Feierabendbier besucht. Blick auf die Graça-Kirche und die Burg. Dabei wird auf dem „achten Hügel", so der Name der Bar, Craft Beer eigener Fabrikation ausgeschenkt: Bis zu 10 Sorten ab 2,50 € wie Lager, IPA oder Weißbier kommen aus den Zapfhähnen. Im Angebot auch *vinho verde* und kleine Speisen wie Bratwurst. Es gibt neben diesem Stammhaus noch weitere Filialen in der Stadt (z. B. nahe der Ⓜ Marquês de Pombal in der Av. Duque de Loulé, 85). Rua Damasceno Monteiro, 8–A, ✆ 968617085, oitavacolina.pt.

Mein Tipp **Café da Garagem – Teatro Taborda 11**, tägl. 13–22 Uhr. Café-Bar im städtischen Taborda-Theater aus dem Jahr 1870. Raum mit langer Fensterfront und einem grünen Außenbereich, der sich wunderbar für lange Sommernächte anbietet. Herrlicher Blick auf die Igreja da Graça und den Miradouro Nossa Senhora do Monte. Ruhiges Ambiente. Bier 2 €. Es gibt u. a. leckere Kuchen und selbst gemachte Limonade. Costa do Castelo, 75, ✆ 218854190, teatrodagaragem.com.

Casa Independente 1, Mo–Fr 16–22.30 Uhr. Ein unscheinbarer Eingang führt zu dieser Café-Bar und Kulturzentrum im 1. Stock eines bürgerlichen Wohnhauses. Originell eingerichtet, mit Terrasse im Hinterhof und Konzertsaal. Konzerte, DJ-Sets und Lesungen. Sehr vielfältiges, eher alternativ ausgerichtetes Programm, das sich in Lissabon einen Namen gemacht hat, auch für afroportugiesische und afrikanische Musik und Kunst. Bier 2,50 €. Eintritt bei Konzerten meist 5–10 €. Largo do Intendente, 45, Ⓜ Intendente, Facebook.

meinTipp **Topo 5,** tägl. 12.30–1 Uhr (Fr bis 4 Uhr, Sa bis 2 Uhr). Bar im obersten Stock des Centro Comercial Martim Moniz. Nicht vom chaotischen Eingangsbereich des von chinesischen Kleidergroßhändlern geprägten Einkaufszentrums abschrecken lassen und einfach mit dem Aufzug in die 6. Etage fahren. Traumblick durch die vollverglaste Frontseite Richtung Burg, Graça und Miradouro da Nossa Senhora do Monte. Neben den Tischen und dem langen Tresen im Inneren bietet die Terrasse weitere Sitzgelegenheiten. Es werden elektronische Sounds gespielt. Auch Hauptgerichte und kleinere Speisen; empfehlenswert ist die Location jedoch vor allem für die Aussicht und Getränke wie Cocktails, Gin und Bier (2,50 €). Die Open-Air-Bar neben dem Elevador de Santa Justa in der Baixa ist übrigens ein Ableger des Topo. Centro Comercial Martim Moniz, Piso 6, Ⓜ Martim Moniz, ✆ 215881322, Facebook.

Avenida da Liberdade

→ Karte S. 64/65

meinTipp **Hot Clube de Portugal (HCP) 7,** tägl. (außer So/Mo) 22–2 Uhr. Seit 1948 und damit der älteste noch bestehende Jazzclub Europas. Zu Zeiten des Diktators Salazar ein Hort des Widerstands. Auch heute noch *der* Jazzclub Lissabons: Kleiner, oft dicht besetzter Konzertraum, mehr Platz bietet der begrünte Hinterhof. Konzerte in der Regel mit zwei Sessions um 22.30 Uhr und um Mitternacht. Di Jamsessions (begabte Musiker können mitspielen) bei freiem Eintritt, ansonsten meist 10 €. Bier 2,50 €. Praça da Alegria, 48, Ⓜ Avenida, ✆ 213460305, hcp.pt. Zum Recherchezeitpunkt 2023 geschlossen, soll 2024 wieder eröffnen.

Bairro Alto

→ Karte S. 82/83

BAHR 28, tägl. 12–1 Uhr. Bar im 5. Stock des Bairro Alto Hotels mit herrlichem Blick bis zur Brücke des 25. April, auf den Tejo und Almada: ideal für einen „Sundowner". Innen Restaurant-Bar, außen ganzjährig geöffnete Rooftop-Terrasse unter Sonnensegeln. Die vorzügliche Aussicht spiegelt sich in den exquisiten Preisen: Espresso 3 €, Bier 6 €. Es werden den ganzen Tag kleine Speisen angeboten, mittags und abends auch Hauptgerichte sowie Sa/So/Fei mittags Brunch. Praça Luís de Camões, 2, Ⓜ Baixa-Chiado, ✆ 213408253, bahr.pt.

Nicht nur im Sommer nachts sehr belebt: Rua Diário de Notícias

meinTipp **A Capela 16**, tägl. 20–2 Uhr (Fr/Sa bis 3 Uhr). Ein Bairro-Alto-Klassiker im wahrsten Sinne: Goldumrahmte Spiegel, Engelsstatuen und Marmorplatten am Boden sorgen für „barockes" Ambiente. Vor allem am Wochenende legen DJs guten House auf, sodass viele Gäste trotz der Enge tanzen. Zahlreiche Liköre, dazu Cocktail-Klassiker von Bloody Mary bis White Russian. Kleines Bier vom Fass *(imperial)* 2 €. Rua da Atalaia, 45, Ⓜ Baixa-Chiado, Facebook.

Miradouro de São Pedro de Alcântara 11, tägl. 11–24 Uhr, Fr/Sa 10–2 Uhr (im Winter vor allem bei schlechtem Wetter teilweise deutlich früher geschlossen). Kiosk mit Terrasse am Aussichtspunkt an der Bergstation des Elevador da Glória. Mit fantastischem Ausblick auf die Burg sowie die Stadtteile Mouraria und Graça bis hinunter über die Baixa zum Tejo lädt diese Kioskbar zum Kaffee am Tisch oder in den gemütlichen Liegestühlen ein. Hin und wieder auch nächtliche DJ-Sets, dann wird viel getanzt, ansonsten aber meist ruhiges Ambiente. Bier 2,50 €. Miradouro de São Pedro de Alcântara, Facebook.

meinTipp **Park 20**, Di–Sa 12.30–2 Uhr, So bis 20 Uhr. Freiluftbar auf dem Dach des Parkhauses in der Calçada do Combro. Direkt neben der Ausfahrt durch die Metalltüre zum Aufzug und dann in den 5. Stock, zu Fuß geht es weiter auf das 6. Parkdeck mit der Bar. Kleiner Innenraum, das meiste spielt sich im Freien ab: herrliche Sicht auf die benachbarte Igreja de Santa Catarina, in der Ferne funkeln das Mondlicht auf dem Tejo und die Positionslichter der Brücke des 25. April. Man sitzt auf Holzhockern und Bänken zwischen Oleandern und Yuccapalmen, schlürft an einem Cocktail oder frisch gepresstem Fruchtsaft und genießt nachmittags im Sonnenschein oder nachts im Kerzenlicht die coole Atmosphäre. Wer hungrig ist, bekommt Speisen wie Hamburger, Käse- und Wurstplatten. Selbstbedienung ab 18 Uhr. Bier 2 €. Calçada do Combro, 58, Ⓜ Baixa/Chiado, ✆ 215914011, Facebook.

Pavilhão Chinês 9, tägl. 18–2 Uhr (So ab 21 Uhr). Ein Luxuspub, seit 1986 untergebracht in einer 1901 gegründeten Kurzwarenhandlung. Man muss klingeln, um in den 5 Säle umfassenden Pub zu gelangen. Innen ist man von der üppigen Dekoration geradezu geblendet: Die alten Verkaufsvitrinen sind überfüllt mit Miniaturen und Puppen, in den hinteren Räumen Hunderte von Modellflugzeugen und Modellkriegsschiffen sowie Plastiksoldaten. Zwei Billardtische. Publikum eher etwas älter als der Bairro-Alto-Durchschnitt. Die Bar ist in die Jahre gekommen und könnte eine Renovierung meiner Ansicht nach gut gebrauchen. Bier 3 €. Auch Kaffee, viele Tees sowie große Cocktailauswahl. Rua Dom Pedro V, 89/91, ✆ 213424729, Facebook.

Nächtliche Straßenkunst im Bairro Alto

meinTipp **Zé dos Bois – ZDB 18**, Mo–Do 18–2 Uhr, Fr/Sa 18–3 Uhr. Die Livemusikbar gilt als einer der kreativsten Orte der alternativen Kunstszene Lissabons: von minimalistischer Elektro-Musik über Hip-Hop bis zu Lesungen. Der Name ist eine portugiesische Verballhornung von Joseph Beuys und bedeutet wörtlich so viel wie „Ochsen-Sepp". Untergebracht ist das Zé dos Bois im Palácio Baronesa de Almeida, einem schönen Palast aus dem 17. Jh. Ein Barraum befindet sich im 3. Stock mit Terrasse über den Gassen des Bairro Alto, eine weitere, kleinere Bar im 1. Stock mit Terrasse im Innenhof. Eintritt nur bei Konzerten oder Ausstellungen: 3–15 €. Bier 1,50 €. Rua da Barroca, 59, Ⓜ Baixa-Chiado, ✆ 213430205, zedosbois.org.

Cais do Sodré

→ Karte S. 82/83

B.Leza 47, Fr–Sa 22.30–4, So 19–2 Uhr. *Der* Afro-Club Lissabons schlechthin liegt etwas versteckt am Tejoufer im 3. Block westlich des Fährbahnhofs Cais do Sodré. Legendäre Talentschmiede für Bands von den westafrikanischen Kapverden. Tägl. Livemusik, zu laut für eine gepflegte Unterhaltung. Die meisten Gäste stört das nicht, da sie hier vor allem tanzen wollen, und das in der Regel paarweise (z. B. afrikanische *mornas*). Am So auch Kizomba-Tanzstunden. Eintritt/Mindestverzehr 5–10 €. Bier 2,50 €. Rua Cintura do Porto, Cais da Ribeira Nova, Armazém B, Ⓜ Cais do Sodré, ☏ 210106837, Facebook.

Bacchanal 39, tägl. 18–2 Uhr, Fr/Sa bis 3 Uhr. Weinbar nahe der „rosa Straße" am Cais do Sodré. In den Räumen einer ehemaligen Drogerie untergekommen. Die Weine in den alten Holzvitrinen werden nach den Anbauregionen Portugals präsentiert und können fast alle verkostet werden, pro Glas ab 3 €. Mein Tipp für heiße Sommerabende: ein erfrischender *vinho verde* der Quinta de Linhares aus Nordportugal. Dazu gibt es Kleinigkeiten wie Wurst und Käse. Im Vergleich zu den anderen Weinbars lautes Ambiente mit rockiger Musik. Rua do Corpo Santo, 28, Ⓜ Cais do Sodré, ☏ 939016160, Facebook.

meinTipp **By the Wine 31**, Mo–Fr 19–24 Uhr, Sa/So 13–24 Uhr. Weinbar am Anstieg zwischen Cais do Sodré und Bairro Alto. Gehört zur Unternehmensgruppe Sogrape, die hier über 50 portugiesische Weine ab 3 €/Glas anbietet. Wer fruchtbetonte Weißweine mag, sollte den köstlichen *Quinta dos Carvalhais Encruzado* aus dem mittelportugiesischen Anbaugebiet *Dão* probieren. Zum Essen empfehle ich den *Queijo de São Jorge*, einen würzigen Käse von den Azoren, als „Dessert" den Moscatel-Likörwein *Quinta de Alambre* aus Setúbal südlich von Lissabon. Beeindruckende Dekoration: Die Gewölbedecke hat man komplett mit leeren Weinflaschen abgehängt, das Licht wird durch das Flaschenglas gedämpft. Die Akustik ist dagegen leicht hallig: Wenn die Gäste angeschwipst sind, kann es etwas laut werden. WLAN frei. Rua das Flores, 41-43, Ⓜ Cais do Sodré, ☏ 213420 319, bythewine.pt.

Konzert in der „Pink Street"
Rua Nova de Carvalho

Cacau da Ribeira 46, tägl. (außer Mo) 0–15 Uhr. Preiswertes Bar-Café im ehemaligen Zentralmarkt, seit 1937 geöffnet. Separater Eingang von der Av. 24 de Julho aus (rechts vom Markt-Haupteingang). Idealer Ort, um alle möglichen Gestalten des Lissabonner Nachtlebens zu beobachten: Sexarbeiterinnen in einer freien Minute, Betrunkene auf der Suche nach einem Absacker oder Bauarbeiter, die sich nach einer anstrengenden Nachtschicht stärken wollen. Es gibt auch Kaffee, das klassische Getränk ist hier aber seit Jahrzehnten der heiße Kakao für 1,10 €. Bier 1,35 €. Zu essen süße Gebäckteilchen wie Berliner oder Herzhaftes wie Sandwiches, Fischpasteten oder Hamburger mit Pommes. Vorab-Bezahlung. Mercado da Ribeira, Av. 24 de Julho, Ⓜ Cais do Sodré, ☏ 213432056, facebook.com/139983512694914.

Café da Ordem dos Arquitectos – COA 36, Mo–Fr 9–2 Uhr. Das mit den Architekten ist hier wörtlich zu nehmen: Die hinter der Markthalle gelegene Café-Bar gehört zum Sitz des Berufsverbandes. Tagsüber eher ruhiger Cafébetrieb, nachts legen dagegen DJs auf und es wird zu elektronischen Sounds getanzt. Kleiner Innenraum, die meisten kommen jedoch, um im begrünten Außenbereich zu sitzen. Bier 1,50 €. Auch Mittagsmenü, kleine Gerichte und Kuchen. Rua da Ribeira Nova, 50, Ⓜ Cais do Sodré, ☏ 916556207, Facebook.

Javá 35, tägl. 16–1 Uhr. Über einen speziellen Lift (ausgeschildert) geht es auf die Dachterrasse des Gebäudes der früheren Lissabonner Telefongesellschaft TLP mit seinem auffälligen Turm. Viele Sitzgelegenheiten innen und auf der Terrasse entlang der Ballustrade. Das internationale Publikum genießt das Party-Ambiente mit Blick auf den Bahnhof Cais do Sodré und

Eine der beliebtesten Rooftop-Bars in Lissabon: Javá

die breite Cocktail-Auswahl (auch alkoholfrei). Den Rooftop-Barbetrieb (Selbstbedienung) kann ich empfehlen, nicht dagegen den Restaurantservice. Bier 3,60 €. Praça Dom Luis I, 30, Ⓜ Cais do Sodré, ✆ 935945545, Instagram.

Lounge 34, tägl. 15–2 Uhr, Fr–So bis 3 Uhr. Treffpunkt der alternativen Musikszene Lissabons an einem kleinen Platz in der Nähe der Markthalle am Cais do Sodré. Oben eine kleine Galerie, auf der ein DJ abseitige elektronische Musik auflegt. Unten der in rötliches Licht getauchte Barbereich. Kerzen verbreiten eine gemütliche Atmosphäre. Immer wieder auch Livekonzerte. Bier 2 €. Rua da Moeda, 1 – porta letra O a P, Ⓜ Cais do Sodré, ✆ 213973730, loungelisboa.com.pt.

Menina e Moça 40, So–Do 14–2.30 Uhr, Fr/Sa 12–3.30 Uhr. In der quirligen „rosa Fußgängerzone" am Cais do Sodré übersieht man leicht diese Buchhandlung und Bar. Nachmittags werden hier Bücher verkauft, abends eher Getränke. Die Regale zieren Porträtfotos bekannter Schriftsteller Portugals. Einige Tische auf der Straße. Bier 2 €, auch Wein und Fruchtsäfte. Ruhige Musik, ab und zu abends Live-Jazz. Rua Nova do Carvalho, 40-42, Ⓜ Cais do Sodré, ✆ 218272331, Facebook.

Musa da Bica 33, Mi/Do 17–1 Uhr, Fr/Sa 15–2 Uhr, So 14–22 Uhr. Ableger der bekannten Craftbeer-Fabrik aus dem Osten der Stadt (Fabrikausschank in der Rua Vale Formoso, 9 im Stadtteil Marvila). Mittelgroßer Barraum, ein paar Tische auch draußen vor der Tür. Alles dreht sich um den Gerstensaft: 15 Sorten von IPA über Lager bis Stout, alle aus eigener Produktion, können gezapft werden. Glas 2,50 €, Probierpaket 7 €. Auch kleine Gerichte. WLAN frei. Calçada Salvador Correia de Sá, 2A, ✆ 213 877777, Facebook.

Musicbox 43, tägl. 22–6 Uhr (je nach Programm, an manchen Tagen auch geschl.). Der bedeutendste Livemusikclub Lissabons liegt unter einem Brückenbogen der Straße, die vom Cais do Sodré zum Bairro Alto hochführt. Deshalb interessante Architektur im Inneren mit sehr hoher Decke und Granitbögen, von denen die Straße gestützt wird. Etwa 300 Menschen finden in dem Raum mit Bühne, Bar und Sofalandschaften Platz. Eintritt je nach Konzert oder auch bei normalem Clubbetrieb 8–20 € (teilweise inkl. Getränkegutscheinen). Bier 2,20 €. Auch kleine Gerichte zum Essen wie Schweineschnitzel im Brötchen *(bifana)* oder Salate. Rua Nova do Carvalho, 24, Ⓜ Cais do Sodré, ✆ 213473188, musicboxlisboa.com.

O Bom O Mau e O Vilão 37, Mi–Mo 19–2 Uhr, Fr/Sa bis 3 Uhr. Bar in der Nähe des Cais do Sodré. Mehrere Säle, die mit ihren Dielenböden, Pop-Art-Gemälden an den Wänden und bequemen Sesseln das Gefühl vermitteln, man sei in eine Privatparty „gecrasht". Düstere Beleuchtung, dazu passend gemütliche Jazz-

Elektro-Musikmischung. Regelmäßig Livemusik und DJ-Sets von Blues über Jazz bis zu Funk und Indie. Bier 2,50 €. Rua do Alecrim, 21, ✆ 963982094, obomomaueovilao.pt.

mein Tipp **Pensão Amor 41**, tägl. 14–3 Uhr, Do–Sa bis 4 Uhr. Beliebteste Bar in der Kneipenzone am Cais do Sodré. Der Name „Pension Liebe" kommt nicht von ungefähr: Hier befand sich jahrelang ein Stundenhotel, das von den Sexarbeiterinnen der umliegenden Rotlichtzone frequentiert wurde. Die Gäste erwartet Rotlicht-Plüsch-Ambiente. Nichts für prüde Gemüter, auch wenn sich um die Eisenstange in der Bar nur selten Stripper ranken. Falls man die Fantasien noch etwas weiter genießen möchte: In den Etagen über der Bar werden Zimmer im Stil eines Luxus-Bordells zum Übernachten vermietet. Die Bar ist vor allem am Wochenende gut besucht, deshalb besser früh kommen, bevor die Sicherheitsleute den Eingang sperren. Bier 3 €. Viele Gins. Zwei Zugänge: Rua Nova do Carvalho, 38 und Rua do Alecrim, 19, Ⓜ Cais do Sodré, ✆ 213143399, pensaoamor.com und Facebook.

Rive Rouge 42, Do–So 22–4 Uhr, Fr/Sa bis 6 Uhr. Ab Mitternacht wird es voll, dann kann es schwierig werden, Einlass zu finden. Über Direktnachricht per Instagram oder Facebook kann man sich aber auf die Gästeliste setzen lassen. Gut tanzbarer, kommerzieller Techno & House, dazu auch brasilianische Sounds und HipHop. Der mittelgroße, ganz in Rot getauchte Club ist minimalistisch eingerichtet. Luftiges Ambiente durch hohe Decken und Blick in den Markt. Mindestverzehr 10 €. Bier 2,50 €, große Auswahl an Cocktails. Im Obergeschoss des Mercado da Ribeira, Zugang von außen an der Ecke Praça D. Luís I/Rua da Ribeira Nova, Ⓜ Cais do Sodré, ✆ 213461117, rive-rouge.com.

Social B Lisboa 32, Di–Sa 18–2 Uhr. Gemütliche Bar, ihr Besitzer Mikas gehört zu den legendären Unternehmern des Lissabonner Nachtlebens. In dem gewölbeartigen Inneren kann man auf zwei Ebenen an Sofas und Sesseln Platz nehmen. Neben Getränken gibt es auch *petiscos*, portugiesische Kleinigkeiten zum Essen. Bier 2,50 €. Rua da Boavista, 116, Ⓜ Cais do Sodré, ✆ 925147197, Facebook.

Lapa/Madragoa

→ Karte S. 106/107

mein Tipp **Catch Me 18**, tägl. 12.30–1 Uhr, Fr/Sa bis 2 Uhr. Im Winter teilweise früher geschl. Gläserne Aussichtsbar direkt am Garten neben dem Haupteingang zum Museu Nacional de Arte Antiga. Nichts hindert den Blick Richtung Tejo, Cristo Rei und die Brücke des 25. April, sogar die Balkonbrüstung auf der Terrasse ist komplett verglast. Die Bar wurde auf ein Hausdach direkt oberhalb des Hafens von Alcântara aufgesetzt. Wer von hier zusieht, wie Container mit großen Kränen in die Frachtschiffe an den Docks geladen werden, fühlt sich ein bisschen wie an den Landungsbrücken von Hamburg. Ideal zum Sonnenuntergang, den man sogar in Liegestühlen genießen kann. Viele Cocktails und Gins. Bier 2 €. Auch Hauptgerichte, Hamburger und kleine Speisen. Rua das Janelas Verdes, Jardim 9 de Abril, Ⓜ Santos (ab 2025), ✆ 213963668, catch-me.pt.

mein Tipp **Incógnito 5**, Do–Sa 23–4 Uhr. Kleiner Club zwischen dem Bairro Alto und dem Parlament São Bento. Die Tram 28 fährt direkt an der Tür vorbei. Eine unverwüstliche Legende des Lissabonner Nachtlebens, der Autor dieses Buches tanzte hier schon Anfang der 90er-Jahre. Seitdem immer gut besucht, vor allem am Wochenende kann es zu später Stunde voll werden. Nach der Eingangsetage geht es links ein halbes Stockwerk höher zur Bar oder rechts zur Tanzfläche hinunter. Musikalisch Querbeetangebot mit Schwerpunkt auf alternativer Independent-Musik. Mindestkonsum 5 €. Reicht z. B. für zwei Bier à 2,50 €. Wer vor Mitternacht kommt, erhält teilweise freien Eintritt. Rua dos Poiais de São Bento, 37, Ⓜ Santos (ab 2025), Facebook.

Matiz Pombalina 11, Di–Sa 19–2 Uhr. Auf Gin und Cocktails spezialisierte Luxusbar in der Madragoa (an der Tür klingeln). Hausmarke ist Hendrick's: als Gin Tonic oder als Cocktail ab 10 €. Bier 2,50 €, die meisten Gäste greifen aber zu Hochprozentigem. Dielenböden, roh belassene Wände sowie gediegene Polstermöbel. Eher älteres Publikum. Mehrere kleine Räume, ein paar Sitze auch im winzigen Innenhof. Aufmerksamer Service. Rua das Trinas, 25, Ⓜ Santos (ab 2025), ✆ 937282684, matizpombalina.pt.

Alcântara

→ Karte S. 114/115

Doca de Santo 6, tägl. 12–24 Uhr, Fr/Sa bis 1 Uhr. Mit dieser Restaurant-Bar begann 1996 die Geschichte der Docas, heute reihen sich in diesem Ausgehviertel die Bars und Restaurants nebenan in einer langen Schlange. Im Wintergarten Restaurantbetrieb, am Wochenende gerne von portugiesischen Familien besucht. Allerdings empfiehlt sich die Doca de Santo eher für ein Getränk in der Freiluftbar im großen Palmengarten mit Tejoblick und kleiner Eisdiele. Der Service ist manchmal etwas langsam. Auf dem Bahngleis vor dem Garten fahren noch Güterzüge! WLAN. Bier 1,80 €. Armazém CP, Doca de Santo Amaro, ✆ 213963535, docadesanto.com.pt.

Quimera Brewpub 1, Mi–Do 17–23, Fr/Sa 17–24, So 17–22 Uhr. Kuriose Lage in einem von Kronleuchtern erhellten Tunnel aus dem 18. Jh.: Früher diente er als Zugang zum oberhalb gelegenen Palácio das Necessidades, heute als Mikrobrauerei. Im Angebot sind 12 Sorten selbst gebrautes Craft Beer ab 3,50 € von Ale über IPA bis Stout. Die „Sour"-Varianten mit Früchten sind außergewöhnlich und gewöhnungsbedürftig, da tatsächlich recht sauer. Rua Prior do Crato, 6, ✆ 917070021 und 916 926746, quimerabrewpub.com.

Osten

→ Karte S. 149

Dois Corvos Cervejeira 2, Mo–Do 15–23 Uhr, Fr 15–1.30 uhr, Sa 12–1.30 Uhr, So 12–23 Uhr. Craft Beer-Brauerei mit angeschlossener Kneipe: Aus den Hähnen fließen 12 Biersorten ab 2,20 € (auf der Tafel über dem Tresen steht, welche gerade aktuell im Angebot sind). Viele halten die Brauerei für die beste Lissabons. An den schlichten Holzbänken und Steintischen im Tap Room (Trinkstube) geht es laut und lebhaft zu. Gegen den Hunger kann man Focaccia und einfache Pizzen sowie Käse- und Wurstteller ordern. Bus 728 ab Ⓜ Cais do Sodré oder Ⓜ Oriente bis Haltestelle Palácio da Mitra. Rua Capitão Leitão, 94, ✆ 211384366, doiscorvos.pt.

Fábrica Braço de Prata 1, Mo–Mi 8–23 Uhr, Do–Sa 9–1 Uhr, So 9–20 Uhr. Das alternative Kulturzentrum ist in einer ehemaligen Waffenfabrik aus dem Jahr 1908 untergekommen. Insgesamt wurden hier fast eine halbe Million G3-Sturmgewehre in Lizenz des deutschen Herstellers Heckler & Koch gefertigt, sie waren u. a. in den Kolonialkriegen und bei der Nelkenrevolution im Einsatz. Seit 2007 wird das Gebäude mit seinen 15 hohen, geräumigen Sälen jedoch als „Kulturfabrik" für Lesungen, Konzerte (Jazz, Weltmusik, Klassik), Ausstellungen, Tanzkurse und vieles mehr verwendet. Im Sommer auch mit großer Terrasse. Je nach Konzert 5–10 € Eintritt, sonst frei. Bier 2 €. Im Bar-Restaurant werden neben warmen Gerichten (meiner Meinung nach nicht die Stärke des Hauses) auch *petiscos* serviert. Mit Bus 728 ab Ⓜ Cais do Sodré oder Ⓜ Oriente bis Haltestelle Fábrica Braço Prata. Rua da Fábrica do Material de Guerra, 1, ✆ 925737045, bracodeprata.com.

Fado-Lokale → Kultur und Unterhaltung S. 400/401.

Historischer Lissabonner Kiosk auf der Praça do Príncipe Real

Lissabon (fast) umsonst

Lissabon gehört zu den günstigsten Metropolen Westeuropas. Die Übernachtungspreise sind moderat, die öffentlichen Verkehrsmittel erschwinglich, und beim Restaurantbesuch muss man keine Mondpreise befürchten wie in Paris oder London. Sparpotenzial gibt's aber auch darüber hinaus noch:

Preisgünstig essen

Viele Restaurants bieten montags bis freitags ein preiswertes Mittagsmenü an, oft inklusive Getränk – wenn man ein hochklassiges Lokal ausprobieren möchte, eine gute Alternative zu den Normalpreisen am Abend. Keine Spitzenküche, aber solide und günstige Mittagsgerichte bekommt man auch in vielen Cafés (abends bieten nur die touristischen Cafés Hauptgerichte an). Man muss sich dort allerdings auf eine etwas wuselige Atmosphäre einstellen, denn auch viele Einheimische verbringen hier ihre Mittagspause.

Sparen in Bus, Tram und Metro

Bei der Benutzung der öffentlichen Verkehrsmittel spart man, wenn man die Fahrkarten im Vorverkauf erwirbt. „An Bord" zahlt man mehr als das Doppelte für die Fahrt (→ S. 419/420).

Konzerte zum Nulltarif

Kostenlose Fado-, Rock- oder Pop-Konzerte werden besonders im Juni im Rahmen der alljährlichen Stadtfeste veranstaltet. Gratis Klassik-Freiluftkonzerte bietet im Juni/Juli das *Festival ao Largo*, das auf dem Platz vor der Oper, dem Largo de São Carlos, stattfindet (festivalaolargo.pt). Klavierkonzerten mit freiem Eintritt kann man mehrmals wöchentlich ab 19 Uhr im Erdgeschoss des Hotel Avenida Palace lauschen (→ S. 435).

Die Termine der kostenlosen Konzerte entnimmt man der in Touristenbüros ausliegenden Zeitschrift *Follow Me* (auch online visitlisboa.com). Weitere unentgeltliche Events wie etwa Stadtführungen listet der Kulturkalender der Stadt unter agendalx.pt.

Museen zum Nulltarif

Manche Museen wie das Gulbenkian- oder das Orient-Museum bieten zu bestimmten Zeiten freien Eintritt. Außerdem findet an einem Samstag vor oder nach dem 18. Mai, dem Internationalen Museumstag, die **Museumsnacht** *(Noite dos Museus)* statt. Von 18 bis 23 Uhr hat man dann ebenfalls freien Eintritt in zahlreiche Museen.

Kombitickets fürs Sightseeing

Für einige Sehenswürdigkeiten werden preiswerte Kombitickets angeboten, z. B. für das Nationalpantheon in Verbindung mit dem Museu Nacional do Azulejo. Auch wer in Sintra mehr als eine der von *Parques de Sintra – Monte da Lua* verwalteten Sehenswürdigkeiten besuchen möchte (man erkennt sie an der URL parquesdesintra.pt), sollte ein Kombiticket kaufen. Wer die Karten online kauft, erhält weitere 5 % Rabatt.

Vergünstigungskarten

Lisboa Card: Mit dieser Karte kann man die Metro, Trams, Busse und Aufzüge benutzen, kostenlos mit dem Zug von Lissabon nach Sintra oder Cascais fahren und hat obendrein noch freien Eintritt in etwa 35 Museen, Klöster und Schlösser. Andere Sehenswürdigkeiten gewähren Ermäßigungen. Die Lisboa Card lohnt sich unserer Erfahrung nach aber nur dann, wenn man täglich mehrere Museen oder Sehenswürdigkeiten wie Paläste und Klöster besichtigen will, keinen Studentenausweis besitzt und nicht über 65 Jahre alt ist. Sie kostet für 24 Stunden 21 €, für 48 Stunden 35 € und für 72 Stunden 44 € (Kinder von 4 bis 15 Jahren ca. 40 % Ermäßigung). Man erhält die Lisboa Card in allen Touristenbüros und unter visitlisboa.com. Beim Kauf online spart man 5 %.

ISIC-Studentenausweis: Für Schüler und Studenten lohnt es sich, einen internationalen Studentenausweis nach Lissabon mitzunehmen, denn viele Sehenswürdigkeiten gewähren ab einem Alter von 12 Jahren nur für Schüler oder Studierende Ermäßigungen. Überall anerkannt ist der ISIC-Studentenausweis, der auch für Schüler ab der 5. Klasse erhältlich ist. Er kostet 15 € für ein Jahr und kann unter isic.org beantragt werden.

Cartão Jovem (European Youth Card): Für unter 30-Jährige, die keinen internationalen Studentenausweis besitzen, lohnt sich der Kauf dieser Jugendkarte. Sie gewährt auf viele Eintritte Rabatte und weitere Vergünstigungen, so auch in den Jugendherbergen. Sie ist ein Jahr lang gültig, der Kaufmonat wird nicht mitgerechnet. Unter Vorlage des Personalausweises und eines Fotos kann man die portugiesische Cartão Jovem für 10 € in allen Postämtern erhalten. In anderen europäischen Ländern gibt es vergleichbare Jugendkarten, die weitgehend gegenseitig anerkannt werden (Infos: eyca.org und cartaojovem.pt).

Vergünstigungen für bestimmte Personengruppen

Arbeitslose und Schwerbehinderte aus EU-Ländern: Teilweise ist bei Vorlage einer entsprechenden Bescheinigung der Eintritt in Museen und Sehenswürdigkeiten verbilligt oder sogar ganz frei (alle Nationalmuseen, Pantheon, Mosteiro dos Jerónimos und Torre de Belém).

Ab 65 Jahren: Für Senioren ist Portugal ein sehr freundliches Land: Praktisch überall wird ab 65 Jahren der Eintrittspreis deutlich rabattiert – egal, ob man sich wirklich schon im Ruhestand befindet oder nicht. Man braucht auch keine speziellen Ermäßigungskarten: Es reicht ein Nachweis des Alters per Personalausweis. Bei CP-Zugfahrkarten kauft man ab 65 Jahren ein Ticket namens *meio bilhete* („halbe Karte"), das um 50 % im Vergleich zum Originalpreis ermäßigt ist. In Fertagus-Zügen erhalten Senioren 25 % Rabatt.

Für Schnäppchen auf der Feira da Ladra sollte man früh kommen

Gare do Oriente: Verkehrsknoten im Osten der Stadt

Anreise

Mit dem Flugzeug

Wer früh bucht, zahlt in der Regel etwa 200 € für einen Hin- und Rückflug. Zahlreiche Gesellschaften fliegen Lissabon direkt an.

Für den Anflug auf Lissabon sollte man einen Fensterplatz rechts buchen, denn an den meisten Tagen führt die Einflugsroute in einer großen Schleife über die langen Sandstrände der Costa da Caparica südlich von Lissabon und, dann bereits in niedriger Höhe, an der Tejobrücke 25 de Abril und der Cristo-Rei-Statue vorbei über die Stadt. Auf der rechten Seite genießt man dabei den besten Blick.

Direktflüge nach Lissabon

Basel-Mülhausen: Easyjet

Berlin: Easyjet, Ryanair, TAP Portugal

Düsseldorf: Eurowings, TAP Portugal

Frankfurt: Lufthansa, TAP Portugal

Genf: Easyjet, Swiss, TAP Portugal

Hamburg: Eurowings, TAP Portugal

Köln-Bonn: Eurowings, Ryanair

Luxemburg: Easyjet, Luxair, Ryanair, TAP Portugal

München: Lufthansa, TAP Portugal

Stuttgart: Eurowings

Wien: Ryanair, TAP Portugal

Zürich: Swiss, TAP Portugal

Flughafen Lissabon

Der Lissabonner Flughafen **Aeroporto Humberto Delgado** liegt mit nur 7 km Entfernung zur Stadtmitte relativ zentrumsnah. Der 1942 eingeweihte Flughafen ist mit 30 Mio. Passagieren pro Jahr Portugals größter Airport und wird von der französischen Firma Vinci betrieben.

Die meisten Flüge kommen am Terminal 1 an der Ostseite des Flugfeldes an. In Terminal 1 befinden sich auch das Touristen-Informationsbüro, die Gepäckaufbewahrung und die Mietwagen-Firmen.

Das deutlich kleinere Terminal 2 liegt am Südende des Flugfeldes: Hier gibt es nur Abflüge von Billiggesellschaften wie Easyjet, Ryanair und Wizz Air, ankommende Flüge werden hier nicht abgewickelt. Da es vor Terminal 2 keine Parkplätze gibt, kann es nur per Taxi oder mit dem kostenlosen Bus-Shuttle erreicht werden (Abfahrt alle 10 Min. vor der Abflughalle von Terminal 1).

Informationen ✆ 218413500, aeroporto lisboa.pt. Auch als App für diverse Smartphones unter „ANA Portuguese Airports". WLAN ist im Flughafen kostenlos.

MeinTipp **Essen & Trinken La Pausa Self Service,** tägl. 11–15 Uhr. Besonders die Crews und Flughafenangestellten nutzen dieses Selbstbedienungsrestaurant, da es für Airport-Verhältnisse sehr preisgünstig ist. Etwas versteckt im 5. Stock gelegen, aber einfach über den Aufzug oder die Treppe neben der Poststation vor dem Check-in-Bereich zu erreichen. Portugiesische Küche mit Suppen, Fleisch- und Fischgerichten sowie einer kleinen Salat-Bar. ✆ 218479050.

Flughafen mit Kindern: Im *Aeroporto Humberto Delgado* gibt es mehrere Wickelräume, den speziellen Familien-Spielraum *Sala de Estar em Familia* (im 5. Stock der Abflughalle, zu erreichen über den Aufzug oder die Treppe neben der Poststation vor dem Check-in-Bereich) sowie Buggys zum Transport innerhalb des Flughafens (hinter der Sicherheitskontrolle).

Kinderwagen: Über die Firma *Upababy* kann man sich für den Urlaub Buggys, Hochstühle sowie Kindersitze fürs Auto ins Hotel, die Ferienwohnung oder auch an den Flughafen liefern lassen. ✆ 916188018, upababy.pt.

Flughafentransfer Mit der U-Bahn: Der Flughafen ist Endstation der roten Metrolinie. Ohne Umsteigen geht es ab Terminal 1 in wenigen Minuten von der Ⓜ Aeroporto direkt zum neuen Hauptbahnhof Oriente und in die Lissabonner Neustadt, die Avenidas Novas. Alle anderen Metrolinien erreicht man mit einmal Umsteigen (→ Plan auf hinterer Umschlagklappe). Einzelfahrkarten und Zeitkarten kann man im Eingangsbereich der U-Bahn an zahlreichen Automaten kaufen (mehr Infos zu den Tickets ab S. 419). Für Menschen mit viel Gepäck gibt es in der Metro an allen Stationen besonders breite Eingangsschleusen, allerdings nicht überall Rolltreppen oder Aufzüge.

Mit den Stadtbussen: In den Linienbussen ist wenig Platz für Gepäck, sodass die Busfahrer angewiesen sind, die Mitfahrt zu verweigern, wenn man einen Rucksack oder einen Koffer dabei hat, der größer ist als 55x40x20 cm. Die Stadtbusse sind also nur mit kleinem Handgepäck eine Option. Fahrpläne: carris.pt.

Die Linie 744 fährt tägl. alle 15–30 Min. zur Ⓜ Restauradores (über Ⓜ Saldanha und Ⓜ Marques de Pombal) bzw. in die andere Richtung zum Bahnhof Oriente (Ⓜ Oriente) und nach Moscavide.

Die Linie 783 Richtung Amoreiras oder Ⓜ Mq. Pombal verkehrt tägl. alle 15–30 Min. und bedient Ⓜ Saldanha und Ⓜ Marques de Pombal.

Bus 705 fährt nur Mo–Fr alle 20–30 Min. zum Bahnhof Oriente (Ⓜ Oriente) bzw. in die andere Richtung zum Bahnhof Roma-Areeiro (Ⓜ Roma und Areeiro).

Nachts steuert die Buslinie 208 stündl. den Cais do Sodré (Ⓜ Cais do Sodré) über Praça da Figueira (Ⓜ Rossio) und Praça do Comércio bzw. den Bahnhof Oriente an (Ⓜ Oriente).

Die Busse Richtung Stadtmitte halten direkt vor der Ankunftshalle *(Chegadas)*, die Busse Richtung Gare do Oriente dagegen gegenüber der

Der furchtlose General

Humberto Delgado war 1945 maßgeblich an der Gründung der staatlichen Fluglinie TAP beteiligt. In den 50er-Jahren arbeitete der General der Luftwaffe als Militärattaché an der portugiesischen Botschaft in den USA und wandte sich dort der liberalen Demokratie zu, nachdem er anfangs den faschistischen Estado Novo in Portugal unterstützt hatte. 1958 trat der „furchtlose General" *(General sem Medo)*, wie er im Volksmund genannt wurde, bei den Präsidentschaftswahlen an. Durch massive Wahlfälschungen hatte er aber keine Chance gegen Américo Tomás, den Kandidaten des faschistischen Regimes. Delgado wurde anschließend aus dem Militär entlassen und flüchtete ins Exil nach Brasilien. 1965 versuchte er heimlich von Spanien nach Portugal einzureisen und wurde dabei von der PIDE, dem Geheimdienst der Salazar-Diktatur, ermordet.

Ankunftshalle in der Av. de Berlim sowie vor der Abflughalle *(Partidas)*.

Fahrkarten im Vorverkauf gibt es an zahlreichen Automaten in der Eingangshalle der U-Bahn sowie am nicht immer besetzten Schalter.

Mit dem Taxi: Ein Taxi ins Zentrum kostet ca. 15 €. Am besten nimmt man es nicht direkt vor der Ankunftshalle *(Chegadas)*, da einige der dort wartenden Fahrer für ihre eigenwillige Preisgestaltung bekannt sind, sondern fährt nach der Gepäckausgabe rechts mit der Rolltreppe hoch und verlässt den Flughafen durch den Ausgang der Abflughalle *(Partidas)*. Die hier wartenden Taxifahrer gelten als fairer als ihre Kollegen vor der Ankunftshalle.

Klimafreundlicher fliegen

Wer die Umweltbilanz seines Fluges verbessern möchte, kann bei **atmosfair.de** mit einer Spende klimaschonende Projekte unterstützen. Außerdem können Sie dort herausfinden, wie stark das Weltklima durch Ihre Reise belastet wird.

Mit der Bahn

Von Frankfurt oder Zürich aus benötigt man insgesamt etwa 25 Std. pro Strecke. Fast immer muss man auf dem Weg nach Lissabon zweimal umsteigen. In Paris ist es nötig, mit der Metro zum Gare Montparnasse zu fahren, da dort die Hochgeschwindigkeitszüge des TGV-Atlantique starten. Sie enden in Hendaye an der Grenze zwischen Frankreich und Spanien. Dort steigt man in den Nachtzug Trenhotel Surexpreso um, der Lissabon am nächsten Tag erreicht. Der Schweizer Autor Pascal Mercier (Pseudonym von Peter Bieri) hat den „Sud Expresso", wie er auf Portugiesisch genannt wird, in seinem Erfolgsroman „Nachtzug nach Lissabon" verewigt.

Mautstelle an der Brücke bei Almada

Preise und Informationen Die günstigsten Sonderpreise für die einfache Fahrt in der 2. Klasse sind: für Frankfurt–Paris 39,90 € (bahn.de), für Paris–Hendaye 25 € (voyages-sncf.com) und für das Liegewagenabteil Hendaye–Lissabon 38,20 € (renfe.com). Um sich diese Sonderpreise zu sichern, empfiehlt sich eine frühzeitige Reservierung. Der TGV und der Nachtzug nach Lissabon sind reservierungspflichtig.

Achtung! Zum Recherchezeitpunkt im Winter 2023 hatte die spanische Bahn alle internationalen Züge nach Lissabon eingestellt. Nur mit Umsteigen im spanischen Badajoz und im portugiesischen Entroncamento konnte man die portugiesische Hauptstadt mit dem Zug erreichen.

Ankunft in Lissabon Die Züge aus dem Ausland enden in Lissabon alle im **Bahnhof Santa Apolónia** im Stadtteil Alfama (Ⓜ Santa Apolónia).

Außerdem halten alle internationalen Züge auch am modernen Hauptbahnhof im Osten Lissabons, der **Gare do Oriente** (Ⓜ Oriente).

Mit dem eigenen Fahrzeug

Die Tour hat ihren eigenen Reiz, man ist zwei bis drei Tage „on the road". Die reine Fahrtzeit von Frankfurt aus beträgt ca. 22 Std. (Entfernung 2300 km).

Preise und Informationen An Mautgebühren müssen pro Strecke über 100 € eingerechnet werden, dazu kommen noch Spritkosten und die Abnutzung des Autos.

Nicht nur aufgrund der hohen Rückholkosten bei einem Unfall empfiehlt sich dringend der Abschluss eines **Schutzbriefs**, erhältlich z. B. beim umweltorientierten Verkehrsclub Deutschland VCD (vcd-service.de).

Kunstgalerie U-Bahn: Die Station Jardim Zoológico wurde vom Maler Júlio Resende gestaltet

Mobil in Lissabon

Das Netz öffentlicher Verkehrsmittel in und um Lissabon ist sehr dicht. Innerhalb der Stadt kommt man mit der Metro schnell voran. Wo es keine U-Bahn-Verbindung gibt, dauert es teilweise aber recht lange, bis man mit Bus oder Tram das gewünschte Ziel erreicht. Mit dem Auto ist man allerdings meist auch nicht schneller, wenn die Zeit für Parkplatzsuche, Warten im Stau etc. dazugerechnet wird.

Im europäischen Vergleich hat Lissabon die höchste Zahl an PKW pro Einwohner (67 Fahrzeuge pro 100 Einwohner – Berlin kommt nur auf die Hälfte). Dass viele Lissabonner lieber den eigenen Wagen verwenden, liegt vermutlich am vergleichsweise kleinen U-Bahn- und Straßenbahnnetz. Denn die Preise der öffentlichen Verkehrsmittel in Lissabon gehören eigentlich zu den niedrigsten in Europa. Günstig fährt man in Lissabon jedoch nur, wenn man die Karten im Vorverkauf erwirbt, da sie „an Bord" von Bus und Straßenbahn deutlich mehr kosten.

Im Umland sind einige Regionen sehr gut mit öffentlichen Verkehrsmitteln erreichbar, für andere ist dagegen ein Mietwagen sehr zu empfehlen; genaue Infos zum Thema „Unterwegs an der Costa de Lisboa" finden sich in den jeweiligen Regionalkapiteln.

Routenplaner für alle Verkehrsmittel: Die offizielle App ist „Lisboa Viagem" (lisboaviagem.pt). Durch ihre Übersichtlichkeit kann auch „Citymapper" überzeugen (citymapper.com/lisboa). Beide Apps gibt es für Android, iOS und als Webversion.

Viva-Viagem-Chipkarte

Der erste Schritt für alle Arten von Vorverkaufskarten ist der Erwerb der VivaViagem-Chipkarte, die „wiwa wiascheng" ausgesprochen wird. Häufig wird sie auch unter dem Namen

Navegante Ocasional vertrieben. Sie kostet 0,50 € und kann an allen Vorverkaufsstellen und Automaten der Verkehrsbetriebe erworben werden.

Auf die Viva-Viagem-Chipkarte kann man dann in einem zweiten Schritt entweder eine 24-Stunden-Karte, ein Geldguthaben *(Zapping)* oder Einzelfahrkarten laden.

Wer mehr als fünf Fahrten pro Tag macht, sollte sich für die **24-Stunden-Tickets** *(Bilhete diário Carris/Metro)* entscheiden, die 6,80 € kosten. Sie gelten im Stadtgebiet in der Metro, den Bussen, Trams und Aufzügen, nicht jedoch in den Vorortzügen und den Fähren.

Wer weniger als fünf Fahrten pro Tag macht oder viel im Umland von Lissabon unterwegs ist, sollte das sogenannte **Zapping** nutzen. Dabei lädt man ein Geldguthaben zwischen 3 und 40 € auf die Viva-Viagem-Chipkarte. Pro Fahrt innerhalb des Stadtgebietes mit Metro, Bussen, Trams oder Aufzügen wird dann vom Guthaben ein Betrag von 1,61 € abgebucht. Man kann dabei jeweils innerhalb des Carris-Netzes (Busse, Aufzüge und Trams) oder von einer U-Bahnlinie auf eine andere umsteigen. Beim Umsteigen von der Carris auf die Metro oder umgekehrt wird allerdings erneut der Fahrpreis abgebucht! Praktisch ist, dass das Zapping-Guthaben auch verwendet werden kann, um außerhalb des Stadtgebietes mit Vorortzügen der CP (Comboios de Portugal) oder mit Transtejo-Fähren zu fahren.

Bus der Carris Metropolitana

Wer nur selten mit Bus, Tram, den Aufzügen oder der U-Bahn fährt, kann auch **Einzelfahrkarten** für je 1,80 € auf die Viva-Viagem-Chipkarte laden. Diese Einzelfahrkarten *(Bilhete Viagem Carris/Metro)* gelten für eine Stunde und nur innerhalb des Stadtgebietes. Das Umsteigen ist dabei sowohl innerhalb als auch zwischen den beiden Gesellschaften Carris und Metro erlaubt, ohne dass man doppelt bezahlen muss. Diese Einzelfahrkarten gelten aber nicht in den Vorortzügen und auf den Fähren!

Am einfachsten ist der **Kartenkauf** an den Automaten in den Metrostationen. Allerdings sollte man dafür Bankkarte oder genug Münzgeld bereit halten, da gerade große Scheine nicht immer angenommen werden (ausländische Kreditkarten funktionieren nicht immer). Wer lieber persönlich bedient werden möchte, findet Mo–Fr an vielen U-Bahnhöfen Schalter, am Wochenende sind sie aber oft nicht besetzt. Außerdem kann man Fahrkarten in vielen Kiosken und Lotteriegeschäften kaufen. Wird die Karte erst „an Bord" gelöst *(tarifa de bordo)*, kostet eine Fahrt im Bus 2,10 € und in der Tram 3,10 €. Die Einzelkarte für die Aufzüge kostet 4,10 € (im Elevador de Santa Justa sogar 6 €) und gilt jeweils für eine Berg- und eine Talfahrt.

Die Tarife der öffentlichen Verkehrsmittel werden in Portugal häufig angehoben, daher können die Preise vor Ort von unseren Angaben etwas abweichen. Aktuelle Infos unter lissabon-reiseführer.de.

Weitere Hinweise zur Benutzung der Viva-Viagem-Karte: Beim Einsteigen in

Busse, Aufzüge oder Trams muss die Karte jeweils am Chip-Lesegerät aktiviert werden. Mit ihr öffnet man auch die Durchgangsschleusen in den Metrostationen und den Bahnhöfen. Pro Person ist eine Karte nötig, sie kann nicht als Gruppenkarte verwendet werden. Es ist ebenfalls nicht möglich, auf eine Karte gleichzeitig verschiedene Tickets zu laden (also z. B. 24-Stunden-Tickets und Zapping-Guthaben), für jede Ticketart braucht man eine eigene Chipkarte. Ein Jahr nach dem Kauf kann man die Karte nicht mehr aufladen, bereits gekaufte Fahrten können aber weitergenutzt werden. Eine Rückgabe der Viva-Viagem-Karten ist nicht möglich.

Ermäßigungen für Kinder: Im Nahverkehr fahren Kinder in Begleitung von Erwachsenen bis zum Alter von 3 Jahren generell kostenlos. Allerdings haben sie kein Recht auf einen eigenen Platz und müssen evtl. auf den Schoß. Die Metro betritt man in diesem Fall zusammen mit den Kindern durch die speziellen, etwas breiteren Zugänge. Ab 4 Jahren gilt für Kinder in Bussen, Trams und Metro der volle Fahrpreis. Bei den CP-Vorortzügen können Kinder von 4 bis 12 Jahre aber ein um 50 % reduziertes Einzelticket lösen *(meio bilhete)*, in den Fertagus-Zügen bekommen sie 25 % Ermäßigung.

Wenn sie eine Monatskarte haben, fahren Kinder von 4 bis 12 Jahren in der ganzen Region Lissabon sogar kostenlos! Dafür muss man pro Kind nur eine Navegante-Chipkarte kaufen und das Kinder-Profil *(com perfil criança)* aktivieren lassen. Das ist allerdings mit sehr viel Bürokratie und Wartezeit verbunden (s. u.).

Monatskarten

Ab etwa zehn Tagen Aufenthalt in der Stadt kann es sich lohnen, eine Monatskarte zu kaufen. Dafür benötigt man eine *Navegante-Personalizado*-Chipkarte, die man für 12 € in der Ⓜ Marquês de Pombal oder Ⓜ Campo Grande beantragen und nach einem Werktag abholen kann (Passbild und Ausweis mitbringen, am besten mehrstündige Wartezeiten einkalkulieren, Infos: portalviva.pt).

Auf die Chipkarte kann man dann zwei Karten laden, die jeweils einen Kalendermonat gültig sind: Der *Navegante Municipal* kostet 30 € und gilt in allen Verkehrsmitteln im Stadtgebiet. Der *Navegante Metropolitano* kostet 40 € und gilt in allen 18 Kreisen der ganzen Region Lissabon.

Ausnahmen: Der Kreis Torres Vedras samt dem Strandort Santa Cruz gehört offiziell nicht mehr zur Metropolitanregion Lissabon und ist damit nicht bei den Navegante-Pässen dabei. Außerdem müssen in Sintra die Scotturb-Touristen-Linien 434 und 435 und die CitySightseeing Sintra-Busse sowie in Setúbal die Fähren nach Tróia extra bezahlt werden.

Menschen ab 65 Jahren bekommen den Pass unter dem Namen *Navegante +65* mit 50 % Ermäßigung, wenn sie beim Kauf der Navegante-Chipkarte das Senioren-Profil *(com perfil terceira idade)* aktivieren lassen.

Metro

Die Metro bildet das Rückgrat des öffentlichen Stadtverkehrs. Sie bedient vor allem die Avenidas Novas, d. h. das moderne Lissabon. Die Altstadtviertel auf den Hügeln werden dagegen nicht angefahren. Betrieben werden die Metrolinien tägl. von 6.30 bis 1 Uhr nachts. **Achtung:** In Lissabon fährt die Metro links, daher aufpassen, dass man nicht intuitiv auf den falschen Bahnsteig geht!

Bis Frühjahr 2025 wird das U-Bahnnetz Lissabons gewaltig umgebaut: Aus der grünen Linie und großen Teilen der gelben Linie soll eine neue **Ringbahn** *(linha circular)* entstehen. Dabei werden die Streckenenden an den Stationen Cais do Sodré und Rato miteinander verbunden und neue U-Bahnhöfe in Santos und Estrela eröffnet. Außerdem ist eine Verlängerung der roten Linie nach Campo de Ourique und Alcântara im Bau, die aber erst nach 2025 fertiggestellt sein dürfte.

Metropolitano de Lisboa, ✆ 213500115, metrolisboa.pt.

Mit Bankkarte zahlen: Tap and Ride

Einzelfahrten mit der Metro lassen sich auch direkt mit einer Bankkarte bezahlen, ohne dass man ein Ticket kaufen muss. Dazu hält man seine Bankkarte einfach an der Zugangsschranke an den Chipleser (oder auch ein Mobiltelefon bzw. eine Smartwatch mit Zahlungsfunktion). Dann werden pro Fahrt 1,80 € abgebucht, das Umsteigen innerhalb der Metro ist erlaubt, nicht aber auf Busse und Bahnen der Carris. Folgende Zahlungssysteme werden akzeptiert: Visa, Mastercard und VPay. Tipp: Beim Zugang zur Metro nicht den Geldbeutel, sondern nur die jeweilige Karte an das Lesegerät halten. So verhindert man doppelte Buchungen, wenn mehrere Karten in der Börse sind!

Fährbahnhof Terreiro do Paço

Carris (Stadtbusse, Straßenbahnen, Aufzüge)

Die *Companhia dos Carris de Ferro de Lisboa*, wie sie mit vollem Namen heißt, betreibt die Stadtbusse, Straßenbahnlinien und Aufzüge in Lissabon. Das **Busnetz** ist mit seinen ca. 100 Linien, die kreuz und quer durch die ganze Stadt führen, schwer zu überblicken. Die ersten Busse fahren gegen 5 Uhr morgens; gegen Mitternacht wird der Service eingestellt. Dann übernehmen die **Nachtbusse** der *Rede da Madrugada*. Sie verkehren tägl. von 0.30 bis 5.30 Uhr jeweils zur halben Stunde ab dem Bahnhof Cais do Sodré (um 1 und 5 Uhr auch Abfahrt zur vollen Stunde). In den Monaten Juli und August gilt der Sommerfahrplan *Horario de Verão*. Im Gegensatz zum Winterfahrplan, dem *Horário de Inverno*, fahren dann vor allem im Berufsverkehr weniger Busse.

Bus & Tram leicht gemacht

Man stellt sich in Lissabon *immer* für die Busse, Straßenbahnen und Aufzüge in der Schlange an! Das sollte man auch als ausländischer Gast unbedingt beachten, da Drängeln an der Haltestelle in Lissabon als sehr unhöflich gilt. Bus und Straßenbahn bringt man zum Halten, indem man sie heranwinkt. Vergisst man dies, fahren die Busse einfach vorbei. Eingestiegen wird prinzipiell immer vorne; eine Ausnahme sind einzig die neuen Straßenbahnen, die man durch alle Türen betreten und verlassen darf. Gehalten wird nur, wenn man vorher auf den Knopf *Parar* gedrückt hat. Aussteigen muss man prinzipiell hinten.

Es gibt wohl kaum eine andere Großstadt in Europa, in der so betagte **Straßenbahnen** unterwegs sind wie in Lissabon. Die älteste Straßenbahn, die noch betrieben wird – wenn auch nur zu besonderen Anlässen –, ist die Tram Nr. 283 aus dem Jahr 1902. Nur auf der Linie 15 sind teilweise moderne Gelenkwagen im Einsatz. Ansonsten wird der komplette Trambetrieb mit den wunder-

Metrostationen: Kunstwerke im Lissabonner Untergrund

Beim Bau ihrer U-Bahn-Stationen hat die Metro so viel Wert auf die Gestaltung gelegt, dass wahre Kunstwerke entstanden sind. Neben der schönsten Station Parque (→ S. 67) gibt es zahlreiche weitere Höhepunkte im Lissabonner Metronetz.

Linha amarela/gelbe Linie: Die Station **Marquês de Pombal** hält auf blauen Azulejos Stationen aus dem Leben des Marquês de Pombal fest, dessen Statue auf dem Platz über der Station steht. Auch Goethe findet hier seine Würdigung. In **Saldanha** illustrieren klassische blau-gelbe Azulejos des portugiesischen Kunstprofessors Luís Filipe de Abreu die vier Jahreszeiten sowie die Themen „Warten", „Treffen" und „Abschied". Den oberirdischen Metrobahnhof **Campo Grande** hat der Künstler Eduardo Nery mit interessant verzerrten blau-weißen Azulejos alten Stils gefliest.

Linha vermelha/rote Linie: Die Station **Olivais** präsentiert sich den Betrachtern mit futuristisch anmutenden Azulejos des Lissabonner Malers Nuno de Siqueira. Die Station wurde 1998 eingeweiht, genau 500 Jahre nach der Entdeckung des Seewegs nach Indien durch Vasco da Gama. Entsprechend geschichts- und symbolträchtig sind die Motive der Azulejos: vom berühmten Lissabonner Verteidigungsturm Torre der Belém bis zur Marien-Erscheinung von Fátima. Mit graffitiähnlichen und von Comics inspirierten Azulejo-Bildern geht es am modernen Hauptbahnhof Lissabons **Gare do Oriente** dann wieder etwas profaner zu. Sie stammen von insgesamt elf Künstlern aus fünf Kontinenten, u. a. von Friedensreich Hundertwasser aus Österreich, dessen Bild den Untergang von Atlantis zeigt.

Linha azul/blaue Linie: Die Station **Jardim Zoológico** gestaltete der portugiesische Maler Júlio Resende; er besprühte die Azulejos mit Zoomotiven in kindlichem Stil. **Laranjeiras** überrascht mit riesigen Azulejo-Orangen, die vom modernistischen Künstler Rolando Sá Nogueira gemalt wurden und auf den Namen der Station („Orangengärten") anspielen. In **Alto dos Moinhos** fertigte der Lissabonner Maler Júlio Pomar wohl eiligst ein paar Skizzen an, u. a. vom Dichter Fernando Pessoa, während uns in **Colégio Militar-Luz** der Künstler Manuel Cargaleiro mit seinem riesigen Buchstabenrätsel auf Azulejos scheinbar zum Knobeln herausfordert. Die Station **Alfornelos** dagegen wird alle Burda-Fans begeistern. Hier hat die Malerin Ana Vidigal Viúra die Wände mit vergrößerten Schnittmustern der Zeitschrift verziert. Aufmerksame Beobachter finden auf den Fliesen deutsche Begriffe wie „Stoffbruch", „Fadenlauf" oder „Riegelansatz".

Geschenk der Metro Paris:
Eingang zur Station Picoas

schönen historischen Bahnen mit Holzkarosserie gefahren.

Die vier **Aufzüge** gehören zu den Hauptsehenswürdigkeiten der Stadt, denn sie helfen einem nicht nur bequem die Hügel hinauf – die Fahrt an sich ist schon ein Erlebnis. Besonders der *Elevador de Santa Justa*, der die Baixa mit dem Chiado verbindet, ist ein Markenzeichen Lissabons. Die zwei Aufzugskabinen verkehren senkrecht nach oben. Die anderen drei Aufzüge sind Standseilbahnen und heißen offiziell eigentlich *ascensores*, im Volksmund werden sie aber oft einfach auch als *elevadores* bezeichnet.

Carris, ✆ 213613000, carris.pt. Hinweis: Die **Karte zum Straßenbahnnetz** Lissabons finden Sie auf der vorderen Umschlagklappe.

Für Android und iOS gibt es **die App der Carris.** Gerade weil die Infos an den Haltestellen oft recht spärlich sind, ist die Anzeige der Wartezeiten und der Live-Positionen der Busse und Bahnen in der App ein echter Mehrwert.

Tram 28 in der Alfama

Taxi

Taxis sind in Portugal in der Regel grün-schwarz, ab und zu auch beigefarben wie in Deutschland. Taxifahren in Lissabon ist durchaus erschwinglich. Vor der Fahrt sollte man unbedingt darauf achten, dass der Fahrer die Zähluhr auf die Grundgebühr und den richtigen Tarif einstellt. Im Stadtverkehr sollte immer Tarif 1 auf der Taxameteranzeige erscheinen.

Vor allem am Flughafen ist ein gewisses Misstrauen bei den Tarifen nicht fehl am Platz. Als beliebter Trick gilt, den Gepäckzuschlag nicht nur einmal, wie vorgeschrieben, sondern für jedes Gepäckstück einzeln abzurechnen. Ab und zu stellen die Fahrer auch Tarif 3 ein, der normalerweise nur für Fahrten in die Vororte außerhalb Lissabons gültig ist und bei dem der Kilometerpreis doppelt so hoch ist (die Taxis müssen leer zurückfahren, da sie dort keine Fahrgäste aufnehmen dürfen).

In der Nacht vom 12. auf den 13. Juni (Stadtfeiertag Santo António) sowie in der Neujahrsnacht ist es übrigens so gut wie unmöglich ein freies Taxi zu finden. Hier sollte man sich auf lange Wartezeiten einstellen.

Preise Im Tarif 1 beträgt die Grundgebühr 3,25 € (die ersten 1,8 km sind inklusive). Mo–Fr 21–6 Uhr sowie ganztags am Wochenende und an Feiertagen kostet die Grundgebühr 3,90 € (1,4 km inklusive). Pro weiterem Kilometer fallen 0,47 € an (nachts und am Wochenende sowie an Feiertagen 0,56 €).

Wenn der Kofferraum benutzt wird, kostet es 1,60 € Zuschlag. Wurde das Taxi per Telefon bestellt, so kommen 0,80 € extra dazu. Üblich ist ein Trinkgeld von mindestens 5 % – bei korrekten Fahrern sollte das nicht schwerfallen.

Funktaxis **Retális – Rádio Táxis de Lisboa,** ✆ 218119000, retalis.pt. Diese Taxis lassen sich auch online und über die App *Izzy Move* für Android und iOS buchen.

Teletáxis, ✆ 218111100, teletaxis.pt. Auch diese Taxis lassen sich online und über die App *Izzy Move* buchen.

Quer durch Lissabon mit der Kult-Linie 28

Eine Fahrt mit der erlebnis- und aussichtsreichen Linie 28 gehört zu einem Besuch Lissabons dazu wie der Besuch des Eiffelturms in Paris. Nur passen nicht ganz so viele Menschen in die historischen Trams mit ihrer hölzernen Karosserie wie auf den Eiffelturm. Und so ist die Linie 28 inzwischen so mit Touristen überfüllt, dass man oft nicht mehr mitgenommen wird, wenn man nicht direkt an der Anfangsstation Praça Martim Moniz (Ⓜ Martim Moniz) einsteigt (am späten Nachmittag und abends herrscht dort meist weniger Andrang). Von dort fährt die 28 erst einmal über die Rua da Palma und Avenida Almirante Reis nach Norden und biegt dann Richtung Osten ab, um emsig den Graça-Hügel zu erklimmen. Oben angekommen, liegen die Kirche *Igreja da Graça* und der Aussichtspunkt *Miradouro Nossa Senhora do Monte* nicht weit entfernt. Die nächste Haltestelle befindet sich gegenüber der *Igreja São Vicente de Fora*. Wer zum Flohmarkt *Feira da Ladra* will, steigt hier aus.

Für alle anderen wird es nun abenteuerlich: Eine eingleisige Strecke (der Verkehr wird durch eine Ampel geregelt) führt durch die Gassen der Alfama, die z. T. so eng sind, dass sich die Passanten an die Haustüren drücken müssen, um nicht von der Tram erfasst zu werden. Danach wird die Straße wieder etwas breiter; nach einem weiteren eingleisigen Abschnitt in einer ansteigenden Kurve kommt man an den *Miradouro Santa Luzia*, von dem die Burg zu Fuß schnell erreicht werden kann. An der Kathedrale vorbei geht es in die Baixa hinunter. Der Wagenführer kurbelt dabei kräftig an den großen Handbremsenrädern; nicht umsonst wird er auf Portugiesisch *guarda-freios* (Bremsenhüter) genannt.

Es folgt ein kurzer Halt in der Rua da Conceição, und schon geht es wieder nach oben in Richtung Chiado. Die folgende Straße erinnert sehr an San Francisco, und siehe da: Sie heißt auch Calçada de São Francisco. Die Steigung ist mit 13,5 Prozent enorm – die steilste Straßenbahnstrecke der Welt! Vorbei an der Oper *São Carlos* erreicht man die Praça Luís de Camões im Bairro Alto. Von hier bis zur Estrela-Basilika mit ihrer prachtvollen Kuppel folgt die Tramstrecke den früheren Gleisen der Standseilbahn *Elevador da Estrela*, die hier von 1890 bis 1913 betrieben wurde und aufgrund ihrer zahlreichen Unfälle als „Hundetöter" berüchtigt war.

Am *Parlament São Bento* vorbei geht es die Calçada da Estrela hinauf zur *Basílica da Estrela*. Rechts der Basilika liegt der zum Verweilen einladende Park *Jardim da Estrela*. Weiter geht es durch den grünen, rechtwinklig angelegten Arbeiterstadtteil Campo de Ourique zum *Cemitério dos Prazeres*. Auf dem „Friedhof der Vergnügungen" kann eine kurze Erholungspause eingelegt werden, bevor es wieder zurückgeht – denn auf dieser Fahrt gibt es immer etwas zu entdecken ... Oder man nimmt hier die weit weniger überfüllte Tram 25, die auf einer anderen Linie von Prazeres über Estrela zurück ins Zentrum fährt (allerdings nur Mo–Fr).

In jedem Fall empfiehlt es sich, gut auf Wertsachen aufzupassen, da sich mehrere Taschendiebe auf arglose Touristen in den Trams spezialisiert haben. Auch wenn man sich bei der rasanten Fahrt durch die Gassen gut festhalten muss, sollte eine Hand immer Geldbeutel, Handtasche oder Rucksack sichern.

Cooptáxis, ✆ 217932756, cooptaxis.pt (hier gibt es auch einen Taxitarifrechner). Diese Taxis lassen sich auch über die App *Taxiclick* für Android und iOS buchen.

Uber, uber.com. Das US-amerikanische Unternehmen vermittelt in Lissabon zahlreiche Wagen. Auch am Lissabonner Flughafen kann man einsteigen. Vor allem auf langen Strecken teils deutlich preiswerter als nach Taxameter; dabei deckt Uber praktisch das ganze Gebiet der Costa de Lisboa ab. Buchbar über die gleichnamige App.

Eigenes Auto oder Mietwagen

Verzichten Sie in Lissabon auf ein Auto! Die Parkplatzsuche ist unerquicklich, Dauerparken extrem teuer und der Verkehr oft stockend und chaotisch. Mit den – zudem noch klimafreundlicheren – öffentlichen Verkehrsmitteln kommt man meist schneller und auch preiswerter voran.

Nur für abgelegene Gebiete in der Umgebung von Lissabon lohnt sich wirklich ein **Mietwagen,** den man am besten ein paar Wochen vor der Reise über das Internet reserviert. Das ist deutlich günstiger als am Flughafenschalter und kostet in der Nebensaison ab ca. 10 € pro Tag bei Vollkasko und Diebstahlschutz ohne Selbstbeteiligung.

Mietwagenanbieter

In der Regel darf man erst ab einem Alter von 21 J. einen Wagen mieten, bei manchen Anbietern sogar erst ab 24 J. Zusätzliche Bedingung ist mindestens ein Jahr Fahrpraxis. Gewöhnlich muss man eine Kreditkarte als Kaution vorlegen.

Vergleichsportale und Vermittler erleichtern die Suche: billiger-mietwagen.de, sunnycars.de und holidayautos.com.

Ich habe mit folgenden Mietwagenfirmen gute Erfahrungen gemacht: Avis (Budget), Europcar, Hertz, Guerin (National, Alamo) und Sixt. Auch hier versuchen aber die Mitarbeiter oft den Kunden beim Check-in teure Upgrades auf größere Autos bzw. Dieselfahrzeuge und Zusatzversicherungen zu verkaufen. Alle Firmen sind mit Schalter direkt am Lissabonner Flughafen vertreten (man spart zeitraubende Transfers zu außerhalb gelegene Stationen), es kommt jedoch häufig zu längeren Wartezeiten bei der Übernahme der Fahrzeuge am Flughafen. Außerdem gibt es folgende Stadtbüros:

Avis Budget, Hotel Mundial, Praça Martim Moniz, 2b (Ⓜ Martim Moniz, ✆ 213174231), Rua Castilho, 167–E (Ⓜ Marquês Pombal, ✆ 213514 560) und Bahnhof Gare do Oriente (Ⓜ Oriente, ✆ 218953915). avis.com.pt und budget.com.

Europcar, Bahnhof Santa Apolónia, Av. Infante Dom Henrique (Ⓜ Santa Apolónia, ✆ 218875472), Av. António Augusto de Aguiar, 24-C/D (Ⓜ Parque, ✆ 213535115) und Bahnhof Gare do Oriente, Av. D. João II, Lote 1.15.01 (Ⓜ Oriente, ✆ 218946071). europcar.pt.

Rückgabe am Flughafen Man sollte in der Hauptsaison genug Zeit einplanen, da sich vor der Einfahrt ins „Car Return"-Gebäude oft längere Staus bilden. Um den Mietwagen kurz vor der Rückgabe vollzutanken, ist die BP-Flughafen-Tankstelle am Kreisverkehr an der Av. de Berlim ideal gelegen. Dazu fährt man von der Stadtautobahn Segunda Circular über die Ausfahrt 2 „Aeroporto Chegadas" ab.

Tipp für die Autobahnmaut

Man kann bei allen Verleihern ein Via-Verde-Gerät für die elektronische Mautbezahlung als Mietwagen-Zubehör buchen. Es kostet meist nur wenige Euro pro Tag (die anfallenden Mautgebühren werden einige Wochen später über die Kreditkarte abgerechnet). Mit dem Via-Verde-Gerät darf man die Mautstellen auf den gebührenpflichtigen Autobahnen und auf den beiden Tejobrücken über spezielle Fahrspuren (am grünen V zu erkennen) passieren, ohne anhalten zu müssen. Das spart Zeit und Bürokratie, vor allem auf den Autobahnen, die nur eine rein elektronische Gebührenerfassung und keine Mautstellen mehr haben.

Parken

An Werktagen kann es in Lissabon extrem schwierig sein, einen Parkplatz zu finden. In einem Großteil Lissabons muss Mo–Fr 8–20 Uhr für die Parkplätze bezahlt werden (Sa/So/Fei meist frei, die Hauptverkehrsstraßen sind auch Sa 9–14 Uhr kostenpflichtig). 4 Std. Parken kostet in der Regel ca. 5 €. Für ein Knöllchen zahlt man zwischen 30 und 150 € und hat dabei das Vergnügen, die langwierige Bürokratie der städtischen Parkplatzgesellschaft EMEL E.E.M. kennenlernen zu dürfen (✆ 217813600, emel.pt).

Die Höchstdauer ist meist auf 4 Std. begrenzt, an Hauptverkehrsstraßen auf 2 Std. Wer den Wagen länger parken will, muss auf noch teurere Parkhäuser oder Tiefgaragen ausweichen, z. B. Praça dos Restauradores (Einfahrtmöglichkeit nur aus Richtung Praça Marquês de Pombal vom äußeren rechten Fahrstreifen der Av. da Liberdade aus), Praça da Figueira, Praça Martim Moniz, Largo Chão do Loureiro (alle

Baixa), Campo das Cebolas (Alfama), Praça Luís de Camões (Bairro Alto), Calçada do Combro (Bairro Alto), Praça Marquês de Pombal (Avenida da Liberdade) und Picoas Plaza (Avenidas Novas). Infos zu weiteren Parkplätzen unter parkopedia.pt.

Auto abgeschleppt?

Am einfachsten schickt man eine SMS an die Nummer ✆ 3838 mit dem Text „Reboque" gefolgt von einem Leerzeichen und dem Autokennzeichen. Als Antwort erhält man die Adresse, wohin das Fahrzeug abgeschleppt wurde. Oder online smsreboqueweb.utis.mai.gov.pt/sms_reboque_websearch.aspx.

Verkehrsvorschriften

Innerorts ist bei 50 km/h Schluss, auf Landstraßen variiert die Grenze zwischen 90 km/h und 100 km/h auf autobahnähnlichen Straßen, auf Autobahnen ist das erlaubte Maximum 120 km/h. Das Telefonieren am Steuer ohne Freisprecheinrichtung ist verboten und wird mit Strafen zwischen 120 und 600 € sowie Fahrverbot geahndet!

Die Promillegrenze liegt bei 0,5, für Führerscheinneulinge in den ersten 3 Jahren bei 0,2! Über 0,5 Promille sind drastische Strafen fällig: 250–2500 € Geldbuße und 1–24 Monate Führerscheinentzug. Ab 1,2 Promille gilt Trunkenheit am Steuer als Straftat und wird mit bis zu einem Jahr Gefängnis geahndet!

Kreisverkehr richtig gemacht: In Portugal sind mehrspurige Rotunden sehr gebräuchlich. Im Gegensatz zu Frankreich nehmen die meisten portugiesischen Autofahrer die Regeln für die Ein- und Ausfahrt sehr genau. Um Konflikte oder gar Kollisionen zu vermeiden, sollte man daher beachten: 1. Nur wer direkt an der nächsten Ausfahrt den Kreisverkehr wieder verlassen möchte, fährt auf die äußere Spur. 2. Alle anderen fahren auf der inneren Spur bzw. auf einer der inneren Spuren. Erst kurz vor der Ausfahrt wechselt man dann auf die äußere Spur.

Autobahnen

In Portugal gibt es zwei Arten von Autobahnen. Die autobahnähnlich ausgebauten, grün ausgeschilderten **Itinerários Complementares (IC)** sind zwei- bis vierspurig und können gebührenfrei befahren werden. Die **Autoestradas (A)** werden dagegen von privaten Gesellschaften unterhalten und sind gebührenpflichtig; man erkennt sie an den blauen Schildern, die oft den Hinweis *portagem* (mautpflichtig) tragen.

Vom Infrastrukturinstitut Portugals gibt es einen praktischen Mautrechner und Stauinformationen unter infraestruturasdeportugal.pt.

Pannenhilfe

In jedem Fahrzeug muss eine Leuchtweste vorhanden sein, die man anziehen muss, wenn man im Fall einer Panne das Auto verlässt. Ansonsten droht eine Strafe von 120 bis 600 €.

Automóvel Clube de Portugal/ACP (Partnerschaftsabkommen mit vielen deutschen Automobilclubs), 24-Stunden-Pannenhilfe unter ✆ 215915915, acp.pt.

Fahrrad

Die vielen Hügel mit ihren steilen Anstiegen machen Lissabon nicht zur idealen Fahrradstadt. Empfehlenswerte Radwege gibt es aber dennoch: Vor allem lockt die 7 km lange Strecke am Tejoufer zwischen dem Cais do Sodré und dem Vorort Algés (über Belém). Eine weitere Strecke am Flussufer verbindet den Bahnhof Santa Apolónia mit dem Parque das Nações und dem Trancão-Park unter der Vasco-da-Gama-Brücke. Im Monsanto-Park verlaufen weitere Radwege.

Fahrradverleih

Bike Iberia, tägl. ab 9.30 Uhr bis abends. Etwas versteckt zwischen der Igreja do Corpo Santo und dem Bahnhof Cais do Sodré. *Die* Adresse schlechthin für Radler in Lissabon: Hier gibt es jede Menge Tipps vom radbegeisterten Personal. Die Leihgebühr für einfache Stadträder beträgt 12 € für 4 Std. und 15 € pro Tag. Außerdem große Auswahl an Tourenrädern, Mountainbikes und E-Bikes, ebenso Kinderräder, Anhänger und Bike Trailer für die ganz Kleinen. Es werden auch geführte Radtouren innerhalb Lissabons und nach Cascais, Sintra und in die Serra da Arrábida südlich von Lissabon angeboten. Am populärsten ist die *Lisbon Waterfront & Discoveries Bike Tour* entlang des Tejo-Ufer-Radwegs: Sie startet Mo–Fr 10 Uhr und kostet 30 € pro Person (2 Personen müssen mindestens teilnehmen; das Fahrrad darf man nach der Tour den ganzen Tag weiter kostenlos leihen). Largo do Corpo Santo, 5, Ⓜ Cais do Sodré, ✆ 213470347, lisbonhub.com.

Bike Iberia hat mit der *Lisbon Bike Map* die erste Radkarte für die Region Lissabon herausgegeben: lisbonbikemap.com.

Biclas, tägl. 10–19 Uhr. Einfache Stadträder sowie Kinderräder: Die erste Stunde 4,50 €, dann 1 € pro halbe Stunde, ein Tag 14 €. Auch E-Bikes und Tandems. Filialen im Chiado am Largo de São Julião, 21 (Ⓜ Baixa-Chiado) sowie am Tejo-Radweg in Belém an der Av. de Brasília (neben dem Café In). ✆ 912403423 und 937406 316, biclas.com.

Gira – Bicicletas de Lisboa, das städtische Leihfahrrad-System mit Pedelecs, bei dem die Räder an festen Stationen entnommen und später an einer (beliebigen) Station wieder zurückgegeben werden. Die Räder stehen vor allem in den flachen Stadtteilen wie Baixa, Av. da Liberdade, Avenidas Novas, Parque das Nações und am Tejoufer zwischen Cais do Sodré und Belém. Zum Ausleihen muss man die zugehörige App installieren und ein PayPal-Konto besitzen. Der Grundpreis im Tagestarif beträgt 2 € pro Tag, die ersten 45 Min. sind frei, weitere 45 Min. kosten je 2 €. Es gibt auch Monatspässe. ✆ 211163060, gira-bicicletasdelisboa.pt.

Wer zur Sicherheit einen Helm nutzen möchte, kann ihn entweder bei Bike Iberia und Biclas mieten oder muss sich den Helm von zu Hause mitbringen.

Fahrradtransport

In der Metro kann das Rad immer kostenlos mitgenommen werden (max. 2 Räder pro Wagen und nur, wenn genug Platz ist, die Rushhour Mo–Fr 6.30–9.30 und 17–20 Uhr daher besser meiden). Auch in den Vorortzügen von CP und Fertagus sowie in den Fähren der Transtejo können Räder gratis mitgeführt werden, solange ausreichend Platz für sie da ist (die mit „Canal Especial" gekennzeichneten Eingänge verwenden bzw. auf den Fähren zum Schluss einsteigen).

In den Carris-Straßenbahnen und -Aufzügen ist der Transport von Fahrrädern nicht erlaubt. Das gilt auch für die meisten Carris-Busse. Nur in zwei Linien durch den Monsanto-Park (723 und 724) und in drei Linien durch den Parque das Nações (708, 725 und 731) können Räder mitgenommen werden (kostenlos). In dem Fall betritt man den Bus durch die hintere Tür.

Zahlreiche Firmen haben in Lissabon **E-Scooter** abgestellt. Zum Leihen muss man vorher die jeweilige App herunterladen und sich registieren. In der Regel kostet der Ausleihvorgang 1 € und jede Minute 0,15 €. Leider zeichnen sich viele Firmen durch technische Probleme und schlechten Kundenservice aus. Die besten Erfahrungen habe ich mit Lime gemacht (li.me). Wer aber glaubt, damit bequem die Lissabonner Hügel erklimmen zu können, wird enttäuscht werden, denn für diese steilen Auffahrten sind die E-Scooter nicht ausreichend stark motorisiert.

Die etwas andere Tour – mit dem Fahrrad durch Lissabon

Doppeldeckerbusse, Straßenbahnen oder Stadtspaziergänge – es gibt viele Optionen, Lissabon kennenzulernen. Doch seit ein paar Jahren ist das Fahrrad als neue und etwas andere Möglichkeit hinzugekommen, die portugiesische Hauptstadt zu entdecken. Das Unternehmen Bike Iberia bietet mehrere geführte Touren per Rad oder E-Bike an, die beliebteste führt entlang des Tejo-Ufer-Radweges *(Lisbon Waterfront & Discoveries Bike Tour)*.

Der Radweg beginnt praktischerweise direkt in der Nähe des Sitzes von Bike Iberia am Cais do Sodré. Immer am Fluss entlang, erhält man auf der Fahrt interessante Einblicke in den Lissabonner Hafen. Die Führer halten immer wieder kurz an, um die einzelnen Sehenswürdigkeiten vorzustellen. Für Liebhaber portugiesischer Poesie bieten sich weitere Stopps an, da der Radweg von der Stadt mit Gedichten von Fernando Pessoa besprüht wurde.

Kontakte von Bike Iberia → S. 427.

Organisierte Stadtrundfahrten

Fast jeder stößt während seines Lissabon-Urlaubs auf die Werbung von Carristur, einer Tochterfirma der Lissabonner Verkehrsbetriebe. Sie bietet unter der Marke Yellowbus zahlreiche Rundfahrten mit historischen Trams, Doppeldeckerbussen und Schiffen an. Ich persönlich finde sie nicht empfehlenswert, da man mit etwas Eigeninitiative die gleichen Routen zu einem Bruchteil des Preises mit regulären Verkehrsmitteln erkunden kann.

Eine Ausnahme ist die **Yellow Boat River Tour,** da diese Schiffsstrecke vom Zentrum entlang dem Tejo bis Belém mit ihren außergewöhnlichen Perspektiven im regulären Fährbetrieb nicht bedient wird.

Tägl. 10–19 Uhr, je nach Saison alle 1–2 Std. von der Fährstation Terreiro do Paço (Ⓜ Terreiro do Paço). Aus- und Zustieg auch an der Fährstation Belém. Dauer der Rundfahrt 1:30 Std. Erw. 20 €, bis 16 J. 25 % Ermäßigung, bis 10 J. 50 % Ermäßigung, bis 3 J. frei, Familien 50 € (2 Erw., 2 Kinder). Karten online oder am Yellow Bus Kiosk auf der Praça do Comércio. Sie gelten 24 Std. (man kann damit beliebig oft aus- und einsteigen). Außerdem darf man mit ihnen auch normale Trams und Aufzüge benutzen. yellowbustours.com.

Mit dem Tuk-Tuk durch Lissabon

In den Vierteln Alfama und Graça gehören die Autorikschas fast schon zum Stadtbild. Mancher Lissabonner fordert angesichts der zahlreichen, laut knatternden Fahrzeuge bereits ein Tuk-Tuk-Verbot für die Altstadtgassen. Aus diesem Grund sollen zukünftig die Tuk-Tuks in Lissabon nur noch elektrisch angetrieben werden dürfen. Im Gegensatz zu ihrem asiatischen Original sind die Lissabonner Dreiräder keine preiswerte Alternative zum konventionellen Autotaxi. In der Regel werden nur touristische Stadtrundfahrten angeboten, die mit etwa 65 € pro Stunde zu Buche schlagen (meist sind 3 bis 4 Fahrgäste inklusive). Es gibt viele Anbieter wie ecotuktours.com, ✆ 211 450252 und 910802000 oder tukonme.pt, ✆ 919302617.

Stadtspaziergänge

African Lisbon Tour, der Togolese Naky Gaglo bietet mit seinen Stadtspaziergängen einen einzigartigen Blick auf die „schwarze" Geschichte Lissabons. Die Stadt war einst einer der größten Sklavenmärkte Europas, bis heute leben hier zahlreiche Menschen afrikanischer Herkunft. Naky Gaglo greift anhand ausgewählter Orte im Zentrum der Stadt Geschichten von Diskrimierung und Rassismus auf. Abgerundet wird die Tour mit einem Abendessen in einem kapverdischen Restaurant (das Essen ist nicht im Preis inklusive). Mehrere Touren auf Englisch pro Woche, meistens mit Start am frühen Nachmittag. Treffpunkt an der Statue in der Mitte der Praça do Comércio (Ⓜ Terreiro do Paço). Pro Person 25 €, Kinder kostenlos. Vorherige Reservierung erforderlich. ✆ 932273536, Facebook und africanlisbontour.com.

Lissabon Entdecken, seit 2004 lebt Claudia Rutschmann in Lissabon und bietet Stadtspaziergänge an. Die deutsche Fremdenführerin und Übersetzerin ist nicht nur eine versierte Kennerin der Stadtgeschichte, sie kennt auch das Altstadtviertel Alfama wie ihre Westentasche. Wer persönliche Touren in kleinen Gruppen sucht, ist bei ihr genau richtig. Preise je nach Länge und Tour auf Anfrage. lissabonentdecken.com.

Walk'n'Roll, deutschsprachige Stadtführungen in Gruppen bis maximal 10 Personen („Walk"). Außerdem auch Ausflüge mit dem Rad in die Umgebung Lissabons („Roll"). Das Team um Melina Eibs, Pedro Oliveira und Sara Lier ist fast täglich mit einem Spaziergang am Start: „Schlaumeier" führt in 3,5 Std. durch die Lissaboner Altstadtviertel (35 €/Pers.), etwas kompakter mit nur 2 Std. ist die Tour „Urlauber" (25 €/Pers.). Treffpunkt in der Regel auf dem Rossio am Brunnen nahe dem Nationaltheater (Ⓜ Rossio). ✆ 962 255941 und 965615564, walk-n-roll-tours.com.

Hotel Pestana CR7 Lisboa: Aussicht auf die Baixa und die Kathedrale

Übernachten in Lissabon

Lissabon bietet mit mehr als 3000 offiziell registrierten Übernachtungsmöglichkeiten ein riesiges Angebot. Die feudalsten Unterkünfte sind im aristokratischen Viertel Lapa zu finden, die modernen Hotels der Geschäftsreisenden liegen an der Av. da Liberdade oder den Avenidas Novas. Altstadtflair mit schöner Aussicht bieten die Quartiere in der Alfama und Mouraria. Für den schmalen Geldbeutel gibt es einige der besten Hostels weltweit.

Da in der Hochsaison von Juni bis September sowie um Ostern und Neujahr zahlreiche Unterkünfte ausgebucht sind, empfiehlt sich zu diesen Zeiten dringend eine frühzeitige Vorausbuchung!

Die meisten Unterkunftsmöglichkeiten fallen unter die große Gruppe des sog. **Alojamento Local – AL** (wörtlich „lokale Unterkunftsmöglichkeiten"). Dabei handelt es sich um **B&Bs** (Bed & Breakfast), **Guesthouses** oder privat vermietete Zimmer und **Ferienwohnungen**. Ein Großteil unserer Empfehlungen stammt aus diesem Bereich. Wer auf eigene Faust nach einer solchen Unterkunft sucht, muss allerdings wissen, dass es hier keine gesetzlich definierten Standards gibt, sodass die Qualität dieser Unterkünfte stark schwanken kann.

Klar definierten, vom *Turismo de Portugal* überwachten Standards müssen dagegen die **Hotels** genügen, die nach dem internationalen Bewertungssystem in Häuser mit einem bis fünf Sternen klassifiziert werden. Eigenes Bad und Telefon sind für die Hotelzimmer aller Kategorien Pflicht, ab drei Sternen auch ein Fernseher.

Wer besonders preisgünstig übernachten will, kann auf eines der modernen **Hostels** zurückgreifen, über die Lissabon in großer Zahl verfügt. Die meisten davon sind in renovierten Altbauten untergebracht und bieten Schlafsäle bzw. Mehrbettzimmer mit 4 bis 8 Betten, viele allerdings auch preiswerte

Doppelzimmer. In der Regel ist die Atmosphäre familiär – man kocht zusammen, trifft sich in Gemeinschaftsräumen und zieht in der Gruppe zu Kneipentouren los. Da die Rückkehr von einer solchen Tour in der Regel nicht geräuschlos vonstattengeht, sind die Hostels auch nachts keine ausgesprochenen Oasen der Ruhe. Wer empfindlich ist, sollte sich trotz der Preisvorteile besser nach einer anderen Unterkunftsmöglichkeit umsehen.

Übernachtungssteuer

Die Stadt Lissabon erhebt pro Übernachtung und Person eine Touristensteuer von 2 € (unter 13 J. frei). Maximal werden sieben Nächte berechnet. Die Gebühr muss in der Regel vor Ort in der Unterkunft bezahlt werden.

Die hier genannten Adressen erheben keinen Anspruch auf Vollständigkeit, es sind vielmehr die Übernachtungsmöglichkeiten, die ich persönlich empfehle. Dabei stehen landestypische Hotels und individuelle B&Bs im Vordergrund mit viel Lissabon-Flair. Das gilt auch für die Unterkunftstipps an der Costa de Lisboa in der Umgebung der Hauptstadt.

Unterkunftstipps für die **Costa de Lisboa** sind in den jeweiligen Ortskapiteln zu finden.

Preiskategorien

Die Hotels sowie vergleichbare Unterkünfte wie Bed & Breakfast (B&B), Appartements und Ferienwohnungen sind in diesem Buch nach Preiskategorien sortiert. Die angegebenen Preise beziehen sich auf ein Doppelzimmer zur Hauptsaison (inklusive Frühstück, wenn dies angeboten wird) beziehungsweise auf eine Ferienwohnung bei Belegung mit 2 Pers. (hier in der Regel ohne Frühstück). Für ein Einzelzimmer kann man gewöhnlich ca. 20 Prozent vom Doppelzimmerpreis abziehen. In vielen Hotels darf ein Kind bis 12 Jahre kostenlos im Zimmer der Eltern übernachten.

€	bis 100 €
€€	100–200 €
€€€	200–300 €
€€€€	über 300 €

Hotels, Pensionen, B&Bs

Baixa/Chiado

→ Karte S. 432/433

**** Hotel Portuense 15**, gepflegtes Familienhotel seit 1967, nur wenige Meter von der Praça dos Restauradores und dem Rossio entfernt. 35 saubere, in freundlichen Farben eingerichtete Zimmer mit Parkettböden und eigener Dusche, Klimaanlage, Heizung, TV, Telefon. WLAN frei. Meist 2 Nächte Mindestaufenthalt. Rua das Portas de Santo Antão, 149–157, Ⓜ Restauradores, ✆ 213464197, hotelportuense.com. **€€**

Tesouro da Baixa by Shiadu 20, Gästehaus mit 33 Zimmern im Herzen der Baixa, nur wenige Meter von den Plätzen Rossio, Praça da Figueira und Martim Moniz entfernt. Kurioser Zugang an einem Schuhgeschäft im EG vorbei, dann geht es in den 3. Stock des Altbaus aus dem 19. Jh. Geräumige und modern ausgestattete Zimmer, alle mit Dielenböden, eigenem Bad, TV, Minibar und Tresor. Wer es ruhiger mag, wählt ein Zimmer Richtung Kirche. Großer Aufenthaltsraum. Rua Dom Duarte, 3, Ⓜ Rossio, ✆ 936348390, shiadu.com. **€€**

Esqina Urban Lodge 34, pombalinisches Eckhaus, sehr zentral nahe der U-Bahn, dennoch relativ ruhig gelegen. 30 Zimmer auf 3 Etagen (Aufzug erst ab 1. Stock). Historischer Charme im Treppenhaus, die hohen Räume sind dagegen modern eingerichtet. Am schönsten sind die Eckzimmer. Alle Zimmer mit eigenem Bad, Klimaanlage, Tresor, TV und schalldichten Fenstern. WLAN frei. Kein Frühstück. Wer ein Zimmer mit Frühstücksoption möchte, kann auch den Ableger Esqina Cosmopolitan Lodge in der Rua da Madalena, 195 buchen. Rua dos Sapateiros, 92, Ⓜ Baixa-Chiado, ✆ 217 651579, esqina.com. **€€**

***** My Story Tejo Hotel 23**, zentrale Lage an einer belebten Straße unweit der Praça da Figueira: ideal, wenn man kurze Wege schätzt. Aber keine Oase der Stille: Die Zimmer zur Straße bekommen Verkehrslärm ab, in denen zum

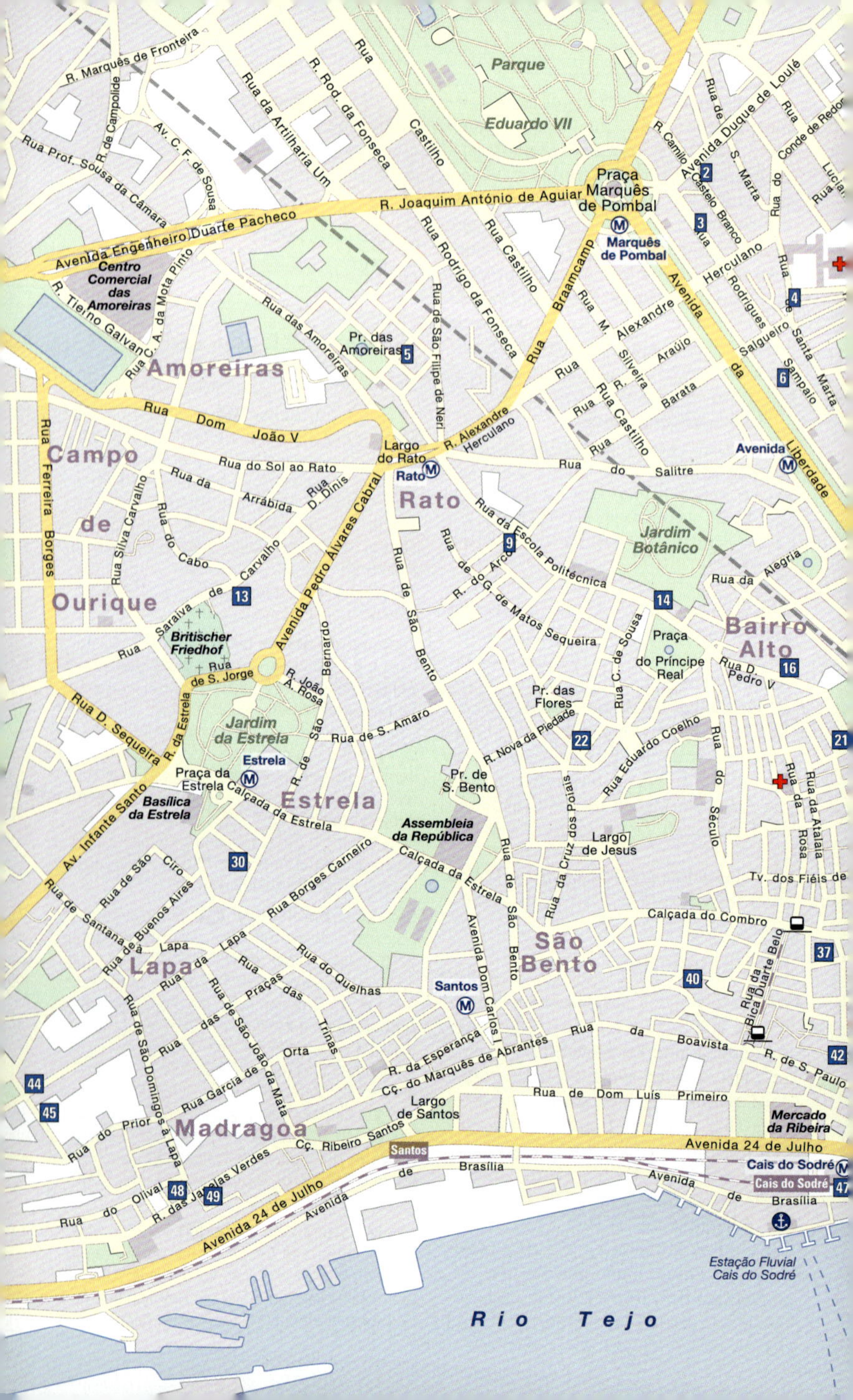

R. Marquês de Fronteira
R. de Campolide
Av. C. F. de Sousa
Rua Prof. Sousa da Câmara
Rua da Artilharia Um
R. Rod. da Fonseca
Rua Castilho
Parque
Eduardo VII
R. Joaquim António de Aguiar
Praça Marquês de Pombal
Marquês de Pombal
Avenida Engenheiro Duarte Pacheco
Centro Comercial das Amoreiras
R. Tierno Galvan
R. C. A. da Mota Pinto
Rua das Amoreiras
Pr. das Amoreiras
Rua Rodrigo da Fonseca
Rua de São Filipe de Neri
Rua Braamcamp
R. Camilo Castelo Branco
Avenida Duque de Loulé
Rua de S. Marta
Rua do Conde de Redondo
Rua Luciano
Rua Herculano
Rua Alexandre Herculano
Rua Rodrigues Sampaio
Rua de Santa Marta
Rua Salgueiro
Avenida da Liberdade
Rua M. Silveira
Rua R. Araújo
Rua Barata
Rua Castilho
Amoreiras
Rua Dom João V
Largo do Rato
Rato
R. Alexandre Herculano
Rua do Salitre
Avenida
Campo de Ourique
Rua do Sol ao Rato
Rua da Arrábida
Rua D. Dinis
Rua Silva Carvalho
Rua do Cabo
Rua Ferreira Borges
Rua da Escola Politécnica
Jardim Botânico
Rua da Alegria
Rua de São Bento
Rua do Arco
R. de G. de Matos Sequeira
Rua Saraiva de Carvalho
Avenida Pedro Álvares Cabral
Britischer Friedhof
Rua de S. Jorge
R. João A. Rosa
Rua Bernardo
Rua C. de Sousa
Praça do Príncipe Real
Bairro Alto
Rua D. Pedro V
Pr. das Flores
R. Nova da Piedade
Rua D. Sequeira
R. da Estrela
Jardim da Estrela
Estrela
Rua de S. Amaro
R. de São Bernardo
Rua Eduardo Coelho
Rua do Século
Rua da Rosa
Rua da Atalaia
Praça da Estrela
Calçada da Estrela
Pr. de S. Bento
Basílica da Estrela
Assembleia da República
Rua da Cruz dos Poiais
Largo de Jesus
Av. Infante Santo
Rua de São Ciro
Rua Borges Carneiro
Tv. dos Fiéis de
Calçada do Combro
Rua de Santana à Lapa
Rua de Buenos Aires
Lapa
Rua da Lapa
Rua das Praças
Rua do Quelhas
Avenida Dom Carlos I
São Bento
Rua da Bica Duarte Belo
Santos
Rua de São Domingos à Lapa
Rua de São João da Mata
Rua das Trinas
Rua da Boavista
R. de S. Paulo
Rua Garcia de Orta
R. da Esperança
Cç. do Marquês de Abrantes
Rua de Dom Luís Primeiro
Largo de Santos
Rua do Prior
Madragoa
Cç. Ribeiro Santos
Mercado da Ribeira
Avenida 24 de Julho
Cais do Sodré
Avenida de Brasília
R. das Janelas Verdes
Rua do Olival
Estação Fluvial Cais do Sodré
Rio Tejo
2
3
4
5
6
9
13
14
16
21
22
30
37
40
42
44
45
47
48
49

Übernachten
1 Vila Garden Guesthouse
2 Vila Nova Guesthouse
3 Lisboa Central Hostel
4 Inspira Liberdade Boutique Hotel
5 Casa Amora
6 Hotel Britânia
7 1908 Lisboa Hotel
8 Hotel Senhora do Monte
9 Casa de São Mamede Hotel
10 Torel Palace
11 Heritage Avenida Liberdade Hotel
12 The One Palácio da Anunciada
13 Hotel da Estrela
14 Casa do Príncipe
15 Hotel Portuense
16 Memmo Principe Real Hotel
17 This is Lisbon Hostel
18 Hotel Avenida Palace
19 Hotel Olissippo Castelo
20 Tesouro da Baixa by Shiadu
21 Lookout Lisbon! Hostel
22 Flores Guest House
23 My Story Hotel Tejo
24 Hotel Convento do Salvador
25 Casa Balthazar
26 Solar do Castelo
27 The Art Inn Lisbon
28 Chiado Arty Flats
29 Hotel Santa Justa Lisboa
30 The House
31 Santiago de Alfama Boutique Hotel
32 Living Lounge Hostel
33 Goodnight Hostel
34 Esqina Urban Lodge
35 Memmo Alfama Hotel
36 Home Lisbon Hostel
37 Chiado 44
38 Bairro Alto Hotel
39 Palacete Chafariz d'El Rei
40 Monte Belvedere Boutique Hotel
41 Hotel Pestana CR7 Lisboa
42 Lost Inn Lisbon Hostel
43 Hall Chiado
44 Jardim da Lapa
45 Olissippo Lapa Palace
46 LX Boutique Hotel
47 Sunset Destination Hostel
48 Palácio Ramalhete
49 As Janelas Verdes
Anjos
Santana
Graça
Mouraria
Castelo de São Jorge
Bairro do Castelo
Alfama
Baixa
Chiado
São Vicente de Fora
Sé (Kathedrale)
Praça Martim Moniz
Praça Dom Pedro IV Rossio
Praça do Comércio (Terreiro do Paço)
Pr. dos Restauradores
Elevador de Sta. Justa
Estação Fluvial Terreiro do Paço
Avenida Almirante Reis
Rua da Palma
Avenida Infante Dom Henrique
Av. da Ribeira das Naus
Rua da Alfândega
Rua Augusta
Rua Aurea
Rua da Prata
Rua dos Fanqueiros
Rua Garrett
Anjos
Intendente
Martim Moniz
Rossio
Baixa/Chiado
Terreiro do Paço
175 m
Übernachten in Lissabon

Innenhof hört man Lüftungsanlagen diverser Restaurants. In warmen Farben eingerichtetes Designhotel mit 58 zumeist geräumigen Zimmern mit Parkett, Klimaanlage, TV und Minibar. Von den oberen Etagen Stadtblick. WLAN kostenlos. Rua dos Condes de Monsanto, 2, Ⓜ Rossio, ✆ 218866182, mystoryhotels.com. **€€**

The Art Inn Lisbon 27, Eingang etwas versteckt in der belebten Rua 1° de Dezembro. Eine Stiege führt zur Rezeption im 1. Stock (kein Aufzug). Die 11 Zimmer hat die portugiesische Künstlerin Alexandra Prieto individuell nach lokalen Themen dekoriert, sie ist für ihre Gemälde auf Schuhen und Kleidungsstücken bekannt. Wem die Kunst gefällt, kann hier auch direkt ihre Werke erwerben. Das Bed & Breakfast zeichnet sich durch familiäres Ambiente aus. Alle Zimmer mit Badezimmer (Dusche), Klimaanlage, Tresor und Kabel-TV. Kostenloses WLAN. Im 4. Stock unter dem Dach zwei Studios mit etwas niedrigen Decken und Küchenzeile. Ganz oben ein Rooftop-Bar-Restaurant mit guter Aussicht, Wintergarten und Terrasse. Rua 1° de Dezembro, 31, Ⓜ Rossio, ✆ 213470 918, theartinn.com. **€€**

meinTipp **Chiado Arty Flats 28,** am stets belebten Platz gegenüber der São Roque-Kirche werden 17 Studios und Appartements auf 4 Etagen (Aufzug) eines Altbaus vermietet. Während der Salazar-Diktatur war hier die Zeitung República untergebracht, die Journalisten blickten dabei von ihren Büros direkt auf die Zensurbehörde in der Rua da Misericórdia (Nr. 125). Geräumige Ferienwohnungen für 2–6 Pers. mit eigenem Bad, Küchenzeile, Klimaanlage, TV, freiem WLAN und Tresor. Tägl. Wäschewechsel und Reinigung. Largo Trindade Coelho, 6, Ⓜ Baixa-Chiado, ✆ 213471564, Facebook. **€€€**

****** Hotel Pestana CR7 Lisboa 41,** das in einer Seitenstraße nahe der Praça do Comércio gelegene Hotel ist ein Gemeinschaftsunternehmen des Fußballstars Cristiano Ronaldo und der portugiesischen Hotelkette Pestana. Schöner pombalinischer Altbau, in den oberen Geschossen teilweise mit Aussicht. Nach den persönlichen Vorlieben von Ronaldo wurden die 83 gut schallisolierten Zimmer ausgestattet (alle mit TV, Parkettboden, Tresor, Minibar und eigenen Bädern). So sind die Shampoos mit dem Parfum von Cristiano Ronaldo versehen, in den Gängen ertönen aufgezeichnete Fangesänge und in der Sportsbar im Erdgeschoss ist „CR7" ebenfalls omnipräsent. WLAN frei. Rua do Comércio, 54, Ⓜ Terreiro do Paço, ✆ 210 158100, pestanacr7.com. **€€€**

****** Hotel Santa Justa Lisboa 29,** im Herzen der Baixa an der Touristen-Restaurantmei-

Überall Fußball-Deko: Hotel Pestana CR7 Lisboa

le Rua dos Correeiros. Ideal gelegen, um die Stadt zu Fuß zu erkunden. Renoviertes Altstadthaus mit Fassade aus pombalinischer Zeit. Zimmer allerdings im Design moderner Business-Hotels. 55 DZ auf 6 Etagen (Aufzug) mit Laminatböden, geräumigen Bädern, Klimaanlage, Tresor, Telefon und Kabel-Flachbild-TV. WLAN und Minibar kostenlos. Die Zimmer im obersten Stock haben Dachschräge, aber auch Blick auf den nahen Santa Justa-Aufzug. Rua dos Correeiros, 204, Ⓜ Rossio, ✆ 210499000, hotelsantajustalisboa.com. €€€

meinTipp **Casa Balthazar 25,** Bed & Breakfast in einer wunderschönen Altstadtvilla direkt über dem Rossio-Bahnhof. Unglaublich ruhig, obwohl sehr zentral. Früher Privathaus des Gründers der Traditionskonditorei Confeitaria Nacional, heute vermietet die Familie hier 9 sehr geräumige und stilvoll eingerichtete Zimmer. Holzdielen, Espressomaschine, WLAN kostenlos, Kabel-TV, Stereoanlage, Kingsize-Betten und eigene Bäder. Fast alle Zimmer haben auch Küchenzeile und Kühlschrank. Teilweise herrliche Aussicht auf die Stadt, am besten im Raum „Panoramic", von dessen Terrasse man auf den gegenüberliegenden Burgberg schaut. Elegant gestaltete Aufenthaltsräume und Innenhof mit Schwimmbad. Parkplätze vorhanden. Rua do Duque, 26, Ⓜ Restauradores, ✆ 917085568, casabalthazarlisbon.com. €€€

***** **Hotel Avenida Palace 18,** sehr zentrale Lage, direkt neben dem Bahnhof Rossio, mit dem zusammen dieses Grandhotel erbaut wurde; José Luís Monteiro war bei beiden der Architekt. Das 1892 eröffnete Hotel war lange Zeit eines der besten Häuser Portugals und erste Adresse in Lissabon. Überall klassizistischer Dekor mit Spiegeln und Antikmöbeln. Wer einfach nur die Atmosphäre schnuppern möchte, kann direkt neben der Lobby im Salão Palace kostenlose Klavierkonzerte erleben: Musiker lassen hier mehrmals pro Woche ab 19 Uhr Klassik, Jazz oder Fado erklingen (Programm unter „Musik im Palace" auf der Website). Geräumige Zimmer mit Telefon, Sat-TV, Radio, freiem WLAN, Minibar, Tresor und Klimaanlage. Ruhig, da Doppelfenster zur Straße hin. Kein Restaurant, aber Fitnessstudio. Rua 1° de Dezembro, 123, Ⓜ Restauradores, ✆ 213 218100, hotelavenidapalace.pt. €€€€

Alfama

→ Karte S. 432/433

*** **Hotel Convento do Salvador 24,** Hotel in einem historischen Nonnenkloster mitten in den Alfama-Gassen. Die Zimmer sind rund

Bed & Breakfast: The Art Inn Lisbon

um den weiten, ruhigen Innenhof angeordnet. Nebenstraße, mit dem Auto schwer zu erreichen, aber ideal für Altstadt-Spaziergänge gelegen. Die karitative Organisation APCC betreibt das Hotel und finanziert damit ein Kinderzentrum in der Nachbarschaft. 43 eher kleine Zimmer, alle mit Bad, Klimaanlage, TV, Tresor, Kühlschrank und kostenlosem WLAN. Rua do Salvador, 2B, ✆ 218872565, conventosalvador.pt. €€

**** **Memmo Alfama Hotel 35,** dieses Designhotel ist in 3 Altstadthäuser oberhalb der Kathedrale eingezogen. Ruhe garantiert die Lage am Ende einer Sackgasse. Manche der 42 kleinen bis mittelgroßen Zimmer haben Terrasse mit Alfama-Aussicht, andere nur Blick in den Innenhof. Alle mit Bad, Klimaanlage, TV und kostenlosem WLAN. Die Hotelbar mit ihrer ausladenden Sonnenterrasse dürfte einen der besten Ausblicke Lissabons bieten. Kleiner Pool, Fitnessraum. Kinder unter 16 J. sind nicht zugelassen. Travessa das Merceeiras, 27, ✆ 210 495660, memmohotels.com. €€€

Solar do Castelo 26, Luxus-Gästehaus inmitten der Altstadtgassen direkt neben der

Burg. Im 16. Jh. befanden sich hier die Küchen des ehemaligen Königspalasts. Nach dem Erdbeben von 1755 errichteten Adlige an dieser Stelle einen kleinen Palast. Wunderbare Ruhe vom Stadtlärm, nur hin und wieder hört man einen der Burgpfauen schreien. Mit nur 20 Zimmern familiäre Atmosphäre. Im EG gibt es eine mittelalterliche Zisterne, im Keller sind in einem Privatmuseum Azulejos, Tongefäße und Teller ausgestellt, die beim Bau gefunden wurden. Holzboden, Marmorbäder, Tresor, Sat-TV und kostenloses WLAN. Zimmer 12 und 21 haben einen sehr schönen Blick auf den Tejo. Rua das Cozinhas, 2, ✆ 218806050, lisbonheritagehotels.com. **€€€**

Palacete Chafariz d'El Rei 39, Boutique-Bed & Breakfast am Südrand der Alfama unmittelbar über dem Chafariz-del-Rei-Brunnen. Links neben dem Brunnen durch den Torbogen und gleich rechts die Treppen hinauf. Einer der schönsten und skurrilsten Paläste der Alfama. Ende des 19. Jh. ließ ein Portugiese, der in Brasilien zu neuem Reichtum gekommen war, das Haus erbauen. Damals galt der Palast mit seinem Mix diverser Stile noch als geschmacklos. Die sehr geräumigen Zimmer befinden sich im 2. Stock. Klimaanlage, Sat-TV, Minibar und eigene Bäder. WLAN kostenlos. Im EG Terrasse mit Tejoblick und Schatten spendender Laube sowie mehrere opulent dekorierte Aufenthaltsräume. Spiegel, Kronleuchter und Stuckdecken sowie ein Konzertflügel sorgen für vornehmes Flair. Wer nicht Gast ist, kann hier beim Brunch „Palacete Tea House" reinschnuppern. Travessa Chafariz del Rei, 6, Ⓜ Terreiro do Paço, ✆ 218 886150, chafarizdelrei.com. **€€€**

******* Santiago de Alfama Boutique Hotel 31,** zwischen Miradouro de Santa Luzia (Halt Tram 28) und der Burg, dennoch ruhige Lage. Kein austauschbares Business-Hotel, sondern individuelles Altstadt-Flair. Die aufwändig restaurierten Zimmer sind in ehemaligen Wohnhäusern untergekommen, die zum Hotel verbunden wurden. Ein früherer Innenhof dient nun als Lobby, eine alte römische Treppe wurde ebenfalls integriert. 19 Zimmer, davon 2 behindertengerecht. Herrliches Alfama-Panorama von Zimmer 402 im 4. Stock. TV, Telefon, Tresor, Minibar und Bäder mit Badewanne oder Dusche. WLAN frei. Frühstück wird im nach der Tochter des portugiesischen Besitzers benannten „Café Audrey" serviert (öffentlich zugänglich), bei gutem Wetter auch auf der Terrasse auf dem Bürgersteig. Rua de Santiago, 10–14, ✆ 213941616, santiagodealfama.com. **€€€€**

Mouraria/Graça

→ Karte S. 432/433

**** Hotel Senhora do Monte 8,** Mittelklasse-Pension in Familienbesitz abseits des Stadtgewühls, direkt neben dem Aussichtspunkt Miradouro Nossa Senhora do Monte. Die Haltestelle Graça der Tram 28 ist fußläufig zu erreichen. Von den 28 Zimmern und der Dachterrasse (Frühstücksraum) herrlicher Blick auf Lissabons Altstadt, vor allem in der Morgendämmerung wunderschön. Wirkt inzwischen etwas in die Jahre gekommen, das Ambiente erinnert an die 1970er- und 80er-Jahre. WLAN frei. Calçada do Monte, 39, ✆ 218866002, Buchung über die gängigen Buchungsportale. **€€**

****** Hotel Olissippo Castelo 19,** modernes Hotel am nördlichen Burghang. 24 geräumige Zimmer, alle mit schönem Blick auf Graça, Parque Eduardo VII und Amoreiras, im 2. und 3. Stock mit großen Dachterrassen. Historische Fassade, innen dagegen modern eingerichtet. Zimmer mit Teppichboden, Schreibtisch, Klimaanlage, Kabel-TV, Telefon, Safe und Minibar. WLAN frei. Mittelgroße Bäder. Garage. Rua Costa do Castelo, 120, ✆ 218820190, olissippohotels.com. **€€**

****** 1908 Lisboa Hotel 7,** mit seiner spitz zulaufenden Vorderseite fällt das Hotel durch eine der ungewöhnlichsten Hausfronten Lissabons auf. 1908 zeichnete die Stadt den Jugendstil-Bau mit ihrem höchsten Architekturpreis, dem Prémio Valmor, aus. Obwohl das Hotel erst 2017 eröffnet und mit vielen modernen Kunstwerken dekoriert wurde, nimmt es den Stil der damaligen Zeit gut auf. 36 Zimmer mit eigenem Bad, Teppichböden, Tresor, Minibar und Klimaanlage. WLAN frei. Largo do Intendente Pina Manique, 6, ✆ 218804000, 1908lisboahotel.com. **€€€**

Avenida da Liberdade

→ Karte S. 432/433

Vila Nova Guesthouse 2, gleich neben der Praça Marquês de Pombal im 3. OG eines alten Jugendstilhauses (Aufzug). Moderne, funktionale Einrichtung. Zimmer alle mit eigenem, meist kleinem Bad, TV, Tresor und kostenlosem WLAN. In der Umgebung diverse Geschäfte. Die U-Bahn-Station Marquês de Pombal ist nur wenige Meter entfernt. Trotz der belebten Straße vor der Tür besser Zimmer nach vorne nehmen, da im Innenhof Klimaanlagen lärmen. Es wird kein Frühstück angeboten. Av. Duque de Loulé, 111-3°, Ⓜ Marquês de Pombal, ✆ 213 196290, vilaguesthouses.com. **€€**

Vila Garden Guesthouse 1, Ableger des Vila Nova Guesthouse in einem Gebäude aus dem 19. Jh. mit ähnlichem Konzept, aber grünem Hinterhof. 24 moderne Zimmer und 2 Appartements auf 4 Etagen (kein Aufzug). Wer es ruhiger möchte, vermeidet die Zimmer nach vorne zur belebten Straße (Fenster sind aber gut schallisoliert). Alle mit eigenem Bad, Klimaanlage, Tresor, Minibar und freiem WLAN. Kein Frühstück. Av. Almirante Reis, 98, Ⓜ Arroios, ✆ 218138060, vilaguesthouses.com. **€€**

meinTipp **Torel Palace 10**, zwei Paläste aus dem Beginn des 20. Jh. in unmittelbarer Nähe der Bergstation des Lavra-Aufzuges (Ⓜ Restauradores). Umwerfende Lage auf der Spitze des Santana-Hügels: ruhig, aber in Zentrumsnähe. Vom entzückenden Palmengarten mit Pool und Terrassenbar schweift der Blick weit über Baixa, Chiado und Bairro Alto. Insgesamt 27 Zimmer: am besten eines mit Aussicht buchen. Kronleuchter, Stuckdecken und Dielenböden verbreiten aristokratisch-romantisches Flair. Alle Zimmer mit eigenem Bad, Klimaanlage, TV, Telefon, kostenlosem WLAN, Tresor, Minibar und Kaffeemaschine. Pool und Bar im Garten. Rua Câmara Pestana, 23, ✆ 218290810, torelpalacelisbon.com. **€€€**

****** Inspira Liberdade Boutique Hotel 4**, etwas östlich der Praça Marquês de Pombal. Das Hotel ist ganz nach der fernöstlichen Zen-Philosophie und unter Beachtung von Umweltschutzgesichtspunkten gestaltet. Die 89 Zimmer sind nach den 5 Zen-Elementen Erde, Wasser, Feuer, Metall und Holz unterschiedlich dekoriert, das soll zu den verschiedenen Temperamenten der Gäste passen – mancher wird es etwas befremdlich finden. Zimmer relativ gut ausgestattet mit Kaffeemaschine, Flachbild-TV, Telefon, Fön und Tresor, allerdings in den Standard-Zimmern wenig Stauraum. Minibar kostenlos, ebenso WLAN. Die meisten Zimmer bieten keine Aussicht, teilweise blickt man direkt auf die andere Seite der Gasse. Rua de Santa Marta, 48, Ⓜ Marquês de Pombal, ✆ 210 440900, inspirahotels.com. **€€€**

****** Hotel Britânia 6**, in einer Parallelstraße der Av. da Liberdade gelegen. Luxushotel der Heritage-Gruppe. Historisches, im Art-déco-Stil gehaltenes Gebäude des modernistischen Architekten Cassiano Branco aus den 1940er-Jahren. Mit seinen 30 Zimmern fast familiäre Atmosphäre, alles sehr geschmackvoll und elegant eingerichtet. Sat-TV, Minibar, Telefon und Klimaanlage. Kostenloses WLAN. Rua Rodrigues Sampaio, 17, Ⓜ Avenida, ✆ 213155 016, hotel-britania.com. **€€€**

****** Heritage Avenida Liberdade Hotel 11**, am Südende der Avenida da Liberdade. Palast aus dem 18. Jh., liebevoll vom portugiesischen Architekten Miguel Câncio Martins

Versteckte Idylle mitten in der Großstadt: Torel Palace

restauriert. 40 geräumige Zimmer mit hohen Decken, eingerichtet in einer gelungenen Mischung aus Tradition und Moderne. Trotz Avenida vor der Tür nachts ruhig. Große, komfortable Bäder, Sat-TV, DVD, Telefon, Minibar, Tresor sowie kostenloses WLAN. Wellnessbereich. Kein Restaurant, das Frühstück wird an Sitzgruppen in der Lobby serviert. Av. da Liberdade, 28, Ⓜ Restauradores, ✆ 213404040, heritageavliberdade.com. **€€€**

******* The One Palácio da Anunciada 12**, von außen recht unscheinbar, dafür im Inneren umso beeindruckender. 83 Zimmer sind in diesem Palastensemble aus dem Jahr 1533 eingebaut worden und komfortabel mit geräumigen Marmorbädern, TV, Tresor, Minibar und Klimaanlage eingerichtet. Den besten Blick genießt man von den Delux-Garden-Zimmern in Richtung des ausladenden Innenhofes mit großem Garten. An der Sonnenterrasse samt Bar hat man fast das Gefühl, in Lissabon Strandurlaub zu machen. Dazu gibt es noch Spa-Bereich, Fitnesstudio sowie Weinbar und Restaurant mit Stuckdecken. Rua das Portas de Santo Antão, 112-134, Ⓜ Restauradores, ✆ 210 412300, hotelstheone.com. **€€€€**

Bairro Alto → Karte S. 432/433

meinTipp **Hall Chiado 43**, 9 Zimmer mit eigenem Bad in einem gut erhaltenen Altbau aus dem 18. Jh. Das Guesthouse ist minimalistisch-modern eingerichtet: hohe Decken und Korkböden. Sat-TV, Tresor, Klimaanlage, WLAN kostenlos. Nachts kann es trotz gut gedämmter Fenster etwas laut werden, da viele Bars in der Nachbarschaft sind. Die Abwicklung erfolgt komplett über das Internet: Anmeldung sowie Check-in mit Code ab 15 Uhr. Frühstück wird nicht angeboten. Es gibt auch keine Rezeption, aber ein zu normalen Arbeitszeiten geöffnetes Büro, in dem auch die Eigentümer, 2 portugiesische Designerinnen, arbeiten. Rua do Alecrim, 45, Ⓜ Cais do Sodré, ✆ 910061500, hallchiado.pt. **€€**

Chiado 44 37, Gästehaus mit 11 Zimmern im 3. und 4. Stock eines Altbaus (kein Aufzug). Ruhige Nebenstraße nahe der Ausgehmeilen, nachts dennoch teilweise etwas lauter. Viele Zimmer mit Aussicht auf den Tejo und kleinem Balkon. Alle mit eigenem Bad, Klimaanlage, Tresor, TV und Minibar. WLAN frei. Die Rezeption im Treppenhaus ist nur bis Mitternacht besetzt, es wird kein Frühstück angeboten. Rua da Horta Seca, 44, Ⓜ Baixa/Chiado, ✆ 930544 457, chiado44.pt. **€€**

meinTipp **Casa do Príncipe 14**, Bed & Breakfast im 1. Stock eines aristokratischen Stadthauses. Der portugiesische Besitzer hat es mit Liebe und Blick fürs Detail renoviert: Thematisch dreht sich alles um das Leben von König Pedro V. – der grüne Príncipe-Real-Platz vor der Haustür ist nach dem beliebten, 1861 im Alter von 24 Jahren an Thyphus verstorbenen König benannt – und seiner Frau Estefânia, Prinzessin Stephanie von Hohenzollern-Sigmaringen. Kronleuchter, Fresken und Stuck sorgen für exquisites Ambiente. 9 teilweise sehr geräumige Zimmer: Die meiste Ruhe genießt man in den Räumen nach hinten zum botanischen Garten. Eigenes Bad, TV, kostenfreies WLAN, Klimaanlage, Tresor. Praça do Príncipe Real, 23-1°, Ⓜ Rato, ✆ 218264183 und ✆ 935743078, casadoprincipe.com. **€€**

**** Monte Belvedere Boutique Hotel 40**, stilvoll renovierter Altbau aus den 1820er-Jahren, in dem früher eine Parfum-Fabrik untergebracht war. Im obersten Stock Panorama-Restaurant „Madame Petisca" (hier wird auch das Frühstück serviert). 21 Zimmer, davon mehrere mit fantastischem Blick Richtung Rio Tejo (die anderen zum Bairro Alto, hier kann es abends etwas lauter werden). Die meisten Zimmer nicht sehr geräumig, dafür alle mit eigenem Bad, Tresor, TV und Klimaanlage, teils auch Küche. WLAN kostenlos. Es werden auch zahlreiche Appartements in der näheren Umgebung vermietet. Rua de Santa Catarina, 17, Ⓜ Baixa-Chiado, ✆ 930613162, shiadu.com. **€€€**

****** LX Boutique Hotel 46**, in unmittelbarer Nähe zum Bahnhof Cais do Sodré und der gleichnamigen Diskothekenzone, daher kann es nachts etwas laut werden. Anfang des 20. Jh. war hier mit dem Hotel Bragança eine der bekanntesten Adressen Lissabons untergebracht. Altbau, daher etwas enger, aber hohe Zimmerdecken. 45 helle, mit Liebe zum Detail dekorierte Zimmer. Im 4. und 5. Stock Tejoblick. TV, WLAN gratis, Tresor. Rua do Alecrim, 12, Ⓜ Cais do Sodré, ✆ 213474394, lxboutiquehotel.com. **€€€**

******* Memmo Príncipe Real Hotel 16**, versteckt in einem ruhigen Hinterhof gelegenes Design-Hotel mit herrlicher Aussicht auf die Avenida da Liberdade. 41 moderne und großzügig geschnittene Zimmer auf 4 Etagen, alle mit TV, Tresor, Minibar. Fast alle mit Aussicht, teilweise auch mit Balkon und offenem Kamin. WLAN frei. Terrassenbar und Restaurant, Schwimmbad sowie Parkplätze. Rua Dom Pedro V, 56–J, ✆ 219016800, memmohotels.com. **€€€€**

***** **Bairro Alto Hotel** **38**, ein liebevoll restauriertes Altstadthaus aus dem Jahr 1845. Die Zimmer auf 4 Etagen sind trotz des belebten Platzes und der vorbeifahrenden Tram aufgrund doppelter Fensterflügel (jeweils doppelt verglast) ruhig. Dielenböden und hohe Decken machen einen noblen Eindruck. Klimaanlage, Schreibtisch, Minibar, TV, DVD-Player, Telefon, WLAN kostenfrei, Tresor, Marmorbäder mit Wanne. Kleine Balkone mit Tejoblick. Unten die „Cafetaria Pastelaria", ganz oben Terrassenbar „BAHR" mit Aussicht. Praça Luís de Camões, 2, Ⓜ Baixa/Chiado, ✆ 213408288, bairroaltohotel.com. **€€€€**

Amoreiras

→ Karte S. 432/433

Casa Amora **5**, Bed & Breakfast in einem liebevoll renovierten Häuschen. Ruhige Lage nur wenige Meter von der grünen Praça das Amoreiras, dem Wasserreservoir Mae d'Água und der U-Bahn Rato entfernt. Schnuckelig-romantisches Ambiente mit Spiegeln, Kommoden, Polstersesseln, Teppichböden und Stuckdecken. Kostenfreies WLAN. Insgesamt 6 Studios im Haupthaus und in Gebäuden in der Nachbarschaft, teilweise mit Küchenzeile (die Nebengebäude sind nicht für kleine Kinder geeignet, da ungesicherte Treppen). Alto de São Francisco, 25, Ⓜ Rato, ✆ 913240100, casaamora.com. **€€**

mein Tipp **** **Hotel da Estrela** **13**, das kleine Luxushotel befindet sich im ehemaligen Palast der Grafen von Paraty. An der Rezeption wird man mit Schiefertafeln und auf Schieferboden begrüßt, in den 19 geräumigen Zimmern hängen ehemalige Schultischplatten als „Gemälde". Bei diesen Motiven rund um das Thema Schule hat man sich von der Hotelfachschule Lissabons, die im Nachbargebäude untergekommen ist, inspirieren lassen. Die Zimmer im 2. Stock in Richtung Garten haben den besten Blick zur Igreja da Estrela. Alles sehr geräumig und ruhig. Frühstück im Innenhof, nebenan ausladender Garten mit Teich. Rua Saraiva de Carvalho, 35, Ⓜ Rato, ✆ 211900100, hoteldaestrela.com. **€€**

Lapa/São Bento

→ Karte S. 432/433

The House **30**, angesichts der funktionalen Fassade würde man niemals vermuten, dass sich hier eine der Unterkünfte mit der besten Aussicht Lissabons verbirgt. Wer in den 4. und 5. Stock hochfährt, betritt eine typisch Lissabonner Mittelklasse-Wohnung. 9 Zimmer ohne Fernseher, aber alle mit eigenem Bad (teilweise auf der anderen Seite des Gangs), Parkettböden, kostenlosem WLAN, Klimaanlage und teilweise auch Balkon. Einige Zimmer im 5. Stock mit schöner Aussicht, am besten gefiel

Romantischer Garten und überall viel Platz: Hotel da Estrela

uns der „Dressing Room" mit Wintergarten und Blick Richtung Castelo. Großer Frühstücks- und Aufenthaltsraum im 4. Stock, der Trumpf dieses Bed & Breakfast ist aber die Dachterrasse mit Wintergarten und viel Platz zum Entspannen und herrlicher Aussicht. Travessa do Pinheiro, 11–4°, Ⓜ Estrela (ab 2025), ✆ 215947949, thehouse.pt. **€**

Flores Guest House 22, etwa 25 Zimmer und 3 Appartements für 4 Pers. werden in drei etwas hellhörigen Altbaugebäuden in der Nähe der hübschen Praça das Flores vermietet. Enge Treppenaufgänge (keine Aufzüge). Alle Zimmer mit eigenem Bad, Klimaanlage, Tresor, Kaffeemaschine, freiem WLAN und TV, einige auch mit Küchenzeile. Zi. 302 hat sogar eine Mini-Veranda. Rua de São Marçal, 30, Ⓜ Rato, ✆ 213 461884 und ✆ 913736340, floresguesthouse.com. **€€**

***** Casa de São Mamede Hotel 9,** stilvolles Hotel in einem 1758 erbauten Haus mit Kronleuchtern und großen Holztreppen. Aufsehenerregendes Frühstückszimmer mit Azulejos und schweren Vorhängen. Das Frühstück selbst wird dagegen von manchen Gästen als etwas karg bezeichnet. 26 Zimmer auf drei Stockwerken mit hohen Decken, großem Bad, Tresor, Telefon und Fernseher. WLAN inklusive. Familien sind sehr willkommen! Rua da Escola Politécnica, 159, Ⓜ Rato, ✆ 213963166, casadesaomamede.pt. **€€**

***** Jardim da Lapa 44,** Boutique Hotel der Lissabonner Shiadu-Gruppe in der Straße mit den meisten Botschaften Lissabons, und auch hier war früher die Botschaft Lettlands untergebracht. Die 25 Zimmer befinden sich rund um einen Garten in mehreren niedrigen Gebäuden, dazwischen ein Pool und viele Liegemöglichkeiten. Sehr ruhiges Ambiente abseits vom Stadttrubel, nur hin und wieder hört man ein Flugzeug im Landeanflug. Alle Zimmer mit Bad, Minibar, Tresor, Schreibtisch, Kaffeemaschine und Dielenböden. WLAN frei. Rua Sacramento à Lapa, 52–A, Ⓜ Estrela (ab 2025), ✆ 913301107, shiadu.com. **€€€**

As Janelas Verdes 49, nicht weit vom Museu Nacional de Arte Antiga gelegen. Herrschaftliche Luxus-Pension in einem palastähnlichen Altbau aus dem 18. Jh. Begrünter Hinterhof, in dem auch gefrühstückt werden kann. Die 29 Zimmer sind teilweise mit Stuckdecken geschmückt. Schallgedämmte Fenster, Klimaanlage, Telefon und Sat-TV gehören zur Ausstattung. WLAN kostenfrei. Im 5. Stock Selfservice-Bar (Kaffee und Tee umsonst) und Dachterrasse mit herrlichem Ausblick auf den Hafen. Rua das Janelas Verdes, 47, Ⓜ Santos (ab 2025), ✆ 213968143, lisbonheritagehotels.com. **€€€**

Jardim da Lapa: abgeschiedene und ruhige Unterkunft mit viel Grün

meinTipp **Palácio Ramalhete 48**, hotelähnliche Unterkunft in einem portugiesischen Privatpalast aus dem 18. Jh. 12 Zimmer mit eigenem Bad, Klimaanlage, Tresor, Minibar, kostenlosem WLAN, Telefon und TV. Geräumige Aufenthaltsräume mit Stuckdecken und Dielenböden. Inspiriert vom Werk „Os Maias" des portugiesischen Romanciers Eça de Queiroz haben die deutsch-holländischen Besitzer eine wunderschöne Unterkunft geschaffen. Ihnen gelang es sogar, ein Schwimmbad samt Aussichtsterrasse architektonisch gelungen in das historische Gebäude zu integrieren. Die US-amerikanische Sängerin Madonna hatte das komplette Hotel für mehrere Jahre gemietet, als sie in Lissabon wohnte und ihr Sohn beim Fußball-Nachwuchs von Benfica spielte. Rua das Janelas Verdes, 92, Ⓜ Santos (ab 2025), ✆ 213931380 und ✆ 916121002, palacio-ramalhete.com. **€€€€**

******* Olissippo Lapa Palace 45**, 1870 wurde dieser Palast für den Grafen von Valença in einer ruhigen Gegend des Stadtteils Lapa erbaut. Seit 1992 ist hier eines der vornehmsten Hotels Portugals untergebracht. Besonders beliebt bei portugiesischen Geschäftsleuten. Von den Terrassen der Suiten blickt man auf Almada und den Cristo Rei. Die Balkone der 109 luxuriösen Zimmer gehen dagegen zumeist in Richtung des großen Hotelgartens. Sat-TV, Telefone, Minibar sowie Marmorbäder mit handbemalten Azulejos. WLAN kostenfrei. Fitnesscenter mit Sauna und türkischem Bad. Rua do Pau de Bandeira, 4, Ⓜ Estrela (ab 2025), ✆ 213949494, olissippohotels.com. **€€€€**

Hostels

Baixa/Chiado

→ Karte S. 432/433

Goodnight Hostel 33, zentral in der Baixa inmitten der Fußgängerzone. Am Eingang klingeln, dann in den 2. Stock des Baixa-Altbaus (kein Aufzug). Gemütlicher Aufenthaltsraum im Loungestil, dazu ein eigenes Fernsehzimmer. Aufgeräumte und gut bestückte Küche für Selbstkocher. WLAN kostenfrei. Bis direkt unters Dach (6. Stock) sind 9 relativ eng bestückte Schlafsäle ab 17 €/Pers. sowie 3 DZ untergebracht, mit Gemeinschaftsbad ab 90 €, mit eigenem Bad ab 100 € (je inkl. Frühstück). Kinderfreundlich. Rua dos Correeiros, 113-2°, Ⓜ Baixa/Chiado, ✆ 215989153, goodnighthostellisbon.com.

meinTipp **Living Lounge Hostel 32**, nur ein paar Meter vom Ausgang der Metrostation Baixa-Chiado entfernt in einer sehr zentralen, aber dennoch ruhigen Lage der Baixa. Im 2. Stock (kein Aufzug) eines renovierten Altstadthauses mit viel Holz, Dielenböden, hell gestrichenen Wänden und großzügigen Aufenthaltsräumen. Im Schlafsaal ab 28 €/Pers., DZ ab 74 € (je inklusive Frühstück). Für ein Hostel außergewöhnlich viele Doppelzimmer. Fenster entweder zur ruhigen Rua do Crucifixo oder in einen Innenhof. Gemeinschaftsbäder. Handtücher nicht inklusive, können aber für wenig Geld geliehen werden. Gemeinschaftsküche. Internetrechner und WLAN umsonst. Waschmaschine und Trockner. Teilweise Mindestaufenthalt von 2 Nächten. Rua do Crucifixo, 116-2°, Ⓜ Baixa/Chiado, ✆ 213461078, livingloungehostel.com.

Home Lisbon Hostel 36, am Eingang klingeln und dann in den 2. Stock gehen. Das Haus ist moderner als die meisten Gebäude der Baixa, daher gibt's auch einen Aufzug. 2013–2017 jährlich als weltweit bestes mittelgroßes Hostel von der Buchungsplattform Hostelworld prämiert. 11 Zimmer, die teilweise mit 4 bzw. 6 Betten recht eng bestückt sind. Korkböden und hohe Decken. Bett im Schlafsaal ab 25 €/Pers., DZ ab 130 € (je inklusive Frühstück). Moderne und großzügig gestaltete Gemeinschaftsbäder. Aufenthaltsraum mit TV und Playstation. WLAN kostenlos. Wäscheservice. Gemeinschaftsküche zum Selberkochen. Außerdem kocht „Mamma", die Mutter des Eigentümers, Abendessen für die Gäste. Rua de São Nicolau, 13-2° Esq., Ⓜ Baixa/Chiado, ✆ 218885312, homelisbonhostel.com.

Mouraria

→ Karte S. 432/433

This is Lisbon Hostel 17, familiäres Hostel direkt unterhalb der Burgmauer in der Rua Costa do Castelo, der Eingang befindet sich ein paar Stufen abwärts in der Nebengasse Escadinhas Marquês Ponte de Lima, 1. Schön restaurierte Etage mit hohen Decken und edlen Holzrahmen um Fenster und Türen. Die große Terrasse mit herrlichem Blick über die Mouraria lädt zum Entspannen ein. Auch sonst eher ruhige Atmosphäre. 4 geräumige Mehrbettzimmer mit Gemeinschaftsbädern für 4, 6 bzw. 8 Personen, dazu 3 DZ (nur 1 DZ mit eigenem Bad). Bett im Schlafsaal ab 25 €/Pers., DZ ab 58 € (je inkl. Frühstück). Küche, Waschmaschine, Aufenthaltsraum und kostenloses WLAN. Rua Costa do Castelo, 63, ✆ 218014549, thisislisbonhostel.com.

Avenida da Liberdade

→ Karte S. 432/433

Lisboa Central Hostel 3, in einer ruhigen Seitenstraße, dennoch zentral unweit der Praça Marquês de Pombal (zwei Metrolinien) gelegen. Hostel auf den unteren beiden Etagen eines 80 Jahre alten, unter Denkmalschutz stehenden Gebäudes des modernistischen Architekten Cassiano Branco. Recht geräumige Schlafsäle mit 4 bis 10 Betten, Gemeinschaftsbäder. 6 DZ, teilweise auch mit eigenem Bad. Bett im Schlafsaal ab 20 €/Pers., DZ ab 50 € (je inkl. Frühstück). WLAN frei. Kleiner Innenhof sowie 2 Aufenthaltsräume mit TV und DVDs. Kochmöglichkeit und Kühlschränke, Waschmaschine und Trockner. Rua Rodrigues Sampaio, 160, Ⓜ Marquês de Pombal, ✆ 309881038, lisboacentralhostel.com.

Bairro Alto

→ Karte S. 432/433

Lookout Lisbon! Hostel 21, Hostel mit Burgblick im 1. Stock (kein Aufzug) eines Altbaus gegenüber dem Aussichtspunkt São Pedro de Alcântara. In direkter Nachbarschaft zahlreiche Bars und nachts entsprechend laut. 4 dicht belegte Zimmer mit Platz für je 6–12 Pers. in dreistöckigen Betten. Bett im Schlafsaal ab 28 €/Pers. (inkl. Frühstück). Gemeinschaftsbäder, Schließfächer, Küchenbenutzung und kostenloses WLAN. Jeden Abend Programm und Ausflüge, daher gut für Alleinreisende, die Anschluss suchen. Fahrradverleih für Gäste. Kein Frühstück, aber es gibt morgens immerhin einen frischen Kaffee. Rua São Pedro de Alcântara, 63-1° Esq., Ⓜ Baixa-Chiado, ✆ 211340775, lookoutlisbonhostel.com.

meinTipp **Lost Inn Lisbon Hostel 42**, im 1. Stock (kein Aufzug) eines schön renovierten Gemäuers aus dem Jahr 1732, nicht weit vom Bahnhof Cais do Sodré und der dortigen Ausgehmeile (daher besser Zimmer zur Straße vermeiden). Dielen und Azulejos verleihen den Räumen einen edlen Touch: 15 Zimmer mit je 4–10 Stockbetten (ein Zimmer nur für Frauen), dazu freundlich eingerichtete DZ mit Gemeinschaftsbad. Bett im Schlafsaal ab 21 €/Pers., DZ ab 68 € (Frühstück jeweils 3 €/Pers.). Kostenloses WLAN. Beco dos Apóstolos, 6, Ⓜ Cais do Sodré, ✆ 213470755, lostinn.eu.

Sunset Destination Hostel 47, im 2. Stock des Cais-do-Sodré-Bahnhofs: Eingang über die Tür links neben dem Haupteingang (separates Treppenhaus). Perfekte Verkehrsanbindung und einzigartiges Ambiente im Stil der 60er-Jahre: Die Gänge mit ihren Dielenböden sind noch ganz im Stil der Eisenbahnerbüros gehalten – man kann direkt in den Haupteingang des Bahnhofs blicken und würde sich vermutlich nicht wundern, im Hostel auf Schaffner zu treffen. Mehrbettzimmer für 6–10 Pers. mit Sperrholz-Stockbetten, die nicht ganz zum restlichen Stil passen wollen. Dazu gibt es EZ und DZ, manche mit eigenem Bad. Bett im Schlafsaal ab 13 €/Pers., DZ ab 76 € (Frühstück 10 €/Pers.). Aufenthaltsraum mit Tejoblick, ebenso von der großen, begrünten Dachterrasse mit kleinem Pool. WLAN kostenlos, Waschmaschine, Fahrradverleih. Estação Ferroviária do Cais do Sodré, Piso 1, Praça do Duque da Terceira, Ⓜ Cais do Sodré, ✆ 210 997735, destinationhostels.com.

Ferienwohnungen

Für Menschen, die gerne etwas ruhiger wohnen möchten, und vor allem für Familien mit Kindern sind Ferienwohnungen eine gute und oft gar nicht so teure Wahl.

meinTipp **Lissabon-Altstadt.de:** Im Angebot zahlreiche renovierte Ferienwohnungen für 2 bis 10 Pers. in Stadtteilen wie Baixa, Chiado, Alfama, Mouraria, Graça, Bairro Alto, Campo de Ourique, São Bento und Lapa. Teilweise gehören sie den Besitzern des Portals Lissabon-Altstadt.de, der deutsch-portugiesischen Familie da Silva Zacharias, teilweise werden sie von ihnen nur vermittelt. Sie legen Wert darauf, dass alle Wohnungen aufgeräumt, gut in Schuss und durchdacht eingerichtet sind. Mit Küche, TV, teilweise auch freiem WLAN. Handtücher und Bettwäsche sind inkl.. Besonders viele Wohnungen werden im Stadtteil Graça angeboten, teilweise mit sehr schöner Aussicht wie in den ruhig gelegenen Appartements Mosteiro IV, V und VI direkt oberhalb des São Vicente-Klosters. 2 Nächte Mindestaufenthalt. Witold Zacharias, Kopenhagener Str. 26, 10437 Berlin, ✆ 0049(30)4489451, lissabon-altstadt.de. **€**

Camping

Die meisten empfehlenswerten Plätze der Region Lissabon liegen in den Strandorten der Costa de Lisboa und sind dort in den jeweiligen Ortskapiteln auch ausführlich beschrieben. Es gibt aber auch einen Platz, der im großflächigen Monsanto-Park am Westrand Lissabons zu finden ist. In Lissabon dürfen Wohnmobile über Nacht nur hier abgestellt bleiben, auf anderen Flächen drohen im Stadtgebiet eine Strafe von bis zu 60 € sowie die Blockade durch eine Kralle. Außerhalb Lissabons drücken die Behörden beim „wilden Parken" dagegen oft die Augen zu, wenn man nicht mehr als eine Nacht bleibt. Für längere Zeit empfiehlt es sich, einen Campingplatz anzusteuern.

Campingplätze **Lisboa Camping** **50** (→ Überblickskarte im hinteren Umschlag innen), ganzjährig geöffnet. Mit Bus 714 (Richtung Outurela) ab Praça da Figueira (Ⓜ Rossio) bis 22 Uhr in ca. 45 Min. zum Platz. Alternativ Bus 750 (Richtung Oriente) bis 0.30 Uhr ab Bahnhof Algés, der mit der Tram 15 erreichbar ist. Viele Schatten spendende Bäume, aber der Lärm der nahen Autobahn beeinträchtigt das Ambiente. Gäste beschwerten sich außerdem über die sanitären Anlagen. Daher würde ich sehr empfehlen, auf einen der zahlreichen Campingplätze an der Costa de Lisboa im Umland auszuweichen. In dem 1961 eröffneten Lissabonner Platz können 400 Zelte und Wohnwagen unterkommen. Dazu 70 Bungalows für 2–6 Pers. mit Küchenzeile, Bad und Parkplatz. Minimarkt, Restaurant, Swimmingpool mit kleinem Sprungturm, Tennis- und Fußballplatz. Wohnmobil-Stellplatz (inkl. 2 Erwachsene) 41,80 € pro Nacht. Weitere Pers. 9 €, Kinder bis 11 J. 50 % Ermäßigung, bis 3 J. frei. Estrada da Circunvalação, Parque Florestal de Monsanto, ✆ 217628200, lisboacamping.com.

Gaskartuschen In Portugal sind die blauen Bajonett-Ventilkartuschen von Campingaz Standard (Bezugsquellen: campingaz.com). Kocher für Schraub-Ventilkartuschen (Coleman, Primus, Rothenberger etc.) können nur mit einem Adapter angeschlossen werden. Wer also sicher gehen will, dass der mitgebrachte Gaskocher funktioniert, sollte vor der Reise einen Adapter im Outdoor-Fachhandel erwerben.

Buchtipp Jährlich neu erscheint der „Roteiro Campista", ein hilfreiches Taschenbuch, das auch auf Deutsch über Preis, Lage und Ausstattung aller portugiesischen Campingplätze informiert. roteiro-campista.pt.

Feriendorf Aldeia da Praia in Praia das Maçãs: halb Campingplatz, halb Hostel

Größtes Einkaufszentrum in Lissabon: Centro Comercial Colombo im Stadtteil Benfica

Reisepraktisches von A bis Z

Ärzte und Apotheken

EU-Ausländer und Schweizer können sich unter Vorlage der Europäischen Krankenversichertenkarte *(European Health Insurance Card)* an alle **Einrichtungen des staatlichen Gesundheitssystems** wenden: an die Krankenhäuser *(hospitais)* mit ihren Notfallaufnahmen *(urgência)* und an die Ärztehäuser *(Centros de Saúde)*, die unter ihrem Dach Ärzte aller Fachrichtungen vereinen.

Da insbesondere bei den Ärztehäusern mit langen Wartezeiten zu rechnen ist, sollte man zusätzlich eine private **Auslandsreisekrankenversicherung** abschließen, um problemlos auch Privatärzte und -kliniken nutzen zu können. Diese preiswerte Zusatzversicherung deckt außerdem die Kosten für einen medizinisch notwendigen Rücktransport ins Heimatland ab (die deutschen gesetzlichen Krankenversicherungen dagegen nicht).

Deutschsprachige Privatärzte Die deutsche Botschaft Lissabon pflegt auf ihrer Webseite eine umfangreiche Liste namens „Medizinische Versorgung Raum Lissabon" mit deutsch- und englischsprachigen Ärzten. Man findet sie als pdf – zum Beispiel zum Ausdrucken vor der Reise – auf lissabon.diplo.de und dann unter „Service" und „Hilfe für deutsche Staatsangehörige".

Krankenhäuser **Hospital de Santa Maria,** Av. Prof. Egas Moniz, Ⓜ Cidade Universitária, ✆ 217805000, chln.min-saude.pt. Staatliche Universitätsklinik und wichtigstes Krankenhaus der Stadt.

CUF Descobertas Hospital, Rua Mário Botas, Parque das Nações, Ⓜ Oriente, ✆ 210 025200, saudecuf.pt. Privatklinik mit 24-Stunden-Notaufnahme, auch für Pädiatrie und Gynäkologie.

Gesundheitszentren Termine und Informationen zu den staatlichen Gesundheitszentren bekommt man unter sns24.gov.pt, unter ✆ 808242424 wird man auch auf Englisch beraten.

Das Sortiment der **Apotheken** *(farmácias)* entspricht in etwa dem in Deutschland, und auch die Regularien bezüglich rezeptpflichtiger Medikamente sind ähnlich. Öffnungszeiten sind Mo–Fr 9–19 Uhr sowie Sa 9–13 Uhr. Offene Apotheken findet man unter farmaciasdeservico.net, einige haben sogar rund um die Uhr geöffnet:

24-Stunden-Apotheken Farmácia São Mamede, Rua da Escola Politécnica, 82-B, Ⓜ Rato, ✆ 213960280, farmaciasgap.pt.

Farmácia Largo do Rato, Avenida Alvares Cabral, 1, Ⓜ Rato, ✆ 213863044, Facebook.

Farmácia Holon, Campo Grande, 414-C, Ⓜ Campo Grande, ✆ 216008371, grupoholon.pt.

Baden

An der Costa de Lisboa gibt es herrliche Badeorte: von kleinen, versteckten Buchten bis zu kilometerlangen Sandstränden. Besonders leicht kann man die Strände entlang der Zuglinie nach Cascais erreichen (→ S. 158). Dieser Küstenabschnitt ist durch kleine, z. T. felsige Sandstrände geprägt. Aufgrund der Nähe zur Hauptstadt sind die Strände an Wochenenden oft bis auf den letzten Platz besetzt. In diesem Küstenbereich ist der Atlantik im Sommer eher ruhig. Auch für Kinder finden sich dann geeignete Bademöglichkeiten, da die Strände meist flach abfallen.

Die Wassertemperaturen sind allerdings durchweg niedriger als im Mittelmeer oder an der Algarve. An der Costa de Lisboa kann man von Mitte März bis Mitte November baden; im März ist das Wasser mit ca. 14 °C allerdings noch sehr kühl. Auch im Hochsommer wärmt sich der Altlantik um Lissabon meist nur auf erfrischende 18 °C auf.

Mein Tipp für „Frostbeulen": ein Oberteil oder einen Shorty aus dünnem Neopren ins Gepäck nehmen! Das gilt auch für alle, die längere Schnorchel-, Schwimm- oder Surftouren unternehmen wollen. Das Wasser ist auch ohne Neopren selbstverständlich nicht zu kalt für ein Bad, aber mit mehr Isolation hält man einfach länger durch ohne zu frieren.

In Lissabon selbst ist das Baden leider aufgrund der Verschmutzung des Tejo nicht möglich. Man kann auch selbst zur Reinheit der Meere beitragen, indem man keinen Abfall in den Ozean wirft oder am Strand zurücklässt: Eine Plastikflasche braucht beispielsweise 450 Jahre, bis sie verrottet ist.

Sicher im Atlantik baden Der Atlantik ist wegen der hohen Brandung und den starken Strömungen ein gefährliches Gewässer! Vom 15. Juni bis Ende September werden die meisten Badestrände von Rettungsschwimmern überwacht; in den bedeutenderen Strandorten wie Cascais und Estoril teilweise schon ab Anfang Mai. Der Einsatz wird vom nationalen Seenotrettungsdienst Instituto de Socorros a Náufragos (ISN) koordiniert. So gibt es landesweit einheitliche Signale an den Stränden: Grün bedeutet okay, Gelb heißt, man darf sich nur so weit ins Wasser wagen, wie man stehen kann (Schwimmen verboten); bei roter Flagge ist es zu gefährlich und deswegen auch ausdrücklich verboten, ins Wasser zu gehen. Den Vorgaben des Aufsichtspersonals ist dabei

Portugal hat eine andere Zeitzone als Deutschland

Folge zu leisten, Zuwiderhandlungen können mit Geldstrafe belegt werden. Generell sollte man nicht weit hinausschwimmen, da man die eigenen Kräfte schnell überschätzt, sondern lieber parallel zur Küste schwimmen. Nicht verzweifelt direkt gegen die Strömung ankämpfen! Es ist in Extremsituationen besser, schräg zur Strömung zu schwimmen und weiter weg an das Ufer zu gelangen. Generell sollte man nicht zögern, frühzeitig um Hilfe zu rufen.

Aktuelle Infos zu Wasser und Stränden

Die **App „Info Praia"** (iOS und Android) des Portugiesischen Umweltamtes Agência Portuguesa do Ambiente gibt detaillierte und aktuelle Auskunft auf Portugiesisch und Englisch zu den Stränden in Portugal. Man kann sich so schon vor dem Besuch über Wassertemperatur, Wasserqualität, Wellenhöhe, Windstärke und die vorhandenen Einrichtungen informieren (auch infopraia.apambiente.pt).

Ebenfalls praktisch ist die **App „Meo Beachcam"** (iOS und Android) mit der man sich anhand zahlreicher Webcams einen visuellen Eindruck von vielen Stränden verschaffen kann (auch beachcam.meo.pt).

Baden nur mit Vorsicht: Praia do Guincho

Barrierefreiheit

Für Rollstuhlfahrer kann eine Reise nach Lissabon sehr beschwerlich sein: notorisch vollgeparkte Bürgersteige, Kopfsteinpflaster, starke Steigungen an den Lissabonner Hügeln – all das macht eine zügige Fortbewegung nahezu unmöglich. Leider sind auch die öffentlichen Verkehrsmittel nur in wenigen Fällen auf die Bedürfnisse von Menschen mit Behinderung ausgerichtet. Viele Lissabonner Metrostationen und Bahnhöfe haben zwar Aufzüge, aber mehrere wichtige Stationen können nur über Treppenstufen erreicht werden. Das gilt auch für die Straßenbahnen, nur wenige moderne Bahnen der Linie 15 sind barrierefrei erreichbar. Etwas besser ist die Situation bei den Buslinien und beim Zugang zu Museen und Sehenswürdigkeiten. Dort erhalten Menschen mit Behinderung und teilweise auch ihre Begleitpersonen Ermäßigungen beim Eintritt.

Adapted & Senior Tours Portugal, diese Firma bietet in für Rollstuhlfahrer geeigneten Fahrzeugen Flughafentransfers, Stadtbesichtigungen und Tagestouren in die Umgebung Lissabons an. Rua Visconde de Santarém, 30-3E, ✆ 916190414, adaptedtoursportugal.com.

Botschaften

Botschaft der Bundesrepublik Deutschland, Campo dos Mártires da Pátria, 38, 1169-043 Lisboa (→ Karte „Av. da Liberdade", S. 64/65), ✆ 218810210, bei Notfällen außerhalb der Geschäftszeiten ✆ 965808092, lissabon.diplo.de.

Botschaft der Republik Österreich, Av. Infante Santo, 43-4°, Ⓜ Estrela (ab 2025), 1399-046 Lisboa (→ Karte „Lapa", S. 106/107), ✆ 213 943900, bmeia.gv.at.

Botschaft der Schweiz, Travessa do Jardim, 17, Ⓜ Estrela (ab 2025), 1350-185 Lisboa (→ Karte „Campo de Ourique", S. 94/95), ✆ 213 944090, eda.admin.ch/lisbon.

Deutsche in Lissabon

Die meisten Deutschen wohnen in den Vororten an der Linha de Cascais. Treffpunkt in Lissabon sind die beiden deutschsprachigen Kirchengemeinden und die Deutsche Schule, die zu den ältesten Einrichtungen dieser Art im Ausland zählt:

Deutsche Schule Lissabon – Escola Alemã de Lisboa, Kindergarten und Grundschulen in Lissabon und Estoril, sowie Gymnasium in Lissabon. Largo Willy Brandt, Ⓜ Telheiras, ✆ 217510260, dslissabon.com.

Deutsche Evangelische Kirchengemeinde Lissabon – Igreja Evangélica Alemã, Av. Columbano Bordalo Pinheiro, 48, Ⓜ Praça de Espanha, ✆ 217260976, dekl.org. Gottesdienste So 11 Uhr in der architektonisch interessanten Kirche, errichtet 1934 von Otto Bartning, Bauhaus-Architekt und Begründer des modernen, protestantischen Kirchenbaus in Deutschland. Kurios: die einzige evangelische Kirche auf der Iberischen Halbinsel, die Glocken läuten darf.

Deutschsprachige Römisch-Katholische Gemeinde Lissabon – Igreja dos Católicos de Língua Alemã, Rua do Patrocínio, 8, Ⓜ Estrela (ab 2025), ✆ 213964114, dkgl.org. Kleine Kirche der deutschsprachigen Katholiken im Stadtteil Campo de Ourique. Heilige Messe So 11 Uhr.

Deutscher Friedhof – Cemitério Alemão, Di–So 9–13 Uhr, Di–Sa 15–18 Uhr, an Feiertagen geschl. 1822 eingeweiht, ist er einer der ältesten Friedhöfe der Stadt und zudem der kleinste. Gräber unter Zypressen, Palmen und Oleanderbäumen. An dem Knauf rechts neben der Eingangstür kräftig ziehen, bis die Glocke ertönt – es kann etwas dauern, bis die Wärterin kommt. Rua do Patrocínio, 59, Ⓜ Estrela (ab 2025), ✆ 213900439, dekl.org.

Feiertage

Neben kirchlichen werden auch einige historische Gedenktage im ganzen Land begangen.

1. Januar: *Ano Novo* – Neujahr. Das neue Jahr läuten die Lissabonner gewöhnlich mit einem großen Feuerwerk und Konzerten auf der Praça do Comércio und/oder im Parque das Nações ein. Private Feuerwerke sind in Portugal zum Jahreswechsel nicht üblich.

Februar, März, April: *Carnaval* – Karnevalsdienstag, *Sexta-Feira Santa* – Karfreitag, *Páscoa* – Ostersonntag.

25. April: *Dia da Liberdade* – portugiesischer Nationalfeiertag zur Erinnerung an die Nelkenrevolution 1974. Nachmittags zieht eine farbenprächtige Parade diverser kommunistischer und den Kommunisten nahestehender Gruppen die Avenida da Liberdade hinunter.

1. Mai: *Dia do Trabalhador* – Tag der Arbeit. Auf der Alameda Dom Afonso Henriques demonstrieren am Nachmittag traditionell die kommunistischen Gewerkschaften Portugals.

Älteste Prozession der Stadt

Der erste Sonntag im Mai ist traditionell der Termin für die seit 1570 veranstaltete Prozession zu Ehren der *Nossa Senhora da Saúde*. Ab etwa 16 Uhr ziehen zahlreiche Bruderschaften sowie Kapellen von Militär, Miliz und Feuerwehr durch die Straßen der Mouraria um die Capela Nossa Senhora da Saúde an der Praça Martim Moniz. Dabei wird der Pestepidemie von 1569 gedacht, die die Muttergottes beendet haben soll.

Mai, Juni: *Corpo de Deus* – Fronleichnam.

10. Juni: *Dia de Portugal* – portugiesischer Nationalfeiertag zum Gedenken an den Todestag des Schriftstellers Luís de Camões und Tag der portugiesischen Gemeinschaften im Ausland.

13. Juni: *Santo António* – Stadtfeiertag Lissabons zu Ehren des heiligen Antonius.

15. August: *Assunção de Nossa Senhora* – Mariä Himmelfahrt.

5. Oktober: *Implantação da República* – Nationalfeiertag anlässlich der Ausrufung der Republik im Jahr 1910.

1. November: *Todos os Santos* – Allerheiligen.

1. Dezember: *Restauração da Independência* – Nationalfeiertag zum Gedenken an die erneute Unabhängigkeit von Spanien im Jahr 1640.

8. Dezember: *Imaculada Conceição* – Mariä Empfängnis.

25. Dezember: *Natal* – Weihnachten.

Fundbüros

Wer in der Metro etwas verliert, kann innerhalb von zwei Tagen im Kundenzentrum der Station Campo Grande erfahren, ob es gefunden und abgegeben wurde. Ansonsten kann man für verlorene Gegenstände das Fundbüro der Polizei kontaktieren:

Secção de Achados da PSP: Mo–Fr 9–12.30 und 14–16 Uhr. Praça Cidade de Salazar, Lote 180 r/c, Ⓜ Olivais, ✆ 218535403, perdidoseachados.mai.gov.pt.

Fußball

Zwei Lissabonner Fußballclubs spielen in der *Primeira Liga*, der höchsten Spielklasse des Landes: Benfica und Sporting. Der dritte Lissabonner Verein, der im Stadtteil Belém beheimatete *Clube de Futebol „Os Belenenses"*, hat sich in zwei Mannschaften gespalten und spielt inzwischen nur noch in der zweiten Liga.

Benfica und Sporting sind neben der großen Konkurrenz aus dem Norden, dem FC Porto, auch europaweit die bekanntesten portugiesischen Vereine. Allerdings liegen die größten Erfolge schon eine ganze Weile zurück (in den 1960ern gewann Benfica zweimal und Sporting einmal einen europäischen Pokalwettbewerb).

Statue für Eusébio: Benficas Spieler-Legende

Obwohl Benfica und Sporting zwischen 30.000 und 50.000 Zuschauer pro Heimspiel in die Arenen locken, kommt die portugiesische Liga gesamt nur auf einen Schnitt von ca. 11.000 Zuschauern pro Spiel, deutlich weniger als die 2. Bundesliga in Deutschland.

Mindestens viermal pro Saison sind allerdings in Lissabon ausverkaufte Stadien und hitzige Stimmung garantiert: beim *Derby da Capital*, wenn Benfica gegen Sporting antritt, und bei den *Clássicos*, wenn Benfica oder Sporting auf den anderen ewigen Rivalen, den FC Porto, treffen.

Tickets: Die Karten kauft man am besten über die Internetseiten der Clubs oder direkt am jeweiligen Austragungsort. Für die nationalen Spitzenspiele und die Champions sowie die Europa League sollte man die Ticktes möglichst frühzeitig besorgen. Achtung: Die vergünstigten Karten für *sócios* sind ausschließlich Vereinsmitgliedern vorbehalten! Karten für Länderspiele gibt es beim portugiesischen Fußballverband: fpf.pt.

Sport Lisboa e Benfica (SLB), Estádio da Luz, komplett überdachte Arena mit 65.000 Plätzen. Portugals größtes Stadion. Av. Eusébio da Silva Ferreira und Av. General Norton de Matos, Ⓜ Colégio Militar/Luz und Ⓜ Alto dos Moinhos, slbenfica.pt. Verkauf der Karten auch in diversen Benfica Official Stores, z. B. Rua das Portas de Santo Antão, 55, Ⓜ Restauradores.

Sporting Clube de Portugal (SCP), Estádio José Alvalade, vollständig überdacht mit 50.000 Plätzen. Zweitgrößtes Stadion Lissabons. Rua Professor Fernando da Fonseca, Ⓜ Campo Grande, sporting.pt.

Os Belenenses, Estádio do Restelo, nur wenige hundert Meter nördlich des Mosteiro dos Jerónimos steht im Stadtteil Belém dieses großteils überdachte Stadion mit schönem Blick über den Tejo und 20.000 Plätzen. Av. do Restelo, osbelenenses.com. In der Saison 2018/19 hat sich der Club aufgrund Rechtsstreitigkeiten geteilt. Die Vereinsmannschaft spielt weiter im Estádio do Restelo. Die ehemalige Profifußball-Abteilung SAD ist dagegen ins Estádio Nacional do Jamor im Vorort Cruz Quebrada an der Zuglinie nach Cascais umgezogen und firmiert nur noch unter dem Namen „B-SAD".

Geld

Gesetzliches Zahlungsmittel ist auch in Portugal der **Euro.** Wegen des chronischen Münzenmangels in Portugal empfiehlt es sich, etwas Kleingeld mit sich zu führen. Die großen 100- und 200-Euro-Scheine sollten dagegen nicht in die Reisekasse. Sie sind vor Ort kaum verbreitet und genießen auch keine große Akzeptanz in der Bevölkerung.

Am günstigsten hebt man Geld mit einer **Bankkarte** (mit Visa-Plus- oder Maestro-Zeichen) an den Geldautomaten des Multibanco-Verbundes ab, an den praktisch alle Kreditinstitute des Landes angeschlossen sind. Der Höchstbetrag pro Abhebung beläuft sich auf 200 €, die Gebühr liegt meist bei 4 €, hängt aber von der heimatlichen Bank ab. Das Abheben mit **Kreditkarten** ist dagegen teuer.

Bezahlt wird in Portugal in der Regel mit Karte, zumindest in Supermärkten, größeren Geschäften, Restaurants und Hotels. Allerdings funktionieren ausländische Maestro- und Visa-Plus-Karten dort manchmal nicht, während es mit internationalen Kreditkarten fast immer klappt.

Zentrale Kartensperre: Für Karten aller Art (von Bank- über Kredit- bis zur SIM-Karte von Mobiltelefonen) gibt es die zentrale Rufnummer ✆ **0049-116116** von Sperr e. V. (sperr-notruf.de). Der Verein leitet die Anrufe an die zuständigen Firmen weiter. Beim Verlust einer Bankkarte kann man sich alternativ auch an ✆ 0049-1805-021021 (ebenfalls zentral) wenden.

Gepäckschließfächer

Eine Gepäckaufbewahrung gibt es am Flughafen Lissabon und Schließfächer in den Bahnhöfen Santa Apolónia,

WLAN heißt in Portugal WIFI

Cais do Sodré, Rossio und Gare do Oriente. Außerdem gibt es weitere Anbieter wie citylockers.pt oder luggagestoragelisbon.com.

Haustiere

Hunde sehen die Portugiesen generell nicht sehr gerne. Aus Restaurants und Cafés sind sie aus hygienischen Gründen fast immer verbannt. Für die überwiegende Mehrheit der Hotels und Pensionen gilt dasselbe, vorher also unbedingt nachfragen!

Internet

WLAN-Hotspots für einen kostenlosen Internetzugang findet man in Lissabon am Flughafen, in diversen Metrostationen (dagegen nicht in den U-Bahn-Zügen selbst), zahlreichen Einkaufszentren, Restaurants, Cafés, Hotels und Hostels.

Joggen

Zum Laufen bietet sich besonders das Tejoufer mit seinen langen Promenaden an. Gut ausgebaut sind sie besonders zwischen den Stadtteilen Alcântara und Belém (→ Karten „Alcântara" und „Belém", S. 114/115 bzw. 122/123). Auch der östliche Tejoabschnitt rund um den Parque das Nações ist zu empfehlen (→ Karte „Stadtteile im Osten Lissabons", S. 150/151).

Wer lieber im Grünen joggt, sollte im Stadtpark Parque Eduardo VII seine Runden drehen (→ Karte „Avenidas Novas", S. 72/73). Zahlreiche Joggingstrecken ohne Asphalt bietet auch der Monsanto-Park im Westen der Stadt.

Im Frühjahr ist Lissabon Veranstaltungsort der **Meia Maratona de Lisboa.** Der Marathon über die halbe Distanz verläuft von Almada über die Brücke des 25. April mit herrlicher Aussicht (Facebook.).

Klima und Reisezeit

Das ausgeprägte atlantische Klima bringt Lissabon nicht zu heiße Temperaturen im Sommer und milde Winter, während derer das Thermometer nie unter den Gefrierpunkt fällt.

Die meisten Niederschläge sind von Oktober bis Februar zu verzeichnen, aber es kann sogar noch bis in den April öfter zu Regenschauern kommen, sodass man entsprechende Kleidung einpacken sollte. In diesen Monaten wird es oft über längere Zeit hinweg unangenehm feuchtkalt. Vor allem weil viele Gebäude keine Heizung besitzen, ist es oft ungemütlicher als erwartet. Der Hochsommer von Juni bis einschließlich August ist in Lissabon dagegen praktisch niederschlagsfrei; bis auf gelegentliche Schauer bleibt es trocken. Aber auch im Frühjahr (ab Mitte/Ende März) und im Herbst (bis Anfang November) sind längere Schönwetterperioden mit Strandwetter häufig.

Die schönsten Reisemonate sind April, Mai und Juni sowie September und Oktober, wenn die Sommerhitze nicht mehr über der Stadt hängt. Juni und September gehören in Lissabon inzwischen aber zur Hochsaison, und es halten sich entsprechend viele Touristen in der Stadt auf.

Klimadaten von Lissabon

	Ø Lufttemperatur (Min./Max. in °C)		Ø Niederschlag (in mm)	Ø Wassertemperatur (in °C)
Jan.	8,3	14,8	100	14
Febr.	9,1	16,2	85	14
März	11,0	18,8	53	14
April	11,9	19,8	68	15
Mai	13,9	22,1	54	16
Juni	16,6	25,7	16	17
Juli	18,2	27,9	4	18
Aug.	18,6	28,3	6	19
Sept.	17,6	26,5	33	19
Okt.	15,1	22,5	101	18
Nov.	11,8	18,2	128	16
Dez.	9,4	15,3	127	15
Jahr	**13,5**	**21,3**	**775**	**16**

Daten: Instituto Português do Mar e da Atmosfera, Periode 1981 bis 2010

Kriminalität

Vorsicht bei **Gedränge** (z. B. in der Metro oder im Bus zur Rushhour oder beim Fußgängerüberweg am Rossio). Ein beliebter Trick ist es, Leute von hinten anzurempeln und das Überraschungsmoment zu nutzen, um den Geldbeutel zu entwenden. Neben der Metro sollte man ganz besonders an den Aussichtspunkten in der Alfama und in den Tramlinien auf seine Wertsachen achten. Dabei haben sich eine Reihe Langfinger auf die Linie 28 „spezialisiert". Sie gehen teilweise sehr professionell vor, engagieren Lissabonner Senioren als Lockvögel oder geben sich als Touristen aus, um Vertrauen zu erwecken. Vor allem wenn sich Nachbarn in der Tram auffällig stark „anlehnen" oder man sich plötzlich von einer Kleingruppe „umzingelt" oder bedrängt fühlt, sollte eine Hand unbedingt immer am Geldbeutel oder auf der Tasche bleiben.

Im Restaurant ein Auge oder besser noch einen Fuß, eine Hand oder ein Stuhlbein auf Handtaschen und Rucksäcken haben. Vor allem in Restaurants und Bars im Stadtteil Baixa: Dort sind mehrere Kriminelle Meister darin, unaufmerksamen Touristen blitzschnell die Taschen zu entwenden und dann durch die Gassen der Baixa davonzuflitzen.

Keine Wertsachen im Auto oder im Kofferraum liegen lassen! Beim Parken am besten das Handschuhfach offen lassen und den Kofferraum – wenn möglich – einsehbar machen, sodass klar wird, dass nichts zu holen ist. Das gilt vor allem für Mietwagen, die bei den Autoknackern hoch im Kurs stehen, weil leider genug Touristen gutgläubig ihre Wertsachen im Auto zurücklassen.

Leitungswasser

Im Großraum Lissabon kann man das Leitungswasser unbedenklich trinken, auch wenn es teils stark nach Chlor schmeckt. Das Wasser der Trinkbrunnen in den Parks kann man ebenfalls meist getrost genießen.

LGBTQI+

Die portugiesische Abteilung der *International Lesbian and Gay Association (ILGA)* feiert jedes Jahr am letzten Samstag im Juni im Rahmen der Stadtfeste den sog. **Arraial Lisboa Pride,** die Lissabonner Christopher Street Day Parade (lisboapride.ilga-portugal.pt).

Weiterer Höhepunkt des LGBTQI+-Kulturkalenders ist das internationale Filmfestival **Queer Lisboa** (queerlisboa.pt), das normalerweise im September stattfindet.

Außerdem gibt es unter **portugalgay.pt** einen schwul-lesbischen Reiseführer zu Lissabon mit ausführlichen Infos und Tipps für das Nachtleben.

Öffnungszeiten

In der Regel haben die Geschäfte Montag bis Samstag von 9 bis 19 Uhr geöffnet und sonntags geschlossen. In den Einkaufszentren *(centros comerciais)* kann man auch sonntags einkaufen, sie haben tägl. von 10 bis 23 Uhr geöffnet. Das gilt auch für die Supermärkte *(supermercados)*, wo man tägl. von 9 bis 20 oder 21 Uhr einkaufen kann, sowie die noch größeren Hypermärkte *(hipermercados)*, wo dies teilweise sogar bis 23 oder 24 Uhr möglich ist.

Polizei

Diebstahlsanzeigen sind eigentlich in jeder Polizeistation möglich, besser jedoch in der Touristenabteilung der **Polícia de Segurança Pública (PSP)** neben dem Turismo im Palácio Foz: Praça dos Restauradores, ✆ 218804030, Ⓜ Restauradores. Hier hat immer ein Beamter

Berittene Polizisten der Nationalgarde GNR vor dem Palácio Nacional da Ajuda

Dienst, der eine Fremdsprache spricht. Tägl. rund um die Uhr geöffnet. Im Internet findet man alle Polizeistationen unter psp.pt.

Post

Die Postämter der *Correios de Portugal* (Filialsuche unter ctt.pt) sind im Allgemeinen knallrot gestrichen oder zumindest immer durch ein rotes Schild gekennzeichnet und daher leicht zu finden. Generell unterscheidet man in Portugal zwischen der Normalpost *Correio Normal* und der Expresspost *Correio Azul*. Für Briefe ins Ausland gibt es noch den Billigtarif *Correio Verde*, bei dem die Briefe unabhängig vom Gewicht immer gleich viel kosten.

Die **Ländernamen** zur Beschriftung Ihrer Postkarten und Briefe sind: *Alemanha* (Deutschland), *Áustria* (Österreich), *Suíça* (Schweiz).

Die **Hauptpost von Lissabon** liegt an der Praça dos Restauradores, 58, Ⓜ Restauradores. Mo–Fr 9–21 Uhr.

Ebenfalls nur werktags hat die **Post im Flughafen** geöffnet. Átrio Público Partidas, Loja 20/21, Ⓜ Aeroporto. Mo–Fr 9–18 Uhr.

Die **Postfilialen in den Stadtteilen** sind in der Regel Mo–Fr 9–12.30 und 14–18 Uhr geöffnet.

Rauchen

In Portugal gilt ein Rauchverbot in Restaurants, Cafés, Bars, Diskotheken sowie in allen öffentlichen Verkehrsmitteln, den Flughäfen, Bahnhöfen und Metrostationen. In einigen wenigen Bars und Restaurants mit aufwendigen Belüftungssystemen darf weiterhin geraucht werden. Meistens muss man jedoch auf die Terrasse oder vor die Tür, um sich eine Zigarette anzustecken.

Reklamationen

Alle Restaurants, Hotels und Geschäfte müssen ein Beschwerdebuch führen *(livro de reclamações)*, das regelmäßig von der Wirtschaftspolizei ASAE *(Autoridade de Segurança Alimentar e Económica)* eingesehen wird. Bei Problemen sollte man sich deswegen nicht scheuen, nach diesem Buch zu fragen (allein die Frage kann Wunder wirken).

Man kann sich auch an das staatliche Tourismusinstitut *Turismo de Portugal* direkt wenden:

Turismo de Portugal, Rua Ivone Silva, Lote 6, 1050-124 Lisboa, Ⓜ Entrecampos, ✆ 211 140200, turismodeportugal.pt.

Reiseveranstalter

Wer sich gerne die Reise von einem professionellen Anbieter vorbereiten lassen möchte, kann sich an folgende Adresse wenden:

Olimar, Glockengasse 2, 50667 Köln, ✆ 0221/ 20590490, olimar.de. Der Reiseveranstalter mit dem umfangreichsten Portugal-Programm.

Schwimmen

Öffentlich zugängliche Schwimmbäder *(piscinas)* sind in Lissabon rar, oft gehören die Bäder zu Hotels oder Sportvereinen und kosten einen hohen Eintritt. Günstiger badet man in den städtischen Hallenbädern, den *Piscinas Municipais*.

Piscina Municipal do Campo de Ourique – Ginásio Clube Português, Mo–Fr 7.30–21.30 Uhr, Sa/So 8.30–13 Uhr. Bad mit einem 25-m-Becken. Rua Correia Teles, 103-A (Stadtteil Campo de Ourique), Ⓜ Rato, ✆ 213869541, gcp.pt.

Piscina Municipal do Oriente, Mo–Fr 8–21 Uhr, Sa 8–18.30 Uhr, So 8–13 Uhr. Neben dem Busbahnhof Gare do Oriente. Mehrere Becken, darunter eines mit 25 m Länge. Rua Câmara Reis, Ⓜ Oriente, ✆ 211388800, jf-parquedasnacoes.pt.

Sprachkenntnisse

Zumindest in Lissabon selbst sollte es kein Problem sein, mit **Englisch** durchzukommen, da dort viele Portugiesen etwas Englisch sprechen. Auch **Französisch** wird recht häufig beherrscht, vor allem von Angehörigen der älteren Generation. Kenntnisse des **Deutschen** sind seltener.

Wer **Spanisch** spricht, wird von den Portugiesen gut verstanden, dürfte wegen der vernuschelt wirkenden portugiesischen Aussprache selbst aber Schwierigkeiten haben, seinem Gesprächspartner zu folgen. Geschriebene portugiesische Texte sind mit Spanischkenntnissen dagegen relativ leicht zu entschlüsseln.

Eine Möglichkeit, Sprachkenntnisse vor Ort zu erwerben, bietet sich in privaten **Sprachschulen,** die Individual- oder Gruppenunterricht anbieten. Es empfiehlt sich, vor Vertragsabschluss eine Teststunde zu nehmen.

Cambridge School, eine der renommiertesten, aber auch teuersten Sprachschulen. Av. da Liberdade, 173, Ⓜ Avenida, ✆ 213124600, cambridge.pt.

CIAL, eine oft empfohlene, preiswerte Alternative mit Einzelunterricht und Wochenkursen in kleinen Gruppen. Rua Actor Taborda, 55-1°-Esq., Ⓜ Saldanha, ✆ 217940448, learnportugueseinportugal.com.

Telefonieren

Es gibt in Portugal keinerlei Vorwahlen für Städte oder Mobilfunknetze mehr. Das heißt, im ganzen Land wählt man einfach immer die neunstellige Teilnehmernummer. Für Telefonate von Deutschland, Österreich oder der Schweiz nach Portugal muss vor der jeweiligen Teilnehmernummer lediglich die Landesvorwahl 00351 gewählt werden (keine Ziffer weglassen oder hinzufügen!).

Notruf: Auch in Portugal gilt die europaweite Nummer 112.

Sperrung bei Verlust oder Diebstahl von Mobiltelefonen: T-Mobile ✆ 0049-180330 220, Vodafone ✆ 0049/1721212, Telefónica/O2 ✆ 0049/17955222.

Touristeninformationen

Es gibt zahlreiche *Turismos* in Lissabon, die bei Fragen weiterhelfen, ausgenommen am 25. Dez. und am 1. Jan. Alle bieten Hilfe bei der Zimmerreservierung, Stadtpläne und Infos zu Lissabon. Online unter visitlisboa.com.

Ask Me Lisboa – Aeroporto, tägl. 7–22 Uhr. Der Infostand befindet sich direkt in der Ankunftshalle des Flughafens. Alameda das Comunidades Portuguesas, Aeroporto de Lisboa, Piso das Chegadas, ✆ 218450660.

Ask Me Lisboa – Terreiro do Paço, tägl. 10–19 Uhr. Praça do Comércio (Westseite), Ⓜ Terreiro do Paço, ✆ 210312810.

Ask Me Lisboa – Lisboa Story Center, tägl. 10–19 Uhr. Praça do Comércio (Ostseite), 78–81, Ⓜ Terreiro do Paço, ✆ 914081366.

Ask Me Lisboa – Palácio Foz, tägl. 9–19 Uhr. Auch Infos zu ganz Portugal inkl. Madeira und Azoren. Praça dos Restauradores, Ⓜ Restauradores, ✆ 213463314.

Ask Me Lisboa – Cais do Sodré, tägl. 9–13 und 14–18 Uhr. Praça do Duque da Terceira, Cais do Sodré, Ⓜ Cais do Sodré, ✆ 912484108.

Ask Me Lisboa – Belém, Di–So 9–13 und 14–18 Uhr. Infokiosk gegenüber dem Kloster Mosteiro dos Jerónimos. Jardim Vasco da Gama, Praça do Império, ✆ 910517981.

Ask Me Lisboa – Torre de Belém, tägl. 9–13 und 14–18 Uhr. Infokiosk im Park neben der Torre de Belém. Jardim Torre de Belém, ✆ 910517886.

Hier kann man Urlaubsklamotten waschen

Trinkgeld

In **Restaurants** wird der Rechnungsbetrag meist auf die nächste volle Summe aufgerundet, sodass sich etwa 5 bis 10 % ergeben. Man lässt sich das Restgeld zurückbringen und lässt dann einfach etwas davon liegen bzw. legt gegebenenfalls noch Münzen dazu. In Cafés, insbesondere bei Bedienung am Tresen, gibt man in der Regel weniger oder kein Trinkgeld.

Bei **Taxifahrten** sind ebenfalls ca. 5 % Trinkgeld üblich.

Unbedingt vermeiden!

Drängeln an Bus-/Straßenbahnhaltestellen: In Portugal steht man geordnet in der Schlange an.

Einsteigen in Busse durch die Hintertür: Ein Tobsuchtsanfall des Fahrers könnte die Folge sein.

Sich auf Spanisch mit „gracias“ zu bedanken. Das portugiesische *„obrigado“* (als Mann) und *„obrigada“* (als Frau) kommt deutlich besser an.

Kurze Hosen beim Besuch von Kirchen und Diskotheken: In Ersteren fällt man unangenehm auf, in Letztere darf man oft gar nicht erst rein.

In gehobenen Restaurants einfach Platz nehmen: Der Tisch wird von der Bedienung zugewiesen.

Gespräche bei Fado-Musik: Es herrscht absolute Stille. Unterhaltungen gelten als Beleidigung der Musiker.

Wäschereien

In Lissabon gibt es zahlreiche Self-Service-Wäschereien, die aber meist etwas versteckt liegen. Es lohnt sich, ausreichend Münzen mitzubringen, da oft nur Barzahlung am Automaten möglich ist:

Wash Station, tägl. 8–22 Uhr. WLAN kostenlos. Rua da Madalena, 231, Ⓜ Rossio,

Surfschule Wave Center in Guincho

washstation.pt. Zahlreiche weitere Filialen z. B. in der Alfama (Rua dos Remédios, 115) und im Bairro Alto (Rua São Boaventura, 42).

Wellenreiten und Bodyboarden

Surfen erfreut sich in Portugal größerer Beliebtheit als in jedem anderen Land Europas. Kein Wunder, denn an der rauen Atlantikküste bieten die Wellen ideale Bedingungen für diesen Sport. Besonders Kinder mögen das Bodyboarden, das einfacher ist als das Wellenreiten, weil man im Unterschied zu diesem auf dem Brett liegen bleibt.

An mehr als 100 Stränden der Costa de Lisboa in der Umgebung Lissabons gibt es Surf- und Bodyboardspots: Der große Sandstrand von Carcavelos eignet sich dabei besonders gut für Anfänger. Die besten Spots liegen allerdings ca. 30 km nordwestlich von Lissabon in Ericeira und Santa Cruz.

Buchtipp: „Wellenreiten: Vom Weißwasser bis zur grünen Welle" von Frithjof Gauss, dem Eigentümer der sehr empfehlenswerten Surfschule Três Ondas in Ericeira (tresondas.de). Verständlich geschrieben, führt er in Theorie und Praxis des Surfens ein (erschienen bei Delius Klasing).

Zeit

Portugals Zeitzone liegt eine Stunde hinter der mitteleuropäischen Zeit. Da die Sommerzeit zum gleichen Zeitpunkt wie in Deutschland auf die Winterzeit umgestellt wird, gilt das ganze Jahr über: portugiesische Zeit = deutsche Zeit minus 1 Std.

Zoll

Im privaten Reiseverkehr innerhalb der EU unterliegen Waren für den Eigenbedarf keinerlei Beschränkungen. Bei Tabakwaren und Spirituosen gehen die Zöllner von folgenden Richtmengen aus: 800 Zigaretten, 200 Zigarren oder ein Kilogramm Tabak, 10 Liter Spirituosen, 20 Liter sog. „Zwischenprodukte" (z. B. Portwein, Madeira), 110 Liter Bier, 10 kg Kaffee. Für Wein aus anderen EU-Mitgliedstaaten gibt es keine konkrete Richtmenge, solange er für den Privatbedarf bestimmt ist. Jugendliche unter 18 Jahren haben keinen Anspruch auf Freimengen!

Für Schweizer gilt: Von Getränken mit einem Alkoholgehalt bis 18 % sind 5 Liter erlaubt; von Getränken mit einem Alkoholgehalt über 18 % 1 Liter; ansonsten 250 Zigaretten/Zigarren oder 250 g Tabak.

Wanderung entlang der Windmühlen der Serra do Louro

Wandern

in Lissabon und an der Costa de Lisboa

GPS-kartierte Touren sind mit dem Symbol GPS gekennzeichnet. Download der GPS-Tracks inkl. Waypoints unter mmv.me/49564

Fernwanderweg GR11 – PR7 an der Praia Grande

Kleiner Wanderführer

Die Costa de Lisboa gehört (noch) nicht zu den klassischen Wanderregionen Portugals. Zu Unrecht, denn rund um die zerklüfteten Felsenkaps des Cabo da Roca und des Cabo Espichel kann man herrliche Küstenwanderungen unternehmen. Andere Routen begeistern durch ihre Panoramablicke von den Gebirgszügen der Serra de Sintra und Serra da Arrábida.

Gerade in der Hochsaison kann man sich in den einsamen Landschaften an der Costa de Lisboa herrlich von den hektischen Besucherströmen in der Lissabonner Altstadt erholen. Wer es besonders ruhig mag, schnürt unter der Woche die Schuhe, aber auch am Wochenende trifft man nur selten andere Wanderer.

Eine wärmende Regenjacke sollte auch im Sommer immer in den Rucksack, da das Wetter gerade in der Serra de Sintra schnell umschlagen kann: Auch wenn unten an der Küste die Sonne scheint, kann es oben kalt und neblig werden.

Auf allen Wanderungen ist zudem festes Schuhwerk ein Muss. Für die als „schwer" ausgewiesenen Strecken sind Wanderschuhe dringend empfohlen, es lohnt sich auch, einen Wanderstock einzupacken, da man so auf den steilen, teils geröllreichen Abstiegen deutlich an Stabilität gewinnt.

Die Wanderungen 1, 4, 6 und 13 (abgesehen vom Aufstieg auf den Formosinho auch 12) lassen sich alternativ gut mit dem Rad zurücklegen, ein geländegängiges Mountainbike sollte es aber schon sein.

Wanderkarten Mit den gängigen digitalen Onlinekarten kann man sich in der Regel gut orientieren, egal ob Open Street Maps, Google Maps oder Garmin. Es empfiehlt sich bei den Wanderungen rund um das Cabo da Roca und das Cabo Espichel, Karten und GPS-Daten vorher offline downzuloaden, da man auf diesen Wanderungen nicht durchgängig Mobilempfang hat.

Alle folgenden Wanderungen wurden mittels GPS kartiert.

Download der GPS-Tracks inkl. Waypoints unter mmv.me/49564

Wer lieber gedruckte Karten mitnimmt, dem kann man die detailgetreuen Militärkarten der Serie M 888 im Maßstab 1:25.000 empfehlen (spezielle Wanderkarten zur Region Lissabon gibt es leider nicht). Verkauf: **Centro de Informação Geoespacial do Exército (IGEOE),** Mo–Fr 9–16.30 Uhr, Fr nur bis 16 Uhr. Personalausweis zum Einlass am Kontrollposten mitbringen. Av. Dr. Alfredo Bensaúde, Lissabon, Ⓜ Encarnação, ✆ 218505300, igeoe.pt.

Waldbrände Im Hochsommer können die trockenen Eukalyptus- und Kiefernwälder, die man in den meisten Regionen Portugals leider aufgrund ihres schnellen Wachstums angepflanzt hat, extrem leicht Feuer fangen. Das gilt besonders für die Gebiete der Serra de Sintra und der Serra da Arrábida. Offenes Feuer ist tabu und auch das Rauchen sollte man besser unterlassen. Wer einen Waldbrand sieht, meldet ihn unter ✆ 117. Infos zur Waldbrandgefahr gibt es unter fogos.pt und der App fogos.pt (für Android und iOS).

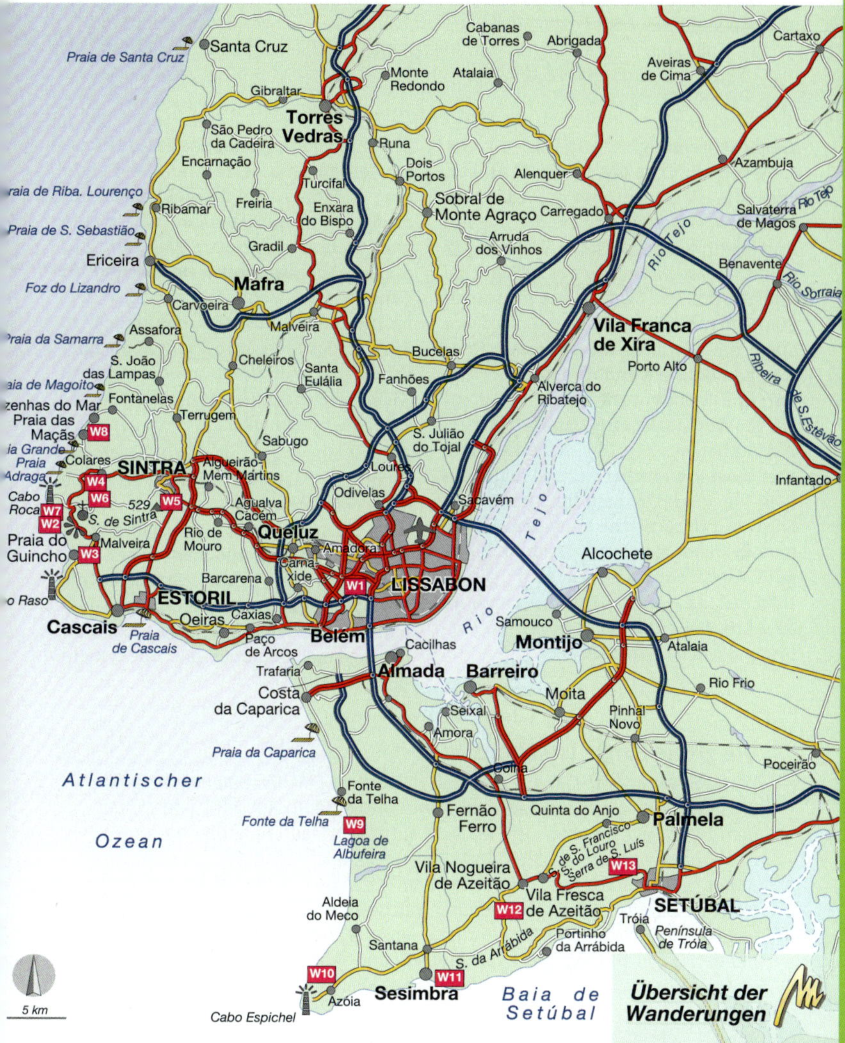

Rundwanderung 1

Durch den Monsanto-Park in Lissabon

Charakteristik: Spaziergang mit zahlreichen Aussichtspunkten und viel Grün inmitten der portugiesischen Metropole. **Gesamtwanderzeit:** 2 Std. (auch nur 1 Std. möglich). **Länge:** 6,4 km. **Höhenmeter:** 200 m. **Schwierigkeit:** einfach. **Anfahrt:** Der Ausgangs- und Endpunkt am Bushalt am Kreisverkehr Cruz das Oliveiras ist ab dem Zentrum Lissabons gut zu erreichen mit den Bussen 711 (ab Ⓜ Terreiro do Paço, Ⓜ Rossio und Ⓜ Marquês de Pombal Richtung Alto Damaia) und 723 (ab Ⓜ Praça Marquês de Pombal Richtung Algés). Direkt neben dem Bushalt liegen auch ein paar Parkplätze (kurz vor der Brücke über die Autobahn A 5). **Karte:** Aus den Militärkarten der Serie M 888 im Maßstab 1:25.000 passt das Blatt 431 (Lisboa).

Wegbeschreibung: Startpunkt ist der Kreisverkehr **Cruz das Oliveiras** 1, von dem es nach Süden über die Autobahn zum benachbarten Kreisverkehr geht. Dort beginnt ein geteerter Waldweg 2 rechts neben der Straße nach Alcântara und Alvito. Der Weg nennt sich auch Pista Miguel das Águas und wird vor allem am Wochenende gerne als Radweg genutzt. Er verläuft zwischen Kiefern und Eukalyptusbäumen, bis er auf die für Autos gesperrte Zufahrt 3 zum Amphitheater Keil do Amaral trifft. Hier biegt man rechts ein und folgt dem Weg, der direkt neben der Straße verläuft. Auf der Anhöhe nach dem **Skatepark** 4 bietet sich zum ersten Mal eine gute Aussicht: Zu sehen sind Palácio Nacional da Ajuda, Tejo und Ponte 25 de Abril, bei guter Sicht sogar die entfernte Serra da Arrábida.

Linker Hand liegt nun das Freilufttheater **Keil do Amaral,** rechter Hand sieht man Antennen. Bei den folgenden Abzweigungen nimmt man die zweite nach rechts. Der geteerte Weg führt auf die Anhöhe **Miradouro do Moinho do Penedo.** Hier steht eine der 17 Windmühlen, die von den ursprünglich 70 Mühlen des Monsanto-Parks noch existieren. Wer will, kann im Schatten von Kiefern bei herrlicher Aussicht auf die Tejobucht picknicken.

Anschließend geht es den Weg bergab Richtung Parkplatz und dann nach links den Feldweg 5 parallel zur Straße entlang. Nach etwa 100 m überquert man die Straße 6 und biegt in den Weg hinter dem großen Straßenschild „Montes Claros" ein. Nach 20 m hält man sich an der Gabelung 7 links. Vorbei an einer Schlucht mit Blick Rich-

Die grüne Lunge Lissabons

Der Monsanto-Park ist mit seinen 800 Hektar und 600.000 Bäumen die größte Grünfläche Lissabons. Mit dem Fort von Monsanto auf 230 Metern über dem Meer liegt hier auch der höchste Punkt der Stadt. Aufgrund der hohen Lage findet man allenthalben Aussichtspunkte. Auch wenn man es nicht vermuten würde, so ist der Park relativ neu. Erst in den 1930er-Jahren ließ Bauminister Duarte Pacheco hier Bäume pflanzen und Grünflächen durch den Landschaftsarchitekten Keil do Amaral anlegen. Zuvor nutzten die Lissabonner den Hügel als Olivenhain, Getreidefeld und Steinbruch.

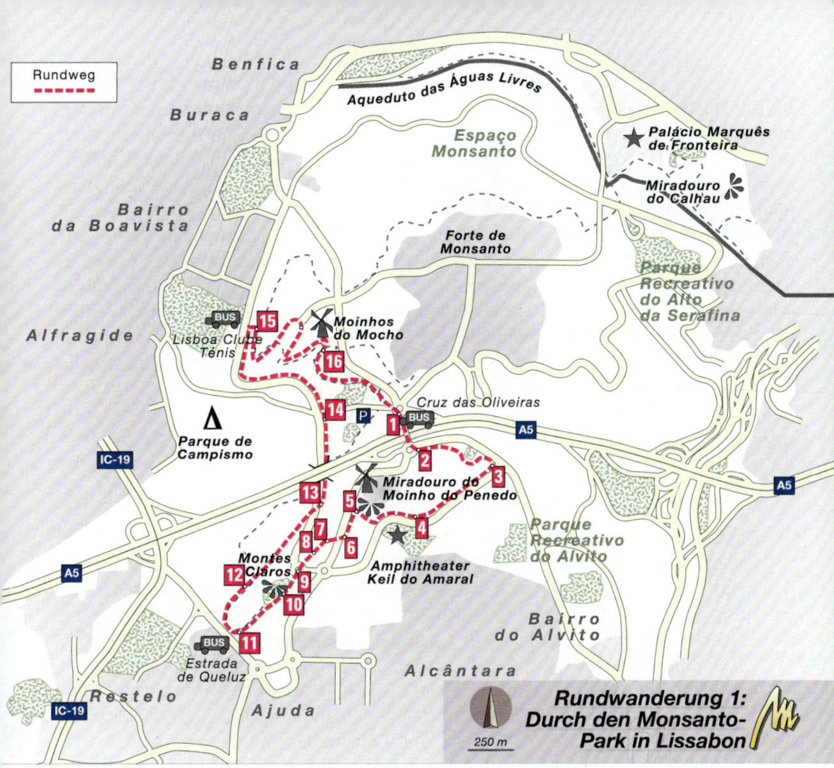

tung Serra de Sintra erreicht man einen weiteren Picknickplatz.

Auch an der nächsten Gabelung **8** geht es nach links, am Kreisverkehr **9** dann auf die gegenüberliegende Seite zum Aussichtsrestaurant **Montes Claros,** einem beliebten Ort für Hochzeitsfeiern. Am Restaurant vorbei, erreicht man kurz darauf den zugehörigen Aussichtspunkt **10** mit Blick auf den Vorort Miraflores. Am Ende des Aussichtspunkts nimmt man den Weg abwärts in Richtung Straße.

Immer geradeaus geht es bergab, bis die Estrada de Queluz **11** im Stadtteil **Restelo** erreicht ist. Wer will, kann hier an der Haltestelle „Caramão (Ajuda)" die Busse 723 (Richtung Desterro) oder 760 (Richtung Gomes Freire) ins Stadtzentrum nehmen.

Für die anderen geht es kurz vor der Straße in den aufwärts führenden Weg namens Miradouro Montes Claros. Die Vegetation ist hier niedriger: Olivenbäume und kleine Kiefern säumen den Weg. Nach 130 m ist ein kleiner Platz **12** auf einer Anhöhe erreicht, hier weiter geradeaus. Inzwischen kann man die nahe Autobahn nach Cascais nicht mehr überhören. Der Weg namens **Pista Encosta Montes Claros** endet nach 600 m an einer Teerstraße **13**. Hier geht es nach links. Man kann den Pfad neben der Straße benutzen oder auf der Straße gehen, da sie für Autos gesperrt ist.

Unter der Autobahn A 5 Cascais–Lissabon hindurch geht es weiter geradeaus bis zur Kreuzung **14**, dort über den Zebrastreifen und geradeaus. Ab hier sollte man den Pfad parallel zur Straße benutzen, da dieser Straßenabschnitt für den Verkehr freigegeben ist. Der Straße folgt man etwa 800 m: In den Felsen rechter Hand verstecken sich zahlreiche Eidechsen.

An der Bushaltestelle der Linie 724 namens „Lisboa Clube Ténis“ geht es dann rechts von der Straße ab. Nur wenig später, nach 30 m, biegt man erneut nach rechts in einen Feldweg **15** ein: Dieser führt in einer Serpentine nach oben. Kiefern und Olivenbäume spenden Schatten. Auf der Anhöhe angekommen, entdeckt man im Wald zwei weitere Windmühlen, die **Moinhos do Mocho.**

Von dort folgt man geradeaus dem Weg namens **Pista da Calceteira** bergab. 200 m weiter wird nach einem kurzen Anstieg ein aufgelassener Steinbruch **16** erreicht: Hier geht es nach rechts. Nach einer Antennenanlage folgt wenig später erneut eine Teerstraße, die man auf dem Zebrastreifen quert. Auf der anderen Straßenseite biegt man in den Pfad halblinks ein (den Parkplatz lässt man rechter Hand liegen). Wenige Meter weiter ist der Ausgangspunkt der Wanderung erreicht: die Bushaltestelle **Cruz das Oliveiras** **1**.

Wanderung 2

Entlang der Felsklippen südlich des Cabo da Roca

Charakteristik: von den Dünen am Guincho-Strand an den Klippen entlang Richtung Cabo da Roca. **Gesamtwanderzeit:** 3,5 Std. **Länge:** 9,4 km. **Höhenmeter:** insgesamt ca. 700 m Aufstieg. **Schwierigkeit:** schwer aufgrund steiler Abschnitte mit Geröll sowie ungesicherter Passagen am Rand der Steilküste, Trittsicherheit und Schwindelfreiheit erforderlich. Wanderstock für einige Passagen nützlich. **Anfahrt:** Der Startpunkt Guincho ist ab Cascais (Zugverbindung nach Lissabon) gut mit dem Bus zu erreichen (→ Guincho „Verbindungen“ S. 201). Hier sind auch Parkplätze vorhanden. Vom Endpunkt Cabo da Roca fahren regelmäßig Busse nach Sintra und Cascais (→ Cabo da Roca „Verbindungen“ S. 233). Wer zurück zum Startpunkt Guincho will, muss in Cascais umsteigen. **Karte:** Aus den Militärkarten der Serie M 888 im Maßstab 1:25.000 passen die Blätter 415 und 429.

Wegbeschreibung: Startpunkt ist der **Strand von Guincho** **1**, per Bus ab Cascais gut zu erreichen. Am besten steigt man an der Haltestelle neben den Hotels Fortaleza do Guincho und Estalagem do Muchaxo aus. Über die Einfahrt betritt man das Gelände der **Estalagem do Muchaxo** und geht dann rechts um das Hotel herum. Anschließend überquert man den langen Sandstrand von Guincho, rechter Hand sind die berühmten Wanderdünen zu sehen.

Am Nordende des Strandes nimmt man vor der Rampe zur bekannten Strandbar **Bar do Guincho** die Stufen nach oben. Nach dem Ende der Stufen verlässt man den Steg nach links und folgt dem Pfad oberhalb der Klippen. Der Weg ist gelb-rot markiert, man kann sich aber auch an dem oberirdisch verlegten Wasserrohr orientieren. Nach 450 m erreicht man das **Forte do Abano:** früher einer der westlichsten Außenposten der Armee der portugiesischen Könige (das königliche Wappen ziert noch das Eingangstor), heute Ruine.

Kurz nach dem Fort liegt auf der rechten Seite ein Restaurant **2**: Hier geht man nicht die Stufen zur kleinen, oft wellenumtosten **Praia do Abano** hinunter, sondern direkt am Gebäude entlang und hinter dem Restaurant über den teilweise befestigten Weg nach unten ins Strandtal **3** und direkt auf der anderen Seite wieder hinauf.

Oben angekommen, hält man sich leicht links und folgt der Uferlinie weiter nach Norden. Man bleibt dabei immer oberhalb der Steilküste: Das Meer hat die schwarzen Felsen bizarr geformt und so aufgetürmt, dass sich die Gesteinsschichten klar abzeichnen.

Nach 400 m beginnt ein Abstieg **4** in ein kleines Tal hinunter und anschließend direkt wieder auf der nördlichen Seite hinauf. In etwa 40 m Höhe über dem Meer folgt der Weg der gewundenen Küstenlinie: Unterhalb sind immer wieder kleine, unzugängliche Buchten zu erspähen. Achtung: Der Weg wird immer schlechter, man muss aufpassen, um nicht abzurutschen. Nach einer kleinen Senke verlässt man den Weg parallel zur Küste und biegt nach rechts aufwärts ab, und zwar an der Stelle **5**, wo der kleine Strand Praia da Grota in Wegrichtung zu erblicken ist. Wer hier nicht rechts abbiegt und dem Küstenweg weiter geradeaus folgt, landet unten am Strand in einer Sackgasse.

Durch stachelige, gelb blühende Sträucher geht es hinauf bis auf 63 m über dem Meer. Oben auf dem Hügel angekommen, folgt man dem Pfad geradeaus nach Norden in Richtung Landesinneres. Nach etwa 200 m – teilweise durch stachelige Büsche – durchquert man ein kleines, zumeist trockenes Bachtal.

Auf der anderen Seite geht es ein paar Meter aufwärts, bis ein breiter Weg **6** erreicht ist. Hier wendet man sich nach links, bis sich dieser Weg nach 100 m in mehrere kleine Pfade verzweigt **7**. Nun wählt man den Weg rechts den Steilhang hoch und geht nicht weiter geradeaus. Es folgt eine der steilsten Stellen der Wanderung: 40 Höhenmeter sind zu überwinden. Oben auf 70 m über dem Meer angekommen **8**, eröffnet sich dafür ein herrlicher Blick auf die nächste Bucht. Vor unseren Füßen fallen die rotbraunen Felsen direkt steil ins Meer ab.

Den Blick sollte man genießen, denn hier verlässt man die Küste und folgt dem Pfad in Richtung Landesinneres.

Wanderung 2: Entlang der Felsklippen südlich des Cabo da Roca

Nach 150 m erreicht man eine ummauerte Vertiefung, anschließend geht der Pfad in einen Feldweg über. Kurz darauf hält man sich an einer Abzweigung **9** rechts (linker Hand liegt ein aufgelassener Steinbruch). Nun wandert man Richtung Norden den Hang hinauf. Nach 250 m hält man sich an der Verzweigung **10** am besten links, denn so kann eine Serpentinenkurve abgekürzt werden.

Bald ist das Doppel-Dorf **Figueira do Guincho/Biscaia** erreicht und der Weg geht in eine Straße über. Sie windet sich durch Einfamilienhaus-Siedlungen mit herrlichem Meerblick auf mehr als 200 Höhenmeter hinauf. Nach einigen Minuten auf der gepflasterten Straße zweigt links ein kaum wahrnehmbarer Pfad **11** durch mehrere Kleingärten ab. Um die Abzweigung nicht zu verpassen, sollte man auf eine kleine Rampe zum Haus „Casa do Guincho" auf der rechten Straßenseite achten. An dieser Stelle sind auch die Strommasten weiß-rot markiert.

> Wer die Wanderung hier beenden will, kann geradeaus der Straße Rua Figueira do Guincho folgen, bis das Ortsschild „Figueira do Guincho" erreicht ist. Dort geht es rechts in die Rua da Biscaia bis zur Nationalstraße 247 mit Halt der Buslinie Sintra–Cabo da Roca–Cascais.

Unser Weg folgt aber dem Pfad quer durch die Gärten. So erreicht man nach 200 m den Ort **Biscaia:** Kurz nach dem Ortseingang **12** geht es nach rechts auf die gepflasterte Rua Mar Azul. Ein paar Meter weiter fällt eine Karte des portugiesischen Küsten-Fernwanderwegs GR 11-E9 ins Auge. Auf weiten Teilen dieser Wanderung folgt man diesem Fernwanderweg. Ein paar Meter weiter biegt man hinter der Casa Boulangerie am knallroten Feuerwehrhydranten **13** links in den Feldweg ein.

Baumarme Vegetation rund um das Kap

Bald ist ein weiterer aufgelassener Steinbruch zu sehen. Weiter geradeaus erreicht man nach knapp 500 m die Nationalstraße 247 Sintra–Cascais **14**. Der teilweise stark befahrenen Straße folgt man etwa 300 m nach links. Kurz nachdem die Grenze zwischen den Kreisen Cascais und Sintra überquert ist, geht es links in den ersten Feldweg **15**, den Caminho do Rio Touro, und man hat wieder Ruhe vom Verkehr. An der gleich folgenden Abzweigung **16** geht es weiter geradeaus, immer dem Caminho do Rio Touro folgend, der in einer großen Linkskurve das Tal des Bachs Ribeiro da Mata umrundet. Nach 1,2 km stößt man am Ortsrand von **Azóia** auf die Estrada do Cabo da Roca **17**.

> Wer an der Estrada do Cabo da Roca rechts abbiegt, erreicht nach wenigen Metern einen Halt der Linie 403: Auf der Nordseite der Straße fahren die Busse Richtung Cabo da Roca und Sintra, auf der Südseite Richtung Cascais.

Wer die Wanderung fortsetzen möchte, biegt an der Estrada do Cabo da Roca links ab und wenige Meter weiter erneut links in die ungeteerte Rua dos Moinhos **18**. Man passiert die **Bar Moinho Dom Quixote,** auf deren Terrasse man noch einmal den Meeresblick genießen kann (→ Cabo da Roca, S. 234).

An der nächsten Kreuzung **19** bleibt man weiter geradeaus auf der Rua dos Moinhos (nicht rechts oder links in die Rua do Campo da Bola). Auch alle folgenden Abzweigungen nach links (Rua da Matinha, Rua Casal Farripas, Rua da Pirolita und Rua da Paredinha) werden ignoriert und man wandert weiter geradeaus in Richtung des westlichen Punkts Kontinentaleuropas, des Cabo da Roca. Die Rua dos Moinhos – inzwischen mehr Felsweg als Kiesstraße – endet in einem Wendehammer **20**: An dessen Ende beginnt zwischen Felsquadern **21** ein schmaler, kurvenreicher Fußweg, der weiter geradeaus führt. Rechter Hand sieht man ein kleines Tal und auf der anderen Talseite bereits den nächsten Aufstieg, ebenso im Hintergrund den Leuchtturm des Cabo da Roca.

Der Abstieg ist geröllreich, ein Wanderstock dabei recht nützlich. Nach 100 m erreicht man eine Weggabelung **22**, hier geht es rechts. Linker Hand liegt nun die Bucht der **Praia de Assentiz,** fast komplett von hohen, steil abfallenden Felsklippen umschlossen. Man bleibt nun auf dem Weg parallel zur oberen Kante der Felsklippe. An der Abzweigung **23** geht es nicht halblinks den steilen Pfad zum Strand hinunter, sondern man bleibt halbrechts auf dem leicht abschüssigen Pfad oberhalb der Klippe und quert kurz darauf einen Taleinschnitt mit einem Bächlein.

Ab hier geht es wieder bergauf: Nach einem anstregenden und schattenlosen Anstieg erreicht man einige auffällige Büsche: Hier folgt man noch 50 m geradeaus der Klippenkante bis zum Einstieg **24** in einen sehr steilen Pfad, der ins nächste Tal hinunter in Richtung Leuchtturm Cabo da Roca führt. Auf diesem Wegstück ist erhöhte Vorsicht angebracht, da man sich oft sehr nahe an der Klippenkante befindet und der Pfad sehr rutschig ist. Auf der gegenüberliegenden Seite des Tals ist schon deutlich der nächste Aufstieg zum Aussichtspunkt am Cabo da Roca und seinen meist zahlreichen Besuchern zu sehen.

Zuerst muss aber der steile Abstieg in das Bachtal **25** der Ribeira do Louriçal bewältigt werden, das man quert. Anschließend geht es auf der anderen Seite wieder bergauf. Auch hier ist Vorsicht geboten: Besonders bei Windböen sollte man sich nicht zu nahe an die Abrisskante der hohen Klippen wagen. Die Mühen werden mit herrlichen Ausblicken auf die Landschaft des „Felsenkaps" belohnt. Am „Ende der Welt" oder doch zumindest am westlichsten Punkt Europas, dem **Cabo da Roca** **26**, angekommen, kann man noch entlang der Küste der Wanderung 8 folgen. Ansonsten kommt man von hier per Bus nach Sintra oder Cascais.

Praia do Abano: Hier beginnt der Weg in einen der wildesten Abschnitte der Costa de Lisboa

Rundwanderung 3

Durch Dünen und Klippen um Guincho

Charakteristik: Die landschaftlich sehr abwechslungsreiche Rundwanderung kombiniert die Dünen und Klippen an der Küste mit der Hügellandschaft um Malveira da Serra. **Gesamtwanderzeit:** 4 Std. **Länge:** 11,3 km. **Höhenmeter:** ca. 350 m. **Schwierigkeit:** mittel. Im ersten Teil sind Schwindelfreiheit und Trittsicherheit nötig, da es ungesicherte Passagen auf den Klippen gibt. **Anfahrt:** Mit dem Zug von Lissabon nach Cascais, von dort mit dem Bus nach Guincho (→ Cascais „Verbindungen" S. 193). Parkplätze vorhanden. **Karte:** Aus den Militärkarten der Serie M 888 im Maßstab 1:25.000 passt das Blatt 429.

Hinweis: Diese Wanderung lässt sich gut halbieren. Man kann nur die erste, schwierigere Hälfte von Guincho bis Malveira da Serra gehen und dort den Bus nehmen (→ Malveira da Serra „Verbindungen" S. 203). Oder man startet erst ab Malveira da Serra und macht die zweite Hälfte des Rundwegs. Sie ist deutlich einfacher und verläuft weitgehend abschüssig.

Wegbeschreibung: Der erste Teil der Rundwanderung ist identisch mit dem Beginn der Wanderung 2, die über die Felsklippen der rauen Küste nördlich von Guincho führt: Nach **4** folgt man noch ein Stück dem Küstenweg, hält sich aber tendenziell etwas weiter von den Klippen entfernt. Ca. 500 m weiter erreicht man ein weiteres kleines Bachtal, hier geht es auf der anderen Seite an einer Verzweigung **5** direkt nach rechts. Anschließend folgt man unterhalb des Hügels dem Bachlauf: Der steinige und ausgewaschene Pfad führt ins Hinterland von Malveira da Serra.

An einer Wendestelle **6** geht der Pfad in einen Feldweg über. Hier lohnt sich ein Blick zurück Richtung Guincho und auf den Atlantik. Der Wind peitscht unerbittlich über das weitgehend unbewaldete Hochland. Weiter geht es geradeaus, auch am ehemaligen Kalksteinbruch **7** biegt man nicht ab. Der Feldweg endet an einer Pflasterstraße **8** am Rande des Ortsteils **Arneiro** von Malveira. Hier biegt man rechts in die Rua das Piteiras ein und nimmt anschließend die zweite Abzweigung **9** rechts in die ungepflasterte Rua do Bacelo. An deren Ende **10** geht es links in die gepflasterte Rua de Santa Rita. Nur 60 m weiter nimmt man die zweite Straße nach links aufwärts, die Rua do Vale **11**. Sie endet nach gut 400 m an der vielbefahrenen Nationalstraße N 247 Cascais–Cabo da Roca **12**. Hier geht es rechts und am folgenden Straßendreieck links in das Zentrum von **Malveira da Serra** hinein.

Rechter Hand liegt die Kapelle von Malveira da Serra und etwa 100 m weiter biegt man links in die Straße Richtung Penha Longa **13** ab. Ab hier verläuft auch die Wanderung 4 von Malveira da Serra nach Colares ein Stück parallel zu diesem Weg. Wer möchte, könnte hier am Bushalt auch den Bus nach Cascais nehmen (→ Malveira da Serra „Verbindungen" S. 203).

150 m weiter sind die nächste größere Kreuzung und eine weitere Bushaltestelle **14** erreicht. Man biegt links in die Straße hoch in die Serra de Sintra ein. Nach 120 m geht es rechts in das Seitensträßchen Rua das Picoas **15**, das durch eine Villengegend führt. Vom Hang aus genießen ihre Bewohner einen schönen Blick Richtung Cascais, Guincho und aufs Meer. Immer geradeaus auf der Rua das Picoas, begleitet vom Gebell wachsamer Hunde, geht man bis zum Straßenende an einer ze-

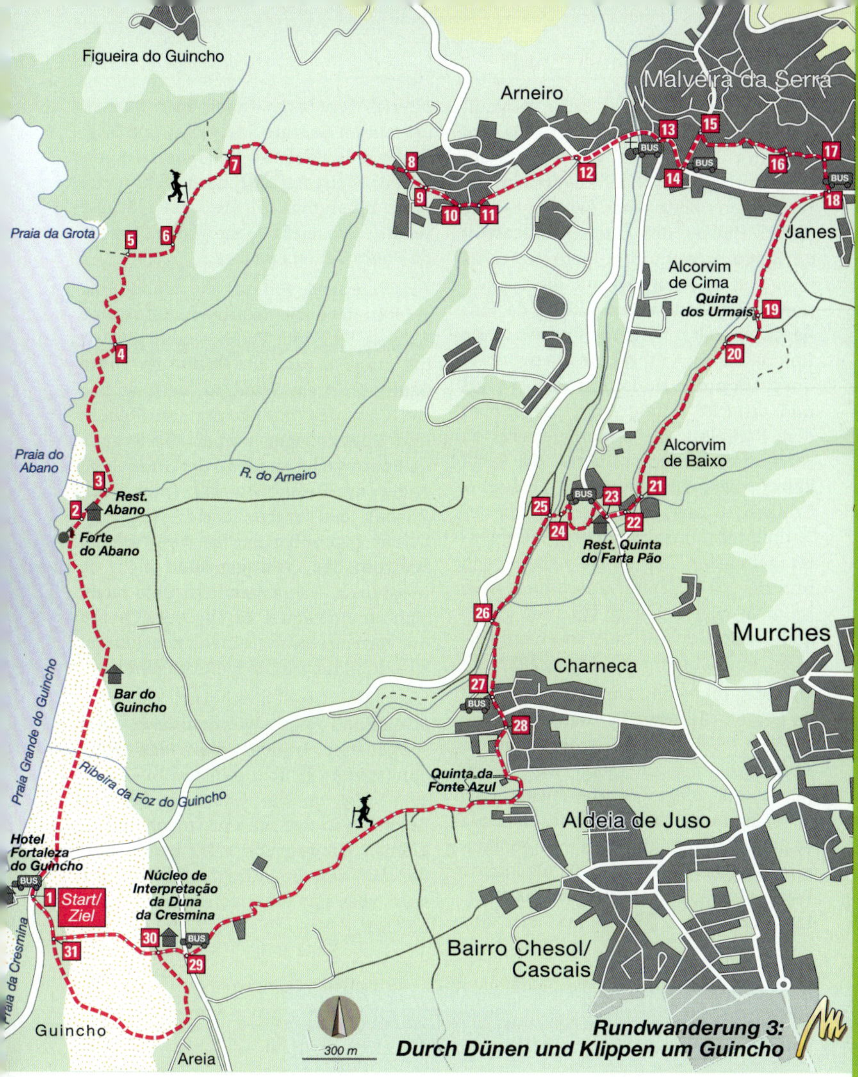

mentierten, abschüssigen Rampe und 20 m nach dieser gleich links **16** in die Rua das Escadinhas und bis zum Largo de Janes **17**, Zentrum des Örtchens **Janes.**

Am Südende des Platzes muss die Nationalstraße 247 überquert werden (hier ein weiterer Bushalt der Linien Cascais–Malveira). Auf der anderen Straßenseite **18** geht es scharf rechts in die Rua dos Urumais an einem weiß-rot gestrichenen Gitter und einem Bach entlang. Anschließend folgt man der leicht abschüssigen Straße, die bald in einen Feldweg übergeht, durch eine karge, schattenlose Buschlandschaft immer weiter Richtung Süden und parallel zum Bachlauf.

Am umzäunten Anwesen der **Quinta dos Urmais** **19** muss ein kleiner Umweg eingeschlagen werden: links bergauf, immer entlang des Zaunes, bis am Haupttor der Quinta **20** wieder der Weg entlang des Baches erreicht ist. Wenn am Ende des Feldweges die ersten Häuser des Örtchens **Alcorvim de Baixo** erreicht sind, geht es rechts über das Bächlein **21** auf die asphaltierte Nebenstraße Rua Ribeira da Vinha. 70 m weiter biegt man rechts in die Rua da Pedra Azul **22** ein. 70 m weiter quert man die Nationalstraße N 9 **23** und erreicht schräg rechts gegenüber den Parkplatz des empfehlenswerten Ausflugsrestaurants **Quinta do Farta Pão** (→ Malveira da Serra „Essen & Trinken" S. 203). Am oberen Ende des Parkplatzes muss man der Straße weiter geradeaus folgen, sie windet sich nun ins Tal hinunter. Unten biegt man links in den Feldweg **24** und gleich 40 m weiter erneut links in einen weiteren, etwas breiteren Feldweg **25** ein.

Der Weg folgt nun dem Tal der Ribeira da Foz do Guincho: Der Bach wird von Kiefern, Schilf und Brombeersträuchern gesäumt. Ca. 120 m nach einem Pumpwerk biegt der Hauptweg nach links über eine Brücke **26** ab. An einer Mauer entlang führt der nun gepflasterte Weg bergauf und endet als Rua do Passo Mau im hübschen Dorf **Charneca**. Im Ortszentrum **27** hält man sich erst einmal geradeaus (auch hier Bushalt der Linien Cascais–Malveira) und folgt der Rua da Palmeira. An der ersten größeren Kreuzung **28** nach dem Ortsplatz muss man in die zweite Straße rechts, die leicht ansteigende Estrada da Fonte Velha, einbiegen.

Anschließend verläuft die Wanderung 1,4 km über die relativ verkehrsarme Estrada da Fonte Velha – man passiert die lange Mauer der **Quinta da Fonte Azul** mit ihrem Windrad, verlässt den Ort Charneca und kommt an Feldern und Villenanlagen vorbei. Die Estrada da Fonte Velha endet an der Straße von Areia nach **Guincho** **29** (hier auch Bushalt der Linien Cascais–Guincho). Direkt gegenüber ist das **Naturschutzzentrum der Cresmina-Düne** nicht zu übersehen. Das zugehörige Café bietet sich für eine Pause an: Die Aussicht auf die wunderschöne Dünenlandschaft ist zu schön, um rastlos weiterzugehen.

Über Holzstege durchquert man abschließend die Wanderdünen. Am schnellsten erreicht man den Ausgangspunkt **1** über den rechten Holzsteg. Wer an der Gabelung **30** den linken Holzsteg nimmt, macht einen kleinen Umweg und stößt später wieder auf den ursprünglichen Weg **31**, wird aber mit einer schönen Aussicht belohnt.

Wind und Wellen formten die zerklüftete Küste nördlich von Guincho

Wanderung 4

Quer über das Sintra-Gebirge zum Korkkloster → Karte S. 471

Charakteristik: Tour über den Gipfel der Pedra Amarela und das Korkkloster Capuchos zum Weinort Colares. Ein langer Anstieg ist zu bewältigen. **Gesamtwanderzeit:** 4 Std. **Länge:** 11,5 km. **Höhenmeter:** 550 m. **Schwierigkeit:** einfach. **Anfahrt:** Der Startpunkt in Malveira da Serra ist am besten mit dem Bus ab Cascais zu erreichen (→ Malveira da Serra „Verbindungen" S. 203). Parkplätze finden sich in Malveira da Serra problemlos (u. a. an der Kapelle). Vom Endpunkt Colares kann man mit Bus zurück an den Startpunkt Malveira da Serra und nach Cascais fahren, ebenfalls fahren zahlreiche Busse nach Sintra (→ Colares „Verbindungen" S. 237). **Karte:** Aus den Militärkarten der Serie M 888 im Maßstab 1:25.000 passen die Blätter 415 und 429.

Wegbeschreibung: Der Weg beginnt am Bushalt **1** im Dorf **Malveira da Serra** auf 150 m über dem Meer. Zuerst folgt man der Straße Richtung Alcabideche und biegt dann noch im Ort auf die Bergstraße **2** in Richtung des ausgeschilderten Golfplatzes Penha Longa ab. Nach 120 m geht es rechts in das Seitensträßchen Rua das Picoas **3**, das durch das Villenviertel Malveiras führt. Immer geradeaus folgt man der Rua das Picoas bis zu ihrem Ende an einer asphaltierten, abschüssigen Rampe. 20 m nach dem Ende der Rampe **4** biegt man links in die Rua das Escadinhas ein. Diese endet am Largo de Janes **5**, Zentrum des Örtchens **Janes**.

Bis hierher verläuft auch die Rundwanderung 3 auf diesem Weg. Nun geht es am Largo de Janes halblinks in die Rua dos Boeiros. Man passiert die eingezäunte Wohnanlage **Condomínio de Janes:** Hier geht die Rua dos Boeiros in die Rua do Solidó **6** über. Die Rua do Solidó wiederum endet nach einer Linkskurve an der Rua das Tomadas **7**, der man nach rechts folgt. Am Ende dieser gepflasterten Straße biegt man schließlich links in die Rua dos Eucaliptos **8** ein. Kurz darauf ist das Straßenwirrwarr zu Ende und das Ortsende von Janes erreicht. Die Rua dos Eucaliptos führt zuerst in einem Kiefernwäldchen abwärts und geht dann in einen ungeteerten Waldweg über.

Man passiert die Rückseite des Landgutes **Quinta de Vale de Cavalos,** hier beginnt der lange Anstieg in die Serra de Sintra. Der Duft der Eukalyptuswälder liegt in der Luft, zwischen den Bäumen sind immer wieder große Felsquader zu sehen. Am Ende der Mauer des Landgutes **9** zweigt man vom Hauptweg nach links in einen Pfad ab (linker und rechter Hand der Abzweigung sind Teile des Wasserreservoirs Reservatório de Vale de Cavalos zu sehen). Der Pfad führt merklich steiler als bisher aufwärts, auch die Vegetation ist deutlich dichter. Immer geradeaus

Pedra Amarela mit Aussichtsturm der Feuerwehr

Gefährliche Brände in der Serra de Sintra

Die gute Aussicht von der Spitze der Pedra Amarela macht sich auch die Feuerwehr zunutze: Von einem Turm aus versucht sie Waldbrände frühzeitig zu erspähen. Damit sollen Tragödien wie im September 1966 vermieden werden, als 25 Soldaten ums Leben kamen. Sie waren ohne ausreichendes Feuerschutz-Training zum Löschen eines mehrtägigen Waldbrandes einen Kilometer nördlich von hier eingesetzt worden. Bis zum riesigen Feuer um den mittelportugiesischen Ort Pedrógão Grande, bei dem im Juni 2017 insgesamt 64 Menschen starben, war dies die größte Katastrophe bei Waldbränden in der portugiesischen Geschichte. An der Unglücksstelle in der Nähe des Felsengrabes von Monge und an der Straße von Capuchos nach Azóia erinnern heute Gedenktafeln an die toten Soldaten.

geht es an Wasserentnahmestellen vorbei und über kleine Rohre hinweg bergauf, bis nach etwa einem halben Kilometer die Straße von Malveira da Serra nach Penha Longa erreicht ist. Auf der anderen Straßenseite schräg rechts gegenüber ist der kleine Parkplatz **10** des Pfadfindercamps Pedra Amarela nicht zu übersehen (hier auch Halt der Busse von Cascais zur Quinta do Pisão). Hier geht es in den Waldweg hinein. Nach 250 m, kurz bevor ein Bach überquert wird, biegt man links in einen Pfad **11** ein, der dem Bachtälchen bergauf folgt.

Etwa 600 m geht es nun geradeaus bis zu einem Waldweg gegenüber einem Wasserreservoir **12**. Hier folgt man der gelb-roten Wegmarkierung nach links. 150 m weiter biegt man, oben angekommen, rechts in einen Pfad **13** ein. Der Wald ist nun deutlich lichter, statt Eukalyptus dominieren nun Kiefern – das Ergebnis eines Waldbrandes vor einigen Jahren. Es geht geradeaus bergauf, bis nach 200 m der Pfad in einen anderen mündet **14**: Hier wendet man sich nach links, die Strecke ist weiter gelb-rot markiert. Nach 250 m mündet auch dieser Pfad in einen Waldweg **15**, dem man nach links folgt. Kurz darauf erreicht man einen großen Platz **16**, an dem sich viele Forstwege kreuzen. Wir biegen in den ersten rechts aufwärts ein (ausnahmsweise nicht gelb-rot markiert!). Der Aufstieg ist der anstrengendste Teil der Wanderung. Oben angekommen, geht es an der Abzweigung **17** links ab.

Nach wenigen Metern erreicht man die **Pedra Amarela** **18**: Der felsige Berggipfel, der nach der Farbe eines dort weit verbreiteten Mooses „Gelber Stein" genannt wird, ist mit 406 m über dem Meer der höchste Punkt der Wanderung und bietet einen herrlichen Rundblick auf Atlantikküste, Serra de Sintra und die Rennstrecke von Estoril. Am Horizont erkennt man das Cabo Espichel und Lissabon, wer genau hinschaut, sieht auch den Palácio Nacional da Pena zwischen den bewaldeten Bergzügen schimmern.

Zurück auf dem Weg **17** geht es nach links Richtung Nordwesten den Hügel hinunter. Der Weg endet nahe der Gebirgsstraße an einem Gatter **19**. Man folgt geradeaus dem anfangs leicht abschüssigen Waldweg. 1,2 km geht man im Schatten von Kiefern und Eukalyptus-Bäumen. An der Abzweigung **20** geradeaus, ebenso wenige Meter weiter an der nächsten Abzweigung. Nach 400 m erreicht man erneut die Gebirgsstraße an einer Kreuzung **21**: Die Straße wird gequert und man folgt der Stichstraße zum **Convento dos Capuchos.** Nach 500 m ist der Eingang

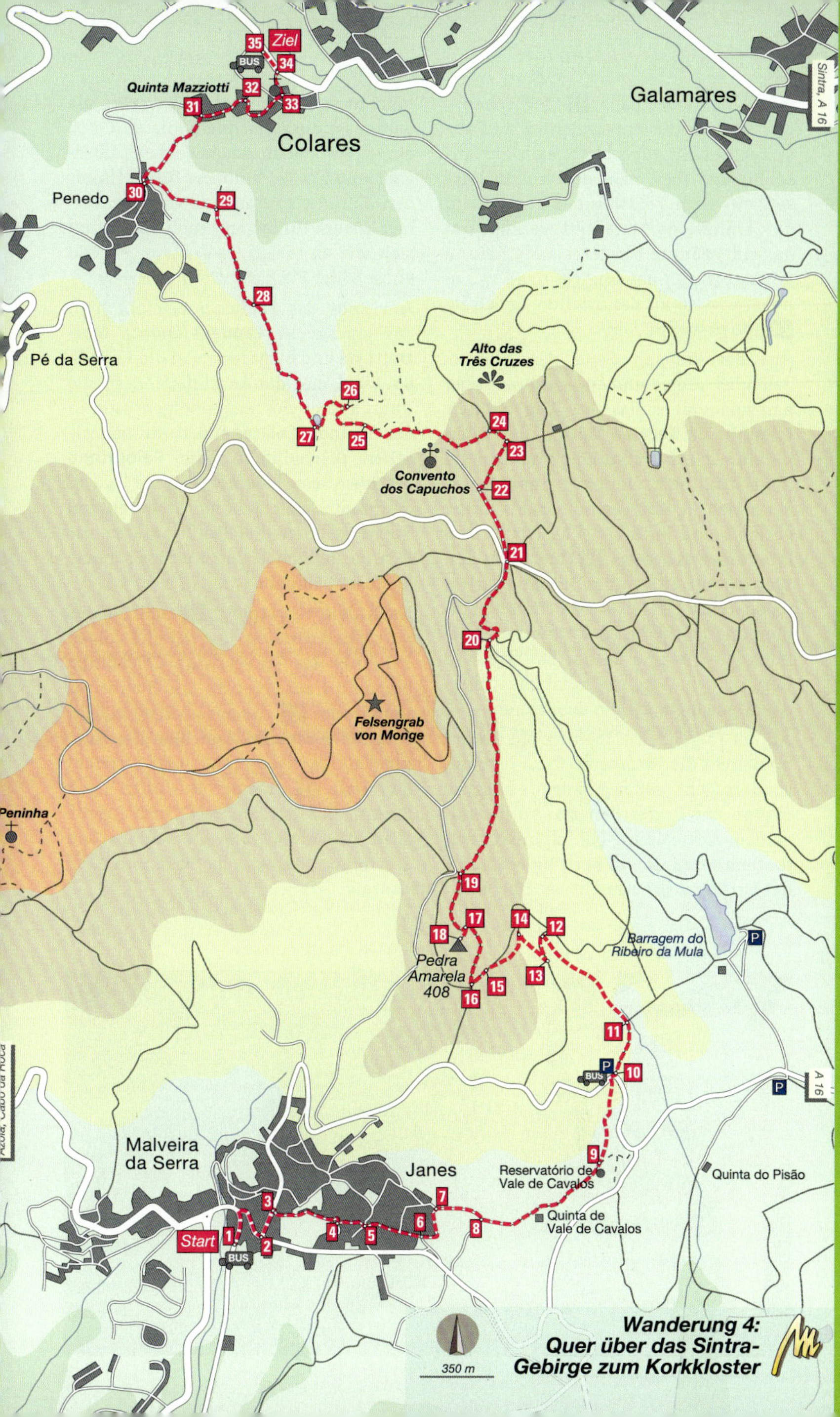

Wanderung 4: Quer über das Sintra-Gebirge zum Korkkloster

mit dem Kassenhaus **22** des sehenswerten Korkklosters erreicht. Eine Pause zur Besichtigung bietet sich an. Anschließend folgt man neben dem Kassenhaus dem Feldweg namens Desvio do Caminho da Mata und wandert um das eingezäunte Klostergelände herum: an der ersten Gabelung **23** nach 250 m links, ebenso an der zweiten Gabelung **24** 100 m weiter.

Auf der anderen Seite des Klostergeländes angekommen, geht es über den leicht abschüssigen Weg namens **Caminho da Boca da Mata** in den Wald hinein. An der ersten Wegkreuzung **25** folgt man dem Hauptweg geradeaus, der zuerst in einer großen Rechtskurve verläuft und kurz danach scharf nach links abwärts abbiegt **26** (hier nicht den Weg geradeaus nehmen!). Man passiert einen Teich **27**. Mit Korkeichen, Kastanien und Buchen ist der Wald hier vielfältiger – hin und wieder hat man das Gefühl, der Weg sei komplett „überdacht", so dicht stehen die Kronen.

An der folgenden Gabelung **28** nimmt man nicht die Estrada do Paiol bergauf, sondern geht weiter geradeaus bis zum Beginn des Dorfes **Penedo**. An der folgenden Abzweigung **29** folgt man weiter dem Caminho da Boca da Mata, bis der Ortskern **30** erreicht ist. Dort biegt man nach rechts in die für Autos als Sackgasse ausgezeichnete Rua da Costa ein, die später in einen Feldweg übergeht und ins Tal hinunter führt. Hinter den Grundstücksmauern schlagen immer wieder Hunde an. Auch hier öffnet sich wie an vielen Stellen von Penedo ein schöner Blick auf die Umgebung.

Am Ende des Feldwegs erreicht man das prachtvolle **Landgut Quinta Mazziotti** **31** und biegt rechts in die Estrada do Vidal ein, die anschließend in die Rua Cândido dos Reis übergeht und in den Weinort **Colares** führt. Am historischen Schandpfahl, dem **Pelourinho** **32**, biegt man halbrechts in die Rua 16 de Infantaria ab. Schöne Altbauten und Villen säumen die Straße, die in die Rua da República und Rua José Inácio da Costa übergeht.

Nach dem Hauptplatz **33** von Colares mit Musikpavillon und Kirche folgen wir links der Travessa da Calçadinha bergab bis zur Avenida dos Bombeiros Voluntários **34**, die nur noch 19 m über dem Meeresspiegel liegt. Wer der Avenida 100 m nach links folgt, erreicht den Halt **35** diverser Buslinien nach Sintra. Auf der anderen Straßenseite fährt die Linie 1624 zurück an den Startpunkt Malveira da Serra und nach Cascais.

Quinta Mazziotti: Durch diesen Torbogen geht es Richtung Colares

Rundwanderung 5

Auf die Gipfel des Parque da Pena → Karte S. 475

Charakteristik: Rundwanderung hinauf zum Pena-Königsschloss, zum höchsten Gipfel der Serra de Sintra und zur Maurenburg. **Gesamtwanderzeit:** 3 Std. **Länge:** 8,2 km. **Höhenmeter:** ca. 600 m. **Schwierigkeit:** einfach. **Anfahrt:** Der Bahnhof Sintra, Anfangs- und Endpunkt dieser Rundwanderung, ist gut mit dem Zug ab Lissabon zu erreichen; Parkplätze sind dagegen in Sintra rar (→ Sintra „Verbindungen" S. 220). **Karte:** Aus den Militärkarten der Serie M 888 im Maßstab 1:25.000 passt das Blatt 416.

Wegbeschreibung: Startpunkt ist der **Bahnhof Sintra** **1** auf 196 m ü. M. Hier geht es über die Av. Dr. Miguel Bombarda und die Volta do Duche am Stadtpark Parque da Liberdade **2** vorbei in Richtung Altstadt (Karte S. 217). Gegenüber dem Palácio Nacional de Sintra **3** biegt man links in die Rua da Padaria ein, die Fußgängerzone der Altstadt mit ihren kitschigen Souvenirgeschäften. Über die Rua das Padarias und die Rua da Fonte da Pipa erreicht man den gleichnamigen Brunnen. Hier geht man nicht weiter geradeaus, sondern nimmt die Treppenstufen hinauf bis zur Hauptstraße Rua Maria Eugénia Reis Ferreira Navarro. Schräg links gegenüber beginnt neben der Estrada da Pena der Fußweg **4** Richtung Vila Sassetti. Kurz nach Beginn des Fußwegs erreicht man den Eingang des Picknickparks Parque das Merendas: Hier geht es links durch das Tor **5** Richtung Quinta da Amizade/Vila Sassetti. Achtung: Das Tor ist tägl. nur 10–18 Uhr (im Winter 9–17 Uhr) geöffnet!

Serpentinen schlängeln sich durch einen hübsch angelegten Felsengarten den Berghang hinauf zur palastähnlichen **Vila Sassetti** **6** aus dem Jahr 1894, die vom italienischen Architekten Luigi Manini entworfen wurde. Im 20. Jh. residierte hier zeitweise der armenische Ölmagnat Calouste Gulbenkian. Farne sorgen für angenehm frisches Klima, Palmen spenden Schatten und Eukalyptusbäume verbreiten Duft. Oberhalb der Villa findet sich ein Aussichtstürmchen zwischen Felsblöcken.

Vom Aussichtstürmchen folgt man dem Fußweg und zahlreichen Treppenstufen aufwärts. Linker Hand erstreckt sich Sintras ältestes und bekanntestes **Klettergebiet Penedo da Amizade.** Am Ende des Klettergebiets hält man sich halbrechts, der Weg führt nun in ein Bachtal. Dichte Vegetation umgibt den Pfad, der auf zwei Holzstegen erst den Bachlauf überquert und dann wieder bergauf führt. Zahlreiche Felsquader säumen den Pfad und nach zwei Engstellen endet er an einem breiteren Weg **7**, dem man nach rechts folgt (der Weg, der nach links abzweigt, wird unser Rückweg). Nach 120 m ist ein Parkplatz erreicht. Auf der anderen Straßenseite liegt der Eingang **Portão dos Lagos** **8** zum **Parque da Pena.**

> Zum Betreten des Parks benötigt man eine Eintrittskarte. Es empfiehlt sich, hier bereits eine Kombikarte für alle Sehenswürdigkeiten zu kaufen, die man auf der Wanderung besuchen möchte. Am Weg liegen noch der Palácio Nacional da Pena und die Maurenburg Castelo dos Mouros.

Nun geht es auf gepflastertem Weg entlang der linken Uferseite der Teiche im **Vale dos Lagos** bergauf. Im „Tal der Seen" hat König Fernando II. im 19. Jh. mehrere Wasserflächen anlegen lassen, in deren Mitte Entenhäuser in Form von Miniaturburgen erbaut wurden. Der König selbst ist auf einem Felsen verewigt worden. Nach 300 m stößt man auf den mit Azulejos außergewöhnlich hübsch verzierten „Vogelbrunnen“ **Fonte dos Passarinhos** **9**, bei dessen Bau 1853 der Architekt sich von maurischen Stilformen inspirieren ließ.

Geradeaus geht es den gepflasterten Weg weiter aufwärts, an den beiden Gabelungen jeweils links. 50 m nach dem Vogelbrunnen erreicht man einen weiteren Brunnen **10** inmitten eines Rundes mit Sitzen. Hier geht es weiter geradeaus. Man passiert den Eingang zu einem Gewächshaus und geht geradeaus bis zu einem Kiesweg **11**. Hier wendet man sich nach rechts bergauf. An der gleich folgenden Gabelung **12** hält man sich ebenfalls rechts. Man passiert einen Kameliengarten und geht bis zum Ende des Kieswegs: Dort folgt man der gepflasterten Straße nach links.

Nach wenigen Metern passiert man rechter Hand einen Brunnen **13**: Hier geht es rechts rein und dann die Steintreppe nach oben zum Aussichtspunkt **Miradouro Alto de Santa Catarina.** Eine Bank unter einem Felsdach öffnet einen fast perfekten Blick auf den Palácio Nacional da Pena. Sie wird „Königinnen-Thron“ genannt, da sie am Lieblingsort von Königin Amélia angelegt wurde. Umgeben wird der Aussichtspunkt von alten pyrenäischen Eichen *(quercus pyrenaica)*. Etwa so muss die ganze Serra de Sintra vor 500 Jahren ausgesehen haben, bevor man anstelle der knorrigen Eichen schneller wachsende Kiefern und Eukalyptusbäume anpflanzte.

Vom Aussichtspunkt folgt man weiter dem gepflasterten Pfad und biegt an der ersten Gabelung **14** nach rechts aufwärts ein, ebenso an der zweiten. Nach 60 m lohnt sich direkt hinter einem Tor aus Felsquadern ein kurzer Abstecher nach rechts zur **Gruta do Monge.** In dieser dunklen Höhle meditierten einst die Mönche des ehemaligen Hieronymiten-Klosters, das im 16. und 17. Jh. an der Stelle des heutigen Pena-Palastes stand.

Man folgt dem Pfad weiter geradeaus bergauf, bis er nach etwa 50 m in einen gepflasterten Weg mündet **15**. Hier links weiter aufwärts. Nach weiteren 50 m endet dieser Weg an einer Straße **16**: Hier wenden wir uns nach rechts auf die Straße zur **Cruz Alta** **17**. Das „hohe Kreuz“ ließ König Dom João III. im Jahr 1522 auf dem höchsten Punkt der Serra de Sintra (529 m ü. M.) errichten. Wenn nicht wieder einmal Nebelschwaden durch die Serra wabern, gehört der Blick hier zu den besten der Region.

Zurück an der Straße entlang durch den Kiefernwald und an der Abzweigung **16** weiter geradeaus, erreicht man eine große Kreuzung **18** an einem Brunnenloch. Hier geht man geradeaus und nach 25 m an der Gabelung halblinks. Ab hier ist der Weg zum nächsten Ziel, dem Palácio Nacional da Pena, ausgeschildert: an der Kreuzung **19** geradeaus.

Über den Aufgang gelangt man zum **Palácio Nacional da Pena** **20**. Der Besuch des Märchenschlosses lohnt sich: Es locken eine sehenswerte Mischung unterschiedlichster Baustile und herrliche Ausblicke auf die Region.

Zurück am Beginn des Aufgangs, folgt man für eine kurze Strecke dem Hinweg, um dann nach der ersten Linkskurve **21** rechts in den Fußweg einzubiegen. Durch den Wald geht es abwärts, bis am Ende des Fußwegs **22** ein Kiesweg erreicht ist, dem man halbrechts bergab folgt. Bei **12** ist der alte Weg wieder erreicht, dem man nun bis zum Portão dos Lagos **8** und dessen Parkplatz zurück folgt.

Am Ende des Hinweg-Aufstiegs **7** geht es nun aber geradeaus. Der schattige Waldweg verläuft parallel zur Straße zwischen mächtigen Steinquadern und endet an einem Tor der Begrenzungsmauer **23** oberhalb des Castelo dos Mouros. Man folgt links dem gepflasterten Fußweg, der bald durch einen Torbogen **24** führt. Nach etwa 150 m

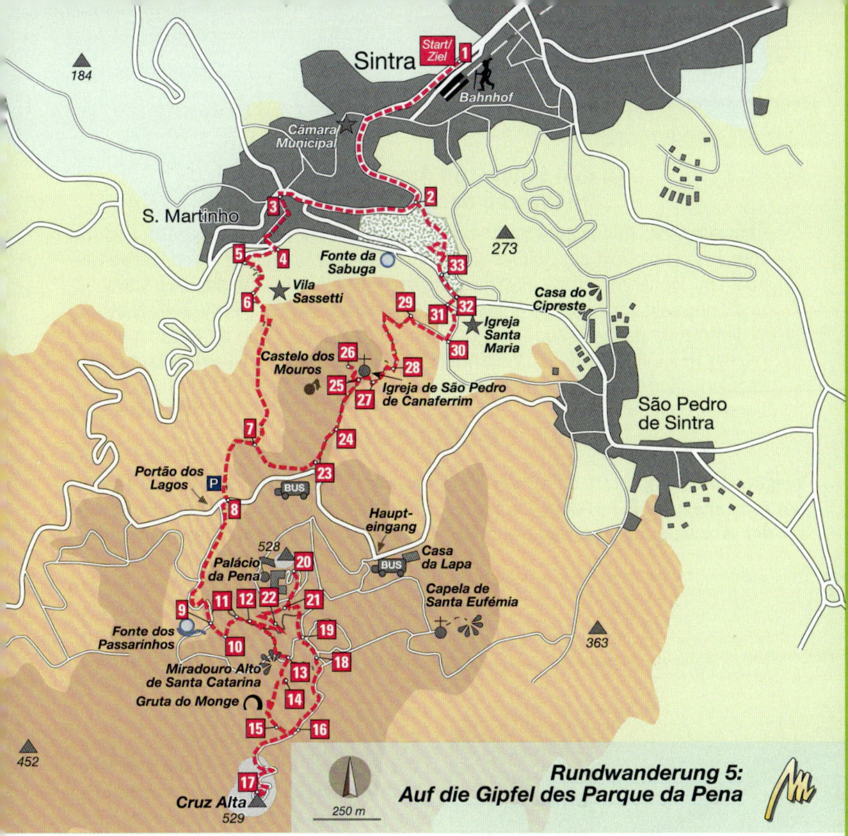

erreicht man die Ruine der **Igreja de São Pedro de Canaferrim** **25**: In der Kirche und nebenan sind lokale archäologische Funde ausgestellt. Hier nach links: Eingangstor und Kassenhäuschen der sehenswerten Maurenburg **Castelo dos Mouros** **26** sind nur noch wenige Meter entfernt.

Nach dem Besuch der im Grünen gelegenen Feste auf 418 m Höhe ü. M. geht es zurück zur Kirchenruine **25** und dann links. Nach 90 m hält man sich an der Abzweigung **27** links und 100 m weiter nach dem Tor **28** wieder links. Über einen gut ausgebauten Fußweg mit schönen Ausblicken geht es nun nach Sintra auf 290 m ü. M. hinunter. Der Fußweg endet in der Straße Rampa do Castelo **29**, an deren Ende **30** man links in die Calçada dos Clérigos einbiegt.

Man passiert das frühere Wohnhaus des dänischen Schriftstellers Hans-Christian Andersen und die Kirche **Igreja de Santa Maria.** Etwa 50 m nach der Kirche **31** geht es rechts die Treppe Escadinhas dos Clérigos hinunter.

Unten angekommen **32**, hält man sich links und folgt der Rua Luiz de Camões (Achtung Straßenverkehr und schmaler Bürgersteig!). Nach 70 m ist rechter Hand der obere Nebeneingang des **Parque da Liberdade** **33** erreicht: Quer durch den hübschen Stadtparks geht es bis zum Haupteingang **2**, anschließend nach rechts in die Volta do Duche und dann über die Av. Dr. Miguel Bombarda zurück zum **Bahnhof Sintra** **1**.

Rundwanderung 6

Zu den schönsten Aussichtspunkten im Westen der Serra de Sintra

Charakteristik: Rundwanderung von Azóia hinauf zur Peninha-Kapelle und zum Aussichtspunkt am Dolmen Adrenunes. **Gesamtwanderzeit:** 3 Std. **Länge:** 10,8 km. **Höhenmeter:** ca. 350 m. **Schwierigkeit:** einfach. **Anfahrt:** Der Start- und Endpunkt Azóia ist sowohl von Sintra als auch von Cascais (jeweils Nahverkehrszüge nach Lissabon) gut mit den Buslinien ans Cabo da Roca zu erreichen (→ Cabo da Roca „Verbindungen“ S. 233). Parken ist in Azóia kein Problem. **Karte:** Aus den Militärkarten der Serie M 888 im Maßstab 1:25.000 passt das Blatt 415.

Wegbeschreibung: Start ist an der ersten Bushaltestelle **1** in **Azóia,** kurz hinter der Abzweigung von der Nationalstraße Cascais–Sintra N 247. Zunächst folgt man ein paar Meter der Estrada do Cabo da Roca und biegt dann gleich links in den unbefestigten Caminho do Rio Touro **2** ein. In einer weiten Rechtskurve quert er ein Bachtal und endet an der Nationalstraße Cascais–Sintra **3**. Hier geht es links und nach 50 m rechts in den ansteigenden Forstweg **4** (etwas Vorsicht beim Queren der Straße ist angeraten).

Mysteriöser Dolmen Adrenunes

Der Forstweg schlängelt sich durch den Wald aufwärts. Nach etwa 900 m biegt man an der ersten größeren Abzweigung **5** in einen weiteren Forstweg nach rechts ein (kleine Pfade ignorieren). Kurz darauf passiert man ein Tor: Kontinuierlich geht es den zunehmend weniger bewaldeten Hügel der Serra de Sintra hinauf. Weit öffnet sich der Blick auf das Cabo da Roca und den Strand von Guincho, der am Horizont zum Greifen nahe liegt. Disteln und Sträucher säumen den Wegesrand und wiegen sich in der kräftigen Atlantikbrise. Für 1,5 km folgt man dem Hauptweg geradeaus, bis der Parkplatz **6** unterhalb der Peninha-Kapelle erreicht ist.

Nach links führt der Weg zur **Capela de Nossa Senhora da Conceição da Peninha** **7** mit ihrer herrlichen Aussicht.

Zurück am Parkplatz **6**, geht es geradeaus bis zur wenig befahrenen Gebirgsstraße Azóia–Capuchos **8**, der

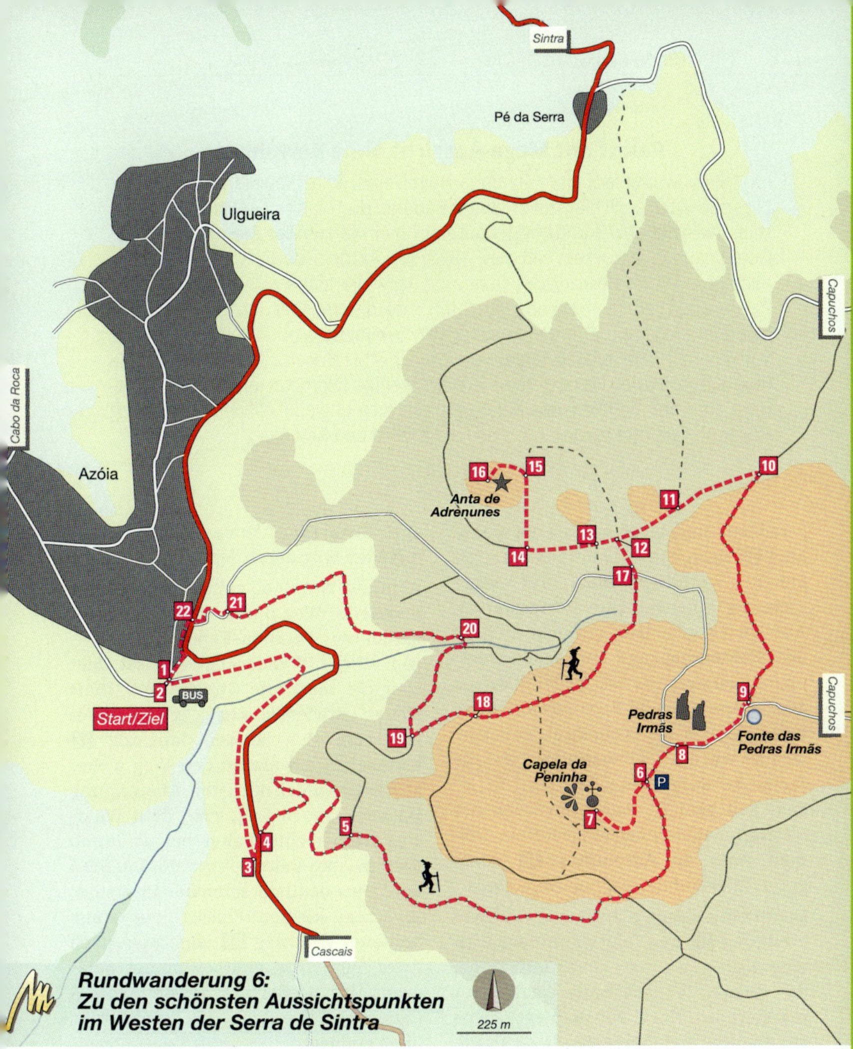

Rundwanderung 6: Zu den schönsten Aussichtspunkten im Westen der Serra de Sintra

man nach rechts folgt. Der Wanderweg ist nun auch gelb-rot markiert. Nach 200 m passiert man linker Hand auffällige „Zwillings-Felsen“ und kurz darauf folgt rechter Hand der nach ihnen benannte Brunnen **Fonte das Pedras Irmãs** **9**. Hier verlässt man in einer Kurve die Straße und biegt links in den Waldweg ein. Knapp 900 m geht es durch einen Forst nach Norden, bis man an der ersten Abzweigung **10** nach links in einen weiteren Waldweg einbiegt. Wieder geht es durch ein Forstgebiet: die erste Abzweigung **11** nach rechts ignoriert man, ebenso die beiden folgenden Abzweigungen nach links (**12** und **13**). Nach 800 m muss man aber an der nächsten Abzweigung **14** nach rechts auf einen schmaleren Weg abbiegen (ausgeschildert).

Es folgt ein Aufstieg durch den nun deutlich dichteren Wald: man hält sich

Palast mit Mega-Aussicht ohne Bewohner

Im 16. Jh. wurde auf dem Peninha-Hügel eine erste Kapelle errichtet, der Legende nach soll hier zuvor einer Bäuerin die Mutter Gottes erschienen sein. Zwischen 1673 und 1711 baute ein hier wohnender Eremit das kleine Gotteshaus in barockem Stil aus. 1918 ließ António de Carvalho Monteiro, auch bekannt als Besitzer der Quinta da Regaleira, dann einen romantischen Palast unterhalb der Kapelle errichten, hat diesen aber letzten Endes nie bewohnt. Schade, denn der Ausblick von der meist windumtosten Plattform auf 489 m Höhe auf die Küste von Guincho bis Ericeira ist nur schwer zu überbieten. In der Ferne schimmert der wenige Kilometer entfernte Leuchtturm am Cabo da Roca, das Meer erstreckt sich unglaublich weit in Richtung Horizont. Dahinter warten nur noch die Azoren und Amerika ...

geradeaus und biegt nur an der Gabelung **15** nach 250 m halblinks ein. Und plötzlich erblickt man auf einer Lichtung eine skurrile Felsformation: Auf etwa 5 m hohen, aufrecht stehenden Steinen hat man eine große Querplatte platziert. Es ist weder klar, ob dieses zum Cabo da Roca ausgerichtete Portal jemals als Kollektiv-Grab verwendet wurde, noch wann und wie die Steine so aufgerichtet wurden. In jedem Fall genießt man vom Dach des als Nationaldenkmal eingestuften **Dolmen Anta de Adrenunes** **16** einen guten Blick auf die Region um Colares.

Dem Pfad folgt man zurück bis zur Abzweigung **14** und folgt dann dem Hinweg. Nun muss man etwas aufpassen, da dieser Wegabschnitt nicht gut markiert ist: Nach 200 m biegt rechts ein deutlich sichtbarer Waldweg ab **13**, hier aber noch nicht rechts, sondern erst knapp 100 m in einem Waldstück **12**: Dieser Weg ist nicht deutlich sichtbar, man durchquert im Prinzip den Kiefernwald samt etwas verlassen wirkendem Picknickplatz und stößt nach 130 m auf die Straße Azóia – Capuchos **17**. Die Straße wird gequert und man folgt auf der anderen Seite dem nun deutlich sichtbaren Fortsweg bergab. Geradeaus passiert man einen Teich, von Kletterpflanzen umschlungene Eukalyptusbäume und Farne säumen den Weg durch den dunklen Wald.

Achtung: Nach 500 m biegt der gelb-rot markierte Weg links ab, um wieder zurück zur Peninha-Kapelle zu gelangen: Diese Wanderung verlässt hier aber die markierte Strecke und führt weiter geradeaus! Etwa 300 m später hält man sich an der Gabelung **18** halbrechts und nimmt den Weg weiter abwärts. An der nächsten Abzweigung **19** nach 200 m folgt man dem Waldweg nach rechts weiter bergab durch Kiefern- und Eukalyptuswald. Der Pfad wird nun deutlich schmaler und stößt in einem kleinen Flusstal auf einen breiteren Waldweg **20**, dem man nach links folgt. Nun geht es immer geradeaus, bis wieder die Straße Azóia – Capuchos **21** erreicht ist, in die man links einbiegt.

Kurze Zeit später endet diese Nebenstraße an der Hauptstraße Sintra – Cascais **22**. Hier zuerst links Richtung Cascais und nach 100 m gleich nach rechts in Richtung Azóia/Cabo da Roca abbiegen. An der ersten Bushaltestelle von **Azóia** **1** ist der Rundweg beendet: Links (auf der Südseite) fahren die Busse Richtung Cascais, rechts (auf der Nordseite) fahren sie Richtung Cabo da Roca und Sintra.

Rundwanderung 7

Zur zerklüfteten Küste um die Praia do Rio Touro

→ Karte S. 481

Charakteristik: stetes Auf und Ab entlang der einsamen und wilden Felsküste bei Azóia. **Gesamtwanderzeit:** 4 Std. **Länge:** 7,5 km. **Höhenmeter:** Es sind auf dieser kurzen Route etwa 600 Höhenmeter zu überwinden. **Schwierigkeit:** schwer. Schwindelfreiheit erforderlich aufgrund steiler Stellen und ungesicherter Passagen oberhalb der Klippen. Wanderstock sehr empfohlen. **Anfahrt:** Der Start- und Endpunkt Azóia ist sowohl von Sintra als auch von Cascais (jeweils Nahverkehrszüge nach Lissabon) gut mit den Buslinien ans Cabo da Roca zu erreichen (→ Cabo da Roca „Verbindungen" S. 233). Parken ist in Azóia problemlos möglich. **Karte:** Aus den Militärkarten der Serie M 888 im Maßstab 1:25.000 passen die Blätter 415 und 429.

Wegbeschreibung: Start ist an der Bushaltestelle **1** am Ortsrand von **Azóia,** kurz hinter der Abbiegung von der Nationalstraße N 247 Cascais–Sintra. Erst folgt man der Estrada do Cabo da Roca Richtung Cabo da Roca und biegt nach 70 m in die zweite Straße links, die ungeteerte Rua dos Moinhos **2**, ein. An der nächsten Kreuzung **3** bleibt man weiter geradeaus auf der Rua dos Moinhos (nicht rechts oder links in die Rua do Campo da Bola). Auch die drei folgenden Abzweigungen nach links (Rua da Matinha und Rua Casal Farripas sowie Rua da Pirolita **4**) werden ignoriert und man biegt erst an der vierten in die Rua da Paredinha **5** ab.

An der nächsten Abzweigung folgt man der Rua da Paredinha weiter geradeaus bis zu deren Ende an einem Wendehammer. Hier beginnt ein Fußpfad: An der Weggabelung **6** hält man

Küste um die Ponta do Rebolo südlich des Cabo da Roca

sich nach etwa 10 m rechts. Dann immer weiter geradeaus, die kleine Schlucht **Vale de Ordes** 7 querend. Es geht weiter geradeaus und leicht bergab, bis am Ende eines Landvorsprungs die Ruinen der kleinen Feste **Forte do Espinhaço** 8 erreicht werden. Ein spektakulärer Rundblick öffnet sich: links Guincho, rechts die Praia de Assentiz und dahinter das Cabo da Roca. Vorsicht ist geboten, da die Küste hier steil abfällt.

Den Weg geht es nun zurück bis kurz hinter die kleine Schlucht 7, direkt danach biegt man in den Pfad rechts ein. Der Pfad ist abschüssig und führt in einem großen Bogen entlang der Küstenlinie. An einigen Kiefern 9 ist die tiefste Stelle erreicht, ab hier geht es bergauf, bis an einer Anhöhe 10 die ursprüngliche Höhe wieder erreicht ist. Hier nimmt man den Pfad nach links in Richtung des nahen Anwesens „Casa da Priolita", da man sich sonst komplett im Wirrwarr der kleinen Küstenwege verlaufen kann, die hier oft im Nichts direkt über dem Abgrund enden.

Felsspitze an der Praia do Rio Touro

Die Grundstücksmauer rechter Hand, passiert man auf dem ansteigenden Pfad die Gebäude der „Casa da Pirolita" und erreicht nach 200 m den Parkplatz 11 am Ende der Rua da Pirolita (wer die Wanderung in einer Miniversion gehen möchte, kann hier die Straße geradeaus gehen und erreicht bei 4 wieder den Hinweg).

Ansonsten hält man sich am Parkplatz rechts und steht gleich vor dem Grundstück des Anwesens namens „Os Laranjos": Nun folgt man der Begrenzungsmauer ein paar Meter nach rechts bis zur Ecke und geht dann geradeaus über den felsigen Boden. Anfangs ist der Weg nicht gut zu erkennen, aber das ändert sich bald. Der Pfad quert nach etwa 50 m einen kleinen Einschnitt und führt dann durch niedrige Büsche stetig bergab. Der Blick schweift bereits über die zerklüftete Küstenlandschaft rund um die Felsspitze **Ponta do Rebolo.**

Unten angekommen, muss man ein paar kleinere Felsquader queren und dann links einen kleinen, meist trockenen Bachlauf 12. Auf der anderen Seite des Bachs beginnt nach 40 m ein knackiger Anstieg. Etwa 40 Höhenmeter sind über einen geröllligen Pfad zu überwinden. Rechter Hand blickt man von den senkrecht abfallenden Klippen auf eine bizarre Felslandschaft hinunter.

Oben angekommen, beginnt ein leicht abschüssiger Weg entlang der Küstenlinie Richtung Süden. Man passiert einige Kiefern und nach etwa 250 m startet erneut ein steilerer Abstieg ins nächste Tal. Unten muss man erneut einen Bachlauf 13 queren. Der **Ribeiro da Mata** ist mit kopfhohem Schilf und großen Farnen deutlich stärker bewachsen (langärmelige Kleidung empfehlenswert).

Auf der anderen Seite des Bachs beginnt direkt der nächste Aufstieg.

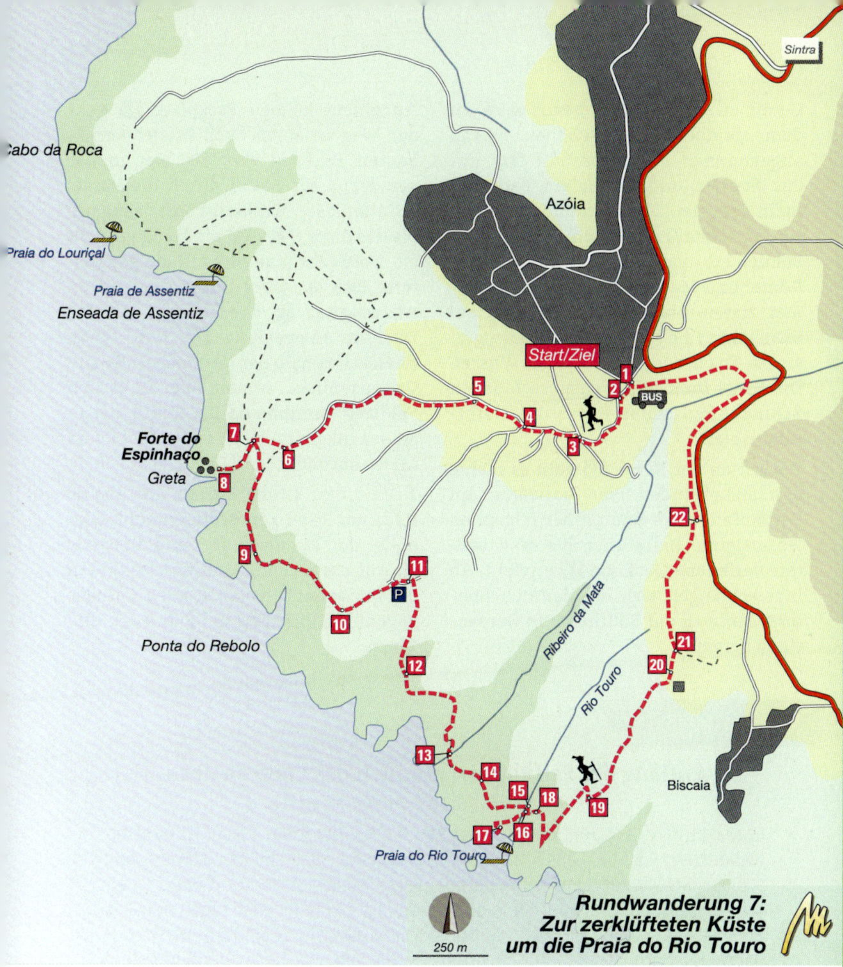

Rundwanderung 7: Zur zerklüfteten Küste um die Praia do Rio Touro

Auch hier lohnt es sich zu pausieren, um die tief eingeschnittenen Felsklippen in Ruhe betrachten zu können. Es herrscht absolute Stille, keine Straße stört, nur die Brandung ist zu hören. Nach einer steilen Passage folgt ein leichterer Anstieg, der Weg verläuft nun etwas weiter von der Klippenkante entfernt und nähert sich ihr nur noch einmal bei einem Einschnitt **14**.

Auf der folgenden Anhöhe öffnet sich der Blick Richtung Guincho in der Ferne, zu unseren Füßen liegt die Praia do Rio Touro. Der Pfad verläuft nun etwas mehr landeinwärts und endet unten im kleinen Flusstal des **Rio Touro** **15**. Den „Fluss des Stieres" kann man trotz seines imposanten Namens leicht überwinden, meist handelt es sich nur um ein mickriges Rinnsal. Auf der anderen Seite folgt man dem Flusslauf abwärts, um gleich darauf – kurz nach einer Ruine rechter Hand – erneut den Rio Touro **16** zu queren (diesmal auf Felsplatten).

Nun geht es nach rechts bergab bis ans Meer an den Strand **Praia do Rio Touro** **17**. Auf den letzten Metern ist etwas

Geröll zu überwinden, bevor man an dem atemberaubend schönen Strand angekommen ist. Er besteht fast nur aus Steinen und ist für ein Bad eher nicht geeignet. Drei zackenförmige Felsen umschließen die kleine Bucht. Den Schutz vor den Wellen nutzten schon Römer und Mauren, die hier einen kleinen Hafen unterhielten. Bis vor ein paar Jahren ließen hier auch portugiesische Fischer kleine Boote zu Wasser. Die Reste ihrer inzwischen verfallenen Schutzhütten stören etwas das Naturschauspiel.

Zurück an der Ruine **16** geht es rechts den ansteigenden Pfad aufwärts, am Betonpfahl links und an der folgenden Abzweigung halbrechts, bis man weitere verfallene Gebäude **18** erreicht. Ab hier schlängelt sich ein deutlich breiterer Fußweg die Südflanke in Serpentinen bergauf.

An einem kleinen Parkplatz **19** geht der Weg in einen noch breiter ausgebauten Feldweg über: ab hier immer geradeaus für 600 m durch die karge, schattenlose Kaplandschaft bergauf, bis das erste Haus **20** am Hang erreicht ist. Dort geht man links in die gepflasterte Rua do Amor und an der ersten Abzweigung **21** wieder links. An der zweiten Abzweigung **22**, nun schon direkt unterhalb der Nationalstraße 247 Cascais–Sintra, nimmt man links den Feldweg Caminho do Rio Touro, der in einer Linkskurve das Tal des Ribeiro da Mata umrundet.

Nach 1,1 km ist die Estrada do Cabo da Roca am Rand von **Azóia** erreicht. Hier endet der Rundweg an der Haltestelle **1**: Auf der rechten Straßenseite fahren die Busse der Linie 1624 nach Cascais, gegenüber Richtung Cabo da Roca und Sintra.

Wanderung 8

Entlang der Felsklippen nördlich des Cabo da Roca

→ Karte S. 484

Charakteristik: entlang der Felsklippen hoch über dem Atlantik. **Gesamtwanderzeit:** 4,5 Std. **Länge:** 12,2 km. **Höhenmeter:** ca. 350 m. **Schwierigkeit:** schwer. Schwindelfreiheit erforderlich wegen steiler Stellen und ungesicherter Passagen oberhalb der Klippen. Wanderstock für einige Passagen nützlich. **Anfahrt:** Der Startpunkt Cabo da Roca ist ab Cascais und Sintra (jeweils Züge nach Lissabon) per Bus gut zu erreichen (→ Cabo da Roca „Verbindungen" S. 233). Hier gibt es auch einen großen Parkplatz. Vom Endpunkt Azenhas do Mar fahren regelmäßig Busse nach Sintra (→ Azenhas do Mar „Verbindungen" S. 240). Wer zurück an das Cabo da Roca möchte, fährt von Azenhas do Mar mit dem Bus 1254 bis Colares (Av. dos Bombeiros Voluntários), wechselt die Straßenseite und steigt auf die Linien 1253 (Richtung Cabo da Roca) oder 1624 (Richtung Cascais). **Karte:** Aus den Militärkarten der Serie M 888 im Maßstab 1:25.000 passt das Blatt 415.

Wegbeschreibung: Los geht es am **Cabo da Roca** **1**, dem westlichsten Punkt Europas. Nach der Besichtigung der beeindruckenden Felsenlandschaft des Kaps geht es zuerst 1,2 km auf der Straße Richtung Azóia, bis links ein Feldweg **2** abzweigt (Schild: „Ursa"). Nach 600 m auf diesem Weg erreicht man zwei kleine Wendeplätze ca. 150 m über dem Meer. Am Ende des zweiten Wendeplatzes **3** beginnt halbrechts ein Pfad mit dem steilen und sehr anstrengenden Abstieg zur Praia da Ursa: Das ist der schwierigste Teil der Wanderung. Während des Abstiegs hält man sich eher rechts und quert dann unten im Tal den kleinen Bach **Ribeira da Ursa** 4.

Wer einen **Abstecher zum Strand** hinunter machen möchte, biegt hier links in den Pfad Richtung Meer ein und quert nach ein paar Metern erneut den Bach. Es geht für ein kurzes Stück wieder die Felsen nach oben und anschließend steil bergab. Im letzten Teil des Abstieges zum Strand muss man etwas klettern. Unten an der **Praia da Ursa** angekommen, erblickt man mehrere auffällige Felsformationen, die aus dem Meer ragen. Mit etwas Fantasie kann man die Gestalt einer Bärin erkennen. Der lokalen Legende nach soll sie sich am Ende der Eiszeit geweigert haben, dem Befehl der Götter zu folgen und nach Norden zu ziehen. Zur Strafe seien sie und ihre Jungen in einen Felsen verwandelt worden.

Um zum nächsten Ziel zu gelangen, folgt man dem steil ansteigenden Pfad auf der Nordseite der Ribeira da Ursa 4. Das ist etwas anstrengend, da man wieder bis auf 112 m über dem Meer gelangen muss und Geröll den Aufstieg erschwert. Oben angekommen, geht es parallel zu den steil abfallenden Felsklippen weiter Richtung Norden. Immer wieder öffnen sich neue Blickwinkel auf die bizarre Felslandschaft um das Cabo da Roca. Im Osten thront der Palácio Nacional da Pena über der Serra de Sintra, im Norden ist Ericeira im Dunst am Horizont zu erspähen.

Nach 1 km findet man einen aus der Ferne etwas merkwürdig anmutenden Steinkreis. Bei näherer Betrachtung wird man feststellen, dass es sich um ein großes Loch handelt, das bis zum Meeresniveau abfällt. Der **Fojo da Adraga** 5 ist Teil der Grottensysteme der nahe gelegenen Praia da Adraga.

Anschließend geht es den Hügel hinunter zur Praia da Adraga: Am einfachsten und ungefährlichsten ist es, wenn man sich eher in Richtung Lan-

Aussichtspunkt von Azenhas do Mar

desinneres orientiert, bis unten ein breiterer Weg erreicht ist. Hier links bis zur Straße von Almoçageme zur Praia da Adraga 6 und auf dieser nach links. Die Abzweigung 7 nach rechts bleibt unbeachtet, dort wird nach dem Strandbesuch die Wanderung fortgesetzt. Nun bietet sich eine Pause an der einsamen **Praia da Adraga** mit ihren schönen Felsformationen an, im empfehlenswerten Strand-Restaurant 8 kann man sich gut stärken.

Anschließend geht man die Straße 150 m zurück Richtung Almoçageme und nimmt dann nach links den Pfad 7 Richtung Norden. Auf sandigem Boden führt der Pfad bergauf, diesmal nur noch auf 80 m Höhe (die Klippen werden merklich niedriger). Ab hier haben die Ranger des Naturparks Sintra-Cascais den Weg rot-weiß markiert, er ist Teil des Fernwanderwegs GR 11. Nach einem Kiefernwald biegt ein Weg 9 nach links vom Feldweg ab, um wieder zur Küste 10 zu stoßen.

Nach etwa 1 km entlang der Steilküste findet sich über der Praia Grande ein runder Betonblock 11, eine Orientierungshilfe für die Schifffahrt. Etwa 300 m weiter erreicht man eine lange Treppe 12, die durch eine kleine Schlucht zum Strand hinunterführt. Auf dem Weg sind links über der Treppe 120 Mio. Jahre alte **Saurier-Fußspuren** in den Felswänden zu entdecken. Die Treppe ist aufgrund von Erdrutschen allerdings hin und wieder gesperrt, in diesem Fall muss man erst einmal etwas geradeaus gehen und dann hinter den nächsten Häusern links hinunter zum Strand.

Unten an der **Praia Grande** 13 kann man sich in einer der zahlreichen Bars und Restaurants ausruhen und dem Treiben der Wellenreiter und Badegäste zusehen. Wer will, kann bereits ab dem Nordende des Strands einen Bus zurück nach Sintra nehmen. Sonst folgt man der Straße, die an der Praia Grande beginnt, und biegt direkt nach dem Hotel Arribas an den Parkplätzen 14 links in den Feldweg Richtung **Praia Pequena** ein.

Einen Kilometer lang folgt man dem Weg immer direkt oberhalb der Klippen und erreicht dann den Aussichtspunkt **Vigia de Colares** 15. Er bietet einen schönen Blick auf den gegenüberliegenden Ort Praia das Maçãs – besonders schön im Abendrot bei Sonnenuntergang. Um zur **Praia das Maçãs** zu gelangen, muss man nach einem kurzen Abstieg entweder barfuß oder mit einem großen Schritt den Bach Ribeira de Colares überqueren. Falls das aufgrund des Wasserstands nicht möglich ist, bleibt nichts anderes übrig, als flussaufwärts bis zur nächsten Brücke 16 zu gehen, um Praia das Maçãs zu erreichen (Bus und historische Tram nach Sintra).

Den Badeort quert man über die Hauptstraße, passiert den Parkplatz am Ortsausgang 17 und biegt dann kurz hinter der Ampel am Ortsschild „Azenhas do Mar" 18 links ab (der Weg ist ab hier wieder rot-weiß markiert). Am folgenden Aussichtspunkt hält man sich rechts und folgt dann immer dem Fußpfad oberhalb der Klippen und unterhalb der Villen. Nur an einer Stelle nähert er sich der parallel verlaufenden Straße, dort hält man sich halblinks. Nach weiteren 700 m oberhalb der Felskante mündet der Pfad nach einer Rechtskurve um eine Bucht auf die Straße 19.

Hier muss man der Straße folgen und biegt dann nach 80 m direkt hinter dem sehenswerten historischen Schulgebäude („Escola Oficial") im Stil des

Estado Novo unter Salazar nach links **20** ein und erreicht den Parkplatz am Aussichtspunkt von **Azenhas do Mar:** Das wie ein Nest in die Klippen gebaute Dorf kann man von hier aus ideal betrachten. Am Ende des Parkplatzes die Stufen hinunter bis zu einer kleinen Brücke **21** am Aussichtsrestaurant Azenhas do Mar. Auf der anderen Seite der Brücke die Stufen nach oben und dann an der Gasse rechts, bis man die Hauptstraße und den Bushalt **22** der Linien nach Sintra erreicht. Auch hier bietet sich eine Pause in einem der Restaurants an (→ Azenhas do Mar, S. 239).

Rundwanderung 9

Über Sandsteinklippen zur Lagune von Albufeira

→ Karte S. 487

Charakteristik: Hinweg durch einsame Kiefernwälder, herrliche Lagune in der Mitte und spektakuläre Küstenwanderung über zerfurchte Klippen am Rückweg. **Gesamtwanderzeit:** 6 Std. **Länge:** 17,5 km. **Höhenmeter:** ca. 180 m sind zu bewältigen. **Schwierigkeit:** mittel, der sandige Boden ist ermüdend. Für den Abschnitt über die Klippen sollte man trittsicher und schwindelfrei sein. **Anfahrt:** Den Start- und Endpunkt Fonte da Telha erreicht man von Lissabon aus mit dem Schiff bis Cacilhas (Almada) und dann weiter per Bus (→ Almada „Verbindungen" S. 297); mit Bus 3030 sowie Mai bis Sept. auch mit der Strandeisenbahn ab Costa da Caparica (→ Costa da Caparica „Verbindungen" S. 307 und 305). Parkplätze können in der Badesaison knapp werden. **Karte:** Aus den Militärkarten der Serie M 888 im Maßstab 1:25.000 passt das Blatt 453.

Wegbeschreibung: Wir starten im kleinen Fischerort **Fonte da Telha**, in dem die Strandeisenbahn **1** aus Costa da Caparica endet. Kreuz und quer ohne erkennbaren Bebauungsplan und weitgehend illegal errichtete Villen und Häuser sowie sandige, ungeteerte Straßen lassen etwas Wildwest-Atmosphäre aufkommen. Wer sich noch stärken möchte, sollte eines der zahlreichen

Unbebautes Nordufer und Mündung der Lagoa de Albufeira

Strandcafés nutzen, da auf der gesamten Wanderung keine weiteren Einkehrmöglichkeiten folgen.

An der zentral im Ort gelegenen Praça dos Pescadores **2** (die Endstation der Busse liegt ein paar Meter weiter südlich an der Av. Primeiro de Maio) geht es eine Treppe den Hügel hinauf, an der Straße **3** dann links, bis nach 100 m die Radarstation der Küstenüberwachung der GNR-Polizei am Ortsrand von Fonte da Telha erreicht ist. Hier findet sich ein weiterer Bushalt **4**. Unsere Wanderung folgt nun der in diesem Abschnitt wenig befahrenen Nationalstraße N 377 nach Süden. Es geht immer geradeaus: Linker Hand liegt der Aroeira-Golfplatz, rechter Hand säumt der ausgedehnte Kiefernwald **Mata Nacional dos Medos** den Weg. König João V. ließ die Bäume im 18. Jh. anpflanzen, um das Vordringen der Sanddünen ins Hinterland zu stoppen. Nach 1,8 km macht die Straße zum ersten Mal eine schärfere Linkskurve. An dem sandigen Platz **5** direkt nach der Kurve verlässt man die Straße und biegt halblinks in den Fußpfad **Trilho da Apostiça** ein. Geradeaus würde man auch nicht weit kommen, da hier eine NATO-Militärbasis den Weg versperrt. Auf dem Gelände einer ehemaligen Goldmine sind hier Kommunikationsanlagen aufgebaut worden.

Nicht nur aufgrund des militärischen Sperrgebiets gehört die Gegend zu den einsamsten der Region Lissabon. Ein paar Hunde streunen durch die Wälder (besser Abstand halten), ab und an kommt ein Mountainbiker vorbei, Häuser sucht man vergeblich. Spätestens wenn man das Tor zum **Apostiça-Privatgroßgrundbesitz** **6** passiert hat (Fußgänger erlaubt, Kraftfahrzeuge verboten), ist man alleine und kann die Stille in der von niedrigen Kiefern geprägten Heidelandschaft genießen. Ab und zu schreckt ein Vogel oder eine Eidechse am Rand des sandigen und etwas anstrengend zu gehenden Wegs auf. Wir bleiben immer auf dem Hauptweg und halten uns an der einzigen Gabelung **7** rechts.

Knapp 5 km nach dem Tor erreicht man das unbesiedelte **Nordufer der Lagune von Albufeira** **8**. Hier hält man sich rechts und folgt dem Ufer, nach 100 m dann dem Pfad **9** auf einen Hügel. Im Sonnenlicht glänzt die blaue Lagune, Reiher jagen im flachen Wasser, im Hintergrund erstrecken sich die Berge der Serra da Arrábida – ein traumhafter Anblick! Auf der anderen Seite des Hügels passiert man einen mit Betonringen eingefassten Brunnen **10** und durchquert die Marschlandschaft Richtung Ozean, bis sich klar ein Sandweg durch die Dünen abzeichnet.

Am Meeressaum **11** stößt man auf die einsamsten Strände der Costa de Lisboa. Im Süden könnte man theoretisch die Mündung der Lagune queren und die Wanderung bis zu den nächsten Orten Alfarim oder Aldeia de Meco fortsetzen. Das ist aber gefährlich und nur bei entsprechender Gezeiten- und Strömungslage möglich. Diese Wanderung biegt hier daher nach Norden ab entlang der Küste.

Zuerst geht es am Strand entlang. Nach 700 m führt kurz vor Beginn der bräunlich-grün schimmernden Sandsteinklippen der **Arriba Fóssil da Costa da Caparica** ein kleiner Feldweg **12** nach oben. Dort kann man durch den Zaun **13** schlüpfen und dem Feldweg oberhalb der Klippen parallel zur Küstenlinie folgen.

Immer wieder säumen Oleander und dicht stehende Sträucher den Weg (er ist teilweise mit Plastikbändern markiert), meist aber gibt die weitgehend schattenlose Heidelandschaft den Blick auf die in bizarren Formen ausgewaschenen Sandstein-Felsen frei. Eine größere Schlucht **14** muss durch einen Umweg mit Anstieg bewältigt werden, ansonsten verläuft der Pfad immer parallel zur Kliffkante. Da er nicht durchgängig markiert und ungesichert ist,

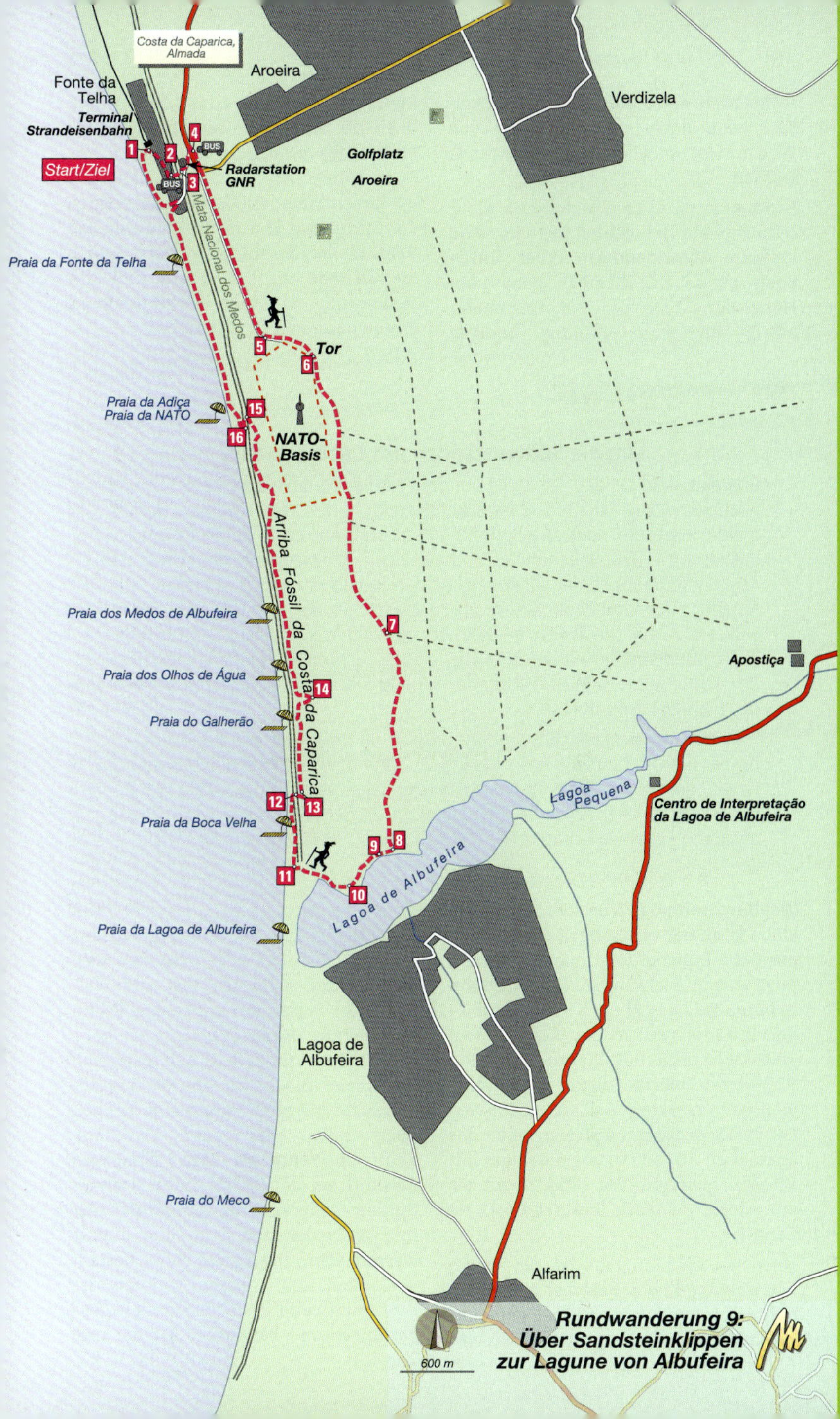

Rundwanderung 9: Über Sandsteinklippen zur Lagune von Albufeira

sollte man bei einbrechender Dunkelheit oder Nebel vorsichtshalber den Weg unten am Ufer über die Strände wählen.

Etwa 4 km nördlich der Lagoa de Albufeira sind auf der rechten Seite im Wald mehrere **Antennenmasten der NATO-Basis** zu sehen. Ziemlich genau auf Höhe der Mitte des Antennenfeldes zweigt an einer auffällig sandigen Stelle **15** ein Pfad zum Meer scharf links ab. Am Ende des abschüssigen Pfades **16** erreicht man wieder den Sandstrand. Ab hier sind es noch 2,8 km entlang der Uferlinie, bis wieder der Startpunkt **1** erreicht ist. Es macht Spaß die letzten Kilometer barfuß über die **Strände** zu schlendern und die Wanderung in einer der Strandbars Revue passieren zu lassen.

Rundwanderung 10

Um die Südwestspitze am Cabo Espichel

Charakteristik: schöne Ausblicke auf die Felsklippen des Kaps, steile Ab- und Anstiege, wenig Schatten. **Gesamtwanderzeit:** 4 Std. **Länge:** 11,9 km. **Höhenmeter:** Insgesamt sind ca. 450 Höhenmeter (mit Abstecher zur Praia dos Lagosteiros ca. 570 Höhenmeter) zu bewältigen. **Schwierigkeit:** mittel. Für die Abschnitte oberhalb der Klippen sollte man trittsicher und schwindelfrei sein. **Anfahrt:** Start- und Endpunkt ist am Cabo Espichel, das mit dem Bus von Lissabon aus mit Umsteigen in Sesimbra erreicht werden kann (→ Sesimbra „Verbindungen“ S. 325 und 317). Hier gibt es auch zahlreiche Parkmöglichkeiten. **Karte:** Aus den Militärkarten der Serie M 888 im Maßstab 1:25.000 passt das Blatt 464 (Sesimbra).

Hinweis: Wer mit dem Bus kommt, beginnt und beendet den Rundgang am besten am Ortsrand von Azóia bei **13**. So kann man auch mit den Bussen anreisen, die nur bis Azóia fahren. Ansonsten ist es kaum möglich, die Wanderung zwischen der Ankunfts- und Abfahrtszeit der wenigen täglichen Busse ans Cabo Espichel zu machen (→ Cabo Espichel „Verbindungen“ S. 317).

Wegbeschreibung: Von der Bushaltestelle **1** an der ehemaligen **Pilgerstätte am Cabo Espichel** folgt man der Straße etwa 400 m Richtung Azóia, um dann in einen Feldweg **2** nach links abzubiegen. Ab hier verläuft der Weg auf dem gelb-rot markierten Wanderweg PR 2 SSB Maravilhas do Cabo sowie auf dem weiß-rot markierten Fernwanderweg GR 11. Kurz danach überquert man das ehemalige Aquädukt, das die Pilger mit Wasser versorgte. Der Blick reicht bis zur Aldeia do Meco und der Costa da Caparica.

Nach 300 m kann man an der ersten Abzweigung **3** den Feldweg nach links nehmen und einen Abstecher nach unten zur **Praia dos Lagosteiros** **4** machen (wer sich nicht ganz so fit fühlt oder wenig Zeit hat, sollte geradeaus weitergehen). Der Regen hat den Weg zum Strand teilweise tief zerfurcht. Sträucher fassen ihn auf beiden Seiten ein. Rechter Hand erheben sich hohe Felsklippen, von Zeit zu Zeit lösen sich hier große Blöcke ab. Die ca. 115 Höhenmeter bis zum Strand sind schnell überwunden. Wer genau hinschaut, kann im **Pedra da Mua** genannten Felskliff auf der Südseite des Strandes Spuren entdecken, die Dinosaurier hier in der Kreidezeit und im Jura hinterlassen haben. Der Strand selbst besteht vor allem aus Steinen, die von der Brandung rund gerieben wurden. Angeschwemmte Fallen der Fischer und

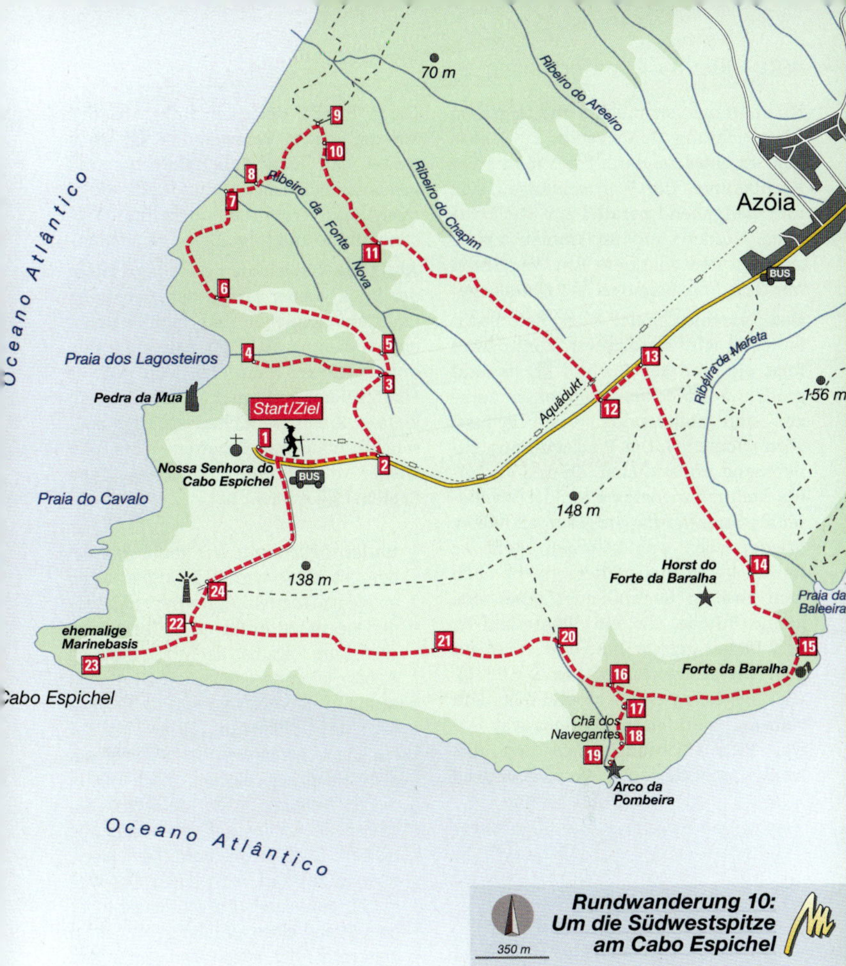

als Bojen benutzte Kanister verunzieren die Bucht. Zurück geht es die gleiche Strecke wie auf dem Hinweg – vor allem im Sommer kann der steile, schattenlose Anstieg recht anstrengend sein.

Zurück an der Abzweigung **3**, folgt man dem Weg nach links (wer den Abstecher zur Praia dos Lagosteiros nicht gemacht hat, geht geradeaus weiter). 70 m später geht es an der nächsten Abzweigung **5** nach links. Nun wandert man entlang der oberen Bruchkante des Tals der Praia dos Lagosteiros. Die Gebäude am Cabo Espichel sind gut zu sehen. An den nächsten Abzweigungen bleibt man geradeaus. Langsam öffnet sich ein herrlicher Blick rechter Hand über das Meer und auf die Küste der Costa da Caparica, an Tagen mit guter Sicht sogar bis Cascais. Nach insgesamt 700 m endet der Feldweg an einer Wendestelle **6** mit Aussichtspunkt, der einen schönen Blick auf die Praia dos Lagosteiros bietet. Man sollte sich vorsichtig auf die Kante zubewegen, da die Klippen hier recht instabil sind.

Nun hält man sich rechts und folgt dem Weg Richtung Nordwesten. Zu Beginn geht es abwärts, dann folgt man einer Rechtskurve. Der Weg schlängelt sich nun weitgehend parallel zur Steilküste nach Norden und ist immer wieder gelb-rot-weiß markiert. Am Wegesrand nur Gestrüpp, Schatten ist Fehlanzeige.

Das Tal eines meist trockenen Bachlaufes **7** wird durchquert, kurz darauf folgt ein weiteres Bachtal **8**, das auf großen Felsblöcken in direkter Nähe zur steil abfallenden Küste gequert wird (Vorsicht). Der Pfad wird nun zunehmend undeutlicher, ab und an helfen Steinmännchen weiter, die Wanderer als Orientierung aufgestapelt haben. Wieder oben angekommen, geht es immer geradeaus weiter. 350 m nach dem zweiten Bachtal quert man eine kleine Furche, die ein Wasserlauf in den Boden gefräst hat, und stößt ein paar Meter weiter auf ein Schild **9**. Hier biegt man rechts ab und folgt dem gelb-rot markierten Regionalwanderweg PR 2 (Achtung: nicht dem rot-weiß markierten Fernwanderweg GR 11 folgen, der nach links abgeht). An der ersten Verzweigung **10** 40 m weiter hält man sich halbrechts und geht anschließend geradeaus. Nach 300 m quert man erneut die bekannte Erosionsfurche und folgt dieser geradeaus.

Orientierungspunkt:
Leuchtturm Cabo Espichel

Am Ende des leichten Aufstiegs reicht der Blick wieder bis zu den Gebäuden am Cabo Espichel und man erreicht eine Gabelung **11**. Hier hält man sich links (gelb-rot markiert). Nun geht es einen Kilometer immer geradeaus – ein kleines Kiefernwäldchen spendet zwischendurch etwas Schatten –, bis man wieder die Straße Azóia – Cabo Espichel **12** erreicht hat.

Bademöglichkeit: Wer gerne zum Baden ans Meer möchte, kann hier einen empfehlenswerten Abstecher zum wilden Kiesstrand **Praia da Baleeira** machen. Dazu folgt man der Straße Richtung **Azóia** 300 m nach links und biegt dann rechts in den Feldweg Rua da Baleeira ein. Nach 150 m im Tälchen bei der Hausruine geradeaus, dann immer auf dem Hauptweg bleiben. Nach 300 m rechts Richtung Küste abbiegen. Anschließend wieder auf dem Hauptweg bleiben: Er führt mit herrlichem Meerblick im Zick-Zack nach unten. Der Weg macht auf einem Plateau direkt über dem Strand einen Linksknick: Hier muss man rechts den engen Pfad zum Strand nehmen. Nun muss man noch etwas kraxeln, da der Weg hinunter recht gerötllig ist. Auf den letzten Metern zum Meer passiert man einige Ruinen des ehemaligen Hafens **Porto da Baleeira.** Früher suchten in dieser einsamen Bucht Fischerboote Schutz vor Unwettern. Heute steuern den Strand vor allem die Tauchbasen aus Sesimbra an, die hier gerne Schnuppertauchgänge veranstalten. Unter Wasser kann man auch beim Schnorcheln schöne Kelplandschaften sehen. Man sollte aber früh kommen, denn nachmittags liegt der Strand außergewöhnlich früh im Schatten, da die Sonne von den umliegenden Bergen verdeckt wird.

Ermida da Memória am Cabo Espichel

Ohne den Abstecher zum Strand biegt man nach 200 m rechts von der Straße in den Feldweg Rua de São Domingos da Baralha **13** ab. Hier beginnt der Wanderweg PR 1 SSB Chã dos Navegantes, der wie alle lokalen Wege gelb-rot markiert ist. Etwa 900 m folgt man dem breiten Feldweg bergab – gesäumt von aufgelassenen, illegal errichteten Häusern – bis ein kreisrunder Platz **14** erreicht ist. Hier geht es rechts in einen Pfad hinein und bergab (gelb-rot-weiß markiert).

Es folgt ein herrlicher Abstieg zum Meer hinunter. Linker Hand blickt man in das Tal der Ribeira da Mareta. Rechter Hand blickt man auf ein auffälliges Felsmassiv namens **Horst do Forte da Baralha.** Das Gestein ist älteren Datums und hat der Erosion besser getrotzt als der benachbarte, sehr zerfurchte Kalkstein. Der Weg führt direkt zu den Ruinen der alten Festung **Forte da Baralha** **15**. Einige Meter über dem Meer in völliger Abgeschiedenheit bietet sich eine Picknickpause an.

Die Ruinen des Forts verlassen wir auf deren rechter Seite und folgen dem gelb-rot-weiß markierten Pfad, der nun wieder leicht bergauf führt (wer will, kann aber einen Abstecher runter ans Meer anschließen). Oberhalb der Küste schlängelt sich der Pfad durch die karge, felsige Landschaft, die an die südfranzösischen Calanques bei Marseille erinnert.

Durch Thuja-Sträucher folgt man dem markierten Pfad, bis ein breiterer Feldweg **16** erreicht ist. Hier führt ein Abstecher zum Arco da Pombeira. Dafür folgt man zunächst dem Weg nach links. Nach 100 m geht es am Abzweig **17** nach rechts. Der Weg ist nun blau markiert und biegt nach 190 m an der Gabelung **18** halbrechts ab. Kurz darauf wird eine Ausbuchtung der Küstenlinie in Form eines steil abfallenden Felsschlotes erreicht. Er wird spektakulär von einem auffälligen Bogen, dem **Arco da Pombeira** **19**, überspannt. Ähnlich wie bei der viel bekannteren Boca do Inferno in Cascais ist hier vermutlich das Dach einer Meeresgrotte eingestürzt. Etwas Vorsicht sollte man walten lassen, da die Natur hier sich selbst überlassen ist und keinerlei Absperrungen oder Kontrollen für die Sicherheit der Besuchenden sorgen.

Über die Gabelung **18** – hier halblinks – und den Abzweig **17** – hier links – geht es zurück zum breiten Feldweg **16**. Dort biegt man nach halblinks ab: Es folgt ein steiler Aufstieg von 60 Höhenmetern. Die Sonne brennt erbarmungslos – Schatten gibt es leider nicht. Oben angekommen, erreicht man einen Wegweiser des PR 2 **20**, der zurück zur Straße führen würde. Wir verlassen den PR 2 aber an dieser Stelle und biegen nach links in den Feldweg ein, der parallel zur Straße in Richtung des Leuchtturms am Cabo Espichel führt.

Man wandert immer geradeaus. Nur an der Verzweigung **21** nach 450 m wählt man den rechten Weg, der zum Leuchtturm führt. Den Leuchtturm lässt man aber erst einmal rechter Hand liegen, biegt an der Abzweigung **22** links ein und steuert zuerst den aufgelassenen Marinestützpunkt auf der Landzunge des Cabo Espichel an. 125 m über dem Meer kann man von den verlassenen **Geschützstellungen der Marine** **23** das Kap und das Meer in Ruhe genießen. Steinbänke lassen sich gut zum Picknicken verwenden, bevor es zurück zur Abzweigung **22** und weiter zum Leuchtturm geht.

Vom schönen **Leuchtturm** **24**, dessen Licht nachts auch von der Küste von Cascais gut zu sehen ist, gelangt man über die ungeteerte Zufahrtsstraße schnell an den Ausgangspunkt **1** dieser Wanderung am Cabo Espichel zurück.

Wanderung 11

Fantastische Ausblicke von den höchsten Kalksteinklippen Europas → Karte S. 495

Charakteristik: Durch liebliche Korkeichenwälder und eine versteckte Schlucht geht es auf die Klippen der Serra do Risco mit ihren beeindruckenden Meerespanoramen. Der Abstieg bietet überraschende Perspektiven auf Sesimbra. **Gesamtwanderzeit:** 6 Std. **Länge:** 17 km. **Höhenmeter:** ca. 550 Höhenmeter. **Schwierigkeit:** schwer. Schwindelfreiheit unbedingt erforderlich aufgrund mehrerer, nicht gesicherter Passagen entlang der mehr als 300 m senkrecht abfallenden Klippen. Gutes Schuhwerk sowie lange Hosen und eine Jacke sind sehr hilfreich, da es teils durch dorniges Buschwerk geht. Bei Regen sollte man die Wanderung nicht machen, da die Passagen um die Marmitas de Gigante und auf der Serra do Risco zu rutschig sind. **Anfahrt:** Der Startpunkt an der Bushaltestelle „Maçã (EN379) Paragem Zona" ist von Sesimbra mit den Bussen 3212 (Richtung Maçã), 3625 (Richtung Barreiro), 3635 (Richtung Coina), 4642 (Richtung Setúbal) und 4643 (Richtung Montijo) zu erreichen; von Setúbal und Azeitão aus auch mit der Linie 4642 (Richtung Sesimbra). Vom Endpunkt in Sesimbra fahren zahlreiche Busse, auch nach Lissabon (→ Sesimbra „Verbindungen" S. 325). Parken ist in Maçã ebenfalls problemlos möglich. **Karte:** Aus den Militärkarten der Serie M 888 im Maßstab 1:25.000 passen die Blätter 464 und 465.

Wegbeschreibung: Start ist an der Bushaltestelle „Maçã (EN379) Paragem Zona" im Zentrum des Ortes **Maçã** **1** (zur Orientierung: Sie liegt von Sesimbra kommend etwa einen halben Kilometer hinter der Repsol-Tankstelle). Kurz hinter dem Bushalt geht es rechts in die Rua do Pinheiro **2** Richtung Fußball- und Tennisplatz. Am Ende der Rua do Pinheiro biegt man an der Grundschule links in die Rua das Pereiras **3** ein.

Kristallblaues Wasser weit unter dem Wanderweg: Bucht der Praia da Cova

Entlang von Einfamilienhäusern und Gärten geht es durch den Ort Maçã (wörtlich „Apfel"). Am Ende der Rua das Pereiras erreichen wir den Ortsrand und folgen halbrechts der Rua dos Sobreiros. Der Name ist Programm: Hier beginnen von Korkeichen geprägte Wiesen. Am Ende der Rua dos Sobreiros – hier ist sie nicht mehr geteert – erreichen wir die Zufahrtsstraße zur **Casa de Calhariz** **4**, in die wir rechts abbiegen. Ab hier bewegen wir uns auf dem Privatgelände des Herzogs von Palmela. Das Landgut reicht bis an die Küste und umfasst 1.000 Hektar. Das Wandern ist auf einem Großteil des Geländes gestattet, nur der innere Bereich um die Casa de Calhariz ist nicht öffentlich zugänglich. So verlassen wir nach 900 m in der Linkskurve die Zufahrtsstraße und folgen geradeaus dem Sandweg **5**. Nun sind wir tief in den Korkeichenwäldern des Herzogs, hin und wieder grasen Mertolengo- und Charolais-Rinder unter den Bäumen.

Am Ende der Sandpiste erreichen wir den Ort **Pedreiras,** der nach den zahlreichen Steinbrüchen der Region benannt ist (hier gibt es auch die letzte Verpflegungsmöglichkeit der Wanderung in einem kleinen Café). Wir biegen aber nach links auf die geteerte Rua do Boeiro ab und nach 30 m gleich wieder links auf die Staubpiste **6** Richtung Arrábida. Hier beginnt auch der gelb-rot markierte Wanderweg PR1 SSB, dem wir eine Weile folgen.

Nun folgt der unangenehmste Teil dieser Wanderung: Es geht entlang der unbefestigten Straße zwischen Pedreiras und Casais da Serra. Der Verkehr hält sich in Grenzen, aber jedes Auto wirbelt eine Staubwolke auf. Linker Hand sehen wir die Gebäude der Casa de Calhariz und im Hintergrund die mächtige Flanke der Serra da Arrábida. Nach 1,1 km haben wir es geschafft und biegen an einem Tor rechts in einen Feldweg **7** ein. Etwa 50 m weiter folgen wir an der ersten Abzweigung **8** dem Feldweg nach links und anschließend dem teils stark ausgewaschenen Hauptweg bergauf.

Nun befinden wir uns auf der bewaldeten Nordseite der Serra do Risco. Noch ahnen wir nichts von den grandiosen

Ausblicken, die sich uns auf ihrem Kamm bieten werden. Die Vegetation hat sich deutlich verändert: Statt Korkeichen prägen nun Schirmkiefern das Bild.

Oben angekommen, macht der Hauptweg einen scharfen Rechtsknick: Hier folgen wir einem etwa halb so breiten Nebenweg **9** geradeaus und verlassen damit auch die Route des gelb-rot markierten Wanderwegs PR1 SSB. Unser Weg wird zunehmend steinig und „verliert" sich etwas in einem Steinfeld, das wir geradeaus queren. Kurz nach dem Ende des Steinfelds biegen wir links in den Feldweg **10** ein. Nach 80 m erreichen wir einen kleinen Platz **11** mit tollem Panoramablick auf die Casa de Calhariz und die Serra da Arrábida. Nun wird es etwas kniffelig: Wir halten Ausschau nach dem etwas versteckten Beginn eines schmalen Fußpfades neben einer Gruppe von Büschen: Am besten findet man den Einstieg, wenn man vom kleinen Platz den höchsten Punkt der Serra da Arrábida, den Formosinho, anpeilt. Hin und wieder sieht man auch kleine Steinhaufen, die andere Wanderer als Markierung hinterlassen haben.

Der Pfad führt durch enges und teils dorniges Gestrüpp bergab. Nach 200 m müssen wir noch ein paar Meter über einige kleinere Felsblöcke kraxeln und dann stehen wir ziemlich überraschend am Rande einer engen Schlucht **12**, die man hier mitten im Wald nicht erwartet hätte. Neben steil abfallenden Felsen und einer schönen Aussicht kann man eine auffällige Vertiefung entdecken: Hier hat der Bach Ribeira de Terras do Risco über Jahrhunderte ein kreisrundes Loch aus dem Kalkstein ausgewaschen, das von der lokalen Bevölkerung **Marmitas de Gigante,** „Henkelmann des Riesen", genannt wird. Etwas Vorsicht ist geboten, da die Felsen steil abfallen und der Boden rutschig sein kann, wenn es feucht ist.

Anschließend geht es den Pfad wieder zurück zu dem kleinen Platz **11** und bis zum Rand des Steinfelds **10**. Dann folgen wir noch etwa 30 m dem Hinweg und biegen links in den breiteren Weg **13** ein. Nach 80 m queren wir eine Wegkreuzung **14**.

> An dieser Wegkreuzung bietet sich ein Abstecher an, wenn man die Terras do Risco, die liebliche Landschaft auf der Nordseite des Gebirgszugs, noch weiter entdecken will. Man folgt dem Wanderweg PR1 SSB nach links, beispielsweise bis zum etwa 1 km entfernten **Casal do Meio.** Neben den aufgelassenen landwirtschaftlichen Gebäuden findet sich eine unscheinbare Grabstätte aus dem 10. Jh. v. Chr., die **Estação Arqueológica da Roça do Casal do Meio.** Wer noch weiter gehen möchte, erreicht nach ca. 1 km durch liebliche Wiesen und Felder das **Casal do Risco,** ein weiteres Bauernhaus in Ruinen.

Nach der Wegkreuzung **14** geht es immer geradeaus, bis der Hauptweg nach etwa 400 m rechts abbiegt (rechter Hand liegt ein verfüllter, ehemaliger Steinbruch): Hier folgen wir dem schmalen Pfad (Schild „Coutada Velha") **15** bergauf. Nach etwa 70 m biegen wir an der Wegkreuzung **16** rechts ab. Zunächst verläuft der Weg weitgehend niveaugleich, dann folgt eine steinige, etwas abschüssige Strecke. Unten angekommen, biegt man durch auffällige Felsquader hindurch links ab **17** und folgt dem ansteigenden Waldweg. Nach 170 m geht es an der Abzweigung **18** halblinks und weitere 300 m später erreichen wir den Rand eines der **Steinbrüche von Pedreiras** **19**. Hier folgen wir dem Kiesweg, der den Steinbruch umrundet, bergauf. Etwas Vorsicht ist geboten und der Steinbruch sollte keinesfalls betreten werden, denn hier wird auch gesprengt. Meistens ist aber nur das Dröhnen der Rüttler, Bagger und Lastwagen aus den tief ausgegrabenen unteren Ebenen zu vernehmen.

Wanderung 11: Fantastische Ausblicke von den höchsten Kalksteinklippen Europas

150 m nachdem wir die linke, obere Ecke des Steinbruchs passiert haben, verlassen wir den Kiesweg nach links auf den schmalen, ansteigenden Pfad **20**. Es folgt ein schweißtreibender Aufstieg, weitgehend schattenlos, aber dafür mit grandiosem Blick zurück Richtung Casa de Calhariz und am Horizont bis nach Lissabon. An der Verzweigung **21** nach etwa 110 m halten wir uns links.

Bald stehen wir dann oben an der gut 300 m senkrecht abfallenden Kante der **Serra do Risco** **22**, den höchsten Kalksteinklippen Europas und den höchsten Klippen Festland-Portugals. „Die Serra wirkt wie eine Welle, die sich beeindruckend aufbaut und dann plötzlich in der Luft zum Stillstand kommt. Eine Welle aus Fels und Wald, eine Wellenfossilie," – so beschrieb 1949 der lokale Dichter Sebastião da Gama den Bergzug. Der Blick von den diversen Aussichtspunkten, die wir auf dieser Wanderung erreichen werden, ist jedenfalls beeindruckend: Das Meer breitet sich weit bis an den Horizont aus, die Boote wirken winzig und unter den imposanten Klippen schimmert der Atlantik grün und blau im Sonnenlicht.

Nun geht es nach links Richtung **Píncaro,** zum mit 381 m höchsten Punkt der Serra do Risco. Bis man auf dem Gipfel der Klippen steht, sind noch knapp 700 m auf einem schwierigen Pfad zurückzulegen. Er schlängelt sich parallel zur Klippenkante (meist leicht landeinwärts) durch eine Buschlandschaft aus Steinlinden, phönizischen Wacholdern und Rosmarin. Hübsch anzuschauen, doch vor allem die teils mannshohen Kermeseichen können mit ihren stachelumrandeten Blättern den dicht bewachsenen Weg zur Qual machen. Lange Hosen und Ärmel sind hier fast schon Pflicht. Hin und wieder ist der Pfad mit blauen und roten Farbpunkten markiert.

Es ist etwas schwer auszumachen, wo sich genau die **Spitze des Píncaro** **23** befindet, aber letztlich ist das auch nicht entscheidend: Man genießt erneut den herrlichen Blick auf den Ozean und die Küste. Dabei sollte man aber die ungesicherte Kante nicht aus den Augen verlieren: Es geht senkrecht nach unten, ein Fehltritt hätte tödliche Folgen.

Zurück geht es über den Hinweg bis **22** und dann weiter geradeaus parallel zur Klippenkante. Wir bleiben immer oberhalb der Klippen, auch wenn der ein oder andere halbsbrecherische Fischerpfad in die Wand hineinführt. Nach etwa 300 m erreichen wir einen breiteren Weg, dem wir kurz nach rechts folgen, dann aber gleich nach 30 m wieder in den nächsten Pfad links einbiegen. Durch Büsche geht es parallel zur Klippenkante, bis wir nach etwa

Felsspitze Ponta de São Pedro

350 m zum nächsten **Aussichtspunkt** **24** gelangen.

Nun biegt der Pfad etwas in Richtung Landesinneres ab, macht aber kurz bevor er den Steinbruch mit der umlaufenden Kiesstraße erreicht, eine Linkskurve. Nach insgesamt 350 m mündet er in einen weiteren Pfad **25**, dem wir nach links folgen. An einem geodätischen Betonpfeiler **26** erreichen wir bald wieder die Klippen und einen der schönsten **Aussichtspunkte** der Strecke. Hier erblicken wir weit unten die Praia da Cova, einen unzugänglichen Felsstrand, der nach einer Höhle in den Klippen benannt wurde.

Wir folgen nun dem Pfad neben dem Betonpfeiler Richtung Westen und Sesimbra. Nach 20 m biegen wir an der Verzweigung rechts ab und folgen nun immer dem Hauptpfad, der etwas im Landesinneren, aber parallel zur Klippenlinie verläuft. Nach etwa 50 m bleiben wir an der Verzweigung **27** halbrechts auf dem Hauptpfad. Ein kurzer Stichweg nach links nach gut 200 m bringt uns zu einem weiteren **Aussichtspunkt.**

Etwa 60 m weiter führt der nächste kurze Stichweg **28** zu einer auffälligen Metallkonstruktion in Dreiecksform. Sie markiert den Verlauf von Kommunikationsleitungen unter Wasser, damit die Schiffe dort nicht ankern und die Glasfaserkabel zerstören. Für uns Wanderer bietet sich eine gute Gelegenheit, mit etwas Schatten zu picknicken und den Blick auf die Küstenlinie zu genießen. Nun ist auch zum ersten Mal der Hafen von Sesimbra zu sehen.

Anschließend geht es den Hauptweg entlang ins Landesinnere und durch eine mit Schatten spendenden Kiefern bewachsene Landschaft. Nach 1,6 km mündet er in einen breiteren Waldweg **29**, dem wir nach links folgen. Nach den aufgelassenen Gebäuden eines weiteren Steinbruchs von Pedreiras geht es an der Abzweigung **30** halblinks. 100 m weiter am Rand des Steinbruchs **31** biegen wir links ab.

Kurz darauf queren wir die Straße von Sampaio nach Sesimbra und nehmen den Pfad **32** bergab. Den Einstieg in den Pfad finden wir an der rechten Seite des kleinen Platzes auf der anderen Straßenseite. Der Pfad schlängelt sich durch eine kleine, felsige Schlucht die **Serra da Achada** Richtung Sesimbra bergab. Immer wieder öffnen sich fantastische Blicke auf die Hafenstadt und ihre Burg.

Wir wandern immer geradeaus, bis nach dem Ende der Schlucht ein kleines Plateau **33** erreicht wird. Hier geht es rechts und nach 120 m am Bachlauf **34** links. Nun trennen uns nur noch ein paar Meter von einer asphaltierten Straße am Rande von **Sesimbra.** Wir folgen ihr bis zum Kreisverkehr **35** und nehmen dort an der zweiten Abzweigung die Estrada de Argéis bergab.

An der nächsten Kreuzung geht es geradeaus, ebenso an der übernächsten Kreuzung, ab der wir der Rua dos Mareantes de Sesimbra abwärts folgen. Das Meer liegt vor uns, linker Hand die bescheidenen Häuser des traditionellen Fischerviertels von Sesimbra. Kurz nach dem örtlichen Gesundheitszentrum *(Unidade de Saúde)* nehmen wir die Treppen rechts hinunter zum Largo de Calvário **36** und folgen der Rua Dom Afonso Henriques bis zur Uferpromenade, der Av. 25 de Abril **37**, der wir nach rechts folgen.

Hier im Zentrum von Sesimbra können wir in einem der zahlreichen Restaurants oder Cafés einkehren.

Um zum Endpunkt der Wanderung zu gelangen, biegen wir an der Festung *(Fortaleza)* nach rechts in die Av. da Liberdade ein **38** und erreichen etwa 300 m weiter den Busbahnhof von Sesimbra **39**.

Rundwanderung 12

Durch die Hügel von Azeitão und hoch hinauf in die Serra da Arrábida

→ Karte S. 498

Charakteristik: Ohne den Abstecher auf den Formosinho entspannte Rundwanderung durch die idyllische Landschaft in und um Azeitão. Sehr anstrengender und steiler Aufstieg in schwierigem Gelände auf den Formosinho, den höchsten Berg der Serra da Arrábida. **Gesamtwanderzeit:** 5,5 Std. **Länge:** 13,4 km (ohne Abstecher 10,6 km). **Höhenmeter:** ca. 650 m (ohne Abstecher ca. 300 m). **Schwierigkeit:** weitgehend sehr einfach, der Abstecher zum Gipfel hat dagegen schwierigen, alpinen Charakter (gutes Schuhwerk Pflicht, Wanderstock hilfreich, ebenso lange Hosen zum Schutz vor Dornen). Bei Regen sollte man aufgrund von Rutschgefahr auf den Gipfelaufstieg verzichten. **Anfahrt:** Den Start- und Endpunkt der Wanderung in Vila Nogueira de Azeitão erreicht man u. a. von Lissabon oder Setúbal aus mit dem Bus (→ Azeitão „Verbindungen“ S. 335). Hier kann man auch am Hauptplatz Praça da República parken. **Karte:** Aus den Militärkarten der Serie M 888 im Maßstab 1:25.000 passt das Blatt 454.

Wegbeschreibung: Start ist in **Vila Nogueira de Azeitão** am Hauptplatz Praça da República **1** (auch „Rossio“ genannt). Die erste Häfte der Wanderung bis zum Gipfel des Formosinho folgt dem gelb-rot ausgeschilderten Wanderweg PR2 STB Alto do Formosinho. Zuerst geht es 200 m Richtung Westen am allseits bekannten Weingut José Maria da Fonseca vorbei und an der

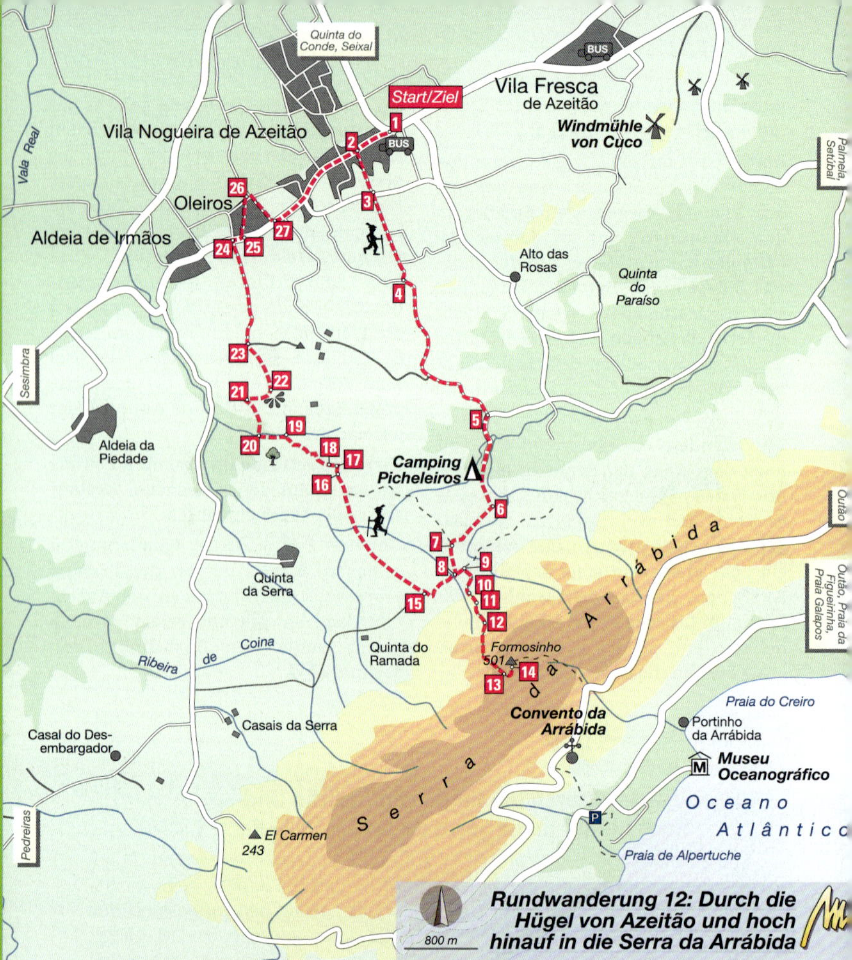

Rundwanderung 12: Durch die Hügel von Azeitão und hoch hinauf in die Serra da Arrábida

Kreuzung **2** links in die Rua Helena da Conceição dos Santos e Silva. An der Kreuzung **3** am Ende der Bebauung folgen wir weiter geradeaus der leicht ansteigenden Straße. 700 m verläuft das Sträßchen schnurgerade, dann folgt eine kleine Rechtskurve, an der nächsten Abzweigung **4** halten wir uns halblinks.

Nun wandern wir 1,6 km auf der nicht asphaltierten Straße immer geradeaus. Entlang des Weges passieren wir zahlreiche Anwesen rund um Azeitão. Am Ende der Straße **5** biegen wir rechts auf die Teerstraße in Richtung **Campingplatz Picheleiros** ein. Nach 400 m passiert man den Eingang des Campingplatzes und wandert anschließend entlang des Zaunes weiter bergauf. Nach 400 m folgen wir an der Wegkreuzung **6** bei der Quinta do Valido dem Hauptweg nach rechts, an der nächsten Abzweigung **7** nach 400 m dem Hauptweg nach links.

Noch 300 m weiter erreichen wir eine Wegkreuzung mit Wanderwegweiser **8**: Hier geht es links und wir nehmen den PR 2 in Richtung Alto do Formo-

Panorama vom Formosinho: Halbinsel Tróia und das Sado-Delta

sinho, unserem nächsten Ziel in 1,4 km Entfernung. Dieser Abstecher hat es in sich und erfordert Fitness und Trittsicherheit. Wer es eher gemütlich angehen möchte, sollte ihn auslassen und dem Weg nach rechts folgen.

Für den **Abstecher** biegen wir dagegen nach links in den Forstweg ein. Achtung: Bereits 60 m weiter führt ein Fußpfad **9** vom Forstweg weg und rechts in den Wald hinauf (gelb-rot ausgeschildert). Es folgt ein anstrengender Aufstieg: Der Pfad ist stark eingewachsen, immer wieder stößt man an Buschwerk. Auf der nächsten Anhöhe angekommen, nimmt man den zweiten Pfad an der eingemauerten Tränke **10** links. Auch an der nächsten Abzweigung **11** geht es links. Bei Zweifeln sucht man nach der gelb-roten Markierung.

Nun geht es weiter bergauf. An einer kleinen Lichtung **12** folgt man dem zweiten Pfad rechts. Ab hier wird der Weg etwas offener: Am Rand stehen Kiefern, Oleander und Rosmarin. Immer wieder öffnen sich schöne Blicke nach Azeitão und bis Lissabon. Mitten im Nationalpark der Serra da Arrábida genießt man eine wunderbare Ruhe.

Ab hier folgen die schwierigsten Abschnitte des Aufstiegs auf den 501 m hohen, steil aufragenden **Formosinho:** Zunächst passiert man eine Geröllfläche, dann folgt eine 100 m lange Felspassage, die etwa 45 Grad geneigt ist und volle Konzentration erfordert. Nach dem Ende der Felspassage geht es nun nicht mehr ganz so steil bergauf entlang eines dicht bewachsenen Pfades.

Oben angekommen, hält man sich an der Wegverzweigung **13** links Richtung Gipfel. Auch hier sind die Wege dicht bewachsen, das mannshohe Gebüsch hat zudem oft dornige Blätter. Am **Gipfel** mit seinem Markierungspfahl **14** ist aber deutlich weniger Bewuchs, sodass man gut den fabelhaften Rundblick auf den Atlantik, Setúbal, Tróia, Sesimbra und Lissabon genießen kann.

Weiter auf dem PR2: Wer möchte, kann ab dem Gipfel den restlichen 2,4 km des gelb-rot ausgeschilderten Wanderwegs folgen. Sie bieten weitere herrliche Ausblicke auf das Meer und die Serra da Arrábida. Der Weg führt bis zur Gipfelstraße, folgt dieser nach rechts bis hinter das Kloster Convento da Arrábida und biegt dort links auf einen steilen Fußweg hinunter zum kleinen Parkplatz oberhalb des Ortes Portinho da Arrábida ab. Allerdings fahren hier am Endpunkt des PR2 nur sehr vereinzelt Busse nach Azeitão zurück (und nur in der Hochsaison). Insofern muss man entweder in Azeitão ein Taxi vorbestellen oder den kompletten Weg wieder zurückgehen mit ca. 450 m Aufstieg auf den Formosinho. Als Kurzvariante bietet sich ein Abstecher bis zum 1,5 km entfernten Kloster an, das wunderschön etwa auf halber Höhe liegt.

Nun geht es auf demselben Weg wieder zurück – immer dem gelb-rot markierten Weg folgend – bis zur Wegkreuzung mit Wanderwegweiser **8** und dort nach links auf den Forstweg. Die erste Abzweigung (nach etwa 100 m) ignorieren wir, aber nach etwa 300 m biegen wir an einem mit vielen Korkeichen bestandenen Wendeplatz **15** in die nächste Abzweigung nach rechts ein. Achtung: Ab hier folgt unser Weg nicht mehr den gelb-roten Markierungen der PR-Wanderwege!

Während der Jagdsaison im Oktober ist diese Gegend sehr beliebt, um Kaninchen zu schießen – das zeigen auch die Unmengen Schrotpatronen überall im Wald. Dann sollte man etwas vorsichtiger sein und die Wege nicht verlassen.

An den nächsten beiden Kreuzungen nach etwa 800 und 900 m geht es geradeaus. Anschließend folgt man weitere 300 m dem Weg durch die Buschlandschaft und geht dann an dem Wegdreieck **16** geradeaus aufwärts. Der kleine Hügel wird bis ganz oben erklommen, die nach wenigen Metern folgende Abzweigung nach rechts wird ignoriert. Oben auf dem Hügel wendet man sich an der Gabelung **17** nach links, 20 m weiter an der nächsten Gabelung **18** halbrechts.

Der ausgewaschene Weg windet sich nun durch die Buschlandschaft, erst etwas bergauf, dann bergab. Unten angekommen, mündet er in einen weiteren Weg **19**, dem man nach links folgt. An der nächsten Abzweigung geht es geradeaus und ca. 150 m weiter erreicht man eine Gruppe Korkeichen **20**. Hier an zwei Korkeichen rechts des Weges biegt man rechts ab, der Pfad ist gelbrot markiert.

Nun hält man sich immer geradeaus bergauf. Der Weg führt an Felsen vorbei. Nachdem ein Großteil des Anstiegs bewältigt ist, stößt der Weg auf einen Feldweg **21** in besserem Zustand, dem man nach rechts weiter aufwärts folgt. An der nächsten Abzweigung **22** nach 100 m geht es halblinks und immer noch aufwärts. Wenn die Feldwegkreuzung **23** auf der Anhöhe erreicht ist, hält man sich geradeaus. Hier reicht bei guter Sicht der Blick bis nach Lissabon, in der anderen Richtung sieht man die Serra da Arrábida. Anschließend folgt man dem Feldweg immer weiter geradeaus, bis nach etwa 1 km das Dorf **Aldeia de Irmãos** erreicht ist.

In Aldeia de Irmãos stößt man auf die Hauptstraße **24** nach Azeitão. Zuerst geht man rechts, dann nach 80 m links **25** in die Rua Manuel Jorge, die zum Ortskern des Nachbardorfs **Oleiros** führt. Am hübschen Ortsplatz **26** hält man sich rechts und gelangt nach etwa 500 m über die Rua de São Marcos erneut auf die Hauptstraße **27**, der man nun nach links folgt (Achtung Verkehr!). Einige Hundert Meter weiter erreicht man **Vila Nogueira de Azeitão** und den Ausgangspunkt **1**. Es bietet sich am Ende der Wanderung an, in einem der Cafés die lokalen Gebäckspezialitäten „tortas" oder „queijinhos" zu kosten (→ Azeitão S. 337).

Wanderung 13

Entlang der Windmühlen der Serra do Louro

→ Karte S. 502/503

Charakteristik: Windmühlen-Wanderung auf dem Kamm der Serra do Louro. **Gesamtwanderzeit:** 4,5 Std. **Länge:** 14 km. **Höhenmeter:** ca. 250 m. **Schwierigkeit:** einfach. **Anfahrt:** Den Startpunkt in Palmela erreicht man von Lissabon oder Setúbal mit dem Bus (→ Palmela „Verbindungen" S. 340). Es gibt nahe dem Busbahnhof auch einige wenige Parkplätze. Vom Endpunkt in Azeitão fahren Busse zurück nach Palmela oder auch nach Lissabon oder Setúbal (→ Azeitão „Verbindungen" S. 335). **Karte:** Aus den Militärkarten der Serie M 888 im Maßstab 1:25.000 passt das Blatt 454.

Wegbeschreibung: Wir starten am **Busbahnhof 1** von **Palmela**. Am Kreisverkehr westlich des Busbahnhofs geht es die Rua Helena Cardoso in Richtung Serra do Louro aufwärts. Nach etwa 300 m folgt man links dem kleinen, ansteigenden Feldweg **2**. Eine Windmühle reiht sich hier an die andere. Auch wenn es sehr nach Privatgelände aussieht, kann man an der vierten Mühle vorbeigehen. Dann spaziert man auf dem felsigen, spärlich bewachsenen Grat der **Serra do Louro** entlang. Schmetterlinge flattern durch die Luft, Eidechsen bringen sich aufgeschreckt in Sicherheit, Heuschrecken zirpen inmitten blühender Disteln. Auf beiden Seiten eröffnen sich weit reichende Aussichten: auf der Südseite zur Serra dos Gaiteiros, zur Serra de São Luís und bis nach Setúbal, auf der Nordseite zur Quinta do Anjo und hinten im Dunst bis zum Tejo-Delta mit Lissabon. Während der Kupfer- und Steinzeit wohnten hier oben Menschen in der längst verfallenen Siedlung Chibanes –

Windmühle in der Serra do Louro mit Blick auf die Burg von Palmela

wer Glück hat, kann den Archäologen bei ihrer Arbeit zusehen.

Nach etwa 3 km, kurz hinter der letzten aus einer Gruppe von fünf Windmühlen, verlässt man den Grat und folgt einem breiteren Weg **3** bergab. Nun verläuft die Route immer parallel zum Grat etwas unterhalb auf dessen Nordseite (streckenweise haben ihn die Nationalparkwächter weiß-rot markiert). Nach 900 m entlang vereinzelter, knorriger Korkeichen geht es an einer Abzweigung **4** nach links. Am Wegesrand stehen einige Picknickbänke unter hohen Kiefern.

Einen Kilometer weiter stößt der Feldweg auf eine kleine Teerstraße **5**: hier nach links. Nach 50 m auf der Straße geht es gleich rechts unter einer Überlandstromleitung hindurch und auf den Grat des nächsten Gebirgszugs, der **Serra de São Francisco,** hinauf. Beim Blick zurück entdeckt man eine weitere Windmühle – insgesamt stehen 14 Windmühlen entlang dieser Wanderung. Die Serra de São Francisco ist die Verlängerung der Serra do Louro mit ähnlich guter Aussicht: Links erstreckt sich die Halbinsel Tróia zwischen At-

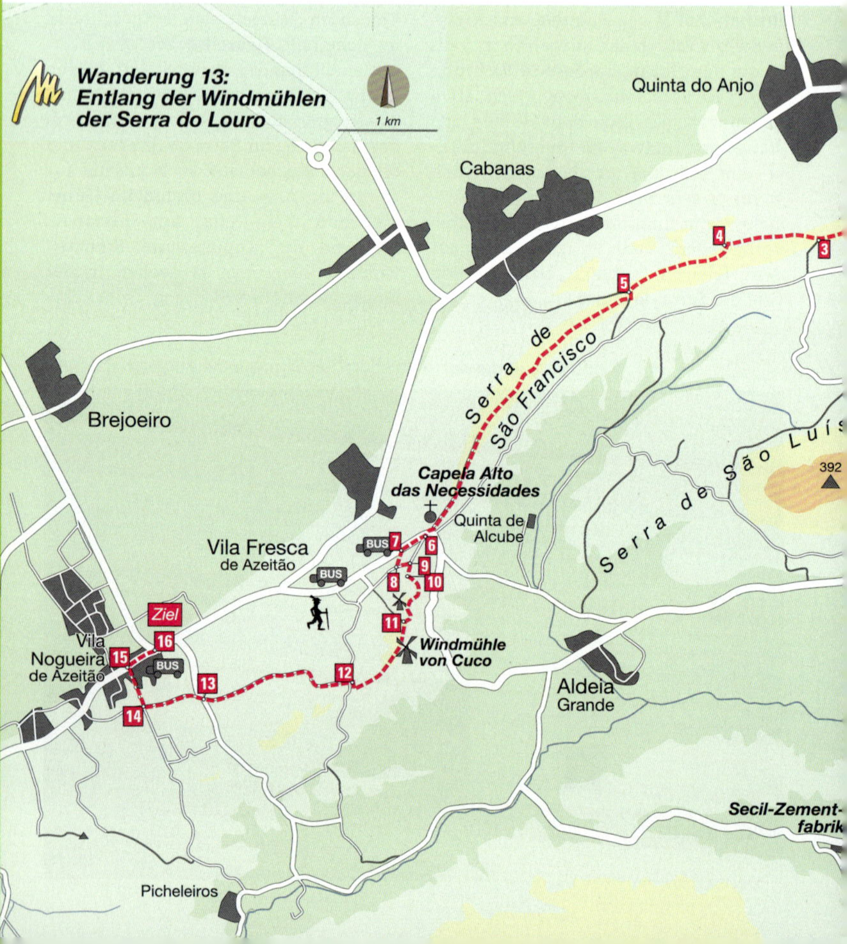

lantik und Sado, rechts ist in der Ebene die Coca-Cola-Fabrik von São Gonçalo zu sehen. Auf diesem Wegabschnitt können ein paar bellende Hunde anzutreffen sein, die aber normalerweise nur ihre Grundstücke verteidigen und Fußgänger durchlassen.

Nach 3 km endet der Weg an der Kapelle **Capela do Alto das Necessidades** **6** und mündet in die Nationalstraße N 10. Da diese stark befahrenen Straße in der Kurve nicht sicher überquert werden kann, folgt man der N 10 etwa 300 m Richtung Azeitão und quert sie

kurz nach der Bushaltestelle der Linien zwischen Setúbal und Azeitão **7**.

Auf der anderen Straßenseite folgt man nun dem Feldweg Richtung Südwesten. An der folgenden Gabelung **8** geht es links. Nach ca. 120 m biegt man an einer Gruppe Kiefern **9** rechts ab. Der leicht ansteigende Feldweg führt an einem Wald vorbei. Wir bleiben auf dem Hauptweg, der nach 150 m schmaler wird und halblinks abgeht **10**.

Noch 300 m weiter passiert man vier Windmühlen in Ruinen, die **Moinhos de São Simões,** und anschließend ein Wäldchen aus Eukalyptusbäumen und Kiefern. Dann erreicht der Fußpfad die nicht asphaltierte Estrada do Forno do Grilo **11**. Man folgt aber nicht der Straße nach rechts, sondern dem Feldweg geradeaus bis zur nächsten Windmühle, der **Moinho do Cuco,** die nicht mehr in Betrieb ist. Der Anstieg wird mit einer wundervollen Aussicht auf die Serra da Arrábida belohnt. Die Windmühle steht auf einem kleinen Plateau auf 212 m über dem Meer direkt oberhalb einer Abbruchkante: Hinter dem unterhalb liegenden Tal breitet sich der Bergzug perfekt aus.

Anschließend geht es weiter geradeaus, immer oberhalb der Abruchkante entlang, bis der Weg an einer Gruppe Kiefern in einen breiteren Feldweg mündet. Hier biegen wir rechts und nach 50 m direkt links in die Rua da Califórnia **12** ein. Ab dem Weingut Quinta da Califórnia ist der Weg asphaltiert. Am folgenden Kreisverkehr **13** nimmt man geradeaus die schmale Rua do Fisco – nun ist der Ortsteil **Vila Nogueira de Azeitão** erreicht. Anschließend biegt man in die dritte Straße **14**, die Rua Helena da Conceição dos Santos e Silva, rechts ab. Bald steht man im Zentrum von Azeitão vor dem Weingut José Maria da Fonseca **15**. Zu den Bussen sind es dann noch 200 m nach rechts bis zum Hauptplatz von Azeitão, der Praça da República („Rossio") **16**.

Etwas Portugiesisch

Betonung und Aussprache

Prinzipiell wird die zweitletzte Silbe eines Wortes betont. In folgenden Fällen wird dagegen die letzte Silbe betont: Das Wort endet mit einem Konsonanten (Ausnahme **-s** und **-m**), oder die letzte Silbe enthält ein **i** oder ein **u.** Trägt eine Silbe einen **Akzent,** wird diese Silbe betont, z.B. bei escândalo (Skandal) oder cómodo (bequem). Vokale mit Tilde, also **ã** oder **õ,** werden nasaliert, d. h. ähnlich ausgesprochen wie die französischen Laute *-in [matin]* und *-an [Sagan]*). Die Silbe mit dem **ã** oder **õ** ist im Wort zu betonen, Bsp. corações (Herzen).

Die korrekte **Aussprache** ganz ausführlich darzustellen würde mehrere Seiten ausfüllen, daher etwas vereinfacht und in Kürze: Die Buchstaben **b, d, f, k, l, m, n, p, t** und **u** werden ähnlich wie im Deutschen ausgesprochen (Ausnahme: Folgt **m** oder **n** auf einen Vokal, so ist dieser zu nasalieren). **Diphthonge,** das sind zwei Vokale in einer Silbe, sind im Portugiesischen immer getrennt auszusprechen: also *E-u-ro,* statt *Eu-ro.*

Buchstabe	Bedingung	Aussprache
a	betont	wie deutsches **a** in <M**a**gen>
a	unbetont	wie deutsches **ä** in <ein**e**>
à, á	immer	wie deutsches **a** in <M**a**gen>
â	immer	wie deutsches **a** in <K**a**mera>
e	betont	wie deutsches **ä** in <S**ä**le>
e	unbetont	geschlossenes **e** wie in <Es**e**l>
e	unbetont am Wortende	fast völlig verschluckt
es, ex	nur am Wortanfang	ähnlich wie deutsches **isch**
é	immer	wie deutsches **ä** in <S**ä**le>
ê	immer	geschlossenes **e** wie in <S**ee**>
i	zwischen zwei Vokalen	wie deutsches **j** in <**J**ubel>
i	sonst	wie deutsches **i**
o	betont	offenes **o** wie in <S**o**nne>
o	unbetont	wie ein **u**
ó	immer	offenes **o** wie in <S**o**nne>
ô	immer	geschlossenes **o** wie in <**O**fen>
c	vor e oder i	stimmloses **s** wie in <Ma**ß**>
c	vor t	meist stumm (arquitecto = arkitätu)
c	vor a, o oder u	wie **k**
ç	immer	stimmloses **s** wie in <Ma**ß**>
ch	immer	stimmloses **sch** wie in <Fi**sch**>
g	vor a, o und u	wie deutsches **g**
g	vor e und i	stimmhaftes **sch** wie in <**J**ournalist>
gu	vor a, o und u	wie deutsches **gu**
gu	vor e und i	wie deutsches **g**

h	am Wortanfang	wird nicht ausgesprochen
lh	immer	wie **lj**
nh	immer	wie **nj**
j	immer	stimmhaftes **sch** wie in <**J**ournalist>
qu	vor a und o	wie **qu** in <**Qu**alle>
qu	vor e und i	wie **k,** das u bleibt stumm (que = ke)
r	zwischen zwei Vokalen	Einfaches Zungen geschlagenes **r**
r	am Anfang eines Wortes	wie deutsches Gaumen-**r**
rr	immer	wie deutsches Gaumen-**r**
s	zwischen zwei Vokalen	stimmhaftes **s** wie in <Ro**s**e>
s	vor l, m, n, r, v	stimmhaftes **sch** wie in <**J**ournalist>
s	vor anderen Konsonanten	stimmloses **sch** wie in <Fi**sch**>
s	am Wortende, wenn nächstes Wort mit Vokal beginnt	stimmhaftes **s** wie in <Ro**s**e>
s	am Wortende	stimmloses **sch** wie in <Fi**sch**>
s	sonst	stimmloses **s** wie in <Ma**ß**>
v	immer	wie deutsches **w**
x	meistens	wie stimmloses **sch** wie in <Fi**sch**>
x	ab und zu	wie stimmhaftes **s** wie in <Ro**s**e>
x	selten	wie deutsches **x**
z	am Wortende	stimmhaftes **sch** wie in <**J**ournalist>
z	normal	stimmhaftes **s** wie in <Ro**s**e>

Street-Art im „Lost Place“ Quinta da Arealva (Almada)

Zahlen

1	um (m.) uma (w.)	11	onze	40	quarenta
2	dois (m.), duas (w.)	12	doze	50	cinquenta
3	três	13	treze	60	sessenta
4	quatro	14	catorze	70	setenta
5	cinco	15	quinze	80	oitenta
6	seis	16	dezasseis	90	noventa
7	sete	17	dezassete	100	cem
8	oito	18	dezoito	1.000	mil
9	nove	19	dezanove	1.000.000	um milhão
10	dez	20	vinte		
		30	trinta		

Anrede/Entschuldigungen

Frau	*dona* oder *senhora dona*
Herr	*senhor*
Wie geht es Ihnen?	*Como está?*
sehr gut	*muito bem*
Danke!	*Männer:Obrigado! Frauen: Obrigada!*
Hallo!	*Olá!*
Guten Morgen!	*Bom dia! (bis 12 h mittags)*
Guten Tag!	*Boa tarde! (nachmittags ab 12 h)*
Guten Abend/ Gute Nacht!	*Boa noite! (nach Sonnenuntergang)*
Auf Wiedersehen!	*Adeus!*
Ich heiße ...	*Chamo-me ...*
ja/nein	*sim/não*
bitte	*faz favor* oder *por favor*
Ich verstehe nichts.	*Não entendo nada.*
Sprechen Sie bitte etwas langsamer!	*Fale mais devagar, por favor!*
Sprechen Sie Deutsch?	*Fala alemão?*
... Englisch	*... inglês*
... Französisch	*... francês*
... Italienisch	*... italiano*
... Spanisch	*... espanhol*
Entschuldigung! (um Erlaubnis bitten)	*Com licença!*
Entschuldigung!	*Desculpe!* oder *desculpa!*
Keine Ursache.	*De nada.*

Zeiten

Wie spät ist es?	*Que horas são?*
Wann?	*Quando?*
Um wie viel Uhr?	*A que horas?*
Es ist (zu) früh/ spät.	*É (muito) cedo/ tarde.*
morgens	*de manhã*
mittags	*ao meio-dia*
nachmittags	*à tarde*
abends	*à noite*
nachts	*à noite*
heute Abend	*esta noite*
heute	*hoje*
gestern	*ontem*
morgen	*amanhã*
übermorgen	*depois de amanhã*
vorgestern	*anteontem*
morgen Abend	*amanhã à noite*
Jahr	*ano*
Monat	*mês*
Woche	*semana*
Tag	*dia*
Stunde	*hora*
Minute	*minuto*
Sekunde	*segundo*
Januar	*janeiro*
Februar	*fevereiro*

März	*março*
April	*abril*
Mai	*maio*
Juni	*junho*
Juli	*julho*
August	*agosto*
September	*setembro*
Oktober	*outubro*
November	*novembro*
Dezember	*dezembro*
Montag	*segunda-feira (2.a)*
Dienstag	*terça-feira (3.a)*
Mittwoch	*quarta-feira (4.a)*
Donnerstag	*quinta-feira (5.a)*
Freitag	*sexta-feira (6.a)*
Samstag	*sábado*
Sonntag	*domingo*
Werktage	*dias úteis*
Feiertage	*feriados*

Hinweis: Die portugiesischen Wochentage werden beginnend mit dem Sonntag durchnummeriert! Daher ist Montag der „zweite Markttag" (segunda-feira oder 2.a).

Übernachten

Ich möchte ein Zimmer.	*Queria um quarto.*
Haben Sie ein Einzelzimmer?	*Tem um quarto para uma pessoa só?*
... Doppelzimmer	*... quarto duplo*
... Zimmer mit Ehebett	*... quarto com cama de casal*
... Zimmer mit zwei Betten	*... quarto com duas camas*
... Zimmer mit Bad	*... quarto com casa de banho*
... Zimmer mit Dusche	*... quarto com duche*
... Zimmer ohne eigenes Bad	*... quarto sem casa de banho*
Wir haben ein Zimmer reserviert.	*Reservámos um quarto.*
Kann ich das Zimmer sehen?	*Posso ver o quarto?*
Wie viel kostet das pro Tag?	*Quanto custa por dia?*
Es ist zu teuer.	*É muito caro.*
Können Sie einen Rabatt geben?	*Pode fazer um desconto?*
Frühstück inbegriffen	*com pequeno almoço incluído*
Ich bleibe ... Tage.	*Vou ficar ... dias.*

Geld/Einkauf

Wo ist eine Bank?	*Onde fica um banco?*
Ich möchte Geld wechseln.	*Queria cambiar dinheiro.*
... eine Quittung	*... um recibo*
Wie viel kostet das?	*Quanto custa?*
Wechselgeld	*o troco*
Bitte 500 Gramm davon.	*Quinhentos gramas disto, por favor.*
Bitte drei Stück von jenem dort.	*Três daquilo, por favor.*
Ich möchte gerne ein Kilo Fisch.	*Queria um quilo de peixe.*
Wo ist das nächste Postamt?	*Onde fica a estação dos correios mais próxima?*
Briefmarken	*selos*
Telefonkarte	*cartão telefónico*

Notfall/Gesundheit

Hilfe!	*Socorro!*
Ich fühle mich schlecht.	*Não me sinto bem.*
Rufen Sie einen Arzt!	*Por favor, chame um médico!*
Können Sie einen Arzt empfehlen?	*Pode indicar-me um bom médico?*
Wo ist das nächste Krankenhaus?	*Onde é o hospital mais próximo?*
Rufen sie mir einen Krankenwagen!	*Chame uma ambulância!*
Ich habe hier Schmerzen.	*Dói-me aqui.*
Ich habe eine Erkältung.	*Apanhei uma constipação.*
Ich habe Kopfschmerzen.	*Tenho dores de cabeça.*
... Zahnschmerzen	*... dores de dentes*
Wo ist eine Apotheke?	*Onde fica uma farmácia?*
Ich möchte gerne Papiertaschentücher.	*Queria lenços de papel.*
... Damenbinden	*... pensos higiénicos*

... Kopfschmerztabletten	*... comprimidos para dores de cabeça*
... Toilettenpapier	*... papel higiénico*
Abführmittel	*laxativo*
Lungenentzündung	*pneumonia*
Entzündung	*inflamação*
Sonnenstich	*insolação*
Fieber	*febre*
Pflaster	*emplasto*
Husten	*tosse*
Tampons	*tampões*
Kondome	*preservativos*
Verbrennung	*queimadura*
Krampf	*convulsão*
Wunde	*ferida*

Weg und Richtung

Wo ist ...?	*Onde é ...?* oder *Onde fica ...?*
Wo ist die nächste Bushaltestelle?	*Onde fica a mais próxima paragem de autocarro?*
... Straßenbahnhaltestelle	*... de eléctrico*
... U-Bahnhaltestelle	*... do Metro*
Wo ist der nächste Bahnhof?	*Onde fica a estação de comboios mais próxima?*
Wo ist der Flughafen?	*Onde fica o aeroporto?*
Wo ist die nächste Tankstelle?	*Onde fica a bomba de gasolina mais próxima?*
Bitte eine Fahrkarte nach ...	*Queria um bilhete para ...*
Welchen Bus nehme ich nach ...?	*Qual é o autocarro que vai para ...?*
Muss ich umsteigen?	*Tenho que mudar?*
An welcher Haltestelle muss ich raus?	*Qual é a paragem onde tenho que sair?*
Wir haben eine Panne.	*O nosso carro está avariado.*
Wo ist eine Werkstatt?	*Onde fica umaestação de serviço?*
Geben sie mir 10 Liter Diesel.	*Queria dez litros de gasóleo.*
... Normalbenzin	*... de gasolina normal*
nach rechts	*à direita*
geradeaus	*em frente*
nach links	*à esquerda*
immer geradeaus	*sempre em frente*

Speiselexikon

Im Restaurant

Haben Sie einen freien Tisch?	*Tem uma mesa livre?*
Bitte die Karte!	*A ementa, por favor!*
Ober!	*Faz favor!*
Ich möchte gerne mehr Brot.	*Queria mais pão.*
... noch ein Bier	*... mais uma cerveja*
Wo ist die Toilette?	*Onde fica a casa de banho?*
Was empfehlen S*ie?*	*O que recomenda?*
Die Rechnung, bitte!	*A conta, se faz favor!*
Die Rechnung stimmt nicht.	*A conta está errada.*
Das Essen war sehr gut. (am Ohrläppchen zupfen)	*A comida estava ótima.*
Das Beschwerdebuch, bitte!	*Traga-me o livro de reclamações, por favor!*
Guten Appetit!	*Bom proveito!* oder *bom apetite!*
Auf Ihr Wohl! Prost!	*Saúde!*

Suppen (sopas)

Grünkohlsuppe	*caldo verde*
Fischsuppe	*... de peixe*
Gemüsesuppe	*sopa de legumes*
Hühnerbrühe	*canja*
Meeresfrüchtesuppe	*... de marisco*
Kalte Gemüsesuppe	*gaspacho*

Fische und Meeresfrüchte (peixes e mariscos)

Venusmuschel	*amêijoa*
Thunfisch	*atum*
Kabeljau, Stockfisch	*bacalhau*

Meerbrasse	*besugo*
Garnele	*camarão*
Krabbe	*caranguejo*
Bastardmakrele	*carapau*
Makrele	*cavala*
Silberbarsch	*cherne*
Sepia (Tintenfisch)	*choco*
Rabenfisch	*corvina*
Goldbrasse	*dourada*
Aal	*eiró, enguia*
Schwertfisch	*espadarte*
große Garnelen	*gambas*
Barsch	*garoupa*
Languste	*lagosta*
Kaisergranat	*lagostim*
Hummer	*lavagante*
Seezunge	*linguado*
Kalmar	*lula*
Miesmuschel	*mexilhão*
Austern	*ostras*
Degenfisch	*peixe-espada*
Entenmuscheln	*percebes*
Seehecht	*pescada*
Krake	*polvo*
Wolfsbarsch	*robalo*
Lachs	*salmão*
Meerbarbe	*salmonete*
Spinnenkrabbe	*santola*
Taschenkrebs	*sapateira*
Sardinen	*sardinhas*
Seeteufel	*tamboril*
Forelle	*truta*

Fleisch (carne)

Fleischknödel	*almôndegas*
Rindersteak	*bife*
kl. Rindersteak	*bitoque*
Lamm	*borrego*
wild	*bravo*
Zicklein	*cabrito*
Schnecken	*caracóis*
geräucherte Wurst	*chouriço*
Kaninchen	*coelho*
Kotelett	*costeletas*
Mittelrippenstück	*entrecosto*
Schnitzel	*escalopes*
mageres Fleisch	*febras*
Kochschinken	*fiambre*
Hähnchen	*frango*
Huhn	*galinha*
Hühnermägen	*moelas*
Lebergericht	*iscas de fígado*
Hase	*lebre*
Spanferkel	*leitão*
Zunge	*língua*
dünne Wurst	*linguiça*
Lende	*lombo, lombinho*
Schinkenwurst	*paio*
Ente	*pato*
Truthahn	*peru*
Hackbraten	*picado*
Schwein	*porco*
kl. Rinderschnitzel	*prego*
Räucherschinken	*presunto*
Würstchen	*salsichas*
Kutteln	*tripas*
Rind	*vaca*
Kalb	*vitela*

Gemüse/Gewürze (legumes/condimentos)

Kürbis	*abóbora*
grüner Salat	*alface*
Knoblauch	*alho*
Reis	*arroz*
Olivenöl	*azeite*
Oliven	*azeitonas*
gekochte Kartoffeln	*batatas cozidas*
Pommes frites	*batatas fritas*
Curry	*caril*
Zwiebel	*cebola*
Karotte	*cenoura*
grüner Koriander	*coentro*
Pilze	*cogumelos*

Grünkohl	*couve*
Rosenkohl	*couve de bruxelas*
Blumenkohl	*couve-flor*
Erbsen	*ervilhas*
Spinat	*espinafre*
dicke Bohnen	*favas*
Bohnen	*feijão*
Kichererbsen	*grão*
Linsen	*lentilhas*
Mais	*milho*
Pfeffer	*pimenta*
Paprika	*pimento*
Chili	*piri-piri*
gemischter Salat	*salada mista*
Petersilie	*salsa*
Tomate	*tomate*
Essig	*vinagre*

Nachspeisen (sobremesas)

Milchreis	*arroz doce*
Kuchen	*bolo*
Schlagsahne	*chantilly*
Eiscreme	*gelado*
Milchcreme	*leite creme*
Mousse au chocolat	*mousse de chocolate*
Sahne	*nata*
Pudding-Karamell	*pudim flan*
Käse	*queijo*
Fruchtsalat	*salada de frutas*
Torte	*tarte*
Eigelbspeise mit Mandel	*toucinho do céu*

Obst/Nüsse (frutas/nozes)

Mandeln	*amêndoas*
Erdnüsse	*amendoins*
Banane	*banana*
Kirsche	*cereja*
Feige	*figo*
Himbeere	*framboesa*
Orange	*laranja*
Limette	*lima*
Zitrone	*limão*
Apfel	*maçã*
Wassermelone	*melancia*
Honigmelone	*melão*
Erdbeere	*morango*
Birne	*pera*
Pfirsich	*pêssego*
Trauben	*uvas*

Zubereitung (modo de preparação)

gebraten	*assado*
gut durch	*bem passado*
gekocht	*cozido*
süß	*doce*
geschmort	*estufado*
frittiert	*frito*
gegrillt	*grelhado*
schlecht durch	*mal passado*
über Holzkohle gegrillt	*na brasa*
am Bratspieß	*no espeto*
im Ofen	*no forno*
paniert	*panado*
scharf	*picante*
Püree	*puré*
gefüllt	*recheado*

Diverse Gerichte

Brotbrei mit ...	*açorda de ...*
Herzmuscheln mit Zitronensaft	*amêijoas à Bulhão Pato*
Reiseintopf mit ...	*arroz de ...*
Bacalhau mit Pommes Frites und Eiern vermischt	*bacalhau à Brás*
Bacalhau mit gekochten Kartoffeln und Zwiebeln	*bacalhau à Gomes de Sá*
Rindersteak mit Sahne	*bife à café* oder *à Marrare*
Thunfischsteak (aus frischem Thunfisch)	*bife de atum*
Spieß mit ...	*espetada de ...*
Fischeintopf	*caldeirada*
Schweinefleisch mit Muscheln	*carne de porco à alentejana*

In einer Kupferpfanne gekochte und servierte Meeresfrüchte, Fleisch- oder Fischstücke	*cataplana*
In Rotwein zubereitetes Ziegenfleisch	*chanfana*
Eintopf mit Rinds-, Schweine- und Hühnerfleisch, dazu Schlachtwurst, Reis, Kartoffeln und Karotten	*cozido à portuguesa*
Rinderkutteln mit Hühnerfleisch und Bohnen	*dobrada*
Gulasch (mit Fleisch, Fisch oder Meeresfrüchten)	*ensopado de ...*
Spaghetti	*esparguete*
Bohneneintopf mit Räucherwurst *(chouriço)*, Blutwurst und Speck	*feijoada à portuguesa*
Rindfleisch mit gekochten Kartoffeln, Karotten, Erbsen und Schlachtwurst	*jardineira*
Frittierte Tintenfischringe mit Reis und Salat	*lulas à sevilhana*
Frittierte Tintenfischringe mit gekochten Kartoffeln	*lulas à francesa*
Tintenfische mit gemischtem Hackfleisch gefüllt	*lulas recheadas*
Nudeleintopf mit ...	*massada de ...*
Garnelenfrikadellen	*rissóis de camarão*
Schweinefleischstückchen mit geronnenem Schweineblut, Leber, Innereien und Kartoffeln	*rojões*
Thunfischsalat mit schwarzen Oliven, Tomaten- und grünem Salat sowie gekochten Kartoffeln	*salada de atum*
Fleischbrühe mit Brot, Ei, Knoblauch und Koriander	*sopa alentejana*

Sonstiges (diversos)

Mittagessen	*almoço*
Nachtimbiss	*ceia*
Löffel	*colher*
Rechnung	*conta*
Bedienung	*empregado(a)*
Terrasse	*esplanada*
Messer	*faca*
Gabel	*garfo*
Geschäftsführer	*gerente*
Abendessen	*jantar*
Beschwerdebuch	*livro de reclamações*
Butter	*manteiga*
halbe Portion	*meia dose*
Tisch	*mesa*
Sauce	*molho*
Zahnstocher	*palitos*
Brot	*pão*
Frühstück	*pequeno almoço*
Serviette	*guardanapo*
Teller	*prato*

Getränke (bebidas)

Leitungswasser	*água da torneira*
Mineralwasser mit/ohne Kohlensäure	*água mineral com/sem gás*
Kaffee (Espresso)	*bica*
voller Espresso	*bica cheia*
Koffeinfreier Kaffee	*café descafeinado*
doppelter Espresso	*café duplo*
Bier	*cerveja*
großes Fassbier	*caneca de cerveja*
kleines Fassbier	*fino*
normales Fassbier	*imperial*
Espresso mit Wasser verdünnt	*carioca*
Tee	*chá*
Glas	*copo*
kalt	*fresco*
großer Milchkaffee	*galão*
kleiner Milchkaffee	*garoto*
Flasche (klein, groß)	*garrafa (pequena, grande)*
Krug	*jarro*
Dose	*lata*
Milch	*leite*
Kakao	*leite com chocolate*
Kaffee halb mit Milch verdünnt	*meia de leite*
lauwarm	*morno*
normal temperiert	*natural*
heiß	*quente*
trocken	*seco*
Fruchtsaft aus ...	*sumo natural de ...*
Weißwein	*vinho branco*
Portwein	*vinho do Porto*
Rotwein	*vinho tinto*

Kartenverzeichnis

Was haben Sie entdeckt?

Haben Sie ein besonderes Restaurant, ein neues Museum oder ein nettes Hotel entdeckt? Wenn Sie Ergänzungen, Verbesserungen oder Tipps zum Buch haben, lassen Sie es uns bitte wissen!

Schreiben Sie an:

Johannes Beck, Stichwort „Lissabon & Costa de Lisboa"

c/o Michael Müller Verlag GmbH | Gerberei 19 | D – 91054 Erlangen

johannes.beck@michael-mueller-verlag.de

Zeichenerklärung für die Karten und Pläne

- Autobahn
- Schnellstraße
- Fernstraße
- Asphaltstraße
- sonst. Straße
- Piste
- Fußweg
- Bahnline
- Fährverbindung
- Stadtrundgang Anfang/Ende
- Wanderung mit Wegpunkt
- Sintra – im Kapitel näher beschriebener Ort
- Sehenswürdigkeit
- Natursehenswürdigkeit
- Berggipfel
- Kirche/Kapelle
- Kloster
- Schloss/Festung
- Turm
- Ruine
- Höhle
- Flughafen/-platz
- Campingplatz
- Leuchtturm
- Information
- Parkplatz/Parkhaus
- Post
- Bushaltestelle
- Metrohaltestelle
- Krankenhaus
- Museum
- Aussicht
- Badestrand
- Wasserfall
- Felsen
- Miliärisches Gebiet
- National-/Naturpark
- Strand
- Gewässer
- Grünanlage

Höhe ü. NN

- 500 und höher
- 400-500 m
- 300-400 m
- 200-300 m
- 100-200 m
- 0-100 m

Alles im Kasten

Vielen Dank!

Ohne die wertvollen Hinweise, Tipps und konstruktive Kritik meiner Familie, Freunde und Bekannten wären die Recherchen halb so schön und ergiebig. Ein ganz besonderer Dank geht an Annie Folkerts sowie an Jutta Wasserrab, Helen Wasserrab und Renée Wasserrab! Außerdem Dankeschön an: Andrea Hugemann, André Moeller, Annabelle Steffes, António de Deus, Barbara Kroke, Batoul Kidadi, Beatriz Brücken, Boris Planer, Carla Fernandes, Claudia Rutschmann, Daniel Scheschkewitz, David Soares, Débora Miranda, Elisabete Miranda, Ernst-Julius Levsen, Frithjof Gauss, Glória Sousa, Guilherme Correia da Silva, Gunnar Weiss, Jennifer Alka, João Carlos, João do Rosário, Jochen Czayka, Julia Salmi-Maas, Leslie Simon, Lisi Kühl, Martin Heiden, Nicolas Martin, Nuno de Noronha, Olli Halmer, Ralf Nestmeyer, Rui Peres Jorge, Samira Nikaeen, Silja Thoms, Silke Gauss, Teresa Bomba Correia, Tiago Falcão und Torsten Ehlert.

Impressum

Text und Recherche: Johannes Beck | **Recherche (frühere Auflage):** Michael Böhme | **Lektorat:** Carmen Wurm | **Redaktion:** Ricarda Böhm | **Layout:** D&M Services GmbH: Jana Dillner, Julia Lüssow, Dirk Thomsen | **Karten:** Hans-Joachim Bode, Carlos Borell, Theresa Flenger, Judit Ladik | **Herausnehmbare Karte:** Annette Seraphim | **GIS-Consulting:** Rolf Kastner | **Fotos:** Johannes Beck, außer S. 2 (Petra Werner Barathova Fotografie; pwb-fotografie.de) | **Innentitel:** Praia da Samarra, Sintra | **Covergestaltung:** Karl Serwotka | **Covermotiv:** Farol Museu und Casa de Santa Marta (Cascais) @ mauritius images / Rainer Mirau

ISBN 978-3-95654-956-4

 Druck: Westermann Druck Zwickau GmbH.

Haftungsausschluss

Die in diesem Reisebuch enthaltenen Informationen wurden vom Autor nach bestem Wissen erstellt und von ihm und dem Verlag mit größtmöglicher Sorgfalt überprüft. Dennoch sind, wie wir im Sinne des Produkthaftungsrechts betonen müssen, inhaltliche Fehler nicht mit letzter Gewissheit auszuschließen. Daher erfolgen die Angaben ohne jegliche Verpflichtung oder Garantie des Autors bzw. des Verlags. Autor und Verlag übernehmen keinerlei Verantwortung bzw. Haftung für mögliche Unstimmigkeiten. Wir bitten um Verständnis und sind jederzeit für Anregungen und Verbesserungsvorschläge dankbar.

Abruzzen ■ Ägypten ■ Albanien ■ Algarve ■ Algarve ■ Allgäu ■ Altmühltal & Fränk. Seenland ■ Amsterdam ■ Andalusien ■ Apulien ■ Australien – Der Osten ■ Auvergne & Limousin ■ Azoren ■ Bali & Lombok ■ Barcelona ■ Berlin ■ Bodensee ■ Bornholm ■ Bremen mit Bremerhaven ■ Bretagne ■ Brüssel ■ Budapest ■ Chalkidiki ■ Chiemgau & Berchtesgadener Land ■ Chios ■ Cilento ■ Comer See ■ Cornwall & Devon ■ Costa Brava ■ Costa de la Luz ■ Costa Rica ■ Côte d'Azur ■ Cuba ■ Dänemark Nordseeküste ■ Dolomiten ■ Dolomiten ■ Dominikanische Republik ■ Dresden ■ Dublin ■ Düsseldorf ■ Ecuador ■ Eifel ■ Elba ■ Elsass ■ Fehmarn ■ Florenz & Chianti ■ Föhr & Amrum ■ Franken ■ Fränkische Schweiz ■ Fränkische Schweiz ■ Friaul-Julisch Venetien ■ Fuerteventura ■ Gardasee ■ Gardasee ■ Golf von Neapel ■ Gomera ■ Gran Canaria ■ Hamburg ■ Harz ■ Haute-Provence ■ Ibiza & Formentera ■ Irland ■ Island ■ Istanbul ■ Istrien ■ Jerusalem ■ Kalabrien & Basilikata ■ Kanada – der Westen ■ Karpathos ■ Kärnten ■ Katalonien ■ Kefalonia & Ithaka ■ Köln ■ Kopenhagen ■ Korfu ■ Korsika ■ Korsika ■ Kos ■ Krakau ■ Kreta ■ Kreta ■ Kroatische Inseln & Küstenstädte ■ Kykladen ■ Lago Maggiore ■ Lago Maggiore ■ La Palma ■ La Palma ■ Languedoc-Roussillon ■ Lanzarote ■ Latium mit Rom ■ Lesbos ■ Ligurien ■ Ligurien ■ Limnos ■ Liparische Inseln ■ Lissabon & Costa de Lisboa ■ Lissabon ■ London ■ Lübeck ■ Lüneburg & Lüneburger Heide ■ Madeira ■ Madeira ■ Madrid ■ Mailand ■ Mainfranken ■ Mainz ■ Mallorca ■ Malta, Gozo, Comino ■ Marken ■ Marseille ■ Mecklenburgische Seenplatte ■ Mecklenburg-Vorpommern ■ Menorca ■ Midi-Pyrénées ■ Mittel- und Süddalmatien ■ Montenegro ■ Moskau ■ München ■ Münster & Münsterland ■ Naxos ■ Neuseeland ■ New York ■ Niederlande ■ Nord- u. Mittelengland ■ Nord- u. Mittelgriechenland ■ Norddalmatien ■ Norderney ■ Nordkroatien ■ Nördliche Sporaden ■ Nordportugal ■ Nordseeküste – Schleswig Holstein ■ Nordspanien ■ Normandie ■ Norwegen ■ Nürnberg, Fürth, Erlangen ■ Oberbayerische Seen ■ Oberitalien ■ Oberitalienische Seen ■ Odenwald ■ Oslo ■ Ostfriesland – Ostfriesische Inseln ■ Ostseeküste – Mecklenburg-Vorpommern ■ Ostseeküste – von Lübeck bis Kiel ■ Paris ■ Peloponnes ■ Pfalz ■ Piemont & Aostatal ■ Piemont ■ Polnische Ostseeküste ■ Porto ■ Portugal ■ Potsdam ■ Prag ■ Provence & Côte d'Azur ■ Provence ■ Regensburg ■ Rhodos ■ Rom ■ Rügen, Stralsund, Hiddensee ■ Rumänien ■ Rund um Meran ■ Salzburg & Salzkammergut ■ Samos ■ Santorini ■ Sardinien ■ Schottland ■ Schwarzwald Mitte/Nord ■ Shanghai ■ Sizilien ■ Sizilien ■ Slowakei ■ Slowenien ■ Spreewald ■ Sri Lanka ■ St. Petersburg ■ Steiermark ■ Stockholm ■ Straßburg ■ Südböhmen – Böhmerwald ■ Südengland ■ Südfrankreich ■ Südnorwegen ■ Südschwarzwald ■ Südschweden ■ Südtirol ■ Südtoskana ■ Südwestfrankreich ■ Sylt ■ Tallinn ■ Teneriffa ■ Teneriffa ■ Tessin ■ Thailand – der Norden ■ Thassos & Samothraki ■ Thüringen ■ Toskana ■ Toskana ■ Tschechien ■ Türkei ■ Türkei – Lykische Küste ■ Türkei – Mittelmeerküste ■ Türkei – Südägäis ■ Türkische Riviera – Kappadokien ■ Umbrien ■ USA – Südwesten ■ Usedom ■ Valdarno, Casentino & Florenz ■ Vancouver & Seattle ■ Varadero & Havanna ■ Venedig ■ Venetien ■ Wachau, Wald- u. Weinviertel ■ Wales ■ Warschau ■ Westböhmen & Bäderdreieck ■ Wien ■ Zakynthos ■ Zypern

MM-Travel **MM-City** **MM-Wandern**

Strand Praia de São Julião (Ericeira)

Sach- und Personenregister

Salinas do Samouco: Salinen und Vogelbeobachtung bei Alcochete

Ortsregister Lissabon

Die in Klammern gesetzten Koordinaten verweisen auf die herausnehmbare Karte.

Blick auf die Brücke Ponte 25 de Abril von Almada aus

Kirchen

Museen

Museu da GNR: Nachbau eines Polizeipostens

Ortsregister Costa de Lisboa

Die in Klammern gesetzten Koordinaten verweisen auf die herausnehmbare Karte.

Kirchen

Museen

Strände